中国博物馆志

中国国家文物局
中国博物馆协会 编

文物出版社

责任编辑：段书安
装帧设计：张　瑛
责任印制：张　丽

图书在版编目（CIP）数据

中国博物馆志. 江西卷·内蒙古卷·广西卷／中国国家文物
局，中国博物馆协会编.—北京：文物出版社，2013.7
ISBN 978-7-5010-3731-5

Ⅰ.①中… Ⅱ.①国… ②中… Ⅲ.①博物馆—概况—中国②博
物馆—概况—江西省③博物馆—概况—内蒙古④博物馆—概
况—广西省　Ⅳ.①G269.2

中国版本图书馆CIP数据核字（2013）第114228号

中国博物馆志（第4册）·江西卷·内蒙古卷·广西卷

主　　编：中国国家文物局　中国博物馆协会
出版发行：文物出版社
地　　址：北京市东直门内北小街2号楼
http://www.wenwu.com
E-mail:web@wenwu.com
邮　　编：100007
经　　销：新华书店
制　　版：北京文博利奥印刷有限公司
印　　刷：文物出版社印刷厂
开　　本：889×1194毫米　1/16
印　　张：25.25
版　　次：2013年7月第1版第1次印刷
书　　号：ISBN 978-7-5010-3731-5
定　　价：精装380元

总目录

我国第一座国人创办的私营博物馆——南通博物苑（1905年建于江苏南通）

我国第一座国家设立的博物馆——国立历史博物馆（1912年，初设于北京国子监，1918年，迁入端门内午门城楼及东、西两庑）。

国立历史博物馆展厅一角

我国第一座世界闻名的大型国家博物馆——故宫博物院（1925年成立于北京紫禁城）

　　新中国成立后，1958年中共中央北戴河会议上决定建立的博物馆——中国革命博物馆与中国历史博物馆（1959年建成于北京天安门广场东侧，2003年，两馆合并，扩建为中国国家博物馆）。

　　我国第一次申请在上海举办国际博物馆协会第22届代表大会获得成功。2008年12月，国际博物馆协会主席库敏斯一行为上海大会前来考察，并出席"携手2010：宁波国际博物馆高峰论坛"。图为4日晚，国家文物局局长单霁翔在宁波会见国际博物馆协会主席一行。自左至右：国际博协总干事朱利安·安弗伦斯，国际博协副主席理查德·韦斯特，国际博协主席阿历桑德拉·库敏斯，中国博物馆学会副秘书长安来顺，国家文物局局长单霁翔，国际博协中国国家委员会主席、中国博物馆学会理事长张文彬，国家文物局副局长张柏。

总序

国际博物馆协会中国国家委员会主席
中国博物馆协会理事长

张柏

博物馆是社会主义文化事业的重要组成部分，是文化基础设施建设的重要方面，是公共文化服务体系建设的重要内容，是保障人民群众基本文化权益的重要阵地。加快博物馆事业发展，充分发挥博物馆的社会功能，对于大力弘扬优秀传统文化，推动社会主义文化大发展大繁荣，满足人民群众日益增长的精神文化需求，展示宣传中华民族的辉煌历史和伟大创造，增强民族自豪感和激发爱国热情，提高全民族思想道德素质和科学文化素质具有重要意义。

中国的博物馆事业起步于20世纪初，1905年，张謇先生以一己之力创办了南通博物苑，中国博物馆开始了自己从无到有的发展历程。1925年故宫博物院的建立使中国拥有了一座闻名世界的博物馆。1935年马衡、傅斯年、袁同礼、翁文灏、朱启钤、叶恭绰、李济等老一辈中国博物馆工作者共同发起成立了中国博物馆界的第一个行业组织——中国博物馆协会。1949年以来，中国博物馆事业得到全面振兴，发展速度不断加快。在新中国成立的60多年里，博物馆作为建设社会主义先进文化的重要力量，日益得到党和政府的高度重视。博物馆的公共文化服务特征日益彰显，社会关注度空前提高。建设了一大批在社会上产生积极影响的新馆、大馆，博物馆的藏品保护、利用和管理不断加强，博物馆加速融入社会，革命文物保护和革命纪念馆工作稳步推进。时至今日，全国博物馆以完善的体系、丰富的藏品、新颖的陈列展览、多种形式的社会教育活动、活跃的学术气氛、丰硕的研究成果、日益提高的科学管理和现代化水平而为人称道，享誉中外。

当前，我国博物馆事业正处于历史上最好的发展时期。推进中国博物馆事业又好又快发展，是全社会对博物馆界的殷切期盼，更是中国博物馆协会的崇高使命和工作目标。推进中国博物馆事业又好又快发展，必须首先了解中国博物馆行业的发展历程，摸清中国博物馆行业的家底情况，掌握有关中国博物馆行业的各方面知识。因此，编制一部全面反映和记录博物馆事业发展进程，总结全国各类博物馆的工作情况，主题鲜明、内涵丰富、资料翔实的博物馆专业志书，对于促进中国博物馆事业科学发展具有重要意义。

1995年，中国博物馆学会曾主持编制过一部《中国博物馆志》，共收录了20世纪90年代以前成立的全国各类博物馆1100余座，忠实地记录了当时我国博物馆事业的发展状况。但是，伴随着新世纪以来我国公共文化建设的高速发展，博物馆事业已经发生了巨大的变化，博物馆数量快速增长，质量和水平持续提升，门类日益丰富，功能不断完善，原有的《中国博物馆志》已经难以适应各界读者了解中国博物馆事业的基本需求。经国家文物局批准，中国博物馆学会从2006年起开始了新版《中国博物馆志》编纂修订工作。由于新版《中国博物馆志》涵盖的内容广泛，时间跨度大，涉及学科门类多，其编纂工作的难度可想而知。为此在编纂工作中，我们充分发挥了博物馆行业所特有的协作精神、团队精神和奉献精神。国家文物局高度重视新版《中国博物馆志》编纂工作，有关领导同志多次出席有关编纂工作的各种会议、活动，为编纂工作提供指导、把握方向；社会各界大力支持新版《中国博物馆志》编纂工作，香港SML集团主席孙文先生专门为新版《中国博物馆志》的编辑、出版资助了工作经费；各省、自治区、直辖市文物行政部门、博物馆行业组织以及各有关文、博单位的专家、学者也积极参与新版《中国博物馆志》编纂工作，许多省份专门成立了由文物行政部门主要负责同志挂帅的编纂工作协调小组，专门负责本地区《中国博物馆志》的组稿、编纂工作，各有关文、博单位也大都能够按照上级主管部门的要求，指定专人，按时、保质、保量完成本单位条目的编写工作。就这样，在国家文物局的正确指导下，在社会各界的关心支持下，在全国各地文、博工作者的密切配合下，经历了历时四年的艰苦编纂，新版《中国博物馆志》终于得以杀青。

值此《中国博物馆志》（2010年版）即将付梓之际，我谨代表中国博物馆协会理事会向参与新版《中国博物馆志》编纂工作广大文、博工作者致以崇高的敬意！向以孙文先生为代表的为新版《中国博物馆志》编纂工作提供帮助的社会各界人士表示深深的感谢！向以范世民先生为代表的新版《中国博物馆志》编辑工作团队表示亲切的慰问！

2010年，注定是中国博物馆事业发展史上的重要一年。这一年，博物馆、纪念馆免费开放工作取得了重要的成果，全国文化、文物系统归口管理的除遗址类博物馆以外的博物馆、纪念馆全部实现了免费开放；这一年，中国博物馆学会更名为中国博物馆协会，为中国博物馆的行业组织建设和行业管理工作打开了一个全新的境界；这一年，以"博物馆致力于社会和谐"为主题的国际博物馆协会第22届大会将在中国的上海召开，发展中的中国博物馆事业将第一次成为全世界博物馆同行关注的焦点。我们有理由相信，在2010年出版的新版《中国博物馆志》也必将以其丰富的内容、翔实的史料、新颖的视角在中国博物馆事业发展史上占据独特的地位！

2010年9月20日

2006版《中国博物馆志》启动仪式暨孙文先生受聘仪式在故宫博物院重华宫、漱芳斋举行
（左起李文儒、王红谊、马自树、张柏、孙文、张文彬、郑欣淼、舒乙、朱鹤亭、李富胜）

贺辞

SML集团公司主席
中国博物馆协会荣誉副理事长

张文

2006年10月12日，我应国际博物馆协会中国国家委员会主席、中国博物馆学会理事长张文彬先生的邀请，参加了在北京故宫博物院重华宫、漱芳斋隆重举行的2006版《中国博物馆志》启动仪式。转眼间四年过去了，我虽身在香港，但心里一直都关心着志书的编撰情况，当我得知中国博物馆志的浙江卷、广东卷、香港卷、澳门卷将首批出版面世时，心里充满了喜悦并表示热烈的祝贺！

1905年，清末状元张謇在千年濠河之滨修建南通博物苑，这是中国人创办的第一座博物馆，其宗旨：集人文科学与自然科学于一体，"设为庠序学校以教，多识鸟兽草木之名"，揭开了中国博物馆事业百年发展的序幕。

中国博物馆在频繁的战乱中，筚路蓝缕，艰难发展。上个世纪初，全国只有屈指可数的几座博物馆，如1912年民国政府在北京国子监创办的历史博物馆（中国历史博物馆的前身）、1925年在紫禁城成立的故宫博物院、1933年民国政府在南京创办的国立中央博物院。1949年到1980年，博物馆的数量从几十座发展到几百座。近年来，若干现代化大馆的建设，专门类、行业类博物馆的建设，地区性的小馆建设如雨后春笋，方兴未艾。文物、地质、自然、冶金、纺织、农业、海洋、科技、美术、戏剧、电影、生态等两千多座不同体系、不同类型的博物馆蓬勃发展，其衍进嬗变的速度和轨道，折射出社会的发展、科学的进步和人民求知欲望不断增长的盛况。随着国内和国外博物馆职业人员学术交流平台的逐渐扩大，各种高水平展览的互动，开阔了中国博物馆人的眼界。中国博物馆事业和工作服务的内涵、外延出现了令人可喜的局面。特别是近十年来，平均每年约有百余座博物馆落成，而且服务模式也在不断地改进和提高，博物馆已悄然成为全民教育重要的社会课堂。看到博物馆事业欣欣向荣，争奇斗艳的繁荣景象，令人感到由衷的喜悦和自豪。

国家的强大，综合实力的提升，经济、文化及各项事业的腾飞，是促进博物馆事业发展的动力，我们有幸迎来了中国博物馆事业蓬勃发展的好时期。盛世修志、以志存史、以志资治、以志教化，这是中国自古以来的优秀传统。因此，国家文物局委托中国博物馆学会编撰修订《中国博物馆志》工作，就显得更加具有历史意义和现实意义。

我是一名企业家，由于对祖国珍贵文物的爱好与范世民先生相识并成为多年的挚友。2006年年初，我们在香港相聚时，谈及国家文物局将委托中国博物馆学会编撰修订《中国博物馆志》的事情，引起我极大的兴趣也萌发了

张文彬与孙文先生亲切交谈（左起张文彬、孙文）

作者在中国博物馆志编辑委员会办公室

我为编撰修订《中国博物馆志》做一点贡献的想法。随后，在中国博物馆学会及各有关方面的努力和帮助下，实现了我的这个愿望。2006年4月下旬，我荣幸地收到了国际博物馆协会中国国家委员会主席张文彬先生写给我的信，告知我被聘任为中国博物馆学会荣誉副理事长。

荣誉是和责任相连的。我虽然没有具体地参与《中国博物馆志》的组织和编撰工作，但此项工作的每一个环节都时时牵动着我的心，只要有机会，我就会和张文彬先生、张柏先生以及范世民先生提及编志的情况。有时我到北京出差，也要挤出时间到学会《中国博物馆志》编辑部去看看大家的工作。赵新先生、陈瑞德先生、张瑛女士、隋缘先生，他们都是我的朋友。看到他们对编志工作的执着、认真，我相信他们不论遇到多少困难，都不会退缩。我的这帧照片，就是张瑛女士在编辑部办公室为我拍摄的，我很喜欢。雄伟的山脉让人产生联想，给人以力量和坚强。

"博物馆是一个为社会及其发展服务的、非盈利的永久性机构，并向大众开放。它为研究、教育、欣赏之目的征集、保护、研究、传播并展出人类环境的物证。"《中国博物馆志》的出版，将为促进博物馆学的研究，推动博物馆的管理和发展做出贡献，从这一点出发，参加编志工作的博物馆人，他们正在完成一项为社会服务的公益事业，他们和他们的工作应当得到社会的尊重和支持。

张柏先生担任第五届中国博物馆学会理事长后，我曾邀请他参加我在深圳举行的一次春茗，向他表达了我对学会工作的关心，我希望有更多的企业家支持博物馆学会的工作。支持博物馆事业。并借《中国博物馆志》这个平台，表达我的这一愿望。

祝《中国博物馆志》全集早日出齐

2010年8月8日

纪实

一、《中国博物馆志》修订缘起

1、2006年初，中国博物馆学会第四届理事长会议，研究了申办2010年国际博物馆协会第22届代表大会的工作，同时也讨论了配合申办还可以做哪些工作。在会上就提到修订《中国博物馆志》的问题。我国第一部全国性的《中国博物馆志》是在1995年出版的，主要总结了上个世纪90年代前我国博物馆的实际。十多年来，我国社会经济取得了巨大的发展，相应的，博物馆事业也取得了新的飞跃。不仅在数量上翻了一番，从上世纪90年代初1100多座博物馆发展到2200多座，而且突破了过去相对单一化的趋向，向多元化、多样化发展。进入新世纪后，一批大型的现代化的博物馆突兀而起，引领风骚。经过讨论，大家认为：通过修订《中国博物馆志》来记录这一历史发展的进程，阶段性的总结博物馆事业的发展，拓展博物馆学的深入研究，是必要的，适时的，应该把这一工作列入议程。

2、博物馆志的启动、筹备、修订工作，需要一笔经费。改革开放以来，一些有识的企业家热心赞助公益事业的事迹，已多见报道而不乏事例，在博物馆事业上也非无先例。大家就议论到，是否可以争取一些热心的企业家赞助。副理事长范世民介绍了孙文先生其人其事。孙文先生祖籍广东东莞，现居住香港，是商标织绣跨国集团公司的主席，著名的企业家。其公司在中国、美、英、法、德、墨西哥、秘鲁、印度、印度尼西亚、越南等37个国家和地区都有分公司，总部在香港，最大的分公司在其家乡东莞长安。他热爱祖国，关注文化事业，不吝金玉、慷慨资助文化事业的发展。国家文物局中国文物信息咨询中心赴加拿大中国古代玉器展，在经费出现困难时，就是孙文先生出资，通过加拿大驻我国使馆赞助的，从而圆满完成了在加拿大五大城市历时两年的巡展。展览受到了我驻加使馆的好评和加主流社会的普遍赞誉。不仅如此，他还资助香港童军、香港中文大学著名学者饶宗颐教授的学术馆，是该馆的主席。范世民向理事会提出可否进行接触。会议决定由范世民担任执行主编，组建编辑委员会及着手编书经费的筹措工作。

3、会后，范世民受命赴深圳拜访孙文先生。当孙文先生得知中国博物馆学会要进行中国博物馆志的修订工作时，认为这是一件很有意义的文化建设工作，表示愿为此尽一分力量，当即决定赞助100万元人民币作为编志的启动经费。

4月15日，范世民向学会理事长会议汇报了深圳之行的结果。理事长会议决定，聘请出资赞助修订工作的SML集团主席孙文先生为荣誉副理事长和2006版《中国博物馆志》荣誉主编、聘请国学大师饶宗颐先生担任顾问，并择定时间，举行受聘仪式。

张文彬理事长将理事长会议的决定专函孙文先生："尊敬的SML集团主席孙文先生：您好！2006年4月15日（星期六），在北京红楼召开的中国博物馆学会理事长会议上，范世民副理事长介绍了贵集团的蓬勃业绩以及您对祖国文物事业的真诚关爱与慷慨资助的感人事迹，并且举荐您担任本学会荣誉副理事长，饶宗颐教授为本学会顾问。理事会通过了范先生的提案。

您是中国博物馆学会被聘任的第一位荣誉副理事长，从而开创了中国博物馆界文化平台与著名企业平台的对接，彼此促进，共谋发展的时期。毫无疑问，这是贵、我双方都值得永远铭记的事情。在此，我代表国际博物馆协会中国国家委员会、中国博物馆学会向SML集团，向主席您表示衷心的祝贺！

每年的5月18日，是国际博物馆协会规定的世界博物馆日，在2006年的这一天中国博物馆学会将启动《中国博

奥地利维也纳国际博协大会会场　中国代表团接过国际博协会旗
前排左起郭得河、李象益、张柏、孙文、张文彬，后排左起安来顺、王红谊，举旗者隋缘，以及前来祝贺的国内外友人

5

物馆志》的修订和编写筹备工程，得知您将出资慷慨赞助，中国博物馆界的广大同仁无不称颂。我代表本协会向孙文先生表示诚挚的谢意。"

二、 修订《中国博物志》筹备工作的开始

1、2006年5月28日至31日，国际博物馆协会第六十八届顾问委员会，在法国巴黎联合国教科文组织总部，为确定2010年国际博物馆协会第22届代表大会的申办城市召开着重要会议。会议投票的结果，中国上海获得了举办权。

载誉而归的第四届中国博物馆学会张文彬理事长，在首都机场受到了国家文物局张柏副局长的迎接。由此，2010年国际博物馆协会第22届代表大会（以下简称国际博协上海大会）在上海召开的筹备工作，正式拉开了序幕。

随即，学会也将修订《中国博物馆志》的筹备工作提上日程。

2、学会将2006年初确定的修订博物馆志工作，上报国家文物局，请示立项。

国家文物局于2006年6月7日复函（办函[2006]234号）中国博物馆学会："你会《关于修订〈中国博物馆志〉工作的请示》收悉，经研究，意见如下：一、同意你会修订《中国博物馆志》。二、同意补助四十万元，分两次拨付，其中2006年度20万元，2007年20万元，请专款专用，确保绩效。三、请将具体工作方案报我局备案。"

3、《中国博物馆志》的修订工作，既是一项推动我国博物馆事业发展的继往开来的工程，也是一项复杂、庞大的组织和编纂、审定工作。如何做好工作方案，至关重要。编辑部根据张文彬理事长邀请专家论证的意见，于2006年8月9日邀请了资深博物馆专家和在一线工作的中青年文博领导、骨干来到学会，听取他们对编志工作的意见。苏东海先生通过对上个世纪80年代以来，现代化大馆建设；专门类、行业类博物馆建设；地区性的小馆建设等三个方面的发展情况，强调了修志工作特别要注意的三个方面：历史沿革；藏品；新情况、新问题，可谓开门见山、言简意赅。甄朔南先生强调，要发动全国各个系统的博物馆界同仁共同编好新志；一定要做好"凡例"的讨论；注意2004年在韩国通过的对博物馆定义的修订；建议将博物馆学研究成果列入科研成果。王宏钧先生曾承担过1995年版《中国博物馆志》的常务副主编，他结合当时工作中的体会提出，"凡例"对于编纂一部书十分重要，建议可以1995年版《中国博物馆志》的凡例为参考，根据十多年来我国博物馆事业的蓬勃发展，加以保留和提高。原北京艺术博物馆馆长杨玲以关于修订再版《中国博物馆志》的几点思考为题，从"准确定位"、"增项扩容"、"中外兼顾"、"科学分类"、"准确表述"等五个方

面，论述了她的思考，并请他的同事孔祥利先生和中国民族大学的潘寿永先生，分别提出了两种不同写法的修志方案供编辑部参考。中国文物报社副总编辑曹兵武先生从"以志存史 以志资治"的视角，从不同时期、不同行业、不同层面论述了编志工作的意义。他强调说，再详尽的记录总有过时的时候。但是如果在修志过程中对其历史记录性质予以足够的注意和重视，结果可就不同了。这样的中国博物馆志不仅在现在是很好的参考数据和工具书，在今后仍然会是一部很好的博物馆史书——博物馆志本身就应该是博物馆史的一种，是博物馆史的横断面。专家们的崇论闳议，言之凿凿，为编志方案的拟订开创了一个好局。

4、编辑部梳理了专家们的意见，拟出了"《中国博物馆志》修订编撰预案"等文件，由中国博物馆学会呈国家文局备案后，国家文物局办公室于2006年9月19日向全国各省、直辖市、自治区文物局（文化厅、文管会）发出关于请支持修订《中国博物馆志》的函（办发[2006]6号）：全文如下："为全面反映和记录博物馆事业快速发展的进程，总结全国各类博物馆的工作情况，推动博物馆间的学术交流，促进博物馆学研究的深入和拓展，经我局研究，委托中国博物馆学会对1995年版的《中国博物馆志》进行修订，现将有关事项函告如下：一、工作方式本次修订工作采取分省编写，学会编辑部汇总的方式进行。请你省（直辖市、自治区）文物局（文化厅、文管会）确定一名负责人，组织本行政区的博物馆志的编写工作，并将人员名单于9月28日前报至《中国博物馆志》编辑委员会。二、中国博物馆学会将于10月10日至13日在北京召开各地文物局编志负责人及部分博物馆馆长会议，研究编写过程中的相关问题（具体安排将另文通知）。三、联系单位及方式。《中国博物馆志》编辑委员会地址：北京市朝阳区西坝河南路6号芳馨园西座1106室（注：后改为东座1508室）；邮编：100028；电话：010-84497466；传真：010-84497466 电子信箱：icom.china@yahoo.com.cn；联系人：范世民，中国博物馆学会副理事长、《中国博物馆志》执行主编。"

由于中央会议的原因，研讨会未能如期召开。但2006版《中国博物馆志》启动及SML集团孙文先生的受聘仪式的地点和时间已经确定下来。我们仍按计划进行。

5、2006年10月12日中国博物馆学会和故宫博物院联合在重华宫、漱芳斋召开了2006年版《中国博物馆志》的启动仪式暨孙文先生受聘仪式。中华人民共和国文化部副部长、故宫博物院院长郑欣淼、国家文物局副局长张柏、全国政协委员、国际博物馆协会中国国家委员会主席张文彬出席了会议，并发表了热情洋溢的讲话。出资赞助编志的孙文先生发表了《修书编志为保护人类的共同文化遗产

作贡献》讲话。出席大会的贵宾还有中国文物基金会理事长、中国博物馆学会常务副理事长马自树，国家文物局博物馆司司长宋新潮，全国政协委员、原中国文学馆馆长、中国博物馆学会副理事长舒乙，全国政协委员、原中国革命博物馆馆长夏燕月，中国国家博物馆副馆长董琦，中国人民革命军事博物馆副馆长李富胜，中国农业博物馆党委书记王红谊，中国钱币博物馆馆长黄锡全，新文化纪念馆馆长郭俊英，文物印刷厂党委书记刘殿林，恭王府博物馆

1. 2006版《中国博物馆志》启动仪式暨孙文先生受聘仪式在故宫博物院重华宫、漱芳斋举行
2. 出席启动仪式的贵宾
3. 部分代表在漱芳斋前合影（前排：左起范世民、舒乙、张柏、郑欣淼、孙文、张文彬、朱鹤亭、王红谊、李绮年；后排：左起安来顺、孙荣、夏燕月、邓伟雄、李富胜、李文儒、马自树、宋新潮、谷长江、赵国顺、程也）

馆长谷长江，鲁迅博物馆副馆长赵国顺，中华民族苑副馆长及中国博物馆学会秘书长袁南征，副秘书长隋缘；香港、深圳、广州、上海的贵宾有：朱鹤亭、何志侃、孙贺宜、孙景贤、孙满全、吴顺良、孙荣、邓伟雄、李绮年、夏朝霞、程也等。新闻媒体出席了会议，中央电视台在当晚的晚间新闻中报导了这一消息。

11月28日至11月30日全国编志工作代表研讨会在北京国谊宾馆成功召开。国家文物局副局长张柏、国家文物局博物馆司副司长李耀申、国际博物馆协会中国国家委员会主席张文彬、中国博物馆学会常务副理事长马自树、中国博物馆学会副理事长范世民、中国博物馆学会秘书长袁南征、副秘书长隋缘和全国31个省、市、自治区文物局、省博物馆学会、省博物馆的负责人和专家共55人出席了会议。国家文物局副局长张柏代表国家文物局对本次会议的召开表示热烈的祝贺。他希望大家紧紧抓住时代脉搏，全面、深刻地总结我国博物馆发展的现状和趋势，充分吸取第一版《中国博物馆志》编纂的经验教训，力争2006版博物馆志在全面性、科学性、系统性、规范性和丰富性等方面上一个新台阶。国际博物馆协会中国国家委员会主席张文彬回顾了中国博物馆事业发展的历史。他希望大家在各省、市、自治区文物局、文化局（厅）的领导下，圆满地完成编撰修订《中国博物馆志》的工作，向2010年世界博物馆大会在中国上海的召开献上一份厚礼。王宏钧、苏东海、甄朔南三位资深专家对修志工作也发表了颇具指导意义的讲话。与会代表们对领导和专家的讲话进行了认真热烈的讨论，对修志工作的顺利进行提出了许多好的建议和中肯的意见。11月30日上午代表们自由发言，最后由中国博物馆学会常务副理事长马自树做会议总结，大会圆满结束。

会后，赵新同志归纳出代表们提出的各种意见15条，其中比较普遍共性的意见有三条：一、建议由国家文物局以文物局的名义下发一个文件，作为编写博物馆志和年鉴的行政性法规，下发各省、市、自治区文化厅、文物局。文件中对成立编志的领导班子、保质、保量、按时完成任务等问题提出要求。强调各省、市、自治区文化厅、文物局成立编志委员会分会或领导小组，由文物部门的负责人担任领导。这样不但本系统容易布置工作，而且外系统也好打交道。二、建议国家文物局拨给一定的编写博物馆志的启动经费，每省2至3万元，这样钱虽然不多，但是说明国家文物局对这项工作的重视，各省再根据国家文物局函发文，可以比较容易从地方争取更多的经费，有利于开展工作。三、关于交稿时间。建议将2007年底交稿延长至2008年上半年。我们将整理后的意见正式上报国家文物局。

1.国谊宾馆2006版《中国博物馆志》《中国博物馆年鉴》编纂研讨会
主席台左起袁南征、李耀申、张柏、张文彬、马自树、范世民
2.分组讨论会

三、修订《中国博物馆志》工作正式启动

1、国家文物局向全国发文

四个月后，国家文物局于2007年4月12日，以文物博函（[2007]381号"关于请支援修订《中国博物馆志》和编撰《2006中国博物馆年鉴》函"发往各省、自治区、直辖市文物局、文管会（文化厅、局），再次强调：一、组建《中国博物馆志》编辑委员会 请各省、自治区、直辖市文物行政部门明确一名负责人担任《中国博物馆志》编辑委员会委员、分卷主编，负责编写组织协调工作；一名联系人为编辑组成员，负责具体组织本行政区的组稿工作，以及与《中国博物馆志》编辑委员会的联系工作。上述人员名单请于2007年4月30日前报送《中国博物馆志》编辑委员会。二、组稿（一）《中国博物馆志》的稿件，请各省、自治区、直辖市按照"《中国博物馆志》（第二版）编辑构架及撰写提纲"（见附件1）的要求组织撰写，并以省、自治区、直辖市为单位于2008年5月31日前送至《中国博物馆志》编辑委员会，同时须提供光盘（电子文件）。……至此，2006年版《中国博物馆志》修订工作正式开始。编辑部特邀原中国历史博物馆研究馆员陈瑞德先生加盟担任编审。

香港特别行政区和澳门特别行政区的博物馆，由于没有一个统一的主管机构，所以我们除了先向香港康乐及文化事务署和澳门民政署管理委员发函，邀请他们参加编撰《中国博物馆志》的香港卷、澳门卷，随后，编辑部又分别向港、澳分属其它系统的博物馆发函邀请，共襄盛举，得到他们的积极响应热情撰稿。

2、2008年的撰稿进展情况

2008年4月28日吉林来稿，2008年5月23西藏来稿。吉林、西藏是两个按照国家文物局要求，于2008年5月31日前交稿的省、自治区，令人鼓舞。2008年7月8日天津来稿；2008年7月15日北京来稿；2008年7月16日湖北来稿；2008年7月25日河北来稿；2008年8月18日浙江来稿……到2008年底，已有北京、天津、河北、内蒙、吉林、黑龙江、江苏、浙江、江西、湖北、广西、重庆、云南、西藏、陕西、甘肃、宁夏、澳门等18个省、市、自治区、特区已交稿；辽宁、香港、广东3个省、市、特区也已完稿待发。

3、编印样本

从来稿的情况，我们发现：1、各地撰稿的进度很不平衡，有不少地方进度很慢；2、已交来的稿件写法体例也不一致，详略各异，没有按照文件要求撰稿。鉴于这一情况，张文彬主编提出：可以先选编出一个样本提供给大家，听听反映，征求下各省同事的意见，同时也等于告知尚未完稿的省市，中国博物馆学会是在按国家文物局的要求认真编书，敬请各地抓紧撰写。出样书，要花不少钱，但是其对规范全书的体例，提高全书的质量，加快编撰出版的进度有益。经过研究，编辑部从已收到的稿件中选定浙江省的稿子，全力投入样本的编印，经统一体例、调整、加工、润色之后，又得国际友谊博物馆领导的支持，编辑部聘请张瑛研究员加盟编辑部为艺术统筹，最终由文物印刷厂印制完成。

浙江卷全彩样书，印制一千册，外观颜色为中国红，除文字、图片为未定稿外，其用纸、装帧、排版、印制完全按正式出版要求制作。于2009年11月中上旬通过邮局寄往全国33个省、市、自治区和特别行政区。

各地收到样书后，普遍的反映是认可，评价是肯定的，认为：构架合理，内容全面、简洁，纸张、色彩、印制、装帧，都很讲究，是一套内容、艺术上乘的，客观、真实反映中国博物馆事业发展的好书。不少地方如广东

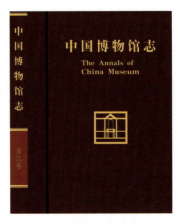

《中国博物馆志》样书

省，收到样书之后，为了保证《中国博物馆志》全书体例的统一，内容大修大改，图片也进行了全面的调整，文图并茂，增色不少。浙江省也不止步于样书的水平，对印出的书样，认真核对，更替图片，补充未录入的博物馆，做了许多细致的工作。上海的书稿，审定、核校，几上几下，工作十分严谨。山东、云南的书稿，在地方汇总时，体例五花八门，编辑的任务很繁重，为了减少学会编辑部的困难，他们在紧迫的时间里完成了二稿。湖北、新疆、陕西、江苏、重庆、四川、天津、甘肃、青海、黑龙江等地也在积极调整、补充，如湖北来信说：今年年初以来，根据编委会对我省稿件的回馈意见，我局迅速组织专业人员，历时数月，在严格按照"撰写提纲"的要求对各单位稿件审阅校对的基础上，又有针对性地组织各单位稿件中存在的缺项进行了补充完善，并集中进行了进一步的编辑审核校对，为切实保证《中国博物馆志（湖北卷）》的编写出版质量，真实反映各博物馆的实力和特色，圆满完成稿件征集任务奠定了良好的基础。未完稿的省、市、自治区，表示要抓紧时间安排完稿。这一切说明，编印样本是取得了预期效果。

这次，本《志》的体例采取按项目表述的形式，首先是从方便读者检索、查阅考虑。《中国博物馆志》是一部具有科学性、数据性、实用性的大型工具书，不同的读者需要从中获取的信息是不同的。按项检阅要比通读全文便捷得多。其次，项目的设立，应能反映博物馆这一事物的特性，即：收藏、保护、研究、展示、传播物质文化遗产和非物质文化遗产的、非营利性的、服务社会的文化、教育常设机构。其中藏品、陈列、观众（即对公众开放）三要素更不可或缺。博物馆的分类，当前好像还没有法定的标准，本《志》还是采取传统地分为自然科学类、社会科学类和综合类而稍作变动。综合类是包含有自然科学和社会科学内容，一般相当于上世纪50年代的地志博物馆，既有自然之部，也有历史之部、艺术之部。一些县级的博物馆，内容遍涉本地各个方面而无固定专题，故归之于"地方综合性博物馆"。自然科学类和社会科学类，则将科技和艺术析出，分作科技类和艺术类，各类下分设若干专题。另外，本《志》只是总结当前博物馆实际的纪录，并非学术专著，对一些有争议的问题，如对个别传世文物的真伪问题，本《志》非鉴定专著，故不能作"以此为证"。

四、2010《中国博物馆志》出版

1、2010年初，已有24个地方编辑部完成修改稿送到编辑部，尚有9个地区正在按我们的要求，对稿件进行充实修改中。编辑部分析了当前撰稿的进展形势，认为出版工作应该提上日程来考虑了。修订后的《中国博物馆志》

是按行政区域分卷，共设33卷（台湾暂缺）。卷数多，分量重。篇幅多，一次出全，困难很多。再加上各地撰稿进度不平衡，很容易会因个别而拖延整体。同时，由于各地区的博物馆发展也不平衡，有的地区多，有的地区相对就少，所以，一卷一册，也不实际。经研究，编辑部决定，视博物馆数量的多少，分别采取一卷一册或多卷一册的方式，分期分册出版。计划分册如下：

第一册　　《中国博物馆志》北京卷
第二册　　《中国博物馆志》天津卷　河北卷
第三册　　《中国博物馆志》山西卷　内蒙古卷
第四册　　《中国博物馆志》辽宁卷　吉林卷　黑龙江卷
第五册　　《中国博物馆志》上海卷
第六册　　《中国博物馆志》江苏卷
第七册　　《中国博物馆志》浙江卷
第八册　　《中国博物馆志》河南卷　安徽卷　福建卷
第九册　　《中国博物馆志》山东卷　江西卷
第十册　　《中国博物馆志》湖北卷
第十一册　《中国博物馆志》湖南卷　广西卷　海南卷
第十二册　《中国博物馆志》广东卷　香港卷　澳门卷
第十三册　《中国博物馆志》重庆卷　四川卷
第十四册　《中国博物馆志》云南卷　贵州卷　西藏卷
第十五册　《中国博物馆志》陕西卷
第十六册　《中国博物馆志》甘肃卷　青海卷　宁夏卷
　　　　　新疆卷

2、经过编辑部对各地撰稿进展的分析和对来稿的审阅，初步认定，浙江、广东、香港、澳门四卷，出版条件较成熟，可以先出两册，即浙江卷一册，广东、香港、澳门三卷合为一册。随即，编辑部对文稿作排版前的通读，同时执行主编范世民为出版事宜与有关各方进行接触、沟通、磋商。4月18日张柏理事长、范世民等应邀赴深圳参加SML集团春茗，孙文先生得知博物馆志即将出版时，又主动赞助50万元人民币。同时，范世民也和广东、浙江反复磋商出版事宜，并动员买书，取得他们的全力支持。

3、《中国博物馆志》的修订，从开始策划，到今初见成果，已经过去了将近四年。风雨四年，感触良多，我们有过兴奋，有过焦躁，也有过无奈！但是，有国家文物局的关怀、指导，有全国各地文博领导部门的鼎力支持，有热心我国文化事业的企业家孙文先生的无私赞助，更有我们全国的同行们的辛勤劳动、热情撰稿，16册33卷的2010版《中国博物馆志》终于开始分期出版了，实现了作为向国际博物馆协会上海大会献礼的初衷。所以，我们有理由相信，全《志》面世，亦当指日可待。

《中国博物馆志》编辑部　2010·8·18

凡例

一 所收条目

1　正式向社会开放的、全国各省、自治区、直辖市、特别行政区、各个管理系统以及民营的、各种类型的博物馆。

2　具有博物馆功能的各种类型的纪念馆、科学馆、民族宫、艺术馆、文物保护单位。

3　历史上存在现已消失和尚未向社会开放的博物馆未收入。

二 条目主要内容

1　馆名全称（附英文译名）。

2　概述（类型、隶属关系、建馆时间、所在位置、面积、布局、建筑特点、历史沿革、历任馆长）。

3　业务活动（基本陈列、专题陈列、临时展览、藏品管理、宣传教育、科学研究、合作交流、其他）。

4　经营管理（单位性质、经费来源、机构设置、人员编制、服务观众项目、观众接待）。

5　参观指南（地址、邮编、电话、电传、电邮、网址、开放时间、票价）。

三　条目编排

1　按国家公布的行政区划（省、自治区、直辖市、特别行政区）分卷。全志分33卷（台湾卷暂缺），即：北京卷、天津卷、河北卷、山西卷、内蒙古卷、辽宁卷、吉林卷、黑龙江卷、上海卷、江苏卷、浙江卷、安徽卷、福建卷、江西卷、山东卷、河南卷、湖北卷、湖南卷、广东卷、广西卷、海南卷、重庆卷、四川卷、贵州卷、云南卷、西藏卷、陕西卷、甘肃卷、青海卷、宁夏卷、新疆卷、香港卷、澳门卷。

2　条目按馆名首字笔划由少至多顺序排列；笔划相同的按起笔笔形一（横）丨（竖）丿（撇）丶（点）乛（勾）的顺序排列；第一字相同时，按第二字；依此类推。

四　插图

本志在条目正文中配有各省、自治区、直辖市、特别行政区、各管理系统以及民营各种类型的博物馆的彩色插图。

五　其他

1　本志字体一律用《简化字总表》所列简化字。

2　本志所用数字，除习惯用汉字表示以外，一般用阿拉伯数字。

3　江西卷收入条目77条，插图514幅。

内蒙古卷收入条目31条，插图163幅。

广西卷收入条目44条，插图263幅。

中国博物馆志

江西卷

《中国博物馆志》江西卷
编辑委员会

江西省文物局供稿

目录

八大山人纪念馆

Ba Da Shan-ren Memorial Museum

概述

类型　社会科学类名人专题博物馆

隶属关系　隶属于南昌市文化局

创建时间　1959年

正式开馆时间　1959年10月

所在位置　南昌市南郊梅湖之滨定山桥畔

面积　11400平方米

布局　馆址所在青云谱古建筑群的总体布局采用南北中轴线封闭式、天井院落递进式构成，结合周边环境，形成湖

1.八大山人纪念馆全景　2.青云谱大门　3.净明真境大门

中见园，园中有院，层次分明，别有洞天的建筑格局。

建筑结构　八大山人纪念馆于1959年在青云谱道院原址上建立。青云谱曾经是道教净明忠孝派之重要道场，相传早在2500多年前，周灵王之子即在此开基炼丹。西汉末年，南昌尉梅福曾弃官隐钓于此，后人建"梅仙祠"祀之。东晋年间，许逊治水至此，始倡道教"净明派"，并建"太极观"。唐太和五年（831）易名"太乙观"，宋至和二年（1055）又易名"天宁观"，至清顺治十八年（1661）始定名"青云圃"，后易"圃"为"谱"，于清康熙六年（1667）由明末清初中国画大师八大山人（朱耷）创建。其建筑形制，在严格遵循道家建筑规范的基础上，充分吸收了江西民居建筑的工艺和特点，是道教建筑与民居建筑特色相融合的成功典范。

青云谱主体建筑有"关帝殿"、"吕祖殿"、"许祖殿"，三殿采用四柱八界梁及五柱九界梁建筑形制，三殿前后之间有天井内庭相连。三殿周围有回廊环绕，左右设偏殿厢房，形成前后四合院布局，并利用天井地势形成高低错落之态。天井有良好的排水、采光，门窗饰以雕花格扇，古朴典雅，屋面为小青瓦铺设，配以正脊、正吻，悬山做法。"吕祖殿"东侧厢房"黍居"，曾是八大山人栖息之所。"许祖殿"东西两侧分别是"斗姥阁"、"三宫殿"、"峤圆"及三座带水池的、相对独立的小院。主体建筑群通过围墙与园林隔开，自成一体，形成园中有院的总体格局。青云谱古建筑群基本上是明清制式，均为江南民间的穿斗式与抬梁式混合结构，外墙围砌本地产青砖空斗墙加粉刷。青云谱古建筑群及园林占地约11400平方米，其古建面积约2500平方米。主体建筑结构和历史环境风貌保存完好。

历史沿革　1958年，国家文化部拨款4000元修缮部分废置陈腐的旧建筑，安装简单设施，筹备建馆。1959年10月"画家八大山人纪念馆"正式开馆，时为全国第一座古代画家纪念馆。1966年，"文革"开始，馆舍被南昌九中占用，1980年10月1日"八大山人书画陈列馆"重新开放。1984年4月，"八大山人书画陈列馆"更名为"八大山人纪念馆"。1957年7月青云谱被江西省人民政府公布为第一批省级文物保护单位，2006年6月被国务院公布为第六批全国重点文物保护单位。

历任馆长　吴振邦、罗文华、郑宝林等，王凯旋（现任）。

业务活动

基本陈列　八大山人纪念馆建筑主体为清代木结构

展厅一角

古建筑，属全国重点文物保护单位，在严格遵循不破坏古建筑原貌及风格的基础上，将原道院的殿堂辟为书画陈列展厅，主要陈列展示八大山人生平及书画艺术。有《八大山人生平事迹展》、《八大山人书画作品展》、《八大山人书画艺术传承关系展》、《八大山人研究学会会员作品展》等。陈列面积2000平方米，展出作品100余件（套）。

专题陈列 八大山人纪念馆不定期地举办各类书画展70余次。如：1981年10月举办《成都·南昌国画联展》，1986年10月与北京故宫博物馆、上海博物馆、天津艺术博物馆联合举办《八大山人百幅真迹联展》，1992年10月举办《婺源博物馆藏明清书画精品展》，1997年11月举办《美国当代杰出粉画家作品展》，2001年10月举办《赣州市博物馆藏明清书画精品展》，2002年9月举办《新余市博物馆书画藏品展》，2003年2月举办《江西省博物馆藏书画精品展》，2003年10月举办《北京故宫明清书画珍品展》，2004年10月举办《九江市博物馆藏名人书画展》，2005年10月举办《庐山博物馆藏明清书画精品展》，2006年9月举办《中国当代书画艺术大展》，并与故宫博物院联合举办《八大山人书画秘藏展》。

藏品管理

［藏品来源］　主要来源于国家行政指令从故宫博物院、江西省博物馆调拨、原道院旧藏、上海、江西等地文物商店购得及个人捐赠当代书画作品500余件（套）。

［藏品类别］　主要为书画艺术作品。

［藏品统计］　现有藏品600余件（套），其中文物藏品60件（套）。

［重要藏品］　朱耷·墨荷图轴　八大山人一生爱画荷花，大笔挥洒、泼墨如雨的荷叶与淡墨构成的荷花，组成墨、白、灰的丰富色调，与点、线、面有机结合，产生一种节奏和韵律，为八大山人画荷精品。

朱耷·双鹰图轴　此图画两只老鹰相互顾盼、上下呼应，构图奇崛、险峻，笔墨生动、简练，是八大山人晚年精品之作。

朱耷·草书五言诗轴　五言诗一首："客自短长亭，愿画凫与鹤。老夫时患胂，鹤势打得着。"八大山人不仅以水墨写意花鸟画著称，其书法同样造诣精深，此幅作品如行云流水，自然流畅，富有韵律。

黄安平·个山小像图轴　此图是清初黄安平为好友八大山人四十九岁时的画像。上有许多名人题款，并有八大

朱耷　墨荷图轴

朱耷　双鹰图轴

朱耷　草书五言诗轴

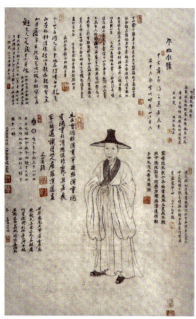
黄安平　个山小像图轴

山人自题六段，对于了解八大山人生卒、身世及谱系等情况具有非常重要的价值，是研究八大山人的重要史料。

[藏品保护] 藏品的保存现状基本完好，但也有少部分文物藏品由于历史原因，不同程度地存在霉斑、虫蛀、疲破等情况。根据书画藏品的特点，主要采取传统技术和现代科技相结合的保护措施，如为每件文物藏品制作锦袋、樟木匣盒，并放置天然樟脑精，以防机械损伤和虫蛀，在藏品库房安装除湿和空调设备，以控制温湿度对书画藏品的影响。

交流合作 八大山人纪念馆为了更好地弘扬中华民族优秀传统文化，继承和宣传八大山人书画艺术，于1986年10月和2006年9月成功举办了2次纪念八大山人大型国际学术交流活动，拍摄制作电视专题片《画坛奇杰》（1986年），出版发行《八大山人研究》1、2集（1986年、1988年），成立八大山人研究学会（1988年），协助江西美术出版社出版《八大山人全集》（2001年）。配合国家邮政总局发行《八大山人作品选》特种邮票一套6枚（2002年）。并且采取走出去，请进来的形式，在全国各地进行展览交流50余次，为大中专学生、现役军人、公安干警、老年人举办讲座20余次，与此同时，还积极参与国际间的学术展览交流，以扩大八大山人艺术的对外影响。

经营管理

[单位性质] 国营事业单位

[经费来源] 财政拨款

[机构设置] 内设办公室、保卫科、群众工作部、陈列保管部等4个部门

[人员编制、组成] 人员编制定额25人，现有职工24人。其中高级职称4人，中级职称10人，初级职称6人，行政管理人员4人。

[服务观众项目] 八大山人纪念馆主要陈列展示八大山人生平及书画艺术，通过文字说明和录音广播对观众进行讲解。

[观众接待] 年接待观众10万余人

参观指南

[地址] 江西省南昌市青云谱路259号

[邮编] 330043

[电话] 0791-5273565（办公室）

[传真] 0791-5277005

[开放时间] 全年开放，8:30—17:00

（撰文：万建怀）

人民检察博物馆

People's Procuratorial Museum

概述

类型 社会科学类检察专题博物馆

隶属关系 江西省人民检察院

创建时间 2005年5月

正式开馆时间 2007年9月12日

所在位置 江西省井冈山市茨坪镇长坑路10号

面积 3300平方米

建筑、布局 整体建筑坐南朝北。三楼阳光大厅陈列有"人民检察第一门"，四楼为主体展厅。

馆长 孙谦（兼）

业务活动

基本陈列 人民检察博物馆是最高人民检察院主办、江西省人民检察院承办的全国唯一的检察主题博物馆。珍藏和陈列着中国共产党领导的人民检察制度自1931年在江西瑞金诞生以来，各个时期的珍贵历史文物。通过翔实、准确的史料，系统地展现人民检察七十多年的风雨历程。

1.人民检察博物馆暨国家检察官学院井冈山分院大楼　2.博物馆展厅大门

展览分苏维埃时期、抗日战争与解放战争时期、建国初期与社会主义道路探索时期、"文革"时期、改革开放时期、理论研究、对外交流司法合作、党的领导关心支持八个部分。陈列面积849平方米。

藏品管理

〔藏品来源〕　主要来源于全国各地检察机关及其工作人员和家属无偿捐赠、有偿提供等途径。

〔藏品统计〕　藏品总数423件，其中一级品1件，二级品15件，三级品16件。

〔重要藏品〕　张鼎丞当选第一届全国人民代表大会代表当选证　一级文物。1954年9月，时任中共中央组织部副部长的张鼎丞当选第一届全国人民代表大会代表，在本届大会上，张鼎丞当选为最高人民检察院检察长。

黄火青、杨易辰、刘复之、张思卿四任最高人民检察院检察长用过的办公桌　二级文物。1978年6月，最高人民检察院恢复办公，直至1993年底，最高人民检察院黄火青、杨易辰、刘复之、张思卿四任检察长都用这张办公桌办公。在

此办公桌上签发了有关检察工作的许多重要文献，其中包括公诉林彪、江青反革命集团案件的法律文件。

人民检察第一门（二级文物）1933年4月，中央工农检察部随临时中央政府从叶坪迁至沙洲坝，单独在老茶厅杨氏宗厅办公。这是中央苏区检察机构第一个独立的办公场所，何叔衡、高自立、董必武、项英曾先后在这里办公；毛泽东、张闻天等中央领导同志曾到这里指导查处贪污浪费大案要案等工作。其正门被称为"人民检察第一门"，它见证了人民检察制度的发端，见证了何叔衡、项英等检察先驱的光辉业绩，见证了人民检察机关初创时期艰难的奋斗历程。

"最高人民检察院留守组"印章　二级文物。1968年12月，中共中央决定撤销最高人民检察院，人员全部下放五七干校，只留下数人组成留守组。

"中华人民共和国最高人民检察院"、"中华人民共和国最高人民检察院反贪污贿赂总局"门牌　1978年6月1日，恢复重建后的最高人民检察院正式办公，地点在北京

张鼎丞当选第一届全国人民代表大会代表当选证

高检院四任检察长用过的办公桌

1978年至2004年最高人民检察院大门前挂的几块门牌

市东城区北河沿大街147号。白底黑字木质"中华人民共和国最高人民检察院（西区）"门牌（三级文物）就是恢复重建后使用的第一块门牌，这块门牌一直挂到1993年4月。最高人民检察院于1993年4月新建独立院门，制作悬挂了木板铜字的"中华人民共和国最高人民检察院"门牌（三级文物），一直用到2004年。1995年11月，最高人民检察院反贪污贿赂总局成立，制作悬挂了木板铜字、与最高人民检察院门牌大小相当的"中华人民共和国最高人民检察院反贪污贿赂总局"门牌（二级文物），至2004年。

全国检察机关第一个举报中心门牌和举报箱　1988年3月，全国检察机关第一个举报中心在深圳市人民检察院揭牌。为便于群众举报，定制了18个举报箱，摆放在全市人流比较集中的场所。

[藏品保护]　展厅、库房实行科学严格的温度、湿度管理。

科学研究　人民检察博物馆自筹建以来，高度重视人民检察制度史的研究，编辑出版了《人民检察史》一书（中国检察出版社2008年第一版），收集、整理了自1931年中华苏维埃共和国临时中央政府成立以来人民检察制度诞生、发展、波折、繁荣各个时期的历史文献资料。

经营管理

[单位性质]　国营

[经费来源]　财政拨款

[机构设置]　共设立了办公室、管理部、编研部三个部室。

[人员编制]　博物馆共有工作人员7人，其中博士1人、本科6人。

[服务观众项目]　住宿（全天　自定价）、停车场（全天　国家统一价格）、纪念品销售（每天8：30－16：00自定价）、触摸屏导览（每天8：30－16：00免费）。

[观众接待]　2007年9月12日开馆至今，接待观众人数6548人。

参观指南

[地址]　江西省井冈山市茨坪镇长坑路10号

[邮编]　343600

[电话]　0796-6565708（办公室）

　　　　0796-6565696（副馆长办公室）

[电子信箱]　jj405zc@sina.com

　　　　　　jxjchyzp@yahoo.com

[开放时间]　全年开放，8：30－17：30

（撰文：刘志成）

九江市博物馆

Jiujiang Municipal Museum

概述

类型　社会科学类历史专题博物馆

隶属关系　隶属于九江市文化局

创建时间　1978年6月

所在位置　九江市能仁寺内

博物馆陈列所在地烟水亭

面积　1800平方米

建筑结构　博物馆陈列所在地烟水亭原在湖堤上，系宋理学家周敦颐所建。明万历间（1573～1620）督关主事黄腾春重建亭于此处，取"山头水色薄笼烟"之意境，而名烟水亭。后人又相继修茸增建，遂成一集殿阁亭轩之古建筑群。清咸丰三年（1856）毁于兵燹，现存建筑为晚清按原貌重建。

历史沿革　建馆之前，曾于1959年、1960年先后在烟水亭举办过《九江市历史文物陈列》。1975年9月，为了配合九江旅游事业的发展需要，经过两年的筹备，又在烟水亭恢复了《九江市历史文物陈列》展览，展出了从新石器时代至清代的各类文物、标本400余件。1978年6月市委、市政府决定成立九江市博物馆，馆址设在九江能仁寺内。1985年因落实国务院文件精神，将能仁寺归还宗教管理。博物馆迁出能仁寺，搬迁至烟水亭。2003年博物馆办公场所搬迁到九江市文化局，烟水亭为博物馆文物陈列展地。

历任馆长　田祥鸿、杨复经、吴万里、熊克达、吴水存、汪建策（现任）。

业务活动

基本陈列　《九江近代史略陈列》　九江地处长江中游南岸，是江西省唯一的通江达海城市，素有"七省通衢"、"江西北大门"之称。1858年不平等的《中英天津条约》签订后，被辟为通商口岸，成为近代史上列强对我国进行政治、经济、军事和文化侵略的重点城市之一。九江近代史，既是一部遭受奴役和欺凌的屈辱史，也是一部反侵略、争自由的斗争史，同时还是一部探索真理、追求进步的发展史。本陈列以珍贵历史文物及图片为主，介绍了九江从1858年开放为通商口岸至1949年获得解放期间，所发生的重大历史事件。该陈列旨在让人民群众了解过去，珍惜现在，认清只有社会主义才能救中国，认清只有社会主义才能发展中国的真理。

《周瑜史迹陈列》　在我国历史的长河中，三国仅是短短的61年（220～280），然而这是一个重要的历史时期，在此前后涌现了大批著名的历史人物，周瑜就是其中之一。周瑜是东吴名将，初为建威中郎将，累至中护军偏将军。他具有政治远见和卓越的军事指挥才能，建安十三年瑜奉孙权派遣联合刘备成功地指挥了赤壁之战，这是我国历史上又一次以弱胜强，以少胜多的著名战役，为三国形成乃至晋王朝的统一中国创造了条件，当时周瑜年仅34岁，赤壁大战前后他"治军于柴桑"，此地成为赤壁战役的决策地和指挥中心。如今九江仍留有一些有关周瑜等人的活动遗迹和传说，周瑜史迹广为今人所知。本陈列以图片及实物为主，介绍了周瑜屯兵柴桑，联蜀抗曹，赤壁之战等生平史略。该陈列坚持历史唯物主义，以史实为基础，也收集了一些民间传说。

专题陈列　曾先后举办过《九江市历史文物陈列》、《九江市出土文物陈列》、《九江市文物普查成果展览》、《清代瓷器陈列》、《大清巡抚刘瑞祺夫妇墓出土文物珍品展》、《中国古代铜镜陈列》、《日本国玉野市历史、文化、民俗展》、《'98九江抗洪救灾纪实展》、《清代服饰陈列》、《馆藏书画展》、《馆藏陶俑展》等200多次各类专题陈列展览。并与故宫博物院、北京国际友谊博物馆、广东佛山博物馆、广东东莞博物馆、广东顺德博物馆、江苏镇江博物馆、江苏太平天国纪念馆、湖北随州博物馆等兄弟文博单位举办过联展，加强馆际之间的交流，充分发挥文物在两个文明建设的作用。

藏品管理

[藏品来源]　主要来源于考古发掘、社会征集、社会捐献、文物商店调拨等。

[藏品类别]　包括金银器、玉器、陶瓷、青铜器、石器、字画、碑刻、杂器等。

[藏品统计]　一级文物11件，二级文物441件，三级文物1574件。

元　青花牡丹塔盖瓶

晋　"东林寺乞米"铭罐

唐　青瓷唾壶

元　"管军万户府印"铜印

[重要藏品]　馆藏文物中尤以元延祐六年（1319）青花牡丹塔式盖瓶、元至元三十年（1293）"江西等处行中书省烧钞库印"、晋"东林寺乞米"铭罐、唐青瓷唾壶、元至正十一年（1351）青花菊花纹双耳连底香炉、南宋"准拾捌界江州行使"钱牌、唐代青铜灯、元治平二年（1353）"管军万户府印"铜印、南宋酱褐釉如意枕、商代原始青瓷蝶形纽云雷纹罐等文物弥足珍贵。

唐　青铜灯

元　青花菊花纹双耳连底香炉

元　烧钞库印铜印

科学研究　九江市博物馆的专业人员结合馆藏文物、考古发掘资料及地方史进行科学研究工作，在全国文博专业发表了一批有学术价值的论文、发掘报告，并出版了《九江铜镜》、《九江史话》、《烟笼浔庐》等专著。

对外交流　建馆以来，多次接待党和国家领导人、外国使节、国际友人以及国内外游客。

经营管理

[单位性质]　国营事业单位

[经费来源]　财政拨款

[机构设置]　设有一科、二室、三部。即：保卫科、办公室、资料室、文物工作部、宣传教育部、文化产业部。

[人员编制、组成]　现有干部职工56人，其中在职46人，离退休10人。专业人员32人，管理人员4人，技术工人10人。其中专业人员中，高级职称3人，中级职称16人，初级职称13人。各类人员大专以上学历占总人数的65%，以中青年为主。

[服务观众项目]　博物馆每天定时提供免费讲解

[观众接待]　年接待观众10万人次

参观指南

[地址]　江西省九江市环城路142号

　　　　烟水亭地址：九江市浔阳路1号

[邮编]　332000

[电话]　0792-8135002

　　　　0792-8223190（烟水亭景区）

[传真]　0792-8133601

[票价]　10元（烟水亭景区）

（撰文：九江市博物馆）

于都县博物馆

Yudu Prefectural Museum

概述

类型　社会科学类历史专题博物馆

隶属关系　隶属于于都县文化局

创建时间　1967年12月

正式开馆时间　1986年

所在位置　江西省于都县贡江镇

面积　4000平方米

建筑、布局　二层楼砖混结构建筑，坐东朝西。

历史沿革　于都博物馆的前身是于都县革命历史

1.中央红军长征出发纪念馆　2.展厅一角

博物馆办公地赣南省三级干部大会旧址举办了《中央红军长征出发地纪念展览》作为基本陈列，并正式对外开放。1988年10月在其基础上成立了中央红军长征出发地纪念馆，与博物馆合署办公，两块牌子一套人马。2004年4月为纪念中央红军出发长征70周年，在长征第一渡碑园东侧新建了中央红军长征出发纪念馆。

历任馆长　张德美（1981.4～1984.12）；刘声和（1984.12～1988.7）；李德阳（1988.8～1999.3）；彭碧莲（1999.3～2003.4）；钟南昌（2003.4至今）。

业务活动

基本陈列　《中央红军长征出发地纪念展》以文字、图表、实物等传统的陈列形式，重点反映中央红军在于都出发长征的历史。共展出文物43件，其中比较重要的有中央红军长征出发渡于都河的渔船、搭浮桥用过的门板，中央分局、中央政府办事处用过的行军锅，苏区人民支援红军长征的借谷票，公债券等。

藏品管理

[藏品来源]　主要来源于民间征集。

[藏品统计]　现有馆藏文物2026件（历史文物977件，革命文物1049件）其中一级文物6件，二级文物21件，三级文物835件，一般文物1164件。

[重要藏品]　商印纹陶簋、唐咸通再建福田寺三门碑、唐洪州窑青黄釉莲花纹水盂、1934年项英撰写的《于都检举的情形和经过》、1934年《登贤县苏维埃政府》印章、1929年于北区革命委员会主席谢振春签发的《于都北区革命委员会委令》等。

纪念馆。1967年12月成立宣传毛主席在于都伟大革命实践活动办公室，由于都县革命委员会政治部主管。1971年成立毛主席在于都伟大革命活动纪念馆，列为县直属事业单位，归属于都县革命委员会政治部。1973年12月改为于都县革命历史纪念馆，归属于都县宣传部。1981年4月改于都县革命历史纪念馆为于都县博物馆，归属于都县文化局。1986年，为纪念中国工农红军长征胜利50周年，在于都县

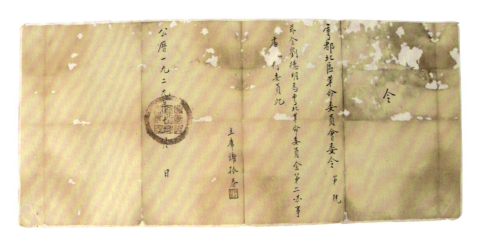

《于都北区革命委员会委令》

《于都检举的情形和经过》

商　印纹陶簋

唐　洪州窑青黄釉莲花纹水盂

唐咸通　再建福田寺三门碑

《登贤县苏维埃政府》公章

科学研究　科研人员共撰写论文30篇，其中有20篇在省级以上学术刊物公开发表。姚连红撰写的论文《赣闽两省出土的克拉克之比较》在古陶瓷科学技术1999年国际学术讨论会上交流，并获江西省第五次社会科学青年优秀成果三等奖。

经营管理

　　[单位性质]　国营事业单位

　　[经费来源]　财政拨款

　　[人员编制]　现有工作人员18人，其中副高职称1人，中级职称2人，初级职称11人。

　　[观众接待]　年接待观众10万人次

参观指南

　　[地址]　江西省于都县贡江镇交通巷12号

　　[邮编]　342300

　　[电话]　0797-6233352

　　[传真]　0797-6233352

　　[电子信箱]　ydbwg2008@163.com

　　[开放时间]　8:00-12:00，14:00-17:00

（撰文：于都县博物馆）

大余县博物馆

Dayu Prefectural Museum

概述

　　类型　社会科学类历史专题博物馆

　　隶属关系　隶属于大余县文化局

　　创建时间　1981年元月

　　所在位置　大余县文化中心

　　面积　110平方米

大余县博物馆

建筑、布局 3间办公用房，砖混结构，大余县文化中心一部分。

历史沿革 大余县博物馆前身是上世纪70年代初成立的"大余县宣传毛泽东实践活动办公室"，主要工作是宣传毛泽东思想以及宣传毛泽东在红军时期在大余从事军事活动、革命实践活动和研究党史方面的工作，1979年12月21日中共大余县委下发余发[1979]074号文件：《关于将原"大余县宣传毛泽东实践活动办公室"改为"大余县革命历史纪念馆"的通知》。纪念馆主要从事革命文物的宣传、教育和研究工作，1981年元月5日经县长办公会议研究决定，将大余县革命历史纪念馆改为大余县博物馆（大余县文教局文件[81]余文字第03号），并将原县文化馆负责征集历史文物工作移交大余博物馆负责。博物馆主要工作：征集、收藏文物，文物陈列和进行科学研究工作。

历任馆长 苏龙文（1995.6～1998.12）；朱才福（1998.12至今）。

业务活动

基本陈列 《梅关和古驿道》 展示了梅关和古驿道的历史沿革，时代背景、历史作用和自然与人文环境以及大余县的历史悠久的"世界钨都"风彩，介绍了第二次国内革命战争时期，项英、陈毅等在梅岭一带坚持艰苦卓绝的南方三年游击的历史，其中包括陈毅在梅岭避险时写下的《梅岭三章》等不朽诗篇，旨在激起人们对革命先辈的敬仰和怀念，增强民众的爱国主义信念，成为县爱国主义教育基地。

专题陈列 大余县博物馆自成立二十年来，不定期进行短期专题陈列（包括主办、承办和合办）。陈列器物有陶瓷器、书画、古钱币以及革命文物等，展厅面积都在100平方米左右，展品数量在200～300件左右。

展厅一角

新石器时代 圆形器

新石器时代 穿孔石斧

藏品管理

[藏品来源] 主要来源于野外征集、有偿购买、接受各类捐赠等途径

[藏品类别] 陶瓷、铜铁器、书画、化石、古钱币、木刻、石器、玉器、革命文物和其它文物等。

[藏品统计] 藏品总数为1085件。

[重要藏品] 红军第四军第四纵队司令部、政治部布告，纸质，规格42×62厘米。明清时期梅瓶一批，其中有：花彩荷花梅瓶、青花三友梅瓶、青花折技梅瓶、青花缠枝梅瓶、青花人物梅瓶等。铜镜一批，其中有铭神兽镜、葡萄纹镜、八葵仙人镜、海兽葡萄纹镜、有铭海兽葡萄纹镜等。新石器时代石器一批，其中有：穿孔石斧（有黑色纹地，通体磨光，呈舌形，双面弧刃，两面对钻单孔，刃口缺一小角）、石刀、石球、圆形器（八件，大小不等，圆形平边，两面微隆起，其中一个双面钻有豆大浅窝，一面为6粒，排成龟形；一面为3粒，排成三角形，其余皆素面；一个断成两半，一个为花岗石）、石锛等。铜器一批，其中有：青铜剑、龙首柄铜鐎斗、南安守禦千户所百户印、铜铲、铜矛等。

宣传教育　出版《大余文物古迹》一书，并在省、市报刊发表论文、文章多篇。

交流合作

1、派出人员到江西省考古研究所学习并参加多期考古发掘工作。

2、派员到国家、省、市举办的各类业务培训班学习。

经营管理

［单位性质］　国营事业单位

［经费来源］　财政拨款

［人员编制］　事业编制6人，5人为专业人员，1人为管理员。

参观指南

［地址］　江西省大余县文化中心

［邮编］　341500

［电话］　0797-8721619

［传真］　0797-8722314

［电子信箱］　dyxbwg@163.com

（撰文：雷建瑞）

万年县博物馆

Wannian Prefectural Museum

概述

类型　地方综合性博物馆

隶属关系　隶属于万年县文化广播电视局

创建时间　1985年12月

正式开馆时间　1987年12月

所在位置　万年县城人民广场

面积　400平方米

布局　一楼为主展厅，二楼北面为展厅，二楼南面及三楼为办公室，东面设仓库。

建筑结构　主要建筑为混凝土结构，正面四座10米高的人造大理石黑柱，气势雄伟。

历史沿革　万年县博物馆是在1982年全省第二次文物普查的基础上，于1985年由县文化馆文物保管室分开，独立分设的新单位。

历任馆长　王炳万（1987至今）。

业务活动

基本陈列　陈列分两部分，第一部分陈列我国华南地区新石器时代早期文化的典型代表——万年仙人洞、吊桶环遗址，分8个单元介绍了该遗址的概貌、发掘情况、地层、文化堆积、人类骨骼化石、遗迹、石器、生产活动和陶器制作。第二部分陈列该馆收藏的陶瓷器、铜镜、古砚等，重点陈列宋代影青瓷和饶州镜，陈列面积约400平方米，展出藏品200余件。专题陈列万年珍珠、万年贡米。

藏品管理

［藏品来源］　藏品来源主要是在1982年江西省第二次文物普查的基础上建立起来，逐年由工商局、公安局打击文物走私贩活动缴获后，移交该馆，以及群众自愿上交的文物。

［藏品统计］　馆藏文物共1267件，经国家、省、地鉴定属一级文物2件、二级文物2件，三级文物40件。

［文物考古］　万年县博物馆文博人员经常深入基层、田野进行文物考古调查，该馆专业人员发现的吊桶环遗址和斋山遗址，被国家列入国保单位和省保单位，1993年、1995年和1999年三次配合中美农业考古队和北京大学考古系以及江西省文物考古研究所对万年仙人洞和吊桶环遗址进行考古发掘。该遗址新石器早期地层发现了1万年以前的水稻栽培稻植硅石，把世界种植水稻的历史提前几千年，同时还发现1万年以前的原始制陶，这也是目前世界最

万年县博物馆外景

展厅一角

一万年前的陶罐

宋　影青粉合

早的陶器。该遗址被评为1995年度和"八五"期间全国十大考古新发现，2001年入选"中国20世纪100项考古大发现"之一。

经营管理

［单位性质］ 国营事业单位

［经费来源］ 财政拨款

［机构设置］ 设置财务、办公室、文博考古、陈列、馆长室。

［人员编制、组成］ 5人。在职7人，离休1人，其中副研究馆员1人，馆员1人，助理馆员2人。

［观众接待］ 年接待观众8000人次

参观指南

［地址］ 万年县六零大道19号

［邮编］ 335500

［电话］ 13576358766

［电子信箱］ wnbwg@yahoo.com.cn

［开放时间］ 不定期

（撰文：万年县博物馆）

万安县博物馆
Wanan Prefectural Museum

概述

类型 社会科学类历史专题博物馆

隶属关系 隶属于万安县文化广播电视局

创建时间 1992年5月1日

正式开馆时间 1996年7月1日

所在位置 位于县城主干道五云路上

面积 3200平方米

建筑、布局 博物馆坐东向西，院内分前院和后院，1楼3个展厅（1序2厅），为《康克清同志生平事迹展》；2楼3个展厅，为《历史文物》展厅；《革命斗争》展厅；《建设成就》展厅；3楼两边为办公用房和值班房，中间为文物库房。3层楼为水泥、钢筋、砖混结构。建筑面积1320平方米，九级台阶，四周回廊的现代化建筑。

历史沿革 为了缅怀革命先烈，启迪教育后人，加强社会主义精神文明建设，1992年万安县委、县政府决定兴建万安革命历史博物馆，成立了"万安县革命历史博物馆筹建领导小组"，下设领导小组办公室（设在万安县文化局），由于县财政拮据，1992年3月14日，筹建领导小组发出了向社会各界人士，机关团体募捐建馆的倡议书，召开了全县副科级以上单位领导参加的捐款动员大会，时任万安县委宣传部部长的兰宗英不顾自己50多岁腿脚残疾，亲自下基层募捐，跑上级业务部门筹款，全县人民积极响应，共得捐款25万元，并由政府拨款55万元，于1992年5月1日破土动工，1996年7月1日竣工开馆。总投资80万元，整座博物馆气势宏伟，展厅高达5米，自然采光效果良好，当时的万安籍将军王辉球中将为其题写了"万安博物馆"馆名，并镶嵌在博物馆正上方。1996年7月1日开馆时，设

万安县博物馆

1序3厅，序厅设在1楼，2楼为历史文物展厅、革命斗争展厅、建设成就展厅。1999年将建设成就展厅改为《50周年辉煌成就展》，于当年10月1日正式向社会展出。2002年12月筹办原全国政协副主席，全国妇联主席《康克清同志生平事迹展》。2003年4月22日正式展出。朱德、康克清的儿媳赵力平及家人出席了展览仪式，原省委书记孟建柱参观《康克清生平事迹展》后，拨款30万元，改版并增加声、光、电等设施。2005年4月1日孟建柱再次来到万安博物馆考察，参观《康克清同志生平事迹展》，观后给予了高度评价。

历任馆长 陈凯华、尹枫林、蔡建萍

业务活动

基本陈列 《万安历史展》分历史文物展厅、革命斗争展厅、建设成就展厅；《康克清同志生平事迹展》1序2厅分4个部分；第1部展出的是康克清从望郎媳到红军女战士的历程；第2部分从红军"女司令"到八路军指挥员；第3部分以求解放的农村姑娘到妇女解放运动的卓越领导人；第4部分从江西万安罗塘湾到四川仪陇马鞍场。文字图片、实物相结合，采用凹凸版面和声、光、电、技术。陈列面积1480平方米，展品687件（套）。

　　［重要展品］ 康克清、朱德夫妇生前穿过的真丝棉衣棉裤、风衣以及1956年苏联大使赠送的牛皮皮箱、"万安暴动"用过的武器。

专题陈列 有《孔繁生同志生平事迹展》、《庆香港回归展》、《预防青少年违法犯罪展》、《爱党爱国英烈展》、《珍爱生命，拒绝毒品展》、《50周年辉煌成就展》、《纪念"万安暴动"胜利80周年展》、《万安县省、县级文物保护单位简介展》。展厅面积480平方米。

藏品管理

　　［藏品来源］ 主要来源于移交、征集、捐赠、收缴、出土。

康克清、朱德生平事迹展览

　　［藏品类别］ 包括铜器、瓷器、纸制品、铁器、木器、布制品、石器。

　　［藏品统计］ 共计1344件（套），其中铜器321、瓷器402、纸质品357、木器93、铁器36、石器36、布制品33、陶21、其它45。

　　［重要藏品］ 青铜方形狮状温酒器 青铜方形温酒器，国家一级文物，质地为青铜、明代仿宋、高18厘米、宽39厘米、重6500克，器物呈长方形，器物饰狮状，狮口为通风口，口周围有眼、耳、鼻、胡须等，狮头顶为炉口，口呈长方形作加热用，炉口两边各有容放酒器的圆形口子，膛内有通风口，器物两侧各有提梁。

明 方形铜质温酒器

明 手托酒器青铜俑

汉　青铜规矩镜

明　铜立鹤

明　手托纱帽青铜俑

明　手托酒器青铜俑　国家一级文物，质地为青铜，高21.5厘米，青铜俑为单身立像，方圆脸、含笑、面额前垂，头戴幞帽，脑后留有发髻，身穿圆领长衫、束腰带，足立覆莲座上，手托酒器。

明　手托纱帽青铜俑　国家一级文物，质地为青铜，高21.5厘米，青铜俑为单身立像，方圆脸、含笑、面额前垂，头戴幞帽，脑后留有发髻，身穿圆领长衫、束腰带，足立覆莲座上，手托纱帽。

1993年江西省苏维埃政府训令、表格　江西省苏维埃政府训令，国家一级文物，质地为纸质，宽37厘米，长24厘米，时代为1933年1月，为油印，训令粮字第2号，主要内容是"关于调查和统计粮食"，阐明了粮食调查、统计的重要性和必要性，为红军第四次反围剿筹集粮食，有落款，并附有表格，白底红字。

1930年江西红军万安赤色游击大队部布告　江西红军万安赤色游击大队部布告，国家一级文物，质地为纸质，长39.5厘米，宽52厘米，时代为1930年，其布告均为石印，楷书，直行书写，六字一句，押韵，共28句。

经营管理

　［单位性质］　国营事业单位

　［经费来源］　财政拨款

　［机构设置］　办公室、保管部、宣教部

　［人员编制］　6人

　［服务观众项目］　康克清生平事迹展、万安历史展、移动展览

　［观众接待］　年接待观众9.2万人/次

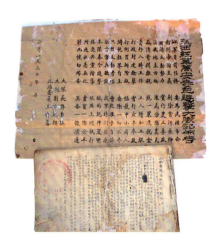

江西红军万安赤色游击大队部布告

参观指南

　　[地址]　江西省万安县五云路428号

　　[邮编]　343800

　　[电话]　0796-5705041

　　[传真]　0796-5701065

　　[电子信箱]　Wananwenbo110@163.cam

　　[开放时间]　周一至周五

（撰文：万安县博物馆）

上犹县博物馆

Shangyou Prefectural Museum

概述

类型　地方综合性博物馆

隶属关系　隶属于上犹县文化局

创建时间　1995年5月

所在位置　上犹县水南新开发区文化艺术中心

面积　400平方米

历史沿革　上犹县博物馆于1995年5月正式成立。当时与文化馆合署办公。1997年6月实行单列，2006～2007年在筹建新馆舍，已完成了选址、图纸设计等工作。

　　历任馆长　刘继锐（1992.5～1994.4　文化馆长兼）；赖良淦（1994.5～1997.5　文化馆长兼）；钟扶声（1997.6～1998.9　文化局副局长兼）；张志明（1998.10～1999.12　副馆长主持工作）；曾华香（2000.1至今）。

业务活动

基本陈列　目前无馆舍无基本陈列

专题陈列　《世界珍稀蝴蝶标本展》、《动物化石展》等，每期展览特色展品较多，受到了广大观众的好评。

宣传教育　每年发放文物保护宣传单2000多份，举办文物保护专题讲座1～2期，播放电视宣传片2期以上。通过宣传，不断提高了广大干部群众的文物保护意识，加强了文物保护工作。

　　藏品管理

　　[藏品来源]　藏品主要是通过征集和接受捐赠获得。

　　[藏品类别]　主要有：陶瓷器、铜器、铁器、竹木器、石器、纺织类、纸质类等。

　　[藏品统计]　藏品总数245件，其中陶瓷器178件（其中陶片91件，瓷片27件），铜器29件，铁器4件，竹木器4件，石器19件，纸质文物1件，纺织文物9件，其它类1件。

宋　七里窑褐釉柳斗乳钉纹罐

　　[重要藏品]　宋七里窑褐釉柳斗乳钉纹罐　高8.6厘米，宽10厘米，底径4.1厘米，外撇圆唇、缩颈、白釉乳钉、鼓腹、平底，柳斗刻画纹，器具内施褐釉，器外施釉到颈部。

　　[藏品保护]　在藏品保护方面添置了活动金库，文物分类存放，防止了文物损伤；保持库房适当温度、湿度，延缓文物自然老化；对纸质、纺织类文物注意了防虫蛀、防霉变。

　　[文保考古]　2001～2003年抢修了三座明代古塔。严厉打击盗窃、盗掘、走私文物等违法犯罪行为。1998年配合省文物考古研究所的工作人员对梅水商周遗址开展了文物考古发掘工作，发现了不少石器、陶片等，这对商周时期地方文化的考证具有很好的科学价值。

经营管理

　　[单位性质]　国营事业单位

　　[经费来源]　财政拨款

　　[机构设置]　内设2个机构，行政部和业务部，行政部负责人事、保卫、总务、财会工作，业务部负责陈列保管、文物征集、文物鉴定、职工教育等工作。

　　[人员编制]　人员编制3名，其中初级职称1人，中级职称1人

　　[观众接待]　年接待观众5000人

参观指南

　　[地址]　江西省上犹县解放路53号

　　[邮编]　341200

　　[电话]　13097072313

　　[传真]　0797-8522855

（撰文：上犹县博物馆）

上饶市信州区博物馆

Xinzhou Regional Museum

概述

类型 社会科学类文物专题博物馆

隶属关系 隶属于信州区文化广播电视局

创建时间 1984年12月

正式开馆时间 1989年10月

所在位置 上饶市区内相府路17号民宅

上饶市信州区博物馆

面积 2300平方米

布局 采用中轴对称严谨的构思形式，木结构封闭式构造，形成前后三进两天井的格局。

建筑结构 建筑坐北朝南，规模宏大。正门青石门框，用砖石叠涩挑檐门罩，屋顶为硬山顶，墙体立面为中间高两旁低的山岳形，为典型的赣东北风格建筑。前厅为四柱抬梁式结构，成敞开式明间，梁架上精美的雕刻栩栩如生。两旁的次间为穿斗式结构，穿枋间有多幅竹编造，粉白底水墨山水画，色彩鲜明，清新典雅。中厅形同于前厅，左右厢房，形成"四水归堂"的第一进天井，井檐檐柱均有蜀柱和牛腿，以古典人物戏剧为题材，将精湛的雕刻和华丽的贴金融为一体，尽显富贵吉祥。后厅为穿斗式结构，左右厢房，形成"天人合一"的第二进天井。穿廊的房门隔扇和窗户棂格雕工精细，不论是传统造型，还是吉祥图案，都生动传神，风韵悠然。建筑周匝用五岳朝天封火墙隔断，墙外两侧又有厢房，前后阁楼共四天井，中门侧门，可开可闭，形成两重封闭结构。

历史沿革 相府路17号民宅，为上饶民国时期商人杨益泰的旧宅。解放后，杨家去了海外，旧宅为上饶市公安局驻地，宅地得以保存完好。1987年政府将它作为上饶市博物馆馆址。2000年上饶撤地设市，博物馆改名为上饶市信州区博物馆。

历任馆长 温祖望（1984.12～1986.1 副馆长主持工作）；沈法栋（1986.2～1990.10）；丁品光（1990.11～1993.7）；郭正秋（1993.8～1996.2）；周恒斌（1996.3至今）。

业务活动

基本陈列 2004年7月，信州区博物馆开设了《文物精品展》陈列，主要陈列陶器、瓷器、铜器、玉器、字画等文物。年代最早的展品为中生代白垩纪的恐龙蛋化石，造型生动的动物俑和人物俑是赣东北地区宋代的随葬品，铜

《文物精品展》陈列

器的陈列从汉代一直延续到清代。字画作品丰富，有康有为、于右任的行书对联，齐白石的渔翁图，"珠山八友"中王琦、王大凡、汪平的人物和山水画等。瓷器种类繁多，有龙泉、吉州、景德镇等各窑系的产品。陈列面积300平方米，展品80件。

[重要展品] 元青花茂叔爱莲玉壶春瓶 器型完整，高27.5厘米、口径8.5厘米、底径8.2厘米，喇叭口、细长颈、胆腹、圈足稍外撇。通体青花装饰，口沿内侧绘草叶纹一周，颈腹部主题纹由柳树、莲池、人物、山石、花草、流云等构成，画面取材于宋代哲学家周敦颐的《爱莲说》，底部绘仰莲瓣纹，青花呈色青翠浓艳，为镇馆之宝。

宋吉州窑木叶纹黑釉盏 高5.3厘米、口径10.5厘米、底径2.9厘米，口微敛、深腹、矮圈足。内外施黑釉，近底处及圈足露胎，口缘露出一道灰白色细边，盏内有一片平面展开的叶片，从盏壁一直延伸到盏底，在乌黑的釉色衬托下，叶脉清晰，色调明朗，为吉州窑装饰的一绝。根据出土的"宋安人赵氏墓碑"考证，该盏为南宋开禧二年（1206）随葬，这样有确切历史纪年的宋吉州窑木叶纹黑釉盏，实属罕见。

专题陈列 2007年，信州区博物馆着手于民俗文物的陈列，根据相府路17号民宅的构造格局，在前、中、后厅

元　青花荷莲纹玉壶春瓶

元　青花茂叔爱莲玉壶春瓶

宋　吉州窑木叶纹黑釉盏

和左右厢房展示具有当地风情的婚嫁、寿庆和日渐稀少的生活用品。同时举办《民间绣品》和《历代钱币》两大专题陈列。展厅面积1000平方米。

藏品管理

[藏品来源]　主要来源于文物普查、打击文物走私、基本建设地下出土、收购、接收捐赠等。

[藏品类别]　包括陶器、瓷器、木器、纸质文物、金属文物、石质文物等。

[藏品统计]　藏品总数1093件，其中陶器42件、瓷器406件、木器6件、石碑10件、玉石30件、金银器21件、铜器77件、纸本字画47件、绢本字画3件、古籍善本3套、钱币412枚，其它文物36件。

[重要藏品]　清康熙青花山水纹套杯　大小共6只，撇口，圈足，胎体轻薄，釉色粉白。内外青花装饰，口沿外及近底处各饰弦纹一道，主题纹以山水为题材，画面布局疏密相间，亭台楼阁散落在崇山峻岭之中，一叶轻舟穿行于青山绿水之间。口沿内又饰弦纹一周，底内绘山水纹。青花发色，幽菁清新，浓淡相宜。

元青花荷莲纹玉壶春瓶　高27厘米、口径8.3厘米、底径8.2厘米，喇叭口、长颈、胆腹，圈足稍外撇。通体青花装饰，青花发色泛灰，口沿残，内饰卷草纹一周和两道弦纹，颈上部绘蕉叶纹，下部绘覆莲瓣纹，中间以回形纹相间隔。腹部主题纹为池塘、荷叶、莲花，近底处绘仰莲瓣纹，与主题纹之间以卷草纹相间隔。

[藏品保护]　藏品全部上架分类管理，采用通风，放置干燥剂和除虫剂的方法，对不同质地的藏品进行保护。

宣传教育　1998年12月27日，《中国文物报》第10期第4版，详细介绍了上饶市信州区博物馆馆藏的国保级文物。2002年9月，出版发行《紫阳遗墨》一书。

交流合作　1999年8月，信州区博物馆将3件珍贵文物借给江西省博物馆新馆开馆展出，丰富了其历史馆的陈列。2006年10月，景德镇承办"元青花国际学术研讨会"期间，馆藏元青花精品参加《江西省景德镇元青花藏品联展》，为弘扬陶瓷文化，推动青花瓷研究的深入发展尽了一份力。

经营管理

[单位性质]　国营事业单位

[经费来源]　财政拨款

[机构设置]　保管部、陈列部、宣教部和办公室

[人员编制、组成]　13人，大专以上文化程度9人，其中文博副研究员1人，文博馆员5人。

　　[服务观众项目]　充分利用展区空间，搭台唱戏，让观众在参观的同时还可以品茶听戏。

　　[观众接待]　年接待观众5万人

参观指南

　　[地址]　江西省上饶市信州区相府路17号

　　[邮编]　334000

　　[电话]　0793-8232110、8223130

　　[传真]　0793-8223130

　　[开放时间]　周一至周五，9:00－11:00，14:30－16:30

　　[票价]　免费

（撰稿人：吕珺）

上高县博物馆

Shanggao Prefectural Museum

概述

类型　社会科学类历史专题博物馆

隶属关系　隶属于上高县文化局

创建时间　1978年3月

正式开馆时间　1979年1月5日

所在位置　上高县城和平路29号（街心花园南侧）

面积　2182平方米

建筑、布局　二层展厅式砖混结构，为1968年"文革"中全县各届"献忠"劳动而建造的"忠"字馆，又称"万岁"馆。外形与江西省展览馆类似，是按省展览馆设计图纸缩小为二分之一建造，竣工之时，举办过阶级教育展览，故又称"展览馆"。现由博物馆、图书馆共用，各占一半。博物馆设展厅5间、办公室2间、业务工作室2间、资料室1间、杂物存放室3间。附属建筑有三层职工宿舍楼1栋、文物仓库1间、石刻陈列园等。

历史沿革　1978年7月，根据中央、省、地发展文博事业的精神，中共上高县委、县政府研究决定成立"上高县革命历史纪念馆"筹备小组。工作人员、经费与文博工作从县文化馆折出，清理接手由文化馆负责收藏的各类历史文物，并重点调查上高县革命史料，征集革命文物。1979年1月5日，"上高县革命历史纪念馆"挂牌成立，开馆时举办了《上高县革命历史展览》。1980年12月15日，根据全国文物工作会议精神，更名为"上高县博物馆"。更名后，上高县博物馆向地方综合型博物馆方向发展，并突显"抗日十大著名战役之一——'上高会战'"史料实物的收藏、展示、研究。

历任馆长　黄扬洲（1979.1～1980.10）；方向（1980.11～1986.5）；胡春涛（1986.6～1988.4　副馆长主持工作）；卢少雄（1988.5～1992.8　副馆长主持工作）；简彬文（1992.9～1993.12）；易雨明（1994.1～1996.6　副馆长主持工作）；晏益远（1996.7～2001.4）；钟鼎（2001.5～2004.3）；邓小林（2004.4～2007.8）；聂太阳（2007.9至今　文化局副局长兼）。

业务活动

基本陈列　上高县博物馆以《上高会战展览》为基本陈列，运用丰富的史料与藏品，向人们进行爱国主义教育。"上高会战"是抗日战争中被誉为"最精彩之作战"、"媲美台儿庄胜利"的著名战役。1941年3月15日～4月9日，侵华日军为了占领整个华中，打通赣湘通道，实施南下东南亚和增兵华北的战略目的，集结65000重兵和150架飞机，对赣西北地区发动"肃清讨伐"作战。中国军队十九集团军72000余将士和以上高为主的赣西北九县的广大民众誓死抗敌，与来犯日军展开了震惊中外的"上高会战"。采取"诱敌深入，分割包围"的战术，以上高城北境山一线为最后一道防线，据险决战。经过三昼夜的浴血激战，终于无数次击退疯狂进攻的日军，并逐步将来

上高县博物馆外景

犯之敌分割、包围、追击、聚歼，以牺牲9000余英烈的代价，取得了毙、伤日军24000余名，缴获大量武器弹药，收复赣西北大好河山的"空前战捷"，成为抗日战争中"以劣胜优，寸土未失"的光辉战例。

上高会战的胜利沉重打击了日军的狂妄气焰，鼓舞了相持阶段中全国的军心和民心，加快了抗日战争的胜利进程，中国将士在镜山决战中放射出的"拼死抵抗，舍身报国"的爱国主义精神，至今具有重大的教育意义。《上高会战展览》于1995年列为市级爱国主义教育基地，已接纳数十万观众参观。

《上高会战展览》展线长210米，布置陈展面积1003.67平方米，展出纸质文献、大炮、枪支、炸弹、军旗、军刀等实物59件，展览内容分为三个部分：一是日寇侵略中国，抗日战争爆发；二是日军进犯上高，我军以劣胜优；三是纪念上高会战，促进祖国统一。

［重要展品］日军榴弹炮　铁质，炮管通长2.2米，口径15厘米，炮管上铸"大正十二年制"、"四年式十五栅榴弹炮"铭文。此炮系上高会战中日军溃逃时遗弃的大炮。1983年文物普查时征集，收藏进上高博物馆，1985年6月3日中国人民革命军事博物馆征调往军博收藏展出。《上高会战展览》采用的是木质原大复制件。

铜墨盒　铜质，六方形，边长2.6厘米，直径6厘米，盖面錾刻国民党党徽和"个个还要爱国"楷书铭文，一级品。此墨盒系上高会战总指挥罗卓英使用，撤防时赠予房东以作纪念之物，2002年征集进馆收藏。

镜山决战中阵亡将士名录石刻　上高会战胜利后，十九集团军在镜山南坡修建烈士墓、三座大墓共安葬4000余名镜山决战中的阵亡将士，烈士名单刻石立碑纪念。"文革"中受左的思潮影响，名录石刻拆迁散失。1989年博物馆组织查找、寻回名录石刻6块近2000名阵亡将士名单，收藏陈列。

十九集团军总司令罗卓英使用的铜墨盒

日军榴弹炮（复制件）

日军指挥刀、军旗、重磅炸弹、迫击炮弹等　系上高会战中日军溃逃遗弃物，建国后陆续被群众发现，由博物馆征集，收藏陈列；重磅炸弹通长105厘米，直径26厘米，重60千克，是出土于镜山的未爆炸弹。

上高会战战斗详报　系十九集团军总司令部作战参谋处对上高会战过程的详情记录文献。纸质17页，长30厘米，宽23厘米。

专题陈列　上高县博物馆为让观众了解本地历史文化，宣传政治时事和党在各时期的方针政策，展示上高经济、社会、文化发展成果，每年要推出数个专题陈列，主要有：《上高县革命历史展览》（1980）、《宜春地区与上高县历史文物概况展览》（1981）、《上高县历史文物陈列》（1982）、《上高县文物普查成果展览》（1984）、《益王墓出土文物展览》（1986）、《毛主席像章收藏展览》（1987）、《古民居写生展览》（1989）、《上高县名优特新产品展览》（1990）、《上高县两个文明建设成果展览》（1991）、《上高县明代出土古尸和文物展览》（1992）、《张大庆美术作品、郑火生工艺品展》（1995）、《珍爱生命——禁毒教育展览》（1996）、《救救孩子——预防青少年犯罪展览》（1997）、《孔繁森事迹图片展览》（1997）、《百年梦园——香港回归展览》（1997）、《火红的年代——上高

1.《"辉煌十年"地税杯书法、美术摄影作品展览》　2.《火红的日子、农民的情怀》特色文化展览

县经济社会发展成就摄影作品展览》（2001）、《"辉煌十年"地税杯书法、美术摄影作品展览》（2003）、《老年体协成立20周年书法摄影作品展览》（2004）、《"中储粮杯"全县书法大赛作品展》（2004）、《"博士达杯"全县硬笔书法大赛作品展览》（2005）、《上高县农民摄影省级以上获奖作品展览》（2005）、《保护珍稀野生动物展览》（2005）、《构建"和谐平安上高"文化艺术展览》（2006）、《"科学发展、和谐创业"全县书法大赛作品展览》（2006）、《"魅力上高"全县摄影书法美术作品联展》（2006）、《火红的日子、农民的情怀特色文化展览》（2007）、《"技监计量杯"全县硬笔书法大赛作品展览》（2007）、《"喜迎十七大"全县美术、摄影、象刻、剪纸精品联展》（2007）。

藏品管理

　　[藏品来源]　藏品来源于四方面：一是解放初期没收地主、恶霸家财中的古董、字画；其次是群众捐赠的传世或出土文物；再是文物普查中征集收购的社会流散文物，四是博物馆组织的专题征集活动与考古发掘获得的文物。

　　改革开放后，民间古玩市场逐步兴起。2002年一古董

贩子从乡下收购一个铜墨合，欲往南昌出售，被博物馆干部卢少雄发现，凭着职业敏感，他仔细盘问收购地点、卖主特征，并立即深入实地调查，得知这是抗日"上高会战"我方总指挥罗卓英司令使用的、撤防时赠与房东留作纪念的一方有铭文的铜墨合。他及时征藏进馆入库，经省级专家组鉴定为一级文物，保护了地方贵重文物未遭流失。

　　[藏品类别]　按材质分有陶器、瓷器、铜器、铁器、金银器、锡器、石器、玉器、石刻、竹木牙角雕、织绣品、书画、古籍、文献及革命文物15个大类。

　　[藏品统计]　现有藏品2234件（套），其中历史文物2035件（套），近现代革命文物199件（套），2004年经省文物局组织的专家组鉴定：一级品3件（套），二级品31件（套），三级品313件（套），一般文物1887件（套）。

　　[重要藏品]　土地革命时期中共上高县地下党支部第一任支部书记傅学祥英勇就义前写下的的遗书《血泪传》；省级文物保护单位——蒙山宋到明古银矿遗址太子庙中供奉太子神的青花海水龙纹香炉。

　　[藏品保护]　本着"丰富馆藏，科学保护，合理利用，宣传教育"的方针，上高县博物馆注重革命文物和历史文物的征集、收购、利用。所有进馆藏品都建卡、建帐、建档，分类保管。

　　"文化大革命"动乱中，文化馆干部方向顶着多次批斗、殴打的压力和危险，日夜看守文化馆收藏的各类历史文物，使千余件珍贵的历史文物免遭"破四旧"的毁损和流失。1969年，他还从县民政局保存的档案中，清理发现了中共上高地下党支部第一任支部书记傅学祥英勇就义前夜写下的遗书《血泪传》等7件珍贵革命文物，现收藏于上高县博物馆，其中《血泪传》经省文物鉴定组专家鉴定为一级文物。

考古工作

　　[文物普查]　1984年与2004年，上高博物馆进行了两次全县文物普查。第一次普查发现红军标语等革命遗迹3处，古文化遗址16处，古墓葬18处，古窑址2处，古城址1处，古代军事遗址1处，寺庙、塔坊、古桥、殿宇等古建筑35处，征集收购社会流散文物363件（套）。在此基础上编写出版了《上高县文物志》、《上高县志·文化文物卷》。第二次普查以清查馆藏文物为主，结合调查野外不可移动文物、新发现古文化遗址1处，古墓葬群3处，古文化村镇3处，古桥梁9处，红军标语和"上高会战"抗日标语等革命遗址遗迹8处，古桥、庙宇、祠堂、古民居等古建筑17处。基本清晰了全县文物家底，查明了保护现状，为

进行文物保护利用打下了良好基础，并编写出版了《上高县志·文物卷》。

[文物保护]　由县博物馆申报，经省、县人民政府批准公布，上高县现有省级文物保护单位3处，市级2处，县级18处。博物馆对全县野外文物保护单位实施日常检查监督，协调社会力量对古建进行维修保护。1990年维修了县城古塔——市级保护单位大观塔、1994年和2003年两度维修了省级保护单位"观澜阁塔"，并逐年维修了7处古桥和古祠堂、寺庙等古建筑。

[考古发掘]　1982年，上高县博物馆报请江西省文物考古研究所，经江西省文物局批准，对暴露地表的张鸡坑

土地革命时期中共上高县地下党支部第一任支部书记
傅学祥英勇就义前写下的的遗书《血泪传》

蒙山宋到明古银矿遗址太子庙中
供奉太子神的青花海水龙纹香炉

的被盗残墓和堆峰被盗残墓进行抢救性发掘。两地5座残墓同属南北朝时期，出土随葬青瓷器22件。1991年1月，县博物馆报请县政府和省考古研究所批准，对遭到盗掘的蒙山清湖村明万历按察司副使黎龙墓进行抢救性发掘，出土完整古尸（木乃伊）一具，墓志铭一方，及铜镜、角梳、衣物等随葬品29件，经科学防腐处理，收入馆藏。同年发表了考古报告，并举办了《上高县明代古尸及出土文物展览》。

经营管理

[单位性质]　国营事业单位

[经费来源]　县财政拨款

[机构设置]　共设立了办公室、展览部、考古部、保卫部。

[人员编制]　共有工作人员10人，其中男7人，女3人；文化程度：本科2人，大专4人，中专及以下4人；专业职称：中级4人，初级3人，技工及以下3人。

[观众接待]　年接待观众8万人次

参观指南

[地址]　江西省上高县和平路29号

[邮编]　336400

[电话]　0795-2512278

[传真]　0795-2512278

[电子信箱]　yym54@163.com

[开放时间]　8:00-17:00（周一闭馆）

[票价]　免费

（撰文：卢少雄，摄影：易雨明）

广昌县博物馆

Guangchang Prefectural Museum

概述

类型　地方综合性博物馆

隶属关系　隶属于江西省广昌县文化体育广播电视局

创建时间　1982年10月

正式开馆时间　1982年10月

所在位置　江西省广昌县盱江镇建设西路6号

面积　311平方米

建筑结构　框架结构

历史沿革　1977年6月中共广昌县委成立"广昌县革命历史纪念馆"，1982年10月广昌县人民政府把"广昌县革命历史纪念馆"更名为"广昌县博物馆"

历任馆长　姚澄清（1982.12～1990.12）；魏叶国

1.广昌县博物馆　2.总前委会议旧址暨毛泽东故居　3.展室一角

（1993.11～2006.12）；孙敬民（2006至今）。

业务活动

基本陈列 红一方面军总前委会议旧址暨毛泽东同志故居，陈列面积452平方米，陈纲式的展框，展板相结合，展品60件，展板26块，油画5幅。

专题陈列 《广昌恐龙化石模型展》，展厅面积100平方米。

藏品管理

[藏品来源] 主要来源于征集和捐献。

[藏品类别] 包括陶器、陶瓷、青铜器、木刻及杂项。

[藏品统计] 藏品总数为1280件，其中一级文物3件、二级文物5件、三级文物136件、一般文物1136件。

科学研究 撰写文章入选书目有《回忆中央苏区》、《关山阵阵苍》、《民俗民艺论文集》、《中国历史名人胜迹辞典》、《中国博物馆大观》、《中国文化世家·江西卷》、《可爱的莲乡》、《95古陶瓷科学技术国际讨论会论文集》、《99古陶瓷科学技术国际讨论会论文集》、《广昌白莲志》。刊物有：《江西历史文物》、《争鸣》、《考古》、《文物》、《江西钱币》、《江西画报》、《景德镇陶瓷》、《南方文物》、《抚州师专学报》以及新华社电讯、江西人民广播电台。报纸有：《中国文物报》、《中国文化报》、《江西日报》、《信息日报》、《抚州日报》。

宣传教育 编辑有：《毛泽东同志在广昌简介》、《红星照征途》（内部发行）

经营管理

[单位性质] 国营

[经费来源] 财政拨款

[人员编制、组成] 4人，中级（馆员）1人、职员1人、技工2人。

[观众接待] 年接待观众5000人

参观指南

[地址] 江西省广昌县旴江镇建设西路6号

[邮编] 344900

[电话] 0794-3618350、3622160

[开放时间] 8:00—12:00，14:00—17:00

（撰文：孙敬民、黄震）

丰城市博物馆

Fengcheng Municipal Museum

概述

类型 社会科学类文物专题博物馆

隶属关系 隶属于丰城市文化局

创建时间 1977年

正式开馆时间 1984年

所在位置 丰城市东方红大街320号原丰城市古建筑万寿宫内。2012年博物馆新馆建设主体工程完工，新馆位于丰城市丰水湖文化公园心广堂。

丰城市博物馆外景

青釉博山炉

面积　600平方米

建筑结构　砖木三进重檐歇山宫殿式结构

历任馆长　万良田、吕遇春、丁柯、熊国栋、徐卫星、胡平凡、赖洪生。

业务活动

基本陈列　展出内容以洪州窑出土展品为主，结合馆藏各历史时期精品文物，以定期与短期相结合方式，展出藏品数2000余件，重要展出藏品有：良渚文化类型玉琮、东晋洪州窑青瓷博山炉、宋吉州窑木叶纹盏、元景德镇窑戏剧楼台式瓷枕、明代万历八年竹簪等。

藏品管理

［藏品来源］　主要来源于考古发掘、社会征集及个人捐献等。

［藏品类别］　有瓷器、玉器、铜器、字画、石器等。

［藏品统计］　目前馆藏文物及标本15000余件，其中一级文物14件，二级文物286件，三级文物3000余件，标本12000余件。

青釉多足砚

［藏品保护］　藏品保护为目前较为薄弱的环节，原因为库房面积小，技防技术条件差造成。管理市辖区内的历史文化遗址、遗存。

科研宣教　万良田、万德强二人合著论文十余篇，其重要论文有《江西丰城龙雾洲瓷窑调查》（1982年《文物》第8期）、《丰城东晋—南朝匣钵装烧工艺的探讨》（1988年《文物》第8期），获宜春地区文化事业发展论文评比一等奖，由北京大学考古系、江西历史文物研究所、洪州窑发掘报告集已正式出版。张文江《洪州窑》一书已畅销全国。洪州窑宣传画册于2007年"洪州窑考古发现三十周年暨学术研讨会"期间发行，得到与会专家及同行高度评价，影视录像《洪州窑》已列入《中国古遗址》，由北京电视艺术中心音响出版社出版，已向全国播出。

匣钵装烧平底钵

印花瓷模

2009年《洪州窑遗址保护规划》通过了国家文物局专家组评审。2010年1月国家文物局对该规划进行了批复，2012年2月经江西省政府公布实施。2010年中央电视台《走遍中国》栏目组来到丰城拍摄《发现洪州窑》专题，于9月21日央视四套《走遍中国·宜春》栏目在黄金时段播出。2011年12月《洪州窑研究文辑》出版。

经营管理

[单位性质] 国营事业单位

[经费来源] 财政拨款

[人员编制] 馆长1人，副馆长2人，其它工作人员11人。

[观众接待] 年接待观众9万余人次

参观指南

[地址] 江西省丰城市东方红大街320号

[邮编] 331100

[电话] 0795-6423468

[传真] 0795-6423468

[开放时间] 8:00—17:00（节假日例外）

（撰文：丰城市博物馆）

王安石纪念馆

Wang Anshi Memorial Hall

概述

类型 社会科学类名人专题博物馆

隶属关系 隶属于抚州市文化局

创建时间 1984年

正式开馆时间 1986年11月

所在位置 抚州市赣东大道南端

面积 13320平方米

建筑结构 仿宋园林式建筑群，馆内门楼、隐壁、水榭、游廊、亭台、荷池、曲桥与主楼相得益彰，浑然天成，绿木葱葱，翠竹掩映，鸟语花香，令游人流连忘返。景苑有辛夷园、踯躅园、问月水榭、明月轩、熙丰楼、半山堂、荆公亭、名人书法碑廊等组成，建筑主体雄伟壮阔、熙丰楼前矗立的王安石塑像为当代名家所创作，构成园中亮丽的风景。

历任馆长 邓作新（1986～1994）；李小白（1994～2001）；纪丽波（2001至今）。

业务活动

基本陈列 主楼建筑熙丰楼为两层陈列厅，陈列《王

1.王安石纪念馆外景 2.王安石纪念馆一角 3.王安石雕像

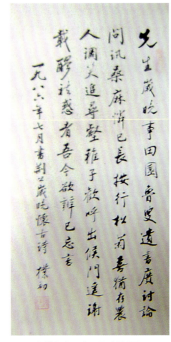

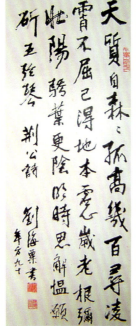

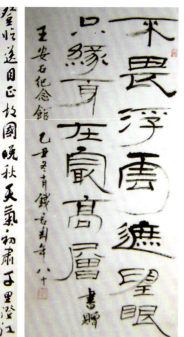

赵朴初为王安石纪念馆题词　　刘海粟为王安石纪念馆题词　　陆俨少为王安石纪念馆题词　　肖娴为王安石纪念馆题词

安石生平史迹》展，展览内容共分八个部分，一楼陈列"故里情深"、"治善州邑"、"荆公新学"、"熙宁变法"；二楼陈列"文学造诣"、"人文品格"、"终老金陵"、"千秋评说"，整个陈列贯穿了王安石作为政治家、思想家的抱负和胆略，同时也反映了这位被后人称为唐宋八大家的文学家风采。在整个陈列设计上运用现代材料与传统风格有机结合，采用版面、展柜结合，以照片、图表、雕塑、绘画、书法等展示，配以聚光灯、日光灯照明、电化器进行展示。陈列面积700平方米，展出藏品共9件，重要的展品有赵朴初、刘海粟、陆俨少、费新我、钱君匋、肖娴等当代著名书画家字画。

专题陈列　专题陈列有《临川文化展》、《抚州历史文物图片展》、《抚州革命文物展》、《蝴蝶标本展》、《航海、航空模型展》、《宋代遗珍展》等，展厅面积200平方米。

藏品管理

[藏品来源]　主要来源于收集和赠送

[藏品类别]　包括字画、书册

[藏品统计]　总计38件

[藏品保护]　藏品管理实行馆长负责制；库房门双保险，珍贵文物进入库房登记、编号、建帐放入保险柜内，设有安防设施。对字画的保管采取防潮、防湿、防霉的方法。

宣传教育　江西省爱国主义教育基地。制作《5·18国际博物馆日》、《文化遗产日》、《文物法宣传日》等图片展。

经营管理

[单位性质]　国营事业单位

[经费来源]　财政拨款

[机构设置]　内设一部三室，即群工部、办公室、资料室、馆藏文物室，设有游客服务中心、观众留言台。

[人员编制、组成]　人员编制12人。馆长、书记、副馆长各1人，副研究员1人，馆员2人，助理馆员2人，群工讲解3人，保卫1人。

[观众接待]　年接待观众2万人

参观指南

[地址]　江西省抚州市赣东大道1085号王安石纪念馆

[邮编]　344000

[电话]　0794-8222249

[开放时间]　全年开放，8:00—17:00

[票价]　免费

（撰文：纪丽波、章伟云）

井冈山革命博物馆

Jinggangshan Revolution Museum

概述

类型　社会科学类历史专题博物馆

隶属关系　隶属于江西省文化厅

筹建时间　1958年

井冈山革命博物馆

正式开馆时间　1959年10月

所在位置　江西省井冈山茨坪红军南路

面积　17820平方米

建筑、布局　整体建筑坐西朝东。主体建筑为四层框架结构，一层为停车场、报告厅，二层为文物库房及办公用房，三、四层为展厅。建筑面积20030平方米，在建筑总体造型上，吸取了江西民居的建筑元素，同时又使用现代化的建筑材料进行诠释。整个建筑依山就势，完美地融入周围的环境氛围，成为具有井冈山特色的标志性建筑。从底到顶用红色石材铺就红色之路，预示着中国共产党领导的中国革命从胜利走向胜利。整个建筑现代化程度高，幕墙使用目前国内最大规格的石材，供电系统电脑控制参数达到国内领先水平，安全监控系统和应急电源系统均达国内先进水平。在建筑功能方面，新馆除大量增加了陈展面积外，还根据博物馆的功能，增设了报告厅、影视厅、多媒体展示室和咖啡休闲室等服务场所。小剧场可容纳600人进行学术报告、会议研讨和文艺演出等。

历史沿革　井冈山革命博物馆是为纪念中国共产党创建的第一个农村革命根据地——井冈山革命根据地而建的全面展示、宣传、研究井冈山斗争史和井冈山精神的革命史博物馆，1958年经国家文物局批准，投资20万元进行建设，1959年10月建成并正式对外开放，是我国第一个地方性革命博物馆。1997年被中宣部列为首批全国爱国主义教育示范基地。2004年，中央决定在井冈山实施全国爱国主义教育示范基地"一号工程"建设，主要是以在原址重建井冈山革命博物馆为主，并对11处革命旧居旧址进行维修保护。2005年9月，井冈山革命博物馆新馆开工建设。2007年10月27日，井冈山革命根据地创建八十周年之际，中共中央政治局常委李长春为"一号工程"—井冈山革命博物馆剪彩，井冈山革命博物馆正式对外开放。2008年5月18日，被评为首批国家一级博物馆。井冈山革命博物馆还负责井冈山革命遗址中1处24点全国重点文物保护单位、10处省级

文物保护单位和26处市级文物保护单位的保护和管理工作。

历任馆长　井冈山革命博物馆筹备委员会：林史（1959.7.1～1963.2　主任委员，中共井冈山管理局党委书记处书记兼）；罗甦岳（1960.8～1965.7.31筹备办公室主任主持博物馆日常工作）；吕云松（1965.7.31～1967.2.8　中共井冈山管理局党委宣传部副部长兼）；

"文革"时期：艾盛（1967.3～1967.10　博物馆临时领导小组组长）；程收桑（1967.10～1967.11　"毛主席创建井冈山革命根据地纪念馆"临时领导小组组长）；姜梅伍（1967.11～1968.10　纪念馆临时领导小组组长）；朱光明（1968.10～1969.10　纪念馆革委会主任）；毛秉华（1969.10～1972.10　井冈山革委会常委兼纪念馆革委会主任）；余光灿（1972.10～1975.11　博物馆革委会主任）；王发媛（1975.11～1979.6　井冈山革委会常委兼博物馆革委会主任，1978年后改称"馆长"）；

井冈山革命博物馆：张名沪（1979.8～1979.8）；聂二南（1979.8～1980.10）；桂玉麟（1980.10～1982.6）；朱本良（1982.6～1988.10）；黄仲芳（1988.10～1993.3）；谢善广（1993.3～1997.3）；黄永荣（1997.3～1999.3）；赵中朝（1999.3～2001.2）；袁井红（2001.2～2002.12　中共井冈山市委常委、宣传部长兼）；曾宪文（2002.12～2007.12）；肖邮华（2008.1至今）。

业务活动

基本陈列　井冈山革命博物馆自1959年建成正式对外开放以来，在征集、整理大量革命文物、史料的基础上，通过多年宣传、教育实践，先后编制过五十多个陈列方案，进行过大小十多次的修改。特别是"一号工程"建成以后，充分运用当代声、光、电等现代化高科技手法，最终形成一个全面、系统、综合展示井冈山革命斗争历史的

基本陈列

基本陈列。这个陈列主题明确、观点鲜明、内容丰富、史料翔实、脉络清晰、形式生动，准确地向广大观众介绍井冈山革命根据地创建、巩固和发展的全过程。与此同时，围绕井冈山斗争历史的丰富内容，布置多个专题陈列、旧居旧址的原状陈列、辅助陈列、井冈山精神的流动展览等。这种多角度、多层次的综合性的陈列展览形式，充分向人们介绍了以毛泽东为代表的中国共产党人，运用马列主义的普遍真理同中国革命的具体实践相结合，从中国的国情出发，在井冈山点燃了工农武装斗争的星星之火，成功创建了中国第一块农村革命根据地，从而开辟了一条中国式的农村包围城市，武装夺取政权的革命道路。展厅面积8436平方米，基本陈列分5个展室。新馆基本展厅共展出文物800余件，照片2000多张，艺术品30多件。陈展方式上，追求与建筑风格和环境气氛的统一协调，力求通过现代化的展览手段和丰富的表现形式，采用大框架、立体版面，集中形象地宣传、展示井冈山革命斗争时期的大量珍贵文物、图片、资料。除传统的陈展手段外，还增加了19处融展陈、造型艺术与声光电、多媒体艺术为一体的大型场景。其中《八角楼灯光》场景运用幻影成像真人比例动态演示为全国第一，序厅自动移合的大型电子屏幕，开创了全国革命纪念馆序厅设计的先河。

专题陈列 《革命摇篮辉煌曲》大型专题陈列 共三大部分：历史丰碑——重点介绍井冈山革命斗争的史实；伟人精神——着重介绍井冈山斗争中培育出的中华民族的宝贵精神财富井冈山精神；今日井冈——重点展示井冈山解放后特别是改革开放后旧貌变新颜的大好形势。

《从绿林到红军——王佐烈士生平事迹展》专题陈列 整个展览分"投身绿林"、"接受改编"、"镇守井冈"、"禾河沉冤"四个部分介绍王佐烈士英勇悲壮的一生。

《千里来寻故地》专题陈列 通过图片和领导人的题词，向观众展示井冈山革命根据地的创始人毛泽东、朱德重上井冈山和井冈山人民共享革命胜利的喜悦心情；展示从井冈山走出来一大批老红军战士重回井冈山、故地重游的生动画面；展示历届党和国家重要领导人上井冈山瞻仰革命圣地，缅怀革命先烈的崇敬心情。

《井冈山红军造币厂》专题陈列 包括"艰难岁月"、"红军造币厂的创办"和"工"字银元帮助井冈山军民度过了艰难的岁月，取得了井冈山斗争伟大胜利的历史意义。

《弘扬井冈山精神》专题陈列 毛泽东、朱德等老一辈无产阶级革命家在井冈山艰苦卓绝的斗争中培育的井冈山精神，是中国革命精神之源，共产党人的精神瑰宝，她将继续激励全党、全国人民去开创更加灿烂的明天。包括红军传人、千里寻故地、继往开来等三个部分内容。

《井冈山第一个女红军——贺子珍生平事迹展》专题陈列 整个展览用142幅珍贵的图片，按"峥嵘的战斗岁月"、"从延安到莫斯科"、"在回国后的日子里"、"暮年殊荣"四个部分介绍贺子珍这位伟大而平凡的女性艰难坎坷的人生之旅，展示她伴随毛泽东从井冈山到延安度过的最艰难的战斗岁月，在通往革命胜利的道路上留下她那沉重而光辉的足迹。

《井冈客家风情》专题陈列 分"井冈客家概况"、"饮食习俗"、"衣着服饰"、"生活起居"、"尊祖敬宗"、"婚嫁习俗"、"文化信仰"、"耕耘劳作"等八个部分，运用300余件客家文物和图片资料，向观众展示井冈客家人特有的民情风俗、客家文化以及客家人在井冈山斗争中所做的伟大历史贡献。

《共和国第九烈士——陈毅安烈士生平事迹展》专题陈列 陈列以"立志救国"、"转战井冈"、"血染沙场"、"永久的怀念"四个部分和大量的图片资料，介绍了陈毅安烈士光辉的一生。

《千里来寻故地》

井冈山精神大型展览

《中共湘赣边界特委历史沿革》辅助陈列　陈列展示"中共湘赣边界党的代表大会"、"特委的领导机构及其领导人"和"特委的历史作用"等内容,详细介绍中共湘赣边界特委机关的历史。

《从南昌起义到上井冈山——朱德、陈毅生平片断》辅助陈列　通过介绍朱德、陈毅各自的生平简历以及他们组织发动"八一南昌起义"、率部转战湘粤赣、发动"湘南年关暴动"、向井冈山转移和井冈山会师等史实,展示他们参加领导创建井冈山革命根据地的伟大历史功绩。

《黄洋界保卫战》辅助陈列　通过介绍黄洋界的方位、红军哨口工事和1928年8月30日保卫战的主要经过以及保卫战指挥员朱云卿、何挺颖、陈毅安生平事迹,展示黄洋界的伟大历史意义;同时也向观众介绍毛泽东、朱德解放后重登黄洋界以及部分党和国家领导人参观黄洋界的情景。

《茨坪原貌沙盘模型》辅助陈列　在茨坪毛泽东旧居左侧的长厅内展出的《茨坪原貌沙盘模型》,通过按比例制作茨坪当年周边的山峰和村内的小溪、村庄、稻田、道路以及红军的各种机关设施,向观众展示了茨坪的历史原貌,使人们进一步感受到井冈山在建国以后所发生的翻天覆地的变化。

《井冈山革命斗争史》巡回展览　1970年9月至12月和1976年6月至7月,井冈山革命博物馆制作《井冈山革命斗争史》小型展板,按"韶山升起红太阳"、"井冈山的斗争"、"世界人民热爱毛主席"三大部分内容,由纪念馆11位专业人员组成的巡回宣传小分队肩挑手提,先后步行到当时井冈山及遂川县山区以及各圩镇、机关、工厂、学校,向井冈山的人民群众开展井冈山艰苦奋斗作风教育,激发井冈山人民发扬红军的精神,开发建设山区的热情。

《井冈山精神》流动展览

（1）1990年6月至8月,在广州农讲所纪念馆的配合下,在广州举办了《井冈山精神》展览。

（2）1997年7月至10月,在上海历史博物馆的配合下,在上海举办了《井冈山精神》展览。

（3）1991年至1993年间,将《井冈山精神》展在吉安地区各个县市进行了长时间的流动展览,在全区广泛地开展了一次井冈山革命传统的教育。

（4）2003年11月15日至30日,在国家博物馆举办了《井冈山精神大型展览》,展览共分"前言"、"敢闯新路,胜利指南"、"坚定信念,革命灵魂"、"艰苦奋斗,成功法宝"、"依靠群众,力量源泉"、"永恒的精神家园"、"新的时代,新的光芒"等七大部分。展线总长200多米,展出珍贵图片200余幅、文物80多件。仅16天的展出时间,有在京的老红军后代、陆海空三军指战员、全国劳模代表、企业家代表以及首都各界人民群众共12万人前来参观。党和国家领导人吴官正、李长春、刘云山、贺国强等专程前来参观,并给予了高度评价。继在北京展出之后,又先后于2003年12月至2004年元月在天津,2004年3月至4月在杭州,2004年6月至7月在上海,2004年8月至9月在南昌展出,受到各地党政领导的高度重视,受到各界人民群众的广泛欢迎。

《毛泽东在江西革命活动》大型图片流动展览　为隆重纪念毛泽东诞辰100周年,1993年,在江西省文化厅文物局的组织下,井冈山革命博物馆会同江西省博物馆、八一起义纪念馆和瑞金中央苏区革命纪念馆等兄弟馆共同制作《毛泽东在江西革命活动》大型图片展览,自1993年始至1995年,在全省各地开展巡回展出。

《光辉的历史》革命文物图片展　为配合井冈山市委、市人民政府在全国开展"红色之旅"的推介活动,自1995年6月开始,博物馆制作《光辉的历史》革命文物图片和《重上井冈山》珍贵图片与井冈山旅游局制作的《优美风光》图片形成一套大型图片展览,先后赴广州、深圳、惠州、郑州、北京、上海、杭州、武汉等各地开展井冈山红色之旅的推介展览活动。

《井冈山精神永放放光芒》　重点介绍井冈山革命斗争中孕育出来的井冈山精神,展示井冈山精神是中国革命精神之源。

藏品管理

[藏品来源]　主要为野外采集、有偿购买、接受各类捐赠等途径获得。

[藏品类别]　为井冈山斗争时期的革命文物。

[藏品统计]　30000余件,其中一级文物27件,二级文物99件,三级文物296件。

[重要藏品]　宁冈县工农兵政府购物粮帐簿　土地革命战争时期革命文物。封皮表蓝色,长方形,横本,红竖条格,共27页,其中空白13页,墨字。簿内主要记载了1928年5、6月间宁冈县三区四乡、四区一乡、四区三乡及桥上、东源、金源、焦坡等村农民售粮数量和付款金额。

朱德题写"井冈山革命博物馆"馆名手稿　白色宣纸,长方形,竖幅,高70厘米,宽29厘米。楷书,竖行,墨字,字迹清晰。

王佐赠给李嗣凤的青龙剑　土地革命战争时期革命文物。质地为铁、木,颜色灰黑,长条形,两面刃,长74厘

王佐赠给李嗣凤的青龙剑

朱德题写"井冈山革命博物馆"馆名手稿

红军1928年送给李尚发的一罐食盐

米，宽3厘米。剑柄上有一块圆形铁皮护圈。剑鞘由两片硬木合成，五组铜片圈固定，铜片上的纹饰各异，靠护手圈内一组的铜片圈两侧各有一条青龙，故称青龙剑。

宁冈县新城区桥上乡农民1928年交土地税清单　土地革命战争时期革命文物。土黄色毛边纸，长72.5厘米、宽23.5厘米，长方形，竖行，墨字，行书，字迹清晰。清单记载了1928年间宁冈新城区桥上乡农民缴纳土地税所交谷子的数量和时间。

袁文才1926年在吉安农民运动训练班的合影照片　土地革命战争时期革命文物。袁文才早年的两张合影照片，一张是袁文才与刘辉霄等九人的合影照，一张是袁文才与刘辉霄等四人的合影照，两张均为黑白光面相纸。

欧阳倬井冈山斗争时期红色交通证　土地革命战争时期革命文物。红色绸布，呈长方形。正面写有"交通欧阳倬"，"交通"横书，"欧阳倬"竖书，墨字，楷书。"阳倬"二字上有一兰色方印"永新四区工农兵政府印"，篆体，阳刻，宽边。

红军1928年送给李尚发的一罐食盐　土地革命战争时期革命文物。鼓腹、曲颈、圆口、棕色、横条纹陶罐，装满了接近颈部的食盐，食盐已结成表面为灰黑色、晶体状态的一整罐。

工农革命军进军井冈山途中遵守群众纪律的米缸　土地革命战争时期革命文物。棕黄色陶质米缸，高61厘米，腹围167.7厘米，口径36厘米，底径27厘米；鼓腹、曲颈、圆口、竖条纹。

工农革命军进军井冈山途中遵守群众纪律的米缸

1928年黄洋界保卫战修筑工事的铁镐

湘赣省永新县城内横街赤色消费合作社印　土地革命战争时期革命文物。土黄色杂木，条状印章，"城内横街赤色消费合作社"十一字，阳刻竖书，宋体字。

湘赣省酃县十都区苏维埃执行委员会工农检查部印　土地革命战争时期革命文物。熟褐色杂木刻成，椭圆形。印面刻有两个同心椭圆，内圆中间是"工农检查部"五个字，同心圆之间自右至左，上排是"湘赣省酃县十都区"，下排是"苏维埃执行委员会"，两排对称，字成弧形。左右相邻处各有一个小五角星。字楷书，阳刻。

1928年黄洋界保卫战修筑工事的铁镐　土地革命战争时期革命文物。"T"形，镐身长33.5厘米，两端向内微翘，一端成长条形，有5条棱边；另一端为扁平成扇形。镐身中间装有一根带扁圆形的木柄，长51厘米，与镐身成"T"字形。

钟步全1927年党徽　土地革命战争时期革命文物。银质，呈五角形，正面中间为中国共产党镰刀、斧头的党徽；背面靠下上角有一挂针，角内有"钟步全"三字；靠左上、下角处有"1927"字样；靠右上、下角的邻边相交处有"党"字。

[藏品保护]　2008年，井冈山革命博物馆根据有关标准新建了文物库房和文物保护修复室，安装了先进的温湿度控制设施；在藏品管理、征集、出入库、修复等重点工作上，配备了专业的业务工作人员，制定了科学规范的管理制度。

科学研究　井冈山革命博物馆自成立以来，始终重视井冈山革命斗争历史和井冈山精神的研究，加大智力投资，先后采取全员培训、学历培训和专业技术培训、在岗培训和离岗培训三结合的方法，致力造就科研编纂的业务队伍。全馆近百人次参加各种培训，先后获得各种专业技术职务资格的有：副研究馆员6人，馆员23人，助理馆员11人，管理员5人；政工师10人、助理政工师8人、政工员14人；有14人成为中国博物馆学会会员、66人为省博物馆学会会员，17人次分别加入了中国摄影协会、中国美术协会、中国统计学会、中国作家协会等各种专业组织。有专门的学术组织，配备了专业的研究人员，先后整理出井冈山斗争史的专题课目196个，由馆里编纂出版的专著17部，参与出版的专著30余部，专业人员个人编著出版的专著30余部，专业人员撰写的专题论文500余篇，达1000余万字；获得省级以上各种奖励25部（篇）。

宣传教育　井冈山革命博物馆自1959年10月1日开馆以来，接待了来自158个国家和地区的国际友人、侨胞、港澳台同胞、国内观众3000多万人次。毛泽东、朱德、邓小平、江泽民、胡锦涛、彭真、李鹏、朱镕基、吴邦国、温家宝、贾庆林、曾庆红、李长春、习近平、罗干、贺国强、周永康等300多位党和国家领导人曾先后亲临井冈山革命博物馆参观考察。近年来，井冈山革命博物馆利用优势资源、有效平台和有利时机，系统地策划了宣传教育工作，先后自主制作和引进各类展览10多个、制作电视宣传片30余份、大量刊发文字宣传资料。成立了专门的社教机构和青年志愿者队伍，经常性举办井冈山精神巡展、讲座，充分满足观众讲解需求，各类服务设施科学合理、种类俱全，在全馆推行人性化服务，与观众建立了良好的沟通服务渠道。

交流合作　井冈山革命博物馆充分利用丰富的革命文物和史料，多次召开学术研讨会，与国内其他博物馆合办展览，自办发行馆刊《摇篮》，向欧洲、日本、韩国等国外博物馆派出访问学者，与国内外广泛开展共建交流，实现资源共享。先后与国防大学、南昌陆军学院、解放军长沙政治学院、同济大学、浙江师范大学、南昌大学、复旦大学、解放日报社等一百多家部队和地方院校及其它单位携手共建"井冈山革命传统教育基地"，多渠道、多方式开展爱国主义教育和革命传统教育，有效扩大了博物馆对外影响力，取得了良好的社会效益。

经营管理

[单位性质]　国营事业单位

[经费来源]　财政拨款

[机构设置]　共设立了办公室、编研陈列室、管理培训科、井冈山革命历史博物馆管理办公室、旧居旧址管理办公室、井冈山会师纪念馆管理办公室六个科室。

[人员编制]　博物馆共有在岗工作人员157人（含临时聘用人员58人），其中副研究馆员6人，文博馆员23人，助理馆员11人。

[服务观众项目]　停车场（全天　国家统一价格）、多媒体室（8:00—17:30　免费）、纪念品销售（8:00—17:30　自定价）、触摸屏导览（8:00—17:30　免费）、语音导览机（8:00—17:30　租借）、影视厅（8:00—17:30　自定价）、自动擦鞋机（8:00—17:30　免费）、轮椅（8:00—17:30　免费）、婴儿车（8:00～17:30　免费）。

[观众接待]　1959年～2007年度每年平均观众人数60万人。

参观指南

[地址]　江西省井冈山茨坪红军南路

[邮编] 343600
[电话] 0796-6552248（办公室）
[传真] 0796-6552248
[电子信箱] jgsbwg@163.com
[网址] www.jgsgmbwg.com
[开放时间] 全年开放，8:00－17:30
[票价] 免费

（撰文：饶道良）

中央革命根据地历史博物馆

History Museum of Central Revolutionary Base

概述

类型 社会科学类历史专题博物馆

隶属关系 隶属于江西省文化厅

创建时间 1953年

正式开馆时间 1958年

所在位置 江西省瑞金市苏维埃纪念园内，东临公园路，南傍红都大道。

面积 45328平方米

建筑、布局 博物馆依山而建，地势高爽，环境优雅，由主体建筑和馆前广场构成。主体建筑由陈列展室、多功能报告厅、文博楼组成。博物馆正面造型犹如一面迎风招展的旗帜，左边的旗杆，也是纪念碑，高31.117米，寓示着中华苏维埃共和国成立于1931年11月7日，右边是旗面，镶嵌着636平方米花岗岩巨型浮雕，主题为《人民共和国从这里走来》，刻画了毛泽东、周恩来、朱德、刘少奇等24位为中华苏维埃共和国创建作出卓越贡献的代表。

历史沿革 原名瑞金革命纪念馆，1953年筹建，1958年正式开馆，1994年更名为"瑞金中央革命根据地纪念

中央革命根据地历史博物馆

1.序厅 2.大柏地战斗场景

馆"，并升格为副处级事业单位，1996年列为全国首批百个爱国主义教育示范基地之一，2007年10月江泽民题写馆名"中央革命根据地历史博物馆"。原馆址在瑞金市八一南路（上龙尾），2004年，经中共中央办公厅批准，对该馆进行改扩建，2007年，新馆竣工。2008年5月18日，被国家文物局评为首批一级博物馆。

历任馆长 刘炳山（1954.3～1963.12 筹备处副主任、馆长）；刘德仁（1954.～1958.6 筹备处主任）；刘立葱（1959.～1973.8 筹备处副主任、副馆长主持工作）；刘庆芳（1973.9～1974.4 副馆长主持工作）；刘礼菁（1974.5～1980.12 副馆长主持工作）；刘庆芳（1981.1～1984.12）；刘礼菁（1984.12～1985.3）；钟蔚银（1985.3～1992.10）；刘有明（1992.11～1993.10）；邹亮辉（1993.11至今）。

业务活动

基本陈列 中央革命根据地历史博物馆举办了《人民共和国从这里走来——中华苏维埃共和国历史》基本陈列，展厅面积4600平方米，展线总长840米，分为六个部分：第一部分 中华苏维埃共和国诞生的前夜；第二部分

中华苏维埃共和国定都瑞金；第三部分　中华苏维埃共和国的巩固和发展；第四部分　中华苏维埃共和国建设与管理；第五部分　中华苏维埃共和国战略转移；第六部分　中华苏维埃共和国辉煌永铸。

陈列采用了油画、场景、多媒体、幻影成像、超现实仿真雕像等先进的展陈手段，再现了中国共产党领导苏区军民进行反"围剿"斗争，创建巩固革命根据地，创建中华苏维埃共和国临时中央政府的艰难历程以及进行治国安邦伟大实践，积极开展武装斗争、土地革命和根据地建设所取得的辉煌成就，展现了中华苏维埃共和国历史演变的全过程，诠释了中华苏维埃共和国与中华人民共和国传承关系。

陈列展出文物史料1000余件，其中一级文物21件。

藏品管理

　　[藏品来源]　主要来源有：第一，由群众捐赠。纪念馆筹备处成立后，筹备处成员分别赴赣南、闽西各县市征集文物；由各地群众无偿捐赠；第二，由部分单位拨交，在纪念馆筹备初期，部分已收藏、保管中央革命根据地文物的单位，如瑞金市文化馆、瑞金市图书馆、瑞金市宣传部等单位移交；第三，历年来向社会各界征集。

　　[藏品类别]　大部分为纸质文物，此外还有铜、铁、布、石等质地。

　　[藏品统计]　藏品共11582件，其中一级藏品73件，二级藏品292件，三级藏品566件。

　　[重要藏品]　中央内务人民委员部木挂牌　木质匾式，长189.5厘米，宽31厘米，红色油漆字，隶书体，阴刻。该牌是1933中央内务人民委员部机关驻在瑞金沙洲坝时使用的。

　　第二次全国苏维埃代表大会主席团证章　此证章为铜质圆形，直径7.1厘米，是1934年1月第二次全国苏维埃代表大会准备委员会为"二苏大"会主席团成员而监制的标志性证章。

中央印刷厂使用过的石印机　该石印机为手摇平台式，由机台、机脚两部分组成，长120厘米，宽61厘米，通高120厘米，机台中装有一块平滑青石板，铁铸棍状手摇柄，全机基本完好，仅缺若干小零件。该石印机在当年印刷了大量的布告、邮票和纸币。

中华苏维埃共和国国家银行玉印　玉质，通高6.3厘米，印钮上部雕有座僧一尊，栩栩如生，大小与印口相配，工艺精细。正方形印面，边长2.4厘米，阴刻"国家银行"四字，两行竖排，隶书体。中华苏维埃共和国国家银行1932年2月至1934年10月使用的国家银行印章。

仿制民国三年银洋的冲压钢模　钢质，分模座和模面两部分。模座为四棱台，下底长7.8厘米，下底宽5.8厘米，上底长6.3厘米，上底宽5.5厘米，高2.2厘米。模面为正六棱台模型，模面上刻有直径3.9厘米的圆，圆内阴雕袁世凯半身侧面光头像，头顶上面阴雕"中华民国三年"六字。1932年春，中华苏维埃共和国中央造币厂在瑞金组建后，为了对外贸易（当时主要是对白区的贸易）的需要制造钢模，并用此钢模制造了一批在红、白区通用的银元。

何长工"二苏大"会代表证　纸质，64开双面印刷的折叠式证件，有四面。1934年1月21日，第二次全国苏维埃代表大会在赤色首都瑞金沙洲坝中央政府大礼堂胜利开幕。时任中国工农红军大学校长兼政治委员的何长工是"二苏大"会的代表，领取了该证，出席了"二苏大"会。

纪念赵博生同志碑刻　该碑刻为青石材质，字迹为阴刻竖写，高70厘米，宽84厘米，厚8厘米。1933年8月临时中央政府为了纪念赵博生烈士，在瑞金叶坪建立"博生堡"，并立此碑，作为永久性纪念。

科学研究　中央革命根据地历史博物馆是为纪念土地革命战争时期中国共产党及其领袖毛泽东、朱德直接领导创建的中央革命根据地和红军第一方面军及中华苏维埃共和国的历史而建立的纪念性博物馆，该馆自成立以来，

中华苏维埃共和国国徽

中华苏维埃共和国第二次全国苏维埃代表大会主席团证章

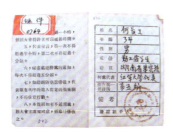

何长工"二苏大"会代表证

中华苏维埃共和国国家银行玉印

仿制民国三年银洋的冲压钢模

中央印刷厂使用过的石印机

在文物征集、保护与管理、宣传上取得一些成绩，并取得了显著的研究成果，特别是邹亮辉自1993年11月任馆长以来，积极探索倡导社会化保护文物的新路子，在全国首倡"文物认护"活动；开展寻根问祖活动，即倡导中央国家部委到瑞金修复本部委的前身旧址，自上世纪90年代至今，有41个中央、国家部委到瑞修复旧址50余处，探索出一条社会化保护文物的新路子，这种模式得到上级部门和新闻媒体的高度赞誉，称为"瑞金模式"。

编著的出版物有：钟久传等编著《红色故都》（中国大百科全书出版社，1998.12）；邹亮辉等编著《伟大的预演》（知识出版社2000.7）；瑞金中央革命根据地纪念馆《共和国摇篮瑞金系列邮册》（一、二、三）（江西省集邮公司，2004）。

志愿者情况：该馆与中小学校、驻地武警建立共建关系，组建了志愿者队伍，在节假日为游客服务。

经营管理

[单位性质] 国营事业单位

[经费来源] 财政拨款

[机构设置] 共设立了办公室、保管陈列部、宣传教育工作部、叶坪旧址管理处、沙洲坝旧址管理处、展厅管理处、中革军委旧址管理处、保卫科共八个部室。

[人员编制、组成] 编制65人，在职职工65人，其中，研究员1人、副研究员1人、馆员2人、助理馆员20人。大专以上学历42人。

[服务观众项目] 停车场（8:30－18:00 国家统一价格）、纪念品销售（8:30－18:00 自定价）、总体讲解（8:30－18:00 免费）、全程导游（8:30－18:00 一级讲解员50元；二级讲解员40元；三级讲解员30元；见习讲解员20元。）

[观众接待] 年接待观众30万人次。

参观指南

[地址] 江西省瑞金市苏维埃纪念园中央革命根据地历史博物馆

[邮编] 342500

[电话] 0797-2522063

[电子信箱] rjjngbgs@163.com

[网址] www.rjjng.com.cn

[开放时间] 全年开放，8:30－18:00

[票价] 免费

（撰文：杨艳华）

分宜县博物馆
Fenyi Prefectural Museum

概述

类型　社会科学类历史专题博物馆

隶属关系　隶属于分宜县教育文化体育局

创建时间　1987年8月

正式开馆时间　1988年元月

所在位置　分宜镇府前路63号

面积　5000平方米

历史沿革　分宜县博物馆旧馆位于钤阳西路112号，房屋占地面积712平方米，其中陈列室200平方米，由于城市改造，于2002年3月旧馆被拆，博物馆现迁至分宜镇府前路63号县老干部局三楼办公，条件简陋。2007年元月在县委、县政府的关心和支持下，新馆建设正式启动，新馆建筑面积5000平方米，展厅面积3500平方米，库房面积500平方米，功能区划分明确，2008年底建成新馆。

历任馆长　黄筱庄、傅学信、辛坤和、钟传雅、严小龙、黄春花、何岸松。

业务活动

基本陈列　基本陈列以地方历史为重点，有《分宜古代史》、《分宜人民革命史》。分宜古代史陈列分为五大部分：古遗址、古墓葬、古建筑、古石刻雕塑、历史名人简介，展出各种文物50余件，其中有洪阳洞新石器时代遗址所发掘的石器、陶片、兽骨、牙床、兽牙、人类牙齿及一些零星炭屑，由此反映出分宜从新石器时代开始就一直有人类生活，为研究人类的起源和发展提供了宝贵的科学资料。

《分宜人民革命史大型图片展》以照片、图片为主，反映了分宜人民在中国共产党的领导下，为反抗帝国主

分宜县博物馆

义、封建主义和官僚资本主义进行了长期而艰苦的斗争，为新中国的建立而付出了巨大牺牲。

专题陈列　举办的临时展览有《明代云南布政史胡镇夫妇尸体展》、《庆祝中国共产党成立七十周年图片展》、《孔繁森光辉事迹图片展》、《苑坑农民根雕艺术展》、《毛泽东像章展》、《中国古代帝王雕塑大型展》等，至2001年底，县博物馆每年接待观众近万人次。

藏品管理

[藏品来源]　主要来源于当地考古发掘出土，公安收缴移交和民间征集等。

[藏品统计]　馆藏文物9448件，分为11类，其中古字画33件，陶器72件，青铜器及古钱币9044件，石雕砖刻107件，瓷器162件，玉器9件，织绣1件，金银器1件，铁器4件，竹木牙角器14件，现代器1件。在珍贵文物中，一级文物1件，二级文物13件，三级文物87件。

[重要藏品]　历史文物有西周云雷纹铜铙、兽面纹双立耳青铜鼎、战国时期青铜剑、汉四系陶罐、西晋陶罐、唐葡萄神兽镜、明青花兰草碗瓷器、万年桥栏板石雕、明严嵩书写的枣林碑及严嵩祖父严骥的墓志铭、清广庆寺西游记人物故事石刻、万上遴指画梅花石刻、祭兰描金长颈腹瓶瓷器、工笔描金四世同堂画等，对研究分宜的历史文化提供了重要的实物见证。

革命文物有1938年张胜身的退伍证书、分宜县大岗山乡老红军赠送的平型关战斗时缴获日本的马袋。现代文物有廖沫沙使用过的黑白电视机。

[藏品保护]　藏品保护工作主要以预防为主，为防止藏品损坏，对各类藏品采用不同的保护方法，以不改变藏品其原状为原则，出土文物入库前采取清除一切有害物质，并进行修复技术处理，主要采取防潮湿、防干燥、防污染、防灰尘、防光辐射、防虫蛀、防腐蚀等措施。

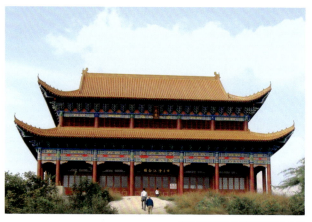

分宜县博物馆下设黄子澄纪念馆

西周　云雷纹青铜铙

清　祭兰描金长颈鼓腹瓶

交流合作　1992年9月，美国考古专家理查德·马尼士博士一行七人在分宜县博物馆工作人员的陪同下考察分宜洪阳洞，帮助他完成课题《水稻起源》资料搜集。1996年8月他们又来到洪阳洞进行考察工作，并对县博物馆保留洪阳洞出土的陶片和一些动物化石的完整，给予极高的赞誉。1997年12月省文化厅叶春厅长带队对分宜县评选先进文化县进行检查验收工作，来到县博物馆参观展览，题下"花香分宜"四个字。

经营管理

　　［单位性质］　国营事业单位

　　［经费来源］　财政拨款

　　［机构设置］　下设办公室、文物保管组、文物陈列组等业务机构。

　　［人员编制、组成］　5人，现有工作人员4人，其中管理人员1名，馆员1名，助理馆员2名。

　　［观众接待］　年观众人数为2.5万人次

参观指南

　　［地址］　江西省分宜镇府前路63号分宜县博物馆

　　［邮编］　336600

　　［电话］　0790-5881877

　　［电子信箱］　*Xinhuiying.2008@yahoo.com.cn*

　　［开放时间］　8:30-11:30，15:00-17:00

（撰文：分宜县博物馆）

石城县博物馆

Shicheng Prefectural Museum

概述

　　类型　社会科学类历史专题博物馆

　　隶属关系　隶属于石城县文化局

　　创建时间　1993年7月

　　正式开馆时间　2005年1月

　　所在位置　地处县城中心，琴江河东岸，宝福院塔北侧，琴江镇琴江东路153号

　　面积　建筑面积1535.39平方米

　　建筑、布局　框架结构建筑。一层为业务用房，二层为库房和办公用房，三层为展厅，四层为修复室及监控室和屋顶花园。

　　历史沿革　1958年9月成立"石城县地志博物馆"，与县文化馆合署办公，两块牌子，一套人马。1959年冬，地志博物馆撤销，文物管理工作由县文化馆兼管。1960年，县革命烈士纪念馆成立（由民政部门管理），大部分革命文物移送革命烈士纪念馆收藏、陈列。文化馆文物管理人员的任务是对古籍、文献、文物的调查、征集管理工作。1988年5月成立"石城县文物保护管理所"。1993年7月1日

石城县博物馆外景

展厅一角

展厅一角

撤销文物保护管理所，成立"石城县博物馆"。

历任馆长　陈必琳（1993～2001.3）；罗德胜（2001.4至今）

业务活动

基本陈列　《石城历史与民俗风情综合展》　2005年1月正式对外开放，展厅面积280平方米，呈"E"字型布展。展厅内陈列200多种历史、客家文物，按陈列内容分为"赣江源头"、"客家摇篮"、"红土风云"、"人物精英"、"今日石城"五个部分。展示内容丰富，题材广泛，几乎涵盖了石城自南唐以来社会的方方面面，其中客家文物具有极高的艺术欣赏价值。展厅布局疏朗、构图简洁、主题突出、线条流畅、极富韵感。展厅内容为我们研究石城历史，尤其是石城地方的文化艺术、民风民俗等方面提供了珍贵的价值。

藏品管理

[藏品来源]　主要来源于征集和移交。

[藏品类别]　陶、瓷、古钱币、石雕、古籍、铁器、木雕等。

[藏品统计]　藏品总数509件，古钱币4197枚。

[重要藏品]　清双人画镂花玉佩　圆型，宽5厘米，

元　龙泉窑花口盘

厚0.4厘米。

明八开光青瓷花盘　通高5厘米，口径29厘米，底径15.5厘米。

清白底双龙戏珠香炉　圆型，高12.3厘米，口径25.7厘米，底径12.8厘米。

晚唐匣钵　丰山古窑址遗物。器高10厘米，口径16.4厘米，内径13厘米。

经营管理

[单位性质]　国营事业单位

[经费来源]　财政拨款

[机构设置]　设有办公室、保卫科、陈列部

[人员编制、组成]　现有人员6人，编制4名。其中中级职称1名，初级职称1名，工人等级2名。大专2名，中专1名，高中1名。

[观众接待]　年接待观众1万余人次。

参观指南

[地址]　江西省石城县琴江镇琴江东路153号

[邮编]　342700

[电话]　0797-5790055（办公室）

[传真]　0797-5790055

[电子信箱]　scbwg195410@sina.com

[开放时间]　8:30—17:30

（撰文：罗德胜）

东乡县博物馆

Dongxiang Prefectural Museum

概述

类型　社会科学类名人专题博物馆

隶属关系　隶属于东乡县文化体育广播电视局

东乡县博物馆外景

创建时间　1991年1月

正式开馆时间　1997年11月

所在位置　东乡县恒安西路10号

面积　6700平方米

建筑、布局　博物馆展厅主楼坐南朝北，仿北京紫禁城古建筑，砖、木、琉璃瓦、钢混结构，建筑规模2000平方米，风格独特。院内有书法碑刻走廊200平方米，现已刻字安装10余块，为党和国家领导人江泽民、姜春云、迟浩

田、张震、吴官正及书法名家的题词碑刻。进入院内门楼中央系江泽民时任总书记和国家主席（1997年10月19日）为当代书法大师舒同题书的"长征过来人，书坛谱新章"的大圆坛巨型石刻，院内东西两侧为草坪、桂花树、铁树、棕树、雪松等树木。大门楼有曹禺题匾"一代宗师、吾党之荣"。时任国务院副总理方毅题匾"舒同书法陈列室"。

历史沿革　1978年东乡县文化馆恢复后，在文化馆内设立文物组，在全县开展文物资料的征集。

1986年开始筹建舒同书法院、文化局管理。

1990年成立东乡县文物管理委员会，下设文管所，主要收集文物和全县古建保护工作。

1991年成立东乡县博物馆，与文管所合并，主要筹备《舒同书法作品展》和全县文物保护工作。隶属东乡县文化局管辖。

1997年举办舒同文化艺术节，正式将舒同书法院更名为舒同博物馆，与东乡县博物馆合署办公，二块牌子一套人马，主要筹备基本陈列为《舒同生平与翰墨生涯、部分珍贵文物和照片、舒同书法作品》展。

2004年东乡县博物馆被抚州市人民政府命名为"抚州

1.书法碑刻走廊　2.江泽民为当代书法大师舒同题书的"长征过来人，书坛谱新章"的大圆坛巨型石刻　3.舒同书法作品展展厅　4.舒同书法陈列室

市爱国主义教育基地"。

历任馆长　张翔龙（1991～2008）；何永安（2008至今）。

业务活动

基本陈列　博物馆基本陈列以《舒同革命与翰墨生涯》、《舒同书法作品展》为主体，展出舒同的革命与翰墨生涯图文照片、珍贵革命文物、书法作品和仿真复制书法作品200余件。展厅陈列面积（一、二楼）500平方米。

专题陈列　东乡本土及外地巡展的书画展、雕刻、根雕、剪纸、艺术绘画展、科技模型展、动物标本展，每年临时陈列展览次数在8次以上。

藏品管理

〔藏品来源〕　1998年以前，馆藏文物由县文化馆保存，1999年博物馆文物库房建好后移交到博物馆收藏。舒同书法作品源于舒同健在时捐赠的140余幅。

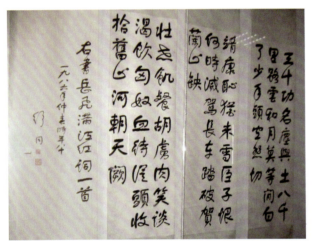

舒同书法作品

〔藏品类别〕　舒同书法作品及其他历史文物包括陶、瓷、石刻、木匾、青铜器、字画、砚七类。

〔藏品统计〕　近400件（套），其中二级文物1件。

〔藏品保护〕　现有文物库房一套三间，面积86平方米，一般现代防护安全设施。

宣传教育　1997年11月25日（舒同诞辰日）在舒同的故乡——东乡县城成功地举办了首届"舒同书法艺术节"。数百名来自北京、上海、山东、西安、广东、湖南及港、澳、台书法大家、名流等参加了本次艺术节活动。

经营管理

〔单位性质〕　国营事业单位

〔经费来源〕　财政拨款

〔机构设置〕　馆内设展览部、文物保管部

〔人员编制〕　编制3名，在职工作人员3名

〔观众接待〕　年接待观众5万余人

参观指南

〔地址〕　江西省东乡县恒安西路10号

〔邮编〕　331800

〔电话〕　0794-4232205

〔传真〕　0794-4232205

〔电子邮箱〕　CHINAJXDXZY@163.com

〔开放时间〕　全年开放，9:00－17:00

（撰文：张翔龙）

东固革命根据地博物馆

Donggu Revolutionary Base Museum

概述

类型　社会科学类历史专题博物馆

东固革命根据地博物馆外景

隶属关系　隶属于吉安市青原区文化局

创建时间　1977年2月

正式开馆时间　1977年9月20日

所在位置　吉安市青原区东固畲族乡小学旁

面积　1932.3平方米

建筑结构　片石、木、瓦结构，两层楼房。外形"工"字形，室内冬暖夏凉。

历史沿革　1977年2月，吉安县在东固创建第二次反"围剿"陈列馆，主要介绍第二次反"围剿"的这段历史。全馆分四个部分：即"诱敌深入退却到根据地作战"、"准备反攻，造成有利于我不利于敌的条件"、"慎重初战，痛快淋漓地打破'围剿'"、"继续努力，把革命推广到全国去"。成立第二次反"围剿"陈列馆时，工作人员4人。1979年后3人，1984年后2人，1989年后1人。2005年4月，青原区把第二次反"围剿"陈列馆改为

东固革命根据地博物馆，主要介绍东固革命根据地的斗争历史，同时介绍了一、二、三次反"围剿"以及在东固战斗成长起来的元帅和将军。1977～2000年隶属于吉安县文化局、2001～2008年隶属于吉安市青原区文化局。

历任馆长　肖常津、廖黎明

业务活动

基本陈列　为红色旅游和中小学青少年提供革命传统教育。用图片、图表、组画、雕塑、油画、示意图、革命历史文物、灯光充分展示有关东固革命根据地的武装斗争和第一、二、三次反围剿以及在东固战斗成长起来的元帅和将军。陈列面积360平方米，展出藏品数39件，分四个展室：东固革命根据地的创建和形成、东固革命根据地的巩固、东固革命根据地的发展和融入、彪炳千秋。

[重要展品]　红四军印章、缴获敌二十八师师长公秉藩的私章、公略县奖给东固区的银牌、东固消费合作社发行的股票。

藏品管理

[藏品来源]　主要来源于民间收集和捐赠。

[藏品类别]　包括文字资料和实物。

[藏品统计]　藏品总数65件。

[重要藏品]　文字资料类：党员登记表1张，红一方面军《宣传动员令》1张，苏维埃政府通令1张。纯化区紧急通告4张，中央苏维埃政府纸币5张，平民课本1本，东固消费合作社股票1张，《为什么要打倒蒋介石》1张，征收土地税收据4张，公略县联席会议决案1张，红一方面军参谋处通报1张。实物类：手雷（铜）1枚、（铁）14枚，土炮弹1枚，绑腿2根，灯盏3个，旗杆插3把，铁盒1个，匕首2把，皮夹1个，尖刀2把，战刀7把，土炮1枚，牛皮夹2个，公略县奖牌1块，公文包2个，马灯6个，子弹3枚，刺刀2把，子弹箱1个，枪管1根，水壶2个，银元1块，烟斗1个，螺号1个，印盒1个，印章2枚，砚台1个，墨水瓶1个，枪1把，药瓶1个，石印石2块，裁纸刀1把，木勾桶1个，行军锅1个，竹筒1个，竹碗1个，私章1枚，皮带1根，手电筒1个，磁碗2个，红缨枪7把，臂章1个。经常打开文物库房的门窗通风，来延缓受潮自然老化。

科学研究　借助吉安市博物馆的力量

宣传教育　2008年4月东固革命根据地的斗争历史和东固红歌已上了中国红色旅游网。

经营管理

[单位性质]　国营事业单位

[经费来源]　财政拨款

印有"中华苏维埃共和国"字样的纸币

公略县苏维埃政府奖给花岩乡购买国家公债模范留念的银牌

国民党28师公秉藩的私章

红四军印章

[人员编制、组成] 编制4人，大专1人，中专3人。

[服务观众项目] 讲解

[观众接待] 2006年接待观众2003人，2007年接待观众3006人

参观指南

[地址] 江西省吉安市青原区东固畲族乡

[邮编] 343063

[电话] 0796-8501600

[传真] 0796-7023196、0796-8500009

[电子信箱] qywgj@jian.gov.cn

[开放时间] 8:00—12:00，14:00—18:00

（撰文：夏淑英）

乐安县博物馆

Lean Prefectural Museum

概述

类型 社会科学类历史专题博物馆

隶属关系 隶属于乐安县文化体育广播电视局

创建时间 1969年

正式开馆时间 1971年

所在位置 乐安县城广场花园东侧

面积 1242.6平方米

建筑结构 建筑外观仿南昌"万岁馆"，高台建筑，上下二层六大展厅。布局呈"工"字形混合砖木结构。前廊六根方柱擎撑檐顶。屋檐下镶嵌"韶山"、"一大会址"、"安源"、"天安门"、"井岗山"、"遵义"、"延安"七块雕塑，象征着革命历史七个里程碑。两边耳房外墙也分别镶嵌高举语录，葵花天安门；枪杆子里面出政权，大海航行靠舵手等图雕。馆高12.26米，寓意毛泽

乐安县博物馆外景

东生日，其门、窗、台阶尺寸均赋有政治纪念性。属"文革"典型代表性建筑物。

历史沿革 1969年为弘扬毛泽东等革命家在乐安的丰功伟绩，纪念第四次反"围剿"的胜利和乐安苏区革命斗争史，乐安县革命委员会发动群众献工献料兴建"万岁馆"，1971年夏落成，并着手征集革命史料与举办临时性展览，由县革委会"宣传组"领导。1977年1月，经江西省革命委员会批准，成立乐安县革命历史纪念馆。正式配备工作人员6名，分别为资料宣传组、美工摄影组、财务保管组，经费由省文物处拨发管理。成为江西省早期有影响的革命历史纪念馆。经济体制调整后，归口乐安县文教局领导，成为集收藏、研究、陈列的全县文物保护职能的事业单位。第二次文物普查时又增加了历史文物，1983年3月，经县人民政府批准，更名为江西省乐安县博物馆，为县文化广播电视局下属单位。1984年博物馆编制由7人增至9人，内设考古研究、陈列讲解、保管保卫组和办公室。2003年是乐安博物馆出现全新面貌的发展时期。馆长梁惠民为改变馆舍破烂、陈列落后的状况，四方奔走，终于取得上海挂职干部——县委副书记王力平的热情支持。由他牵头，县委、县政府共同指导，成立了"县博物馆整修改版领导小组"，下设办公室由梁惠民担任办公室工作。邀请省文物建筑专家共商维修改版大计。没有经费，向四面八方筹资，没有陈列大纲，自己动手，克服重重困难，与黄爱宗共同撰写了《古今乐安》陈列大纲。历经一年的艰苦努力，改版后的陈列展览，内容丰富，展品新颖，地方特色突出，大量的原始实物标本，优雅的图片照片，配以精美的诗文，是对广大群众，特别是青少年进行革命传统教育与爱国主义教育的好场所。长期以来，乐安博物馆在促进三个文明建设中，发挥了应有的作用，也在实践中锻炼出一支骨干队伍。

历任馆长 吴顺荣（1971～1980 万岁馆馆长）；邱兴福（1978～1979 革命历史纪念馆负责人）；梅绍裘（1979～1984 负责人）；梅绍裘（1984～1989 乐安博物馆馆长）；王碧清（1989～1991 负责人）；梁惠民（1992至今）。

业务活动

基本陈列 基本陈列为《古今乐安》展，由序厅与"钟灵毓秀"、"地灵人杰"、"近代风云"、"山乡巨变"四部分组成。序厅以大屏幕展示乐安古今亮点有代表性的流坑古建、文物珍品、儒释道的名山大华山、石桥寺、秀水吓通瀑布、邓小平南村旧居、第四次反"围剿"

1～4.展厅一角

主战场的登仙桥，及今天最能体现人民生活质量的县医院医技大楼、省重点中学一中、人民银行等华照。"钟灵毓秀"展示乐安的自然资源与名胜古迹。"地灵人杰"展示乐安历史沿革、各朝代的历史文物和历史名人简介。"近代风云"展示乐安近代史的光辉岁月，突出红色资源重大事件和革命文物。"山乡巨变"展示乐安城乡建国以后日新月异的建设成就，与解放前成鲜明的对比。陈列艺术设计，采用通柜展柜版面结合，以实物、文图并茂展示，配以聚光灯照明，电化器讲解。陈列面积550平方米，展出藏品共257件，重要的展品有"枢府瓷"和字画。

专题陈列 专题陈列有《乐安历史名人展》、《乐安苏区革命史》、《乐安、金溪、南丰三县书画展》（由三县书协合办）、《野生动物保护展》；长期的有《董必武同志生平图片展》。展厅面积110平方米；重要展品有苏区钱币等。

藏品管理

[藏品来源] 主要来源于出土、打击走私与盗墓活动缴获、捐赠和收购。

[藏品类别] 分历史文物与革命文物两大类，细分为陶瓷、金银器、铜铁锡器、石器、玉器、木器、纸与其他等。

[藏品统计] 藏品总数5107件。

[藏品保护] 订有库房管理各项制度，库房门三把锁管理，珍贵文物进入保险柜，文物上架定期检查。馆长

元　影青葫芦形执壶

中华苏维埃壹圆纸币

元　枢府瓷

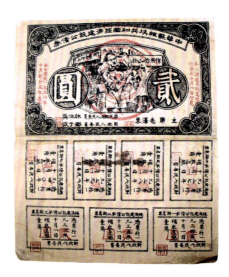

中华苏维埃贰圆公债券

负责制，进出库须经批准。文物进库有登记并建有总帐。

科学研究　乐安县博物馆有较强的研究力量。在全国学术刊物《考古》、《东南文化》、《南方文物》、《四川文物》、《文物天地》、《开封文博》、《中国文化报》、《中国文物报》、《江西历史文物》、《江西日报》、《江西钱币》、《党史宛》上，均发表有考古文章。有的文章还收入在《中国当代社会科学论文集粹》、《赣博论坛》。

馆长梁惠民主持撰写了《乐安文物分布图录》等。黄爱宗参与撰写《乐安县文物志》、《江西名胜古迹旅游博览》。多次在市、省以及全国报刊杂志上发表考古文章。

考古发现　1982年以梁惠民为组长带领文物普查工作队，首先发现了流坑古村。1982年9月在敖溪镇东门池头金鸡山，发现一座南宋嘉泰墓，墓主洪刍曾孙女，宋诗人黄庭坚曾外孙女。该墓共出土7件遗物，其中1件影青葫芦形执壶为精品。1983年12月30日，在乐安县北门寨上，县物资局基建工地发现一处元代窖藏瓷器共111件，有33件较为完整。其中浙江龙泉豆青瓷13件；景德镇卵白釉枢府瓷20件，是元代稀世珍品。1984年4月，在湖坪乡发现清末将领左宗棠给王长贵馈品，玛瑙杯、贝壳调羹、银质杯托、楹联一条，上面书写"琼林萦映圆海回渊"。还有山东巡抚魏光焘为武显将军王长贵撰写的《墓志铭》。1986年4月，在望仙乡发现宋哲宗皇帝妃子孟太后避难在观性寺的真实事迹。1987年2月，在湖溪乡东堆通往小陂路北的金石坑，

发现一座总面积约三千多平方米古遗址，采集的石器标本有穿孔石刀、石锛、石镞；陶器有器角、罐、豆、残块；陶片为灰陶、红陶等几何印纹陶。1987年7月，在公溪镇马迹湾村后山，发现一座明故处士武扬绩夫妻合葬墓，出土遗物有青花梅瓶、青花三足炉、粉彩小菩萨、小白瓷俑。专家鉴定青花梅瓶可定为一级。1988年9月，在万坊乡池头村塔坑，出土一批汉晋铜钱，共有数千枚之多，除少数"半两"与"新莽"钱外，其余全都是两汉魏晋五铢钱。无一枚锈蚀，为古钱币所罕见。1992年2月，在敖溪镇象山路南端，发现一窖藏明清瓷器。有青花坛、罐、盘、杯、碟、壶、瓶等160余件，此外还有铜烛座、石印鉴、印泥盒等，其中有52件是精品。2002年12月，在敖溪镇东坑村发现很多明清古建与明代理学家罗汝芳墨迹。2003年9月，在湖坪乡考查古建"国宝公祠"，发现"大湖坪整编"红三军驻扎这里；彭德怀、肖克、张震都住在国宝公祠。2003年11月，在牛田镇水南村发现280余幢明、清古建。五条古街坊在明清时商业非常发达，商品畅销全省各地。它又是革命老区，古建墙上到处可见红军标语；还有红军留下的炮楼，朱德、彭德怀旧居及苏区政府旧址。更有先民培植的古樟树林长达十余里，成为江西百景之一的风景区。

宣传教育　制作5·18国际博物馆日、《文物法宣传》、《文化遗产日》等图片展。

交流合作　《乐安苏区革命史》送抚州市展出。重庆歌乐山《红岩》革命斗争史展来乐安县博物馆展出。乐安

县博物馆藏品"元代枢府瓷"、"影青葫芦执壶"送北京《建国35周年出土珍贵文物展》，同时远渡重洋送日本、罗马尼亚、香港、庐山国际博览会展出。

馆长梁惠民在任第二次文物普查工作队队长时，带队率先发现并报导流坑古村。流坑古村的发现与开发，乐安博物馆一直起到重要作用；先后调去二名专业人员到流坑管理局从事业务工作。

经营管理

[单位性质] 国营事业单位

[经费来源] 政府拨款

[机构设置] 内设三组一室。

[人员编制、组成] 8人。正副馆长3人，考古研究2人，群工讲解3人。专职保卫1人，保管3人（兼）。

[观众接待] 年接待观众4万人

参观指南

[地址] 江西省乐安县敖溪镇广场路38号乐安县博物馆

[邮编] 344300

[电话] 0794-6592528

[开放时间] 8：30－11：30，14：30－17：30

[票价] 免费

（撰文：梁惠民、邱晓岚、黄爱宗）

宁都起义纪念馆

Ningdu Uprising Museum

概述

类型 社会科学类历史专题博物馆

隶属关系 隶属于宁都县文化局

创建时间 1975年

所在位置 全国重点文物保护单位宁都起义指挥部旧址内

宁都起义纪念馆

面积 356.35平方米

建筑结构 原系耶稣教牧师住宅，是一幢分前后两部分的二层砖木结构西式楼房。

历史沿革 为纪念国民革命军第26路军1931年12月14日在宁都起义加入红军，1975年宁都县设立了宁都起义纪念馆，与当时的宁都县革命历史纪念馆合署办公。1980年宁都县革命历史纪念馆改名宁都县博物馆，遂与县博物馆合署办公，均系两块牌子，一套人马。1987年1月起对外启用"宁都起义纪念馆"公章。

业务活动

基本陈列 基本陈列为《宁都起义史》陈列。在主体建筑第一层展出版面54块，展柜5只，沙盘1只。第二层举办中共地下党员、第26路军总指挥部参谋长、宁都起义主要领导人赵博生卧室及其团以上主官宣布起义的宴会厅复原陈列。

科学研究 该馆出版物主要有曾庆圭著《宁都起义》（专著）、《赵博生》（人物传）、《宁都起义成功决定因素在于党的领导》、《李青云》（人物传）、《试述红五军团的光荣历史与惨痛经验》、王检生著《红五军团四位领导人的悲壮人生历程》、《刘伯坚在赣南的日子里》等。

经营管理

[单位性质] 国营事业单位

[经费来源] 财政拨款

[观众接待] 年接待观众35000人次

参观指南

[地址] 江西省宁都县城梅江路27号

[邮编] 342800

[电话] 0797-6832031

[传真] 0797-6832031

[电子信箱] ndbowuguan@126.com

[开放时间] 每天开放时间与当地政府行政机关作息时间相同。

（撰文：宁都起义纪念馆）

宁都县博物馆

Ningdu Prefectural Museum

概述

类型 社会科学类历史专题博物馆

隶属关系 隶属于宁都县文化局

创建时间 1970年5月

宁都县博物馆

所在位置 宁都县梅江镇中山路149号

面积 2000平方米

建筑结构 原展览和办公用房系1950年建的二层砖木结构马蹄形政府办公大楼,占地面积501.18平方米,建筑面积1002.36平方米。1999年老城改造,建设用地重新规划,在原址改建综合用楼两栋,功能用房与展览用房,面积达2000平方米。

历史沿革 宁都县博物馆的前身为1970年5月成立的"毛主席在宁都伟大革命实践纪念馆",1975年10月更名为"宁都县革命历史纪念馆"。1980年9月改称"宁都县博物馆",负责全县文物的收藏与保管、陈列宣传与科学研究,同时代行全县文物保护单位管理职能。全县共有文物保护单位51处(其中国家级1处,省级10处,县级40处)。

历任馆长 曾克炽、赖国芳(副馆长主持工作)、曾庆圭(负责人)、李继椿、龚远生、王检生(副馆长)、罗蔚檬(副馆长)、曾晨英(副馆长),龚远生(现任)。

业务活动

基本陈列 陈列有《古代文物历史》和《中央苏区1—4次反"围剿"史》。另建有占地255.25平方米的古、现代碑刻"碑廊"。因城市功能区划改变,原址不适宜再建博物馆,鉴于此,中共宁都县委、宁都县人民政府报经中共中央办公厅批准,择地140亩在县内另建中央苏区反"围剿"战争专题纪念馆,目前正在建设当中。

藏品管理

[藏品类别] 文字资料多于实物资料,实物中以一般文物居多。文字资料中抄件多于原件。

[藏品统计] 馆藏文物2822件,其中革命文物515件,现代革命史文字资料4851件。珍贵文物有一级文物2件,二级文物8件,三级文物861件。

[重要藏品] "筹款公函",红四军转战赣南闽西在宁都筹款的公函;"筹款收据",红四军军需处处长范树德手书的收据;"三魏木刻印板",易堂九子之三魏印刷木板800余块。

科学研究 业务工作主要是地方古代历史、中央革命根据地反"围剿"战争史及宁都人民革命斗争历史的研究,同时包括宁都起义历史的专题研究。近年来,由于宁都在赣南客家民系中的地位突出,也着力加强了对客家源流、宗族社会及民俗文化的研究,并收集了大量客家姓氏谱牒,研究整理了部分资料。

该馆已发表的主要成果有:刘劲峰《宁都古瓷窑调查》、《黑釉茶具考》;曾李安《宁都县古文化遗址的调查》、《魏禧与宁都易堂九子》;吴本清《书法常识》(单行本);龚远生《试谈江西省苏维埃所辖区域的变化》、《全万邦》(烈士传);曾庆圭《历史的足迹——江西省宁都县苏区墙头革命标语、壁画选编与研究》(单行本)、《试述毛泽东同志两首反"围剿"词所寓的史实》、《略论宁都在中央苏区的历史地位》、《关于宁都会议的史实初考》、《为苏区中央局成立地点正名》、《彭澎》(烈士传);龚远生《明西关丁氏族谱序碑文与家族谱牒》、《早期客家摇篮——宁都》之《文物胜景》、《孙中山客家始祖在宁都》(单行本);龚远生、李艳艳《宁都民间现存谱牒》、《宁都客家丁氏与〈西关丁氏族谱序〉碑》;王检生、李儒朴《田埠东龙的李氏宗族与民俗文化》、王检生《易堂九子与清初文稿》、《宁都田埠的乡俗庙会》;曾晨英《中央苏区妇女的解放及其对革命的贡献》、《宁都客家婚礼》、《客家女与宁都夏布》、《红军无线电通信队在江西宁都小布诞生》;王检生、龚远生《中央苏区时期毛泽东的十一次宁都之行》、《曾山在宁都的革命实践活动》,曾庆圭《圭璋集》文集等。

经营管理

[单位性质] 国营事业单位

[经费来源] 政府拨款

[人员编制] 现有在编人员15名,具有副研究员职称2人,中级职称1人,初级12人,15名正式在编员工中具有本科学历者3人,具有大专学历者5人,具有中专或相当于中专学历者7人。

[观众接待] 年接待观众2万人次

参观指南

[地址] 宁都县梅江镇中山路149号

[邮编] 342800

　　[电话]　0797-6832031
　　[传真]　0797-6832031
　　[电子信箱]　ndbowuguan@126.com
　　[开放时间]　淡季8:30－17:50；旺季7:30－18:00
　　[票价]　免费

（撰文：王检生）

永丰县博物馆
Yongfeng Prefectural Museum

概述

　　类型　地方综合性博物馆

　　隶属关系　隶属于永丰县文化广播电视局

　　创建时间　1984年4月

　　正式开馆时间　1987年1月

　　所在位置　江西省永丰县恩江镇永叔路1号

　　面积　34000平方米

　　建筑、布局　主体建筑为砖木结构仿古建筑，四合院式，坐北朝南，前后两幢，左右各一厢房，中为庭院。公园部分有醉翁亭、六一亭、至喜亭、仿古长廊、碑廊等建筑。

　　历史沿革　1976年以前永丰县没有文物机构，文物工作由永丰县文化馆、永丰县革命委员会宣传毛泽东革命实践活动办公室、永丰县革命委员会外事组兼管。1976年，成立永丰县革命历史纪念馆，管理全县革命文物。1982年，全县开展文物普查，建立了永丰县历史文物陈列室。1984年2月，经永丰县人民政府批准，将永丰县历史文物陈列室和永丰县革命历史纪念馆合并，成立永丰县博物馆，馆址设在永丰县教师进修学校，1987年迁往永丰县欧阳修纪念馆内，并正式对外开放。1997年建成永叔公园，形成馆带公园式博物馆基本格局。1996年被吉安地委行署命名为"吉安地区爱国主义教育基地"，2001年被江西省人民政府命名为"江西省爱国主义教育基地"。

　　历任馆长　游东（1984.2～1998.6）；欧阳勇（1998.6至今）。

业务活动

　　基本陈列　永丰县博物馆以北宋文学家、史学家、政治家欧阳修生平事迹为主要陈列展览内容，宣传欧阳修廉洁奉公、果敢刚直、勤政为民的高贵品质和勇于创新、勤勉创作的学术精神，同时展示永丰历史和革命文物，宣传永丰悠久灿烂的历史文化和革命传统精神，是融名人文化、历史研究及旅游观光、爱国主义教育为一体的综合型博物馆。布置展陈面积700平方米，展出文物651件。基本陈列有：

　　一、《欧阳修生平事迹展》

　　内容：1、欧阳修生平简介　2、忧国忧民的政治家　3、欧阳修文学和历史贡献　4、欧阳修主要著述　5、近现代对欧阳修的研究成果

　　二、《永丰历史和革命文物展》

　　1、尹家坪出土文物　内容：展示新石器晚期遗址—尹家坪遗址出土文物

　　2、永丰民间陶、瓷器　内容：展示征集和出土的永丰民间陶、瓷器

　　3、中国古代钱币　内容：展示征集到的中国古代钱币

　　4、永丰革命文物　内容：展示永丰革命时期文物

　　三、《"欧阳修杯"全国书法竞赛获奖作品碑刻展》

　　内容：展示为纪念欧阳修诞辰千周年而举行的"欧阳修杯"全国书法竞赛特邀嘉宾和获奖作品碑刻

藏品管理

　　[藏品来源]　主要来源于考古发掘，有偿征集，接受捐赠等。

　　[藏品类别]　以永丰本土文物为主。

　　[藏品统计]　共收藏各类文物651件，其中二级品5件，三级品17件。

经营管理

　　[单位性质]　国营事业单位

　　[经费来源]　国家拨款

　　[机构设置]　共设立了办公室、保卫科、宣传科、资料室四个科室。

　　[人员编制]　博物馆共有工作人员6人，其中大专以上文化程度2人，专业技术人员4人，中级以上职称2人。

　　[服务观众项目]　停车场（全天　免费）、游客服务中心（8:00－17:00　自定价）、语音导览机（8:00－17:00租借）

　　[观众接待]　2003～2007年度平均观众人数2.5万人。

参观指南

　　[地址]　江西省永丰县恩江镇永叔路1号

　　[邮编]　331500

　　[电话]　2511392（办公室）

　　[传真]　2511332

　　[开放时间]　全年开放，8:00－17:00

　　[票价]　免费

（撰文：苏卫军）

永新湘赣革命纪念馆
Memorial Hall of Hunan-Jiangxi Revolution

概述

类型 社会科学类历史专题博物馆

隶属关系 隶属于永新县文广局

创建时间 1959年10月1日

正式开馆时间 1961年10月1日

所在位置 永新县禾川镇

面积 1万平方米

建筑、布局 四合院式，砖木混相结合的回廊柱式两层建筑。院中央为全国重点文物保护单位——中共湘赣省委旧址，建筑形制为祠堂（称肖家祠），旧址左侧是湘赣革命纪念馆陈列大厅，右侧前方则是文物局办公室。

历史沿革 湘赣革命纪念馆在"文革"期间曾先后与宣传毛泽东在永新革命活动办公室、永新外事办公室合署办公，二块牌子一套人马，1980年与外事办公室分开后，曾划归县文化教育局管辖，1987年又与永新县文物办公室合署办公，开始增藏历史文物，并把该馆又归于文化局管辖，2005年10月文物办公室升格为文物局，文物局统筹湘赣革命纪念馆、三湾改编纪念馆和贺子珍纪念馆的工作，为四块牌子一套人马，合署办公。

历任馆长 贺彭令（1959～1962）；李步陵（1962～1965）；贺彭令（1965～1968）；左招祥（1968～1982）；陈清祥（1982～1984）；陈存绪（1984～1989）；李志荣（1989～1999）；刘丽华（1999～2006.8）；尹兴华（2006.9至今）。

业务活动

基本陈列 基本陈列包括：1、湘赣革命纪念馆内的《湘赣革命根据地史迹陈列》；2、三湾改编纪念馆内的《三湾改编专题陈列》；3、贺子珍纪念馆内的《毛泽东夫人——贺子珍生平事迹陈列》和《永新籍将军陈列》。

湘赣革命纪念馆内的《湘赣革命根据地史迹陈列》以翔实的图片和实物形象地展示了第二次国内革命战争时期我党领导湘赣革命根据地军民进行土地革命、根据地建设、反围剿斗争的光辉历程及为革命所做出的巨大贡献。陈列内容分三部分，第一部分介绍湘赣革命根据地形成的基础、历史条件及范围；第二部分重点反映1931年湘赣省委成立以后至1934年红六军团突围西征前，根据地的土地革命、文化经济建设、红六军团的组建和反围剿斗争；第

1.湘赣革命纪念馆大门 2.三湾改编纪念馆 3.湘赣省委旧址——肖家祠 4.贺子珍纪念馆

三部分介绍红六军团突围西征后，湘赣边界坚持的三年游击战争情况。陈列采用大通柜九宫格形式，室内天然采光与人工采光兼用。展厅面积823平方米，展出藏品59件。

三湾改编纪念馆的陈列内容主要是反映《三湾改编》这一历史事件。1927年9月29日-10月3日，毛泽东曾率领秋收起义部队在永新县三湾村进行了著名的三湾改编：把党的支部建在连上，确立党对军队的绝对领导；在军队内实行民主制度，连以上建立士兵委员会；整顿组织，根据实际情况由一个师缩编为一个团。三湾改编是我党建军史上第一块里程碑，它为建立一支新型的人民军队从组织上、政治上奠定了基础。该陈列分四部分，分别介绍三湾改编的历史背景、改编原因、改编内容、改编意义及改编精髓的发扬光大。为真实形象地阐述这一历史事件，陈列采用模拟场景、场景复原、蜡像及声光电等现代化手段进行布展，并设有电脑触摸屏与观众互动。展厅占地面积1240平方米，陈列面积888平方米，展出藏品21件。

贺子珍纪念馆内第一层展出的是《毛泽东夫人——贺子珍生平展》。贺子珍，1910年生于江西永新县黄竹岭村，是毛泽东患难妻子，被称作一位富于传奇色彩的伟大而平凡的女性。为形象生动立体地再现贺子珍的传奇人生和英雄风采，陈列采用幻影成像，模拟场景，场景复原，蜡像及声光电等现化科技手段来布展，其陈列内容分为"革命家庭"、"初露锋芒"、"井冈烽火"、"转战苏区"、"浴血长征"、"离别延安"、"异国蹉跎"、"回归祖国"、"情回北京"、"永远怀念"十部分，分别介绍贺子珍与伟人毛泽东共同度过的十年时光以及她在各个历史时期的战斗历程。该陈列展出藏品30余件，主要展品有毛泽东在塘边进行土地调查时挑水用过的水桶、毛泽东送给贺子珍的熊猫牌电子管收音机等。第二层为《将军馆》，主要介绍永新籍41位将军及永新籍42位未授军衔的副省（部）军级以上老红军干部，以照片实物为主，共展出将军及老红军干部生前使用过的物品100余件。

毛泽东送给贺子珍的收音机　收音机为熊猫牌电子管收音机，高27厘米，宽40厘米，厚19厘米，重4千克。1954年9月15日，毛泽东在第一届全国人民代表大会第一次会议上致了题为《为建设一个伟大的社会主义国家而奋斗》的开幕词，中央人民广播电台进行了实况转播，贺子珍反复收听那久违的声音，把收音机都烧坏了，毛泽东得知情况后，便送了这台熊猫牌电子管收音机给贺子珍。

1932年湘赣省造币厂制造银元用的对花铜模　铜模分上下二层，共重3千克，下层铜质模芯为一圆柱体，柱面直

1.三湾改编纪念馆展厅一角　2.贺子珍生平展和永新将军展厅一角

湘赣省造币厂制造银元的铜模

毛泽东送给贺子珍的收音机

径5.9厘米，厚3.8厘米，铜芯外围一铁质套箍，套外直径7厘米，内围直径5.9厘米，铜芯正中有圆形阴制麦穗反面图案，上层铜质模芯。正中有一阴制袁世凯头像的反面图案，并弧排"中华民国三年"反向魏体字样。

专题陈列 2006～2007年举办了《发扬革命传统，传承历史文明，创建和谐永新》临时陈列。

藏品管理

[藏品来源] 主要来源于捐赠和有偿征集。

[藏品类别] 以第二次国内革命战争时期反映井冈山斗争及湘赣革命根据地斗争的文物为主。

[藏品统计] 共有藏品2164件，其中一级文物7件，二级文物105件，三级文物305件。

[重要藏品] 重要藏品有东汉舍利青铜棺椁、东汉玻璃天球瓶、西周窃曲纹青铜铙等历史文物，以及太平天国制造使用的铜炮、湘赣省造币厂制造的银元、中华苏维埃共和国国家银行湘赣省分行发行的纸币和公债券等革命文物。

青铜舍利棺椁 该舍利棺椁铸于东汉时期，具外椁内棺两层，椁的托底边缘有提杆，外椁长25厘米，宽15.5厘米，通高22厘米，四周镂刻龙凤花纹图案，内棺长18.5厘米，宽5.8厘米，无花纹，棺上有一轿顶式方盖，盖上有一精致的宝珠型佛光顶，整个棺椁造型古朴别致，图案典雅美观。

窃曲纹青铜铙 该青铜浇铸于西周时期，通高45.5厘米，铙间27.3厘米，舞修20.5厘米，重17公斤，鼓部狭窄，口沿呈凹弧形，两侧尖锐，甬柄上有一道旋，旋上有四个小乳钉纹，甬中空与腹相通，两面各布有18个乳丁，舞部、篆间及鼓部饰窃曲纹。

湘赣边界地方武装使用过的太平天国铜炮 铸于1856年，长76厘米，口径6厘米，重75公斤。炮身为圆柱形，上有四道凸弦纹将炮身分成五段，第三段有左右对称的把手两个，第五个有一小孔为导火线孔。炮尾铸有一长10厘米的把手，上有"太平天国"铭文。在井冈山斗争时期和湘赣苏区时期由永新赤卫队使用此炮参加了著名的龙源口战役、九打吉安及反围剿斗争，为苏区革命立下了汗马功劳。

中华苏维埃共和国湘赣省发行的革命战争壹元公债券 此公债券为1932年12月发行的，长12.6厘米，宽8.5厘米，为蓝色花纹正面上方半弧形图案内印有券名"中华苏维埃共和国湘赣省革命战争公债券"，正中印有两人举红旗、镰刀、斧头图案，下方分别盖有"财政部长"、"谭余保印"两个方红印章。背面印有湘赣省发行革命战争短

东汉　青铜舍利棺椁

西周　窃曲纹青铜铙

湘赣边界地方武装使用过的太平天国铜炮

中华苏维埃共和国湘赣省发行的革命战争壹元公债券

期公债条例，共十条。

[藏品保护]　为加强馆藏文物的保护，文物局采取了一系列措施，如：把库房安置远离参观区和办公区的僻静处，以减少人们频繁活动对文物产生的污染；改善库房的收藏环境，安装封闭的门窗，以减轻废气、灰尘和光线对文物的损害；利用生石灰、木炭、硅胶等调湿材料控制文物柜内的小环境。

科学研究　纪念馆工作人员致力于井冈山革命根据地、湘赣革命根据地文物、史料的调查征集和研究，全面系统地搜集整理贺子珍、张国华、王恩茂等永新籍老红军干部、老将军的相关实物、资料，并取得了一定的成果。出版了《湘赣革命纪念馆资料汇编》、《湘赣革命根据地的建立和发展》、《永新革命旧址简介》、《永新文物志》等书，配合党史部门出版了《党史资料丛书》、《湘赣革命根据地》、《井冈山革命根据地》、《湘赣革命根据地史研究》，配合宣传部门出版了《曾参加"三湾改编"的党和国家领导人、元帅、将军和永新籍将军及省（部）军职领导干部简介》、《纪念三湾改编80周年论文汇编》等书籍。举办了由省内外党史专家参加的"三湾改编精神研讨会"，由老将军、红军老干部及他们的亲属与中央、省、市各级领导等近千人参加"贺子珍纪念馆开馆暨纪念三湾改编80周年庆祝大会"等活动。

经营管理

[单位性质]　国营事业单位

[经费来源]　国家拨款

[机构设置]　设有局长办公室、行政科、陈列科、文管科、群工科。

[人员编制、组成]　23人。具有大专以上学历的15人，有中级以上职称的6人。

[服务观众项目]　在三个纪念馆都设有停车场、休息室、多功能室等设施，免费为观众提供服务，并且各馆还设有纪念品销售点。

[观众接待]　年接待观众39万人次

参观指南

[地址]　永新县禾川镇（县城）民主街盛家坪路14号

[电话]　0796-7722345

[传真]　0796-7722345

[开放时间]　8:00—17:30

[票价]　免费

（撰文：湘赣革命纪念馆）

吉水县博物馆
Jishui Prefectural Museum

概述

类型　地方综合性博物馆

隶属关系　隶属于吉水县文化广播电视局

创建时间　1986年11月

正式开馆时间　2001年9月

所在位置　吉水县城龙华大道122号

面积　5000平方米

建筑结构　建筑形制为仿汉时期建筑，整体建筑坐东向西。由东向西为馆舍主体建筑、庭院、大门。

历史沿革　吉水县博物馆成立于1986年11月，前身为"毛主席在吉水革命活动陈列馆"。2001年，为配合省

吉水县博物馆

级重点文物保护单位吉水东吴墓的保护，兴建了一座博物馆。馆址占地面积5000平方米，馆舍建筑面积2500平方米，其中展览面积2000平方米，为仿汉时期建筑，馆名为我国著名文史学家朱家溍题写。

历任馆长　周冬生（1986.11~1990.5　副馆长主持工作）；卢世萍（1990.5~1993.10）；谢波方（1993.10~1995.8）；涂国秀（1995.9~1997.3）；李希朗（1997.3~2007.10）；叶翔（2007.10至今）。

业务活动

基本陈列　近几年，在上级有关部门的关心和支持下，吉水县的文博工作取得了一定成绩。2003年，该县被评为首批"全国文物工作先进县"；2006年，吉水县博物馆被列为国家重点博物馆；2008年，国家文物局把吉水县博物馆列为提升展览服务试点馆。该馆认真贯彻"三贴近"原则，对馆内陈列展览进行全面改造，以提升该馆展

吉水东吴古墓

宋 青釉刻花瓷盘

宋 定窑白釉刻花碗

示服务和社会宣教功能，为建设成为一个集收藏、研究、宣教为一体的优秀县级重点博物馆而努力。目前，馆内有四个基本陈列。

《序厅》 主要介绍吉水的历史沿革，人文地理，经济文化等基本情况。

《"江南第一墓"陈列》 系统展示墓葬的发现、发掘、易地保护过程及部分出土文物，"江南第一墓"的"规模宏大，结构复杂，形制奇特，垒砌精致"四大特点，以遗址形式整体展示。

《吉水历代名人碑刻、珍拓陈列》 较系统地介绍杨万里、文天祥、罗洪先等名人碑刻及拓片，该陈列充分展示了吉水深厚的文化底蕴。

《吉水籍共和国将军陈列》 以该县20位共和国将军的革命历程为主线，充分运用将军的有关实物和资料，展示将军的戎马生涯。

藏品管理

[藏品来源] 主要来源于野外采集、有偿购买、接受各类捐赠等

[藏品类别] 包括瓷器、铜器、著作雕板、字画等。

[藏品统计] 共有藏品16816件（套），其中一级品733件（套），二级品179件（套），三级品63件（套）。

[重要藏品] 宋青釉刻花瓷盘 高4.5厘米，口径

三国 青铜朱雀（雌、雄）

宋 鸭形铜香熏

17.3厘米，足径5厘米。敞口、唇微侈、浅弧腹、小圈足。胎色灰黄，通体施釉，釉色呈橄榄色青绿釉，釉厚处呈墨绿，光泽而细腻。盘内壁刻有三婴攀枝图等。

宋白釉印花瓷盏 高4.5厘米，口径15.6厘米，足径3.3厘米。敞口、斜壁、小圈足、芒。胎骨平薄，釉呈月白色，足底施釉，为河北定窑产品，俗称斗笠盏。盏内壁印回纹一圈，内布三朵盛开菊花，周围布满缠枝，盏心点五萼小花，纹饰繁缛清晰，线条流畅自然，绘工高超。

宋白釉刻花瓷碗 高6.3厘米，口径19.3厘米，足径5.4厘米，葵口、唇沿微侈、斜弧壁、浅小圈足、芒口。外壁正对缺口处，有六条纵向划线。釉呈米白色，足底施釉，内壁饰折枝萱草纹。

宋兔毫纹盏 高5厘米，口径10.8厘米，足径4.1厘米，敞口、束颈、弧腹、浅圈足。灰褐胎，坚实凝重，黑釉乌亮，内底釉厚，外壁下沿呈蜡泪状。内壁有兔毫窑变斑纹，纹丝呈浅绿或紫褐色，系福建建阳窑产品。

三国青铜朱雀 雌雄一对两件，吉水县城南郊"三碗斋"地二号墓出土。雄性高16.9厘米，长18.9厘米，头顶立冠，小圆眼，尖喙较长，劲细长，挺胸收腹，翘尾后勾，足直立、尖爪。自颈以下，饰大小不等的卷羽纹，腹下部到足皆素面，另有一卷云状附件铸接于腹下部，似夸张了的生殖器。雌性朱雀，高12.5厘米，长17厘米，圆头，小圆眼，小尖喙，颈较短，胸腹圆润，臀肥，尾尖略上翘，足直立、尖爪。脖后饰点状纹，自颈部至腹部，饰大小不等的卷羽纹。此对青铜朱雀，造型生动简练，形态优美，纹饰流畅，雄性挺立有伟岸之势，雌性柔顺具温娴之态。

三国青铜白虎 高14.5厘米，长14.8厘米，虎头马身，作昂首、夹尾、驻足、长啸状，圆眼附耳，躯干及四肢强劲有力。身饰条纹，间饰小圆圈纹。两后腿之间，夹有雄性生殖器。

三国青铜釜 口径12厘米，足径12.1厘米，高15.3厘米，直口、尖唇，圆鼓腹，矮圈足。腹部环饰凸棱一周，肩部饰对称辅首衔环。

三国青铜灯柱 口径11厘米，足径15.2厘米，高29.7厘米，直口、平底。圆柱高立，空心状柄。底座分三层，径圈渐。上层为覆碗状，中层为覆钵状，下层为覆盒状。下层后面环饰方框纹。侧面环饰方框纹套圆圈纹。折肩处饰凹弦纹。整个下层以纵向的铜条分割成四等份，各份后面上有一杂耍俑，其中二俑正立，二俑倒立作杂耍状。此青铜灯柱，造型奇特，装饰手法多样，尤其是灯底座饰人物杂耍俑，其姿态轻盈柔美，人物逼真，增加了器物的美感。

宋鸭形铜香熏 高19厘米，长16厘米，宽8厘米。熏炉整体为一昂首张嘴鸭形，两足平置，重心平稳。自身部中端水平分上、下两节，下节有子口，口沿有四片子榫，上节扣置其上，不致移动。鸭首与背部刻有五官、羽毛等纹饰，线条细而均匀。颈部、背部与尾部镂有小圆孔，可使空气流畅，整体造型生动，构思巧妙。

清《解文毅公集》著作雕板 共计216块，每块26.5厘米，宽16厘米。樟木质地，双面雕印，仿宋字体，刻于清康熙年间，内容包括《文毅公集》、《春雨集》16卷。

清《念庵先生全集》著作雕板 共计502块，每块长33厘米，宽26厘米，樟木质地，双面雕印，仿宋字体，刻于清雍正年间，包括《罗文恭集》、《念庵罗先生全集》等内容。

明解缙墨迹卷 长600厘米，宽33厘米，宣纸质地，明洪武三十一年（1399）解缙亲笔书法作品。全卷24小张，内容包括"解世世系歌"、"解世吉州谱"、"庄山先生传赞"、"太史公赞"、"解先生小传"等，书体为小楷和行书，字极细而工整，通篇运笔流畅，气势恢弘，为解缙书之佳作。

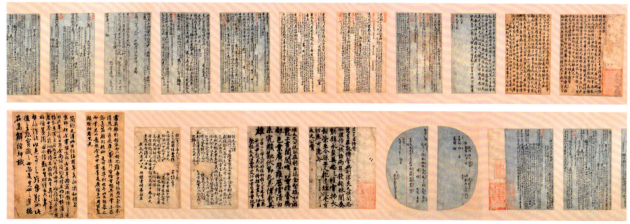

明 解缙手迹

科学研究 吉水县博物馆《浅述江西省首例大型墓迁建保护及其相关问题》（文物出版社，1994.9）；吉水县博物馆《江西吉水晋代砖室墓》（发掘报告）（南方文物出版社，1994.9）；吉水县博物馆《江西吉水富滩墓》（发掘报告）（南方文物出版社，1996.10）；吉水县博物馆《南宋诗人杨万里》专题片（1997.9）；吉水县博物馆《清名盖世、清节耿直的吉水杨万里世家》（中国文化出版社，1999.11）；吉水县博物馆《吉水仁文书院与邹元标的理学思想》（中国文联出版社，2000.3）；吉水县博物馆《吉水城郊二号西晋墓（发掘报告）（文物出版社，2001.10）；吉水县博物馆《吉水名人著作雕版》（文史知识出版社，2001.12）；吉水县博物馆《博物馆的现状与发展论文集》（《用创新的理论开展博物馆工作》，2001.12）；吉水县博物馆《名人之乡—吉水》（江西人民出版社，2006.6）。

经营管理

[单位性质] 国营事业单位

[经费来源] 国家拨款

[机构设置] 共设立了办公室、保卫科、群工部、业务部、资料室四个部室。

[人员编制] 博物馆共有工作人员9人，其中大专以上2人，初级以上3人，专业技术人员7人。

[服务观众项目] 停车场（全天免费）；纪念品销售（每天8:30—17:00 自定价）；解讲（每天8:30—17:00 免费）；其它应提供服务（每天8:30—17:00 免费）。

[观众接待] 2001～2007年度平均观众约6万人次，2008年免费开放后，可达8万人次。

参观指南

[地址] 江西省吉水县城龙华大道122号

[邮编] 331600

[电话] 0796-3522233（办公室）

[传真] 0796-3522233

[开放时间] 全年开放，8:30—17:00

（撰文：叶翔）

吉安市博物馆
Ji'an Municipal Museum

概述

类型 地方综合性博物馆

隶属关系 隶属于吉安市文化局

创建时间 1969年

正式开馆时间 1970年12月

所在位置 吉安市吉州区西肖家巷朱德、毛泽东旧居内

面积 520平方米

建筑结构 吉安市博物馆旧馆已拆除，新馆在筹建过程只中，无新馆址。

历史沿革 1969年筹建，初名"毛主席在吉安市革命活动陈列馆"，1970年正式开放。1977年改名为"吉安革命历史纪念馆"。1980年改名为吉安博物馆。1988年，吉安市政府决定将白鹭洲书院旧址云章阁、风月楼划归博物馆管理。2000年8月吉安撤地设市后，于2001年2月划为市博物馆。

原馆舍座落在市区中心的中永叔路80号，为"源源"布店，砖木结构，系民国初年建筑。1993年10月，因原馆舍成危房，博物馆迁入西肖家巷朱、毛旧居内办公。原馆舍2001年3月拆除，新馆正在筹建过程之中。

历任馆长 肖轶凡（1970.11～1976.3）；肖达仕（1976.4～1981.3）；周明（1981.3～1985.1）；杨仁太（1985.1～1987.8）；康信立（1988.8～1993.3）；高立仁（1993.8～2006.12）。

业务活动

基本陈列 吉安市博物馆以白鹭洲书院，吉州窑瓷器，毛泽东率领十万工农下吉安，朱德、毛泽东旧居为载体，向人们宣传、展示悠久、灿烂的中国书院文化、陶瓷文化和有吉安地域特色的庐陵文化以及红色文化，是融历史研究及旅游观光为一体的综合性博物馆。白鹭洲书院，朱德、毛泽东旧居展陈面积近660平方米。

基本陈列有：

一、《十万工农下吉安》展览

内容：1、1930年2月毛泽东率领十万工农下吉安 2、红军九打吉安 3、成立江西省苏维埃政府 4、为红军取得第一次反围剿的胜利奠定基础

二、《共和国吉安籍将军展》展览

内容：1、朱德生平 2、共和国吉安籍将军

三、《白鹭洲书院历史》展览

内容：1、白鹭洲书院历史沿革 2、白鹭洲书院历代山长 3、白鹭洲书院杰出学子

专题陈列 2005年2月4日至3月10日，中国国家博物馆与吉安市博物馆联合举办了《吉州窑瑰宝》展览。这次展览是吉州窑的首次专题展览，也是中国国家博物馆策划举办的"中国古代陶瓷艺术系列展"的开篇。展览精选200件

（套）吉州窑古代文物展品，包括著名的木叶纹、剪纸贴花、玳瑁斑、虎斑纹工艺及茶盏、碗、盘、瓶、罐等多种器物，同时上百件瓷片也将为古陶瓷爱好者提供一手的鉴定依据。展览将更有助于人们了解吉州窑的概貌，揭开古代吉州窑的神秘面纱，并对古代民间瓷窑的研究工作起到推动作用。

在京展出期间，各大媒体都竞相大力宣称和报道。媒体名称有：北京日报、新浪网、北京晨报、竞报、法制晚报、中国文物报、CCTV-新闻、央视国际网站、央视国际网站、CCTV-3、CCTV-9、BTV-1、BTV-8、北京晚报、中国教育电视台、北京人民广播电台、中国国际广播电台、中央人民广播电台、BTV-1、新京报、北京日报、午报、BTV-2、新华网、北京娱乐信报、北京青年报、光明日报、中国文化报、中国日报、中国旅游报、《文明》杂志等。多家外文报也作了报道。

展览接待了来自国内外的观众、陶瓷艺术爱好者和收藏者。结束之际，又召开了"吉州窑陶瓷文化交流研讨会"。得到了北京的专家、学者、国际友人的一致肯定和

支持。

藏品管理

［藏品来源］ 主要来源于田野考古采集、有偿购买、接受各类捐赠等。

［藏品类别］ 以吉州窑瓷器和历代景德镇陶瓷实物为主，同时收藏书院文物、红色文物。

［藏品统计］ 共收藏文物3649件，其中国家一级文物26件，二级文物61件，三级文物683件，一般文物2879件，其中有两枚罕见的长度分别为82厘米，80厘米的人手指甲。

［重要藏品］ 元"至正之宝"钱币 大钱，圆形，方廓，钱文清晰，楷书对读，钱背穿上一"吉"字。左文纪值"壹钱伍分"右文"权钞"背面模范偏置。正面对读楷书"至正之宝"，背面穿上一楷书"吉"、左边"壹钱伍分"，右边"权钞"。1989年8月3日市文物商店移交。二级文物。器物保存完好。

宋吉州窑褐彩骑马俑 马首昂起，马腿粗短，一男俑骑在马背上，双手抱颈，无马鞍，通体施黄白釉，洒褐彩。永和廖寿根在吉州窑民间购得。1995年5月出售给该

宋 吉州窑黑铀地黄斑木叶盏

元 "至正之宝"钱币

中国日报外文版

宋 吉州窑褐彩骑马俑

宋　吉州窑仿定素胎印花鱼水荷莲盘

明　双龙钮大铜钟

宋　吉州窑褐彩锦地开光罐

宋　吉州窑黑釉地虎斑纹钵

馆。1995年6月8日国家文物鉴定委员会耿宝昌、朱家溍、杨伯达、张浦生等16位专家鉴定为一级乙。器形完好。

宋吉州窑仿定素胎印花鱼水荷莲盘　素薄胎，敞口，斜腹壁，矮圈足。器内近口处饰一圈变形回纹，器内壁饰印花鱼水荷莲纹。器内底圈纹内饰双鱼荷叶纹，器外露旋胎痕，圈足规整，鸡心底。市工商局干部江保水在民间购得，1995年4月出售给该馆。1995年6月8日国家文物鉴定委员会耿宝昌、朱家溍、杨伯达、张浦生等16位专家鉴定为一级文物，列为南方仿定窑标准器物。

明双龙钮大铜钟　五爪双龙桥型钮，素舞面，舞部四道凸弦纹，间以一圈莲瓣如意纹。腹上部对称四个双凸棱边窗，各铸有敕谕、梵语，腹下部对称四个双凸棱边素面窗，上下腹之间塑有二道圆弧凸棱。鼓部呈八内弧。龙钮有四个爪子被敲断。有"皇帝敕谕官员军民诸色人等"铭文共200余字，款识为"宣德六年十月十三日"。上世纪八十年代初，由市文物商店在吉安地区土产公司拣选出来，1981年3月文物商店拨交给吉安博物馆。1995年6月8日国家文物鉴定委员会耿宝昌、朱家溍、杨伯达、张浦生等16位专家鉴定为一级乙。保存基本完好。

宋吉州窑褐彩锦地开光罐　浅口，丰肩，鼓腹，斜弧壁，矮圈足，腹身饰六菱绵地对称如意开光花卉纹。颈部饰三圈弦纹，腹下饰数条弦纹。1981年3月13日由市文物商店拨交。1995年6月8日国家文物鉴定委员会耿宝昌、朱家溍、杨伯达、张浦生等16位专家鉴定为一级乙。器形完好。

宋吉州窑黑釉地虎斑纹钵　残口，鼓腹，圈足，黑釉地，器内外饰虎斑纹，圈足内无釉，口残后人为磨平。1999年1月18日市文物商店代购。2001年12月11日，省文物鉴定小组专家鉴定为三级。

商微阔腔式青铜铙　铙间呈凹弧形，铙体横截面呈阔叶片。正鼓部饰对称云雷纹，素钲部，两侧各有三行九枚突出乳钉，篆部饰云雷纹，素舞广，甬中空，有旋无干，旋上饰云雷纹和乳钉纹，衡部略残。20世纪70年代在吉安地区泰和县出土，80年代初由市文物商店在地区土产公司拣选出来，1981年3月13日由市文物商店拨交给博物馆。1995年6月8日国家文物鉴定委员会耿宝昌、朱家溍、杨伯达、张浦生等16位专家鉴定为一级乙。柄残缺，钮裂痕二道。

科学研究　吉安市博物馆自成立以来，始终重视白鹭洲书院、吉州窑、庐陵文化和红色文化的研究，拥有历史、田野考古、水下考古、美术、古文字、摄影等专业性人才，经过长期的积累，吉安博物馆收集了大量的白鹭洲

商　微阔腔式青铜铙

书院、吉州窑、庐陵文化和红色文化的研究资料，设立了资料研究中心，并取得了显著的研究成果。

博物馆出版物有：高立人著《吉州永和窑》（上海文汇出版社，2000.9）；高立人编《吉州窑》（中国社会科学出版社，2004.12）；黄年凤著《从吉州窑看南北陶瓷文化交流》（《收藏家杂志社》，2006.11）；李建兰著《吉州窑塑造生灵百态》（《收藏家杂志社》，2006.8）。

交流合作　数十年来，在政府和社会各界的大力支持下，吉安市博物馆努力开展与国内各兄弟馆的交流与合作，取得了卓有成效的进展。

1995年，吉安市博物馆在江西省书院研究会的倡议下，与白鹿洞书院联合召开了以白鹭洲书院为研究主题的江西省书院研究会第二研讨会。征集论文60余篇，出版了两期《白鹿洞书院》专题学报，提升了白鹭洲书院的研究水平和社会知名度，为宣传白鹭洲书院的文化内涵起到了积极的作用，得到政府和社会各界的高度评价。

近年来，吉安市博物馆与日本、英国、法国、澳大利亚等学者相继开展了庐陵文化、吉州窑陶瓷文化方面的交流，在庐陵文化、吉州窑陶瓷艺术、文化的形成、传播、发展问题的探讨上，与学者建立了联系，彼此互赠书籍资料，交流研究进展情况。通过这些活动，开阔了视野，增加了我们在国内、国际间进行交往与合作方面的知识，收获颇多。

经营管理

[单位性质]　国营事业单位

[经费来源]　国家拨款

[机构设置]　设立了办公室、白鹭洲书院管理所、朱毛旧居管理所、保管部、业务部五个部室。

[人员编制]　共有工作人员30人，其中大专以上文化程度14人，初级以上职称12人，专业技术人员16人。

[服务观众项目]　白鹭洲书院停车场（全天　国家统一价格）；纪念品销售（8:30～17:00　自定价）；语音导览机（8:30～17:00　租借）。

[观众接待]　2000年～2006年度平均观众人数15000余人。

参观指南

[地址]　吉安市吉州区西肖家巷7号

[邮编]　343000

[电话]　0796-8222110、0796-8225116

[传真]　0796-8222110

[电子信箱]　Buguan110@163.com

[开放时间]　全年开放，8:30－16:30

[票价]　白鹭洲书院成人6元，朱德、毛泽东旧居免票

（撰文：黄年凤）

会昌县博物馆

Huichang Prefectural Museum

概述

类型　地方综合性博物馆

隶属关系　隶属于会昌县教育文化局

创建时间　1969年

所在位置　县城老城区县政府院内

面积　博物馆占地面积960平方米、库房面积180多平方米、办公室面积216平方米。

布局　现在的博物馆原是县公安局办公场所，由县国资局划拨博物馆作办公用房，后对大成殿左右两侧旧房进行了重建，基本形成了有库房、展厅、办公用房、值班室等的县级博物馆。

历史沿革　会昌县博物馆的前身是"毛泽东同志在会昌革命实践宣传办公室"，成立于1969年。1978年改名为"会昌县革命历史纪念馆"。1984年7月正式定名为"会昌县博物馆"。现有藏品6000余件。

历任馆长　池达程（1984～1987）；钟建华（1987～1991）；张起清（1991～2002　兼会昌县文物安全管理所所长）；池小琴（2002.5～2007.8）；张炳春（2007.9至今）。

业务活动

基本陈列　现有的基本陈列有：文武坝革命旧居旧址群的复原陈列、中共会寻安中心县委党史陈列、会昌山红

军医院旧址复原陈列、宋玉琳将军纪念厅、百匾堂、会昌
文化旅游工艺精品馆、还有文武粤赣省委革命旧址群、会
昌山红军医院旧址和筠门岭中心县委旧址复原陈列。

1、百匾堂：展厅场地96平方米，在新农村建设中，博
物馆征集126方木匾额，后经清洗、修复、药物处理，挑选
其中的79方，按功德匾、堂名匾、祝寿匾分三大类，以匾
额制作时间顺序，悬挂在展厅的四周和中央展出。

2、宋玉琳将军纪念厅：在展览厅门上悬挂由原军委
副主席迟浩田题写的"宋玉琳将军纪念厅"牌匾，纪念厅
中央安放宋玉琳铜像，展柜内摆放宋将军生前使用过的衣
物、生活用品、学习用品、书稿等；四周墙壁上喷绘有前
言、简介，宋将军各个时期的的图片、题字等。

3、文化旅游工艺精品馆：2003年，在该馆的大成殿内
举办文化旅游工艺精品展览，成为一个古玩和工艺品、字
画展示、交换、销售的文化场所。精品馆陈列的展品来自
文物收藏协会会员，主要有古玩和工艺品、字画等。玻璃
柜摆设内容丰富精美的铜器、玉器、陶瓷、文房四宝、碑
帖、钱币、竹木具、伟人像、像章、杂项等，四周挂满了
名人字画。

4、会寻安中心县委旧址：邓小平活动和会寻安中心

1.宋玉琳将军纪念厅陈列 2.会昌文化旅游工艺精品馆陈列

百匾堂陈列

县委等党史、复原陈列，前言介绍时代背景；第一部分
"坐镇中央苏区南大门"；第二部分"开拓三县工作新局
面"；第三部分"武装建设和扩红支前"；第四部分"邓
小平与反'江西罗明路线'"；第五部分"重返故地"；
第六部分"永远的怀念"。主要用文字版面、图表、油
画、钢笔画表示。实物展示有红色中华报等复印件，书
籍、赤卫军队旗、袖套、赤卫军用过的大刀、枪支、弹药
梭标等。邓小平旧居布有会昌老县城照片配邓小平苏区时
照片，马、列挂像，仿制的苏区党旗，彩喷中华苏维埃共
和国区域地图（突出邓小平从百色到中央苏区路线），邓
小平挂像配简历；制作的苏维埃共和国国徽。邓小平住房
布置有面盆架、电话机、马灯、办公桌、太师椅、雕花
床、雨伞等，其他部室房间内的布置的物品其本相同，其
它房间布置的床的简易木板床，这些物品大多数是上世纪
三、四十年代的东西。

5、文武坝革命旧址群复原陈列：粤赣省委、粤赣军
区、少共旧址内大厅布置有：简介、图表、红色中华报等
复印件，还有书籍、赤卫军队旗、袖套、大刀、枪支、弹
药梭标、马列挂像、苏区党旗等。主要领导人的房间布置
有面盆架、铜面盆、电话机、马灯、办公桌、太师椅、雕
花床、雨伞，桌上摆有文房四宝等。其他部室房间内的布
置的物品其本相同，其它房间布置的床的简易木板床。这
些物品大多数是上世纪三、四十年代的东西。

6、会昌山红军医院复原陈列：大厅挂有马列挂像、苏
区党旗等。寝室布置有中草药标本、医疗器械、担架等。
药房布置有药店的货架，架上摆放青花瓷器药罐、碾药用
器等；房间布置有面盆架、铜面盆、马灯、办公桌、简易
木板床、雨伞、干粮袋等。

藏品管理

［藏品来源］ 藏品主要是从社会调查征集，收藏

者、收藏协会会员中得来。

[藏品统计] 至2007年底，计有藏品6331件，其中一级文物3件、二级12件、三级307件。历史文物类有：石器有3件，玉器5件，陶器有25件，瓷器468件，铜器49件，铁器2件，其他金属33件，砖瓦类16件，石刻4件，漆木器606件，绣织品11件，印章1件，书画13件，碑帖4件，货币3578件，古籍549件（本）标本305件，遗址29件，墓葬品69件，历史其他10件；革命文物类有：文献文件23件，报刊书籍16件，票证证件282件，印章旗匾10件，器械40件，生活用具有3件，其他177件。

[重要藏品] 明"莊溪草堂"匾 陈列于"百匾堂"，系明嘉靖年间状元罗洪先为会昌庄埠胡大微新建厅堂题写的匾额，为国家乙类二级珍贵文物。称谓被撬，落款"罗洪先题"四字是用樟板条刻好字后嵌在匾上，现尚存。中间"莊溪草堂"四字是切好字后钉上去的，然后油漆。所以，字虽撬掉了，字迹仍很清晰。该匾66厘米、宽182厘米，边无装饰，油漆已全脱。匾破损较严重，木质腐朽。罗洪先，号念庵，江西吉水人，明嘉靖八年中状元，官授翰林院修撰，即请告归。精研舆地，曾增补元人朱思本的《地舆》，撰《广舆图》一册，广为流传。著作有《冬游记》、《念庵集》。

清曹秀先木瓷联 清代乾隆年间制成的木瓷联，上下联内容分别为"读可荣身耕可富"、"勤能创业俭能成"。对联长141厘米、宽26厘米，中间均竖嵌着青白瓷字款的两块红漆底杉木板。字体为行楷繁体，每个字的面积约169平方厘米。上下联的左右两边嵌有古代传说中的八仙和2名书童等10位人物彩色瓷像，瓷像人物栩栩如生，每位

清 曹秀先木瓷联

人物像的面积约为单个字面积的一半，其中上联左边和下联右边各3位人物像，上联右边和下联左边各2位人物像，下联左边落款为"曹秀先"三字和两处等大小的瓷印章，落款字也是青白瓷行楷繁体，大小约为人物像的一半，联首有一瓷印章。这件木瓷联已被定为国家乙类一级珍贵文物，对于研究客家农耕文明具有较高的历史价值。曹秀先，江西新建县人，文学家，历工、户、吏三部右侍郎，礼部尚书，乾隆帝特赐"紫禁城骑马"的特殊待遇。曹秀先为官清廉，人称"诚敬勤慎"，赠太子太傅，谥文恪，乡民将御赐"秩宗衍泽"匾额悬于曹氏宗祠，以褒扬其德尚。曹秀先学问渊博，著述甚丰，有《赐书堂稿》、《移晴堂四六》、《依光集》、《使星集》、《衍琵琶行》等问世，其书法取法钟、王，自成一家，运笔中锋力透纸背，时人以拥有他书画而为珍宝。

科学研究 编辑出版有：1984年编写《会昌县文物志》，2004年编写《会昌县第三次文物普查资料汇编》、《百匾堂资料集》。

经营管理

[单位性质] 国营事业单位

[经费来源] 财政拨款

[人员编制] 人员编制4人。从业人数7人，其中在职6人，临时工1人，退休人员2人，大专中以上文化3人，高中3人；馆员1人，助理馆员2人，管理员1人。

[观众接待] 年接待观众5万人次

参观指南

[地址] 江西省会昌县文武坝镇县城东街县政府院内

[邮编] 342600

[电话] 0797-5622189

[传真] 0797-5622662

[电子信箱] jxhcbwg@163.com

[网址] http://hcxbwg.chinadiary.com/

[开放时间] 8:30-12:00，14:30-18:00

（撰文：会昌县博物馆）

安义县博物馆
Anyi Prefectural Museum

概述

类型 地方综合性博物馆

隶属关系 隶属于安义县文化局

创建时间 1997年11月

安义县博物馆大楼

正式开馆时间　1998年元月

所在位置　安义县潦河岸旁

面积　394.74平方米

建筑、布局　仿古式重檐歇山顶建筑风格，横向单列式布局。

历史沿革　1949年新中国成立时，安义县文物管理工作由县文化馆负责，没有专项经费及专职管理干部。直到1984年，县文化馆内部机构调整，设立四个组，其中包括文物管理工作组。1986年6月，经县人民政府批准，成立安义县文物管理所，与文化馆合署办公；1991年3月安义县文物管理所单独建制；1994年10月，安义县博物馆大楼奠基开工，历时两年竣工；1997年11月经县机构编制委员会批准同意，成立安义县博物馆，与安义县文物管理所合署办公。

历任馆长　刘扬球、熊淑珍（现任）。

业务活动

基本陈列　博物馆展厅面积250平方米，为了充分利用长方形的展厅，用木板将其从中隔开，墙壁和木板悬挂展板，下面摆放展柜。建馆至今已成功举办过多个展览：

《安义县文物精品展》　共展出一百余件文物，其中有国家一级文物北宋铜象棋、二级文物隋朝神兽纹青铜镜、三级文物晋朝硬陶罐和清朝的地券等，反映了安义县深厚的历史文化底蕴。

《安义县爱国主义教育展》　展览充分反映了安义县的历史沿革、社会发展以及安义县人民反帝反封建、反压迫斗争的可歌可泣事迹及改革开放50年来安义县发生的翻天覆地变化。

为帮助安义县广大干部群众进一步认清"法轮功"等邪教组织的本质与危害，提高人民群众的科学素质，成功举办了《崇尚科学文明，反对封建愚昧》的图片展览。除此之外，还举办了《潦河奇石展》、《海洋生物标本展》、《珍稀动植物标本展》等有益于培养未成年人良好的思想道德素质、良好的科学文化素质和劳动素质的系列展览。

专题陈列　2006年，与匾额书法雕刻复制协会进行合作，举办了《匾额书法雕刻复制工艺展》。安义县邹氏兄弟的匾额书法雕刻复制工艺，是在木板上雕刻书法，然后进行装潢工艺，形成挂饰匾额。独创的白文勾形刀法更是把一些珍贵历史名作以雕刻手法流传后世，并以匾额为载体传播民族文化，弘扬民族精神。此次展览展出了邹氏兄弟雕刻复制的近百块工艺品，如王羲之的楷书《兰亭集序》、张旭的草书《张旭古诗四贴》、米芾的行书《苕溪诗》、赵孟頫的小楷《洛神赋》、毛泽东的诗词《沁园春·雪》、《沁园春·长沙》等。

科普展览

藏品管理

〔藏品来源〕　主要来源于出土文物、捐赠文物、馆藏文物、收购文物、收缴文物。

〔藏品统计〕　共有藏品543件，其中金器1件、银器2件、铜器51件、锡器9件、铁器1件、纸质品4件、竹器2件、木器25件、石器39件、陶器39件、瓷器361件。

〔重要藏品〕　**北宋铜质象棋**　此象棋共32只，仅存30只。每只象棋重60克，呈圆形，正面阴底阳文（楷书），背面阴底阳图。文图相符，即正面文"将"，背面图为一"将军"；正面文"士"，背面"谋士"；正面文"象"，背面图"大象"；正面文"车"，背面图"战车"；正面文"卒"，背面为一"士兵"。红黑各半，颜色可辨，无"将、帅"，"仕、士"，"相、象"，"兵、卒"之分。

青花龙纹大花盆　圆形直口，色泽青白，上腹至口沿稍往外侈，口沿上饰叶状环绕纹，上腹饰环绕铜钱纹，中腹饰云龙纹和缠枝花纹，下腹饰水波纹，盆外底内凹，盆底有三个相等圆形洞，用于养花滤水，盆外底粗胎釉，胎面有旋转纹，高20.05厘米、口径53.4厘米、底径48.6厘

商 蟠龙纹青铜器座

北宋 铜质象棋

青花龙纹大花盆

商 蟠虺纹青铜尊缶

米，重16公斤。器物完整，做工精良。

商蟠虺纹青铜尊缶 高33.8厘米，口径16.8厘米 ，底径16.8厘米。平唇圆口，颜色翠绿，无盖，有颈稍长，广肩，宽腹，腹有四系，且饰有两条弦纹，弦纹之间饰蟠虺纹，有圈足。

商蟠龙纹青铜器座 高49.5厘米，边长17.8厘米。上为梯形下为长方形的四方体，内空，颜色青黑色，有杆，立杆雕有镂空绚纹，器身满饰蟠龙纹，龙口张，尾卷，屈蟠，四方体的边长相等。

[藏品保护] 为了很好更好地保护藏品，主要采取以下措施：1、购买了几组大型的不锈钢组柜，使文物全部上架免受地面潮湿；2、购买了一台除湿机，使库房内空气长年保持干燥；3、安装了防盗报警设备并与110联网；4、在展厅和库房内安装了电视监控录像，以确保馆内藏品的安全。

经营管理

[单位性质] 国营事业单位

[经费来源] 财政拨款

[机构设置] 设有办公室、资料室、保卫股等科室

[人员编制、组成] 现有员工8名。80%职工有大专或大专以上学历。

[服务观众项目] 为观众免费提供讲解、饮水等服务

[观众接待] 年接待观众3000人以上

参观指南

[地址] 江西省南昌市安义县文峰路68号

[邮编] 330500

[电话] 0791-3427047

[传真] 0791-3427047

[电子信箱] xinshuzen196407@163.com

[开放时间] 每天8:30-11:30，14:30-17:30（节假日除外）

[票价] 免费

（撰文：安义县博物馆）

安远县博物馆

Anyuan Prefectural Museum

概述

类型 社会科学类文物专题博物馆

隶属关系 隶属安远县文化局

创建时间 1969年2月

正式开馆时间 1982年2月

安远县博物馆

馆区一侧

所在位置　位于安远县城西北角的无为公园内，国保单位"无为寺塔"旁

面积　164平方米

布局　一楼为工作人员办公用房和资料室，二楼为展厅和文物库房及保卫室。

建筑结构　馆区以古塔为中心，将古塔与烈士陵园连成一体，组成安远县无为公园，采用仿古建筑形式，公园的西北入口处建四柱三间五楼牌坊大门，高大宽敞，门额书"无为公园"四字，门内建圆形花坛，中立一巨石，坛内密种杜鹃等花草点缀，花坛北侧建钢混结构，斗拱飞檐，红门花窗，古香古色的二层楼房一栋，为安远县博物馆新馆舍，原馆舍与古塔之间扩建为古塔广场，广场东北方建一小巧玲珑的休闲楼。

历史沿革　安远县博物馆的前身是1969年2月成立的安远县宣传毛主席伟大革命实践办公室（间称宣办）隶属于县革命委员会，配工作人员5人，职责是收集、整理毛主席在安远伟大革命活动的的史料，宣传毛主席在安远的伟大革命实践，1970年2月宣办解散，7月复设，与革命委员会宣传组合署办公，配工作人员1人，1971年3月宣办从县革委宣传部划出并入县文化站合署办公，1977年宣办易名为安远县宣传毛主席在安远伟大革命活动办公室，1978年11月县文化馆改称县文化馆，宣办与县文化馆分开办公，1979年2月宣办更名为安远县革命历史纪念馆，1982年2月27日更名为安远县博物馆。

1977年8月～1990年5月博物馆在安远县城东峰路5号办公，1990年5月迁至县城西北廓的省保单位—无为寺塔（2006年5月定为国保单位）北侧，借用县酒厂几间简易平房办公，1993年10月在古塔北侧50米处动工（1994年5月竣工）新建砖木结构的楼房一栋（一层），占地面积为130平方米。2005年4月～2006年7月县政府投资400多万

元，新建以古塔为中心，将古塔与烈士陵园连成一体的安远县无为公园，大大地扩大了博物馆的活动范围，担负着1处国家重点文物保护单位，3处省级文物保护单位，10处县级文物保护单位和1千多件馆藏文物的保护、管理、安全的重任。

历任馆长　黄汉球（1978.3～1980.2）；黄永聚（1980.3～1990.3）；赖映鑫（1990.4～1999.4）；杜东升（1999.5～2001.12）；赖影根（2001.12～2008.5）；杜丽芳（2008.5至今）。

业务活动

基本陈列　《安远县精品文物展》　集中展示了安远县文物藏品的精品，通过展示自新石器时期至土地革命时期的文物，展现安远县的发展历史。同时利用安远县博物馆革命文物较多的特点，介绍安远在土地革命时期的革命史。

专题陈列　1972年6月举办了《红日照安远——毛泽东同志在安远伟大革命实践图片展》。

1977年8月1日为纪念创建井冈山革命根据地五十周年和中国人民解放军建军五十周年，举办《安远县革命文物展览》，展出革命文物和文献资料百余件。

1989年3月对《安远县革命文物展览》版面进行了充实调整，增展了历史文物部分，更名为《安远县文物展览》，1990年5月博物馆迁至新址后，因无展厅，展览一直停办，只利用无为寺塔大檐廊举办过多期图片展。

藏品管理

[藏品来源]　藏品来源一是博物馆成立后历年征集的部分文物；二是县档案馆和工商局移交的文物；三是群众自愿献交的文物。

[藏品类别]　现珍藏的藏品有新石器时代晚期和商周时代的磨制石器、石斧、石锛、印纹陶片；战国时期的青铜剑、青铜斧和小陶罐；有南北朝时期至明清时期的

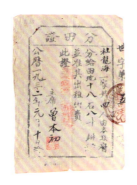

分田证

中国农业工人工会会员证

中华苏维埃共和国中央内务部训令第4号

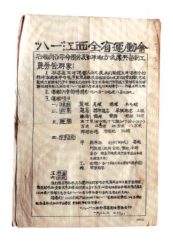

八一江西全省运动会告示

清　三英战吕布胆式瓶

战国　青铜剑

陶器、瓷器、玉器和金属器皿，还有铜镜、铜像、古钱币等历史文物，另外大量珍藏有中华苏维埃中央政府、中共江西省委、江西省苏维埃政府和中共安远县执委颁发的通告、通知、决议、简报、票记、纸币及赤卫队、游击大队用过的土枪土炮、大刀长矛等革命文物。

[藏品统计]　藏品总数为1046件，其中一级藏品14件，二级藏品11件，三级藏品96件。

[重要藏品]　青铜剑　战国青铜剑，2002年出土于安远县孔田镇。

"八一"江西全省运动会布告　"八一"江西全省运

动会筹备会于1933年6月29日印制的布告，号召参加8月1日至8月2日举行的运动会，运动项目有球类、田赛、径赛、军事技术、体操、游戏六大类。

科学研究　1969年宣布成立后对毛泽东同志在安远伟大革命活动的史料进行收集、整理，编印了《毛泽东同志在安远伟大革命活动大事记》、《毛泽东同志在安远伟大革命活动资料汇编》。

1982年7月开始展开全县大规模的文物普查工作，在此基础上编印了《安远县文物普查资料汇编》、《安远县文物志》。

经营管理

　　［单位性质］　国营事业单位

　　［经费来源］　县财政拨款

　　［机构设置］　下设办公室、保卫室

　　［人员编制、组成］　人员编制4人，其中大专以上文化3人；专业技术人员2人，管理人员2人，40岁以下人员1人，40岁以上人员3人。

　　［观众接待］　每年参观人数1万人次

参观指南

　　［地址］　江西省安远县欣山镇教场街11号

　　［邮编］　342100

　　［电话］　0797-3732293

　　［开放时间］　8:30-12:00，14:30-17:30

（撰文：杜东升）

安源路矿工人运动纪念馆

Anyuan Railway and Mine Workers'Club Museum

概述

　　类型　社会科学类历史专题博物馆

　　隶属关系　隶属于江西省文化厅

　　创建时间　1956年

　　正式开馆时间　1956年

　　所在位置　江西省萍乡市安源镇

　　面积　10万平方米

　　建筑、布局　建筑形制为会堂式建筑，整体建筑坐北朝南。主体为二层钢筋混凝土结构。

　　历史沿革　安源是中国工人运动的策源地，是秋收起义的重要策源地和主要爆发地之一。安源路矿工人运动纪念馆（以下简称纪念馆）是为了纪念中国共产党领导安源路矿工人运动这一重大历史事件而建立的专题纪念馆。始建于1956年，称为安源路矿工人俱乐部。1964年在安源牛形岭山腰上建立了陈列大楼，更名为毛主席在安源革命活动纪念馆，于1970年元月1日正式对外开放。1972年9月恢复现馆名。整个馆区占地面积10万平方米，有上、中、下个广场，有大面积山林和草地。1984年邓小平为纪念馆题写了馆名。1997年被中宣部列为首批全国爱国主义教育示范基地，2004年被井冈山干部学院列为现场教学点之一。纪念馆还负责4处全国重点文物保护单位、6处省级文物保护单位和7处市级文物保护单位的保护和管理。

　　历任馆长　言玉连（1955.8～1956　俱乐部负责人）；朱子金（1957～1964　俱乐部副主任主持工作；萍乡矿区工会副主席袁品高兼主任）；朱子金（1964～1968　安源路矿工人运动纪念馆馆长；袁品高为名誉馆长）；石明之（1968.3～1968.6　毛主席在安源革命活动纪念馆建设领导革命委员会主任）；廉明德（1969.5～1970.3　毛主席在安源革命活动纪念馆建设领导小组副组长主持日常工作）；廉明德（1970.3～1976.11　毛主席在安源革命活动纪念馆革命委员会副主任；主任由萍乡市革委会主任石明之兼。1970年12月石调离后，安馆革委会主任缺。）；刘忠焕（1976.12～1982.5　安源路矿工人运动纪念馆革命委员会主任；1979.7改称馆长。）；杨桂香（1982.5～1982.8　副馆长暂代行馆长职责）；李秀达（1982.8～1984.5）；杨桂香（1984.5～1989.3）；李昌学（1989.5～1997）；彭云秋（1997.9～2007.8）；黄仂（2007.8至今）。

业务活动

　　基本陈列　《安源路矿工人运动史》，陈列面积达3000多平方米，展出的各种文物及复制品219件。重要的展品有：上世纪20年代萍乡煤矿生产的水泵、安源路矿工人消费合作社发行的股票、安源工人大罢工胜利时签订的十三

安源路矿工人运动纪念馆全景

陈列大楼

展厅一角

展厅一角

条协议、安源工人俱乐部编写的教科书、安源工人集体创作的《劳工记》等。

专题陈列　除了基本陈列外，还有《走出安源的将军展览》、《纪念刘少奇诞辰100周年图片展》等专题展览，把基本陈列浓缩成移动版面，经常下乡展览。

藏品管理

[藏品来源]　主要来源于该馆征集、个人捐献和互相交流等。

[藏品统计]　现有馆藏文物5010件，经鉴定，一级文物53件，二级文物62件，三级文物247件；馆藏文献史料和回忆录5000余件，照片、录音、录像资料6000余件。

[重要藏品]　俱乐部部员证　20世纪20年代初安源路矿工人俱乐部印制，长10厘米、宽6厘米，封面文字为"安源路矿工人俱乐部部员证"，封底"团结起来！！！"四个字的上方为由岩尖、铁锤、车轮组成的部徽图案，均为石印而成。

小学国语教科书　安源路矿工人俱乐部教育股编印于1924年，共40课，为32开石印本，竖排版，共计50页（双页）。封面上端印有"小学国语教科书"和"安源路矿工会教育股编印"的红色字迹。下端有安源路矿工人俱乐部部徽及本书保存者陈伟芳的签名。其中内容有：第8课"早婚之害"、第10课"女子的能力"、第11课"木兰辞"，第16课是陈独秀的一篇演讲词"劳动者底觉悟"。教科书还刊载了李汉俊的文章《金钱和劳动》、沈玄庐的小说《机器》和《列宁略传》等文章。

安源旬刊　1923年12月7日正式出版发行，是一个综合性刊物，设有"言论"、"时事报告"、"劳动界消息"、"本地风光"、"工人常识"、"诗歌"、"戏剧"等栏目。为64开本，每月7号、17号和27号各出版一册，后改为逢10出版，到1925年6月30日，共出版27期。现发现的有4期，均为竖排版，其中第二十期和二十二期完整无缺。

股票　安源路矿工人消费合作社股票为彩色石印而成。股票长25厘米、宽13厘米，反面文字为"附本社招股简章"的具体内容，正面印着收到某君股金多少股，共计光洋×圆×角整，民国十二年　月　日。姓名和股金数额、日期，临时用毛笔填写，并盖着消费合作社印章以及总经理易礼容或毛泽民的私章。

十三条协议　长47厘米、宽30厘米，系香裱纸张，字体均为铅印，字迹清楚。其中协议内容有：第1条，路矿两局承认俱乐部有着代表工人之权；第2条，以后路矿两局开除工人须有正当理由宣布，并不得借此罢工开除工人；第4条，每年12月须加发工资半月，候呈准主管机关后实行；第6条，工人因公受伤不能工作者，路矿两局须予以相当之职业；第9条，路矿两局每月须津贴俱乐部常月费洋200元，从本月起实行；第10条，以后路矿两局职工工头不得殴打工人等。

劳工记　又名《罢工歌》，是1922年安源路矿工人大罢工胜利后，在工人中广泛传唱的一首长篇叙事歌谣。文

股票

《毛主席去安源》油画

《安源路矿工人大罢工》油画

十三条协议

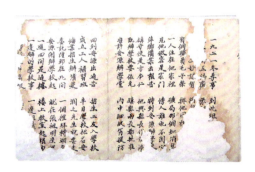

劳工记（局部）

字全是用毛笔书写，左开竖排版，字迹工整，内容较全，真实生动地叙述了中国共产党领导的安源路矿工人运动的兴起过程。《劳工记》每两句一韵并排一行，全文共840句，约6000字，具有重要的史料价值。

俱乐部全体工人泣白　1922年9月安源路矿工人大罢工中工人俱乐部散发的传单，长30厘米、宽23厘米，纸张为淡黄色香裱纸，文字用铅笔书写，共有217个字。

纪念馆收藏并展出大量创作的油画和雕塑，如刘春华临摹他自己的油画作品《毛主席去安源》，侯一民创作的油画《毛主席下矿井》，王官乙创作的大型泥塑《在抗争中觉醒》，陈廷高、李仕于创作的《大罢工》，吕学勤创作的雕塑《进军井冈》等。

科学研究　纪念馆建馆后，花费了大量的人力、物力和财力收集整理资料，先后单独或与人合作撰写出版了专著和图片：

长沙市革命纪念地办公室、安源路矿工人运动纪念馆编撰《安源路矿工人运动史料》（湖南人民出版社1980）；安源路矿工人运动纪念馆编《安源路矿工人大罢工胜利六十周年纪念画册》（1982）；安源路矿工人运动纪念馆、萍乡教育学院中文科编《安源工人运动歌谣歌曲选》（1984.1）；中共萍乡市委《安源路矿工人运动》编纂组编《安源路矿工人运动（上、下册）》（中共党史资料出版社，1990）；安源路矿工人运动纪念馆著《安源路矿工人运动史》（上海社会科学院出版社，1993.12）；江西省文化厅文物处、安源路矿工人运动纪念馆、秋收起义铜鼓纪念馆、秋收起义修水纪念馆著《秋收起义在江西》（文物出版社，1993.11）；安源路矿工人运动纪念馆编著《唤起工农千百万》（中国大百科全书出版社，1998.2）；萍乡市史志工作办公室、萍乡矿业集团公司、南昌铁路局萍乡办事处、萍乡市中共党史学会著《安源路矿工人运动史研究文汇》（江西人民出版社，2002.9）；中共萍乡市委党校、萍乡市中共党史学会著《中国共产党最早的党校》（萍乡教育印刷厂，2004.12）；萍乡市中共党学会、安源路矿工人运动纪念馆、萍乡矿业集团公司著《湘赣边界秋收起义史》（江西人民出版社，2007.9）。

经营管理

　　[单位性质]　国营事业单位

　　[经费来源]　财政拨款

　　[机构设置]　共设立了行政办公室、人事保卫科、宣传接待科、资料征集保管科、陈列研究室。

　　[人员编制、组成]　纪念馆共有工作人员50人，其

中大专以上文化程度42人；副高以上职称3人，中级职称16人，初级职称10人。

[观众接待]　2003～2007年度参观人数81万人次。

参观指南

[地址]　江西省萍乡市安源镇

[邮编]　337035

[电话]　0799-6351085（办公室）

　　　　0799-6353658（宣传接待科）

[传真]　0799-6353958

[电子信箱]　anguan1085@sina.com

[开放时间]　夏季8:00－17:00，冬季8:00－16:30，周一闭馆

[票价]　免费

（撰文：安源路矿工人运动纪念馆）

安福县博物馆

Anfu Prefectural Museum

概述

类型　地方综合性博物馆

隶属关系　隶属于安福县文化广播电视局

创建时间　1986年

正式开馆时间　1996年12月

所在位置　安福孔庙

面积　2148.4平方米

建筑、布局　安福孔庙始建于南宋绍兴十二年（1142），历代多次修葺，现存建筑为清代风格。孔庙建筑坐北朝南，前有泮池、圆桥。主体建筑按前后排列为：大成门、东西两庑、大成殿。大成门东西隔间分别设"名宦祠"、"乡贤祠"。总建筑南北长64米，东西宽42米，

砖木石混合结构。大成殿脊高13米，外廊用24根巨大石柱支撑。九脊歇山顶、飞檐斗拱，金碧辉煌。大成门楼双层出阁，雕龙画凤。前后两对镂孔云龙盘柱石雕，造型精美。

历史沿革　民国三十年（1941年）设立安福县民众教育馆，文物工作由政府委托民众教育馆进行管理。新中国成立后的1950年12月，设置安福县人民教育馆，1952年改名为安福县文化馆，文物的保护、收藏、管理工作由文化馆兼顾。1986年成立安福县文物管理办公室，为股级事业单位，刘竞芳任文物办副主任（1988～1996.12），1996年，将安福县文物管理办公室更名为安福县博物馆。

安福孔庙于1987年公布为江西省文物保护单位，1998年公布为市县两级爱国主义教育基地。

历任馆长　刘竞芳（1988～1996.12 文物办副主任）；刁山景（1997.1～2001.2）；彭建平（2001.2～2002.1）；王潘敏（2002.2～2003.4）；刘新萍（2003.5至今）。

业务活动

基本陈列　《可爱的安福》，主要内容包括"序幕馆"、"历史人文馆"、"武功山人文风光馆"、"土地运动"、"革命斗争馆"、"安福古代文化名人馆"、"现当代'三个文明'建设成就馆"、"安福风光摄影作品精品屋"、"历代石雕石刻陈列苑"等，陈列面积约1200平方米，展出藏品数120件，主要采用木质拼扳为背景依托，根据各馆主题内容，配有大量的图片、文字说明、实物资料、名人塑像。部分展馆采用电光控制装置，主题鲜明，现场观感较强，雅俗共赏。

[重要展品]　明《吾汶稿》木刻版　宋末著名爱国义士、文天祥帐中参议、《生祭文丞相》文作者王炎午作品集。

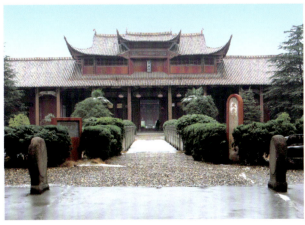

安福孔庙（大成门）

安福孔庙（大成殿）

历史人文馆

石雕石刻陈列苑

清乾隆黄褐釉和尚坐化陶盖缸 高140厘米，径80厘米，分别用堆塑、划、刻、剔花手法绘制文字及图案12幅，工艺精美。

清同治乙丑科"钦点翰林院"木匾 高120厘米，宽90厘米，匾上额及左右浮透雕金龙，下为双凤透雕，系纪念清光绪皇帝的侍讲老师王邦玺而制作。

清康熙癸亥年铁钟 高110厘米，口径77厘米。铸汉字313个，其中异体字达58个，新中国成立后多被采用为标准简化字。在上世纪八十年代一度成为新闻热点，在海外华侨中广为影响。

宋王庭珪墓志铭 系胡铨撰文、刘珙书丹、虞允文篆题（均为宋代同期著名政治家）。王庭珪为宋代著名文学家。

专题陈列 自1997年以来，共主办、承办、合办多次专题陈列展览，主要有《孔繁森事迹》、《吉安将军》、《珍稀动物标本》、《百年少奇》、《拒绝毒品、珍爱生命》、《出土文物》、《航空航天模型》、《名家书画作品》、《防治非典》、《民间工艺》等等。展厅面积180平方米。

明 《吾汶稿》木刻版

清乾隆 黄褐釉和尚坐化陶盖缸

清同治 "钦点翰林院"木匾

清康熙 癸亥年铁钟

元 "大德元年"铜权

藏品管理

[藏品来源] 主要来源于各执法机关收缴移交、县内出土、社会各界捐赠和征购。

[藏品类别] 包括陶瓷类、纸质类、石刻类、金属类、纺织类、竹木漆器类等。

[藏品统计] 藏品总数合计1846件,其中二级文物6件,三级文物72件,一般文物1768件。各类藏品数量为金属类906件,纸质类195件,石质类165件,纺织类14件,竹木漆器类30件,陶瓷类369件,其它167件。

[重要藏品] 元"大德元年"铜权(通高10厘米,底径5.2厘米,二级)完整;宋铭文钟型镜(通高11厘米,底宽7.6厘米,二级)完整;晋滑石猪(长7.1厘米,宽1.6厘米,二级)完整;民国时期"湘赣工农检查部部长彭"墨砚(通高3.2厘米,径14.5厘米,二级)稍残;民国时期银制菩萨帽(2只共重0.35千克)稍残;明鎏金普贤骑象铜像(通高36厘米,底径24厘米)稍残;汉鸟头青铜带钩(长12.4厘米,宽1.4厘米)完整;汉七乳宽缘凤鸟纹铜镜(直径11.5厘米,厚6厘米)完整。

[藏品保护] 应用传统保管技术,珍贵文物有铁质柜盒专存,采用部分杀虫杀菌药具,多层包装等措施。

科学研究 博物馆下设陈列科,由相关专业人员组成,承担业务方面工作任务。安福县博物馆刁山景、何财山、管永义先后在《中国文物报》、《南方文物》等相关专业刊物上发表了文博专业论文近10篇,其中,刁山景《庐陵石窗概述》、《王阳明与安福心学》获江西省文化厅专业论文评比二等奖;何财山《浅谈田野文物的征集保护和陈列》、《武功山的人文魅力》获江西省文化厅专业论文评比三等奖。

宣传教育 2008年1月,黄山出版社出版刁山景专著《庐陵石窗》。何财山先后应邀至安福中学、安福二中、

汉 鸟头青铜带钩

汉 七乳宽缘凤鸟纹铜镜

晋 滑石猪

安福武警中队、平都第二小学等进行《安福人文历史》、《安福红色革命历程》专题讲座。何财山撰稿，安福萱草影像制作室及安福电视台先后拍摄制作了《洞渊阁》、《王母仙宫》、《百世流芳柘溪村》等宣传重要古建筑和历史文化名村的电视专题片。

交流合作　2006年5月～8月，何财山参加江西省"田野考古培训班"学习后，加入江西省文物考古研究所武吉高速公路宜丰县秋形垴商周遗址考古工作队参与抢救性考古发掘，圆满完成工作任务。2007年5月～10月，江西省文物考古研究所选调何财山、管永义（已退休）参加江西鹰潭角山商代窑址国家主动性考古发掘项目的后期整理工作。2007年4月，刁山景应邀参加在浙江余姚召开的"王阳明学术思想国际研讨会"。

经营管理

　　[单位性质]　国营事业单位

　　[经费来源]　财政全额拨款

　　[机构设置]　博物馆与文物管理办公室合署办公。下设：陈列科、保管部、保卫科、办公室。

　　[人员编制]　定编12名，现有工作人员9名。

　　[服务观众项目]　《可爱的安福》基本陈列展览、安福孔庙、东山文塔、洞渊阁等古建筑参观接待讲解；零散文物鉴别；专题辅导讲座；配合基本建设前期文物调查；举办仿古祭孔仪式；其它相关服务等。

　　[观众接待]　年接待观众6～8万人次。

参观指南

　　[地址]　江西省安福县平都镇文庙路59号

　　[邮编]　343200

　　[电话]　0796-7625175

　　[电子信箱]　jxaf.bwg@163.com

　　[开放时间]　按政府规定上下班时间，节假日照常开放。

　　[票价]　10元

（撰文：何财山）

江西省博物馆

Jiangxi Provincial Museum

概述

　　类型　综合类博物馆

　　隶属关系　隶属于江西省文化厅

　　创建时间　1953年

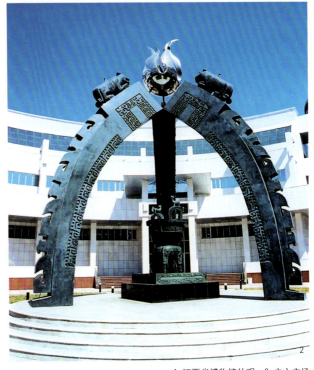

1.江西省博物馆外观　2.中心广场

正式开馆时间　1961年7月1日

所在位置　江西省南昌市新洲路2号

面积　占地40000平方米

建筑、布局　馆舍主体建筑造型取材明代景德镇御窑出土的白瓷三管器。历史馆、革命馆、自然馆三馆合一。历史博物馆居中，南北两侧分别为革命博物馆和自然博物馆。三馆均为三层，建筑各自独立，用外回廊相联，门道相通，方便观众往返其间。主楼与文物库房、设备房、办公大楼等附属建筑构成一组圆柱几何形现代建筑群，将古代陶瓷艺术与现代建筑风格巧妙地融于一体。馆内中心广场矗立大型青铜雕塑《时空》，由3根仿商代青铜器上的扉棱提梁、仿国宝级文物商代立鹿四足青铜甗和伏鸟双尾虎以及火炬4个部分组成，寓意灿烂文明，源远流长；物华天宝，人杰地灵；星星之火，可以燎原。

历史沿革　新中国成立初,江西省委、省政府对博物馆事业极为重视,决定在原省科学馆的基础上,筹建江西省博物馆。1953年3月成立江西省博物馆筹备处,1957年7月开始在南昌市八一广场南端建造陈列大楼。1961年7月1日,江西省博物馆正式开馆。1978年江西革命历史博物馆改称江西革命博物馆,江西省博物馆改称江西历史博物馆。1981年两馆合并,仍称江西省博物馆。50年来,经过开拓者筚路篮缕,经过几代人不懈努力,江西省博物馆已建设成为一座大型综合性博物馆。1999年10月1日,江西省自建国以来投资最大的一项文化基础设施——江西省博物馆落成并正式对外开放,这标志着江西省博物馆以崭新的姿态迈向新世纪。2008年5月18日,被国家文物局评为首批一级博物馆。

历任馆长　周启中(1953筹备处副主任);冯钦夫(1957筹备处副主任);张汉城(1960);杨池(1968毛泽东思想万岁馆革委会主任);张汉城、范凤妹(1971江西省博物馆临时领导小组组长);李科友(1974江西省博物馆负责人);王兆林(1976江西省博物馆临时领导小组组长);李成章(1979江西省历史博物馆负责人);张荣根(1979江西省革命博物馆负责人);姚柏森、戈壮凡、吕云松、裘之倬、陈文华(1982江西省博物馆临时负责人);彭适凡(1984);孙家骅(1998);曹国庆(2001);蔡超(2001);彭印石昆(2004至今)。

业务活动

基本陈列　江西省博物馆展示面积13000平方米,分历史、革命、自然三大展区,全馆共设七个基本陈列,上穷远古先民的鬼斧神工,下涵近现代革命志士的伟大创举和生动有趣的自然科普。历史馆中一件件精美的珍贵文物再现了江西古代先民的伟大创造,印证了江西"物华天宝,人杰地灵"的辉煌。革命馆里一座座热血铸就的丰碑展示了无数革命志士和先烈前赴后继、英勇牺牲的大无畏精神;自然馆里一个个生命的故事凸显了江西独特的自然风貌和动植物资源。展陈内容各有侧重、各具特色,展出形式自然流畅、手法多样,它们是未成年人思想道德建设的重要阵地,在传承江西历史文化、展示江西地域文明等方面,发挥着积极作用。主要陈列有:

《江西古代文明展》　设于历史馆一楼。分石器时代、青铜时代、汉唐、宋元、明清五大部分,展厅面积1200平方米,展出文物428件(套),以专题带通史的形式再现了江西古代先民在赣鄱大地所创造的辉煌成就,充分表现了江西考古学文化,重点展示了江西区域性文明成果,名副其实地昭示了江西"物华天宝、人杰地灵"的美誉。展品有新干县大洋洲出土卧虎耳兽面纹方鼎、仙人洞人头骨、南宋水晶狮形佩等。

《江西客家风情展》　设于历史馆二楼。展厅面积600平方米,展出文物343件(套),通过对客家人生产、生活用具的展示及个别生活场景的复原,多角度、多层次地反映了江西客家人的社会生活和风土人情,让您对客家变迁的历史及客家文化的形成有更加深刻的了解。

《江西名窑名瓷展》　设于历史馆三楼。展厅面积1200平方米,展出文物382件(套),分原始瓷、洪州窑、吉州窑和景德镇窑四个部分,充分展示了从商代至民国江西三大瓷窑出土及传世的各类瓷器精品,彰显了历代窑工之创意、赣瓷之神韵。展品有南宋吉州窑釉下彩跃鹿纹盖罐、明前期青花缠枝牡丹纹带盖梅瓶、清后期绿釉镂雕球形带座香薰等。

《江西人民革命斗争史展》　设于革命馆二楼。展厅面积2500平方米,陈列了2800余件珍贵的革命历史史料,真实地反映了自1840年鸦片战争以来江西人民反帝反封建的革命斗争历史,特别是1921年中国共产党成立后,在党的

仙人洞人头骨

中华人民共和国第一届江西省人民政府铜印

1.《江西古代文明》展厅　2.《江西客家风情展》展厅　3.《江西名窑名瓷》展厅　4.《江西人民革命斗争史展》展厅

领导下，江西这块红土地上演绎出的一幕幕波澜壮阔的革命斗争史诗。展品有第二次全国苏维埃代表大会主席团证章、中华人民共和国第一届江西省人民政府铜印等。

《物竞天择—生命史话》　设于自然馆一楼。展厅面积300平方米，展出化石标本104件，以地质年代的更迭为顺序，以详实的文字、精美的图片和珍贵奇特的化石标本，介绍了生命产生、发展的历程，揭示了生命从无到有、从简单到复杂、从低级到高级的演化规律。

《地球宝藏——江西地矿》　设于自然馆一楼。展厅面积400平方米，以江西省矿产资源勘察和开发利用成就为主题，突出介绍江西拥有的优势矿产资源"七朵金花"（铜、钨、钽铌、稀土、铀、金、银），共展出标本104件，包括品类齐全的矿种标本和千姿百态、七彩纷呈的观赏石标本，充分展示了江西丰富的地质矿产资源。

《恐龙世界》　设于自然馆一楼。展厅面积500平方米，完全仿照中生代的生态环境布景，运用高科技的声光电手段制作了16具仿生恐龙，姿态各异、活灵活现，再现了约2.25亿年～6500万年前恐龙时代的辉煌，生动有趣地展示了昔日地球霸主的风姿。

专题陈列　江西省博物馆从1955年举办的第一个陈列《出土文物展》至今，共推出主办、承办和合办的各类专题陈列141个，其中包括许多有影响力的陈列。

《江西明代王墓珍宝特展》　2001年12月28日至2002年1月28日在江西省博物馆历史馆一层展厅展出，展示面积1200平方米，以对明代有重大影响的三位藩王——南昌宁献王朱权、南城益端王朱佑槟、鄱阳淮王朱瞻奥墓葬系列为主，共展出文物1000多件，这是近年规模最大的一次地方王墓展览。整个展览无论从策划到宣传，从设计到展示都获得了极大的成功，取得了强烈的轰动效应。

《文明之光——江西省第三次文物普查成果展》　由江西省第三次文物普查领导小组、江西省文化厅主办，江西省博物馆承办，于2003年10月25日至2004年1月25日在江西省博物馆历史馆一层展厅展出，展示面积1200平方米，集中展示了近年来全省重大考古发现和普查中新发现的珍贵历史遗存和文物。

《珠联璧合——泛珠三角文物精华》　由福建、江西、湖南、广东、广西、海南、四川、贵州、云南、香港、澳门等十一个省、区博物馆联合举办，率先迈出文化合作的第一步。2005年2月3日至2005年5月8日在江西省博物馆历史馆一层展厅展出，展示面积1200平方米，展览荟萃了青铜、陶瓷、玉器、服饰、雕刻等文物精品180件（套），是11省区各馆特色藏品的集中展示，集历史性、知识性、艺术性于一体。

《永远的丰碑——江西革命英烈事迹展》　由江西省委先进性教育活动领导小组主办，江西省委组织部、江西省委宣传部、江西省文化厅协办，江西省博物馆承办，2005年5月11日至2005年6月5日在江西省博物馆革命馆一层展厅展出，展示面积700平方米，展览共选取了新中国成立之前江西籍或在江西牺牲的28位革命英烈，以丰富的革命文物、珍贵的历史照片、精心创作的雕塑绘画等多种形式，介绍了他们的生平和感人事迹。长达180余米、图文并茂的展线汇成了中国共产党人发挥先锋模范作用、永葆先进性的历史画卷和巍巍丰碑，成为先进性教育活动的又一生动课堂。100多家单位，共3万余名观众参观了展览，在全社会引起了强烈反响，有效地推动了共产党员先进性教育活动的深入开展。

《秘鲁千年文化展》　由秘鲁驻华使馆和江西省文化厅共同主办，江西省博物馆承办。2005年9月20日至2005年10月20日在江西省博物馆历史馆二层展厅展出，展示面积600平方米，展览共展出82件中型陶质雕塑作品及80余幅文物图片，分别是秘鲁从原始社会到前哥伦布时期共11个文化时期、4000年间的各种主要文化代表作品。该展览是为观众提供优质文化产品与文化服务的一种有益的尝试，为引进更多其他国家的古文化产品及江西文物走出去做了一次有益的探索。展览共接待观众6万人次，取得了良好的社会效益和经济效益。

《历史的跨越》　由澳门基本法推广协会、澳门特别行政区政府法务局、民政总署、教育暨青年局、中央驻澳门联络办宣传文化部、江西省外侨办、江西省政府新闻办、江西省文化厅联合主办，江西省博物馆承办。2006年10月12日至2006年11月11日在江西省博物馆革命馆一层展厅展出，展示面积700平方米，此次展览加深了内地居民对澳门历史的认识，了解到不同时期的澳门风貌，认识了一国两制成功实践的成果。

《奇瓷神韵——中国景德镇瓷器文化展》　应哈萨克斯坦文化和信息部邀请，国家文化部委托江西省文化厅组派江西省博物馆和景德镇陶瓷馆携《奇瓷神韵——中国景德镇瓷器文化展》于2006年9月11日至25日赴哈萨克斯坦参加"中国文化节"活动。此次展览以"古老的景德镇瓷器文化"和"充满活力的景德镇瓷器文化"为主题，展出了

60余件当代艺术家作品，受到了两国文化部领导的高度评价和哈萨克斯坦广大观众的喜爱，弘扬了中国优秀传统文化，推动了我国同哈萨克斯坦的文化交流与合作，为增进中哈人民的相互了解和传统有一做出了积极贡献。

《白色的金子——中国瓷器文化展》　为加强中俄两国文化交流，经文化部和国家文物局批准，江西省博物馆、景德镇陶瓷馆联合承办《白色的金子——中国瓷器文化展》作为2007年在俄罗斯举办的"中国文化年"开幕式文化展览，于3月27日至5月27日在莫斯科特列恰科夫美术博物馆展出，此次展览从瓷器收藏最为丰富的江西省博物馆

1.《物竞天择——生命史话》展厅　2.《地球宝藏——江西地矿》展厅　3.《恐龙世界》展厅

第二次全国苏维埃代表大会主席团证章

南宋 水晶狮形佩

南宋 吉州窑釉下彩跃鹿纹盖罐

清后期 绿釉镂雕球形带座香薰

明前期 青花缠枝牡丹纹带盖梅瓶

元 青花釉里红楼阁式谷仓

和景德镇陶瓷馆遴选了119件瓷器精品，分为古代瓷和现代瓷两大部分，制作年代跨越千年，既有古代官窑贡品，也有民窑佳作；既有老艺术家的作品，也有中青年艺术家的创新瓷艺，品类多样，形式丰富，从不同时代、不同角度展示灿烂的中国古代瓷器文化和充满活力的中国现代瓷器文化，全面展示了中国瓷器文化的历史发展脉络，为宣传我国文化、宣传江西发挥了独特作用。

藏品管理

[藏品来源] 主要来源于考古发掘品移交，文物收购，接受捐赠，依法交换与调拨，公安、工商、海关、法院等执法部门依法移交等。

[藏品类别] 青铜器、瓷器、书画、革命文物、杂项

[藏品统计] 藏品总数约为55150件（套），其中一级文物355件（套），二级文物1076件（套），三级文物9220件（套），一般文物15144件（套）。

[重要藏品] 以青铜、陶瓷类文物最具特色，数量多、品位高，在全国省级博物馆中占有重要地位。特色藏品有：新干大洋洲出土商代青铜器；贵溪崖墓、东周漆木

器和原始瓷器；明代藩王墓出土文物；历代陶瓷器；江西名人书画；江西近现代革命文物。

元凌氏釉里红楼阁式谷仓　1974年景德镇市郊元后至元四年（1338年）墓出土。长20、宽10.3、通高29厘米。明器。器形为仿元代江南楼阁式戏台建筑，整座谷仓雕塑精微，栩栩如生，集青白釉、青花、釉里红等高温釉于一身，这是目前所见时代最早的一件青花釉里红瓷器，具有极高的研究价值。

商后期双面神人青铜头像　1989年新干县大洋洲遗存出土。面上宽14.5～22、上管径6、下銎径4.5×5、通高53厘米。礼仪场合使用的神器。

商后期　圆雕玉羽人

商后期伏鸟双尾青铜虎　1989年新干县大洋洲遗存出土。通长53.5、体宽13、通高25.5厘米。礼仪场合使用的神器。立体圆雕，形似虎尊，腹底中空，非实用器。

商后期鹿耳四足青铜甗　1989年新干县大洋洲遗存出土。甑口径61.2、鬲高39.5、通高105厘米。蒸煮器，由上部甑和下部鬲合成。甗体形制巨大，气势雄浑，是目前所见商代同类器中最为高大的一件，有"中华甗王"之誉。

商后期圆雕玉羽人　1989年新干大洋洲涝背沙洲发掘出土。通高11.5、身高8.7、背脊厚1.4厘米。礼器。这件圆雕立体玉人像，具有神人意味，有机地把人、兽、鸟集于一身，想象丰富，构图巧妙，造型奇特，雕琢古拙简练，玉质纯润无瑕，具有极高的艺术欣赏价值。链环及其与冠部的连接，采用掏雕工艺，技术水平要求极高，它的出土，将我国玉器掏雕工艺从明代提前至商代后期。为江西省博物馆镇馆之宝。

商后期　双面神人青铜头像

[藏品保护]　江西省博物馆近年来在国家重点文物保护专项经费资助下，对馆藏腐蚀或损害的部分珍贵文物进行了抢救性的保护。2005年委托南京博物院对馆藏件（套）一二级书画修复重新装裱。2005～2006年馆内技术部专业人员对馆藏部分青铜器进行除锈加固。2006年委托中国国家博物馆文物保护中心对新干大洋洲出土的475件商代青铜器进行了除锈加固保护。

同时按照整体设计、科学规划、分步实施、逐步达标的要求对文物库房环境进行了改造。具体的做法是对原为水泥裸露的地面铺设地板，购买除湿机在未开空调时降低湿度，修复原来损坏的空调使其正常运转，确保高温高湿时库房恒温恒湿。经过几年的努力，部分重点库房温湿度达到或接近达到文物需要的标准，大大降低了灰尘度，库房内更为清洁。

商后期　立鹿耳四足青铜甗

科学研究　江西省博物馆现有历史、考古、革命、自

商后期　伏鸟双尾青铜虎

然史、设计、文物修复、摄影等专业技术人员59人，其中高级职称24人，中级职称27人，初级职称8人。在学历层次上，具有研究生学历的有5人，大学本科以上学历的有40人，大专以上学历的16人。其中有六人被国务院授予辖区内政府津贴专家荣誉称号，一人被文化部授予优秀专家荣誉称号，基本上形成了老、中、青相结合，知识结构合理的专业队伍。承担了国家、省部级多项科学研究课题，出版了学术著作30余部，在海内外学术刊物上发表论文600余篇。早在上世纪50年代就创办了第一份省级文博专刊《文物工作资料》，70年代创办《江西历史文物》，80年代创办《农业考古》，90年代创办《南方文物》，后两种刊物均被评为优秀期刊，向海内外公开发行。

馆内专业技术人员近年出版的主要学术专著：王宁：《吉州窑永和窑作品集》（湖北美术出版社，2005），彭明瀚、叶蓉、王宁：《江西省博物馆》（文物出版社，2004），彭明瀚、陈建平、王宁：《中国出土玉器·江西卷》（科学出版社，2005），彭明瀚：《吴城文化研究》（考古新视野丛书）（文物出版社，2005），彭明瀚：《吴城文化》（20世纪中国文物考古发现与研究丛书）（文物出版社，2005），刘禄山：《江西科学技术史》，（海洋出版社，2006.12），刘昌兵：《景德镇江窑》（2007），江西省博物馆：《江西省博物馆文物精华》（文物出版社，2007），彭明瀚：《收藏指南丛书·铜器》（学林出版社，2007），彭明瀚：《雅俗之间—吉州窑》（文物出版社，2007）。

宣传教育 江西省博物馆自1953年建馆以来，接待了国内外观众500多万人次。近几年来，立足自身实际，推出一系列专题展览，还先后组织开展了形式多样的宣传教育活动，如"文化三进"送展活动、"徒步行走红色景点"活动、"灿烂文化，和谐社会"演讲比赛、"血染的丰碑"军民联谊活动等，得到了社会各界的好评。

交流合作 江西省博物馆自建馆以来，一直非常重视与国内外各相关单位的文化交流与合作，早在1991年就开始与上海博物馆签订友好馆协议；2000年法国巴黎人类博物馆到馆进行文化交流；2000年陶瓷专业学者刘品三赴泰国曼谷陶瓷研究所进行文化交流等。近几年来，根据"走出去，引进来"、"联强做强，联大做大"的办展思路，不断加强馆际交流与合作，先后推出《明代王墓展》、《新干大洋洲青铜器展》、《吉州窑瓷器展》三个外展项目，引进了三个系列《走近艺术大师系列展》、《西部文物特展系列》、《民间收藏系列展》的十余个展览，举办各类讲座几十场，取得了良好的社会效益。

经营管理

[单位性质] 国营事业单位

[经费来源] 财政全额拨款

[机构设置] 设有办公室、保卫科、社教部、物业部、展览部、保管部、技术部、信息资料部、经营部、财务部、党办11个部室。

[人员编制、组成] 现有在编人员90人，其中管理岗位29人，占总在编人数的32.2%。现有专业技术人员59人，占总在编人数的65.6%。

[服务观众项目] 停车场（全天 国家统一价格）、纪念品销售（9:00—16:30 自定价）、触摸屏导览（9:00—16:30 免费）、存包（9:00—16:30 免费）等。

[观众接待] 2000年～2007年度平均每年观众人数22万人次。自2008年3月31日向全社会常年免费开放后，年平均参观人数增至百余万人。

参观指南

[地址] 江西省南昌市新洲路2号

[地址] 330025

[电话] 0791-6595424

[传真] 0791-6562275

[电子信箱] jxww@nckd.com

[网址] http://www.jxmuseum.cn

[开放时间] 周二至周五9:00—16:30，公休日及法定节假日9:00—17:00，周一闭馆检修设备设施，法定节假日除外。

[票价] 免费

（撰文：叶蓉）

新干县大洋洲出土卧虎耳兽面纹方鼎

兴国县将军园

Xingguo General Garden

概述

类型 社会科学类名人专题博物馆

隶属关系 隶属于兴国县文化局

创建时间 2002年5月

正式开馆时间 2003年6月

所在位置 兴国县城南大门

面积 300亩

布局 园区由将军广场、将军馆、苏区干部好作风陈列馆、大型群雕、国防教育广场、将军湖、岛等部分组成。

建筑结构 将军广场正中央安放着高512米的汉玉石毛泽东主席巨型雕像。园内按长征路线进行规划，安放着朱德、陈毅元帅和兴国籍54位共和国开国将军的雕像，并利用12块奇石分别雕刻肖华上将所作的12首长征组歌。将军馆屋顶是红军八角帽造型，展厅和大门由镰刀、斧头形状构成，突出兴国"红军县"的特色；苏区干部好作风陈列馆位于将军馆后侧，陈列通过声、光、电等现代布展手段，演绎了苏区干部在毛泽东等老一辈无产阶级革命家的领导下廉洁奉公、模范带头、实事求是、执政为民的良好作风，再现了军民的鱼水情怀；大型群雕设在将军园东侧，由"中国工农红军兴国模范师"、"中国工农红军少共国际师"、"中国工农红军中央警卫师"三面军旗及79位栩栩如生的人物故事环绕组成，三面军旗象征着兴国在第二次国内革命战争中组建了三个师参加工农红军。群雕正面是兴国人民与红军一道反"围剿"的战斗场面，背面是兴国人民在第二次国内革命战争中母送子、妻送郎、兄弟相争上战场的动人场面。群雕长23.179米，象征着兴国人民在革命战争中为国捐躯的有名有姓的烈士就达23179名，宽2.3米，高8.5米，象征着在第二次国内革命战争时期，23万人口的兴国就有8.5万人参军参战。国防教育广场、将军湖、岛等休闲娱乐场所也各具特色。

业务活动

基本陈列 将军馆和苏区干部好作风陈列馆两馆共有陈列面积4800平方米，利用图片、实物、文字等形式，再现了将军们的英雄事迹，苏区干部的优良作风。尤其是苏区干部好作风陈列馆，利用声、光、电等现代的设备，再现了当年的那段峰火岁月，观众犹如身临其境，内心上得到了真正教育。

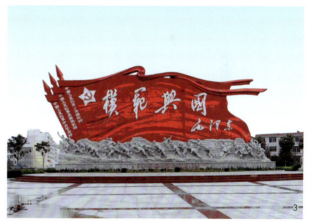

1.兴国县将军园全貌 2.将军馆、苏区馆 3.大型群雕 4.将军馆内部陈列

藏品管理

[藏品来源]　现有藏品大部分为将军亲属、热心人士捐赠，也有部分通过购买方式取得。

[重要藏品]　"神舟号"飞船模型　为模拟真船按比例缩小精制而成，由轨道舱、返回舱和推进舱之舱组成。

肖华上将礼服　1955年肖华将军授衔时穿过的上将礼服，由肖华将军的夫人捐赠。

马灯　邓小平苏区时期使用过的马灯。

[藏品保护]　均有恒温、恒湿、隔离板等设备加以保管。

宣传教育　现为全国爱国主义教育基地，中国井冈山干部学院现场教学点。

经营管理

[单位性质]　国营事业单位

[经费来源]　财政拨款

[人员编制]　现有编制数8人，其中管理人员3人，讲解员5人。

参观指南

[地址]　江西省兴国县将军大道

[邮编]　342400

[电话]　0797-5318997

[传真]　0797-5317300

[电子信箱]　Xgjjy_3699@sina.com

[开放时间]　8:30－17:00

[票价]　免费

（撰文：兴国县将军园管理处）

兴国革命纪念馆

Xinguo Revolutiongary Museum

概述

类型　社会科学类历史专题博物馆

隶属关系　隶属于兴国县文化局

创建时间　1958年冬

正式开馆时间　1963年11月

所在位置　江西省兴国县县城

面积　4333.8平方米

建筑、布局　建筑包括展览大楼、文物库房和办公楼。展览大楼于1959年动工兴建，是一座具有中国民族风格的砖木结构建筑。大楼中为三层，左右二层，歇山屋顶，飞檐翘角，正前四根砖砌圆形大柱支撑檐廊，米黄色

兴国县革命纪念馆展览大楼

墙壁，水磨石预制地面。建筑面积706平方米。

历史沿革　兴国革命纪念馆成立之初隶属县文化教育局。1968年12月改名毛主席创建苏区兴国模范县纪念馆，并正式对外开放。1970年7月，该馆直属县革命委员会政治部。1973年3月，更名兴国县革命历史纪念馆。1976年3月，隶属中共兴国县委宣传部。1981年春，纪念馆又划归县文化教育局管辖。1984年5月，属县文化广播局。同年8月，更名兴国县博物馆。1985年3月归属县文化局。1986年5月定今名。兴国革命纪念馆还肩负着各级文物保护单位的管理工作，2005年，兴国被文化部、国家文物局评为"全国文物工作先进县"。

现为全国爱国主义教育示范基地。

历任馆长　曾信（1967.1～1969.4，1970.6～1973.5，1977.6～1979.6）、胡运金（1969.4～1969.11）、李佐银（1969.11～1970.6）、夏启宗（1973.5～1977.6）、陈圣发（1979.6～1983.11）、刘立本（1984.4～1986.5）、萧嗣（1987.5～1990.11）、萧传文（1990.11～1995.12），张春林（1995.12至今）。

业务活动

基本陈列　基本陈列有苏区兴国革命史陈列和毛主席作长冈乡调查专题陈列。

《苏区兴国革命史陈列》　布陈于总馆陈列大楼一、二楼，共6个展室，陈列面积636平方米。主要宣传毛泽东、朱德、彭德怀、陈毅和李富春、曾山等无产阶级革命家、

革命前辈在兴国的革命活动以及兴国人民在中国共产党领导下"创造了第一等的工作"的光辉业绩。陈列分为四个部分：第一部分，"革命政权的建立"。介绍兴国人民在中国共产党领导下建立和保卫革命政权的战斗历程；第二部分，"深入开展土地斗争"，展示兴国县1930年两次分田的情况和经验教训；第三部分，"粉碎敌人第三次'围剿'"，宣传毛泽东、朱德、彭德怀等指挥红军粉碎国民党第三次"围剿"的革命实践和兴国人民支援红军的英勇事迹；第四部分，"兴国人民创造了第一等的工作"，介绍兴国人民在扩大红军、支前参战和经济文化建设等方面所取得的突出成绩。整个陈列由革命文物、照片、图表、模型、沙盘和雕塑、油画等300多件展品组成，其中有关文物藏品近百件，内有"赣南红军新编第四团布告"、"扩大红军的模范"奖匾和"全省参战工作的优胜"奖旗等珍贵文物。

《毛主席作长冈乡调查陈列馆》 建于毛泽东主席作长冈乡调查故地长冈村，距县城约5公里。陈列馆为砖木结构建筑，占地7028平方米，建筑面积1322平方米。陈列展示了毛泽东1933年作长冈乡调查的过程和"乡苏工作的模范"长冈乡的工作及其先进经验。序室阐述调查研究的重要性，宣传毛泽东倡导和坚持调查研究的优良作风。第一部分介绍毛泽东作长冈乡调查的历史背景和过程；再现了毛泽东主席以甘当小学生的诚恳态度深入村庄屋场深入田间地头认真做好调查研究的光辉形象。第二部分介绍长冈乡苏干部密切联系群众，切实关心群众生活；认真注意工作方法的先进工作经验。陈列共有展品230多件，其中文物藏品26件。

除上述两个陈列外，还有《曾山在兴国革命活动展览》，《毛泽东从事革命活动旧址潋江书院原状陈列》。

藏品管理

[藏品来源] 主要来源于县域内历次文物普查所征集和地方干部群众的捐献。

[藏品类别] 藏品以革命文物为主，兼收历史文物。革命文物以文献居多，历史文物主要是明清两代瓷器。

[藏品统计] 现有三级以上藏品1895件，其中历史文物208件。

[重要藏品] 赣南红军新编第四团布告、中央造印厂证率"创造红军的有力者"奖匾等。

饭袋子 长冈乡干部深深懂得，干部必须吃大苦、耐大劳，与群众同甘共苦，才能不脱离群众，因此，他们总是以艰苦为乐，朴素为荣，他们头戴雨笠，脚穿草鞋，自

"扩大红军的模范"奖匾

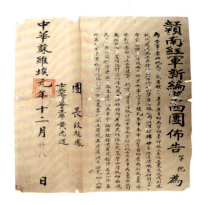

赣南红军新编第四团布告

"乡苏工作的模范"奖旗

带饭菜，风里来、雨里去，艰苦奋斗干革命，这是苏区干部艰苦奋斗的真实写照。

李玉英围裙 长冈乡人民坚决执行毛主席革命路线，以革命加拼命的革命精神，艰苦创业。因此，1993年8月，中央工农民主政府奖给长冈乡一面奖旗和两头耕牛，一并奖给耕田队长、女犁田能手李玉英一条围裙。

"乡苏工作的模范"奖旗 毛主席在第二次全国工农代表大会上介绍上长冈乡和才溪乡的经验，称赞长冈乡干部是模范的长冈乡工作人员，可尊敬的长冈乡工作人员，授予长冈乡"乡苏工作的模范"奖旗，并号召要造成几千

个长冈乡，几十个兴国县，把革命发展到全国去。

[藏品保护] 兴国革命纪念馆建有专门的文物库房，安装了空调机、灭火器和报警器。库房内置文物橱柜，基本能满足入藏需要。设有专职保管，且建立了一系列较为严格的管理制度。已实行物账分管，并已完成大部分藏品的建档工作。

科学研究 兴国革命纪念馆的科研工作主要围绕革命文物、地方革命史和博物馆学等方面展开，并取得了一定的成果。建馆以来在各级报刊上发表各种研究文章40多篇，出版了（内部发行）《毛主席七次来兴国革命活动简介》、《光辉的榜样——毛主席在兴国革命活动故事》，编印了《兴国县文物志》等。

经营管理

[单位性质] 国营事业单位

[经费来源] 文物事业经费主要由县财政拨付，基础设施建设和文物保护单位的维修保护经费则由中央和省级相关部门给予专项补助。

[机构设置] 馆务会主持全馆工作，下分办公室、陈列保管组、群工组和安全保卫组4个工作部门。

[人员编制] 现有在编人员17人，其中大专学历10人，初级专业技术人员8人。

[观众接待] 年接待观众10000人次

参观指南

[地址] 江西省兴国县潋江镇红军路5号

[邮编] 342400

[电话] 0797-5322604

[传真] 0797-5324273

[电子信箱] chxd5322746@126.com

[开放时间] 上午8：30－12：00，下午夏秋时节15：00－18：00，冬春两季13：30－17：00。

[票价] 免费

（撰文：张子明、刘宗华）

汤显祖纪念馆

Tang Xianzu Memorial Museum

概述

类型 社会科学类名人专题博物馆

隶属关系 隶属于抚州市文化局

创建时间 1992年

正式开馆时间 1995年11月6日

所在位置 抚州市文昌大道旁

面积 12000平方米

建筑、布局 建筑布局为一馆三村，由四梦村、娱乐村、度假村以及综合展馆清远楼组成。南京园林设计院设计的仿明式园林古建筑群，馆内三村鼎立、布局自然，四梦广场、三生桥、牡丹亭、胜业坊等十余处与汤翁作品相关的景点散布在山水、绿荫之中，游客留连其间，仿若倘佯于"梦"中，是抚州市集文化、教育、休闲、娱乐为一体的重要人文景区。

历任馆长 黄尧如（1995～1997）；符宇明（1998～1999）；陈伟铭（1999至今）。

业务活动

基本陈列 综合展馆清远楼一楼为主陈大厅，主要陈列为《汤显祖生平、作品展》，展览内容分为五个方面：一为"求索奋进"，主要介绍汤显祖家族渊源，少年时期的求学经历；二为"宦海沉浮"，主要介绍汤显祖十五年的宦海生涯；三为"梦圆临川"，主要介绍戏曲大师汤显祖的不朽名篇《临川四梦》；四为"玉茗留芳"，主要介绍文人学者、知名人士来抚文化寻根；五为"艺苑繁花"，主要介绍汤翁剧作创作后的几百年间所引起的后

1～2、汤显祖纪念馆外景

世影响。展厅通过版面与展柜相结合，以照片、图表、雕塑、绘画、书法等形式加以对外展示我国明代伟大戏曲大师汤显祖在经历15年的宦海沉浮后，以笔代剑，采用"虚幻的梦境"这样一种写作手法对当时社会的黑暗面进行有力的的控诉与批判、对男女之间的至情至性加以宣扬的时代精神。展厅主展线为83米，陈列面积为400平方米，陈列名家书画20件，其中不乏如"红军书法家"舒同、著名昆剧表演艺术家俞振飞等名家书画珍品及清代"临川四梦"木刻板、清同治七年《文昌汤氏宗谱》和汤显祖撰墓志铭等文物史料。

专题陈列　《临川文化展》，展厅面积100平方米。

藏品管理

［藏品来源］　主要来源于征集和捐赠。

［重要藏品］　文昌汤氏宗谱　同治七年《文昌汤氏宗谱》，现为国家二级文物，系木活字本，线装七册（卷首至卷七），为全轶。谱本长37.2厘米，宽22.4厘米，高32.7厘米，完整清晰。书背皆印有"高"字，表明各册为原装一套，无错乱或混替。全谱合装一精美谱箱，谱前部刻有"文昌汤氏宗谱"，系原制谱箱。

［藏品保护］　藏品保护由群工部负责，每件藏品均建档并由专人保管；陈列展示均复制原件；文物库房藏品分类保管存放。

宣传教育　为临川区实验小学"德育基地"、抚州市武警支队直属中队结成"警民共建单位"、东华理工大学"素质教育基地"，在"中国文化遗产日"、"5·18国际博物馆日"等节假日，制作宣传版面对普通民众进行文物保护法律法规宣传。

经营管理

［单位性质］　国营事业单位

［经费来源］　财政拨款

［机构设置］　内设三部一室：群工部、园林部、经营部、办公室。

［人员编制、组成］　现有编制人员为16人，其中副高职称1人，中级职称2人，初级职称10人，专业技师3人；领导职数为一正二副。

［观众接待］　年接待观众4万人

参观指南

［地址］　江西省抚州市文昌大道中端

［邮编］　344000

［电话］　0794-8221475

［传真］　0794-8223137

［开放时间］　夏季8:30－17:30；冬季8:30－17:00

［票价］　免费

（撰文：汤显祖纪念馆）

寻乌县革命历史纪念馆

Memorial Hall of Revolutionary History in Xunwu County

概述

类型　社会科学类历史专题博物馆

隶属关系　隶属于寻乌县文化局

创建时间　1968年6月

正式开馆时间　1968年11月

所在位置　寻乌县城西南部

面积　7852平方米

布局　馆内布局以毛泽东寻乌调查旧址和红军医院革命旧址为依托，新建一栋罗塘谈判陈列馆，一栋寻乌调查陈列馆和一栋办公楼。

建筑结构　寻乌调查旧址原为耶稣教牧师住房，二层河石三合土结构瓦房，是一栋既有中国特色又有西方风格的客家建筑。红军医院原为耶稣教会医院，风格特点同寻乌调查旧址类似。寻乌调查陈列馆、罗塘谈判陈列馆、办

1.红军医院　2.寻乌调查旧址

公楼均为二层砖混结构。

历史沿革 始建名为"寻乌县宣传毛泽东在寻乌伟大革命实践委员会办公室"，1974年更名为寻乌县革命历史纪念馆。寻乌县革命历史纪念馆自1968年成立，1982年县委决定与县委党校合并，两块牌子一套人马，1987年又归属于寻乌县文化局。2003年进行了整体维修。

历任馆长 彭宗才（1968.8～1969.8）；尹国英（1969.9～1970.1）；刘成德（1970.1～1974.3）；曾庆美（1974.3～1978.12）；徐传修（1978.12～1982.3）；温日华（1982.3～1984.2主持工作）；赖兴萌（1984.2～1989.9）；汪梅平（1989.9～1993.4）；冯扬（1999主持工作）；刘福华（1993.4至今）。

业务活动

基本陈列 设有四个陈列馆一个展览。

（1）《寻乌调查旧址》陈列，由调查会会场、毛泽东办公室、毛泽东卧室组成，是1930年5月毛泽东同志作寻乌调查的旧址，他在这里写下了《寻乌调查》和《反对本本主义》两篇光辉著作，首次提出了"没有调查，没有发言权"的科学论断，第一次明确提出马克思主义的基本原理与中国实际情况相结合的观点，为我党实事求是思想路线的形成奠定了理论基础；

（2）《寻乌调查专题》陈列，由没有调查没有发言权、到群众中作实际调查去、调查就是解决问题三大部分组成；

（3）《红军医院》陈列，由诊察室、药房、病房组成；

（4）《罗塘谈判》陈列，由谈判的前因、谈判的经过、谈判的结果三大部分组成；

（5）《寻乌县革命历史》展览，由革命运动的兴起、革命运动的发展、坚持革命斗争，迎接革命胜利三大部分组成。

寻乌调查陈列馆

《反对本本主义》各种版本

《调查工作》

陈列和展览使用了大量的历史照片、文献、图表、美术作品等辅助陈列品以及部分文物。其中有第二次国内革命战争时期的土枪、土炮、《调查工作》（反对本本主义）油印本、"文化大革命"时期出版的各少数民族和其他社会主义国家文字的《反对本本主义》各类版本。内容史料翔实，内容丰富，是褒扬先辈、启迪后人、继承先烈遗志、激发民族自尊、弘扬民族正气的好场所，也是一处"实事求是、调查研究"思想路线的爱国主义教育基地。

藏品管理

[藏品来源] 馆藏文物主要来源于三大方面：寻乌县文化馆移交；第二次、第三次文物普查征集和捐献、收集、勘探调查。

[藏品统计] 文物总数为500件，有玉器3件、青铜器23件、古字画22件、石器12件、钱币285枚、瓷器32件、陶器198件、革命文物72件、其中一级文物2件，二级文物10件，三级文物68件。

[藏品保护] 文物库房备有"三铁"并有专人管理。

经营管理

[单位性质] 国营事业单位

[经费来源] 财政拨款

[机构设置] 设有陈列部、保管部

[人员编制] 有编人员5人，大专学历2人，高中学历3人，编外招聘讲解员2人。

[观众接待] 年接待观众3.5万人次

参观指南

[地址] 江西省寻乌县长宁镇中山路136号

[邮编] 342200

[电话] 0797-2845714

[电子信箱] xujng@163.com

[开放时间] 全年开放，8:30－12:00，14:00－17:00

[票价] 免费

（撰文：刘福华、冯扬、黄少斌）

吴有训科教馆

Wu Youxun Science Museum

概述

类型 社会科学类名人专题博物馆

隶属关系 隶属于高安市文化局

创建时间 1995年4月

正式开馆时间 1999年4月

所在位置 高安市瑞州公园内

面积 8000平方米

布局 整馆分为前大厅、东、南、西厅四部分，大厅为上下两层，上层为库房，下层为序厅，东、南、西三厅为主展厅，分别为《高安名人展》、《吴有训生平展》、《两弹

一星展》，院内还设有400平方米露天花园为休息区。

建筑特点 建筑形制为仿古四合院建筑。体现中国传统建筑的经典之美，同时兼具纪念缅怀之意。

历史沿革 自1992年开始筹建，1995年4月奠基开工建设。原名吴有训纪念馆，1994年4月建成开放。

历任馆长 刘裕黑（1999.4～2007.4）；王峥嵘（2007.4至今）。

业务活动

基本陈列 吴有训科教馆以科教兴国思想为指导，坚持以人为本，科学和爱国主义教育相结合的方针，采取固定与活动相结合的方式开办展览。

馆内展览由序厅、南厅和东、西两厅组成。序厅为上下两层，序厅中央陈列着吴有训大型铜像，两侧为党和国家领导人、中外著名科学家、吴有训的学生为吴有训及吴有训科教馆的题词，南厅为《吴有训生平事迹》固定展，共展出图片302幅、实物资料1034件。东展厅为《高安古今科教名人展》，共展出古今科教名人86位。西厅为《青少年科普展》和《两弹一星模型展》，设有中国第一颗原子弹、氢弹、导弹、卫星、火箭等模型展示，另有《两弹一星获奖科学家先进事迹展》。除此，各厅之间的走廊还有《碑刻长廊展》等。为了更好地突出展览的科教性质，2003年，根据省科技厅要求，增加了《吴有训科学贡献展》内容60平方米。2005年科教馆申报的《"两弹一星"功勋奖获奖科学家先进事迹展》获得国家财政部支持，2006年国家财政部下拨"两弹一星"专项经费40万元，该馆于2007年初按照项目规划完成了布展并开放。

专题陈列 历年主要活动展览有：《二十世纪世界科学成就展》（1999）、《大气污染与环境保护》（2000）、《地质构造与地震灾害》（2001）、《江西籍院士展》（2002）、《崇尚科学，破除迷信》（2003）、

吴有训科教馆外景

吴有训生平事迹展厅

《高安名人展》展厅

中国第一颗原子弹模型

《二十一世纪世界十大发明展》（2004）、《世界七大奇迹展》（2005）、《食物营养知识展》（2006）、《中国航天科技成果展》（2007）。

藏品管理

[藏品来源]　主要来源于吴有训及高安名人亲属、吴有训生前工作过的单位和地方进行募集，以捐赠为主，购买为辅。

[藏品类别]　吴有训有关文物、高安名人文物以及与吴有训相关的其他文物。

[藏品统计]　至2007年为止，共征集文物、史料、图书、图片、字画等4300件（册），其中文物2680件。2003年经省文物局文物专家组鉴定的一级文物79件、二级文物67件，2004年，经宜春市文化局组织的文物鉴定专家组鉴定三级文物1084件。

[重要藏品]　德国自然科学院聘书　因吴有训在科学研究上的杰出贡献，1935年德国自然科学研究院授予吴有训外籍院士称号，成为被当时先进西方国家授予科学院院士称号的第一名中国人。

中国第一颗原子弹模型　吴有训是我国核物理学的奠基人之一，他主持创立了我国最早的核物理研究，为中国的两弹一星培养了一大批诸如钱伟长、钱三强、王淦昌、朱光亚、彭桓武等优秀人才。为了纪念他在核科学方面的杰出贡献，在有关方面批准和帮助下，吴有训科教馆制作了全国首个中国第一颗原子弹模型进行展出。

《科学记录》杂志　吴有训在战乱年代仍积极投身科研，1948年当选中央研究院院士，并创办中央研究院院刊《科学记录》，发表了诸多在当时国际物理学界颇有影响的论文，并因此受到世界瞩目。

毛泽东接见吴有训照　1953年毛泽东接见吴有训（左中）、侯德榜（左一）、竺可桢（左三）三位科学家。这是新中国成立后毛泽东首次接见国内著名的自然科学家。

[藏品保护]　在征集文物的同时，切实做好文物保护工作，建立了一整套文物管理制度。对文物进行了完整的分类建档，全馆工作人员分为字画、照片、图书、物品等4个登记小组，由业务股具体负责，各组由2名工作人员进行登记，严格按规章操作，做到严谨、仔细、不疏漏，并对登记文物史料进行复核检查，使整个登记归档工作顺利有序，无差错、无缺漏。登记建档整理史料、文物、图

德国自然科学院聘书

《科学记录》杂志

毛泽东接见吴有训照

片、书籍共计1万3千件（册），对一、二级文物进行入库封存管理，对展厅四个文物展室安装了有机玻璃窗，对珍贵文物采取展柜保护展出，加强防盗门锁设立，购置了5只灭火器等消防器材，杜绝火灾隐患，配备了一名门卫和两名专职保卫人员，实行二十四小时值班制，开馆至今，未发生一起文物被盗或损坏情况，确保了文物的安全保管和展出。2004年，根据馆藏文物情况，作出了《吴有训科教馆"十一·五"文物修复专项经费方案》，上报国家文物局。2005年国家财政下拨15万元文物修复专项经费，对馆藏45件一、二级待修文物进行了修复。

科学研究　吴有训科教馆先后与中国科学院、中国科协、清华大学、中国原子能科学研究院、高安市政协和宜春日报社聂冷等单位和个人以协助或合作的形式，编著出版了由邓小平题写书名的《吴有训》、《吴有训的科学贡献》、《吴有训论文集》、《吴有训传》、《吴有训百年诞辰纪念文集》、《吴有训科教馆记事》等专著。其中《吴有训科教馆记事》一书收集了从建馆到开馆的许多重要图片、资料、领导讲话、回忆文章、获奖论文等，是一本集纪念、文史研究和学术交流为一体的综合性图书。其次，加大对高安名人的深入研究，发表了刘裕黑著的《胡耀邦祖籍与高安华林胡氏世家考》、《邓小平祖籍高安市源流考》等研究性文章，并发掘出大渡河十七勇士突击队队长熊尚林、元代奇人刘秉忠等系高安籍名人，充实高安名人展览。从2004年开始，与八一电影制片厂合作，筹备联合拍摄吴有训电影，此举将有利于进一步扩大吴有训科教馆的影响。

宣传教育　吴有训科教馆作为全国青少年科技教育基地、江西省爱国主义教育基地，利用多种方式开展多种形式的科普宣传。一是走出去，进行讲学活动，自开馆以来，每年都要组织单位工作人员到宜春学院、宜春十县市（区）中小学以及有关单位进行"吴有训的科教实践和爱国主义思想"为主题的讲学活动20场以上。制作活动展版，送展进校下乡，联合中小学开展校外科普教育每年60次以上。二是请进来，经常组织中、小学生分期分批到馆参观，组织共青团员到馆举行宣誓仪式等活动。1999～2007年，共邀请海内外专家学者到馆参观交流860人次。三是抓好"科普宣传周"活动。以"科普宣传周"为契机，加大力度开展科普宣传活动。每年科普活动周都在馆里布置科普挂图展，联系中小学生参观学习，并开办了吴有训科教馆网站，方便更多的青少年参观学习。每年科普活动周接待青少年学生均超过10000人次。

对外交流　吴有训科教馆坚持每年举办和参加各种学术交流活动，提升知名度。

1997年参与策划北京、南昌、高安三地"吴有训百年诞辰纪念报告会"。中国科学院、中国科协、中国物理学会、原子能研究院、清华大学、南京大学、上海交大、高安市政府等11家单位联合于8月22日在北京举行"吴有训诞辰100周年纪念报告会"，到会者1000多人，朱光亚主持会议，刘华清作重要讲话，李岚清发来贺信，中科院、中国科协主要领导及参与主办报告会的各大学校校长和杨振宁等出席大会并讲话，时任高安市政府副市长马岩波在会上发言。4月26日江西省、南昌市联合在省召开了纪念吴有训百年诞辰纪念大会，省人大副主任裴德安、省政协副主席金立强、廖延雄、罗明、南昌市政府副市长钟乐初等出席大会并讲话。高安市政协副主席熊琳、文化局局长高戈和吴有训纪念馆筹建办刘裕黑主任出席了大会，刘裕黑作大会发言。12月6日高安市委、市政府召开了纪念吴有训100周年笔会，邀请省著名书画家黄天璧、谢牛、方国兴、卜翠敏、许亦农、漆伯麟、傅周海、方学晓等出席并为吴有训和吴有训纪念馆题词作画。共创作书法9幅、绘画12幅。

1999年4月27日，由中国物理学会组织的吴有训科教成果学术交流会在吴有训纪念馆二楼学术报告厅举行，会议由张焕乔、俞大光两院士及兰州近代物理研究所罗亦孝所长共同主持，来自国内物理学界的48位专家参会，10位学者教授在会上作了学术报告。

2000年4月25日至28日，中国科学院院士、"两弹一星"功勋奖获得者陈能宽及宋家树、周毓麟、经富谦、中国工程院院士朱健士等一行8人到高安瞻仰导师吴有训。省政府副省长胡振鹏、地委书记危朝安分别在高安看望院士，26日，五位院士在各级领导的陪同下，参观了吴有训科教馆，并在馆内举行了纪念吴有训诞辰103周年座谈会。缅怀先师，对该馆的建设和陈列工作给予很高的评价。市委、市政府组织了"振兴高安经济座谈会"，五位院士畅所欲言，为高安的经济、科教、文化的振兴，发表了很好的意见。

2000年3月29日至30日，由宜春市文化局及文管所主持在吴有训科教馆召开了全区博物（纪念）馆长会议，全区各县（市）文博单位主要负责人及业务骨干30余人参会，宜春市文化局局长舒信华莅会作了重要讲话，吴有训科教馆馆长刘裕黑向大家介绍了吴有训科教馆的筹建过程，宜春文博所领导传达了全省文博工作会议精神，布置了2000年文物工作任务。

2002年7月22日，刘裕黑馆长参加江西省贯彻《中华人民共和国科学技术普及法》座谈会，并在会上作了《充分发挥科教馆的作用，为宣传贯彻执行科学技术普及法作贡献》的发言。

2005年4月25日，"吴有训科学魅力与江西人才高地构建暨世界物理年纪念会"在吴有训科教馆召开，省领导陈癸尊、刘应睐、黄懋衡、中国科学院院士李家明、中国工程院院士石屏及专家、教授、副厅级以上干部共36人参加会议。

2005年6月下旬，省科技厅在庐山召开了"全省青少年科技教育基地"经验交流会。刘裕黑在会上介绍了吴有训科教馆的创建和创办青少年科技教育基地的情况，受到领导和与会代表的赞扬。

2005年9月，省科技厅、省法制办召开了"江西省科学技术普及法"的论证修改座谈会，刘裕黑作为县（市）一级的唯一代表出席了会议，并就有关条款发表了意见。

2005年10月7日在科教馆学术报告厅举办了"南昌二中前期校友（49年前）纪念吴有训校友座谈会"。到会者有台湾著名建筑学家王逸九（87岁）等65人。会上交流了学术成果，介绍了南昌二中的历史与人才精英。与会人员参观了陈列展览，瞻仰了吴有训故居。

2005年11月下旬，联合国教科文组织、国家科技部、教育部、北京大学、清华大学等联合在南昌理工学院召开了"中国百名优秀中学校长——素质教育与科技创新——教育家与科学家的共同责任"论坛。到会者有联合国教科文组织的美国代表和主办单位领导，全国20多个省市的中学校长等200余人，吴有训科教馆应邀派员参加了会议，并向会议提交了有关文字资料。省委、省人大、省政府、省政协的有关领导参加了开幕仪式。2005年8月为高安中学提供照片文字资料，在新校区矗立"吴有训铜像"，命名"吴有训实验学校"。

2005年12月，开展馆际交流，与修水黄庭坚纪念馆、抚州王安石纪念馆、汤显祖纪念馆、广东花都洪秀全纪念馆等四馆之间的馆际互相学习、交流，取得了一定的效果。

经营管理

[单位性质]　国有事业单位

[经费来源]　国家拨款

[机构设置]　共设立了办公室、业务股、保卫股三个股室。

[人员编制]　科教馆共有工作人员9人，其中大专以上文化程度6人，初级以上职称5人，专业技术人员3人。

[观众接待]　自开馆以来，共接待包括美国、日本、新加坡、韩国、新西兰、德国、澳大利亚和港、澳、台及全国各地的观众60多万人次，其中青少年学生占70%以上，接待各级政府、企业领导和专家学者人数达5000多人次。2000～2006年度平均观众人数56326人。

参观指南

[地址]　江西省高安市瑞州公园内

[邮编]　330800

[电话]　0795-5253235（办公室）

[传真]　0795-5253235

[电子信箱]　gawhwzr@163.com

[开放时间]　全年开放，8:00－17:30

（撰文：雷智伟）

庐山会议旧址纪念馆

Lushan Conference Site Museum

概述

类型　社会科学类历史遗址博物馆

隶属关系　隶属于江西省庐山风景名胜区管理局文化处

创建时间　1985年

庐山会议旧址全景

庐山会议旧址正立面

正式开馆时间　1985年

所在位置　位于庐山风景名胜区牯岭东谷，河西路504号

面积　占地面积830平方米、建筑面积2554平方米

布局　建筑平面为"T"形，长39.7米，宽30.9米，高16.8米，布局严谨对称。

建筑结构　庐山会议旧址建于1937年，原称"庐山大礼堂"，系民国时期庐山三大建筑之一。由中国工程师高观四设计，上海华申公司承建。整幢建筑融东西方建筑风格于一体，石木双层结构，厚重的清式须弥座，不规则花岗岩条石外墙，大跨度的桁架铁皮瓦屋面和宽敞明亮的大块玻璃钢窗，屋檐覆以蓝色琉璃瓦，体现了建筑艺术的时代气息，与庐山特有优美环境相融合，成为庐山典型建筑，具有很高的使用价值和艺术观赏价值。

历史沿革　20世纪三、四十年代，这里曾一度成为国民政府进行政治、军事活动中心。解放后，更名为"庐山人民剧院"，成为庐山人民文化活动的重要场所。1959年、1961年、1970年中共中央先后在此召开中共八届八中全会、中共中央工作会议、中共九届二中全会。三次庐山会议的召开，使其成为具有重大革命历史意义纪念地。1985年正式对外开放。1996年被国务院列为全国重点文物保护单位。

历任馆长　姚美媛（1997.4～1999.4）；邹秀火（1999.5～2004.5）；胡玮（2004.6至今）。

业务活动

基本陈列　《庐山会议资料陈列》：陈列面积1600平方米，展出藏品数：57件（套），以三次庐山会议为主题，充分运用最新理念，结合现有空间环境，从总体上合理布局，运用实景、影视、声、光、电、多媒体等艺术手段，通过虚实对比，动静结合等综合手法，使整个展览融思想性、科学性、艺术性于一体，达到了较好的视觉效果，使人耳目一新。二楼会场全面恢复九届二中全会会场原貌，真实再现历史，变原有封闭式陈列为参与式、开放式陈列，适应现代观众的需求。

　　[重要展品]　专题资料片《历史的回眸》，片长20分钟，循环播放，有许多珍贵的历史镜头，真实再现了老一辈无产阶级革命家在庐山从事的革命实践活动，仅供庐山会议旧址内部放映。

　　庐山会议史料，部分手稿和120余幅珍贵照片，展示了伟人风采。

"革命委员会好""延安"　红色铁壳开水瓶

粉彩釉贴花描金碟

绿绒布木扶手沙发

庐山会议旧址宣传贴木字牌

庐山会议旧址主席台政治局常委座椅

粉彩釉带盖茶杯

方型烟缸

红色铁壳开水瓶，腹圆柱体，单面饰金色太阳、松枝，中行草书："革命委员会好"。

粉彩帖花描金碟，腹弧收，内饰粉彩帖花描金如意花纹圈饰。

绿色绒布扶手沙发。

专题陈列 长期专题展《中共九届二中全会会场陈列》，展厅面积800平方米，有特色展品为：

毛泽东语录，为长方形木挂牌，正中贴毛泽东语录，落款"毛泽东"。

中央政治局常委座椅，扇型平面双扶手，藤竹方孔。

茶杯，直腹弧收，单面饰粉彩天竺纹或山水纹。

烟缸，正方体，三面饰粉彩人物画，海水纹饰，左侧面黑色隶书款"在大风大浪中前进"。

藏品管理

[藏品来源] 主要来源于历史遗存和社会征集。

[藏品类别] 近现代瓷器、藤制品、木制品、金属器具、纺织品。

[藏品统计] 藏品总数为394件（套），其中馆藏近现代瓷器299件、藤制品23件、木制品24件、金属器具25件、纺织品23件。

[重要藏品] 毛泽东画像 为木质贴五金板装饰边框，中镶毛泽东正面标准彩色画像。

标语 为长方形杉木红油漆木挂牌，正中贴当年宣传口号："全世界人民大团结万岁！"

藤椅 藤竹方孔，为当年中央政治局委员座椅。

[藏品保护] 采用传统技术保护手段安放除湿机，按时摆放杀虫剂、囊盒保管，还运用现代科技管理手段，安装安防消防自动报警监控系统，及时掌握文物库房信息。修建文物库房、配备保险铁柜、囊盒，存放珍贵文物，延缓自然老化，防止损伤，展示文物放置于壁龛或分隔区域内，隔离人流，对重要展品以复制品替代。

科学研究 现有一支中高级职称专业技术人员队伍，对三次庐山会议史料开展研究。整理了三次庐山会议论文、图片、资料、影视。

宣传教育 编辑出版《庐山情》邮册、《伟人风采》画册，与中央新闻电影制片厂联合制作专题资料片《历史的回眸——庐山会议实录》，影视录像制作专题资料片《庐山烟云》、《历史的回眸》、《毛泽东的庐山情》、《庐山情思》等影视录像。

交流合作 与中央党史研究室、革命纪念馆之间开展学术交流活动。

毛泽东画像

藤椅

经营管理

　　[单位性质]　国营事业单位

　　[经费来源]　门票收入

　　[机构设置]　办公室、安全保卫科、业务科、监控中心。

　　[人员编制、组成]　23人。专业技术人员12人，管理人员15人。

　　[服务观众项目]　设置文明服务示范岗，提供讲解、茶水、针线包、常用药物，帮扶弱势群体等服务项目。

　　[观众接待]　年接待观众30余万人次

参观指南

　　[地址]　江西省庐山河西路504号

　　[邮编]　332900

　　[电话]　0792-8296708（办公室、售票处）

　　[传真]　0792-8296709

　　[电子信箱]　lushanhuiyi@163.com

　　[网站]　http://www.lshyjz.com

　　[开放时间]　8:30—17:00

　　[票价]　20元/人

（撰文：庐山会议旧址纪念馆）

庐山博物馆

Lushan Museum

概述

　　类型　地方综合性博物馆

　　隶属关系　隶属于江西省庐山风景名胜区管理局文化处

　　创建时间　1956年6月成立庐山文物陈列室，1972年5月更名为庐山博物馆。

　　正式开馆时间　1956年6月

　　所在位置　庐山芦林一号原毛泽东旧居

　　面积　庭院面积1万余平方米，建筑面积3700平方米

　　布局　建筑为一层四合院，中间为矩形天井，展室环四合院一周分布。在东、西面中部为参观出入大门，观众进入从左至右进行参观。

　　建筑结构　建筑由武汉中南建筑设计院设计，建于1960年，系石块与钢筋混凝土构筑的一层四合院，外墙以无釉瓷砖贴面，屋顶面为四坡水铁楞瓦。建筑中央为460平方米的长方形天井，沿天井四周为封闭式玻璃窗内廊，与各房间相通；在南、西、北三个外立面建有封闭式玻璃窗

1.庐山博物馆馆舍全貌　2.庐山博物馆回廊局部

内廊和敞开式外廊，内廊相连外廊，并与西北角封闭式八角亭相通；敞开式外廊柱以花格几何纹装饰，封闭式内廊的落地玻璃窗，表现出异国建筑特点，而天井和八角亭为中式建筑形式，此建筑是中西建筑合璧的典范。建筑三面依山，一面临湖，环境优美、宁静，庭院占地一万余平方米，建筑被绿荫高大树木和绿色草坪拥抱。

历史沿革　1949年5月18日庐山解放，1953年11月庐山管理局成立园林文物科和房地产管理科，接管庐山寺庙、名胜古迹、别墅内收集来的各类文物，1955年7月庐山管理局文教卫生科成立庐山文物清理工作组，江西省文管会派两位专业人员来庐山协助工作，对园林文物科、房地产管理科、管理局办公室接收的物品进行了清理筛选，把适合文物收藏的物品登记入帐，在此基础上，1956年6月成立庐山文物陈列室，地址在庐山大林路742号原国民政府实业部长吴鼎昌别墅，以陶瓷、古书画为展品，对观众免票开放。

"文化大革命"初期，为使文物免遭造反派的冲击，关门停止开放。1972年5月1日更名庐山博物馆，馆舍迁至庐山火莲院2号原民国时期庐山图书馆旧址，以《通史陈列》向观众开放，之后以《馆藏文物陈列》为主要内容，参观门票5分钱，1980年增设《庐山地形模型》和《庐山第四纪冰川》陈列。

1985年3月庐山博物馆迁至芦林一号原毛泽东旧居，利用旧居的房间开展陈列展览工作，内容以庐山历史、文物、别墅、第四纪地质等展览为主要内容，多次举办临时展览。至此，庐山博物馆的基本陈列形成了包括文史和自然史的地方特色，成为地方综合类博物馆。2003年实行免费参观。

1998年由国家、地方财政和庐山博物馆共同出资建筑了文物仓库，使馆藏文物有了安全的存藏地，之后配置了吸湿机、监控和消防报警设施。

工作人员由1956年1人，发展现在32人，文化程度和专业技能、文物保护、陈列水平、服务态度、环境保护等综合素质有了全面的提高。

历任馆长　干习文（1956.6～1960.6 庐山文物陈列室负责人）；吴宜炎（1960.7～1960.11）；杜光义（1960.12～1972.4）；杜光义（1972.5～1976.1 负责人）；李汉应（1976.2～1976.6 负责人）；陈琳（1976.7～1978.4 革委会副主任）；孟昭学（1978.5～1979.7 革委会副主任）；孟昭学（1979.8～1980.12 副馆长）；陈斌（1980.12～1984.7 副馆长）；贾江萍（1984.7～1990.7 副馆长）；周家驹（1990.8～2004.12）；邹秀火（2004.6至今）。

清康熙　许从龙《五百罗汉图》

民国　金地粉彩万花"蒋"字盘

清　钧红加彩花鸟纹梅瓶

庐山第四季冰川条痕石

基本陈列 包括《历代名人与庐山》、《庐山别墅文物陈列》、《五百罗汉图》、《党和国家领导人在庐山图片陈列》、《芦林一号别墅毛泽东卧室原貌陈列》、《毛泽东在庐山用书陈列》、《庐山地质演化史陈列》、《庐山变质核杂岩及断块山陈列》、《庐山地貌景观陈列》、《庐山第四纪冰川遗迹陈列》、《庐山地形模型》。

馆舍为芦林一号毛泽东旧居，其本身就是吸引观众的看点，本着保护名人旧居和充分展示原貌的原则，将名人旧居与博物馆陈列融为一体，有效地利用旧居房间开展陈列工作，虽展室面积不大，展线短，但能在形式上富有变化，新颖，内容精练。

首先，对芦林一号毛泽东旧居优美环境、高大和名贵树木、绿荫草坪、毛泽东卧室、浴室保持原物原貌陈列；庐山是世界文化景观，有着悠久的历史文化，历史、人文类陈列版面以照片、文字为主，采用块面和镜框形式，以文物、书籍为辅助，采光以人工光与自然光相结合；文物类陈列以大玻璃通柜，浅色衬背，高低大小不同的底座托衬，平静柔和的人工光照明突现每件文物；庐山是世界地质公园，有奇秀险峻的自然风光和丰富的地质遗迹，地质类陈列以标本、图片、图表、模型、影像演示，书籍采用封闭式和敞开式，玻璃柜与版面相结合，将庐山地质演化历史、地质标本、奇秀险峻地貌景观、第四纪冰川遗迹表现的淋漓尽致。

陈列版面和文物柜都精心选择适合的新材料、新工艺制作，图片、文字疏密大小有致，版面视角和展线以人为本，不走回头路，展室布局有致，给观众轻松的参观环境。

陈列面积1400余平方米，展线230米。展出藏品数300余件。

[重要展品] 《五百罗汉图》立轴 清康熙五十一年许从龙所绘。纵274×横125厘米。历经战乱兵火，现存一百一十三幅（南京博物院藏一幅），是我国现存稀见的大型、成套卷轴式罗汉图。

民国金地粉彩万花"蒋"字盘 华昌公司为蒋介石特制的专用餐具之一，民国期间，蒋介石夫妇在庐山河东路180号"美庐"别墅使用。

清钧红加彩花鸟纹梅瓶

清红木家具

庐山第四纪冰川条痕石 形成于110～90万年大姑期。

1.民国红木家具　2.毛泽东使用的家具　3.大姑期冰川漂砾〔左〕冰川擦口环痕石漂砾〔右〕　4.1960年庐山名胜浮雕瓷板四条屏

专题陈列

《庐山老照片陈列》　展出清末至民国时期庐山历史、建筑、寺庙、人文、景观黑白照片100幅及文字介绍。

《庐山抗战图片资料展览》　展出1937年国民政府在庐山召开"关于对日全面抗战谈话会";蒋介石在庐山发表抗战宣言;第二次国共合作谈判在庐山举行;1938年6月至1939年4月庐山孤军抗战及庐山抗战遗迹、建筑;1938年4月至1945年日寇进攻庐山,占领庐山;1946年国民政府在庐山修建的"陆军九十九军抗战阵亡将士纪念碑"等黑白照片120幅。展厅面积2000余平方米。

[有特色的展品]　毛泽东使用的家具　毛主席1961年中共中央工作会议和1970年中共九届二中全会期间,在芦林一号别墅办公、休息使用的原物。

庐山名胜浮雕瓷板四条屏

地质标本:大姑期冰川漂砾(网纹石),形成于110～90万年;冰川压坑及冰川擦口环痕石漂砾,形成于110～90万年。

明·嘉靖　庐山太平宫《璇玑玉衡》

毛泽东在庐山用书

藏品管理

[藏品来源]　主要来源于庐山别墅、寺庙、社会捐赠、社会征购。

明嘉靖　庐山太平宫《璇玑玉衡》

[藏品类别]　包括陶瓷、书画、金属器、碑帖、玉器、石器、漆器、木竹器、藤编、棉织品、丝织品。

[藏品统计]　藏品总数为3071件套,实际数量6626件。其中陶瓷1128件套,书画520件套,碑帖560件套,铜器286件套,银器150件套,其他金属器29件套,玉器25件套,石器62件套,木器164件套,棉织品4件套,木、棉复合器51件套,丝织品19件套,竹器7件套,藤器5件套,漆器14件套,纸制文物19件套,杂件11件套,复合器17件套。

[重要藏品]　唐瓷脉枕,明·万历归宗舍利塔铭、清·光绪　《商定牯牛岭案十二条》,民国粉彩铁砂地开光山水纹瓶,民国陈铭枢赠蒋介石、宋美龄结婚嘉礼——高足镂花银盘。

[藏品保护]　1、为珍贵文物陶瓷、石玉器、青铜器、漆器、银器配置了囊盒;

2、在文物仓库安装了四台除湿机;

3、纸质、棉丝质藏品按时放防虫剂,对重要展品采取复制品代替;

4、展出的文物和标本以大玻璃柜展示,确保展品安全和人为的损坏。

科学研究　现有中、高级职称人员10人,对庐山地方史、馆藏文物陶瓷、书画开展一定的研究。

宣传教育　1996年编辑馆藏《五百罗汉图》画册由文物出版社出版发行

2000年编辑《名山之名人》一书由中国文联出版社出版发行

2007年编辑《牯岭上的石头屋——庐山别墅》图册,由文物出版社出版发行

编辑制作《庐山地质》光盘

交流合作　1991年,引进北京国际友谊博物馆《国际珍贵礼品展》。1992年,引进北京故宫博物院《清宫帝后生活用品展》。1993年,引进北京弘华书画社《北京著名书画家书画作品展》和江西德安博物馆《江西德安宋代出土文物展》。1994年,引进吉林长春伪皇宫陈列馆《中国末代皇帝及后妃生活用品展》。1995年,引进杨凤光收藏的《毛泽东同志像章展》。1996年,引进江西婺源博物馆《明清书画作品展》。1996年10月～1997年12月,引进北京国际友谊博物馆《国际珍贵礼品展》。1998年～1999年,引进南京锦绣研究所《中华第一锦展》。2000年,引进九江画院《名家书画作品展》。2003年,引进庐山画院《夏梅生水彩画展》。

1988年庐山博物馆馆藏《罗汉图》首次参加《中国

唐　瓷脉枕

铁砂地开光山水纹瓶

高足镂花银盘

江西文物精品展》赴日本岐阜展出。1991年，庐山博物馆与九江市博物馆、德安县博物馆、星子县文物管理所联合在北京故宫博物院联合举办《文物精品展》。庐山博物馆《蒋介石、宋美龄在庐山生活用品展》，1992年赴江苏

南京江南贡院展出；1994年赴吉林省长春伪皇宫陈列馆展出；1995年～1996年赴浙江省溪口博物馆展出；1997年赴广东省佛山博物馆展出。2006年，庐山博物馆《明清书画作品展》赴南昌八大山人纪念馆展出。

经营管理

　　[单位性质]　国营事业单位

　　[经费来源]　财政拨款

　　[机构设置]　设有行政办公室、后勤办公室、保管部、群工部、陈列部、保卫科。

　　[人员编制、组成]　在职32人。副高2人；中级 6人；初级 6人；大学学历5人，大专学历11人，中专1人。

　　[服务观众项目]　语音导览器、参观指南触摸屏1台，旅游纪念品、图书、小卖部。免费讲解、医疗药箱、参观示意图、参观指南、免费公厕、免费开水，为残疾免费提供轮椅、拐杖，为幼儿提供童车、休息长凳若干。

　　[观众接待]　年接待观众80余万人

参观指南

　　[地址]　江西省庐山芦林一号

　　[邮编]　332900

　　[电话]　0792-8281331（办公室、售票处）

　　　　　　0792-8282341（值班室）

　　[传真]　0792-8281331

　　[电子信箱]　jxlsbwg@163.com

　　[开放时间]　8：30－17：30

　　[票价]　免费

（撰文：黄健）

宜丰县博物馆

Yifeng Prefectural Museum

概述

类型　社会科学类文物专题博物馆

隶属关系　隶属于宜丰县文化教育局

正式开馆时间　1983年7月

所在位置　宜丰县新昌西大道195号

面积　337平方米

建筑结构　整体建筑坐西朝东，主楼是一幢钢混结构颇有现代建筑特色的八层办公大楼，建成于1994年，其中位居七楼的博物馆建筑面积约337平方米，库房面积约50平方米，展厅面积约80平方米，办公用房约217平方米。

历史沿革　1959年1月11日成立宜丰县文物管理委员

宜丰县博物馆新办公楼

商　青铜铙

会，办公室设县文化馆，"文革"中被取消，1983年7月成立宜丰县博物馆，与县文化馆合署办公。1985年4月，两馆分立，单独建制。1985年4月，县博物馆与县文化馆分立后，办公地址设文化馆二楼，1990年9月县保单位古南园修复后，博物馆办公及展厅搬迁古南园，文物库房搬迁县广播电视局二楼。1998年1月博物馆办公、文物库房、陈列室搬迁至县物资大厦七楼。

历任馆长　胡绍仁（1985.3～1987.8）；龙飞（1987.9～1990.7）；卢才兴（1990.8～1997.8）；肖乐生（1999.3～2003.9）；杨锦秀（2003.9至今）。

业务活动

基本陈列　由于馆址几度变迁，陈列场地限制，没有固定基本陈列，只能举办短期专题展览，建馆以来相继举办过《宜丰县文物普查成果展览》、《宜丰风光名胜及历史名人名胜图片展》、《古字画展》、《宜丰县文物考古及珍贵文物展》、《光大宜丰历史文化展》、《纪念熊雄诞辰100周年图片展》、《宜丰根雕展》、《古今中外钱币展、洞山杯全国书法大展精选作品展》、《纪念抗日战争五十周年图片展》、《文物保护法图解展》、《迎香港、庆回归图片展》等。

清　根雕子母狮

藏品管理

[藏品来源]　主要来源于出土、收购、征集、民间捐赠、团体捐赠、打击盗窃走私文物犯罪缴获。

[藏品类别]　包括历史文物和近现代文物，其中历史文物分石器类、陶瓷类、金属类、竹木类、书画类、玉器类、钱币类等。

[藏品统计]　馆藏文物共5449件，其中石器类116件，陶瓷类675件，金属类2119件，竹木类157件，书画类264件，玉器类111件，钱币类282枚，杂件1725件。其中一级文物2件，二级文物23件，三级文物363件。

清　茶叶末釉瓶

[重要藏品]　商青铜铙　通高：56厘米、柄长：17厘米、饶面宽：45.5厘米、重量：40公斤。1985年3月在宜丰县天宝乡辛会村杨杉的牛形山出土。系青铜打击乐器，上有明显的合范铸造痕和沙眼，铙身饰兽面纹，以云雷纹为地，柄作圆筒状，古朴庄重。

东汉铜簋　通高：8厘米，口径：20厘米，系青铜食器。口沿外卷、弧腹、圈足、腹部有三道凸起的弦纹，内底饰五珠钱纹。

清根雕子母狮　通高：21厘米，长度：14.5厘米，级别，国家三级文物器物。棕红色，用茶树根自然弯曲形态雕琢成子母二狮相戏，周身密布的根结严如狮身的蓬毛，俩狮双目圆睁，犹如画龙点睛，栩栩如生。

清茶叶末釉瓶　底径：31厘米，口径：9厘米，年代：清中晚期，级别：国家三级文物。敞口、束颈，溜肩垂腹，足微撇，整器青绿闪黄呈茶叶末色，足底与器身同色，正中阳文方款"雍正御制"。该器光泽玉润，古朴庄重。

[文保单位]　负责管理和保护省级重点文物保护单位5处：洞山墓塔群、黄檗山墓塔群、逢渠桥、崇文塔、太子塔。市级重点文物保护单位3处：鲁班坊、熊雄故居、昭翁祠（刘氏宗祠门楼）。县重点文物保护单位43处：其中有古建筑23处、文化遗址3处、古墓葬2处、古塔4处、石雕石刻5处、革命文物1处、历史文化名村3处、历史文化保护区2处。

科学研究　编辑出版物　出版了《宜丰县文物志》。

经营管理

[单位性质]　国营事业单位

[经费来源]　国家拨款

[机构设置]　设有办公室、业务股、保卫股。

[人员编制、组成]　博物馆共有工作人员9人，定编8人。2007年，工作人员9人中，初中文化占11.1%，高中（中专）占22.2%，大专以上占66.7%，初级称职占55.6%。

参观指南

[地址]　宜丰县新昌西大道195号

[邮编]　336300

[电话]　0795-2765081

[传真]　0795-2765081

[电子信箱]　zhangjian2758722@163.com

（撰文：朱德华、张坚）

宜春市博物馆
Yichun Municipal Museum

概述

类型　地方综合性博物馆

隶属关系　隶属于宜春市文化局

创建时间　1984年8月25日

正式开馆时间　1998年10月

所在位置　宜春市袁山中大道

宜春市博物馆

面积　6600平方米

建筑结构　主馆设计为现代建筑风格，它的平面和立面打破了传统建筑的对称与均衡。在考虑建筑功能实用的同时，注意将建筑的内外景观通过半敞开的过厅和长廊的设置溶为一体，具有清新自然的园林效果。绿地和水池的文物景观，进一步强化了博物馆的文化氛围。

历史沿革　宜春市博物馆成立于1984年8月25日（它的前身可以追溯到1979年2月26日成立的宜春县革命博物馆）。原址设立在宜春市中山中路现袁州区文化馆三楼。1991年11月开始建设新馆，1994年10月落成，1995年迁入。2002年11月2日作为撤地设市后的上收单位，升格为地级市博物馆。近年来，宜春市委市政府加大对文化建设的投入，拟在城市规划中的新行政文化区再建设新馆，各项筹备工作正在进行中。

历任馆长　陈维荣（1984～1991.10）；谢志杰（1991.10～2003.10）；涂师平（2005～2008.5）；叶飚（2008.5至今）。

业务活动

基本陈列　1998年10月举办了大型综合展览《走向新世纪》。展览分为《历史画卷》、《文明之旅》、《创富之路》、《风物揽胜》、《艺术奇葩》、《文物藏珍》等几个部分，其中《文物藏珍》为基本陈列。

2008年元月，为配合免费开放进行改陈。展出面积1500平方米左右，共分5个展厅，第1~3展厅为宜春市辖10个县市区革命文物、历史文物、名胜古迹图片展。图片翔实地介绍了宜春的革命斗争史料和文物；第四展厅展出馆藏历代文物40余件和宜春市月亮文化节摄影展览部分精品；第五展厅为精品文物展厅，深沉的墨绿色基调和狰狞的兽面纹前言文化墙把人们带进了深邃、神秘、震撼人心的历史空间，展柜的冷光灯灿若星辰照耀着60余件历代文物精品。

专题陈列　举办、承办或引进各种类型展览40余次，其中专题展览有《高士路元代窖藏文物展》、《宜春市文物精品展》、《德安明代女尸展》、《蝴蝶标本展》、《历代钱币展》、《火花、烟标、酒标珍品展》、《海洋生物展》、《现代兵器模型展》等，观众人数达百余万人次。

藏品管理

[藏品来源]　主要来源于考古发掘、公安和原有关文化管理及各有关部门移交、社会征集、个人捐赠。

[藏品类别]　包括青铜器、金银铁锡器、陶瓷器、角牙器、石器、竹木漆器、琉璃制品及布帛、书画文物等。

[藏品统计]　共收藏文物3194件，其中一级文物13件，二级文物65件，三级文物815件。

[重要藏品]　能直观反映宜春宋代政治、经济、文化的品牌产品"袁州杨家葵瓣镜"，开元代青花瓷器先河的宋代吉州窑釉下彩绘瓷器，具有地方特色族属百越文化的春秋素面青铜提梁鼎，渊源于五代"雨过天青"代表了宋代瓷器最高水平的青白釉印花双凤斗笠碗，晶莹高雅的宋龙泉侈口瓷碗，还有一批反映元代民间香会（白莲教）组织盛衰兴亡的元代窖藏。

西周铜铙　铙是一种青铜铸造的打击乐器，在古代一般用于军旅传递信息。这件青铜大铙系1997年在宜春市慈化镇村民捉蛇时发现，后捐献给国家，由宜春市博物馆收藏。铜铙通高38厘米，重12公斤。器身饰有弦纹、云纹细线纹和圆点纹。器身留有大片铜绿。

宋袁州杨家葵瓣镜　系宋代袁州本邑工匠铸造的品牌商品，1984年12月在宜春地区农科所出土。铜质，外径17.9厘米、重550克。六弧形，圆钮无座、镜身平薄。镜面无锈处光亮呈银灰色。镜背的长方框内铸有阳文楷体铭文："袁州江北祖代杨家青铜照字"。

宋青白釉印花双凤瓷斗笠碗　瓷质、釉色青白、略显天兰色。白胎薄壁沙底平足。底部有弦纹。碗内留有模压回纹与凤纹。口径17厘米、高5.8厘米。1990年10月29日在

宋　袁州杨家葵瓣镜

宋　青白釉印花双凤瓷斗笠碗

清　犀角杯

宜春市法院工地出土。

清犀角杯　传世文物，高5厘米，口径椭圆形。犀角质。色泽呈茶褐色，整体为荷叶形圆雕。以荷梗、荷花、蓼茎、蓼花镂锥。托荷叶形杯体，杯沿内各雕饰螭龙一条。

[藏品保护]　为了科学的妥善保护文物，宜春市博物馆做了大量的工作：2004年制定了《宜春市博物馆文物保护设施项目建设"十一五规划"》；2004年委托南京市博物院文物古迹保护科学技术研究所制定了《江西省宜春市博物馆馆藏青铜器保护方案》；2005年3月制定《国家重点文物保护专项补助经费申报书》(藏品与保管品技术保护部分)报送江西省文物局和国家文物局；2006年，国家文物局下达"宜春市博物馆馆藏文物环境达标"项目经费90万元；2008宜春市博物馆组织项目攻关小组，对馆藏文物进行全面保护研究。搬迁改造库房，添置密集架，更新监控报警设施，空调和消防设施，建立文物养护工作室。运用最新科研成果对患有粉状锈和矿化脆弱病害的铜器进行科学保护。

科学研究　宜春市博物馆注重人才培养，形成了良好的学术氛围，全馆包括已退休的32人中，先后有11人分别参加了"中国博物馆学会"、"江西省博物馆学会"、"江西省考古学会"、"江西省书院研究会"、"江西省历史学会"、"中国百越史研究会"、"江西省钱币学会"、"江西省书法家协会"、"宜春市书法家协会"、"北京齐白石艺术研究会"、"宜春市旅游协会"、"宜春市收藏家协会"和原"宜春地区社会科学学会"等学术组织和民间团体。从博物馆建馆之日起，各有关人员除积极参加各种学术活动外，还发表文章、作品、学术报告100余篇。

在专题研究方面宜春市博物馆积极与国内外进行馆际交流，或跨行业但有业务关联部门的学术交流，以现定为国家重点文物保护单位的"袁州谯楼"为例：博物馆数十年如一日的坚持做好保护工作。1991年在产权不属博物馆所有情况下，博物馆自筹、申请资金对其进行必要维修保护，1991年在长期的努力下，收回了"袁州谯楼"除观象台北台外的全部产权。1992年向政府申请立项，着手收集有关资料，加强对"袁州谯楼"建筑群的研究，并多次邀请国内天文、考古、建筑和史学等方面的专家学者进行现场考察和指导。

1993年5月由中科院自然史研究所所长薄树人、江西大学物理系副教授栾杏丽为组长，谢志杰、刘淑琼为副组长，李贤坊、肖兴华、黄学敏为组员、徐伯安为顾问的课题组完成了《袁州谯楼——我国现存最早的地方时间工作天文台研究》论文。

1994年，江西省科委主持在宜春召开有全国30余名著名学者参加的论证会，认定"袁州谯楼是我国现存最早的

集测时、守时、授时三项功能为一体的，专门从事时间工作的地方天文台遗址，它比前苏联乌兹别克境内铁木儿帝国建造的天文台还早一个多世纪。"1999年专门邀请南京紫金山天文台几位专家到宜春实地规划修复方案。2003年列入市政府重点建设项目，同年12月8日动工，并成立专家组进行技术指导。2004年12月初竣工，2006年国务院公布"袁州谯楼"为第六批全国重点文物保护单位。

宣传教育　作为传播科学文化的重要场所，宜春市博物馆被命名为"宜春市青少年爱国主义教育基地"，和从1984年至2008年3月共举办各种类型展览40余次，观众达一百余万人次。

宜春市博物馆重视文物法律、法规的宣传和文物考古、文物研究工作，多次利用讲座、影视录象、广播、电视、宣传车、幻灯、橱窗广泛宣传《文物保护法》及其相关法规、普及文物知识，取得了良好的社会效益。

交流合作　在馆际展览交流，人员交流方面，宜春市博物馆也做了许多建设性的工作。1999年江西省博物馆落成，宜春市博物馆派车护送两件馆藏一级文物：西周铜铙和铜甬钟参展。2008年江西省博物馆组织〈江西吉州窑瓷器〉专题展览，宜春市博物馆有5件一、二级吉州窑瓷器参展。

1987年5月邀请故宫博物院古建专家赵仲华来宜春讲学，并举办学习班，培训了一批古建测绘员。

2004年5月省文物局派专家来宜春市做业务讲座，博物馆正副馆长及主要业务人员参加培训。

经营管理

[单位性质]　国营事业单位

[经费来源]　财政拨款

[机构设置]　下设办公室、财务部、保管部、陈列部、群工部、科研信息部、考古队、第三产业办公室、保卫科等职能机构。

[人员编制、组成]　在编人员26人，退休6人。大专以上学历人员21人，中专学历4人。副高3人，中级4人，初级7人，技师1人，副主任科员2人。

参观指南

[地址]　江西省宜春市袁山大道中路18号

[邮编]　336000

[电话]　0795-7056958

[电子信箱]　ycbowuguang@sina.com

[开放时间]　周二至周六8：30—11：30，14：30—17：30

[票价]　免费

（撰文：顾操平）

南丰县博物馆

Nanfeng Prefectural Museum

概述

类型 地方综合性博物馆

隶属关系 隶属于南丰县文化体育广播电视局

创建时间 1984年5月

正式开馆时间 1989年10月

所在位置 南丰县城南郊、盱水河畔

曾巩纪念馆外景

面积 1万余平方米

建筑、布局 依托历史文化名人曾巩的遗迹及后人纪念之文化遗存，依山面水，顺山势逐级修建。砖木结构，红墙灰瓦，整体呈仿古建筑风格。依次建有牌坊、曾巩祠、思贤堂，右建仰风厅、展厅、游廊。

历史沿革 南丰县博物馆创建于1984年5月，与曾巩纪念馆合二为一，突出了作为综合性博物馆的业务范畴和社会职责。曾巩纪念馆是江西省十大历史文化名人纪念馆之一，在精神文明建设和弘扬民族文化方面有不可替代的作用，因此先后由县、市、省命名为青少年爱国主义教育基地。由于馆内环境幽雅、自然景观与人文景观相互辉映，是人们旅游休闲的佳地。

历任馆长 邱模楷（1984.5～1997.5）；张苍龙（1999.9～2005.2）；揭小华（2005.3至今）。

业务活动

基本陈列 基本陈列包括《曾巩生平》、《曾氏家谱撷英》、《南丰傩文化》。

《曾巩生平》 陈列主要内容为历史文化名人曾巩政绩卓著的官宦生涯和享誉历史的文学成就以及后人的追思评价；

《曾氏家谱撷英》 简介了辉煌于两宋时期曾氏家族的精英人物及他们的历史贡献，如：曾致尧、曾布、曾肇等；

《南丰傩文化》 展出了南丰傩舞的起源、衍变、发展，以其悠久的历史和独特的艺术魅力而享誉海内外，为乡土民俗文化陈列。

基本陈列版面采用大幅照片、实物、文字说明相结合的表现形式，清新明快。文字部分用书法艺术表现，画面采用国画渲染，展厅内外立柱嵌以地方文化名人撰写的长幅楹联，文化气息浓厚。陈列展厅面积共300余平方米，展线长约240米，展出陈列品50件。主要有樟木雕曾巩像、清

樟木雕曾巩像

光绪版曾氏家谱、傩舞面具等。

专题陈列 为了活跃群众文化生活，配合文物保护宣传，主办了多个短期专题陈列，如：《康都会议》、《南丰白舍窑出土器物展》、《文物保护法宣传图片展》等。

藏品管理

[藏品来源] 主要来源于考古发掘出土、打击文物走私和盗掘古墓缴获、征集和收购。

[藏品类别] 藏品有历史文物和革命文物，以其质地分类有：金属器、陶瓷器、玉石器、纸质等。

[藏品统计] 藏品总数2753件。经专家鉴定，二级

傩舞面具

南宋　水晶环

宋　青白瓷碗

北宋　带座佛造像

清光绪版《曾氏家谱》

文物32件，三级文物58件。

[重要藏品]　重要藏品有南丰白舍窑出土器物（宋元时期）；北宋大圣舍利塔地宫出土器物（见《江西历史文物》、1989年3期）等。

南宋水晶环　环状通体白色透明，无疵点。

宋青白瓷碗　白舍窑出土文物。葵形，青白釉，碗内划花，牡丹春兰，芒口，口沿有冲口多处。

北宋带座佛造像　佛座有缕空文饰装饰，佛像跌座，手做佛印像，身披袈裟，线条流利。

[藏品保护]　对馆藏文物的保护，鉴于目前县级馆的科技水平和条件，只能以加强安全防范，杜绝人为损坏和流失。为此制定了一些行之有效的库房安全制度；用钢筋混凝土构筑库房，配以二重防盗门；用大型保险柜安放等级文物，制作大铁柜放置一般文物。库房有道风设施和消防设施等。

经营管理

[单位性质]　国营事业单位

[经费来源]　以县财政拨款为主，社会捐助和上级补助为辅。

[人员编制、组成]　9名。专业技术人员6名、行政管理人员1名、职工2名。

[服务观众项目]　配置了2名业务人员无偿地为观众导游、讲解；售票处附设小卖部，出售旅游纪念品和游客日常生活用品。

[观众接待]　年接待观众1万

参观指南

[地址]　江西省南丰县琴城镇河东21号

[邮编]　344500

[电话]　0794-3231971

[开放时间]　全年开放，8:00-17:00

（撰文：南丰县博物馆）

南昌八一起义纪念馆

Museum of Nanchang Uprising on the First of August

概述

类型　社会科学类历史专题博物馆

隶属关系　隶属于江西省文化厅

正式开馆时间　1959年10月

所在位置　江西省南昌市中山路八一起义总指挥部旧址内

八一起义纪念馆全景

面积　15909平方米

建筑特点　由八一起义总指挥部旧址和八一起义陈列大楼两栋建筑组成，八一起义总指挥部旧址是一座回字型建筑，主立面外观浮雕花饰，呈银灰色，坐南朝北，主体建筑共四层，整个屋顶是一个大平台，在平台的北端正中有一个二层的小楼和一根旗杆，可凭栏鸟瞰南昌全城。楼内则有一天井，显示中国传统建筑的格局，整个建筑布局为中西合璧砖混建筑风格，在当时是江南最大、最豪华的旅社。

新陈列大楼的布局和功能都围绕陈列的需要而设计，高度、色调、体量、风格与总指挥部旧址互相协调，陈列内容互相衔接，互为补充。其中一、二楼为基本陈列展厅，主要是反映《南昌起义》这段英雄的历史、《中国人民解放军光辉历程》及《英雄城南昌》等内容，三楼为临时展厅和多功能报告厅，主要用于引进和推出与时事政治教育、国防教育有关的陈列展览、电影电视片。

历史沿革　1956年12月，南昌八一起义纪念馆在原江西大旅社（即八一起义总指挥部旧址）内开始筹建，1959年10月1日正式对外开放，陈毅亲笔题写南昌八一起义纪念馆馆名。1961年八一起义总指挥部旧址（包括总指挥部旧址、叶挺指挥部旧址、贺龙指挥部旧址、朱德旧居、朱德军官教育团旧址）被国务院公布为第一批全国重点文物保护单位。1967年曾闭馆，1977年建军五十周年之际重新对外开放。1987年、1997年、2007年均进行过大规模的陈列更新、旧址复原和周边环境整治。老一辈无产阶级革命家以及党和国家领导人周恩来、朱德、董必武、贺龙、陈毅、彭真、江泽民、胡锦涛等先后莅临八一馆，参观指导，对八一馆的工作和建设给予了热忱关心和大力支持。1997年建军70周年前夕，江泽民亲笔题词"军旗升起的地方"，八一起义纪念馆被誉为中国"军史第一馆"。建馆以来，八一馆累计接待海内外观众1200余万人，并先后被命名为"全国百家爱国主义教育示范基地"、"2007年公众喜爱的'中国十大经典红色景区（点）'"、"国家AAAA级旅游景区"、"国家一级博物馆"等称号。

2005年5月，南昌市委、市政府启动了南昌八一起义纪念馆改扩建工程。工程建设内容包括：拆迁八一起义总指挥部旧址南侧存在消防安全隐患的危旧民居，新建一座占地面积2005平方米，总建筑面积8673平方米的陈列大楼，主要用于布置《南昌起义》和《中国人民军队光辉历程》展览；对八一起义总指挥部旧址进行维修和复原陈列，恢复当年江西大旅社内部格局和部分室内摆设，再现八一起义时的历史氛围；对整个八一起义纪念馆园区重新进行规划建设；对贺龙指挥部旧址、叶挺指挥部旧址、朱德旧居、朱德军官教育团旧址进行维修和复原陈列；对纪念馆周边环境进行整治。整个工程于2007年7月28日全面竣工，并重新对外开放。馆区面积、陈展面积都扩大了一倍，并采用了大量先进的高科技陈展设备、安防消防设备、智能化控制系统。新馆建设和新馆陈列得到了领导、专家和社会各界人士的一致好评。

2008年1月30日起，南昌八一起义纪念馆对外全面免费开放。

历任馆长　赵恩民（1956.11～1957.4　筹备处主任）；杜南（1957.4～1958.8　副馆长主持工作）；冯钦夫（1958.8～1968.8）；袁清华（1968.8～1970年底　负责人）；刘静（女）（1970年底～1981.2）；朱斐丽（女）（1980.7～1984.9　前任馆长病重）；张月琴（女）（1984.9～1985）；郑传云（1985～1986.6　副馆长主持工作）；徐巍（1986.6～1988）；曹致中（1988年初～1988.10　副馆长主持工作）；蔡定根（1988.10～1989.10　副馆

长主持工作）；王薇（女）（1989.10～1991.8　副
馆长主持工作）；谈继军（1991.8～1992.9　副馆
长）；郑传云（1992.9～1998.5）；法剑明（女）
（1998.5～2007.8）；吕娄（女）（2007.8～2010.1）；
法剑明（女）（2010.1至今）。

业务活动

基本陈列　基本陈列设于新陈列大楼中，它和总指挥
部旧址复原陈列，互相衔接，互为补充。其中，新陈列大
楼基本陈列除了重点展示《南昌起义》这段英雄历史外，
还新增了《中国人民解放军光辉历程》和《英雄城南昌》
的陈列内容。共展示文物237件。

　　围绕把八一起义纪念馆建成军史第一馆和全国一流的
爱国主义教育示范基地的总体目标，陈展设计把握"二个
结合"，注重增强"三性"。

　　"二个结合"：一是建筑与环境的结合。建筑设计
和园区规划中强调突出总指挥部旧址的中心地位，新建的
陈列大楼在风格、高度、体量、色调方面必须与旧址相协
调，纪念馆园区景观应体现庄严、厚重、和谐的氛围；二
是建筑与陈列的结合。陈列大楼建筑设计与陈列设计同步
进行，相互衔接，建筑空间布局尽量满足陈展的需要，陈
展设计充分合理利用建筑空间。新陈列大楼展厅全部是无
柱无障碍设计，参观线路是顺时针方向，为了使观众在参
观"攻打敌总指挥部"多媒体景观时有一种综观全战役的
俯瞰效果，特意将安置该景观的展厅地面下沉了1.4米。又
如，为了解决展厅间楼梯问题，特意设置在展厅中央，用
壁饰型景观手法布置了一条"上井冈之路"，此举在全国
纪念馆陈展界是一种创新。

　　"三性"：一是陈列内容的真实性。查阅大量的历史
资料，吸收了党史军史的最新研究成果，并且组织专家反
复论证；另外，陈列中注重用文物说话，让文物传递历史
信息。二是展示过程的参与性。设置了多部观众可自行操
作显示效果的大型地台模型和多媒体触摸屏，观众可一人
操作也可多人互动，观众在与展示项目的互动中学习军史
知识。三是陈列形式的多样性。精心设计、采用了三维版
面，为营造亮点起到了很好的辅助作用；布置了16处多媒
体展示项目，还特意请广东美院院长黎明、清华美院王铁
牛、王洪亮等著名艺术家创作了雕塑、油画、国画等艺术
品，增强了陈列对观众的感染力和吸引力。

　　一、《南昌起义》陈列，分为：

　　1、危难中奋起　内容：南昌起义的历史背景

　　2、伟大的决策　内容：南昌起义的酝酿过程

1.一代英豪铜雕　2.大型壁饰型景观"井冈之路"　3.序厅雕塑"石破天惊"　4.浮雕"他们从南昌起义走来"

1.周恩来工作和休息的25号房间　2.叶挺指挥部　3.朱德旧居　4.江西大旅社喜庆礼堂

3、打响第一枪　内容：南昌起义的战斗过程

4、南征下广东　内容：南昌起义部队南下广东的战斗经过

5、转战上井冈　内容：南昌起义部队转战上井冈山的过程

6、八一精神永放光芒　内容：南昌起义的历史功绩永载史册，"坚定信念、不屈不挠、勇于开拓、敢为人先"的八一精神，是中国共产党人极其宝贵的精神财富，将永远鼓舞和激励着我们战胜一切艰难险阻，从胜利走向胜利。

二、《中国人民解放军光辉历程》陈列，分为：

1、星火燎原　内容：党领导的新型人民军队——红军的发展和战斗历程

2、抗日先锋　内容：中国共产党领导的八路军、新四军、华南抗日游击队、东北抗日联军等人民抗日武装，为中国抗日战争和世界反法西斯战争的胜利作出的重要贡献。

3、夺取胜利　内容：人民解放军夺取全国解放战争胜利的过程。

4、钢铁长城　内容：人民解放军为保卫和建设社会主义祖国、支援社会主义建设和抢险救灾中所作出的重要贡献。

5、精兵之路　内容：以邓小平为核心的党的第二代中央领导集体，坚持质量建军，走中国特色精兵之路，服从服务于国家经济建设大局。

6、科技强军　内容：以江泽民为核心的党的第三代中央领导集体，科技强军，为打赢高技术条件下局部战争，积极做好军事斗争准备。

7、神圣使命　内容：以胡锦涛同志为总书记的党中央，贯彻落实科学发展观，忠实履行新世纪新阶段历史使命，全面提高信息化条件下防卫作战能力，努力实现军队建设又好又快发展。

三、《党和国家领导人参观南昌八一起义纪念馆》陈列　内容：党和国家领导人对军史第一馆的高度评价和深情关怀。

四、《英雄城南昌》陈列　内容："八一"是南昌的光荣与自豪。在八一精神鼓舞下，英雄城人民与时俱进，开拓创新，取得了辉煌的成就。

临时展览　建馆以来，八一起义纪念馆不断推出和引进新的临时展览，最新展出的主要有《投效军旅功耀中华——人民军队中的海外归来将士图片展》、《红军老战士风采——大型摄影图片展》、《中国人民解放军建军八十周年》纪念邮票首发式暨江西省"八一"集邮展览开幕式、《纪念八一南昌起义八十周年暨建军八十周年全国

知名画家书画展》等展览。曾经引进的展览有广州博物馆《世界四大著名军事学校之一——黄埔军校》、上海一大《群英结党救中华》等，取得了较好的效果。

在做好八一起义总指挥部旧址工作的同时，对所属的叶挺指挥部旧址、朱德旧居两处旧址进行管理，举办专题陈列或复原陈列。

"叶挺指挥部旧址"位于南昌市苏圃路1号的南昌市第二中学内，占地面积421.5平方米，建筑面积843平方米，是一幢工字型的两层砖木结构楼房，坐北朝南，该楼建于1925年，为当年熊育锡开办的心远大学校舍之一。1927年7月下旬叶挺率国民革命军第十一军第二十四师从九江来到南昌后，正值学校放暑假，叶挺将指挥部设在南昌第二中学内。1977年该旧址恢复原貌，并对外开放，同时复原陈列有二楼会议室，并辟有一间辅助陈列室，通过34幅照片，较全面地展示了叶挺南昌起义时的历史功绩。2007年建军80周年之际，叶挺指挥部旧址划归八一馆管理，进行了较全面的维修、复原工程，并在旧址一楼和二楼分别布展陈列了《叶挺生平》、《南昌起义中的第十一军》。

"朱德旧居"位于花园角2号，占地面积433.96平方米，建筑面积819.62平方米，坐西朝东，老式青砖外墙，门口装一雕花飞檐，内有前后两个天井，是两层砖木结构的传统江南民宅。该旧居原为建于上世纪20年代的一座私

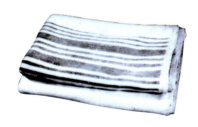

周恩来起义期间使用过的棉毯

朱德使用过的手枪

人住宅，1927年初，朱德任国民革命军第三军军官教育团团长时，包租了这栋房子，居住于此。1927年3、4月间，北伐军总政治部副主任郭沫若，曾在这所住宅的楼上住过，并在此撰写了《请看今日之蒋介石》等讨蒋檄文。7月下旬，周恩来从武汉秘密来到南昌的第一天，直抵朱德家中，当晚便住在这所住宅的厅堂里。1977年该旧址恢复原貌，并对外开放周恩来住过的厅堂和朱德卧室等。前面天井两侧设置了《南昌起义中的朱德同志》辅助陈列，通过有关照片展示了朱德在南昌起义时的形象。1999年南昌市政府决定将花园角4号、6号内住户全部迁走，房屋交八一馆维修保管使用。2002年，"八一"前夕在朱德旧居（花园角2号）推出了《红土地上的朱德》专题展，展现了朱德在江西这块红土地上工作战斗的历程。2007年建军70周年之际，对朱德旧居进行了全面维修复原、陈列更新工程。

藏品管理

[藏品来源] 来源于民间征集、馆际调拨、有偿购买、接受各类捐赠等途径。

[藏品类别] 以八一起义文物最具特色，以纸、木、铁、铜、布、瓷质等类革命文物为主。

[藏品统计] 共收藏文物3498件，其中一级和拟报一级文物27件，二级文物172件，三级文物890件。

[重要藏品] 南昌起义时慰劳起义军的捐款收条与回信 纵9.5厘米，横6.5厘米。江西民众慰劳前敌革命将士委员会是江西省委领导的群众组织，1927年6月组成。成立之初，曾由江西济难会负责人朱大桢带队，带着一批慰劳品和现金前往武汉慰问从河南凯旋的国民革命军。7月，慰劳革命士兵委员会回到南昌。8月1日，南昌起义胜利后，朱大桢将剩余的慰问金10000元送到中国国民党江西省党部，交给中国国民党江西省党部执行委员会的常委黄道、罗石冰（黄、罗两人均为共产党员），江西省党部执行委员会当即便写了收条给朱大桢；第二天，黄道、罗石冰将此款转交十一军、二十军政治部作为江西人民的慰劳款。黄道、罗石冰两人随后又给朱大桢写了一封信，告诉他钱款已送交了。因此，这收条和回信一直保存在朱大桢的手中。1958年，南昌八一起义纪念馆得悉这文物的下落，派人前往朱大桢家中访问，经多次动员，终于将这两件文物捐献给了南昌八一起义纪念馆。这收条与回信是历史的见证，它证明中国共产党领导的人民军队从诞生之日起就得到了人民的拥护与支持。人民群众用各种方式表达自己对起义部队的拥戴，如捐款、踊跃参军、组织担架队等等。

陈毅亲笔题写的八一起义纪念馆馆名

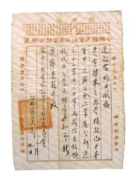

中国国民党江西省党部收到江西民众慰劳前敌革命
将士委员会捐款的收条（左）与回信（右）

吴玉章的手提箱

喜庆礼堂中的靠背椅、茶几、穿衣镜　其中靠背椅纵63厘米，横49厘米，高100厘米，茶几纵49.5厘米，横49.5厘米，高80.1厘米，穿衣镜高219厘米，横130厘米，纵76厘米。1927年7月27日晚，领导南昌起义的前敌委员会在江西大旅社的喜庆礼堂正式成立。周恩来为前委书记，李立三、恽代英、彭湃为前委委员。前委成立后立即对有关

起义的重大问题进行了讨论，并决定：由于准备工作来不及，起义日期由7月28日推迟到30日；为了统一指挥起义部队的作战行动，由贺龙任国民革命军第二方面军代总指挥、叶挺任代前敌总指挥；成立有国民党左派参加的国民党特别委员会，以商讨起义中出现的有关问题。现在南昌八一起义纪念馆复原陈列的喜庆礼堂中尚保存着1927年前委成员开会时用过的几件原物：四把雕有如意图案的靠背椅、两张茶几、一面穿衣镜。

贺龙用过的茶具　碗高8厘米，口径10厘米，底径5厘米；托盘口径15.5厘米，底径7厘米。南昌起义时，贺龙将他的指挥部设在子固路中华圣公会所开办的宏道中学内。宏道中学内有两栋楼，前面一栋是学校校舍、礼堂、教职员宿舍等，贺龙司令部的人员如副官、参谋、后勤人员等即驻扎于此；后面一栋小洋楼是校长刘屏庚的住宅，贺龙就借住在刘屏庚住宅一楼的书房内。到南昌来时，贺龙携有几套茶具等日常生活用品（属贺龙心爱之物），南昌起义胜利后，部队出发南下。临走之前，贺龙将这些日用品都留下了。他对刘屏庚说：如果你不怕麻烦的话，这些东西送给你作为纪念。后来，刘屏庚把茶具等带回老家安庆。1956年经动员后，刘屏庚将茶具捐献给了南昌八一起义纪念馆。贺龙参加南昌起义后，成为人民军队中的一员，他将较为奢华的用品赠送给刘校长，一方面是为了表达对刘屏庚校长的谢意，另一方面也是想从内心摆脱旧生活，与士兵同甘共苦。

吴玉章用过的手提箱　高16厘米，纵22厘米，横29厘米。1927年7月15日，吴玉章接到中国共产党中央通知后到了九江，立即成立了一个国民党中央办事处，为接应革命的同志和国民党左派人士到南昌去继续参加革命工作。果然，他接应到彭泽民、张曙时等国民党左派人士，刘伯承也于7月底到了九江，他们随后就去了南昌。吴玉章在接应工作完成后，也乘最后一次火车前往南昌。南昌起义胜利后，成立了中央革命委员会，并在其下分设党务、农工、宣传、财政等委员会及参谋团、秘书厅、总政治部、政治保卫处等机关。吴玉章担任革命委员会委员兼秘书长，并随起义部队南征。起义期间，吴玉章一直随身携带着他的手提箱，以后还带着它到了瑞金、延安、北京，并一直在使用。解放后，他的亲属将这个箱子捐献了出来。

陈毅亲笔题写的南昌八一起义纪念馆馆标　纵37.5厘米，横27厘米。1958年，八一馆正在筹建，陈列对内开放。这年9月5日，陈毅副总理悄悄地来到八一馆，只带了一个秘书在身边，和普通观众一起参观。直到参观完毕，

他在观众留言簿上写下"陈毅"两个字，讲解员才知道是陈毅，便说："陈副总理，给我们写个招牌哟。"陈毅口中说"写啥子招牌嘛"，手中却当即挥毫写下了"南昌八一起义纪念馆"几个字。陈毅所题写的字后来被制作为南昌八一起义纪念馆馆标，并一直延用至今。

黎冰鸿创作的《南昌起义》油画　纵125厘米，横160厘米。这是黎冰鸿一生的代表作。背景为南昌起义总指挥部旧址门口，表现了起义领导人周恩来、贺龙、叶挺、朱德、刘伯承等与起义部队在一起的画面。作者灵活运用西洋画明暗法和中国画渲染法，生动地再现了周恩来等起义领导人发动南昌起义的场景。

［藏品保护］　对文物和藏品，本着积极抢救、科学保护、合理利用、宣传教育的指导方针，对社会各界的相关文物，采取有偿征集，无偿捐赠。

科学研究　南昌八一起义纪念馆自成立以来，始终重视八一起义历史的研究，拥有历史、美术、文字、摄影等专业性人才，经过长期的积累，南昌八一起义纪念馆收集了大量的八一起义研究资料，建立了八一起义研究中心，并取得了显著的研究成果。

八一馆出版物有：南昌八一起义纪念馆《南昌起义》（江西人民出版社，1977）；张月琴等《南昌起义史论》（江西人民出版社，1986.7）；南昌八一起义纪念馆《南昌起义》（中共党史资料出版社，1987.6）；南昌八一起义纪念馆《井冈山图录》（江西人民出版社，1992）；郑传云《军旗从这里升起》（江西人民出版社，1995）；军事科学院战史研究所、南昌八一起义纪念馆《军旗升起的地方——八一史画》（江西省教育出版社，1997）；南昌八一起义纪念馆《军旗升起的地方——南昌八一起义纪念馆》（中国大百科全书出版社，1998.8）；南昌八一起义纪念馆、人民出版社《军旗升起的地方——八一南昌起义展览巡礼》（人民出版社，2004.7）；南昌八一起义纪念馆《南昌起义史话》（江西人民出版社，2007.6）；江西省党史研究室、南昌八一起义纪念馆《人民军队的摇篮——南昌》（江西人民出版社，2007.6）。

宣传教育　南昌八一起义纪念馆始终以"强化服务意识教育，创建红色旅游精品景区"为指导思想，特别注重加强讲解员队伍建设，不断提高接待服务质量。

首先，讲解员上岗前必须接受系统全面的岗前培训，采取不定期举行岗位练兵和专门培训相结合的方式，外聘播音语言专家和资深讲解专家对导游员的语言、语调和形体进行专业培训和考核，合格后方能上岗。目前，该馆已具备普通话、英语、手语等多语种讲解能力，可为中外游客及残障人士提供优质的导游服务。

其次，讲解员实行统一着装上岗，挂牌服务，并向社会公开推出多项"文明服务承诺"，树立"观众第一"的思想，给观众以热情、亲和之感；开展以"爱馆、爱本职、爱观众、爱展厅、爱文物"为主题的"五爱"活动，规范岗位文明服务；深入贯彻"以人为本"的服务理念，做到"三坚持"，即：坚持中午不闭馆，每天开放10小时；坚持节假日不休息；坚持全年365天全天开放，随时应观众的要求提前开馆或推迟闭馆。

第三，采取多种措施，组织专业人员根据观众的年龄结构、知识层面和接受能力等特点，在研究教育对象、改进宣教方法上下功夫，编写有针对性、通俗易懂的解说词，实行个性化、人性化解说，做到有的放矢，主题鲜明。另外，积极借鉴发达地区同行的经验与大众传媒和社会各界共同举办一些群众喜闻乐见，丰富多彩、生动有趣的活动，充分发挥了爱国主义教育基地的服务功能，提高了人民群众对爱国主义教育的关注程度，取得了较好的社会效益。

由于扎实的工作，馆内众多讲解员在全国、省、市各级专业大赛中屡获奖项，如全国"沙家滨"杯全国红色导游员大赛"十佳导游员"、"最佳形象奖"；全国博物馆讲解员"延安杯"比赛个人二等奖；全国"雷锋杯"文博比赛"优秀讲解员"；江西省"庐山文博杯"十佳讲解员比赛团体一等奖、优秀组织奖；江西省"井冈杯"文博十佳讲解员比赛"十佳讲解员"、"优秀讲解员"，并在年轻队伍中培养了一批业务骨干及后备力量。

为进一步发挥爱国主义和革命传统教育的功能，八一起义纪念馆已于2008年1月30日面向社会公众免费开放，至今已接待观众40多万余人，越来越多的民众走进纪念馆接受爱国主义和革命传统教育。虽然观众量剧增，给观众和文物安全以及管理工作带来了极大的压力，但由于宣传到位，措施得当，八一起义纪念馆免费开放工作做到了安全、规范、有序。

南昌八一起义纪念馆还建立了自己的主题网站，以详实的史料和丰富的文物，向全世界敞开一扇交流互通的心窗，通过独特的视角展现人民军队波澜壮阔的发展历程，极大地拓展景区影响力。

交流合作　2001、2003年，馆长、副馆长先后随江西省文物考察团赴英国、意大利等国访问、考察。通过对外交流活动，加强了文博界的联系和友谊。

经营管理

　　[单位性质]　国营事业单位

　　[经费来源]　财政拨款

　　[机构设置]　共设立了办公室、陈列保管部、保卫科、群工部、工程部、营销部、花园角管理科七个部室。

　　[人员编制]　博物馆共有工作人员58人，其中大专以上文化程度41人，初级以上职称22人，专业技术人员22人。

　　[服务观众项目]　停车场（全天　国家统一价格）、公用IC卡电话（9:00～16:00　国家统一价格）、纪念品销售（9:00～16:00　自定价）、摄影（9:00～16:00　自定价）、宣传册（9:00～16:00　免费）、小件寄存（9:00～16:00　免费）、休息椅（9:00～16:00　免费）、讲解员（含英语、手语等）公示栏（定时讲解　免费）、志愿者队伍（9:00～16:00　免费）、触摸屏导览（9:00～16:00　免费）、多语种语音导览机（9:00～16:00　免费）、残障人轮椅（9:00～16:00　免费）、残障人专用卫生间（9:00～16:00　免费）、电梯等无障碍通道（9:00～16:00　免费）、拐杖（9:00～16:00　免费）、童车（9:00～16:00　免费）、医药救护箱（9:00～16:00　免费）、多功能影视厅（循环播映　免费）、广播系统（循环播放　免费）。

　　[观众接待]　2006～2007年度平均观众人数67万人。

参观指南

　　[地址]　江西省南昌市中山路380号南昌八一起义纪念馆

　　[邮编]　330009

　　[电话]　0791-6613806（办公室）

　　　　　　0791-6613323（群工部）

　　[传真]　0791-6613806

　　[电子信箱]　ncuprising@163.com

　　[网址]　www.ncuprising.com

　　[开放时间]　全年开放，9:00－15:30

　　[票价]　免费

（撰文：吕娄）

南昌市民俗博物馆

Nanchang Folk Arts Museum

概述

　　类型　社会科学类民俗专题博物馆

　　隶属关系　隶属于南昌市文化局

贺龙小楼（原名豫章民俗博物苑）

　　创建时间　1987年11月

　　正式开馆时间　1988年9月

　　所在位置　南昌市子固路165号

　　面积　1506平方米

　　建筑、布局　旧址建筑为近现代建筑，砖木混合结构，主要分为两部分。第一部分为主体建筑，坐东朝西，面阔17.5米，进深48.1米，沿中轴线自西向东依次为大门、前院、过厅、中庭院、礼堂和办公用房，并且有一单独后院。第二部分即在主体建筑东面南侧有一栋三层小洋楼（贺龙小楼），小楼占地为11.5×12.5平方米，并有单独的小院。

　　历史沿革　贺龙指挥部旧址建于1916年，原为基督教中华圣公会主办的宏道中学。1927年南昌起义时，贺龙率领的国民革命军第二十军指挥部设于此地。1961年贺龙指挥部旧址被国务院公布为全国重点文物保护单位，1988年12月江西省文化厅[赣文物字（1988）第50号]批复将"贺龙指挥部旧址"交南昌市民俗博物馆管理使用。

　　历任馆长　刘晓蓉（1987.11～1990.4　副馆长主持工作）；钟丰彩（1990.4～1995.3　副馆长主持工作）；熊河水（1995.3～1997.10　副馆长主持工作）；梅联华（1997.10至今）。

业务活动

　　基本陈列　《贺龙指挥部旧址民俗基本陈列》

南昌市民俗博物馆自成立以来，坚持弘扬民族文化，进行乡土教育为宗旨，在收集民俗文物、举办民俗陈列、进行民俗文化研究等各方面做了大量卓有成效的工作，其收藏以江西剪纸、民间绣品、南昌地区民间习俗最具特色。先后举办了《江西儿童绣品展》、《江西傩文化展》、《南昌婚俗展》等一系列老百姓喜闻乐见的专题展览，目前开设的《南昌民俗风情展》、《江西绣品工艺展》及《江西民间剪纸展》以丰富多彩的图画、实物，详尽地介绍了南昌的民俗风情和旧城风貌，让观众在有限的时间和空间里品尝到淳厚的乡情，十足的赣味。基本陈列有：

《南昌古城风貌》，主要以清代同治府志图为蓝本制作沙盘模型，向广大游客介绍明末清初时期的南昌城。

《南昌风土人情》，主要向游客介绍南昌人的年节习俗、生产生活习俗、宗教信仰习俗、游艺习俗。

《南昌婚俗》，向游客介绍南昌人过去嫁女儿、娶媳妇的礼仪过程。

《南昌人生礼仪》，主要介绍人从生到死的整个过程以及习俗。

《南昌生育文化习俗展》

《贺龙指挥部旧址基本陈列》

2007年，为纪念中国人民解放军建军80周年，充分发挥贺龙指挥部旧址的革命传统和爱国主义教育基地的重要作用，该馆制作了《贺龙元帅展》，设于旧址主楼内两侧四个展厅。陈列共分为五个部分：1、探索人生，追求真理；2、南昌起义，叱咤风云；3、转战南北，驰骋疆场；4、建设国家，卓建殊勋；5、情系南昌，亲情永驻。贺龙小楼复原陈列有贺龙、刘伯承的卧室兼办公室、军官会议室、会客室。整个陈列较全面、系统、形象地展现了贺龙元帅从两把菜刀闹革命到新中国国家领导人的光辉业绩。

《绳金塔民俗村民俗基本陈列》

绳金塔民俗村建筑占地面积3000平方米，展区面积1500平方米，由南昌市民俗博物馆负责对外开放并管理使用。主要展示南昌地区的生产、生活习俗为主要内容，彰显特色的民俗风情。民俗村展览主要分为"稻作习俗区"、"民俗礼仪演示区"、"民间陶艺娱乐区"、"旅游纪念品展销区"等供游客参与。

"稻作习俗展区"：提供碾盘、水车、耕田等供游客参与，展示部分农具及水稻加工器具，反映江西稻作习俗的流程；

"民间礼仪演示区"：进行民俗婚、寿礼仪演示；

1.婚庆喜堂　2.南昌生育文化习俗"求子习俗"展厅　3.农业习俗展厅　4.《贺龙元帅》第一展厅

"民间陶艺娱乐区"：包括民间游艺等；

"旅游纪念品展销区"：包括字画、玉器、瓷器、文房四宝等。

通过参观、参与，让游客充分领略淳厚的乡风民情。

藏品管理

［藏品来源］　主要来源于野外采集、有偿购买、接受各类捐赠等。

［藏品类别］　主要为江西农业习俗实物、江西人生礼仪实物、以赣傩面具、江西绣品为主。

［藏品统计］　1000余件。

［重要藏品］　开山　民国，高26厘米，宽18厘米

吞口　民国，高36厘米，宽13厘米

雷公　现代，高24厘米，宽24厘米

傩公　现代，高36厘米，宽18厘米

傩婆　现代，高32厘米，宽16厘米

清朝妇女服饰　长66厘米，宽25厘米

扇套　清代

科学研究　南昌市民俗博物馆自成立以来，始终重视

开山

吞口

雷公

扇套

傩公

傩婆

清朝妇女服饰

南昌乃至江西的民俗文化研究，拥有历史、考古、民族学等专业人才，经过长期的积累，南昌市民俗博物馆收集了大量的江西民俗文化研究资料，并取得了显著的研究成果。

南昌市民俗博物馆出版物有：梅联华《追风问俗》（人民日报出版社，2004.3）、梅联华《绳金塔下话南昌》（21世纪出版社，2005.8）、梅联华《赣傩》（江西教育出版社，2007.12）、梅联华《南昌民俗》（江西人民出版社，2008.4）、梅联华《江西民俗》（甘肃人民出版社，2008.6）、梅联华《图说南昌民俗》（江西美术出版社，2008.7）。

经营管理

[单位性质]　国营事业单位

[经费来源]　全额拨款

[机构设置]　共设立了办公室、保卫科、群工部、陈列部四个部室。

[人员编制、组成]　共有工作人员10人。大专以上文化程度6人，初级以上职称6人，专业技术人员6人；副研究馆员1人，馆员2人。

[服务观众项目]　停车场（全天，免费）、纪念品销售（每天9:00～16:30，自定价）。

[观众接待]　2006年～2007年度平均观众人数5000人。

参观指南

[地址]　南昌市子固路165号（全国重点文物保护单位"贺龙指挥部旧址"内）

[邮编]　330008

[电话]　0791-6780149（办公室）
　　　　0791-6793024（群工部）

[传真]　0791-6793024

[电子信箱]　ncsmsg@sina.com

[开放时间]　9:00～16:30　周一为休息日

[票价]　免费

（撰文：梅联华）

南昌市博物馆

Nanchang Municipal Museum

概述

类型　社会科学类历史专题博物馆

隶属关系　隶属于南昌市文化局

创建时间　1984年5月

朱德军官教育团旧址大门

正式开馆时间　1984年5月

所在位置　八一大道376号朱德军官教育团旧址

面积　2500平方米

建筑、布局　建筑为砖木混合结构平房，建筑群体组合有序，前后两进院落，占地面积2500平方米，建筑面积1600平方米。从平面看，旧址大致呈"匡"字形，各部分有游廊连接。正门采用西方柱式，走廊为券柱，线脚丰富，石雕精美。

历史沿革　南昌市博物馆成立于1984年5月，至今没有专用的馆址，1984～1987年前后借用八一起义纪念馆和朱德旧居办公。1987年底，南昌市博物馆得到省文化厅批准，临时借用军官教育团旧址部分房间做馆舍。朱德军官教育团的房屋建于清末，1905年建立江西陆军小学堂。1927年春，朱德在这里创办了国民革命军第3军军官教育团。抗日战争期间，这里遭日本侵略军破坏，礼堂和部分房屋被毁，但旧址小院内房屋幸免于难。1977年，筹备纪念建军50周年时，军官教育团旧址小院移交南昌八一起义纪念馆管理。1987年至今，朱德军官教育团旧址移交南昌市博物馆保护和管理。1961年3月，朱德军官教育团旧址被国务院批准为全国第一批重点文物保护单位。

历任馆长　张小昌（1984～1987）；谈继军（1987～1991）；赵曰斌（1991～1992）；桂海岩（1992～1993）；郑恩广（1993～1997）；刘安平（1997～1999）；李国利（1999至今）。

业务活动

基本陈列　南昌市博物馆的陈列有两部分，一部分位于南昌市八一大道朱德军官教育团旧址，主要以图片和陈列室的形式讲述朱德生平事迹和为革命奋斗一生的精神；另一部分陈列位于南昌象湖畔的灌婴城楼一楼大厅，主要以馆藏精品文物为主体，辅以图片、沙盘、模型、文字等

《南昌历史二千年》展

形式向人们宣传、展示悠久、灿烂的南昌历史文化，是融观赏、历史研究及旅游观光为一体的综合性博物馆。布置展陈面积近1600平方米。

《朱德同志生平图片展》

内容：以照片的形式讲述朱德生平事迹。

《朱德革命活动图片展》

内容：以照片形式讲述朱德同志参加革命后的事迹以及为革命奋斗一生的伟大精神。

《南昌历史二千年》

内容：主要以南昌出土精品文物为主，按历史脚步讲述南昌自灌婴建城以来的历史变迁。

藏品管理

[藏品来源]　主要来源于考古发掘、工商海关等部门移交、接受各类捐赠等途径。

[藏品类别]　以陶、瓷、铜器为主。

[藏品统计]　馆藏文物共计2238件（套），其中一级文物7件（套），二级文物60件（套），三级文物432件（套）。

[重要藏品]　东晋漆耳杯　长19厘米，宽10厘米，高6.2厘米。斫木胎，椭圆口，弧壁，平底，月牙形耳。耳、口沿、外壁及底髹黑漆，其余部分髹红漆。器物完好，线条柔美，为漆器中的精品。

唐漆钵　高11厘米，口径17.4厘米，底径15厘米。广口，圆沿，短颈、广肩。略扁硕腹，大平底。器胎为多层麻布附于木制的夹纻胎，色泽黑而发亮，外腹上呈红漆书写"三升"铭文，内外胎显环圈痕。口沿至肩有一处夹发或麻丝迹。此漆器造型规整，体轻薄，犹为可贵的是唐代至今的漆器保存得如此完好，实不可多见。

青瓷贴花四系盘口壶　西晋晚或东晋早期文物，高17.3厘米，口径9.7厘米，底径9.5厘米。浅盘口，束颈、

东晋　漆耳杯

唐　漆钵

晋　青瓷贴花四系盘口壶

丰肩，鼓腹，平底，盘口外壁一道弦纹，颈肩连接处一道弦纹，肩部三道弦纹。盘沿内外壁对应各饰有六点褐色点彩，肩部饰四个对称条形横系，在条形系之间则饰有四个圆形莲蓬纹贴花，两大两小。整器施青釉，略带米黄色。器物规整，完好，釉色光亮，造型优美。

东汉龙凤瑞兽乳钉纹镜　直径18.4厘米。圆形，圆钮，圆钮座。镜背座外双凸线方框，框内一方饰一兽头，其余三方饰兽身。方格四外角各一枚带圆座乳钉纹，方格及乳钉将镜背分为四区，各为龙、凤、虎、独角兽。镜缘坡度大，镜面凸面较平缓，镜缘饰边续流云纹，带座乳

东汉　龙凤瑞兽乳钉纹镜

清　霁兰描金滕王阁双耳六方瓶

钉，纹样清晰，繁而不杂，瑞兽形象栩栩如生，颇具东汉特点。

清霁兰描金滕王阁双耳六方瓶　清乾隆时期文物，高28厘米，口径10.7厘米，底径10.7厘米，中国文物流通协调中心调拨。六方口，折沿，六方长颈中束，扁方腹下收，外撇六台基式圈足。通体施霁兰釉，器内施青釉，颈中部饰对称兽耳。颈部以描金装饰三角几何纹、梅花、兰花。肩部饰短竖线、变形几何图、法螺纹。器身下面用金彩绘城墙，书写滕王阁第一观铭文。背面有诗句，字迹少许模糊。台基式基座上饰有金彩连续长竖线。此瓶造型小巧精致，器物完好，图案充实，为不可多得的精品。

经营管理

　　[单位性质]　国营事业单位

　　[经费来源]　全额拨款

　　[机构设置]　共设立了办公室、保卫科、陈列部、保管部、宣教部五个部室。

　　[人员编制]　共有工作人员21人，其中大专以上文化程度20人，初级以上职称14人，专业技术人员14人。

　　[观众接待]　2000～2006年度平均观众人数21568人。

参观指南

　　[地址]　南昌市八一大道376号

　　[邮编]　330006

　　[电话]　0791-6221207（办公室）

　　[传真]　0791-6277490

　　[电子信箱]　nchmuseum@163.com

　　[开放时间]　全年开放，8:30－17:00

（撰文：南昌市博物馆）

南昌县博物馆

Nanchang Prefectural Museum

概述

　　类型　社会科学类文物专题博物馆

　　隶属关系　隶属于南昌县文化广播电视旅游局

　　创建时间　1976年

　　正式开馆时间　1984年

　　所在位置　设在南昌县莲塘镇向阳路中段南昌县文化中心大楼内

　　面积　占地面积4000平方米、建筑面积1327平方米（含地下室文物库房）、展厅面积568平方米

　　建筑、布局　县文化中心大楼是一栋三层的现代化圆扇形建筑，最初的设计为会展中心。一楼圆形展厅面积

博物馆全貌

3000平方米（南昌县博物馆拥有一半产权），二楼为扇形结构，有办公室、展厅、文物库房、公众服务区等；三楼为小展厅。

历史沿革　1972年南昌县文化馆开始征集文物，至1974年已征集抢救到出土文物300多件，为了有效保护文物，在文化馆内设置了历史文物陈列室。1976年，藏品数量增至700余件。为了适应南昌县文物保护工作的快速发展，在南昌县文化馆内正式设立了南昌县历史文物陈列室，并于1976年被江西省文化厅纳入江西省文博机构，文物事业经费同时纳入省财政拨款，为逐步在南昌县筹建博物馆奠定了良好的基础。1984年，一座三层砖混结构的图书、博物楼建成，位于南昌县莲塘镇五一路中段。同年南昌县人民政府批准成立南昌县博物馆，事业编制6人，独立办公，博物馆展厅面积140平方米，办公及库房面积108平方米，展厅藏品300余件。展品以保存完好、制作精美的洪州窑青瓷为主。期间耿宝昌、汪庆正、朱伯谦、张浦生以及南京大学蒋赞初教授等专家学者来馆参观指导。随着改革开放，经济建设的不断发展，南昌县博物馆藏品数量日趋增多，南昌县人民政府高度重视文化建设，于1989年重建南昌县博物馆馆舍，1991年初建成，馆址位于南昌县莲塘镇向阳路中段，因南昌县城市建设规划的需求，2003年12月28日，南昌县博物馆拆除，于2006年在澄湖北路兴建会展中心，博物馆设在其内。2009年元月交付使用。

历任馆长　王岚（1984～1991.7　副馆长主持工作）；杨国辉（1991.7～1993.6　副馆长）；朱永保（1993.7～1994.7）；王岚（1994.7～2001.5　副馆长主持工作）；罗荣卿（2001.5～2003.10　副馆长主持工作）；罗劲松（2003.10至今）。

业务活动

基本陈列　现博物馆有基本陈列《古韵新姿耀昌

洪州窑青瓷展厅

东吴　青瓷罐

西晋　青瓷船形灶

南朝　青瓷转杯

南朝　青瓷侈口瓶

东吴　青瓷八系罐

西晋　青瓷谷仓

隋　青瓷七管瓶

南朝　青瓷羊尊

南——南昌县历史文化图片展》，《洪州窑青瓷展》、《洪州窑青瓷精品展》。南昌县博物馆的特色藏品为洪州窑青瓷，共有700多件，数量多，质量高，《洪州窑青瓷展》、《洪州窑青瓷精品展》，展出从东汉晚期至唐代各时期洪州窑青瓷200余件，这些器物不失为青瓷器断代的标准器，亦是洪州窑器演变发展的实证。

藏品管理

[藏品来源]　主要来源于历年来古墓葬、窖藏、古文化遗址采集、社会征集。

[藏品类别]　石器、陶器、瓷器、青铜器、古钱币、字画、金银器及其他杂项。

[藏品统计]　馆藏总数6666件，其中玉石器109件，陶瓷器1521件，金银铜器（含钱币）4930件，字画及纸质类文物64件，木竹藤35件，其他类7件。

[重要藏品]　重要藏品均为洪州窑青瓷，它们对研究古代名窑的烧造历史、烧造工艺和发展提供了宝贵的实物资料，有很高的科学、艺术和历史价值。

东吴青瓷罐　1978年10月小兰乡西岗山三国东吴墓出土，通高26.5、口径12.9、腹径25.7、底径16.5厘米。白胎，褐青釉，胎体有拍打方格纹，釉面流淌严重，圆唇，直口，口外有两道旋纹，鼓腹，丰肩，肩部有四道旋纹，肩腹部有四半环形横耳，釉不及底，平底。

西晋青瓷船形灶　1993年月5小兰西岗山西晋元康七年墓出土，通高14.6、灶高10.8×6.8、长24.5、宽14.1厘米。白胎，青釉，色绿泛白，灶体有拍打方格纹，施釉较薄，不均匀。灶身为尖头卷顶船形，前方开方口小灶门，灶面置一釜两锅，其中一锅上有一甑。平底，底无釉。

南朝青瓷转杯　1980年6月小兰乡邓埠村出土，通高12.5、杯高4.7、杯径7.5、盘高5.5、盘径14厘米。白胎，杯为广口，圆唇，下有实心插柱，柱有釉，插入托盘中部空心支柱。托盘边墙为中部凹进之弧状，圈足较深。插杯与托盘可离合。

南朝青瓷侈口瓶　青釉，色泛绿，侈口，圆唇，细长颈，圆腹至足部内收，底外侈，为实心饼状足，通体施釉，釉色细腻、均净。

东吴青瓷八系罐　1978年10月小兰乡西岗山三国东吴墓出土，通高28.0、口径13.2、腹径31.8、底径16.8厘米。

西晋青瓷谷仓　1993年月5小兰西岗山西晋元康七年墓出土，通高21、上匜径9.7、腹径19、底径12.2厘米。

隋青瓷七管瓶　1991年8月小兰乡西岗山出土，通高12.8、口径6.3、腹径13.2、底径9.1、管径3.1厘米。

南朝青瓷羊尊 2000年8月小兰乡县烟草公司工地出土，通高11.6、长12.5、顶孔径1.8、肚腹径7.5、胸径8.4厘米。

[藏品保护] 藏品均用锦盒装置，并采取了防霉变、锈蚀、虫噬等措施，所有等级以上藏品均置于金属密集架柜内保管。

经营管理

[单位性质] 国营事业单位

[经费来源] 财政拨款

参观指南

[地址] 江西省南昌县莲塘镇澄湖北路（县博物馆）

[邮编] 330200

[电话] 0791-5985821

[传真] 0791-5985821

[电子信箱] twh1976@sina.com

[开放时间] 9:00—17:00，全年开放（传统节日当天闭馆）

[票价] 免费

（撰文：南昌县博物馆）

南昌新四军军部旧址陈列馆

Site-Exhibition Hall of the New Fourth Army Headquarters in Nanchang

概述

类型 社会科学类历史遗址专题博物馆

隶属关系 隶属于南昌市文化局

创建时间 1988年2月1日

正式开馆时间 1988年12月

所在位置 江西省南昌市西湖区友竹路7号

面积 占地面积3200平方米

布局 南昌新四军军部旧址原为北洋军阀张勋的公馆，建于1915年，内有两栋两层楼的楼房和一栋平房，整个旧址占地面积3200平方米，建筑面积1600平方米，目前旧址保存完好。

建筑结构 张勋公馆是一座中西合璧的建筑，既有中国建筑的庄重雄伟，又具有欧洲建筑的精巧富丽，是江西近代颇具特色的典型建筑。其建筑砖雕和石刻大部分保存完好，雕刻工艺十分讲究，内容丰富，图案精美，极具装饰性。2006年被公布为全国重点文物保护单位。

1.新四军军部旧址 2.新四军军部旧址附楼（8号楼） 3.新四军军部旧址主楼与8号楼之间的操场

军部主楼（7号楼）系两层砖木结构，坐北朝南，占地面积592.6平方米，建筑面积1420平方米，四周有迴廊围绕，廊孔呈拱形，楼的四角，均有一个六角亭，楼亭错列，别具一格。一楼为参谋处、军需处等军机关办公室，现布置为《新四军从这里走来》基本陈列展室。一楼东南面三间房为军部会客室；西南面三间房为军部餐厅；西北面三间房自西往东依次为宋裕和卧室、军需处办公室；东北面三间房为军部参谋处办公室。二楼为军首长的办公室、卧室。东南面三间房自东往南依次为叶挺办公室、叶挺会客室、叶挺卧室；西南面三间房自西向东依次为曾山卧室、项英卧室、项英办公室；西北面三间房自西往东依次为张云逸卧室、邓子恢卧室、周子昆卧室；东北面三间房自东往南依次为赖传珠卧室、黄道会客室、卧室。

主楼东南侧是一栋两层砖木结构的楼房（8号楼），坐东朝西，占地面积258平方米，建筑面积520平方米，建筑结构和风格均与主楼相似。为国民党捷报社社址。主楼北面为一栋砖木结构的平房，坐北朝南，占地面积236.6平方米，屋前有走廊一排。为军部传达室、警卫连房间。8号楼的西南、主楼的南面之间是一块水泥地操场，占地约200平方米，操场的西面和南面围墙下，分别有一片绿化带。操场中间有四棵广玉兰树。

历史沿革　1987年，江西省文化厅拨专款15万元，南昌市委、市政府拨专款80万元，搬迁了旧址内57家住户，按原貌恢复整修了新四军南昌军部旧址。

历任馆长　梁泉水，张明，熊河水（现任）。

业务活动

基本陈列　旧址主楼内一楼原为军机关办公室，现为基本陈列展室，1999年陈列有大型展览《铁的新四军》。共分四个部分："铁流滚滚出深山"、"群英聚集南昌城"、"大江南北抗敌寇"、"铁军精神万代扬"，着力反映了三年游击战以及围绕新四军组建展开的波澜壮阔

的斗争史实。又对新四军军部领导人的复原陈列进行了充实，除介绍领导人的生平之外，充实了他们的照片和一些有特色的东西，如在曾山的房间增加了他的一幅对联，使陈列的个性得到了发展。为增加与观众的互动性，增添了多媒体触摸屏，延伸了展览的深度；增加了音像馆，放映抗日题材的短片、故事片。

2007年为纪念新四军成立70周年，该馆对基本陈列进行全面更新。在旧址一楼陈列有大型展览《新四军从这里走来》，主要包括新四军早期领导人叶挺、项英、陈毅、张鼎丞、曾山、黄道、张云逸、袁国平、周子昆、邓子恢的铜像，中央对三年游击战争部署，坚苦卓绝的三年游击战争，新四军的改编与组建等四部分，对三年游击战争和新四军改编工作有较翔实的展示。陈列面积300余平方米，展出藏品50余件。重要展品有新四军四师参谋长张震在抗战时期穿过的军棉衣、新四军军部参谋处处长赖传珠抗战时期用过的左轮手枪、新四军老战士韦满春在1945年大反攻时缴获日军的望远镜。

旧址二楼为复原陈列展。复原陈列有军长叶挺、副军长兼东南分局书记项英、参谋长张云逸、副参谋长周子昆、政治部副主任邓子恢、东南分局副书记兼江西省委书记曾山、新四军驻赣办事处主任黄道、参谋处处长赖传珠

1.《铁的新四军》展厅　2.《新四军从这里走来》展览序厅　3.《血沃赣鄱——江西人民抗日斗争展》展厅　4.叶挺办公室

的办公室及卧室，并用生平图片展的形式表现他们的爱国主义情怀。真实反映新四军军部在南昌期间的具体场景。

专题陈列　2005年是抗战胜利60周年，该馆主动配合媒体进行宣传，做到了有声有色有影，使纪念活动深入人心。8月15日，由江西省新四军研究会、中共南昌市委宣传部、南昌市文化局主办，该馆承办的《血沃赣鄱——江西人民抗日斗争展》在该馆展出，展览共分六个部分：江西抗战局面的形成、日寇在江西的侵略罪行、江西正面战场主要战役、中国共产党领导的敌后抗日、江西人民的杰出贡献、江西人民欢庆抗战胜利。展出抗战时期历史照片170多幅，文物、文献52件。通过展版，雕塑和实物反映江西人民抗日斗争中的可歌可泣的战斗局面和抗日战争的伟大贡献。该展览为江西省纪念中国人民抗日战争胜利60周年十大活动之一。出席开幕式的有省市六套班子成员及省军区、省武警总队主要领导，展览得到了广大群众的好评。之后又把该展览做成流动形式，到南昌市中心八一广场和红谷滩新区进行展示，观众参观踊跃。

还陆续举办了《新四军木刻展》、《江西苏区红军文物展》、《陈毅同志生平展》、《纪念陈毅诞辰100周年书画展》、《全国新四军老战士书画作品展》和《江西民间抗日藏品展》等专题展览，通过陈列收集文物，特别是举办《纪念陈毅同志诞辰一百周年画展》和两次《全国新四军老战士书画作品展》，收集新四军老战士书画作品600余幅，进行抢救性的征集。

藏品管理

〔藏品来源〕　主要来源于收购、新四军老战士或子女捐赠。

〔藏品统计〕　目前馆藏文物约2000件，其中革命文物100件，当代书画700余幅，历史照片、底片1千余张，文献100份。

宣传教育　陈列馆自1988年成立以来，以爱国主义和革命传统教育为宗旨，努力发挥纪念馆在思想教育中不可替代的作用，做到热情接待，文明服务，每年参观人数万人次，许多部队、学校来该馆进行爱国主义教育基地的挂牌活动，把该馆作为学生的第二课堂。

十多年来，该馆致力于新四军历史和业绩的研究和宣传，发表了数十篇学术论文，使新四军南昌军部的研究工作逐步深入，编写出版了《新四军与南昌》、《新四军军部在南昌》、《张勋公馆的建筑艺术》、《新四军在江西》（上下册）、《铁军出山风云》、《纪念陈毅元帅诞辰百周年书画集》、《全国新四军老战士书画作品选》等

抗战时期张震穿过的军棉衣

新四军老战士韦满春在1945年大反攻时缴获日军的望远镜

新四军参谋处处长赖传珠抗战时期用过的左轮枪

书籍，在互联网上建立了《铁军纵横——新四军网上纪念馆》（www.xinsijun.net）。

经营管理

〔单位性质〕　国营事业单位

〔经费来源〕　财政拨款

〔人员编制、组成〕　10人。正高1人，副高1人，中级职称3人。

参观指南

〔地址〕　江西省南昌市西湖区友竹路7号

[邮编] 330003

[电话] 0791-6255204

[传真] 0791-6214160

[电子信箱] jxn4a@163.com

[网址] www.xinsijun.net

[开放时间] 8:30—17:00

[票价] 8元（未成年学生及团体、现役军人、老年人免费）

（撰文：李秋华）

南城县博物馆

Nancheng Prefectural Museum

概述

类型 社会科学类历史专题博物馆

隶属关系 隶属于南城县文化体育广播电视局

创建时间 1983年2月

正式开馆时间 1988年10月

所在位置 南城县建昌镇建国路39号

面积 1000平方米

建筑、布局 钢筋混泥土结构的仿古建筑，内设展厅、文物库房、值班室、办公室。

历史沿革 南城县博物馆的前身是南城县文物陈列室，附属于南城县图书馆内，1983年2月从南城县图书馆分离出来，成立南城县博物馆，1988年10月正式开馆。

历任馆长 彭桂容（女）、金会林。

业务活动

基本陈列 《南城县历史文物陈列》，展出各种文物100余件，陈列面积100平方米，展品中有青花龙纹瓷盘、龙泉刻花瓷盘、镂空玉腰带等南城县出土的明代益王墓随

南城县博物馆

明 水晶珠

明 金七梁冠

明 金帽花

明 金簪

明 金钗

葬品独具特色，在一定程度上反映了南城县悠久的历史和
丰富的历史文化遗产。

藏品管理

[藏品来源] 主要来源于墓葬出土、民间征集和公
安部门移交。

[藏品类别] 分为金属、瓷陶器、玉石、纸质、竹
木、玻璃等六大类。

[藏品统计] 共有馆藏文物2283件，其中金属类
1708件，陶瓷类550件，竹木类3件，纸质类14件，玉石类7
件，玻璃类1件。

[重要藏品] 明代益王墓出土的金七梁冠、金银质
垫背钱、金凤钗、水晶珠等。

[藏品保护] 在藏品管理上，进一步健全了各种管
理制度，确定专人专柜保管，实行24小时值班巡逻，在经
济条件紧张的情况下，采用传统技术对藏品进行保护。

经营管理

[单位性质] 国营事业单位

[经费来源] 财政拨款

[人员编制、组成] 8人。副研究馆员1人，馆员1
人，大专以上文化程度5人。

[观众接待] 年接待观众3000人次

参观指南

[地址] 江西省南城县建昌镇建国路39号

[邮编] 344700

[电话] 0794-7254971

[电子信箱] ncxbwg@163.com

[开放时间] 周一至周五

（撰文：金会林）

南康市博物馆

Nankang Municipal Museum

概述

类型 地方综合性博物馆

隶属关系 隶属于南康市文化局

创建时间 1984年

所在位置 南康市宝林路

面积 600余平方米

历史沿革 南康市博物馆创建于1984年，原名南康县博
物馆，隶属南康县文教局，原址在南康县蓉江镇西街富安巷
1号。1986年，从南康县文教局分离出来，隶属南康县文广

南康市博物馆（文博大厦）

局，1988年，由于机构变动，南康县博物馆从此隶属南康县
文化局，迁入南康县影剧院与南康县文化局合署办公。1995
年，南康县撤县设市，南康县博物馆更名为南康市博物馆，
隶属南康市文化局。1998年，南康市文博大厦建成，1999
年，南康市博物馆迁入南康市宝林路7号文博大厦，并于该
年3月与南康市文化局分开办公，实行经费独立核算。

历任馆长 首任馆长邱德培，现任馆长文祥春。

业务活动

基本陈列 由于条件不成熟，南康市博物馆一直没有
对外开放，无基本陈列。

藏品管理

[藏品来源] 藏品主要是1982年全国文物普查时采
集、征集和发掘的。

[藏品类别] 分为陶瓷类、金属类、古钱类和杂类
等四类。

[藏品统计] 馆藏文物440件，其中一级文物1件，
二级文物4件，三级文物31组共45件。

[重要藏品] 以青铜器和陶瓷器为精品，恐龙蛋化
石和客家民俗文物为特色。

经营管理

[单位性质] 国营事业单位

恐龙蛋

方格纹鸟钮谷仓

三足带盖青铜盉

苏区印章

［经费来源］ 政府拨款

［人员编制、组成］ 现有编制3人，实有人员5人，其中大专学历2人，本科学历2人，中级职称人数占40%。

参观指南

［地址］ 江西省南康市宝林路7号

［邮编］ 341400

［电话］ 0797-6625690

［传真］ 0797-6612451

［电子信箱］ nksbwg@163.com

（撰文：南康市博物馆）

秋收起义修水纪念馆

Xiushui Memorial Hall for the Autumn Harvest Uprising

概述

类型 社会科学类历史专题博物馆

隶属关系 隶属于修水县文化广播电视局

创建时间 1977年

正式开馆时间 1977年9月9日

所在位置 修水县城凤凰山路

面积 3000平方米

建筑、布局 其中展馆大楼占地面积360平方米，建筑面积720平方米，为二层楼房，砖混结构。展馆一楼为序厅，序厅左右两侧为办公室、接待室和文物仓库以及其它物品库房；二楼为展厅，展厅由三个大厅组成。展馆外墙面为桔黄色，门廊由8个砖混圆柱支撑。大楼正面顶部是铝合金制作的工农革命军第一军第一师军旗立体图案。馆标由何长工于1986年6月题写。建筑外观造型参照北京毛泽东纪念堂外观建造。

历史沿革 秋收起义修水纪念馆原隶属于中共修水

秋收起义修水纪念馆全貌

1.第一展厅　2.第二展厅　3.工农革命军第一军第一师师部旧址（修水县商会）　4.工农革命军第一军第一师师部旧址上厅堂

县委宣传部，属股级事业单位。1986年，根据省文化主管部门归口管理的意见，中共修水县委、县人民政府决定将其隶属关系划入修水县文化广播电视局，仍为股级事业单位。1996年升格为副科级事业单位。

历任馆长　毛鸿云（1978～1979），夏林碧（1983～1985），胡春桃（1986　副馆长），胡春桃（1987至今）。

业务活动

基本陈列　展馆由序厅和展厅两大部分组成。目前展出的是2007年版。序厅正后方是秋收起义前敌委员会书记毛泽东和秋收起义总指挥卢德铭塑像。塑像基座高70厘米，长170厘米，宽110厘米。采取砖砌体，外贴沙金花岗石。毛泽东塑像净高237厘米，卢德铭塑像高219厘米。人物塑像的形体动作语言是：向井冈山进军。塑像采取玻璃钢制作，表面颜色为金色。塑像背景为巨幅工农革命军第一军第一师军旗，军旗幅宽823厘米，高450厘米。序厅左右两墙分别是毛泽东诗词《菩萨蛮·黄鹤楼》和《西江月·秋收暴动》。这两首词是毛泽东分别于大革命失败前夕的1927年春和秋收起义全面爆发的1927年9月所写。诗词采用整块玻璃刻字，高310厘米，宽224厘米。整体玻璃背后采用绉纹金属漆衬底并配有五角星加镰刀斧头图案。

展厅设在二楼，分为一、二、三展厅，展出文稿经中共江西省委党史研究室审批。展出内容共分八部分，分别为：一、轰轰烈烈的大革命遭到惨痛的失败；二、以武装的革命反对武装的反革命；三、灰色旗号下的红色武装；四、毛泽东主张在秋收起义中要鲜明打出共产党的旗帜；五、光耀人寰的工农革命军军旗；六、永远铭刻在中国革命史上的光辉日子；七、果断的转兵——会师文家市；八、伟大的进军——开创中国第一个农村革命根据地。文稿内容全面系统描述了湘赣边界秋收起义发生的背景、发展过程到开创中国第一个农村革命根据地。重点突出了我党第一次公开打出的工农革命军军旗在修水的设计、制作和率先升起。同时，结合事件发展过程，介绍了60位人物，其中着重介绍了毛泽东、卢德铭、罗荣桓、余贲民、何长工、谭政、陈士榘、杨立三等秋收起义主要人物的生平及他们在秋收起义和井冈山革命根据地创建中所发挥的作用。整个展出文稿内容采用正面写史方式，客观故事化陈述秋收起义和介绍人物，党史专家评价为一部客观故事化的作品。展厅共展出图片258幅。展墙采用木工板为底，展出图版，以高密度纤维板为底。将激光放大的彩色图片压膜在图版上，用不绣钢装饰钉固定于展墙。展出图版采

工农革命军第一军第一师团部旧址（修水县凤巘书院）

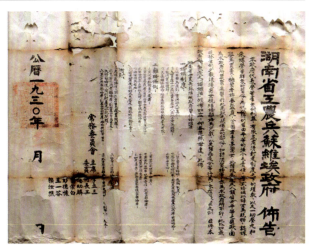

湖南省工农兵苏维埃政府布告

用大小版块结合、图文并茂的方式布局。整个展厅以红色为基调色，庄重大气。整个展版面积198平方米。

　　[重要展品]　中共修水地方党组织和农会颁发和使用的农民协会印章、CCP旗、农民协会会员证、余贲民使用的铜质望远镜、搪瓷脸盆，农军使用的丝茅剑、鸟铳、马刀、土炮，何长工访问录，工农革命军使用的重机枪、轻机枪、步枪等。

　　专题陈列　（1）师部旧址复原陈列。工农革命军第一军第一师师部旧址（修水县商会）是一幢一进二重的民国时期建筑。1987年开始实行旧址复原陈列。面积460平方米。根据秋收起义时曾在这里工作过的老将军回忆，恢复陈列了师部机关所属书记处、副官处、参谋处、军需处、医疗处、经理处、军械处等八大处的办公设施，恢复陈列了正副师长余洒度、余贲民住房。在上厅堂即工农革命军军旗设计地，恢复了会议桌椅。同时在上厅堂三面墙壁上悬挂了当年参加秋收起义建国后成为党政军领导人的毛泽东等33人肖像；下厅堂悬挂了老一辈无产阶级革命家何长工、肖克等为修水的题词。大门两侧于2007年新增悬挂了南京军区政委雷鸣球上将书写的"霹雳惊天地，军旗耀人寰"（徐盛文撰联）木刻对联一副。（2）团部旧址复原陈列。工农革命军第一军第一师第一团团部旧址（修水县凤巘书院）原系一进三重的清代建筑，现仅存中重。面积350平方米。2005年县人民政府决定将旧址产权划归修水秋收起义馆。随即进行了全面整修，并于2007年进行部分复原陈列。在厅堂正中陈设了会议桌椅、厅堂正中悬挂了工农革命军第一军第一师第一团军旗的复制品。

　　藏品管理

　　[藏品来源]　主要来源于捐赠和征集。

　　[藏品类别]　革命文物和文献资料

　　[藏品统计]　藏品总数746件，其中国家一级文物7件、二级文物12件、三级文物58件，其它文物288件，文献资料402件。

　　[重要藏品]　**铜质望远镜**　系秋收起义时工农革命军第一军第一师副师长余贲民使用的物品，该物是余贲民于1927年5月率部攻打夏斗寅残部所缴获，以后一直携带。1933年4月余贲民牺牲于万载小源，此物随葬，1952年其子女将其墓移葬湖南平江，在墓中发现此物。1977年9月捐赠给修水秋收起义馆。

　　CCP旗　红色粗棉布质，CCP图案系由毛笔书写，旗高25厘米，宽35厘米。1926年中共修水县第二区（今大桥镇）秘密发展中共党员时使用。原由该区组织委员樊万祥保存，樊于1933年牺牲后，由当地党员保存。1977年捐献给修水秋收起义馆。

　　丝茅剑　钢质，长120厘米。此剑系1855年（咸丰五年）10月，太平天国翼王石达开率部从湖北通城进入修水，与清兵刘开泰激战于渣津小斗岭，附近农民参加了这一战斗。上衫乡下衫村农民朱至贵从故军手中夺得此剑，1927年朱至贵的孙子朱佑清持此剑参加秋收暴动。朱佑清于1933年牺牲后，此剑由其胞弟朱再清珍藏。1977年将此剑捐献给修水秋收起义馆。

　　湖南工农兵苏维埃政府布告　纸质，石印文字，幅度60×80厘米。1930年8月红三军团攻克长沙后建立了第一个省苏维埃红色政权。该布告由省苏维埃政府发布，因江西修水与湖南平江相邻，革命战争时期相互协作，共同对敌，因而湖南的许多革命情报常传入修水。此布告由当时修水县第三区苏维埃政府文书姚南轩保存，1977年4月由其子姚儒国捐献给修水秋收起义馆。

　　青花瓷盖碗　瓷质青花，碗口直径16厘米，有盖。碗

红十六军第九师使用的茶碗

腹绘有花草和"工农专政"字样。系土地革命战争时期修水县古市瓷厂生产。1932年8月，中共修水县委、县苏维埃撤离驻地渣津时，赠送给当地店前村农会干部万宝廷。后为修水秋收起义馆收藏。

青花瓷碗　瓷质青花，系修水石门瓷厂于1931年生产，用于发给红军第十六军第九师官兵作茶饮用。修水路口乡农民丁来龙于同年参加红军救护队，红军一伤员在其家养伤，伤愈归队时将此碗赠给丁家。1977年9月，丁来龙的儿子丁彦福捐献给修水秋收起义馆。

奖章　银质。1933年5月，红十六军第九师尖刀排在修水全丰与国民党新十师的一个排激战，全歼该敌。红军战士王振标英勇善战缴获轻机枪一挺、子弹千余发，自己身负重伤。为表彰王振标的英雄事迹，湘鄂赣省苏维埃奖给他银质"光荣"奖章一枚。王振标身负重伤后在商平江（修水全丰苏区村人）家养伤，王振标归队时将奖章赠送给商平江留作纪念。1977年8月，商平江将这枚奖章捐赠给修水秋收起义馆收藏。

[藏品保护]　（1）所有文物统一定级建帐，专人专管；（2）库藏文物分门别类珍藏在专制的小盒子内，放入铝合金橱柜，外加锁；（3）库藏纸品类文献资料采用药物防止虫蛀；（4）展出文物逐件用密封玻璃柜放置并加暗锁；（5）展厅、文物库房设置了自动报警装置；（6）整个纪念馆（含库房、旧址）装配有化学消防、自来水消防设施以及装配有应急灯。

宣传教育

[编辑出版]　①1976年12月，由中共修水县委宣传秋收起义领导小组办公室编辑印制了秋收起义有关史料和访问有关将帅笔录《秋收起义在修水的革命活动》一书

（油印本）。另外，刘烈根写作了《金秋狂飚》等文章发表于有关报刊。②1997年9月，为纪念秋收起义70周年，编辑出版《京九文化报》纪念秋收起义70周年专号一期，对开8版。③2007年9月，编辑出版大型彩色画册《秋收起义在修水》，封面题词：肖克。同时，另行印制了宣传折页。④由中央电视台军事节目中心和中共修水县委、县人民政府联合摄制的六集电视文献片（片长150分钟）经中央重大理论文献影视片创作领导小组批准（宣发准字[2007]15号），于2007年9月24日至30日在央视7套播出，并由中国人民解放军音像出版社出版发行。

[大型专题演出]　①1977年9月，由修水县专业剧团创作演出反映湘赣边界秋收起义的大型革命现代戏剧《幕阜惊雷》，该剧在湘赣边界县市演出，并获九江地区专业戏剧创作一等奖。②1987年9月9日，由中共修水县委宣传部和县文化广播局承办，由县直单位480余人参加演出《纪念秋收起义60周年文艺专场》演出。③1997年9月9日，由中共修水县委宣传部和县文化广播电视局承办，邀请江西省歌舞团演员和县直专业、业余演员联合演出大型歌舞《秋收起义光耀千秋——纪念秋收起义70周年》。④2007年9月9日，由中共修水县委宣传部和县文化广播电视局联合承办，由县专业和业余演员演出大型歌舞专场《军旗飘飘》。

[纪念活动]　①1987年9月9日，由中共修水县委、县人民政府主办，省、市宣传文化主管部门领导出席，在修水县影剧院举办了秋收起义60周年纪念大会，县直单位领导、各界代表共2000余人参加。②1997年9月9日，由中共修水县委、县人民政府主办，省、市宣传文化主管部门领导出席，县直单位和各界代表参加，共2000余人在修水县影剧院举行了秋收起义70周年纪念大会。③2001年9月9日，由中共修水县委、县人民政府主办，省、市宣传文化主管部门有关领导及各界代表500余人参加，在修水秋馆门前举行了秋收起义纪念馆被授予全国爱国主义教育示范基地和江西省爱国主义教育基地揭牌仪式。④2007年5月9日，由中央电视台军事节目中心与中共修水县委、县人民政府联合主办，在修水秋馆大楼前举行了六集电视文献片《秋收起义》开机仪式。中央电视台军事节目中心、南京军区、江西省军区、省委宣传部、省文化厅、九江市委、市人民政府、九江军分区、九江市文化局领导和修水县领导以及县直部门负责人及离退干部代表、各界人士1000余人出席仪式。⑤2007年9月9日，由中共修水县委、县人民政府主办，省、市党政军领导、驻港部队步兵旅领导和罗荣桓等10余名将帅后代参加，在秋收起义修水纪念馆大楼

前举行了秋收起义纪念馆第三次改版复馆仪式。⑥2007年9月9日，由中共修水县委、县人民政府主办，省、市党政领导、驻港部队步兵旅领导和罗荣桓等10余名将帅后代出席，县直机关20000余人参加，在修水县城中心广场举行了秋收起义80周年纪念大会。

[学术和有关交流]　①1987年9月，由中共修水县委宣传部、县委党史办、县文化广播电视局联合承办了纪念秋收起义60周年学术研讨会，收到论文30余篇。②1997年9月，由中共修水县委宣传部、县委党史办、县文化广播电视局与九江师专联合承办，邀请省内党史办、大专院校教授、周边县市党史工作者参加，在修水举办了纪念秋收起义70周年学术研讨会。来自省市党史专家学者及党史工作者参加会议，共收集论文50余篇。③2007年5月，中共修水县委副书记、县人民政府县长李晨峰率队赴香港，对驻港部队作学术性访问（驻港部队步兵旅由"红一团"部分官兵组成，"红一团"的前身是工农革命军第一军第一师第一团，第一团最初组建地是修水县）。李晨峰向驻港部队赠送了工农革命军第一军第一师军旗（复制品），驻港部队向修水县回赠了纪念牌。④2007年9月，由中共修水县委、中共九江市委党史研究室主办，中共修水县委宣传部、县委党史办承办，邀请中央党史研究室、中央文献研究室、中国人民解放军军事科学院、省委党史研究室等单位30余名专家学者参加，在修水举办了纪念秋收起义80周年学术研讨会，收到论文30余篇。⑤2007年12月，周恩来侄儿周秉钧、彭德怀侄女彭钢、任弼时女儿远征、谭震林女儿谭后远、徐海东女儿徐文慧、黄克诚女儿黄晴等17名将帅后代和亲属来修水进行学术调研活动。

经营管理

[单位性质]　全民所有制事业单位

[经费来源]　地方财政全额拨款

[人员编制、组成]　10人。馆长1人、副馆长1人、资料员3人、讲解员3人、保安内勤2人。

[观众接待]　年接待观众30000余人次。

参观指南

[地址]　江西省修水县城凤凰山路136号

[邮编]　332400

[电话]　0792-7221414

[传真]　0792-7221414

[开放时间]　8:30—12:00，14:30—18:00

[票价]　免费

（撰文：秋收起义修水纪念馆）

秋收起义铜鼓纪念馆

Tonggu Memorial Hall for the Autumn Harvest Uprising

概述

类型　社会科学类历史专题博物馆

隶属关系　隶属于铜鼓县文化局

创建时间　1976年

正式开馆时间　1977年9月

所在位置　工农革命第一军第一师第三团团部——前敌委员会旧址旁

面积　5000平方米

建筑结构　砖混三层结构。

历史沿革　1994年12月成立铜鼓县博物馆。与秋收起义铜鼓纪念馆两馆合署办公，一套人马。2007年铜鼓县人民政府投资300余万元，对展览大厅内的陈列进行了更新改造和外部建筑维修，9月11日重新对外开放。

历任馆长　邓新如、何伍生、刘兆江、宋琪加、王现国、易军、张淑英。

业务活动

基本陈列　秋收起义专题陈列，分五个部分：第一部分，军旗猎猎。主要介绍铜鼓成为湘赣边秋收起义策源地之一的历史背景。第二部分，沙洲阅兵。主要介绍毛泽东亲自领导三团和铜鼓人民举行秋收起义的光辉历程。第三

1.秋收起义铜鼓纪念馆全景　2.湘赣边界秋收起义基本陈列序厅

部分，排埠思索。主要介绍起义受挫后毛泽东率三团回师铜鼓排埠，在这里思索部队前进的方向。第四部分，引兵井冈。主要介绍工农革命军第一、二、三团在浏阳文家市胜利会师，毛泽东率领部队到达井冈山，创建了一块农村革命根据地，指明了中国革命的航向。第五部分，星火燎原。主要介绍了这支由毛泽东从秋收起义中带出来的经三湾改编后的革命军队，参加了中国革命武装斗争的全过程，为中国人民的解放和社会主义建设立下的不朽功勋。展厅采用现代科技手段，集声、光、电、雕塑、绘画、图片、大型复原场景及实物陈列为一体，展出珍贵文物百余件。

专题陈列　结合当前形势及重大纪念日不定期举办各种临时展览。如：《纪念毛泽东同志诞辰110周年图片展》、《香港回归图片展》、《崇尚科学、破除迷信图片展》、《铜鼓县改革开放三十年成果展》、《铜鼓县特色教育成果展》等等。

藏品管理

［藏品统计］　铜鼓县博物馆、秋收起义铜鼓纪念馆有馆藏文物15329件。其中一级9件，二级75件，三级659件，一般文物14476件，待处理文物110件；其中革命文物1569件，并已建档建卡，报送上级业务主管部门备案。

［重要藏品］　**水桶**　1927年9月11日，毛泽东亲自领导秋收起义部队——第一军第一师第三团，从铜鼓桥头大沙洲出发，途经石桥，直攻白沙。宣传员沿途书写标语，作宣传，群众扶老携幼，赶来迎送，把一碗碗稀饭送到战士手里，端来最好的山泉茶给战士解渴。这担水桶就是上庄农民曾月梅为三团部队送茶用过的，它凝结着军民鱼水深情。水桶高58厘米，直径30厘米。1978年曾月梅捐献出来。

马灯　这盏马灯的主人叫李承清，是当年参加秋收起义驻铜鼓的浏阳工农义勇队的一名战士。部队进驻铜鼓前，曾派他和佘希询两同志到铜鼓来招募新兵、扩充部队。白天，他们在招募处慷慨演讲；晚上，提着这盏马灯走家串户，宣传土地革命，动员青壮年参军。

军徽　中华人民共和国成立后，红一团先后参加了抗美援朝作战，"79"南疆自卫还击战，"98"抗洪抢险战斗，谱写了一曲曲英雄凯歌，为保卫祖国，维护国家的和平与稳定作出了杰出的贡献。1992年，这支优秀的人民军队抽调一部分部队组建驻港步兵旅，为保卫香港繁荣稳定，书写了新历史篇章。2007年7月，该军徽由驻港部队步兵旅赠送。

银元　1927年9月9日，毛泽东在中共浏阳县委书记潘心源的护送下，由浏阳义勇军刘建中和周克明负责带路，

水桶

马灯

银元

从安源出发，奔赴铜鼓，亲自领导湘赣边秋收起义。一路上日夜兼程，在进入浏阳、铜鼓边界张坊镇双溪的一个小山村时，被一帮团防队员扣留，在押往团防局的途中，毛泽东急中生智，猛然抓出一把银圆往前一甩，团丁开始一愣，继而听见"铛"的落地声，才知道是银圆洒地，忙跑去捡。毛泽东机智脱险，留下一段"一脚踏两省，四圆定乾坤"的传奇故事。

宣传教育　长期以来，秋收起义铜鼓纪念馆先后独著或参与合著了《秋收起义在江西》、《铜鼓人民革命史

料》、《铜鼓县苏区革命标语录》等书籍。各级报刊发表研究文章三十多余篇。2006年配合由八一电影制片厂、中共江西省委对外宣传办公室、中共宜春市委宣传部、中共铜鼓县委、县人民政府等几家联合拍摄了以秋收起义为历史背景的电影《红旗飘飘》，并已在中央电视台电影频道播放。

秋收起义铜鼓纪念馆自开馆以来，坚持全年365天开放日，并制作专题小版面到乡、村、学校、军营、企业单位巡回展览。发邀请函到邻县邀请参观。2001年6月秋收起义铜鼓纪念馆被中共中央宣传部命名为"全国爱国主义教育示范基地"。2008年1月正式向社会实行免费开放。

经营管理

　　[单位性质]　国营事业单位

　　[经费来源]　财政拨款

　　[人员编制、组成]　10人。大专以上学历4人，具有专业技术职称4人。

　　[观众接待]　年接待观众10万余人次

参观指南

　　[地址]　江西省铜鼓县定江东路487号

　　[邮编]　336200

　　[电话]　0795-8722055

　　[传真]　0795-8722419

　　[电子信箱]　tgflyhigh@yahoo.com.cn

　　[开放时间]　8:00－12:00，14:30－17:00

　　[票价]　免费

（撰文：张淑英）

信丰县博物馆

Xingfeng Prefectural Museum

概述

　　类型　社会科学类历史专题博物馆

　　隶属关系　隶属于信丰县文化局

　　创建时间　1991年4月

　　正式开馆时间　1991年6月1日

　　所在位置　信丰县阳明南路圣塔广场内

　　面积　1.14万平方米（含圣塔广场）

　　建筑、布局　三层砖混建筑结构，仿古建筑风格。一层为办公用房、会议室，二层为文物库房和值班室，三层为办公室，总建筑面积621.38平方米。办公楼的东面为展览区，展区为一层砖混建筑结构，外型呈古玉砚型，内设

1.博物馆办公楼　2.博物馆展区

两个展厅，总建筑面积1099.5平方米。博物馆展厅坐东北艮卦，向西南坤卦，呈古玉砚型，合八运生机，面宽，进深采用地母卦，层高，出檐合天父卦，符合古建筑的"生入克出"法则。

　　历史沿革　信丰县博物馆由上世纪70年代初期的"信丰县宣传毛主席革命实践活动陈列馆"沿革而来。"信丰县宣传毛主席革命实践活动陈列馆"成立于1970年，当时该馆不仅承担搜集整理毛泽东在国内革命战争时期在信丰从事革命活动的珍贵史料，同时还承担历史文物的搜集、整理和保护工作。1977年7月更名为"信丰县革命历史纪念馆"，1983年4月又更名为"赣粤边三年游击战争纪念馆"，继续承担着革命文物、史料和历史文物的搜集、整理和保护工作，办公地点设在"毛泽东旧居"。现在信丰县博物馆的大部分藏品就是那个时期征集过来的。

　　随着社会事业的不断发展，1991年4月创建了信丰县博物馆。"赣粤边三年游击战争纪念馆"的人财物全部移交给了"信丰县博物馆"。信丰县博物馆在创建初期条件十分简陋，编制只有4人。只有二间不足16平方米的瓦房作为办公用房，库房和职工宿舍挤在一起。1993年县政府将信丰县纺织厂划拨给信丰县博物馆，并拨款30多万元建设二

层400平方米砖混结构的展厅，使博物馆的范围扩展近1000平方米。1997年7月，信丰县博物馆把《赣粤边三年游击战争展》作为该馆的基本陈列，投入10万多元筹划了"赣粤边三年游击战争纪念馆"。展示珍贵图片100多祯，文物20余件，重要文献史料10万余字，陈列面积200平方米。随着信丰县旧城改造，2003年至2005年信丰县人民政府投资300多万元，对信丰县博物馆进行重新规划设计，建起了较高档次的办公楼、文物库房、展厅和圣塔广场，博物馆的面积扩展到1万多平方米，成为江西省屈指可数的县级博物馆。

信丰县博物馆现还负责管理县内全国重点文物保护单位1处，省级文物保护单位2处，县级文物保护单位4处。

历任馆长　陈福兴（1991.4～1996.3）；吴金（1996.4～1997.8）；李建新（1997.9～2001.12）；刘礼福（2002.1～2005.5）；何启玉（2005.5至今）。

业务活动

基本陈列　《赣粤边三年游击战争》　共分四个部分：即重大战略转变，红军、游击队的反"清剿"斗争，艰难困苦的游击生活，下山谈判、开赴前线。

藏品管理

[藏品来源]　主要来源于野外采集、有偿购买、接受各类捐赠等。

[藏品类别]　各历史时期的革命和历史类实物。

[藏品统计]　共收藏革命和历史类文物285件，二级品11件，三级品80件。

[重要藏品]　民国王赞斌赠"赣南军民联合第二次运动会径赛冠军"奖品双立耳三兽足铜炉　铜质，高54厘米，盘口长颈，三兽足，双立耳，腹部有印纹和线刻的花鸟鱼、竹等印级，腹部正面线刻"捷足先登，王赞斌敬赠"等铭文，竖足腿有圆球。

1938年陆军新编第四军刘乐让抗敌布臂章　布质，长9.5厘米，宽6.5厘米，白底，长方形，正面蓝色，上有军人持枪图案，右角下方印有"抗敌"二字，背面印有"陆军新编第四军，尽忠职务，严守纪律，实行主义，完成革命，中华民国二十七度，佩用"字体，姓名刘乐让，编号为墨笔填写。

1934年《火线上的一年》　纸质，长18.5厘米，宽13.5厘米，长方形，筒版竖排，本书系中央红军在1933年7月到1934年7月战斗胜利纪实，其中尚有中央革命军事委员会命令，内容是为表彰五次战役中有特殊战绩的指战员在1934年"八一"颁发红星奖章，附火线上的英雄名单。

第二次国内革命战争时间《庆祝赣西南暴动胜利成立全

双立耳三兽足铜炉

1938年陆军新编第四军刘乐让抗敌布臂章

1934年《火线上的一年》

第二次国内革命战争时间《庆祝赣西南暴动胜利成立全省工农兵苏维埃政府群众大会通电》

省工农兵苏维埃政府群众大会通电》　毛边纸，长方形，长36.5厘米，宽30厘米，全文蜡刻油印，竖排，通电分析了当时国际国内形势，展示了工军革命运动的高涨和红军第一、二、三军团的胜利，号召全体工农兵团结起来，实行工农专政，打到南昌、九江会师武汉，实现世界大同。

科学研究　为了抢救革命史料，弘扬老区革命文化，存史于后人，1998年李建新馆长与他人合作编撰出版了《赣粤边三年游击战争革命文化史料汇编》一书。该书记录了赣粤边三年游击战争期间惊心动魄的历史，汇集了从1934年6月至1938年2月间，中共中央、苏区中央分局、中华苏维埃共和国中央办事处、中共赣粤边特委、赣粤边游击队发布的重要历史文献、重要讲话、下山谈判的史料和革命文艺作品等。

经营管理

[单位性质]　国营事业单位

[经费来源]　财政拨款

[人员编制]　现有人员编制5人

[服务观众项目]　开放大圣寺塔

[观众接待]　年接待观众1万多人次

参观指南

[地址]　信丰县阳明中路圣塔广场内

[邮编]　341600

[电话]　0797-3302565

[传真]　0797-3308796

[电子信箱]　xfbwg@126.com

[开放时间]　8:00－17:30（夏季18:00）

[票价]　成人6元/人，儿童3元/人。

（撰文：信丰县博物馆）

泰和县博物馆

Taihe Prefectural Museum

概述

类型　地方综合性博物馆

隶属关系　隶属于泰和县文化广播电视局

正式开馆时间　1993年9月

所在位置　泰和县文化宫西侧

面积　1758平方米

历史沿革　1953年泰和县成立泰和县文化馆，内设文物科。1993年9月，泰和县委、县政府把文物科从文化馆中单列出来，批准成立泰和县博物馆，为股级事业单位。

1994年8月升格为副科级事业单位，并把县文化宫西侧一至三楼划归县博物馆使用至今。

泰和县博物馆属县级综合性博物馆，主要有三大功能，一是收藏并保护全县现存的历史文物，二是研究发掘全县悠久的历史文化，三是通过陈列展览的形式，向观众提供泰和县各种历史资料和信息，达到宣传教育的目的。

历任馆长　王联兰（1993.9～1997.4）；肖用桁（1997.4至今）。

业务活动

基本陈列　《泰和县历史沿革》　内容：从周朝～中华人民共和国成立之间千百年来朝代更迭隶属关系及泰和县名称的演变。

《江西第一汉城——白口城》发掘成果展　内容：白口城是泰和县境内一处古城址，为江南保存最好的汉——晋时期古城遗址，据考证，确认为庐陵文化发源地，2006年6月被国务院公布为全国重点文物保护单位。布展面积近500平方米，展出实物108件。其中有石锛、陶纺轮、网坠、板瓦、瓦当、筒瓦、盘形鼎、钵、罐、窑炉风管等及盘口壶、青瓷生活用器，"货泉五铢"、"大泉五十"铭纹砖等。

1.泰和县博物馆　2.城址陈列展厅一角

《泰和历史名人碑刻》展　内容：泰和县博物馆收藏、发掘的碑刻共14件。其中有明代五朝元老杨士奇亲笔题写的像赞，明朝兵部尚书郭子章撰并书的《太虚观净圣堂二长明灯田碑记》，黄庭坚手迹的《御制戒石铭》等。

藏品管理

[藏品来源]　主要来源于野外采集、考古发掘、公安、工商部门收缴并移交和征集等。

[藏品类别]　泰和县各历史时期的各种实物。

[藏品统计]　共收藏文物5323件，其中国家二级文物6件，三级文物91件。

[重要藏品]　郭子章撰书《太虚观净圣堂二长明灯田碑记》碑　碑文记述了郭子章致仕还乡后先后建造了净圣堂和太虚观，并仿照白马庵的经验，倡导捐资置田，田

租收入供太虚观和净圣堂日常开销，并使净圣堂与太虚观的灯火能够真正长明不息，并引用《易经》、《孟子》诸经典著述，阐发了灯的重要性，以及置田收租的必要性和操作思路。

王直奉天诰命并杨士奇题词碑　明代刊刻的代宗皇帝褒扬并诰封王直为光禄大夫的诰命碑，中间嵌刻了杨士奇的题词。一方二块，该组碑对于研究明朝的典章制度和书法艺术，泰和地方史具有较高的价值。

黄庭坚《御制戒石铭》碑　清光绪壬午年（1882），陈凤翔任泰和县丞时，"适邑人重修快阁"，于是找到黄庭坚所书戒石铭刻本，重刻入石，置于快阁。碑刻现状完好，字迹清晰可拓，该碑的保存对研究黄庭坚书法和宋初吏制提供了珍贵的实物资料。

科学研究　泰和县博物馆自成立以来，大力挖掘泰和历史文化遗产，整理充实泰和县历史名人传记资料，取得显著成果。2007年11月江西人民出版社出版肖用桁编著的《泰和历史名人》。

交流合作　多次从江西省博物馆和兄弟县市引进展览进行宣传教育。

经营管理

[单位性质]　国营事业单位

[经费来源]　财政拨款

[机构设置]　设立了泰和县文物管理委员会（县政府分管副县长任主任，文化广播电视、公安、国土、城建等八部门主要领导为成员），下设办公室于县博物馆内。办公室主任由博物馆馆长兼任，博物馆另设有办公室、保卫科、业务科三个科室。

[人员编制、组成]　博物馆共有工作人员8人，其中大专以上文化程度4人，初级以上职称6人，专业技术人员6人（包括非文博专业3人）。

[观众接待]　年接待观众2万人

参观指南

[地址]　江西省泰和县工农兵大道110号

[邮编]　343700

[电话]　0796-5335010

[传真]　0796-5324972

[电子信箱]　Zhoujianping999.hi@163.com

[开放时间]　周一至周五，8:30—17:00

[票价]　免费

（撰文：彭飞）

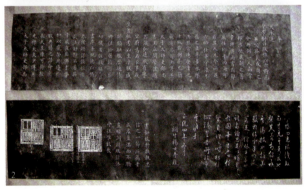

1.郭子章撰书《太虚观净圣堂二长明灯田碑记》碑　2.王直奉天诰命并杨士奇题词碑　3.黄庭坚《御制戒石铭》碑

都昌县博物馆

Duchang Prefectural Museum

概述

类型　社会科学类文物专题博物馆

隶属关系　隶属于都昌县文化广播电视局

创建时间　1981年

正式开馆时间　1985年1月

所在位置　都昌县南山风景区内

都昌县博物馆大门

面积　400平方米

建筑、布局　歇山顶仿古建筑，主体建筑单一大方，布局合理，除主体建筑外，还配有600平方米的休闲场地。

历史沿革　1981年12月成立都昌县文物管理所，负责保护和管理全县文物，并对都昌南山景区内尚存的文物古迹进行修缮。1983年10月动工兴建博物馆，1985年1月博物馆竣工。1985年4月都昌县文物管理所易名为都昌县博物馆。

历任馆长　曹俊伦（1981.12～1995.12）；段碧霖（1996.1～1997.1）；魏金玲（1997.2至今）。

业务活动

基本陈列　《都昌县文物陈列》　陈列面积100平方米，展品150余件，主要以陶器和瓷器为主，为都昌出土和传世文物。通过陈列组合来表达都昌历史变迁以及社会发展的进程，以及勤劳智慧的都昌人民在景德镇瓷业发展中所作出的贡献和取得的成就。陈列采用系统分类与景观陈列法相结合的方式。重要展品有青花蝴蝶形果盘盒、兰滕王阁记描金瓶、堆塑刀马人物尊、窑变扁瓶、越窑青瓷碗等。

专题陈列　1986年主办《都昌县第一次文物普查成果展览》，1988年与景德镇博物馆合办了《明代女尸展览》，1990年与庐山博物馆合办了《十八罗汉图展览》，

1992年举办了《毛主席光辉一生图片展览》，1999年主办了《都昌小张家商代遗址成果展》，2004年主办了《都昌县第三次文物普查成果展》，2006年与都昌县文联合办了《全国首届鄱阳湖杯书法获奖作品展》，现阶段专题陈列为《南宋爱国丞相江万里事迹展览》。专题陈列面积为200平方米。

藏品管理

[藏品来源]　主要来源于考古发掘、田野采集、社会调查征集、接受捐赠和收购。

[藏品类别]　主要分陶器、瓷器、铜器、石质、竹

都昌县博物馆展厅

木漆器。

[藏品统计]　藏品总数为1056件，其中陶器98件、瓷器732件、石质31件、铜器137件、竹木漆器4件、其他54件。

[重要藏品]　商周云雷纹陶罐　高19.5厘米，口径11.5厘米，最大腹径下部为18厘米，泥质灰陶，陶片呈红色，侈口、鼓腹，圆底，双耳，底略平，肩以下饰云雷纹，保存完整。为我国目前发掘年代最早陶器件。

商周　云雷纹陶罐

宋　影青镂空香薰

宋　影青镂空香薰　高10.8厘米，腹围10厘米，口径8.7厘米，球形，平底有釉，并有四支钉痕，盖为球形，镂雕卷枝菊花纹，盖与薰身为子母口套合，内外施影青釉，釉"吸烟"呈灰青色。是江西省目前同类中唯一最完整的一件。

考古发掘　1998年10月23日至11月27日，为了配合九景高速公路建设，江西省文物考古研究所、九江市博物馆、都昌县博物馆联合对位于北炎西南侧的小张家商代遗址进行抢救性发掘，揭露面积1050平方米，获得一批重要的遗迹和遗物。该遗址堆积均为商代文化遗存，文化堆的深度差异较大，大体上北厚南薄，最厚处2.5米左右，文化遗迹以灰坑为主，其它还有灰沟、房基、陶窑、墓葬。出土遗物以陶器为主，共出小件和复原器30件，小张家遗址所出土的原始瓷塑牛，形象逼真，这是江西境内所出最早的陶塑。

宣传教育　编辑出版了《都昌县文物资料汇编》、《都昌县文物志》、《都昌古桥梁》。

交流合作　1995年都昌县博物馆馆藏文物宋代影青镂空香薰随同景德镇五代至明朝官窑瓷珍品，在日本东京、热海等地交流展出，并由日本大阪市东洋陶瓷美术馆编入《皇帝的瓷器》一书。

经营管理

[单位性质]　国营事业单位

[经费来源]　财政拨款

[机构设置]　下设办公室、陈列组、保卫组、业务组、后勤组。

[人员编制、组成]　14人。行政人员3人，有中级职称2人，初级职称5人，技工人员4人。

参观指南

[地址]　江西省都昌县城东湖2路3号

[邮编]　332600

[电话]　0792-5223484

[开放时间]　全年开放，8:00－17:00

[票价]　免费

（撰文：曹正茂）

高安市博物馆
Gaoan Municipal Museum

概述

类型　地方综合性博物馆

隶属关系　隶属于高安市文化局

创建时间　1968年

正式开馆时间　1977年8月

所在位置　高安市城南路与筠泉路交叉口

面积　2136.51平方米

建筑、布局　主要建筑为钢筋混凝土结构的三层楼房，T字型，落地窗，面积为1300平方米，附属设施有文物仓库、办公用房、宿舍、门面房等共2000多平方米。

历史沿革　高安市博物馆始建于1968年10月，初名"高安县阶级教育展览馆"，1969年称"高安县革委会宣传毛主席伟大革命活动领导小组办公室"，1970年更名为"毛主席在高安革命活动陈列馆"，1974年改称"高安县革命历史纪念馆"，1974年10月高安县革命历史纪念馆破土动工，1976年底竣工。1980年正式定名"高安县博物馆"，1993年改名"高安市博物馆"。2002年馆舍经专业部门鉴定为CU级危房。为了适应高安市文博事业又好又快的发展，2007年高安市委、政府已将新馆建设列入重

高安市博物馆

点工程建设，总投资1200万元左右，该项目已列入国家"十一五"创救性文物基础设施建设项目，目前已完成项目可研和选址及600万元资金筹措。1985年，高安县博物馆被评为全国文物博物馆系统先进单位，荣获文化部颁发的奖牌，奖金1500元。2006年国家文物局公布高安市博物馆为全国重点博物馆，2007年高安市被文化部、国家文物局评为"全国文物工作先进县"。截止目前，高安市博物馆连年被评为省、市、县（市）各级先进单位和文明单位荣誉称号以及荣立集体三等功等。

高安市博物馆的创始人刘裕黑，利用馆藏"元代窖藏青花釉里红瓷器"优势，先后多次组织或参与元代青花釉里红瓷器研讨会，进一步推动了国内外元青花、釉里红瓷器的研究，尤其在鉴定真假方面刘金成馆长有其独到的鉴定方法及见解。

历任馆长 刘裕黑（1968～1979.8 负责人）；刘裕黑（1979～1982.7 副馆长主持全面工作）；刘裕黑（1982.8～1988.8）；陈行一（1989.3～1992.3）；杨道以（1992.1～2001.10）；刘金成（2001.12至今）。

业务活动

基本陈列 《高安历史文物展》 根据高安地方历史的特点，按照朝代的顺序，选取具有代表性的古文化遗址和各朝代的典型文物，着重介绍了自新石器时代野外期直至清末，勤劳勇敢的先辈们就在高安这块土地上休养生息，以及高安的历史和政治、经济、文化发展的面貌，反映了高安悠久的历史和光辉灿烂的文化。陈列面积为300平方米，展出藏品200件。

《高安革命历史陈列展览》 利用市级文物保护单位毛主席旧居，对广大市民和青少年进行爱国主义教育，在其内部进行陈列。共分两部分：一是"毛泽东同志在高安革命活动"，主要介绍了毛泽东、朱德率红一军团在高安革命活动；二是"高安革命烈士展览"，主要展出从解放战争、抗美援朝和对越自卫反击战以来牺牲的革命烈士事迹整个展览面积200多平方米，展览丰富，内容详实。

《高安元瓷精品展》 展示了轰动国内外的江西高安元代窖藏精品文物。

1980年11月19日，在高安城内发现了元代窖藏文物，共出土文物245件，其中元代古瓷239件，包括国内5个窑口的器物，尤其是景德镇窑生产的23件青花、釉里红瓷属世界之罕见的元瓷珍品。这批器物瓷质精良，工艺精致，造型优美，器型之大，品种较全，数量之多。其数量在世界各大博物馆排名第三，一直为国内外文博界所瞩目。部分

精品先后在北京、上海、香港、佛山等地，罗马尼亚、加拿大、法国等国展出。2005～2006年部分元代窖藏文物再次参加"中法"文化交流年展览；在日本参加景德镇千年古陶瓷展览，赴青岛博物馆参加国际啤酒节展览，及千年景德镇国际陶瓷艺术节展。

《大观楼陈列展》 高安大观楼始建于唐高祖武德年间，初为府城谯楼，是高安人心目的风水宝地和吉祥之物。由于战乱和自然灾害的因素，曾多次被毁和重修。最后一次重建于2000年12月1日动工至2002年12月竣工，历时二年。现为钢筋混泥土清代仿古建筑，高21.99米，宽16米，长65米，是新世纪高安的城标。里面陈列了"大观楼的由来和大观楼记""楹联""苏阁""大观楼模型"等内容，囊括了高安的历史、文化、人文景观、经济发展和变迁。

专题陈列 自建馆以来先后举办联展和引进了《红太阳照亮了高安》、《高安县阶级教育展》、《毛主席在高安革命活动陈列》、《高安县阶级斗争教育展览》、《周总理纪念展览》、《刘少奇同志纪念展览》、《朱德、彭德怀、贺龙、陈毅、罗荣恒五帅光辉业绩展览》、《红军长征胜利四十周年展览》、《孔繁森事迹展览》、《高安市建国四十五周年成果展》、《祖国英烈，人民功勋图片展》、《两史一情教育图片展》、《历史不容忘记——纪念抗战胜利五十周年展览》、《忆香港庆回归图片展》、《澳门回归图片展》、《珍爱生命拒绝毒品图片展》、《崇尚科学文明，反对封建愚昧图片展》、《海洋生物标本展》、《人民的好税官——肖张生事迹展》、《台湾风光展览》、《宜春地区移风易俗展览》、《党在心中》、《爱我中华、振兴高安》、《全国特大案侦破成果展》、《森林百兽动物标本展》、《罗时记个人书法展》、《高安张灵、刘小平等六人书法展》、《改革开放高安经济建设成就展》、《蝴蝶标本展》、《江西省第四届青年书法获奖作品展》等近百余个大中型展览，受到广大观众一致好评。

藏品管理

[藏品来源] 主要来源于考古发掘、征集、捐赠、移交、调拨等。

[藏品统计] 共有馆藏文物7219件。其中：陶瓷器4492件、石玉器196件、铜铁器446件、金银器185件、木竹雕器75件、钱币印章1143件、书画善本251件、刺绣杂项26件、皮革牙骨器24件、玻璃器16件、文具19件、其他316件。

[重要藏品] 1980年，在高安城内发现的元代窖藏瓷器，驰名中外，其中不仅有景德镇生产的青花、釉里

元　釉里红开光花鸟纹罐

元　青花云龙纹兽耳盖罐

元　青花缠枝牡丹纹带盖梅瓶

元　釉里红彩斑堆塑螭纹高足转杯

红、青白釉和卵白釉等瓷器，在众多的名瓷中，尤以青花、釉里红瓷器堪称稀世珍品。这批窖藏元瓷以其数量之多、质量之精、种类之齐、组合之全，为中国陶瓷考古史所罕见，受到中外学者的关注。

1984～1987年间，在高安城附近发掘和清理了七星堆和郭家山两处大型古墓群，墓葬时代自春秋战国至宋元各代均有，出土文物既多又丰富，如：二椁一棺套置埋葬的战国木椁墓，保存完整，葬制奇特，文物丰富，为省内所少见，极大地丰富了馆藏。

2002年，对兰坊镇兰家水库出土的一座元代古墓进行了抢救性清理，出土8件元末瓷器、铜器、水晶饰物等珍贵文物，经专家鉴定：具有较高历史、艺术、科学研究价值、丰富了馆藏。其中水晶饰物填补了馆藏文物的空白。

釉里红开光花鸟纹罐　直口，圆肩，鼓腹下斜收，近底略外扬，浅圈足，无盖。此器颈部饰弦纹三道，肩部绘变体莲纹一周及双线菱形带纹一周。腹部主体纹是在四个对称的菱花开光内饰鹤穿菊纹、孔雀栖牡丹图案，四开光之间则饰对称三角灵芝云纹，腹下部和圈足处则各绘双线弦纹二道。

青花云龙纹兽耳盖罐　洗口，溜肩，鼓腹，浅圈足，肩部贴塑兽首衔环。盖有子口，饰莲苞盖钮。全器纹饰多达12层之多。器腹主体纹饰为两条云龙和缠枝牡丹，盖面、口沿和底足部的辅助纹饰则分别为杂宝、卷草、双体莲瓣、缠枝菊钱纹、回纹、旋纹等。

青花缠枝牡丹纹带盖梅瓶　小口，唇口平折，短颈，丰肩，圆鼓腹下收，矮圈足稍外扬，配覆杯型盖，中置宝珠钮，盖内置空心圆柱形管，合盖时不易晃动脱落。盖内壁及底均书"礼"字墨款。此器纹饰多达九层，肩腹部主题纹饰为如意披肩和缠枝牡丹纹，其他部位分别绘卷草、仰覆莲、锦地纹、弦纹等。

釉里红彩斑堆塑螭纹高足转杯　侈口，深腹，斜壁，高圈足，把柄呈竹节状，底沿外扩，置放平稳。杯把与杯底给合处为"公母榫"，可自由旋转。杯外壁下腹堆塑一蟠螭龙匍匐其上，惟妙惟肖。器内模印折枝梅、缠枝梅和回纹，口沿内外分别饰釉里红带状纹，外壁及底心洒有釉里红彩斑数块。施青白釉，釉色泛青，湿润光泽，釉里红呈暗红色。

［藏品保护］　1、添置了防盗防火设备，提高技术防范能力，加固了门窗，添置了现代化防盗报警设备，配备了电脑、监控录相设备，并和公安110联网，有效地控制了展厅、仓库、周边地段，做到了立体防范。

2、成立了保卫股，配备了三名专职保卫人员，购置了制服、警棍、手铐、对讲机和自卫设备。

3、制订了安全保卫实施细则和文物安全应急预案，层层签订了责任状，实行门卫24小时值班制。展厅值班、库房守夜。

4、建立了文物保管制度，定岗定员，定时巡查，藏品定位，帐、物分开，手续完备。

5、经常学习案例，警钟长鸣，常备不懈。

科学研究 高安市博物馆的全体员工都积极投入到科研队伍中，全体科研人员分别参加了全国性和省级学会组织。有：中国博物馆学会、中国考古学会、中国古陶瓷研究会、中国古外销陶瓷研究会、中国地方史志协会、中国农民战争史研究会、中国音韵学研究会、中国古越民族史研究会、江西省历史学会、江西省党史学会、中国美术家协会江西分会、江西省图书馆学会、江西省博物馆学会、江西省考古学会、江西省古钱币学会、江西省旅游学会等。并有多人分别担任省博物馆学会主席团成员、理事、省考古学会理事等。

高安市博物馆为广泛开展科研活动，为各科室配置了电脑、打印机、传真机、订购了各种业务杂志和业务工具书等，为科研工作提供了一个很好的平台。

高安市博物馆的科研人员参加省级以上各种学术活动达50余人次，他们在学术讨论会上宣读论文，发表己见，百家争鸣，有些独辟蹊径的新见解获得专家学者的好评。利用高安元代青花、釉里红瓷器的优势，先后二次在高安召开中国元代青花、釉里红瓷器学术研讨会，探讨青花、釉里红瓷器的起因、发展、烧造、入藏和它的历史地位、对外贸易以及真假鉴别等诸多方面的问题。尤其是2007年由高安市博物馆组织的"中国高安元代窖藏青花、釉里红瓷器第二次学术研讨会"，把这一研究鉴定工作推向了一个新的高度。对元代青花、釉里红瓷器及元明清至民国仿复制品进行了深入的研究与探讨，他们围绕着博物馆学、考古学、文物学、历史学、党史学、地方史、古陶瓷等多方面大力开展科研活动，整理了资料二千多万字，写出文章600余篇，在各级报刊和各种学会上采用的有200余篇，荣获省、地社会科学优秀论文一、二、三等奖的有12余篇，编印了书刊《高安文博通讯》、《高安县博物馆论文选》；主编了《高安县文物志》、《高安县地名志》，协编了《高安县志》、《高安人民革命史》；参写了《中国历代名人名胜辞典》、《中国文物精华辞典》、《江西风景名胜辞典》、《中国文物地图集》等高安条目。2006年

出版了由刘金成馆长撰写的专著《高安元代窖藏瓷器》。

宣传教育 《高安文物志》出版发行 1991年7月1日，为隆重庆祝中国共产党成立70周年，举办了《高安县文物志》一书首发式。该书由百花洲文艺出版社出版发行，全书30万字，文物照片及图表400余幅，图文并茂，为江西省首部公开出版发行的县（市）级文物、博物专著。

《高安元代窖藏瓷器》一书出版发行 2006年5月，以中英文版编辑出版了专著《高安元代窖藏瓷器》并向国内外发行。该书全面系统地介绍了高安元代窖藏器物在国内外古陶瓷界的重要地位和影响，从其产生的年代，制作工艺，艺术特色等方面进行了阐明。图录相互结合，达到了图文并茂的效果，为广大读者更好地，更深地了解元瓷提供了第一手资料，进一步填补了高安元代窖藏自发现以来没有专著的空白。受到国内外专家、学者、读者一致好评，产生了良好的宣传和社会效益。

交流合作 纪念周德清诞辰710周年暨学术讨论会 由中国音韵学研究会、江西省语言学会、江西大学、江西师范大学和高安县人民政府联合举办的"纪念周德清诞辰710周年暨学术讨论会"于1987年10月15~19日在高安县城召开。参加会议的有来自全国23个省市的专家、学者、代表共计80余人，提交论文28篇（其中包括日本学者平山久雄2篇）。会议着重围绕周德清的主要贡献和《中原音韵》的成就等几个具体史实进行讨论、研究。会议开得圆满成功，标志着国内《中原音韵》研究的新水平。

首届中国古代青花瓷学术讨论会 由于高安出土了元代青花、釉里红瓷窖藏，这批稀世珍宝文物在国内外产生了重大影响，为了更好的对元代青花、釉里红瓷的研究，由中国古陶瓷研究会，江西省文化厅文物处，江西省博物馆、宜春地区文化局、高安县人民政府等十家联合举办的"中国古代青花瓷学术讨论会"于1990年4月4~7日在高安县城召开。参加会议的有来自全国各地20多个省市的130余名古陶瓷专家、学者。会议的中心议题以研究元代青花、釉里红等窖藏瓷器为主，进一步探讨青花瓷的起因，发展、烧造、入藏和它的历史地位，以及对外贸易等诸多面的问题。提交大会的论文有50多篇。著名古陶瓷专家冯先铭为大会作了专题学术报告。这次会议是我国建国以来之首次，是一次比较重要的学术讨论会。《江西文物》杂志编辑出版了《中国古代青花瓷学术讨论会论文集》，约30万字，中国古陶瓷研究会编辑出版了《中国古代青花瓷学术讨论会报道专刊》，约5万字。

中国高安元代窖藏青花、釉里红学术研讨会 为了把

高安元代青花、釉里红瓷的科研工作推向一个新的高度，由江西省高安市博物馆、景鸿堂有限公司赞助联合举办的"中国高安元代青花、釉里红瓷器第二次学术研讨会"于2007年11月10～11日在高安召开。到会的有来自全国各地的专家、学者和收藏家共90余人。研讨会期间，专家学者介绍了高安元代窖藏的出土情况以及景德镇元代青花窑址的调查研究成果，并现场演示仿品制作、解说仿品特征，与到会的收藏家一道对元代青花、釉里红瓷器以及元明清至民国仿复制品进行了深入的研究与探讨，进一步提高了认识。

在研讨过程中，与会专家学者和收藏家对目前国内外文博、学术研究和收藏界的现状进行了有针对性的分析和探讨，达成了五点共识：（一）开放的交流机制；（二）负责的学术良知；（三）谨慎的收藏心态；（四）必要的管理制度；（五）科学的鉴定方法。

《忆香港庆回归》图片展 高安市博物馆与广东佛山市博物馆联合举办的《忆香港庆回归》大型图片展览于1997年4月21日至7月15日在高安市博物馆开展，展览以300余幅黑白、彩色珍贵图片和资料，按"骨肉相连"、"百年屈辱"、"赤子之心"和"香港回港"四大部分，详实介绍了我国先民从新石器时代至鸦片战争前在香港地区繁衍生息的概况，鸦片战争中的中英贸易关系和二次中英鸦片战争及英国对香港的殖民统治；香港同胞对香港建设的贡献，对祖国的热爱以及祖国大陆对香港经济发展的重大支持；还介绍了邓小平关于香港问题的指示，中英联合声明的签署，基本法的诞生和海内外同胞对香港回归的向往。全部展览内容丰富，图片清晰，设计新颖，可视性强，是一部生动形象的近代史、活教材，更是进行爱国主义教育的极好材料，获得轰动效应，不仅在全市展出时观众踊跃，人流如潮，而且在全区各县（市）进行了巡展，普遍受到好评。地区有关领导评价这一展览是全区文博系统实施精品战略的一次有益尝试和重大突破，具有非同寻常的意义。还被推荐参加全国陈列展览精品评选。

赴法参展《燃烧的辉煌》 2004年5月13日，由巴黎中国文化中心主办，江西省文化厅、景德镇陶瓷博物馆、景德镇陶瓷考古研究所、高安市博物馆及中国国家博物馆协办的《燃烧的辉煌——12世纪至18世纪景德镇陶瓷精品展》在巴黎中国文化中心隆重开幕。法国总理拉法兰夫人和中国驻法大使赵进军等出席了展览开幕式和剪彩仪式。参加开幕式的还有各界人士300余人。展区面积为200平方米，共有展品60余件，高安有6件文物精品参展。受到法国各界人士的赞叹，并表示"有机会一定要到中国高安参观其他馆藏精品文物"。高安文物赴法展，进一步扩大了高安文物在国际上的声誉，推动了中法文化交流，也提升了江西、宜春乃至高安在国际上的知名度，为研究我国陶瓷史，特别是对研究元青花、釉里红瓷提供了非常宝贵的实物资料。

赴青岛《高安元代窖藏青花、釉里红瓷器精品展》 2006年8月8日至9月9日，高安市博物馆元代青花、釉里红窖藏瓷器赴青岛市博物馆参加国际啤酒节展览，并召开了学术研讨会，参加展览开幕式和学术研讨会的有来自全国各地的专家学者和收藏爱好者200余人。展区面积260平方米，共有展品28件（套），受到青岛及全同各地专家学者、参观者的好评和赞叹，增进了高安文物的对外交流，加深了博物馆之间的友谊，取得了良好的社会效益和经济效益。

经营管理

[单位性质] 国有事业单位

[经费来源] 财政全额拨款

[机构设置] 人秘股、文物股、群工股、保卫股等。还兼设了高安市文物保护管理委员会办公室。

[人员编制、组成] 全部为事业编制。全馆有工作人员23人。其中在编人员14人，借调1人，聘用8人。有干部10人，女员工12人。文化程度有本科4人、大专6人、中专1人。技术职称有副研究馆员1人、馆员5人、助理馆员4人、高级工3人。

[观众接待] 年接待观众3万人左右。

参观指南

[地址] 江西省高安市筠泉路1号

[邮编] 330800

[电话] 0795-5212378

[电子信箱] gabowuguan@163.com

[开放时间] 周一至周五

（撰文：高安市博物馆）

浮梁县博物馆

Fuliang Prefectural Museum

概述

类型 社会科学类文物专题博物馆

隶属关系 隶属于浮梁县文化广播电视局

创建时间 1996年

1.浮梁县博物馆正门　2.文物库房及办公楼

正式开馆时间　2000年6月18日

所在位置　江西省浮梁县朝阳中大道

面积　1000平方米

建筑、布局　融库房、展厅、办公为一体。属钢筋水泥砖混合结构，具有江南建筑风格。

历史沿革　因1960年浮梁县建制撤销，行政区域并入景德镇市，文物工作由景德镇市文化局直接管理，直至1988年11月，浮梁县建制恢复，1989年经浮编字[1989]第8号文件批复，成立了浮梁县博物馆、浮梁县文物保护管理所（与博物馆合署）。从此，浮梁县有了文物保护管理的专门机构，文物工作步入正常运转的正轨。

浮梁县复县之初，文物工作为空白，在馆长李新才带领下，经过全馆工作者十几年的努力奋斗，文物工作有了长足的发展，馆藏文物从无到有，博物馆事业从小到大，不断发展。该馆还履行着全县文物保护管理工作职能。目前，由博物馆（文管所）管理的各级文物保护单位、历史文化名镇（村）和遗产名录有36处，其中：全国重点文物保护单位1处，江西省重点文物保护单位3处，景德镇市文物保护单位7处，浮梁县文物保护单位20处。中国历史文化名镇1处，江西省历史文化名村3处，国家自然与文化遗产1处。另外，还承担着散存在民间200余幢古建筑的保护任务。

历任馆长　李新才（1994.5至今　县文管所所长兼）。

业务活动

基本陈列　展厅面积272平方米，因陈列设施不完善，所以暂未对外开放。

藏品管理

[藏品来源]　主要来源于司法部门移交、征集和考古出土。

[藏品类别]　以陶瓷标本为主，杂件少量。

[藏品统计]　现有藏品120件。

[藏品保护]　制定了安全管理制度，人员死守，设置了"三铁一器"，加强了安全防范。

宣传教育　为了宣传浮梁文物旅游，工作人员编辑出版了《江南第一衙——浮梁县署》、《浮梁衙署史话》、《浮梁衙匾额楹联鉴赏》；合编了《浮梁县志·浮梁文物志》、《景德镇市文物志·浮梁卷》。

经营管理

[单位性质]　国营事业单位

[经费来源]　财政拨款

[机构设置]　分设办公室、保管部、管理处三个部门

[人员编制]　编制2人，工作人员10人

[服务观众项目]　江西省文物保护单位红塔、县衙已辟为文物旅游景区，2005年被评为国家AAAA级旅游景区。

[观众接待]　年接待观众50万人次

参观指南

[地址]　江西省浮梁县朝阳中大道

[邮编]　333400

[电话]　0798-2627776

[传真]　0798-2627736

[开放时间]　红塔、县衙文物景区全日开放

[票价]　50元/人

（撰文：浮梁县博物馆）

陶渊明纪念馆
Tao Yuanming Memorial Hall

概述

类型　社会科学类名人专题博物馆

隶属关系　隶属于九江县文物旅游局

创建时间　1982年

正式开馆时间　1985年7月30日

所在位置　位于江西省庐山西麓陶渊明故里九江县县城沙河街东北隅，三面环山，一面临池，环境优雅。

面积　40亩

建筑、布局　砖木结构，四组厅堂以朱柱、回廊、石阶串接，平面呈"己"形布局，建筑外观与陶靖节祠风韵相仿，飞檐翘角，骆驼山墙，古朴典雅。体现了明清时江南民居风貌。大门上馆名"陶渊明纪念馆"为原人大副委员长许德珩所书。两侧楹联："浩歌传三经，傲菊自千秋"。

历史沿革　陶渊明（365～427）字元亮，亦名潜，号五柳先生，卒后友朋私谥"靖节"，世称靖节先生，浔阳柴桑（今江西省九江市）人，是我国晋宋时期最杰出的诗人、散文家、思想家，被尊为我国文学史上田园诗派第一人。

1982年，为纪念陶渊明创建陶渊明纪念馆，馆址设于陶靖节祠内。1984年，在县城沙河东郊蔡家洼兴建新馆舍，并将陶靖节祠拆迁，按原样重建于纪念馆旁。1985年7月30日陶渊明纪念馆建成正式对外开放。2005年，值陶渊明诞辰1640周年之际，九江县投资30余万对纪念馆进行了再次修葺。修复后的纪念馆分有陶渊明墓、陶靖节祠、归来亭、洗墨池、碑廊等景点。

历任馆长　曹惠民、张仁鑫、吕龙柱、卢晓林、李军、卢晓林、王义华。

业务活动

基本陈列　馆内陈列面积1200平方米，开辟了四个基本陈列：

《陶渊明生平事略陈列》　展出诗人生平业绩、活动路线、遗迹图片、大事年表等。

《渊明资料陈列》　历代各种版本的《陶渊明集》、中外专家学者陶学专著以及历代书画名家咏陶书画珍品等。

《九江县历史文物陈列》　展出本县上自商周下迄明清的历史文物精品，特别是魏晋南北朝的墓葬品。

陶靖节祠　又名陶渊明祠，原坐落面阳山陶渊明墓左前麓，今位于陶渊明纪念馆馆区内。始建于北宋宣和初

1.陶渊明纪念馆　2.陶靖节祠　3.归来亭

年，元末兵燹军民侵废为田，明正德八年（1513）恢复产业。嘉靖十二年（1533），九江知府马纪受巡按御史李循义檄令，拿出官银，命同知黄敏才督工重建。清乾隆元年（1736）和民国十年（1921）均有较大的修葺，1959年列为省级重点文物保护单位。今祠坐东北向西南，正脊高6.6米、面宽10.75、通深22.9米，面积约250平方米。砖木结构，抬梁式列架，骆驼式山墙；内分正堂和前厅两殿中隔天井两侧配有厢房，既有明清祠堂式建筑风格，又像古书院的建筑形式，简朴大方。正堂中间原置须弥座，上有神龛。现设放二米多高的陶渊明塑像，头戴漉酒巾，手持《山海经》。檐首悬挂清翰林刘延琛书"羲皇上人"、"望古遥集"。大门首有明嘉靖进士薛应旗题书的"陶靖节祠"石匾，大门两侧镶有陶氏后裔题书楹联"弃彭泽微官松翠菊黄琴书而外醉三斗，开田园诗派韵真词朴千万年来第一人"。展出有历代名人题书的匾额、对联等。

归来亭　此亭与石钟山的"归去亭"遥相呼应，亭柱上有赵孟頫书"云无心以出岫，鸟倦飞而知还"一联。陶渊明41岁时任彭泽令，因"不为五斗米折腰"而辞官，后返故里，隐居山林。此亭为纪念陶渊明而建。

陶渊明墓　坐落在江西九江县马回岭镇面阳山南坡。陶渊明逝世后，葬于南山脚下陶家墓地中。元末兵乱墓

1.祠堂正堂　2.陶渊明墓

坍，墓山他姓窃葬；明正德八年（1513）断复产业，重整坟茔；清乾隆元年（1736）、道光九年（1829）、民国十年（1921）和建国后均有较大修葺。1995年值陶渊明诞辰1630周年之际，为便于海内外学者游人观瞻、凭吊，九江县政府按其原貌复修了陶渊明墓系列工程，包括牌坊、神道、碑亭等纪念设施。通过上书"清风高节"的大理石牌坊，踏上63级石阶，这63级石阶象征着陶渊明的63个岁月，台阶尽头直抵陶渊明墓。墓碑由一大二小共三块碑石组成，正中一块楷书"晋征士陶公靖节先生之墓"，左边一块刻墓志，右边一块刻《归去来辞》。墓地四周苍松环抱，层林叠翠，环境清幽。

藏品管理

[藏品统计]　馆藏文物共计5362件，其中一级文物1件，二级文物18件，三级文物139件。

科学研究　1985年7月30日在陶渊明纪念馆召开了全国首届陶学研讨会。

经营管理

[单位性质]　国营事业单位

[经费来源]　财政拨款

[人员编制]　在编人员9人，其中在职国家干部1人，聘用国家干部2人，工勤人员6人（2名中级职称）。

[服务观众项目]　参观纪念馆陈列厅、陶靖节祠、陶渊明墓、归来亭、碑廊、菊圃、洗墨池等景区。

[观众接待]　年接待观众2.6万

参观指南

[地址]　江西省九江县县城公园路18号

[邮编]　332100

[电话]　0792-6813360

[传真]　0792-6810829

[电子信箱]　jxwyh19660915@163.com

[开放时间]　8:00－18:00

（撰文：陶渊明纪念馆）

黄庭坚纪念馆
Huang Tingjian Memorial Hall

概述

类型　社会科学类名人专题博物馆

隶属关系　隶属于修水县文化局

创建时间　1982年7月

正式开馆时间　1985年11月

所在位置　江西省修水县城南宁红大道1号

面积　45.29亩

建筑、布局　多为仿古建筑，有溪山自在楼、山谷祠、九曲廻廊、澄秋阁、顺济亭、冠云亭、一翠亭等多处独具地方特色的仿古建筑。

历史沿革　为纪念黄庭坚，1982年7月开始筹建，1985年11月建成开馆，正式对外开放。黄庭坚（1045～1105），字鲁直，号山谷道人，晚号涪翁，又称

1.纪念馆门楼　2.溪山自在楼　3.九曲廻廊

豫章黄先生，洪州分宁（今江西修水）人。北宋著名诗人、书法家、江西诗派始祖。擅文章、诗词，尤工书法。兼擅行、草书，楷法自成一家，为"宋四家"之一。早年受知于苏轼，与张耒、晁补之、秦观并称"苏门四学士"，诗与苏轼齐名，并称"苏黄"，有《豫章黄先生文集》。诗风奇崛瘦硬，力摈轻俗之习，开一代风气，在中国文学史上占有重要地位。黄庭坚对孝悌身体力行，时以"孝友"著称，名列"二十四孝图"中。

历任馆长　徐振华（1985.6～1992.12）；傅伯华（1993.1～2000.1）；黄本修（2000.2～2005.3）；朱一平（2005.4至今）。

业务活动

基本陈列　馆内基本陈列有黄庭坚书法石刻碑刻、黄庭坚生平史迹展览、修水历史文物陈列。

黄庭坚书法碑刻陈列于"九曲廻廊"。始建于明代，经历代重修，陈列黄庭坚各个时期、各种风格书法碑刻，主要有"经伏波神祠"、"赠邱十四"、"墨竹赋"、"茶宴赋"等。1959年被列为江西省重点文物保护单位。

《黄庭坚生平史迹展览》分"双井神童"、"才华初展"、"勤政恤民"、"苏黄唱和"、"满川风雨"、"诗开西江"、"翰墨千古"七个板块，系统详细介绍了黄庭坚生平、诗文书法成就及影响。

《修水历史文物陈列》以大量的标本、文物介绍修水从新石器晚期的山背文化，到民国时期几千年的历史沿革，展示修水丰厚的历史文化内涵。

藏品管理

［藏品来源］　主要来源于考古发掘、征集。

［藏品统计］　文物、标本3000余件（片），其中国家一级文物3件、二级文物12件、三级文物64件、一般文物500余件。

［重要藏品］　主要有：黄庭坚撰并书的"王文叔墓志铭"1973年修水县马坳镇街背北宋石室墓中出土，1983年7月征集。墓志铭系青石质，一面磨光，四边框卷草花纹图案，志文30行，满行30字，共768字，行楷阴刻。字体遒劲严谨，秀丽流畅。志首分别书"宋故朝奉郎知洺州军州兼管内劝农事上骑都尉借紫王君墓志铭"、"修实录院检讨官司承议郎行秘书省著作佐郎武骑尉赐绯鱼袋黄庭坚撰并书"、"奉议郎通判常州军州兼管内劝农事上骑都尉赐绯鱼袋杜炎篆盖"。正文内容概述墓主人王纯中的生平事迹。墓志铭后面下角边框里面有"聂文刊"3字。墓志铭盖篆书阴刻"宋朝奉郎王君墓志铭"九字，分3行直排。

"徐纯中墓志铭" 1988年修水县何市乡下田铺村出土，同年征集入藏。墓志铭系青石质，一面磨光，四周有二圈线刻方框。行书阴刻，凡24行，共548字，墓志铭额款题为"金华黄庭坚"。因黄庭坚祖上本是婺州金华人氏，其六世祖瞻於南唐时，知分宁县，后卜筑双井，始定居于此。

"万方雍田黄古印" 1978年在修水县汤桥乡征集入藏。四方柱状，顶部凹凸不平。深黄色，光亮夺目。四围浮雕山水画，细腻逼真。印文篆书阳刻"萬方雍印"4字。

万方雍田黄古印

"八大山人鱼雀图" 1980年在修水县汤桥乡征集入藏。鱼雀图轴质地绫子，水墨画，高1.43米，宽44.5厘米。画面中段左边绘一雀子立于悬崖上，耸毛，卷缩一团，两眼向下凝视一条翘尾、鼓眼，劈浪而来的游鱼。整个画面简朴，庄重，沉郁。画面右上角题诗一首："目尽南天日又斜，时人莫向此图誇。是鱼是雀兼鹧鸪，午饭晨钟共若耶"。落款"八大山人书画并题"，后钤盖朱印两方。

"陈宝箴家信手迹" 1985年在修水桃里竹塅征集。2件，墨书，纸本，长1.96米，高22.6厘米。内容系陈宝箴在湖南任职期间，其祖籍福建上杭林坊陈祠被该地姓何的焚毁引起纠纷，派人处理意见及事件全过程。信文叙议有致，书法苍劲流畅，是研究陈宝箴的第一手资料。

"陈三立书法立轴" 1980年在修水汤桥征集。行书纸本，高1.33米，宽32厘米。上书自撰"桑條麦陇接比邻，社酒家炊丐路人。风俗尚如他日否？凭谁细问故园春"。七绝一首。后题"文钦世仁兄正，散原老人陈三立"。

"陈师曾《梅花》立轴" 1983年在修水竹塅征集。绢本水墨画，高52厘米，宽40.9厘米。画面右下角钤盖篆书"师曾画梅"白文四方印章一方。

"陈师曾《兰花》立轴" 1983年在修水竹塅征集。绢本水墨画，高51.2厘米，宽41.4厘米。画面绘兰花两株，一在右侧上方，一在左下角。并钤盖篆书"师曾书画"朱文四方印章一方。

还有宋明清各类扇面书画和大量钱币、瓷器等珍贵文物。

[藏品保护] 为加强馆区及文物管理，已安装电子监控设施。

科学研究 建馆以来，先后每10年举办一次全国性的纪念活动及黄庭坚诗词书法学术研讨会，迄今已成功举办三次（1985年、1995年、2005年），并出版多部专集。

经营管理

[单位性质] 国营事业单位

[经费来源] 全额拨款

八大山人鱼雀图

[机构设置] 共设立了办公室、保卫科、社教部、业务部四个部室。

[人员编制] 人员编制7人，工作人员学历均为大中专及以上，中级职称（文博馆员）1名。

[观众接待] 2000～2006年度平均观众人数76255人。

参观指南

[地址] 江西省修水县城南宁红大道1号

[邮编] 332400

[电话] 0792-7262958（办公室）

[传真] 0792-7262958

[电子信箱] Htingjian1045@163.com

[开放时间] 全年开放，8:30～17:00

[票价] 免费

（撰文：朱一平、车明星）

萍乡市博物馆

Pingxiang Municipal Museum

概述

类型 地方综合性博物馆

隶属关系 隶属于萍乡市文化局

创建时间 1974年4月

正式开馆时间 1981年02月

所在位置 萍乡市南正街46号孔庙

面积 4984.14平方米

布局 孔庙背北面南，现残存三纵布局，前为大成门，后为大成殿，大成殿右为明伦堂。

历史沿革 1974年4月萍乡市文化站设立文物组专门从事文物调查、征集、保管和宣传工作，陈全昌为文物组负责人。1979年1月3日萍乡市革命委员会下发文件，萍乡市文化站文物组从文化站分离出来成立萍乡市博物馆，科级建制。博物馆负责全市历史文物、革命文物、自然标本、动物化石等调查，征集、收集、保管、陈列、研究和宣传工作。博物馆主要陈列展出1974年以来征集、收藏的萍乡市出土文物。

历任馆长 陈全昌（1979.1～1983.9 副馆长主持全面工作）；吴直安（1984.4～1989.4 副馆长主持全面工作）；彭云秋（1989.4～1997.9）；吴直安（1997.9～2001.10）；彭安保（2001.10至今）。

业务活动

基本陈列 1981年2月举办《萍乡市出土文物陈列》，陈列面积360平方米，主要陈列1974年以来萍乡市出土文物，其中有春秋晚期弦纹兽足鼎、东汉永元15年纪年砖、北齐铭文铜观音像、西汉日光镜、东晋永和四年墓绿釉耳杯、宋代金银器、唐代天宝五年铜钟等100多件。

1983年11月陈列修改，更名《萍乡历史文物陈列》，陈列面积360多平方米，陈列文物200多件。

1992年9月第二次陈列修改，更名《萍乡古代文明陈列》，陈列面积250多平方米，展览以时代早晚顺序陈列，展出文物250余件，重要文物有：打制石器、东方剑齿象、中国犀等动物化石，商周时期的陶鬲、泥范、炯纹铜鼎、西汉日光镜、汉代青铜五铢钱范、东汉永元十五年纪年砖、东晋永和四年纪年砖室墓器物，北齐铭文铜观音像。

1995年12月孔庙大修，基本陈列停展。

1999年10月重新举办《萍乡历史文物陈列》，陈列面积250多平方米，以时代早晚顺序陈列，展出文物295件。

2005年12月因陈列室安全不达标基本陈列停展。

专题陈列 1981年2月《萍乡陶瓷陈列》，长期陈列馆藏及出土陶、瓷器30余件，陈列面积65平方米。

1981年12月《萍乡书画工艺品陈列》，长期陈列馆藏

大成殿

基本陈列室

书画工艺品50余件，陈列面积65平方米。

1987年2月～8月在全市各乡镇巡回展出《中华人民共和国文物保护法》和《萍乡出土文物》大型图片展览，展出图片300多幅。

1987年9月纪念中国人民解放军建军60周年、秋收起义60周年书画展，展线长100多米。

1988年3月湖南省醴陵市博物馆主办，萍乡市博物馆承办，短期展出《长沙马王堆汉墓女尸、出土文物》展览。展出复制女尸一具、出土文物100余件，陈列面积240多平方米。

1989年5月江西省钱币学会举办，萍乡市博物馆承办，短期展出历代古钱币数千枚，陈列面积240平方米。

1989年10月举办《建国40周年考研工作成就与珍贵文物展》，展出文物200多件，陈列面积360平方米。

1991年3月举办《雷锋事迹》展览，短期展出图片100多幅，展线长90多米。

1996年5月举办《孔繁森事迹》展览，在全市各乡镇巡回展出，短期展出图片100多幅，展线长100多米。

1996年7月举办《中共党史图片展览》，短期展出图片100多幅，展线长80多米。

1998年3月举办《红岩魂——中美合作所集中营史实展》，短期展出图片140多幅，展线长120多米。

1999年4月举办《野生动物标本展》，短期展出华南虎、猩猩、熊、熊猫等各种动物及飞禽数百只，陈列面积360多平方米。

2002年9月举办《恐龙蛋化石展》，长期展出萍乡出土的数十种恐龙蛋化石，陈列面积65平方米。

2003年11月举办《巨型灵芝展》，长期展出武功山采集的巨型灵芝，陈列面积35平方米。

藏品管理

恐龙蛋陈列室

西周早期　青铜鸟兽尊虎钮器盖

西周　饕餮纹青铜觯

［藏品来源］　主要来源于1949年土地改革时期，1974年设立文物组以来征集，田野调查采集，考古发掘以及个人捐献。

［藏品类别］　藏品分17大类。

［藏品统计］　藏品总数6222件，各类藏品数：石器210件，陶器473件，瓷器1049件，铜器499件，铁器21件，字画2004件，古籍79件，古钱币854件，古砚40件，碑刻18件，石雕87件，画像砖、花纹砖89件，屏匾58件，傩面6件，玉器264件，金银器85件，工艺品386件。

［重要藏品］　西周早期青铜鸟兽尊虎钮器盖　1985年征集。盖径5.9×4.9厘米，虎纽高4.8厘米，长10.2厘米，重169克，通体饰变体夔纹。

西周饕餮纹青铜觯　馆藏。口径14.3×12.2厘米，底径12×9.7厘米，高16.8厘米，重1150克。束颈饰一圈2厘米宽带状雷纹地饕餮纹，圈足饰1.1厘米宽目雷纹一圈。

汉四系陶罐　1973年湘东区龙台乡出土。口径7.5厘米，底径9.5厘米，高19厘米，饰斜方格纹。

汉方形陶权　1977年芦溪区河下公社黄圹小学旁采集。纽座7.5厘米见方，底8.7厘米见方，通高8.5厘米，桥形纽，圆穿孔，权底钻饰横竖四行16个小圆孔，侧面与纽座饰圈点连线纹。

汉五铢钱范　1976年8月市土杂公司北门收购部征集。长15.7厘米，宽7厘米，重1550克。广方穿钱范，一次铸8枚。

北齐武平二年铜观音像　1976年8月市土杂公司正大街收购部征集。高23.2厘米，重1125克，观音像和宝光屏分开铸就，像背铸有两纽与宝光屏正好连接成一体。宝光屏背刻有5竖行49字铭文："武平二年三月廿三日，吴子才敬造观音像一躯，上为皇帝陛下，师僧亡过父母，现存夫妻，普为四恩六道，法界众生，但升妙果。"

五代鎏金连座铜观音像　通高18.5厘米，底径11.6×7.2厘米，重775克，馆藏，观音及莲座正面鎏金，鎏金大部分已脱落。

宋人物塑像金杯　1979年上栗区赤山公社观前大队农民做房子挖地基时窖藏出土。口径8厘米，底径6厘米，高3.5厘米，重90.5克。杯中塑一身着阔袖，双手全掌，卷发男像，口沿外凿有卷草花纹一圈。金杯出土时有点变形。

宋人物塑像金杯　1979年上栗区赤山公社观前大队农民做房子挖地基时窖藏出土。口径8厘米，底径6厘米，高3.5厘米，重90克。杯中塑一身穿百褶裙外套阔袖交领花衣，左手拿书卷，卷发女盘坐杯中，口沿外凿饰卷草花纹一圈。金杯出土时有点变形。

宋双鱼纹金杯　1979年上栗区赤山公社观前大队农民做房子挖地基时窖藏出土。口径7.5厘米，底径4.4厘米，高2.5厘米，重51克。口沿外刻水波纹一圈，内底刻两条平行鱼纹。杯柄残缺，杯壁有两铆钉孔。

元龙泉窑新月映梅斗笠碗　1981年湘东区荷尧公社出土。口径12.5厘米，底径3厘米，高4.5厘米。碗中剔一新月一枝梅花，青釉偏黄，灰白胎，足中有脐。

元青花带座净水瓶　一对，1985年9月上栗区福田公社峡石大队出土，农民刘树祥捐献。净水瓶瓶座可以分开，瓶口径3.1厘米，底径4.1厘米，瓶高10.5厘米，瓶座口径6.7厘米，瓶座底径6.7厘米，瓶座高7.7厘米，瓶、座通高15.5厘米。底座呈六边形，束颈，鼓腹，六面镂空呈梅花形，施白釉，釉不及底。瓶身主要绘制梅花。

汉　四系陶罐

汉　方形陶权

汉　五珠钱范

北齐　武平二年观音铜像

宋　人物塑像金杯

元　龙泉窑新月映梅斗笠碗

元　青花带座净水瓶

元　青花菊纹连座炉

元青花菊纹连座炉　1985年9月上栗区福田公社峡石大队出土，农民刘树祥捐献。口径6.3厘米，底径6.5厘米，高10.7厘米。炉座连体，施白釉，炉颈绘太极图十二个，腹部绘折枝菊花二枝，底座用不规则短直线绕绘一图，青料灰中带黑斑。

明犀牛角杯　馆藏，口径18.7×10厘米，底径4.3厘米，高10厘米。杯呈赭色，口沿内全浮雕一壁虎，外壁镂雕葡萄、兰花、牡丹，葡萄茎延饰做杯足。

经营管理

[单位性质]　国营性质

[经费来源]　财政拨款

[机构设置]　办公室、业务科

[人员编制]　人员编制22人，男10人，女11人，其中业务人员5人，副高1人，中级8人，初级5人，本科5人，专科5人。缺编1人。

[观众接待]　年参观人数35000人。

参观指南

[地址]　江西省萍乡市南正街46号

[邮编]　370055

[电话]　0799-6832694

[传真]　0799-6832694

[电子信箱]　PXCmuseum@163.com

[开放时间]　8:00-12:00，14:00-17:00（节假日正常开放）

[票价]　免费

（撰文：敖有胜）

景德镇民窑博物馆

Jingdezhen folk kiln site Museum

概述

类型　科技类遗址专题博物馆

隶属关系　隶属于景德镇市文化（文物）局

创建时间　1981年

正式开馆时间　2003年6月

所在位置　景德镇市湖田村

面积　40万平方米

布局　景德镇民窑遗址分布在南山大峰尖与南河之间的台地上，北起南河南岸，东至张家地东侧断崖，东南至豪猪岭南侧山脚，西南至竹坞里南侧山脚，西至北望石坞西侧山脚，现存遗存16处。

景德镇民窑博物馆全貌

展厅一角

历史沿革　景德镇民窑博物馆于2003年6月23日经景德镇市编委批准成立，其前身为原景德镇市陶瓷历史博物馆湖田窑陈列馆，馆址设于全国重点文物保护单位湖田古瓷窑遗址保护区内。

湖田古瓷窑遗址，位于景德镇市东南约4公里的竟成镇湖田村内。兴烧于五代，历宋、元至明代隆庆、万历间结束（约907～1620），是景德镇延续烧造时间最长、现今保存状况最好、文化内涵极为丰富的大型窑场，为研究景德镇陶瓷发展历史提供了极为珍贵的实物资料。1959年被列为江西省级文物保护单位，1982年被列为全国重点文物保护单位。

历任馆长　戴敬标（2003.6～2004.5　副馆长主持工作）；周国良（2004.5　书记）；何俊（2004.10～2005.12　副馆长主持工作）；何俊（2005.12至今）。

业务活动

基本陈列　景德镇民窑博物馆收藏了湖田窑各个历史阶段生产的各类典型器物和历次考古发掘的珍贵文物标本，陈列了景德镇市各民窑口出土的器物，保护了宋、元、明各个重要历史时期弥足珍贵的窑炉、制瓷作坊等遗迹，展示了古代制瓷的现场情景，让人们感受和触摸到历史的真实。基本陈列包括：

《宋元作坊遗址陈列》内容包括：作坊匣钵窑具围墙、练泥池、辘轳车坑、沙池、宋元制瓷场景复原

《葫芦窑遗迹陈列》内容包括：葫芦窑遗迹、葫芦窑文字图片展板、葫芦窑出土遗物

《五代—宋、元、明湖田窑遗址出土标本展》内容包括：五代支钉叠烧青瓷和白瓷、宋代影青瓷、元代枢府釉瓷和青花瓷、明代青花瓷

《景德镇各窑口出土标本展》内容包括：落马桥出土瓷片、观音阁出土瓷片、南市街出土瓷片

藏品管理

［藏品来源］　主要来源于考古发掘、野外采集、有偿征集和捐赠。

［藏品类别］　均为瓷器标本和器物。

［藏品统计］　共收藏各类陶瓷标本数千件。

科学研究　有关研究论文有：《湖田窑各期碗类装烧工艺考》、《景德镇湖田窑考察纪要》、《景德镇湖田窑哥其典型碗类的造型特征及其成因》、《景德镇湖田窑的黑釉瓷》、《湖田窑考古发掘报告》、《湖田窑址调查报告》。

经营管理

［单位性质］　国营事业单位

［经费来源］　财政拨款

［机构设置］　设立了办公室、保卫科、业务部三个部室。

［人员编制］　定编11人，其中大专以上文化程度3人，中级职称4人。

［观众接待］　年平均观众人数3万人。

参观指南

［地址］　江西省景德镇市湖田村

［邮编］　333000

［电话］　0798-8481071、0798-8463336（办公室）

［开放时间］　全年开放，8:30～17:00

［票价］　免费

（撰文：吴樾）

景德镇官窑博物馆

Jingdezhen Imperial Porcelain Museum

概述

类型　科技类传统工艺专题博物馆

隶属关系　隶属于景德镇市文化（文物）局

创建时间　1997年10月

正式开馆时间　1998年11月18日

所在位置　景德镇市区中心的珠山之巅龙珠阁内

面积　3600平方米

建筑、布局　平面呈"亞"字型，为钢筋混凝土仿木结构的楼阁式建筑，明、暗层共六层。飞檐翘角，气势雄伟，具有江南古建的风格，顶层可眺望市区全景。

历史沿革　景德镇官窑博物馆的前身为景德镇市陶瓷考古研究所下设的考古资料陈列馆，为适应对外开放的形势，永久性地保护收藏官窑修复精品和重要标本，使之成为世界上最系统、最权威的研究景德镇官窑的资料库，1998年8月经景德镇市人民政府研究同意成立景德镇官窑博物馆，该馆与景德镇市陶瓷考古研究所合署办公，实行两块牌子，一套人马。

历任所（馆）长　刘新园（1998.11）；邓景飞（2004.12　副所长）。

业务活动

基本陈列　景德镇官窑博物馆库藏着景德镇市陶瓷考古研究所考古修复的元、明、清官窑落选贡品瓷千余件。为满足群众日益增长的文化需要，利用楼阁式建筑，布置三个展厅，面积为412.08平方米，展线78.1米。根据需要进行轮换式的基本陈列，其主要陈列（包括该馆成立前的展览）内容有：1990年《五代——清初瓷器标本展》；1997年《陶瓷考古成果展》；2000年10月《大明王朝极盛

洪武　青花蕉叶纹执壶

永乐　青花釉里红龙纹梅瓶

永乐　青花海水白龙纹扁壶

永乐　贴金敛口钵

官窑博物馆——龙珠阁

官窑博物馆展厅

期官窑展》展品182件；2001年10月《成窑遗珍》展品151件；2002年10月《永乐聚粹》展品140件；2003年《朱明遗宝》展品118件；2004年《珠山藏珍》展品141件；2005年2月《2002～2004年御窑遗址考古发掘成果展》137件；2006年10月《景德镇明初釉上彩瓷特展》。

该馆陈列设计有其自身特色，采用通道连体展柜和单个展柜的布局，展柜使用淡灰墙布，根据展品不同形状，制作配套支架和器托，加上灯光投影，更加彰显出展品的高雅古朴。每件展品配有中、英文说明牌，为直观反映一些展品的使用情况或生产工艺过程，均配有辅助照片。其中，《大明王朝极盛期官窑展》荣获国家文物局2001年度

全国博物馆精品陈列提名奖。

[重点展品]　洪武青花蕉叶纹执壶，永乐青花釉里红龙纹梅瓶，永乐青花海水白龙纹扁壶，永乐贴金敛口钵，宣德青花五毒鸟食罐，正统花卉纹双耳瓶，成化斗彩高士杯

专题陈列　2007年11月，该馆又推出在龙珠阁北侧30米处一组（6座）明初葫芦窑窑炉遗址和遗物出土的参观点，遗址上现建有一幢1869.44平方米的保护房。这批遗迹与遗物的发掘成果，被评为"2003年度全国十大考古新发现"，荣获2003～2004年度国家文物局田野考古二等奖。这种遗物与遗迹融为一体的展示方式，使观众感觉身临其境。

正统　花卉纹双耳瓶

宣德　青花五毒鸟食罐

成化　斗彩高士杯

藏品管理

[重要藏品] 现收藏在该馆内的藏品大多为孤品、绝品为海内外罕见,其中元青花五爪龙纹围棋罐、明洪武釉里红地白莲纹大碗、明永乐白釉三壶连通器、明宣德青花五爪龙纹蟋蟀罐、明宣德斗彩莲池鸳鸯纹盘、明成化素三彩鸭熏,均是镇馆之宝,为世人仰慕。

科学研究 研究员刘新园,本为学科带头人,其学术成名之作有:《宋芒口瓷器与覆烧工艺研究》、《元青花特异纹饰和将作院所属浮梁磁局与画局》、《蒋祈"陶记"著作时代考辨》、《高岭土史考》等著作在国内外产生重大影响,正如日本东方学会评论的"刘的论文在中国国内是别具一格的,并且对日本的中国陶磁研究产生了巨大的影响",1987年国家科委授予国家级有突出贡献的中青年科学家。

宣传教育 编辑出版珠山出土官窑陶瓷图录有:《景德镇珠山永乐、宣德官窑瓷器展览》、《景德镇出土陶瓷》、《成窑遗珍》、《景德镇出土明初官窑瓷器》、《景德镇出土明宣德官窑瓷器》、《皇帝的瓷器》、《破碎的瓷器》、《景德镇出土元明官窑瓷器》、《景德镇珠山出土永乐官窑瓷器》。

交流合作 自1989～1998年该馆应邀在日本、英国、香港、台湾举办了景德镇珠山出土官窑瓷专题展9次,馆内专家学者多次应邀赴美国、英国、德国、日本、新加坡、韩国、香港、台湾等地学界学术交流。同时,在馆际间的交流方面,该馆自1999年10月至2007年5月,同北京炎黄艺术馆、浙江省博物馆、广东东莞市博物馆、深圳市博物馆、中国丝绸博物馆、北京大学赛克勒考古与艺术博物馆、首都博物馆联合举办了器物丰富的专题性文物展8次,宣传了景德镇辉煌的陶瓷文化,产生了深远的影响。

该馆是陶瓷研究者、收藏爱好者、广大观众了解景德镇御窑发展历史和艺术成就,领略景德镇御窑瓷器绝世风采的极好场所,被专家们誉为当今世界研究、鉴赏景德镇御窑瓷器的"天下第一馆"。

经营管理

[单位性质] 国营事业单位

[经费来源] 财政拨款

[人员编制、组成] 定编18人。大专以上学历11人,其中研究员1人,副研究员3人,馆员3人。

[服务观众项目] 设有讲解员和小型的购物服务窗口,在绿化带设有石凳、石桌作为观众休闲场所。

[观众接待] 年接待观众6000～8000人之间

元 青花龙罐围棋罐

洪武 红地白宝相花纹大碗

宣德 斗彩莲池鸳鸯纹盘

成化 素三彩鸭熏

参观指南

[地址]　江西省景德镇市中华北路龙珠阁

[邮编]　333000

[电话]　0798-8221390

[传真]　0798-8223580

[电子信箱]　kgs3580@yahoo.com.cn

[开放时间]　8：30－17：30

[票价]　40元

（撰文：万良忠）

景德镇陶瓷民俗博物馆

Jingdezhen Ceramic Folkways Museum

概述

类型　社会科学类民俗专题博物馆

隶属关系　隶属于景德镇市文化（文物）局

创建时间　1979年

正式开馆时间　1984年

所在位置　景德镇市枫树山蟠龙岗

面积　15万平方米

建筑、布局　馆舍由清园、明园组成。其中，清园有4栋不同类型的清代建筑，明园有闾门、店铺、祠堂及民居等8栋明代建筑。穿斗式木构架，建有天井及马头式的封火墙，规模宏大，具有典型的徽派建筑风格特点。

历史沿革　1979年7月，成立景德镇珠山陶瓷博览区筹建办；1980年，创建景德镇陶瓷历史博物馆；1982年，景德镇市文物管理委员会并入景德镇陶瓷历史博物馆；1984年10月，景德镇陶瓷历史博物馆正式挂牌成立，为副处级全额拨款事业单位，珠山博览区随之取消；1989年，单位内部建制形成，设有办公室、保卫科、藏品保管部、陈列部、群工部、古建筑保护部、湖田古窑遗址陈列馆等职能部室；2003年6月，馆属湖田古窑遗址陈列馆析出，单列为"景德镇民窑博物馆"；2004年4月，单位改名为"景德镇陶瓷民俗博览馆"。2007年，正式定名为"景德镇陶瓷民俗博物馆"。

景德镇陶瓷民俗博物馆是我国独有的以地方陶瓷民俗文化研究与展示为重点、以明清世俗建筑与古典生态园林为依托的历史类专题性博物馆，曾获得"全国爱国主义教

1.景德镇陶瓷民俗博物馆门楼　2.明代祠堂——五股祠堂　3.清代祠堂——玉华堂　4.水上舞台

育基地"、"全国科普教育基地"、"国家AAAA级旅游景区"、"江西省重点文物保护单位"、"江西省非物质文化遗产"、"江西省园林化单位"等殊荣。近年来，更成为景德镇市重要的对外形象接待窗口和文博旅游相结合的游览胜地。

历任馆长　李文彩（1984.7～1988.8　副馆长主持工作）；周荣林（1988.3～1998.12　副馆长主持工作）；周荣林（1998.12～2003.12，2003.12　任调研员）；李跃春（2003.12～2008.2　副馆长主持工作）；王莲花（2008.2至今）。

业务活动

基本陈列　《景德镇陶瓷民俗陈列》　陈列面积300平方米，展出藏品90件，采用图文版面、人物雕塑、模型、布景箱及灯光等陈列艺术手段，重点反映了景德镇传统的制瓷生产习俗、行帮行规、崇拜习俗及民俗用瓷四大主题，让观众了解景德镇陶瓷历史上的生产结构，社会状况和民俗事象，彰显和弘扬优秀的景德镇陶瓷民俗文化。

专题陈列　《景德镇传统制瓷七十二道工序图陈列》　在100米的仿古长廊墙壁上悬挂46块大型的青花瓷板画，瓷板以图文并茂的形式与雅俗共赏的艺术效果，全面而真实地记载着景德镇古代制瓷过程中的各道工艺流程及民俗风情。

藏品管理

[藏品来源]　主要来源于兄弟馆的支持和古玩市场购买。

[藏品类别]　陶瓷。

[藏品统计]　根据地方政策及长远发展的需求，民俗馆2003年底以前的馆藏品全整合到景德镇陶瓷馆，现有的陈列藏品仅有104件。

[重要藏品]　明青花婴戏纹碗，清黄地粉彩花卉纹盘，清晚期粉彩人物纹盆。

[藏品保护]　所有藏品或展品均采取了传统的"三铁"保护和人防死守的措施，从未发生一起安全事故。

科学研究　现有高级职称4人，中级职称7人，科研人员均配备了电脑、照相机、摄像机、记录笔等设施，科研成果层出不穷，专著有研究馆员周荣林的《千年瓷韵——景德镇陶瓷历史文化博览》、《景德镇陶瓷全集（古代卷）》、《景德镇陶瓷习俗》等。其中《景德镇陶瓷民

明　青花婴戏纹碗

清晚期　粉彩人物纹盆

1.景德镇陶瓷民俗陈列　2.景德镇传统制瓷七十二道工序图陈列一角

清　黄地粉彩花卉纹盘

瓷文化碑廊

俗》曾荣获2005年江西省社会科学优秀成果一等奖。论文有《景德镇御窑永宣遗存》、《景德镇南河流域古代瓷业的发展》等。

经营管理

［单位性质］　国营事业单位

［经费来源］　财政拨款

［人员编制、组成］　在编人员58人，专业人员与行管人员的比例为7∶3。

［服务观众项目］　有文物陈列、瓷乐演奏、陶艺制作、陶瓷销售等；设施有电话亭、邮箱、医疗室、商店、吸烟室、停车场及厕所等。

［观众接待］　年接待观众17万人次（2007年底统计数据）

参观指南

［地址］　江西省景德镇市西市区枫树山蟠龙岗

［邮编］　333000

［电话］　0798-8524587（办公室）

0798-8521594（售票处）

［传真］　0798-8502272

［电子信箱］　hzx2165@163.com

［开放时间］　8∶30—17∶00，全年开放。

［票价］　免费

（撰文：何身德）

景德镇陶瓷馆

Jingdezhen Ceramic Museum

概述

类型　艺术类博物馆

隶属关系　隶属于景德镇市文化（文物）局

创建时间　1953年3月

正式开馆时间　1954年1月

所在位置　景德镇市莲社北路169号

面积　1.2公顷

建筑、布局　砖混结构，面积4584平方米，前主楼三层，附楼二层，后主楼三层，连结前后楼附属二层，形成一个封闭的四合院，主体具有苏式风格。

历史沿革　1953年3月文化部决定兴建景德镇陶瓷博物馆，1953年3月15日成立景德镇陶瓷博物馆筹建处。江西省人民政府于1953年7月11日以赣府办字第016号文批示："景德镇陶瓷馆由景德镇市人民政府直接领导，馆名由景德镇陶瓷博物馆改为景德镇陶瓷馆"。1954年1月1日对外开放，馆址设在市区中华北路301号的天主堂内。展厅设有历史瓷、工业用瓷、成交样品瓷和新中国瓷四个陈列部，共展出产品4000多件。1955年9月新展厅正式落成。占地面积7000多平方米，展厅面积528平方米。1965年7月5日，中

景德镇陶瓷馆外景

国科学院院长郭沫若参观陶瓷馆并题写馆名。1965年8月扩建展厅主体两侧，计469.2平方米，与主体形成一个整体，使展厅显得格外雄伟。1969年11月市革委决定，陶瓷馆划拨江西省陶瓷公司管理。1974年1月，陶瓷馆第二次扩建，在展厅后院建造了一幢三层的展览大楼，计1500平方米。2002年8月市委市政府决定陶瓷馆划归市文化（文物）局管理。

历任馆长　尹旺（1954～1955）；关学孟（1955～1956）；徐勉增（1956～1958）；余勉（1958～1959　副馆长主持工作）；刘懋典（1959　兼）；余昭啟（1959～1960）；吴升平（1961～1963）；卓安之（1963～1966）；范景鸿（"文革"期间副馆长主持工作）；张振富（"文革"期间）；张焰斌（"文革"期间）；张松涛（1973～1978）；刘贤敏（1978～1982）；陈龙啟（1982～1985）；黄学虎（1985～1991）；余仰贤（1991～1993）；熊钢如（1993～1997）；肖振松（1997～2001　副馆长主持工作）；王莲花（2001～2002）；刘昌兵（2002.8～2004.12　兼）；李宁（2004.12～2007.4　书记主持工作）；宁勤征（2007.4至今　副馆长主持工作）。

业务活动

基本陈列　《景德镇历代陶瓷精品展》分8个展厅，古代部分按时代分为"宋元"、"明代"、"清代"、"民国"，分别展示宋代至民国时期景德镇制造的影青、卵白釉、青花、五彩、粉彩、颜色釉及雕塑等名瓷，当代部分按品类分为"粉彩"、"青花"、"雕塑"、"颜色釉"，展示1949年以来景德镇制造的陶瓷精品。展厅分古代和现代二个部分，古代以时代为经，以类别为纬，现代以类别为经，以年代为纬，使用通体展柜与独立柜结合，进行展示。充分利用空间，采用冷光源照明，使观众在参观过程中能集中精神平静心态。陈列面积3194平方米，展品262件。

景德镇陶瓷馆展厅

元　青花牡丹纹梅瓶

清　粉彩八蛮进宝图瓶

民国　粉彩描金云龙纹天球瓶

当代　窑变花釉双蚩耳盘口尊

明 青花雀梅图盘

[重要展品] 元青花牡丹纹梅瓶，明青花雀梅图盘，清粉彩八蛮进宝图瓶，民国粉彩描金云龙纹天球瓶，当代窑变花釉双蚩耳盘口尊。

专题陈列 《景德镇历代陶瓷珍品展》，展厅面积3194平方米。

藏品管理

[藏品来源] 主要来源于捐赠、调拨和收购。

[藏品类别] 包括陶瓷和书画。

[藏品统计] 藏品总数20194件，其中陶瓷19650件，书画544件。

[重要藏品] 清粉彩百鹿图双耳尊，清青花山水图凤尾尊，清青花折枝花果天球瓶，清釉里红云龙纹扁肚瓶。

[藏品保护] 主要采取分类存放，采用囊匣包装、保险柜、水泥架。

科学研究 景德镇陶瓷馆拥有文博馆员以上职称6人；高级工艺美术师6人。先后在全国性刊物和专业杂志上发表学术论文40多篇。

2004年徐桃生副馆长《申报世界文化遗产、促进社会全面发展》获景德镇市首届社会科学优秀成果政府奖二等奖。2005年徐桃生副馆长《景德镇老城区陶瓷历史文化遗产的保护和利用》获江西省第十一国届社会科学优秀成果三等奖；2005年徐桃生副馆长《景德镇历史文化遗产的保护和城市化建设》获《发现》杂志、"中国管理科学研究院学术委员会"优秀论文一等奖。

景德镇陶瓷馆先后在景德镇市政府举办的"百花奖"、"青春杯"、"陶瓷精品大奖赛"以及全国、全省

清 粉彩百鹿图双耳尊

清 青花折枝花果天球瓶

清 青花山水图凤尾尊

清 釉里红云龙纹扁肚瓶

的工艺美术大赛中，荣获60个奖项。一等奖22个、二等奖28个、三等奖10个。

1982年首届陶瓷美术"百花奖"中李会中、陈孟龙创作的青花闯王旗纹盘口石榴罐、青花"赶集"图梅瓶获陈设瓷三等奖。第二届"百花奖"中李会中、陈孟龙创作的"青花荷花四头文具"获陈设瓷二等奖。第三届"百花奖"中刘正亚创作的"釉下刻花100件台灯"获陈设瓷一等奖，宁勤征创作的"水乡月色"盘、三足鱼纹台灯、豆青釉鱼纹浮雕盘获陈设瓷二等奖。1989年在第四届陶瓷美术"百花奖"评比中荣获陶瓷美术百花奖四连冠优胜单位。同时程元璋获陈设瓷二等奖、宁勤征获三等奖7个、刘正亚获三等奖2个。

1983年6月在江苏无锡召开的"全国日用陶瓷产品质量评比会"上"泥宝牌"元、明代青花仿古瓷评为第一名。1984年青花元、明仿古瓷获国家金龙奖。1987年"泥宝牌"元明青花瓷复制品获轻工业部优质产品奖。

"青春杯"大奖赛中宁勤征共获一等奖2个、二等奖3个、三等奖2个。

宣传教育

[出版专著]　《中国工艺美术丛书（景德镇陶瓷）》、《中国历代景德镇瓷器精品》、《景德镇陶瓷馆藏民国瓷艺精品》。

[出版专辑]　《景德镇历代名瓷线描文饰集》、《纪念唐英诞辰300周年》、《民国青花》、《王步青花》。

2004年为配合在日本展、法国展而出的展品图录。

2007年为配合在俄罗斯展而出的展品图录。

[讲座]　2005年10月学术总监曹淦源参加了在香港中文大学文物馆举办《清代瓷雕艺术展》开幕式并主持学术讲座和文化交流。2006年6月徐桃生副馆长应邀在珠海博物馆举办"文物艺术品鉴赏"讲座。2007年9月徐桃生副馆长应邀在景德镇陶瓷学院举办"景德镇陶瓷文化漫谈"讲座。2008年1月徐桃生副馆长应邀在张家港博物馆举办"艺术品投资与收藏"现场鉴宝。

[影视录像]　2004年7月28日中央电视台"走遍中国"摄制组来馆拍摄"祭红传奇"，徐桃生副馆长作为特邀嘉宾介绍馆藏"祭红碗"，中央电视台国际频道2004年11月播出。2005年文化部商业演出展览文化产品出口指导目录《景德镇千年陶瓷文化展》。2006~2007年馆藏件藏品在中央电视台国际频道《国宝档案》播出。2007年12月景德镇电视台专题推广片《瓷都明珠——景德镇陶瓷馆》。

交流合作　2005年7月宁勤征副馆长参加在日本举办的第17届"亚洲手工艺品博览会"并现场进行艺术表演。

2005年11月日中友好协会会长平山郁夫来馆参观，并进行陶瓷绘画交流。

2004年11月徐桃生副馆长赴北京参加中国文物修复专业委员会第三届代表大会，被选为中国文物修复专业委员会理事。

[展览交流]　1、境外展览　1993年新加坡《景德镇陶瓷精品展》；1996年日本濑户《景德镇陶瓷展》；2003年澳门《景德镇陶瓷精品展》；2004年1月20日至2005年1月，日本东京、大阪、名古屋、横滨、札幌、仙台、福冈、青森8个城市巡回展出《景德镇千年陶瓷文化展》；2004年5月13日至7月31日法国巴黎《燃烧的辉煌——景德镇古瓷精品展》；2004年7月8日至9月香港《薪火英华——二十世纪景德镇瓷艺回顾展》；2007年5月至9月俄罗斯莫斯科、克拉斯诺达尔、加里宁格勒3个城市巡回《白色的金子——中国瓷器精品展》。

2、境内展览　1959年9月28日，为庆祝建国十周年，在故宫博物院与轻工业部、故宫博物院联合举办"景德镇瓷器展览会"；1979年4月4日在上海中山公园举办《景德镇陶瓷展》；2004年1月在广州举办《景德镇近现代陶瓷展》；2006年5月在珠海举办《景德镇近现代陶瓷精品展》；2007年1月在北京举办《珠山八友陶瓷艺术展》；2007年5月在浙江衢州举办《二十世纪景德镇陶瓷艺术展》；2008年1月在江苏张家港举办《景德镇陶瓷艺术展》。

经营管理

[单位性质]　国营事业单位

[经费来源]　财政补贴、自收自支

[机构设置]　陈列接待室、藏品展览部、保卫科、办公室、研究室、财务室、产品开发部、陶瓷艺术交流中心。

[人员编制、组成]　在职职工45人。专业技术人员占60%以上，具有高级专业技术职称的有9人，享受国务院政府津贴1人，中级专业技术70%以上。

[服务观众项目]　导览讲解、精品观摩、绘瓷体验、陶瓷采购；观众休息处、存物柜、停车场。

[观众接待]　年接待观众50000人

参观指南

[地址]　江西省景德镇市莲社北路169号

[邮编]　333000

[电话]　0798-8229783（办公室）

　　　　0798-8229784（售票处）

[传真]　0798-8203376

[电子信箱]　jdztcg@163.com

[网址]　景德镇在线

[开放时间]　全年开放，8:00-17:00

[票价]　免费

（撰文：徐桃生）

遂川县博物馆

Shuichuan Prefectural Museum

概述

类型　社会科学类历史专题博物馆

隶属关系　隶属于遂川县文化广播电视局

创建时间　1988年

正式开馆时间　1988年

所在位置　遂川县城名帮街

面积　3268.63平方米

建筑、布局　与全国重点文物保护单位遂川县工农兵政府旧址连为一体。遂川县工农兵政府旧址坐北向南，东侧有一栋三层青砖瓦房为博物馆历史文物展厅、文物库房和单位人员值班用房，西侧有四间一层青砖瓦房为单位人员工作室、接待室。

历史沿革　遂川县博物馆前身为遂川革命历史纪念馆，创建于1970年，归"遂川县革命委员会宣传毛泽东在遂川革命活动办公室"管辖（简称宣办，属县委宣传部直接领导）。宣办于1967年组建后，开始了访问调查，收集资料，恢复旧居、旧址等工作。1970年建立遂川县工农兵政府旧址陈列馆，1982年对陈列馆进行了全面的修整和改进，便更名为遂川县革命纪念馆。1984年成立遂川县文物管理办公室，具体负责全县的文物保护管理和宣传工作，

从此，遂川县博物馆与遂川文物管理办公室合署办公，两块牌子一套人马。

遂川县文物管理办公室主任、博物馆馆长梁德光，为创办县文物办、博物馆，将多年收藏的90多件文物无私奉献给遂川县博物馆开办陈列室。在美术、摄影、考古工作中，工作突出，先后借调到北京、上海、广州、南昌等地担任大型展览设计和省内文物鉴定工作，深受好评。先后发表了《江西遂川出土一件商代铜卣》（《文物》1986第五期）；《记江西遂川出土的几件秦代铜兵器》（合著《考古》1978第一期）；《江西遂川出土的青铜器》（《南方文物》1993第三期）。在文博工作几十年为文博事业的发展作出贡献。

历任馆长　梁德光（1984~1995.12）；叶丁香（1995.5~1998.3　副馆长）；彭石生（1998.4~2002.1）；刘兰英（2002至今）。

业务活动

基本陈列　遂川县博物馆馆内现展出两个基本陈列，一是《遂川县革命斗争史陈列》；二是《遂川县历史文物陈列》。

《遂川县革命斗争史陈列》设在全国重点文物保护单位"遂川县工农兵政府旧址"内，于1970年公开展出，以后不断修改、充实、提高、完善，共展出革命文物27件，展出照片、图表、资料等240余幅。该陈列主要介绍1925年至1949年遂川人民的革命斗争史实，重点介绍在井冈山斗争时期毛泽东及老一辈无产阶级革命家在遂川创建红色政权的革命实践活动。展览共有五个部分组成：（一）革命风暴、席卷遂川；（二）军民共建红色政权；（三）众志成城、拥护赤旗；（四）抗日反霸、迎接解放；（五）先辈风范、光照后人。陈列面积为647平方米，陈列采用壁柜式，展线长122米。

遂川县工农兵政府旧址及馆舍

《遂川县革命斗争史陈列》展厅

《遂川县历史文物陈列》，在院内东侧楼房，采用柜式陈列，陈列面积为135.78平方米，展出的文物有青铜器、陶器、瓷器、金银器、紫砂类等，共展出407件历史文物。

专题陈列　遂川县博物馆始终坚持"以人为本"认真履行博物馆职能，努力使博物馆成为青少年的第二课堂，成年人的终生课堂。自1993年以来遂川县博物馆每年主办、承办、联办1～2期长期或短期展览10多部。

举办《毛泽东同志生前图片展》（1993）；《中共党史教育、国情教育、爱国主义教育图片展》（1995）；《孔繁森同志事迹图片展》、《遂川文物精品展》（1996）；《毛泽东、周恩来、刘少奇、朱德生平图片展》、《庆七一迎回归书画展》（1997）；《遂川成就成果展》、《珍爱生命、拒绝毒品图片展》（1998）；《"98"抗洪图片展》（1999）；《预防青少年违法犯罪图片展》（2000）；《建党八十周年图片展》、《崇尚科学文明、反对迷信愚昧图片展》（2001）；《遂川县文化艺术作品展》（2002）；《井冈山革命根据地创建75周年"遂川之最"图片展》（2003）；《中华人民共和国文物保护法宣传图片展》（2004）；《保护文物、从我做起——遂川十五处文保单位图片展》、《首次个人纸质珍藏品展》（2006）。

藏品管理

[藏品来源]　主要来源于采集、征集、出土、收缴、捐赠等。

[藏品类别]　包括历史文物和革命文物。

[藏品统计]　藏品总数共计1299件，其中历史文物藏品数：陶瓷器类654件，紫砂器类21件，石器类117件，青铜器类276件，其它类146件；革命文物藏品数：纸质类33件，布质类20件，铁质类22件，木质类10件，其它类21件。

[重要藏品]　遂川县工农兵第一次代表大会代表证　1928年12月，遂川县工农兵第一次代表大会蒋正光代表用过的。代表证是用红布剪成的长方形布条，中间写有"代表蒋正光"，左下方盖有"遂川县苏维埃政府"印章，经省文物专家鉴定为一级革命文物。

商代青铜卣　镇馆之宝。1985年为扩建105国道遂川地段时出土。兽面纹青铜提梁卣，全器色泽碧绿，铸工考究，纹饰精美，器身断面呈椭圆形，全身饰有蝉纹、饕餮纹为主，云雷纹为地，还有夔纹、重环纹、扉棱纹十分细致，器重为10公斤，通高36厘米。卣的盖内壁和腹内底部铸有族徽铭文，非常清晰。经著名考古学家李学勤释为"亚宪皇"（盖内铭）和"亚宪皇旗"（腹内铭）系古代

遂川县工农兵第一次代表大会代表证

商　青铜卣

商　蝉纹青铜鼎

祭祀盛酒之器，此器在江西省尚是首次发现，为研究商代晚期铸铜工艺和祭祀礼仪提供了宝贵资料。

商代蝉纹青铜鼎　1987年在修造昌赣公路遂川地段时发掘出土，整个器体通高38厘米、重为8.5公斤。全器呈碧绿色，双耳立于沿上，制作精细，云雷纹作地，器身纹饰排列有序，中间饰有火纹、扉棱纹、饕餮纹、蝉纹和弦纹。1987年9月经江西省文物鉴定小组专家鉴定为国家一级文物，此器系古代祭祀器或炊器，其发掘为江西省研究商晚文化和生活习俗以及铸铜工艺提供了可贵的实物资料。

[藏品保护]　遂川县博物馆将所有文物分门别类放置文物密集架中，上等级文物放入保险柜。文物库房安装红外线报警设施与县公安局110联网，实行二十四小时值班制，做到人防、物防相结合。

经营管理

[单位性质]　国有事业单位

[经费来源]　财政拨款

[机构设置]　办公室、群宣组、保卫组、美工组

[人员编制、组成]　暂未定编。现有干部职工11人，其中大专以上文凭7人，中级职称1人，初级职称4人。

[观众接待]　年接待观众3万人次

参观指南

[地址]　江西省遂川县泉江镇名邦街8号

[邮编]　343900

[电话]　0796-6322462

[电子信箱]　scxbwg@163.com

[开放时间]　8:00－12:00，14:30－17:30

[票价]　5元

（撰文：郭艳红、钟银音）

湘鄂赣革命纪念馆

Hunan, Hubei and Jiangxi Revolution Memorial Museum

概述

类型　社会科学类历史专题博物馆

隶属关系　隶属于万载县文化局

创建时间　1960年

正式开馆时间　1962年

所在位置　江西省万载县阳乐大道

面积　1800平方米

湘鄂赣革命纪念馆外景

建筑、布局　陈列厅为四合院仿古砖混结构，建筑坐东朝西。

历史沿革　湘鄂赣革命纪念馆于1960年筹建，1962年在万载仙源中共湘鄂赣省委旧址内开始原状陈列。1968年，受"文化大革命"冲击关闭停馆。1983年3月恢复后，在万载县城建新馆，同时成立万载县博物馆，两馆合署办公，一套人马。1985年10月18日，馆内《湘鄂赣革命斗争史陈列》对外开放。1995年4月，湘鄂赣革命纪念馆被中共宜春地委、宜春地区行政公署定为宜春地区爱国主义教育基地。2001年12月又被中共江西省委、江西省人民政府定为江西省爱国主义教育基地。

历任馆长　吴甫文（1960.8～1961.12）；魏群（1962.1～1962.11负责人）；温安达（1962.12～1968.2负责人）；王松州（1983.3～1986.3）；易清辉（1986.4～1987.9）；黄英豪（1990.1～1999.1）；周小峰（1999.1～2004.9）；晏扬（2005.9至今）。

业务活动

基本陈列　《湘鄂赣革命斗争史陈列》有3大部分，即"湘鄂赣革命根据地的创建"、"湘鄂赣革命根据地的巩固和发展"、"坚持艰苦的三年游击战争"。陈列通过实物、图照、文字、沙盘模型、雕塑等向观众展现湘鄂赣革命根据地创建、巩固和发展的斗争历程。陈列面积460平方米，展出藏品数十件。其中有：土铳、匕首、马刀、大刀、湘鄂赣苏区纸币、苏区报刊、书籍等。

专题陈列　《万载籍老红军将士革命业绩陈列》为湘鄂赣纪念馆长期的专题陈列，主要通过实物、照片、文字介绍17位万载籍老红军戎马一生的革命生涯和各时期表现出的不怕牺牲、艰苦奋斗的革命风采。展厅面积120平方米。展品有老红军使用过的马褡子、米袋子、毛泽东为罗章亲笔书写的奖状、老红军的回忆录等。

湘鄂赣革命纪念馆展厅一角

此外，引进或独办、合办的短期专题展览有：《中国历代货币展》（1987.7.15~8.15）；《明代蕃王文物展》（1988.2.17~3.14）；《打击文物走私成果》（1989.1.16~30）；《雷锋生平事迹展》（1990.3.24~4.2）；《毛泽东及他的亲人图片展》（1993.12.18~1994.1.9）；《忆香港、庆回归大型图片展》（1997.6~7）；《澳门今昔大型图片展》（1999.11.27~12.4）；《野生珍禽动物标本展》（2000.5.20~5.30）；《崇尚科学文明、反对迷信愚昧图片展》（2000.11.25~12.25）；《谢玉清书画展》（2001.6.28~7.3）；《反对邪教，以诺贝尔奖为目标攀登科学最高峰展》（2001.11.21~11.28）；《赣水这边红一角大型图片展》（2005.7~8）。

藏品管理

[藏品来源] 主要来源于拨交、野外采集、捐赠、有偿收购等。

[藏品类别] 有石器、陶器、玉器、竹木器、铜器、铁器、银器、锡器、瓷器、纺织品和纸质等。

[藏品统计] 共计1841件，其中珍贵文物510件。

[重要藏品] 中华苏维埃共和国湘鄂赣省苏维埃执行委员会印章 1932年4月5日启用。圆形，银质，直径10厘米。印面分内外两圈。内圈直径6.3厘米，铸地球、斧头、镰刀、稻穗、小五角星组合图案。外圈铸隶书体文字，上为"中华苏维埃共和国"，下为"湘鄂赣省苏维埃执行委员会"。上下文字间有两个大五角星。印文与图案均为阳铸。印章卷边上钻有4个等距离的小孔，安装持柄用。

《工农兵》报（第一期） 1929年9月20日，由中共湘鄂赣边革命委员会宣传部出版。创刊号，纸质，红色油印，4开2版。刊头直书"工农兵"3字，刊名四周绘五星、斧头、镰刀图案。第一版刊登有"中国共产党十大政纲"、"发刊词"、"湘鄂赣边革命委员会宣言"、

将军革命业绩陈列室

中华苏维埃共和国湘鄂赣省苏维埃执行委员会印章

"斗争消息"等。第二版为"工农兵论坛"、"红色的艺林"、"游击"、"特载"等栏目。该报刊为不定期刊。

西周甬钟 通高32.5厘米，甬长8.3厘米，重9.2公斤，青铜材质。甬中空与腹相通。甬干上有直径5.8厘米的旋。两铣间宽25.7厘米，钲长21厘米。钲部两侧共有4组凸枚，共36枚，均呈乳头状。舞距20.3厘米，有明显合范模铸痕迹。

清青白玉象鼻耳夔纹方瓶 青白玉质地。带座通高27.5厘米，口长7.2厘米、宽5.2厘米。瓶体扁长，口长方，束颈。上腹扁鼓，下腹内收。近底处外撇，浅圈足。玉瓶通体花纹阴刻。颈部左右各雕一象鼻耳环，环能自由转动。瓶体附梨木座。

明湖州薛晋侯状元及第铜镜 直径56.5厘米，重16公斤。黄铜材质。圆形，镜身厚实，素面。镜背有边，边宽1.7厘米，呈十字等距离铸"状元及第"。圆形平底钮，上铸"湖州薛晋侯自造"铭记。

[藏品保护] 建有专用文物库房，采取了传统的通风、防虫等措施，配有防盗防火等设备。

宣传教育 参与编写的出版物有：

《万载县文物志》：1989年7月由万载县文物普查领导小组、《万载县文物志》编委会内部发行。

《湘鄂赣苏区文化史稿》：王松州、黄英豪编著。1994年6月由征编《湘鄂赣苏区文化史》协作组负责付印。

《湘鄂赣苏区文化史资料》：万载县党史办、铜鼓县党史办、湘鄂赣革命纪念馆联合编辑。主编王松州、林兆福。1990年11月南海出版公司出版发行。

1998年10月，由馆长黄英豪参与编制的《彭德怀铁血湘鄂赣》剧本由中央电视台影视部、解放军第二炮兵影视制作中心、中共宜春市委、中共万载县委联合摄制成3集电视连续剧，次年在中央电视台播放。

经营管理

[单位性质] 国营

[经费来源] 国拨

[机构设置] 设业务股、安全保卫股、办公室

[人员编制、组成] 7人。专业技术人员1名，大专以上文化程度3人，本科1人。

[观众接待] 2005～2007年度平均观众人数5885人。

参观指南

[地址] 江西省万载县阳乐大道322号

[邮编] 336100

[电话] 0795-8822491

[电子信箱] xegjng@sina.com

[开放时间] 星期二、四、六，8:30-11:30，14:30-17:00

（撰文：晏扬）

婺源博物馆

Wuyuan Museum

概述

类型 地方综合性博物馆

隶属关系 隶属于婺源县人民政府

创建时间 1953年

正式开馆时间 1978年

所在位置 婺源县紫阳镇

面积 占地面积5万平方米、陈列大楼建筑面积6470平方米

建筑、布局 主体为具有浓郁地方特色的现代徽派四层框架建筑，有12个展厅，6个专题馆，即《婺源千年》、《茶乡美器》、《工艺珍宝》、《砚国明珠》、《明清书画》、《朱葵艺术及现代艺术馆》，并设有先进的安全消防监控中心、文物修复室、学术报告厅、交流展厅及文物库房、办公用房、公安警务室等。

历史沿革 国家重点博物馆，江西省爱国主义教育基地。在1956年设立县文物陈列室，归属县文化馆，实行内部无偿接待参观。1978年正式成立婺源县博物馆，归属县文教局。1985年归属县文化局。1992年搬迁至紫阳镇儒学山，实行对外有偿接待参观。2005年为副县级事业单位，归婺源县人民政府管理。婺源县被文化部、国家文物局表彰为"全国文物工作先进县"。2007年馆址迁至婺源县紫阳镇文公北路，占地面积5万余平方米，一期工程总投资3980万元，建筑面积1万余平方米。

业务活动

基本陈列 序厅：面积252平方米，净高9米，仿徽州民居厅堂式样，正中为"婺源县地形"模型，两侧有中英文"前言"。

《婺源千年》厅：面积825平方米，主要通过介绍"历史沿革"、"重教兴文"、"徽商劲旅"、"和谐家园"，展出相关实物来展现婺源的发展脉络；设计上充分采用具有地域文化特色的建筑元素来构成展览依托，色彩以黑白为主色，局部使用跳跃性色彩，强化徽派建筑特点。

《茶乡美器》厅：面积252平方米，主要介绍婺源茶业历史和茶业知识，展出馆藏历代茶具精品；馆标屏风采用磨漆画形式，总体色彩由墨绿、灰绿和白色构成，展厅中央为"制茶工艺流程"模型，增加观众的参观兴趣。

《工艺珍宝》厅：面积252平方米，展出馆藏各类工艺珍品，有猫眼宝石、翡翠鳌鱼佩、百花金莲炬等奇珍异宝；展柜采用木结构造型，线条简洁厚重，以红黑两色为主色调，配以画像砖图案浮雕装饰。

《砚国明珠》厅：面积252平方米，展出馆藏歙砚、端砚、澄泥砚等珍贵砚台，重点介绍歙砚的生产历史、加工

婺源博物馆外景

过程等方面；采用壁柜形式，使用沙岩板贴面，以灰、黑白为主色调。

《明清书画》厅：面积252平方米，展出馆藏明清时期的书画精品，展品中有弘仁《黄山图》、郑板桥《古董诗》等；采用仿红木雕刻和明清装饰风格，清式硬拐落地罩和通柜相连，展壁裱米色团花墙布，地面铺中国红花岗岩，色调呼应柔和。

《朱葵艺术及现代艺术馆》：面积549平方米，展出婺源籍画家朱葵捐赠的书画精品及现代艺术精品，采用壁挂形式，在中部设计翠竹景观，营造一个品味艺术的憩静氛围。

专题陈列 1955年春节，曾首次举办了文物展览，1956年设立文物陈列室，实行内部接待参观。数十年来，先后开辟了有地方特色的陈列和专题临时展览，有《婺源砚史展》、《婺源古建筑图片展》、《婺源古代民间刺绣展》、《馆藏珍品展》、《明清书画展》、《陶瓷展》、《文物精品展》、《婺源文物普查成果展》等。

藏品管理

[藏品来源] 由1952年土改移交的10件文物作为起点，经过几代文物工作者不懈努力征集而来。

馆长、副研究馆员詹永萱，"在20世纪50年代初期，婺源县收集到了10件文物，当时的县委书记找到詹永萱，交代了一件让这个家族凝聚了两代人心血的任务：抢救、保管好婺源的文物。从此，詹永萱的脚步踏遍婺源的山水和村落，一件一件充实着馆藏，甚至在被人当作破铜烂铁、废纸堆中，一遍遍掘宝。百花金莲炬，由100朵牡丹、芙蓉、宝相构成的大型铜制'满堂红'，重90公斤，高2米，工艺精湛，出自当时京城最好的御匠之手，用了整整3年时间完成，就是在废品堆里发现的。浙江的《黄山图》，也是詹永萱在废品收购站里发现的，仅用了3元钱就收回了这件难得的艺术珍品。"（摘自张瑾《走进婺源博物馆》）"记得有一次路过婺源去看老詹，他桌上堆满了一轴轴的书画，正在登记造册办理入库手续。他见到我十分高兴地说：'这是新征集到的字画，一共花了百来块钱。这里面有浙江的山水、黄慎的人物，还有明代小说家冯梦龙的诗稿，很可能是冯氏唯一的存世墨迹，十分重要。'他的两眼发亮，兴奋不已，然后一边说一边抱着书画走进库房。""1986年全国文物鉴定委员会《文物定级标准评审会》在婺源召开，王世襄、杨伯达等许多名家在婺源鉴定文物。他们不仅肯定了老詹所征集的文物年代可靠而且还从中发现了不少的一、二级藏品""一位默默无闻、勤勤恳恳为婺源文物事业奉献了一生的人。他数十年

1.婺源千年展厅 2.茶乡美器展厅 3.砚国名珠展厅 4.明清书画展厅

如一日，像燕子衔泥一样为婺源一点一滴地征集文物，小
心翼翼地保管藏品。婺源博物馆中丰富而又精美的藏品既
闪烁着古代艺术家与能工巧匠们的智慧，也凝结着詹永萱
和他的同事们的汗水与泪水。"（摘自刘新园《婺源博物
馆与詹永萱先生》）

　　馆长、副研究馆员詹祥生，1980年开始，从事文物工
作29年，担任博物馆馆长16年，他把全部的心血倾注在文
物事业上。他先后为馆内征集到商代陶罐、西周青铜鼎、
汉代陶釜陶权等珍贵文物3000多件。他参与了商周遗址调
查，清理西汉赵由良墓、北宋乐平知县汪路夫妇合葬墓、
南宋学者张敦颐夫妇墓，主持清理南宋诗人权邦彦墓葬，
为县博物馆增加藏品数十件，其中一级文物十多件。从北
京故宫请来专家为博物馆馆藏书画装裱，使濒临毁损的100
多件书画作品得到较好保护，开创了把全国馆藏书画装裱
作为科研项目的先河，使国家文物保护范围得到扩展。
2006年，在申报第六批全国重点文物保护单位工作中，詹
祥生认真把好申报每一关，具体执笔文本的撰写，并亲自
赴北京邀请权威专家来婺源考察，撰写推荐材料，改变了
婺源无国保单位的历史。

　　[藏品类别]　以唐宋名砚、宋代纪年墓瓷器、明清
书画和历代工艺品为主要特色，形成了地域特征鲜明、品
种丰富、精品荟萃的馆藏体系。

　　[藏品统计]　现有文物1万余件，珍贵文物1012件，
其中包括一级文物55件，二级文物279件，三级文物678件。

　　[重要藏品]　东汉·陶权　东汉元兴元年（105）。
1975年婺源县思溪村出土。方锥体，四面分别有阳文"元
兴元年中作"、"史师所作"及钱纹和卷草纹。权纽有阳
文叶脉纹，底部有小孔。

　　明·弘治官窑青花云龙盘　1985年婺源县岩前村出
土。撇口，弧壁，圈足，足壁稍内敛，盘心微塌。盘内壁

东汉　陶权

明弘治　官窑青花云龙盘

明　茶花纹犀角杯

明　百花金莲炬

口沿处有青花绘一圈卷云纹；盘中青花绘五爪云龙纹图案；盘外壁青花绘一对五爪云龙纹图案。足底则用青花料书双圈双竖排"大明弘治年制"六字款。胎土精细，造型工整，用料讲究，青花色泽柔和、淡雅、匀净。

明·百花金莲炬　整个器物用铜精制，镀金上彩，构思新颖，独具一格。由烛托、花球、吊件、轴杆与基座组成，可拆卸。上部由牡丹、芙蓉、金菊、宝相构成球体，辍以蜻蜓、螳螂、蜜蜂、寿桃、金钱等饰件，上承白鹭、莲花烛托，其下四周龙首悬挂一组人物图案吊件，下饰蹲狮、云龙基座。

明·茶花纹犀角杯　此杯主体造型为一朵盛开的茶花，杯的腹部饰枝叶和小朵茶花，设计巧妙，雕刻技法娴熟，花、枝、叶形态逼真。此杯材质呈紫褐色且半透明，是一件难得的艺术珍品。

清·弘仁《黄山图》　弘仁，俗姓江，名韬，字六奇，安徽歙县人。明诸生，甲申年（1644）后为僧，取法名弘仁，号渐江、无智、梅花古衲。擅山水，初学宋人，晚法倪瓒，尤好绘黄山松石，隐居齐云山，为清"四僧"之一，新安画派代表画家。用浅降的画法，写莲花，云门诸峰景色，层次深远，以刚劲如铁的横解索皴，突出山石之质，略加浅赭淡绿渲染。近处坡石上数株苍松，乔木挺立，掩映草亭，涧泉漈漈，云峰隐现。整个画面平淡简洁，意境深远，左小角楷书"辛丑"二字，上有汤燕生所题诗跋"于鼎老道兄藏渐师妙画自云与所祺中相似，漫成二诗应教。"

清·郑燮《行草〈骨董诗〉》　郑燮，字克柔，号板桥，江苏兴化人。扬州画派重要画家之一，工诗词，善书画，书别有致，隶、楷参半，自称"六分半书"，世称"板桥体"。此诗轴采用行、草、隶、金文等多种书体，参以绘画中兰竹笔意，大小穿插，挥洒自如，达到很高的书法艺术境界，是郑板桥"六分半书"的代表作。

[藏品保护]　安防上，采用人防和技防相结合的方式。设有保卫机构，内部配备了专职保卫人员7人，并从保安公司聘用了12名专职保安人员，县公安局在馆设置了公安警务室，并派专人驻守。安装了国内先进的闭路电视监视系统、防入侵报警系统、监听系统、有线对讲系统、门禁控制系统、巡更系统、用界防范系统等综合防盗安防系统，并与110联动。防火主要采用了火灾报警联动系统和气体灭火系统、液体灭火系统。

交流合作　婺源博物馆坚持"走出去、请进来"，加强与兄弟馆之间的合作，1975年提供藏品给故宫博物院展出；1980年参加全省文物联展；1984年参加全省建国35周

清　弘仁《黄山图》

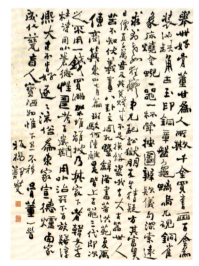

清　郑燮《行草〈骨董诗〉》

年展；1986年参加"庐山之夏"博览会；1988年参加南京"金陵画派"联展、参加《江西文物精品》赴罗马尼亚展、《皇帝的瓷器》赴日本展出；还分别在庐山、佛山、深圳、南昌等地举办了《明清书画精品展》，引进江西省博物馆《江西明代王墓珍宝特展》、佛山博物馆《海洋贝壳展》等。与南京东南大学联合，对婺源民居村落进行调查，出版了《豸峰》、《晓起》；还出版了《砚茶居彩墨》、《婺源博物馆藏品集粹》等专著；承办了香港中文大学、南京东南大学委托举办的"民居与村落"国际学术讨论会。受国家文物局委托在2000年和2004年举办了"全国书画装裱培训班"，既为全国文博系统培养了人才，又为馆藏文物保护发挥了作用，得到国家局的充分肯定，并作为经验推广。聘请专家为馆藏书画进行装裱，使濒临毁损100余件书画得到较好保护，受到国家文物局的高度赞赏，开创了把全国馆藏书画装裱作为科研项目的先河，使国家文物保护范围得到扩展，并促使馆藏书画的抢救装裱工作列入国家专项保护计划，使馆藏文物得到有效保护。制作册页、广告牌、电视专题片，开办"婺源文博网"等多种形式，进行对外宣传，取得良好的社会效益和经济效益。

经营管理

［单位性质］ 国营事业单位

［经费来源］ 财政拨款

［机构设置］ 内设办公室、文物保护部、陈列宣传部。

［人员编制、组成］ 现正式在编工作人员20人。大学本科学历3人，大专学历9人，专业技术职称9人，副研究馆员1人，馆员3人，助理馆员4人，管理员1人。

［观众接待］ 每年接待观众和各级领导、专家数万人次。先后接待有江泽民、曾庆红、吴官正、罗干、曾培炎、回良玉、华建敏、陈至立、刘延东、贾春旺、万里、尉建行、叶选平、毛致用、彭珮云等中央领导来馆参观指导。

参观指南

［地址］ 江西省婺源县紫阳镇文公北路

［邮编］ 333200

［电话］ 0793-7351790、0793-7368093（售票处）

［传真］ 0793-7351790

［电子信箱］ jxswybwg@126.com

［网址］ www.wywbw.com

［开放时间］ 8:30—17:00（周二至周日）

［票价］ 免费

（撰文：胡红东）

瑞昌市博物馆
Ruichang Municipal Museum

概述

类型 社会科学类文物专题博物馆

隶属关系 隶属于瑞昌市文化局

筹建时间 1984年12月28日

正式开馆时间 1997年1月16日

所在位置 瑞昌市人民北路167号

面积 5328平方米

建筑、布局 庭院式布局，分展览大楼、办公用房两部分。仿古建筑，钢筋水泥结构，共两层六大间

历史沿革 瑞昌市博物馆是在全国第二次文物普查基础上建立的。1982年4月11日成立瑞昌县文物普查办公室；1983年2月10日，建立瑞昌县历史文物陈列室；1984年6月18日，成立瑞昌县博物馆筹备小组。

历任馆长 朱垂珂（1985.6～1997.1）；刘礼纯（1997.2～2006.3）；龙艺（2006.3至今）。

1.瑞昌市博物馆大门　2.瑞昌市博物馆

业务活动

基本陈列　馆内基本陈列有《瑞昌历史文物陈列》、《铜岭古铜矿遗址陈列》，均由实物及图、表、照片形式展示。陈列面积457.28平方米，展出藏品330余件。

专题陈列　举办或合办的短期专题展览有《孔繁森事迹大型图片展》、《中国海洋珍奇动物展》、《大型航空、航天军事模型展》、《汉代金缕玉衣展》、《明代古尸展》、《珍贵动物展》、《爱我家乡、建设瑞昌图片展》、《瑞昌"11.26"地震纪念展》等。

藏品管理

［藏品来源］　主要来源于考古发掘、征集、采集、移交、捐献等。

［藏品类别］　藏品类别分石、木、陶、瓷、铜、铁、纸、玻璃、玉等。

［藏品统计］　藏品总数为2226件，其中铜器179件，玉器14件，石器37件，木器45件，瓷器591件，陶器144件，铁器16件，银器10件，余为杂件。

［重要藏品］　商代木辘轳　出土于夏畈镇铜岭村，是目前国内考古发现中年代最早的提升运输机械，表明了我国早在数千年前就将木制机械用于矿山开采提升，对于研究世界机械发展史、科技史具有重要意义。

宣传教育　先后与江西省文物考古研究所、瑞昌市政协编辑出版了《铜岭铜矿遗址发现与研究》、《瑞昌文明掠影》（文物图册）。

经营管理

［单位性质］　国营事业单位

［经费来源］　财政拨款

［机构设置］　设陈列部、保管部、群工部、办公室、保卫股。

［人员编制、组成］　7人。管理人员3人，业务人员4人

［观众接待］　年接待观众1万余人次

参观指南

［地址］　江西省瑞昌市人民北路167号

［邮编］　332200

［电话］　0792-4220901

［传真］　0792-4220901

［开放时间］　8：30－11：30，15：00－17：30

［票价］　免费

（撰文：瑞昌市博物馆）

靖安县博物馆
Jingan Prefectural Museum

概述

类型　社会科学类文物专题博物馆

隶属关系　隶属于靖安县文化局

创建时间　1988年5月

所在位置　江西省靖安县水口街

面积　9.28亩

建筑、布局　庭院型，布局分为展陈区、考古科研区、生活区、办公区。

历史沿革　靖安县博物馆于1988年5月成立。成立之前，由县文化馆兼文物业务工作，1988年6月开始启用"靖安县博物馆"公章，1988年12月中旬正式进员1名，1989年11月增至3人，1997年9月增至4人。博物馆成立至2001年7月借用县文化馆房子办公、保管文物。2001年8月至今，借用县图书馆书库办公，保管文物。2007年10月县政府划拨水口中学办公、保管文物。

历任馆长　李万宏（1988.12～2006.4）；余靖新（2006.4～2006.7）；刘新宇（2006.7至今）。

业务活动

基本陈列　靖安县博物馆由于几次变迁，陈列场地受限制，没有固定基本陈列，只举办短期专题展览，建馆以来相继举办过《靖安清代女古尸展》（并在全国巡展）、《靖安县民间艺术展》、《雷锋事迹展览》、《孔繁森事迹展》、《香港回归展》、《诗画靖安艺术展》等。2007年在靖安水口展示了东周墓坑遗址及棺木阵，面积为1200平方米。

新石器晚期　带把三足陶壶

西周　青铜甬钟

商　人面纹青玉琮

藏品管理

[藏品来源]　主要来源于社会征集、考古发掘、收购和团体捐赠。

[藏品类别]　包括石器、青铜器、瓷器、玉器、金器、书画、家具、钱币类等。

[藏品统计]　共1100件，其中陶器101件、瓷器106件、玉器21件、青铜器43件、书画2件，红军证明书2件，一级4件、二级3件、三级146件。

[重要藏品]　商人面纹青玉琮　纵7、横7、高2.7、内口径5.8厘米，重量300克，1995年6月，国家文物专家组鉴定为一级甲等文物。

西周青铜甬钟　通高44厘米、重15.5公斤，1995年6月，国家文物专家组鉴定为一级乙等文物。

新石器晚期带把三足陶壶　高19.5厘米、腹围57.8厘米、口径9.8厘米。

科学研究

《江西靖安郑家坳古墓葬第一次发掘报告》（南京《东南文化》1989年第一期）

《江西靖安郑家坳古墓葬第二次发掘报告》（陕西《考古与文物》1994年第二期）

《寨下山遗址调查报告》（江西《南方文物》1991年1期）

宣传教育　先后出版了《靖安县文物志》、《宝峰寺》、《靖安客家初探》、《许逊破石擒孽龙》、《江西文物古迹旅游博览》；举办了《赣西北人类文明的曙光》讲座，制作了影视录像专题片《47具神秘棺木之迷》。

经营管理

[单位性质]　国营事业单位

[经费来源]　财政拨款

[机构设置]　共设立了办公室、保卫科、陈展部三个部室。

[人员编制、组成]　4人，50岁以下占75%；高中（中专）占50%，本科占50%。

[观众接待]　2007年参观人数达到2万人

参观指南

[地址]　江西省靖安县水口街

[邮编]　330600

[电话]　0795-4663031

[电子信箱]　Jabwg@163.com

[开放时间]　全年开放，9:00—16:00

（撰文：靖安县博物馆）

新干县大洋洲商代青铜博物馆

Dayangzhou Shang Bronze Museum

概述

类型　社会科学类文物专题博物馆

隶属关系　隶属于新干县文化广播电视局，与新干县博物馆两块牌子一套人马

创建时间　2003年3月动工，2003年6月建成

正式开馆时间　2003年6月8日

所在位置　新干县大洋洲镇程家村

新干大洋洲青铜博物馆

商　双面神人青铜头像

商　乳钉纹虎耳铜方鼎

商　四足铜立鹿耳大甗

商　青铜伏鸟双尾虎

面积　1600平方米

建筑、布局　前有大道及绿化带，馆建筑本身为40×40米正方形。单层砖混结构，博物馆主体建筑坐东朝西，上圆下方，呈正方形，似青铜方鼎，四角装饰着四尊高1.64米，长3.12米的"伏鸟双尾虎"仿制品，象征着虎踞江南的豪气与神威。外围是四根高叉斜梁，最高处离地19米，梁角是双面神人铜头像的羊角，是博物馆吉祥神圣的文明向上的标志，整个建筑气势恢宏，壮观气派。

大洋洲商代青铜博物馆区占地80亩，主馆面积达1580平方米，共有6个展厅，以"虎踞南国"为总标题，分为"器藏以礼"、"兵戎征伐"、"渔樵耕织"、"狩厉之美"、"天人合一"、"王气南来"六部分以文物来展示新干商墓文化内涵，共展出图版60多块，彩图200余幅，青铜器、陶器文物90多件，展线长100余米，在这座艺术殿堂里，可以一览国宝重器的璀璨光彩，聆听青铜王国的神奇故事。

历史沿革　1989年9月，在大洋洲发现商代大墓，出土青铜器等文物千余件，为展示青铜文明风采，特在该墓址旁建设青铜博物馆。

历任馆长　郑林生（2003.8至今，与县博物馆合二为一）。

业务活动

基本陈列　《新干大洋洲青铜文化展》，内容为介绍展出大洋洲商墓出土文物及商墓发现发掘保护的全部过程。以通排玻璃立式展柜，配以面灯、射灯，陈列面积1400平方米，展出110件青铜文物仿制品（出土原件藏于江西省博物馆）。

　　［重要展品］　青铜双面神人器、扁足鼎

经营管理

　　［单位性质］　国营事业单位

　　［经费来源］　国家拨款

　　［机构设置］　与县博物馆合二为一

　　［人员编制］　人员编制与县博物馆一起

　　［观众接待］　年接待观众1万人次

参观指南

　　［地址］　新干县大洋洲镇程家村（105国道1821公桩处）

　　［邮编］　331301

　　［电话］　0796-2783469（办公室）

　　［开放时间］　全年开放

　　（撰文：新干县博物馆、大洋洲商代青铜博物馆）

新干县博物馆
Xingan Prefectural Museum

概述

类型　社会科学类文物专题博物馆

隶属关系　隶属于新干县文化广播电视局

创建时间　1982年10月

正式开馆时间　1990年7月

所在位置　新干县金川镇滨阳路3号

新干县博物馆新大楼

面积　占地面积300平方米、建筑面积1200平方米

建筑、布局　五层砖混楼房，平顶圆穹面风格。一楼、二楼为展厅、文物库房，三楼为办公用房，四楼、五楼为职工住房。

历史沿革　原来的历史文物陈列室设立在新干县农业展览馆，1984年拆除扩建新馆于滨阳路，新馆于1986年动工，1990年建成交付使用。

历任馆长　杨日新（1984～1995.6）；郑林生（1995.7～1996.8　副馆长主持工作）；段学林（1996.8～2003.8）；郑林生（2003.8～2006）；朱福生（2006至今）。

业务活动

基本陈列　《新干县历史文物展》，内容为历年出土、征集到的各类文物藏品，陈列面积80平方米，展出藏品120件。

[重要展品]　吉州窑彩绘奔鹿罐、吉州窑海涛纹三足炉。

专题陈列　新干县大洋洲商墓出土文物资料展，展厅面积50平方米

藏品管理

[藏品来源]　主要来源于考古发掘、接收移交、本

宋　彩绘卷叶纹瓶

元　彩绘草叶纹三足炉

元　彩绘海涛卷叶纹三足炉

馆征集、其他执法部门移交。

[藏品类别]　包括铜、铁、陶瓷、石刻、玉、纸质书画等。

[藏品统计]　共计2161件。

[重要藏品]　吉州窑缠枝纹彩绘瓶

宣传教育　1999年出版《新干文物史料》

经营管理

[单位性质]　国营事业单位

[经费来源]　国拨

[人员编制、组成]　定编7人，实有9人。高级职称1人，中级职称2人，大学4人，大专3人。

［观众接待］ 年接待观众5000人次

参观指南

［地址］ 新干县金川镇滨阳路5号

［邮编］ 331300

［电话］ 0796-7136690（办公室）

［开放时间］ 9:00－16:00

［票价］ 免费

（撰文：新干县博物馆）

新余市博物馆

Xinyu Municipal Museum

概述

类型 地方综合性博物馆

隶属关系 隶属于新余市文化局

创建时间 1983年

所在位置 新余市仙来中大道61号

历史沿革 1983年新余撤县恢复地区级市时，由当时的新余县文物普查队与罗坊会议纪念馆合并成立。下辖罗坊会议纪念馆、傅抱石纪念馆、爱国主义教育展览馆和民间珍宝馆等四个分馆组成，其中：

罗坊会议纪念馆位于新余市渝水区罗坊镇彭家村。是为了纪念1930年毛泽东、朱德率领的红一方面军总前委与李文林、曾山领导的江西省行委召开的罗坊会议和毛泽东兴国调查会这两大事件而建的一个专题纪念馆。1973年开始筹建，1976年建成开馆，其前身是罗坊会议旧址陈列馆。建筑面积2600平方米，为一座仿古四合院式建筑。

傅抱石纪念馆位于城区抱石公园内。是为了纪念新余籍我国当代著名国画家傅抱石，于2004年傅抱石诞辰100周年建成开放。其前身是1985年成立的傅抱石展览馆。占地面积8000平方米，为一座仿古江南园林式建筑。

爱国主义教育展览馆位于仰天西大道，1994年筹建，1997年建成开放。建筑面积1800平方米，为一座仿古四合院式建筑。

民间珍宝馆位于爱国主义教育展览馆东侧。是收藏新余市民间文物收藏者吴立三捐赠文物的专题馆。2002年9月建成开放，建筑面积1500平方米。馆外型为馆藏东汉五管瓶造型。

历任馆长 胡元洪（1983～2000）；高增忠（2000至今）。

业务活动

基本陈列 《新余市民间文物珍宝展》面积1100平方米；《傅抱石生平事迹及作品展》面积700平方米；《新

1.罗坊会议纪念馆全景 2.民间珍宝馆全景 3.傅抱石纪念馆全景

余之光》面积850平方米；《罗坊会议》面积500平方米；《新余人民革命斗争史》面积200平方米；《兴国调查》面积200平方米；《新余历史名人图片展》面积150平方米。

藏品管理

[藏品来源]　主要来源于征集、收缴、打击、接交、发掘、清理等渠道。

[藏品类别]　包括瓷、陶、玉、石、木、铜、铁、银、纸、绢等

[藏品统计]　藏品数量为11050件，其中一级文物10件，二级文物37件，三级文物385件。

[重要藏品]　新余市博物馆通过保存下来入库文物藏品总数，按实际计数数量为按传统计藏品有以下三大系列：

（1）字画作品。古旧字画180件，近现代名家字画235件，这些字画作品有如下特点：一是来源清楚：如古旧字画原为新余县文化馆于上世纪五、六十年代收藏而移交，现代名家字画，均是1985年新余市"抱石公园"命名典礼和1994年开展纪念傅抱石诞辰90周年和2004年纪念傅抱石诞辰100周年活动时，名家云集新余现场所作或寄赠，特别是傅抱石夫人罗时慧赠送傅抱石遗作《雨后奔泉图》、《烟云峡江图》和新余县文化馆移交傅抱石原作《蔬菜园》、《山居图》、《松雪图》，十分珍贵。二是名家多、精品多、数量多，有林散之、赵朴初、吴作人、王蘧常、王个簃、钱君匋、关山月、程十发、吴青霞、范曾、赖少其、武中奇等名家作品；三是古旧字画特色强，有一批明清时期名人所作的名人像及名家作品，经专家鉴定，很有地方特色。

（2）明代服饰：

1996年4月23日，江西省考古队、中国丝绸博物馆、上海自然博物馆、新余市博物馆对新余市渝水区水北镇二座明墓进行科学发掘和整理，出土文物有袍、裙、襦、衫、裤、帽、被、鞋、席、袋各类棉质品服饰和丝织品服饰共117件；质地有：绸、罗、缎、麻、棉、绢、草等七类；出土的服饰文物如：云纹暗花褶间裙、罗赭色大襟右衽襦、右衽圆领夏布衫、草席、布公鸡、罗面翘头弓鞋等。以其数量之多、质地之丰富，款式之多样、花纹之精美极为引人注目，具有科学研究、历史意义、艺术价值，是一批极其珍贵的服饰文物。埋藏至今，从未扰乱，保存完好，在地处江南地区的江西实属不易，尤其是江西中部偏西——新余，更属罕见。对研究我国手工业、纺织业、印染业、服饰特色和服饰演变提供了极有价值的珍贵资料，为研究新余地方史、地方习俗、地方经济提供了很好的实物资料。

（3）拾年山遗址文物：

拾年山遗址位于新余市北郊30公里水北镇拾年山村庄，是一座具有一定布局特色的新石器晚期的原始村落遗址。1986年至1989年，经江西省考古研究所、厦门大学人类系、新余市博物馆联合进行三次发掘清理，出土了陶鼎、缸、瓮、罐、豆、壶、钵、簋；石镬、锄、斧、铲、锛、钺、流星、刀、环形穿孔器、磨棒、凿等400余件，年代距今约6000～4000年。它所反映的文化面貌与中原地区、长江中下游地区、东南沿海及岭南地区均有联系，填补了江西石器时代考古学编年系列缺环，考古界领域称之为"江南半坡"。

元银饼　原由新余市工商银行保管，1986年1月市工行移交新余市博物馆收藏。银质：黑灰色，圆形翘起成弧形，一面素纹，一面铸有乳钉（系木模制造）。银饼为零散银两之用。直径7.1厘米，厚0.2厘米，重145克。1995年6月1日，全国文物鉴定小组鉴定为壹级乙，据杨伯达介绍，此种银饼十分罕见。

南宋吉州窑锭形彩绘瓷枕　1982年4月，新余县南塘乡南塘中学师生在学校附近花生地中整理土地时，出土瓷枕一件，由廖尚敏老师保管。1983年廖尚敏老师捐赠国家，已为新余市博物馆保管。瓷质，器物为锭形，造型均整，两端近似正方形，向枕中部均匀地凹下，瓷枕四面成弧形。中空，乳白色釉底绘以棕褐色（微泛黄）菊花等花纹图案。两端正方形内绘菊花一朵，一端中央处留有0.8厘米气孔一个，瓷枕一面绘写的菱形格内分别填以菊花一朵，另一面绘"工"形几何纹（即古锦）图，另二面绘写相同形状菊花各一朵。布局匀称，画笔流畅。长23厘米，宽11.3厘米，腹围8厘米。它是江西吉州窑代表性产品之一，已选入《中国陶瓷》大型画册，分中、日、英三国文字出版。1995年6月1日，全国文物鉴定小组鉴定为壹级。

傅抱石《蔬菜图》　1952年新余县文化馆征集到罗坊区保存的《蔬菜园》轴画一幅。1982年，移交新余市博物馆保管。纸质、立轴、画面绘写白菜、萝卜、荸荠，外加一个平度菜蓝，除萝卜浅红色、荸荠略加淡赭色外，基本上是水墨画。右上角题款："甘香得自淡淡余，玉釜官厨味不如，他日闲居歌十晦，掩关常读老农书。丙子春初取复堂意并录垫人诗句抱石"。白文印"抱石"。纵65.1厘米，横40厘米。作者：傅抱石，年代：1936年。

元鎏金葵菊纹银盘　1982年下半年，新余水西公社简村村民，简礼云烧窑取土发现。1983年初，简礼云将此盘捐献国家，现由新余市博物馆收藏。银质，色泽银白色，鎏金，圆形，浅腹，腹壁斜收，平底微凹，盘口呈菊瓣形，腹部锤压成内凹状48瓣花纹，与盘口菊瓣相互对应。

南宋　吉州窑彩绘瓷枕

元　鎏金葵菊纹银盘

傅抱石《山居图》

盘内底中央锤击凸起高浮雕菊花一朵，镌刻绶带蝴蝶一对。整器模压，锤鲽盛型。据伴随物佐证年代为元代。系生活用具。1995年6月10日，全国文物鉴定小组专家鉴定为壹级，口径16.5厘米，底径12.1厘米，高1.7厘米，重107.6克。

傅抱石《松雪图》　1952年，江西省新余县文化馆征集到罗坊区保存的《松雪图》一幅。1982年，移交新余市博物馆保管。纸质、立轴，画面绘写：简括的房屋，疏朗的树木，伫立的人物，迷濛的远山。其绘画技法为早期"抱石皴"，稍设色。左上角题款："志比青松雪残调，丙子二月抱石。"钤白文印"抱石画课"，纵68厘米，横45厘米，作者：傅抱石，年代：1936年。

明云纹暗花褶裥缎子裙　1996年5月2日，江西省新余市北郊水北镇明墓出土，江西省考古研究所、中国丝绸博物馆、新余市博物馆清理。质地为缎，用缎做面，罗纱垫底和做腰头，用提花技术织成暗花云纹，均为大杂、四云头云纹，舒曲伸展，颜色呈浅黄色，与裙底茄菲色相瓦辉映，显得高贵华丽。长86厘米，宽56.5厘米，腹围103厘米。明代，江西省文物鉴定小组鉴定为二级。

宣传教育　出版物有：《罗坊会议》（浙江大学出版社，1994）；《翰墨情——纪念傅抱石书画作品集》（中国文联出版社，2007）；《风物录》（1988）。

经营管理

[单位性质]　国营事业单位

[经费来源]　政府拨款

[机构设置]　"二部三室"即：文物保护部、陈列保管部、办公室、罗坊会议纪念馆管理办公室、仰天岗爱国主义教育基地管理办公室。

[人员编制]　28人

[服务观众项目]　服务设施较为齐全，江西省文博干部培训中心设在罗坊会议纪念馆内，住宿、餐饮、会议室设施俱全，可承担会议、培训工作。

[观众接待]　年接待观众10万人次左右

参观指南

[地址]　新余市仙来中大道61号

[邮编]　338000

[电话]　0790-6442186

[电子信箱]　gzz67@sohu.com

[网址]　http://www.xyswhj.cn/

[开放时间]　8：30—17：00

[票价]　免费

（撰文：高增忠、章国任）

新建县博物馆

Xinjian Prefectural Museum

概述

类型　地方综合性博物馆

隶属关系　隶属于新建县文化广播电视旅游局

创建时间　1987年

正式开馆时间　1987年10月

所在位置　新建县解放大道文化大楼

1.新建县博物馆　2、3　《汪山土库复原陈列展》

面积　360平方米

建筑、布局　新建县文化大楼四层为新建县博物馆，整幢房屋为砖泥结构，房屋坐西朝东，呈长方形，文物库房为钢筑水泥结构，展厅为框架结构。

历史沿革　1987年10月，新建县文化馆分立为文化馆和博物馆两家

历任馆长　徐兴万（1987～1997）；梁朝阳（1998至今）。

业务活动

基本陈列　《小平车间复原陈列展》，占地面积535.5平方米，在邓小平劳动车间进行复原陈列展出；

《艰难岁月展厅》，占地530平方米，收集了邓小平在新建县劳动期间（1969年10月至1973年2月）的生活照片、生活用品、劳动工具；

《拖拉机、汽车展厅》，占地230平方米，展示邓小平在新建期间与新建人民的友情及复出后邓小平对新建县拖拉机配件厂的关心；

《汪山土库复原陈列展》，汪山土库是名人程天放的故居，汪山土库陈列展示程氏家族辉煌历史，再现了"江南小朝庭"，堪称江南一绝的建筑艺术、建筑风格和建筑规格。

藏品管理

[藏品来源]　主要来源于出土、征集、工商、公安、海关等部门移交。

[藏品类别]　包括陶瓷、书画、家俱、金银器。

[藏品统计]　共计1500余件，其中乐安王墓出土的陶器、金银器属精品，2006年征集的洪洲窑青瓷为最具代

明　仿铜鎏金龙耳双环瓶

南宋　青白釉印花砚滴

明　金帽饰金龙钩

明　金香囊黄金带钩

北宋　青白釉狮形瓷枕

表性的馆藏文物。

[重要藏品]　明仿铜鎏金龙耳双环瓶　陶质，1987年2月望城乐安王墓出土。

南宋青白釉印花瓷砚滴　1990年12月石岗东安村农田基本建设出土。

明金香囊黄金带钩　1987年望城乐安王墓出土。

明金帽饰金龙钩　1987年2月望城乐安王墓出土。

北宋青白釉狮形瓷枕　1984年铁河乡东红村出土。

[藏品保护]　馆藏文物在确保安全方面加强硬件设施建设，"三铁一器"的安防标准基本到位，同时，在做好物防、技防的基础上加强人防措施，确保文物安全。

经营管理

[单位性质]　国营事业单位

[经费来源]　财政拨款

[机构设置]　下设办公室、保卫股、宣教室等部门

[人员编制]　在编工作人员9名，离退休人员5人，借用人员2人。

[观众接待]　年接待观众20余万人次

参观指南

[地址]　江西省新建县解放大道文化大楼4楼

[邮编]　330100

[电话]　13970865826

（撰文：新建县博物馆）

樟树市博物馆

Zhangshu Municipal Museum

概述

类型　地方综合性博物馆

隶属关系　隶属于樟树市文化局

创建时间　1960年

正式开馆时间　1962年

所在位置　江西省樟树市广场路35号

面积　3000平方米

建筑、布局　为砖混结构。风格特点均为现代建筑。

展厅：二层，1100平方米；办公楼与库房：四层（含地下

室），560平方米；宿舍：二栋，四层，1200平方米。

历史沿革 樟树市博物馆（原名清江县博物馆），是江西省成立最早、文物保护单位最多、藏品最为丰富的县级综合性历史博物馆之一。于1960年组建，1962年正式对外开放。1973年以前曾与文化馆合并，1973年恢复博物馆。

历任馆长 舒文烈（1973.3～1980.5）；李玉林（1980.5～1984.6 副馆长）；刘子清（1984.6～1985.11）；黄冬梅（1985.11～1987.8 副馆长）；付冬如（1987.8～1989.7）；周春如（1987.7～1999.6）；李昆（1999.6至今）。

1.樟树市博物馆 2.展厅一角 3.《文物珍品陈列》

业务活动

基本陈列 《樟树古代简史陈列》和《樟树药、酒、盐、化史展览》。

《樟树古代简史陈列》主要以版面，辅以图片、文物的形式，展示樟树从原始社会到清代的历史发展进程。

《樟树药、酒、盐、化史展览》主要展示具有樟树特色的药、酒、盐、化工产品以及樟树药、酒的历史发展进程。以仿古复原、图文并茂，利用实物、模型等提高陈列效果。陈列面积800平方米。展出藏品数65件。

专题陈列 《樟树市文物珍品陈列》，展厅面积50平方米。

[特色展品] 柳叶形云雷纹青铜矛、云雷饕餮纹一号列鼎、御制松花石砚、十字穿孔玉蛙等。

藏品管理

[藏品来源] 主要来源于捐赠、征集、发掘、交流、收缴等。

[藏品类别] 包括石器、陶器、瓷器、青铜器、玉器、木雕、金银器、牙雕木刻、砚台篆刻、名人字画、古籍拓本、丝绸织品、石雕碑碣等。

[藏品统计] 藏品总数14362件，其中已定一级文物24件、二级文物211件、三级文物2218件、一般文物11909件。各类藏品数量：铜器（包括钱币）8236件、陶瓷器3487件、石器285件、玉器235件、字画、碑帖1513件、杂件282件、金器20件、银器105件、铁器54件、木器65件、玛瑙29件、骨器4件、水晶5件、象牙20件、布5件、琥珀4件、铅3件、锡4件、镍6件。

[重要藏品] 商柳叶形云雷纹青铜矛 矛身作柳叶形，通长37厘米、矛身长25.6厘米，脊部起棱线，中间一条棱线直贯锋部，骹中空，周表阳铸三组螺旋纹与云雷纹组合纹饰。

西周云雷饕餮纹一号列鼎 该鼎宽沿外折，竖耳中空，腹较深，下腹外鼓，圆底，足中空与底部相通，饰云雷饕餮纹，通高77厘米、口径48.5厘米。

清御制松花石砚 砚堂宽平，墨池随形而就，上下左右凸边饰云雷纹一周，砚壁四周平面浮雕夔图案，长11厘米、宽6.9厘米、高2.3厘米。

春秋十字穿孔玉蛙 十字穿孔微雕，蛙状，饰稻穗纹，长1.4厘米、宽1.2厘米。

[藏品保护] 采用恒温恒湿，以及闭路电视监控、红外线声控、形控等安防设备。采用不同类别器物分类管理、保护等措施，同时采用电脑数字化管理。

商　柳叶形云雷纹青铜矛

春秋　十字穿孔玉蛙

清　御制松花石砚

西周　云雷饕餮纹一号列鼎

科学研究　博物馆现有高级职称2人、中级职称4人、初级职称2人。发表学术论文100余篇。

宣传教育　编辑出版《樟树五千年》一书，作者李昆，由樟树市政协文史资料研究委员会于1992年12月出版；《古国名邑　中华药都》一书，作者李昆、黄水根、张建仕、廖九如，江西省人民出版社出版发行；《吴城——1973～2002年考古发掘报告》，江西省考古研究所、樟树市博物馆编写，《科学出版社》2005年9月出版。

交流合作　20世纪70年代，与上海博物馆、江西省博物馆进行过文物交流。1998年与江西省博物馆进行过《井冈山革命斗争史展览》交流。2000年与江西省博物馆进行过青铜器展览交流。

经营管理

　　[单位性质]　国营事业单位

　　[经费来源]　国家拨款

　　[机构设置]　下设办公室、陈列股、文物股、保卫股。

　　[人员编制、组成]　12人。博物馆现有专业技术人员8人，其中高级职称2人、中级职称4人、初级职称2人。工

勤人员4人。

　　[服务观众项目]　休息场所、卫生间等。

　　[观众接待]　年接待观众2万人次。

参观指南

　　[地址]　江西省樟树市广场路35号。

　　[邮编]　331200

　　[电话]　0795-7332754

　　[传真]　0795-7332754

　　[电子信箱]　weimin1012@163.com

　　[开放时间]　周二至周日，8:00—17:00

（撰文：樟树市博物馆）

德安县博物馆

Dean Prefectural Museum

概述

　　类型　社会科学类文物专题博物馆

　　隶属关系　隶属于德安县文化广播电视局

1.德安县博物馆大门　2.德安县博物馆主建筑正门　3.基本陈列一角

创建时间　1978年10月

正式开馆时间　1984年10月1日

所在位置　德安县西义峰山风景区南麓

面积　12000平方米

建筑、布局　整座建筑为砖、石、木混合结构，石砌台座，青砖灰瓦，木格花窗门扇，雕龙画栋。建筑分前堂、中堂、后堂。前后三进，天井四个。后院建有花园、松厅；前有门亭，接官厅（接待室），东侧为花岗岩仿古护栏；西侧为新建的仿古办公楼、陈列大厅和文物库房，院内房舍依山而建，错落有致，绿树成荫，院外苍松翠柏，掩映其间，属中国传统庭院风格，是江南地区清代官邸庭院典型建筑。

历史沿革　1978年，在原县文化馆文物陈列室基础上成立德安县博物馆筹备处，周迪人任筹备处负责人。筹建后经报江西省文物行政主管部门批准，四次拨专款8万元，将坐落在德安县"湖塘水库"库区内车桥镇白水街长庆村，原清代道光十七年钦点双眼花翎御前侍卫官夏炽南故居——"侍卫府"按原样迁建至县城西义峰山风景区南麓，辟为博物馆馆舍。1991年，国家文物局下拨兴建文物库房专款20万元，馆自筹资金30余万元，新建一座面宽30米，进深35米上、下三层，面积2000平方米，仿清代古建筑，钢筋混泥土结构的文物库房和陈列大厅。1984年9月正式成立德安县博物馆和德安县文物管理所（合署办公，一套人马两块牌子）。同年10月1日正式对外开放。

德安县博物馆下属的德安县人民革命史陈列馆，利用江西省北部地区最早成立的苏维埃政府旧址——石鼓殿（德安县文物保护单位）为馆舍（位于吴山乡蔡河村）。占地面积400余平方米，建筑面积180余平方米，为砖、木结构的清代古建筑。后经维修保护，于2005年10月布展开馆。馆内陈列有德安人民革命斗争史史迹，德安县革命烈士名录以及征集的大革命时期文物20余件。

历任馆长　周迪人（1984.10～1997.7）；袁冰（1997.7～1998.7）；杨明（1998.7～2005.4）；余庆华（2005.5至今）。

业务活动

基本陈列　《德安县历史文物陈列》　陈列了各个历史时期的玉器、石器，商周时期木器、骨器、青铜器、陶器，以及秦汉、隋唐、宋元、明清等各个时代的青瓷、青白瓷、元青花、釉色瓷、金银器杂项等文物100余件。

专题陈列　1988年9月和1990年8月，抢救发掘出土了德安"南宋周氏墓"，德安"明代熊氏墓"两具保存完好的女尸及其随葬品。专题展陈列了出土的南宋丝绸服饰、明代丝、麻、棉、扎染服饰和两墓的金、银器饰品，化妆用品近100余件（套），陈展面积达1000余平方米。此外还举办了一些专题性、纪念性和临时性展览，包括《禁毒展》、《世界海洋贝螺展》、《九江抗洪展》、《澳门回归展》、《反腐倡廉展》、《中国古代货币展》、《京九铁路德安段抢救出土文物展》等。

藏品管理

［藏品来源］　主要来源是征集、采集，其次是配合大型基本建设和抢救性发掘出土而入馆收藏的。

［藏品类别］　石器、石雕、玉器、木器、角器、青铜器。金银器、墓壁画、陶瓷器、杂项以及宋、明丝绸、棉麻服饰等。

［藏品统计］　馆藏文物及重要标本近万余件，藏有不同历史时期的包括国宝级文物1件，一级文物39件（套），二级文物162件（套），三级文物259件（套）。

［重要藏品］　有新石器时代晚期玉琮、商代木垂球、木标墩、木桶、青铜纺轮、青铜剑、青铜矛、青铜觚、甬钟、石范，唐宋时期唐三彩，宋代纪年墓青白瓷各类粉盒、青白瓷钵、青白瓷斗笠碗、青白瓷执壶，元代青花八棱玉壶春瓶，宋明时期丝绸，棉麻服饰以及明清时期各类瓷器。

商　玉琮

商　石范

商周　青铜纺轮

商　觇标墩

南宋　绢地彩绘星宿图

元　青花八棱玉壶春瓶

新石器晚期　玉琮

北宋　青白瓷堆塑粉盒

南宋　服饰

[藏品保护]　在藏品保护中对不同质地的文物采取针对性保护措施，进行科学保护和科学管理。在防止人为损伤方面加大科学管理力度，使之不受到人为破坏。但在自然老化，物理生物因素的破坏情况下有些不足。对大批的宋代、明代丝绸、棉麻服饰，在国家文物局下拨专项保护经费后，已启动保护措施。由中国丝绸博物馆、丝绸文物保护中心对其进行现代科技手段，结合传统技术加以初步保护。

科学研究　1985年7月和1986年9月间先后举办两次全国明代藩王研究会，出席专家学者90余人，收集论文80余篇。1997年编辑出版江西德安《南宋周氏墓》专著，由江西省人民出版社发行。1984年7月和1985年5月与江西省文物考古研究所联合对省级文物保护单位石灰山商代遗址进行二次发掘，简报见于《东南文化》1984年5期。为配合京九铁路大型建设，与江西省文物考古研究所联合考古发掘商周时期陈家墩遗址、蚌壳山遗址、猪山垅遗址、黄牛岭遗址、祭祀台遗址、棺山汉墓群在《南方文物》发表。《江西德安南宋周氏墓清理简报》（文物1990年9期），《江西德安明代熊氏墓清理简报》（文物1994年10期）。2006年7月完成了中国文物地图集江西卷德安文物地图集。

交流合作　《"南宋周氏墓"出土文物展》，1993年3月应邀赴北京自然博物馆举办展览。展出后又应邀赴中国丝绸博物馆，江西省博物馆，以及广东、江苏、山东、天津、吉林等省作巡回展览数年，展出文物60余件。1993年3月，德安县博物馆《馆藏文物精品展》应邀赴故宫博物院在乾清宫展览。展出文物80余件，其中玉琮、青铜器、木器、骨器，两宋时期的青白瓷，元代青花八陵玉壶春瓶、宋明丝绸、棉麻服饰，以及国宝级南宋"丝绸彩绘星宿图"等一级文物60余件。在北京展出期间，故宫博物院，北京自然博物馆分别举办两次新闻发布会。各大媒体相继报道宣传。国家文物局、故宫博物院、北京自然博物馆等领导、专家、学者张德勤、张柏、马自树、杨新、单士元、耿宝昌、冯先铭、杨臣彬、张广文、单国强等出席开幕式，参观展览。出席全国人大、政协两会江西省代表集体参观。1997年8月，德安南宋周氏墓出土的"丝绸彩绘星宿图"和商代出土的冶炼"坩锅"参加由国家文物局，中国历史博物馆举办的《中国古代科技文物展》。1988年4月德安北宋景祐四年青白瓷折肩钵参加《中国江西省文物展》在日本展出。

经营管理

[单位性质]　国营事业单位

[经费来源]　财政拨款

[机构设置]　设文物管理所、办公室、陈列保管部、群众工作部。

[人员编制、组成]　编制11人。初级职称2名，中级职称2名，副高职称1名。

[观众接待]　自1978年以来，先后接待了国家文物局领导吕济民、马自树，著名专家罗哲文、冯先铭、张忠培以及俄罗斯、瑞典、美国等博物馆领导和学者到德安县博物馆视察，参观指导。

参观指南

[地址]　江西省九江市德安县蒲亭镇义峰路113号

[邮编]　330400

[电话]　0792-4332630（办公室）

[电子信箱]　deanmuseum@126.com

[开放时间]　9:00－17:00

[票价]　免费

（撰文：周迪人、余庆华）

鹰潭市博物馆（中国道教文物收藏馆）

Yingtan Municipal Museum（Depository of Chinese Taoist Relics）

概述

类型　地方综合性博物馆

隶属关系　隶属于鹰潭市文化局

创建时间　1984年8月

正式开馆时间　2000年11月

所在位置　鹰潭市湖西路

面积　3580平方米

建筑结构　整体建筑为坐东朝西4层框架结构

历史沿革　1983年7月，鹰潭市升格为省辖市。1984年8月，批准成立鹰潭市博物馆，租用鹰潭市影剧院公房办公，1997年4月举行建馆典礼，1999年12月新馆竣工投入使用。2000年8月报请国家文物局、中国道教协会同意，鹰潭市人民政府批准成立"中国道教文物收藏馆"，与市博物馆合署办公，两块牌子，一套人马。馆名由著名学者、书法家启功题写。2005年9月，市旅游局批准，鹰潭市博物馆成为对外开放旅游景点单位，接待海内外游客。

历任馆长　杨巨源（1984.8～1992.2 副馆长）；曲利平（1992.3～1996.12 副馆长）；严发贵（1997.1～1999.6）；张怀群（1999.7～2000.5 副馆长）；王卫东（2000.6～2001.6 书记）；朱爱英（2001.7～2005.7 副馆长）；张卫平（2005.8～2008.4 副馆长、馆长）；陈福云（2008.5至今负责人）。

业务活动

基本陈列　第一展厅：《中华一绝——仙水岩崖墓群》

距今2600多年的春秋战国崖墓群坐落在风景秀丽的龙虎山景区。其独特的殡葬方式、殡葬器具、随葬物品、堪称中华一绝。最具代表性的是一套完整的斜织机构件的发现，将中国成熟的纺织机械史向前推进了500年。

第二展厅：《道教炼珠》

道教是中国土生土长的宗教，在中华大地上演绎了1800多年的历史，众多的道教遗存和文物奠定了上清天师府道教祖庭的历史地位，使龙虎山成为名符其实的道教发祥地。国内最大的道教铜镜仿佛在叙说一个个久远的故事。

第三展厅：《鹰潭文明的溯源——角山商代窑址》

鹰潭角山窑址的发现、发掘，揭开了商文化不过长江的神秘面纱，3400多年前的角山制陶遗迹，充分说明了这里是我国迄今为止发现的时间最早的贸易化专业陶器生产基地。当时最先进的马蹄形圆窑和龙窑出土的3000余件器物将鹰潭灿烂悠久的文明展示在世人面前，足以让人耳目

鹰潭市博物馆大楼

角山刻画符号

一新，流连忘返。

陈列面积总计1156平方米，展出藏品958件。

藏品管理

[藏品来源]　主要来源于铁路打击文物走私上缴、当地出土、有偿购买、各类捐赠等途径。

[藏品统计]　共收藏各类文物精品2700件，其中一级品2件，二级品19件，三级品195件。

[重要藏品]　道教铜镜：宋朝所铸，镜面圆形，直径17.6厘米，镜背有内外两个圆圈，圈内铸有精细的图案

南宋　道教铜镜

宋　水晶蛙纽盒

唐　相国房公砚

和文字。内圈8.3厘米，上端铸有象征北斗和二十八星宿的三十五颗星点图，中心为拱形纽，内有孔可穿线悬挂，上面直书"四三太上老君大负护人"十字，右有"真皇"、"四真星白"两行六字，左有"四三"、"籍君司命定"、"参星皇大帛"三行十二个字，外围分铸成八格，形似八卦，每格铸有道教符箓山水雷电等图案，为道教超度亡人所用。

角山刻画符号：角山商代窑址出土的器物上有指甲或尖状物刻画符号，通常在器物的口、肩、把手、内外底等部位，均为器物成坯之后入窑烧造之前刻划，符号初步划分为四大类：表数类、标记类、文字类、其它类，共有250余种，2500多个，数量居国内古文化遗址出土之首。

宋水晶蛙纽盒：出土于1986年江西省余江县画桥镇岳庙江家村宋墓。盒通长13.5厘米，宽8厘米，高5厘米。盒盖呈椭圆形，长8.2厘米，宽6.6厘米，盖上有蛙纽。此盒属闺房化妆用具，天然水晶雕塑而成，质地细腻，工艺精美，胎体致密厚重，莹润光亮，呈透明状，是一件难得的艺术珍品，为国家一级文物。

唐相国房公砚：唐代最大的砚台，1982年在江西省余江县马荃镇倪家村发现，砚台长77厘米，上端宽为54厘米，下端宽60.5厘米，厚16厘米，砚台底部窄，面部阔，近似椭圆形，重约75公斤，砚台面边沿及砚台四侧有宋、元时期的题刻十七条，其字体大小不一，砚台上的书法有楷书和隶书，笔划遒劲，造诣颇深。

科学研究　鹰潭市博物馆成立以来，重视培养人才，通过专业学习和工作实践锻炼，逐步建立了自己的专业人才和科研队伍，为博物馆事业的发展奠定了一定的基础。

市博物馆发表的论文有：

陈福云《谈博物馆职业道德建设》（《南方文物》，2002.2）；陈福云《上古长江中下游地区铜矿研究》（《东方博物》，2002.9）；王卫东《再谈文字的产生与演变》（《南方文物》，2003.11）；赵雪娟《彩绘人面陶壶》（《南方文物》，2004.2）。

交流合作　20多年来，在上级业务部门的大力支持帮助下，鹰潭市博物馆努力开拓学术交流活动，同江西省文物考古研究所合作于1983年、1986年、2001年、2003年对角山商代窑址进行了四次发掘整理，出土了大量文物，取得了丰硕的研究成果，基本上廓清了窑址的文化堆积，充分地展现了角山古越民族所创造的一个又一个商代"全国之最"，客观地反映了三千多年前鹰潭地区经济繁荣、科技先进、文化昌盛的灿烂历史。

角山窑址位于鹰潭市人民政府东侧约四公里的角山徐家，窑场面积超过7万平方米，是迄今为止发现的夏商时期全国最大的窑场，遗存内炉窑成群，发现了马蹄窑、龙窑以及陈腐池、炼泥池、烧成坑、蓄泥池、成品池等遗迹近50座。作坊区成片，出土完整文物和可复原陶器3000余件，陶瓷碎片几十万片，其生产规模十分罕见，是当时江南地区最大的制陶专业生产基地和商业贸易基地。

角山窑址出土的器物主要有生产工具、日常生活用具和装饰物品，主要包括碗、罐、钵、杯、锛、穿孔石刀、镞等，具有特色的是三足盘、扁凹足，由高大到低矮成一系列，装饰纹样最多的是蓝纹和云雷纹，其它还有方格纹、叶脉纹，清理出一批具有重要学术价值的刻划符号。

目前，角山窑址发掘报告正在紧张整理之中，即将出版发行。

经营管理

　　[单位性质]　国营事业单位

　　[经费来源]　财政拨款

　　[机构设置]　设有办公室、业务部、产业部、保安部

　　[人员编制、组成]　在职工作人员11人，其中高级职称1人，中级职称1人，初级职称7人。

　　[服务观众项目]　休息室、程控电话、讲解员、停车场

　　[观众接待]　年接待观众6.7万人

参观指南

　　[地址]　江西省鹰潭市湖西路4号

　　[邮编]　335000

　　[电话]　0701-6221030、0701-6221031

　　[开放时间]　8:30－16:30（周一馆休）

　　[票价]　免费

（撰文：江西省鹰潭市博物馆）

赣州市博物馆

Ganzhou Municipal Museum

概述

　　类型　社会科学类历史专题博物馆

　　隶属关系　隶属于赣州市文化局

　　创建时间　1961年

　　正式开馆时间　目前正在新馆建设当中

　　所在位置　赣州市新城区兴国路市政中心对面

　　面积　30亩

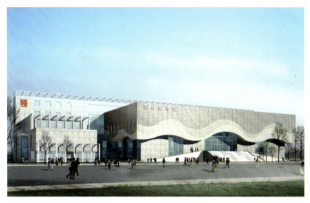

赣州市博物馆全景

历史沿革　赣州市博物馆成立于1961年，"文革"时期曾合并到当时的文化站，1978年重新设立赣州市博物馆。目前，赣州市博物馆主要是负责城区文物景点的日常管理和对外开放工作。新馆已动工建设。

历任馆长　曾平、薛翘、朱思维、韩振飞。

业务活动

基本陈列　新馆建成后，将举办《赣南客家的历史与传统文化》、《赣州城市发展史》、《赣南人民革命史》等陈列。

藏品管理

　　[藏品来源]　主要来源于出土、征购、接受捐赠等途径。

　　[藏品类别]　陶瓷、字画、金属、钱币、杂件等。

　　[藏品统计]　藏品总数3303件，其中陶瓷1430件、字画800件、金属类536件、钱币166件、杂件371件。

　　[重要藏品]　有东汉出行图绳纹墓砖、东汉青铜锺、宋代褐釉柳斗纹乳钉罐、1930年红军第四军第四纵队司令政治部布告等。

宋　褐釉柳斗纹乳钉罐

东汉 出行图绳纹墓砖

1930年红军第四军第四纵队司令政治部布告

东汉 青铜锺

[藏品保护] 文物藏品库房安装有空调，对字画文物采用人工喷药杀虫、人工装裱等保护手段。

科学研究 专著有：韩振飞著《宋城赣州》（江西人民出版社，2004.9）、黄保华、赖昌明著《赣南客家与苏维埃革命》（中国文联出版社，2005.12）、万幼楠著《赣南围屋研究》（黑龙江人民出版社，2006.12）。

赣州市博物馆编辑出版有：夏之明、邹征华主编《红色印迹——赣南苏区标语漫画选》（文物出版社，2006.8）。

宣传教育 赣州市博物馆历年举办讲座主要有：1、《赣南的历史与传统文化》、《赣南历史上的移民运动》、《赣南的传统文化与文化遗产》，主讲人：韩振飞。2、《赣南客家历史文化与旅游知识》，主讲人：万幼楠。

经营管理

[单位性质] 国营事业单位

[经费来源] 市财政拨款和门票收入

[机构设置] 内设机构有办公室、保卫科、保管研究室、文物执法科、综合管理科、宣传陈列科、郁孤台管理所、蒋经国旧居管理所、八境台管理所、文庙管理所。

[人员编制、组成] 人员编制35人，其中研究馆员2人，副研究馆员3人，馆员5人，助理馆员6人，其他21人。

[观众接待] 年接待观众15万人次

参观指南

[地址] 江西省赣州市章贡区西津路4号

[邮编] 341000

[电话] 0797-830222（办公室）

[售票处电话] 0797-8293466（郁孤台）

0797-8292285（八境台）

0797-8297921（蒋经国旧居）

0797-8238062（文庙）

[传真] 0797-8302221

[电子信箱] gzbwg@163.com

[开放时间] 8:00-17:30

[票价] 15元

（撰文：赣州市博物馆）

赣县博物馆

Ganxian Prefectural Museum

概述

类型 社会科学类文物专题博物馆

办公大楼外景

隶属关系　隶属于赣县文化局

创建时间　1984年10月

正式开馆时间　1984年10月

所在位置　赣县梅林大街东延开发区

面积　490平方米

建筑、布局　此楼为2004年3月落成的综合性办公写字楼，坐南朝北，钢筋混凝土结构，五层，博物馆居四楼。

历史沿革　赣县博物馆于1984年10月成立，在梅林大街武装部对面的县老文化馆三楼办公，场所及人员从文化馆析出。1996年6月，迁老影剧院火灾后残存的放映厅办公，原影剧院人员、财产划归博物馆。2004年3月，迁现址梅林大街东延开发区文化大楼四楼办公。

历任馆长　黄兴梁（1984.10～1987.4　副馆长主持工作）；刘书棠（1987.5～1993.6）；廖起汉（1993.7～1995.12）；江传好（1996.1～1999.12）；赖斯清（2000.1至今）。

业务活动

基本陈列　赣县博物馆展厅面积104平方米，《赣县历史文物展》，按时间顺序为展览主线。以馆藏现有文物展示赣县历史。其时间段上限商周，下限到民国。重点部分为南北朝时期的墓葬出土文物。

藏品管理

〔藏品来源〕　藏品主要是以境域出土征购为主，个别的收购，也接受捐赠。

〔藏品类别〕　藏品以南北朝出土青瓷器为代表。

〔藏品统计〕　目前登记在册文物1306件，其中一级品1件，二级品20件，三级品261件。

〔重要藏品〕　红军第二十二军司令部布告　1930年。53×36.8厘米，棉白纸质（已变黄色），楷书石板印刷，右读。文首：红军第二十二军司令部布告第一号。落

款：军长陈毅政治委员邱达山一九三〇年　月　日。盖朱红圆形篆体印章，印文：红军□□十□□□□□。正文6字一句，68句，408字。

苏维埃邮政壹分值十五枚连票　1930～1937年，连票123×86厘米，单幅22×20厘米，棉白纸质，石板印刷，无齿孔，浅红色。主题图案为持枪站立的红军战士。图案上方中间呈扇形右读"苏维埃邮政"，左右上角分别为圆框白底右读"壹""分"面值字样。背景图案是飘动的红旗，左侧红旗中央为五星放射状的半圆图案，右侧红旗中央为党徽和五星图案。

东汉陶权　高5.6，底径7厘米。形似普通铁权，正视为半圆形或凸字形体。通体饰有规律的间断线条、圆珠纹，底沿饰不规整弦纹一周。上端中间一穿孔。

唐海兽葡萄纹铜镜　11×1.3厘米。青铜质地，饰海兽葡萄纹。

宋乳钉罐　高5.6，口径5.9厘米。敞口圆唇，束颈鼓腹，内至外腹中间部施黄褐色釉，颈部饰黄白色乳钉一周。七里窑产品。

科学研究　赣县博物馆自成立以来，人员均从县域企、事业单位调入组成。以自学为主，积累了一些史料，在《考古》、《南方文物》等刊物上发表了数十篇理论学术文章。如：《赣县发现南朝墓》（《江西文物》1989年

苏维埃邮政壹分值十五枚连票

唐　海兽葡萄纹铜镜

东汉　陶权

宋　乳钉罐

1期）；《赣县出土汉代钱币》（《江西文物》1989年1期）；《江西赣县出土汉代钱币》（《考古》1992年第9期）；《江西赣县白露南朝墓》（《南方文物》1992年第3期）；《江西赣县三溪东汉墓》（《南方文物》1993年第1期）；《江西赣县白露南朝墓》（《考古》1994年第7期）；《江西赣县梅林唐墓清理简报》（《南方文物》1994年第4期）；《江西赣县南朝宋墓的清理》（《考古》1996年第1期）；《江西赣县三溪东汉墓》（《考古》1996年第12期）；《苏维埃邮政壹分值十五枚连票》（《南方文物》2001年第4期）；《江西赣县出土整窝蚤龙蛋化石》（《南方文物》2003年第4期）。

经营管理

[单位性质]　国营事业单位

[经费来源]　财政拨款

[机构设置]　行政办公室、陈列保管部

[人员编制、组成]　在编人员8人，临时工1人。中级1人，初级2人，其它5人。

参观指南

[地址]　江西省赣县梅林大街东延开发区文化大楼四楼

[邮编]　341100

[电话]　0797-4435081

[传真]　0797-4441219

[电子信箱]　gxbwg_ok@126.com

（撰文：赖斯清）

INDEX

中国博物馆志

内蒙古卷

《中国博物馆志》内蒙古卷

编辑委员会

主　　编　王志诚

副 主 编　王大方　邵清隆　张牧林　赵景琦

编　　委（按姓氏笔画顺序排列）

　　　　　丁　勇　于宝东　郭殿勇

二连恐龙博物馆

Er Lian Dinosaurs Museum

概述

类型　自然科学类古生物专题博物馆

隶属关系　内蒙古自治区锡林郭勒盟二连浩特市文化体育局

正式开馆时间　1989年10月1日原二连浩特市文物管理站更名为《二连恐龙博物馆》并对外开放

所在位置　内蒙古自治区锡林郭勒盟二连浩特市西环路中段

拟建二连恐龙博物馆新馆外景效果图

面积　占地260000平方米、建筑面积18000平方米

建筑结构　为混凝土框架结构，有显著的现代风格特点

历史沿革　二连恐龙博物馆1984年成立化石陈列室；1987年成立二连浩特市文物管理站；1988年10月筹备"二连恐龙博物馆"；1989年9月二连恐龙博物馆利用市文化馆两个活动大厅共225平方米，布置了《二连古代生物与恐龙陈列》，并将二连浩特市文物管理站更名为"二连恐龙博物馆"；1991年二连浩特市文化活动中心建成，其中一个256平方米的展厅，是博物馆的第二个馆舍，同年国庆前恐龙博物馆迁入新馆；2002年9月，2100平方米恐龙博物馆建成并投入使用；2007年9月18000平方米新恐龙博物馆开工建设。

二连浩特市文物工作始于20世纪80年代。1984年4月，自治区文化厅组织全区部分文物工作人员进行培训，二连市文化馆派出人员参加学习，从此以后二连浩特市有了文物工作者。1984年夏季，二连浩特市文化馆的工作人员开始自己采集古生物化石标本，为以后的文物工作奠定了结实的实物基础。

经过4年艰辛的工作，二连浩特市文物工作初具规模，1987年自治区文化厅要求全区各市、县都要成立文管部门，二连浩特市10月成立了文物管理站。1988年10月决定

组建博物馆到1989年9月建成。二连恐龙博物馆诞生后，先后2次搬迁，到目前已使用了3个馆舍。第一个博物馆馆舍是利用原文化馆的两个展厅，共320平方米。1991年二连浩特市政府决定建市文化活动中心，建了一个256平方米的展厅，号称二连恐龙博物馆，便是博物馆的第二个馆舍。1999年政府决定单独建一个2400平方米的博物馆，展示恐龙之乡的面貌，并使之成为二连地区的标志性建筑之一。2002年9月新恐龙博物馆建成投入使用，现在的二连恐龙博物馆馆舍，便是二连浩特市文化界与全社会所努力的结晶。目前，18000平方米的新恐龙博物馆正在建设中，预计2009年底对外开放。恐龙化石埋藏区的两个馆区占地面积300000平方米，建筑面积2000平方米。2008年8月建成开馆。

历任馆长　吴丽君（1987.10～1989.10）；孙海晨（1989.10～1998.8）；吴丽君（1998.10～1999.12）；宁培杰（1999.12至今）。

业务活动

基本陈列

[陈列内容]　古生物化石、恐龙化石原始埋藏、恐龙骨架

[陈列面积]　15000平方米

[展厅面积]　共12000平方米

[展出藏品数]　1800件套

1.陈列厅一角　2.恐龙蛋

[重要展品]　白垩纪恐龙化石

藏品管理

[藏品来源]　发掘、采集、征集

[藏品类别]　古生物化石、书画、石器、铜器。

[藏品统计]　2000件套，其中古生物化石1905件；书画71幅；石器23件；铜带饰1条。

[重要藏品]　恐龙蛋，一般直径6-9厘米，呈扁圆形，一窝4~12个不等，本窝10个。

晰脚龙股骨，残骨长1.43厘米，如复原该恐龙体长可达18米。

肉食类恐龙牙齿，二连恐龙动物群中较大的一个种类，出土的化石数量大，种属多，这5枚牙齿至少代表着3种肉食类恐龙。

鸭嘴龙坐骨，鸭嘴龙是二连地区恐龙动物群中最大的一个种群，化石出土数量最多，种数繁杂，具有代表性。该坐骨是一较小个体的鸭嘴龙。

似鸟龙颈椎骨，似鸟龙是二连地区数量较多的恐龙种类，它的个体较小，是体态轻盈的肉食类恐龙，这一个恐龙体长大约4米。

副巨犀胫骨，哺乳动物化石长74厘米，它是一个成年个体，复原身高约4.3米。

副巨犀白齿，最宽处10.5厘米，牙冠高8.1厘米。

副巨犀白齿

肉食类恐龙牙齿

经营管理

[单位性质]　国营事业单位

[经费来源]　财政拨款

[人员编制]　3人

[观众统计]　年均3000~4000人次

参观指南

[地址]　内蒙古自治区锡林郭勒盟二连浩特市西环路

[邮编]　011100

[电话]　0479-7521324（办公室）

[传真]　0479-7525362

[开放时间]　8：30－18：30

[票价]　10元/人

（撰文：宁培杰、王震）

内蒙古大学民族博物馆

Inner Mongolia University Ethno-national Museum

概述

类型　社会科学类民族民俗专题博物馆

隶属关系　内蒙古大学

筹建时间　2002年

正式开馆时间　2004年8月17日

所在位置　内蒙古自治区呼和浩特市大学西路235号

建筑、布局　博物馆为独立三层建筑，总面积2200平方米，其中展览面积1200平方米，办公和公共设施占用面积1000平方米，设三个固定展厅和一个临时展厅。

历史沿革　博物馆的前身是内蒙古大学"蒙古民俗文化陈列室"。以内蒙古大学兼职研究员白音那搜集、收藏的民俗文物为基础展品，于1998年8月18日在"内蒙古大学第三次蒙古学国际学术研讨会"开幕之际建成。1999年被

博物馆外景

列入内蒙古大学"211工程"国家重点建设项目蒙古学三级项目。到2004年底，已经建设成收藏和展览3000余件民俗实物的陈列室。2001年5月30日顺利通过了"211工程"一期工程建设验收。该陈列室是内蒙古大学"爱国主义教育基地"。几年来为该校学生进行素质教育和民族传统文化教育方面发挥着重要作用。同时为"内蒙古大学民族博物馆"的建设奠定了坚实基础。

历任馆长　贺其叶勒图（2002至今）。

业务活动

基本陈列　内蒙古大学民族博物馆的基本陈列是一层展厅《毡乡情》，展出了传统的蒙古包、勒勒车、套马杆等生产、生活用具，展现在游牧生活条件下普通牧民家庭生产、生活的场景。

二层展厅《马背颂》。为该馆的主展厅，展示13世纪大蒙古帝国的雄风。展示蒙古族在长期的游牧生活条件下所创造、使用过的各种民俗实物，展览共分八个部分：

第一部分　"先祖遗存"，这部分蒙元时期的文物有匈奴时期的青铜刀、青铜带饰、青铜箭镞、龙纹铜酒杯、精美的黄缎绣花香囊、元代金带饰、元代交钞以及迄今国内外首次发现的"元代八思巴字蒙古语金质圣牌"等。

第二部分　"鞍马饰具"，展示有包鲨鱼皮鸳鸯马鞍、景泰蓝马鞍、饰银马嚼子、藤木马棒、马鞭、马镫、鞍花等。

第三部分　"生产工具"，展出的器物有马印、牛角哺乳器、鞣皮刀、布鲁、长筒火枪、木匠工具、银匠工具，以及放血器、放血针、牛角灌药器等兽医兽药工具等。

第四部分　"生活器用"，展出的实物有各种奶桶、奶豆腐模、野炊锅、东布壶、卷纹四足火撑、各类烟酒茶具等。

第五部分　"衣着服饰"，展出的文物有各地蒙古族妇女服饰、头钗、耳饰、戒指、手镯、挂饰、绣花鞋，还有各种蒙古刀火镰、刺绣品以及清代官帽、顶珠、翎羽等。

第六部分　"文化娱乐"，展出的文物有蒙古族摔跤服、弓箭、赛马名次牌、四胡、古筝、马头琴、青玉蒙古象棋等。

第七部分　"医疗卫生"，展出的文物有藏文药典、羊皮药包、药袋、錾花银药勺、银放血器、龙纹团药盒、熬药锅、铜拔火罐等蒙医蒙药用具。

第八部分　展出的文物有萨满服饰、法器，各种佛教用品、五佛冠、查玛面具、金刚铃杵、法号、转经筒、鼗

1."毡乡情"陈列厅一角　2."马背颂"陈列厅一角

景泰蓝马鞍

蒙古刀一套

鼓、香炉、僧帽壶、印经板、寺庙用熬茶锅等。

三层展厅由《历史展厅》、《机动展厅》两个部分组成。《历史展厅》主要展出与北方民族历史相关的出土文物，是学校文博专业的实习基地。《机动展厅》是为举办各类临时展览而准备的，展厅面积300平米。

藏品管理

[藏品类别]　藏品涉及到蒙古族政治、经济、生产、生活、文化、艺术、宗教等诸多领域。

[藏品统计]　目前藏品达到4000余件。

[重要藏品]　内蒙古大学民族博物馆的藏品以本校兼职研究员巴音那个人收藏的近千件珍贵蒙古族民俗文物为本馆基础藏品，从内蒙古各地新征集到了迄今国内外首次发现的"元代八思巴字蒙古语金质圣牌"等3000余件民俗实物。

元　八思巴蒙古语圣旨金牌

经营管理

[单位性质]　国营公益性事业单位

[经费来源]　建设资金全部由学校投资。

[人员编制]　现有专职馆员2名，兼职研究馆员1名。

[观众接待]　年均约1万余人次

参观指南

[地址]　内蒙古自治区呼和浩特市大学西路235号（内蒙古大学校园内）

[邮编]　010021

[电话]　0471-4994152、0471-4994236

[电子信箱]　hasiaimuge99@sohu.com

[开放时间]　9:00—11:30，14:30—17:30（周一休息，团体预约不受时间限制）

[票价]　免费

（撰文：哈斯其木格）

内蒙古师范大学博物馆

Inner Mongolia Normal University Museum

概述

类型　地方综合性博物馆

隶属关系　内蒙古师范大学

创建时间　2000年

正式开馆时间　2002年8月

所在位置　内蒙古自治区呼和浩特市昭乌达路81号

面积　占地面积690平方米

建筑、布局　内蒙古师范大学博物馆主体建筑坐南朝北，东侧为民俗展厅和历史文物展厅，西侧为天文仪器展厅，二楼为摄影展厅。路北是计算用具展厅和民族服饰展

内蒙古师范大学博物馆外景

厅。根据各个展厅展品以及体现的主体，选择了相适宜的装饰装修格调，使每一个展厅都别具一格，形成各自不同的风格特点。

历史沿革　内蒙古师范大学博物馆筹建于2000年年底，当时扎格尔教授、敖其教授等内蒙古师范大学民俗学学科带头人，在学校领导的大力支持下，积极开展了建馆筹备工作，暂定馆名为"内蒙古师范大学民俗馆"，由原全国人大常委会副委员长布赫亲笔题名，主要以展室形式陈列蒙古族民俗物品。2002年8月28日"内蒙古师范大学博物馆"正式开馆。由民俗展厅、历史文物展厅、校史展厅组成。2004年7月，又分别建立了计算用具展厅与民族服饰展厅。原来有的校史展厅因学校新生入学教育所需，2004年迁至内蒙古师范大学盛乐校区。2005年3月天文仪器展厅落成，2006年5月以展示草原文化为主题的摄影作品展厅正式开展。

历任馆长　扎格尔（2002至今）。

业务活动

基本陈列　内蒙古师范大学博物馆是内蒙古自治区第一所由高校创建的博物馆。共由六个展厅组成，即民俗展厅、历史文物展厅、计算用具展厅、民族服饰展厅、天文仪器展厅、摄影作品展厅等。

《民俗展厅》　主体展品为蒙古族民俗用品，共计525种件。

1、生活用品：如银碗、束布、挤奶桶、木容器等。

2、生产用具：如马鞍、马汗板、猎枪、弓箭、布鲁、铁夹子等。

3、民族乐器：马头琴、四胡、蒙古筝等。

4、宗教用品：圣水袋、佛灯、佛珠、七珍八宝图祭祀桶、祭祀勺等。

5、游艺棋牌：蒙古象棋、沙嘎、帕尔基棋等。

6、装饰物品：妇女头饰、褡裢、鼻烟壶、蒙古刀、戒指、荷包等。

7、文房用品：竹笔、笔架子、砚台、木刻蒙文文字板等。

《历史文物展厅》　历史文物是历史系老一辈教师们，从20世纪50年代开始，为教学与研究工作，在古玩集市和民间收集、收购的。以我国历史发展行程排列展出，早至商朝，晚至清代。其中三级品66件，二级品28件，一级品6件。

《计算用具展厅》　计算用具展厅约100平方米，主要陈列中外计算工具，以东方传统为主，并将逐渐扩充陈列品，使之形成古今算具相对完整的系列。计算用具馆是在李迪教授的指导、当时系主任罗见今教授的安排和多位教师和研究生的努力下，受到西安李培业教授、日本大矢甫的热心帮助，历经两三年才建成的。陈列品的来源有三：购买、国内外的赠品、自己制作的仿制品。计算用具展厅

的陈列主题明确，特色鲜明，具有历史性和科学性，体现出该博物馆的教育动能，表现出大学博物馆与国家、地方博物馆的区别。

《民族服饰展厅》　民族服饰展厅以图片与实物相结合方式展示了从元代到现代的服饰。展出从东部布里亚特、巴尔虎到西部的青海蒙古、卫拉特部等诸部落的服饰，体现了蒙古服饰的多样性及地区间差异性。除蒙古袍以外，还有各个地区的蒙古靴、蒙古帽、整套头饰等。

《天文仪器展厅》　天文仪器展厅展示了中国古代天文仪器26件，其它物品5件，主要以"复制"与"仿造"形式展现了我国古代历史的各式天文仪器，上溯两汉，下达明清，唐、宋、元各朝天文仪器均有体现。

《摄影厅》　摄影作品展厅占地面积约100平方米，采用流动展示的方式，以体现草原文化民俗为主，展出摄影作品50幅。展览的图片共分璀璨的蒙古高原、淳朴的牧人生活、吉祥的蒙古包、多彩的蒙古族服饰、神奇的蒙古马、欢乐的那达慕等6部分。

藏品管理

[藏品保护]　内蒙古师范大学博物馆是本着"展、学、研"相结合的宗旨创建的自治区第一所高校博物馆。在管理和建设上采用专职人员管理与相关学科共建的方式。各展厅的建立是基于相关学科多年来的教学与研究工作之上，因此对于相关学科发展有着极其重要意义，所收藏的藏品与教学、科研密切相关的实物资料，使其真正成为教学实践基地。同时为抢救、保护和深入研究文化遗产具有重要作用。

博物馆领导，加强了藏品规范管理，完善科学保护措施。2007年，我们组织力量，认真细致地对馆藏文物进行了整理，建立了文物藏品的分类帐和藏品明细登记本。安全防范措施严密，加强了保护文物的措施。

计算用具陈列厅一角

民族服饰陈列厅一角

　　[重要藏品]　唐三彩马，高46.3厘米，长55厘米，造型均头小颈长，膘肥体壮，骨肉健美，眼睛炯炯有神，富有艺术活力。雕塑精细，装饰华丽，马鬃梳剪整齐，釉层厚薄不均，釉色有深浅之分，但釉面滋润光亮。

　　元龙泉窑三足洗，口径30.5厘米，高14厘米；盘，口径30.8厘米，高7.2厘米。

　　元龙泉窑刻花大瓶，口径26.5厘米，高56.5厘米等。胎质粗糙，釉面光亮，与三足洗均属十分罕见文物。

　　明马头琴，高123厘米，共鸣箱宽39厘米，古代称之为"潮尔"，是蒙古民族的代表性乐器。琴杆上有一马头挺立在上方，细长的琴杆连着梯形的共鸣箱，两支弦轴分立

唐　三彩马

元　龙泉刻花大瓶

明　马头琴

在马头的左右，紧拉着两根琴弦，还有一把与琴体分离的琴弓。共鸣箱是用蟒皮制而成的，正面看去琴体犹如变了形的一匹马半身像。马头琴的音色纯朴、浑厚。演奏时采用坐势，将共鸣箱夹在两腿之间。早期的马头琴主要担当史诗说唱及民歌的伴奏，一首民歌就是一支马头琴曲，歌声起便可琴声合，尤其是同蒙古民族的"乌尔订道"（即长调民歌）相结合，更具草原文化的韵味。目前，马头琴以民间传承和表演艺术两种形式，为社会文化发展服务。

　　科学研究　内蒙古师范大学博物馆成立以来，博物馆领导的带领下，全馆人员始终重视收集文物研究资料，尤其是民俗文物研究及草原文化研究取得了一定的成果。

　　出版物　扎格尔《史诗〈江格尔〉研究》（内蒙古教育出版社1993年）；扎格尔、敖其等《蒙古游牧文化溯源》（内蒙古教育出版社2001年）；扎格尔、敖其等《草原物质文化研究》（内蒙古教育出版社2007年）；扎格尔、敖其、乌木花、达来等《传统文化与人文修养》（内蒙古人民出版社2006年）。

　　交流合作　内蒙古师范大学博物馆经常与学校其他院系、自治区相关单位合办短期性专题陈列。如，2003与美术学院承办了《"苍狼白鹿"版画系列展》；2004年与科技处共同承办《内蒙古师范大学科技成果展》；2006年与社会学民俗学学院、传媒学院、内蒙古摄影家协会、内蒙古高校摄影教育专业委员会等多家单位共同承办《草原文化的色彩——吉雅图摄影作品展》；2007年与社会学民俗学学院、音乐学院合办《中国第二届文化遗产日——中国非物质文化遗产名录内蒙古入选项目宣传展》。

经营管理

　　[单位性质]　国营事业单位

　　[经费来源]　学校拨发专款，财政拨款

　　[机构设置]　设有办公室、值班室、馆长室

　　[人员编制、组成]　内蒙古师范大学博物馆共3名，其中博士1人，硕士2人。

　　[观众接待]　2002～2006年度平均观众人数1万余人次。

参观指南

　　[地址]　内蒙古自治区呼和浩特市昭乌达路81号

　　[邮编]　010022

　　[电话]　0471-4392003（办公室）

　　[电子信箱]　hxgdl197395@163.com

　　[开放时间]　8:30—11:30，15:00—17:30

（撰文：达来）

内蒙古包头博物馆
Baotou Inner Mongolia Museum

概述

类型　地方综合性博物馆

隶属关系　内蒙古自治区包头市文化局

正式开馆时间　1998年12月

所在位置　内蒙古自治区包头市昆区阿尔丁大街25号

面积　占地3.5公顷、建筑面积2.4万平方米

1.包头博物馆外景　2.内蒙古古代岩画陈列厅一角　3.藏传佛教唐卡艺术陈列厅一角

建筑　整体建筑以"草原上的巨石、巨石上的文化"为主题，造型恢宏、内涵深邃，象征着草原文明、黄河文明交相辉映、融会贯通，起伏的波形屋顶又似一本展开的历史画卷，是包头市标志性的现代化的文化基础建筑。

历史沿革　内蒙古包头博物馆成立于1998年12月，是一座立足包头，文物展品涵盖内蒙古西部地区的综合性博物馆。其基本陈列被评为"内蒙古自治区50年陈列展览精品"；《内蒙古古代岩画陈列》被评为"1999年度全国十大陈列展览精品"。2002年包头博物馆闭馆搬迁，另辟新址建设一座规模更大、档次更高的博物馆。2005年，占地3.5公顷，建筑面积2.4万平方米的内蒙古包头博物馆新馆落成。新馆展区面积1万平方米，主要陈列有《包头历史文物陈列》、《内蒙古古代岩画陈列》和《藏传佛教唐卡艺术陈列》等8个展厅。目前，内蒙古包头博物馆正以科学发展观为指导，充分发挥博物馆职能，全力拓展发展渠道，锐意打造新的品牌，努力建树新的辉煌。

历任馆长　戴炳林（1998～2001）；刘幻真（2001～2004）；谭士俊（2007至今）。

业务活动

基本陈列　《包头历史文物陈列》　以民族团结、祖国统一和文明进步为主题，荟萃了包头30年来的考古成就和科研成果，集中展示了包头地区从新石器时期至明清时期约6000多年的沧桑历史和文化积淀。展品中具有代表性的包头地区出土的新石器时期的陶坝、汉代黄釉陶樽、元代青花瓷罐均为珍贵文物。

《内蒙古古代岩画陈列》　亦称作《草原历史的回响》。该陈列系统地展示了内蒙古中西部地区新石器时期至元代的岩画精品。这些岩画以丰富翔实的文化内涵和古朴童真的艺术手法，形象地描绘了北方草原民族的发展篇章，是人类用绘画形式记录自己发展历程的生动图解。被喻为"形象的语言，艺术的史诗"。该陈列将岩画生成地的原生态景观通过艺术再现移植到展厅，给人以身临其境的艺术感受。

《藏传佛教唐卡艺术陈列》　是我国目前独具特色的古代唐卡专题陈列之一。展出的唐卡均为明代至民国时期内蒙古地区藏传佛教的艺术珍品。该陈列推出后，倍受国内外观众的欢迎。

藏品管理

［藏品来源］　考古发掘、征集、采集、捐赠、馆际交流、移交等方式。

［藏品类别］　铜器1023件、铁器21件、金器68件、

骨针、针筒

青花瓷罐

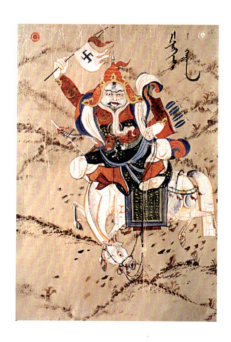

成吉思汗唐卡

银器8件、纸本字画38件、古籍善本5件、石质文物324件（岩画116）、棉织品118件（唐卡）、漆木器25件、骨器122件、陶器742件、瓷器119件、其他163件。重要藏品均制作了囊匣。

[藏品统计]　现馆藏藏品总数10.8827万件。其中：历史文物2657件、钱币10.6170万件。藏品中一级文物28件，所有藏品均为1980年以来收藏。

[重要藏品]　新石器时期骨针、骨针筒1套5件，制作精细，古朴实用。

元青花瓷罐，包头市燕家梁元代遗址出土。为保存十分完整的元代青花大罐。

清"成吉思汗唐卡"，右上角上书蒙古文"成吉思汗"几个大字，可知此唐卡为全国唯一的成吉思汗唐卡。

科学研究

[论文]　白云飞、杜华、邬海鹰《古代唐卡修复中的固色技术》（《文物保护与科技考古》2006年）；白云飞、杜华、邬海鹰《古代唐卡受损分析及保护措施》（《中国古代文博论著精编》2006年）；白云飞、杜华《古代唐卡清洗之研究》（《全国文物保护技术协会第四次学术年会论文集》2007年）。

经营管理

[单位性质]　国营事业单位

[经费来源]　财政拨款

[机构设置]　设置有办公室、保卫科、社工部、保管部、陈展部、资料室、政工科七个部室。

[人员编制、组成]　包头博物馆在编职工总数41人，招聘人数13人，其中专业技术人员34人，管理人员15人，专科以上人员26人，高级职称人员7人、中级13人、初级12人、行政后勤人员11人。

[观众接待]　年均3万人

参观指南

[地址]　内蒙古自治区包头市昆区阿尔丁大街25号

[邮编]　014010

[电话]　0472-5317616（服务台）

　　　　0472-5317536（办公室）

[传真]　0472-5300518

[电子信箱]　Email:yys_bwg@baotou.gov.cn

[开放时间]　9:00-17:00，节假日不休息，每周一闭馆

（撰文：叶永晟）

内蒙古自治区博物馆
Inner Mongolia Museum

概述

类型　综合类博物馆

隶属关系　内蒙古自治区文化厅

创建时间　1956年7月

正式开馆时间　1957年5月1日

所在位置　内蒙古自治区呼和浩特市新华大街44号

内蒙古自治区博物馆外景

面积　占地11000平方米

建筑、布局　主体建筑是一座两翼两层中部三层楼，富有民族特色的白色建筑，整座楼的上部周围饰以金黄色云纹图案，外型雄浑壮观古朴，顶端傲立着凌空奔腾的白色骏马，象征着自治区各族人民吉祥如意，欣欣向荣，勇往直前。展厅大楼分门厅、间厅、四个大展厅和一个小展厅，人工采光、铝合金展柜、配备安全报警装置。适合举办各类陈列展览。

历史沿革　1956年7月成立内蒙古自治区博物馆筹备处。1957年5月1日，正值内蒙古自治区成立10周年大庆之际，内蒙古自治区博物馆正式成立，并对外开放。届时举办了《庆祝内蒙古自治区成立十周年建设成就展览》。为配合自治区社会主义建设成就，1959年举办了庆祝建国10周年、1962年举办了庆祝自治区成立15周年、1964年举办了建国15周年展览。1966年"文革"期间内蒙古自治区博物馆被"红太阳展览馆"替换。1972年举办《劳动创造人》、《内蒙古出土文物》、《革命文物》等专题陈列。1981年举办的《内蒙古古生物化石陈列》、《内蒙古历史文物陈列》、《内蒙古民族文物陈列》、《内蒙古革命文物陈列》四项基本陈列，比较全面的反映了内蒙古古生物

进化史、内蒙古北方民族史、内蒙古少数民族风俗、内蒙古人民革命斗争历程的概貌，成为人民大众和国内外宾朋了解内蒙古自治区的窗口。

从内蒙古自治区博物馆50年的发展历程来看，20世纪80年代以前，内蒙古自治区博物馆的展览多与当时的政治形势和社会环境有关，且专业人员多集中于文物考古。80年代以后，随着改革开放进程的不断深入和社会对文物博物馆认识程度的提高，内蒙古自治区博物馆事业进入了一个前所未有的大发展时期。特别是20世纪90年代以来，内蒙古自治区博物馆在各方面进入了一个与国际接轨、规范化管理的新阶段。在不断更新博物馆事业发展建设理念的基础上，进一步完善法人负责制，建立起集体决策、重大事情职工代表大会通过并进行监督、严格按照各项章程开展工作的管理运行机制。

内蒙古自治区博物馆，肩负着对全区博物馆业务进行指导和为自治区博物馆发展提出建议的职责。2004年，协助自治区文化厅制定了《建设全区特色博物馆体系》，并得到了自治区人民政府的批准。内蒙古博物馆曾先后被中共中央宣传部、共青团内蒙古自治区委员会命名为"中国青年科技创新行动教育基地"，"青年文明号标兵集体"，"巾帼文明示范岗"等荣誉称号。2005年，在"内蒙古日报"组织的"百姓口碑最佳单位"评选中，通过群众投票，内蒙古自治区博物馆被评为"内蒙古百姓口碑最佳单位"。

1986年自治区人事厅批准成立了大窑文物保护管理所，隶属于内蒙古自治区博物馆，位于呼和浩特市东郊33公里的保合少乡大窑村。大窑遗址是1973年发现，1976年命名为"大窑文化"，1988年大窑遗址被国务院公布为全国重点文物保护单位，2003年完成大窑遗址"四有"档案工作。

历任馆长　文浩（1957～1962）；杨国兴（1962～1966文浩主持工作）；杨国兴（1966～1972）；康志敏（1972～1979）；文浩（1979～1984）；苏俊（1984～1990）；邵清隆（1990至今）。

业务活动

基本陈列　内蒙古自治区博物馆立足自治区丰厚的古生物化石，现代生物标本，历史文物，民族文物、革命文物等资源优势，以"草原文化"为主题思想贯穿全部基本陈列，形成"草原文化系列陈列"。《内蒙古古生物化石陈列》、《内蒙古民族文物陈列》生动形象，栩栩如生；《内蒙古历史文物陈列》、《内蒙古革命文物陈列》特色

突出，雅俗共赏。内蒙古自治区博物馆四个基本陈列全方位、多角度展示了内蒙古地区发展的全部历程，向人们宣传、展示悠久、灿烂的草原文化，是融科学、历史研究及旅游观光为一体的综合性博物馆。布置展陈面积5000平方米，展出文物1800件（套）。

《内蒙古古生物化石陈列》　展现了自30亿年前到1万年前内蒙古远古生态环境的变迁，突出反映了内蒙古作为我国乃至世界著名的"化石之乡"的重要位置，主要陈列有发现于阴山地区的藻类叠层石，是内蒙古最早的生命记录。还展出有其它一些无脊椎动物、鱼类、两栖动物等化

查干诺尔龙化石骨架

石。最具特色的是展出了白垩纪早期生活在内蒙古地区的世界上最早命名的恐龙化石—禽龙及其同时期的其它一些恐龙化石，包括出土于世界著名的"恐龙墓地"二连盐池的巴克龙和古似鸟龙等各类恐龙化石；乌拉特后旗巴彦满都呼的大量原角龙、甲龙和兽脚类恐龙等恐龙化石、丰富的恐龙蛋及早期哺乳动物化石；鄂尔多斯市查布苏木地区白垩纪早期的恐龙足迹化石；锡林郭勒盟查干诺尔白垩纪时期亚洲最大的查干诺尔龙化石。还展出有犬科、猫科、鬣狗科等食肉类哺乳动物化石和大中型哺乳动物雷兽、始巨犀、古菱齿象、松花江猛犸象、披毛犀、河套大角鹿等34种哺乳动物。陈列让观众了解熟知了生命的起源与发展，更深刻地领略到热爱和尊重生命的意义与尊严。

《内蒙古民俗风情文物陈列》　展现了内蒙古蒙古族和达斡尔、鄂温克、鄂伦春等少数民族的生产生活方式及传统风俗。畜牧业是蒙古族重要的生产方式，展厅展出了马鞍、驼鞍等与畜牧业生产及牧民生活有关的用具，设置了蒙古族草原生活的场景，主要有传统的居住习俗——蒙古包，以肉、奶为主的饮食习惯，马、骆驼、牛作为主要交通运输工具，适应草原气候和游牧生活的各种服饰等，都表现出鲜明的游牧文化特征。展示的赛马、射箭、摔

跤场景是蒙古族那达慕大会的主要内容，被称为"男儿三艺"，犹如观众来到广阔的草原与蒙古男儿一起展示自己的飒爽英姿。展示了达斡尔族房屋住所"介"字房，介绍了达斡尔的曲棍球，达斡尔女子曲棍球队在全国性曲棍球赛中20次夺得冠军。突出展现了至今保留驯鹿文化的鄂温克族的生活场景及鄂伦春族居住的用桦树皮制作而成称为"撮罗子"的房屋和猎枪、鹿哨等狩猎用具，反映了达斡尔、鄂温克、鄂伦春三个少民族独特的生活和生产方式。

《内蒙古历史文物陈列》　反映内蒙古古代民族史为宗旨，展出草原先民东胡、匈奴、鲜卑、突厥、契丹等古代民族的文物精品，介绍了中国古代北方马背民族的历史文化。在展厅陈列的一组旧石器时代的文物中，有发现于萨拉乌苏河套流域距今3500万年的"河套人"顶骨化石。在展出以红山文化为重点新石器时代的文物中，展示了红山碧玉龙以及卷缩形玉猪龙，使观众在感叹远古先民巧妙的构思和巧夺天工的工艺之外，更为中国源远流长的龙文化所折服，在龙文化起源的探索中得到一种爱国主义精神的升华。还展出了多件国宝级文物，如东胡的阴阳柄青铜短剑、匈奴的鹰形金冠、鲜卑的"太和八年"鎏金铜佛像、辽的褐釉皮囊壶、契丹陈国公主墓出土的金面具等。展厅同时设计了几个北方少数民族历史事件的景观，如"东胡宴饮"、"匈奴一统"、"鲜卑迁都"、"澶渊之盟"等，特别是序厅的"昭君出塞"雕塑，谱写了一曲民族团结的赞歌。展厅将历史和文物形象、巧妙地结合起来，带给观众鲜活的历史感受，让观众更加了解草原历史和热爱草原文化。

《内蒙古革命文物陈列》　展现了内蒙古地区从1912年北洋军阀统治到1949年中华人民共和国成立的革命斗争史。在北洋军阀统治时期，内蒙古各族人民开始自发走上了党领导下的革命道路，其中最早、影响较大的是内蒙古伊克昭盟的"独贵龙"运动。蒙古族是我国少数民族中最早加入共产党的民族。早在1925年中国共产党就在内蒙古设置了共产党工作委员会，至此，内蒙古的党组织就成为中国共产党领导下的革命组织，乌兰夫等一批蒙汉青年成为革命的先驱。1927年蒋介石发动反革命政变，逮捕和屠杀了大批共产党人，中共察哈尔工委书记多松年被奉系军阀钉死在张家口大境门的城墙上。在国民党统治白色恐怖笼罩下，内蒙古人民自发的反抗斗争始终没有间断，当时最有影响力的就是嘎达梅林起义。在严峻的形势下，内蒙古党的工作被迫转入地下。王若飞和乌兰夫等领导了内蒙古的革命斗争。"九·一八"事变后，内蒙古各族人民掀

起了武装抗日的浪潮。1936年2月内蒙古爆发了轰动全国的百灵庙武装暴动事件，打响了蒙古民族武装抗日斗争的第一枪。1936年傅作义将军率部发动绥远抗战，被毛泽东誉为"全国抗战之先声"。1938年八路军组建了内蒙古大青山支队开始游击战争。抗战结束后内蒙古人民开始走上自治的道路。1947年5月1日以乌兰夫任主席的内蒙古自治政府正式宣告成立，内蒙古自治区成为全国第一个省级少数民族自治区。

临时展览 内蒙古自治区博物馆作为自治区综合性博物馆，承担着社会教育的重要责任。为了吸引更多的观众走进博物馆，使他们参观到更为丰富的精品文物，建馆以来在国内举办了百余次临时展览，近年来相继推出一系列精品文物展，得到广大观众的一致好评。

2004年10月，中央电视台《成吉思汗》电视剧的热播，引起人们对蒙古族历史文化的浓厚兴趣。内蒙古自治区博物馆举办了《成吉思汗黄金家族精品文物展》，受到广大观众的欢迎，在"十一"黄金周掀起参观博物馆的高潮。

内蒙古自治区博物馆与内蒙古自治区文物考古研究所合作，分别在2005年"十一"和2006年"十一"举办了《吐尔基山辽代古墓精品文物展》和《辽代三大墓葬精品文物展》，使观众有机会欣赏在平时很难看到的馆藏精品文物，丰富了节假日期间市民的文化生活，受到观众的普遍欢迎。为了给观众提供更多鉴赏精品文物的机会，在不同节假日相继推出了《北方游牧民族青铜器精品展》、《禽龙化石骨架及恐龙皮肤印痕、含胚胎恐龙蛋化石出国汇报展》、《林保军先生捐赠带钩展》、《最新恐龙及恐龙蛋化石展》、《大清皇室与蒙古王公精品文物展》、《大型哺乳动物化石展》、《寻觅逝去的文明——2003年以来内蒙古重大考古发现精品文物汇报展》、《自治区成立六十周年大庆优秀书画作品展》等，给广大观众带来了丰富的高品质的精神文化享受。

除了在国内举办各种精品文物展览外，我们还将内蒙古的民族特色展品和文物精品推向了国际文化市场。内蒙古是世界著名的"化石之乡"，特别是白垩纪恐龙和第四纪哺乳动物化石标本为世界瞩目，利用这一优势举办了《中国内蒙古大恐龙展》。同时中国古代北方游牧民族文物及蒙古族文物在中国乃至世界独树一帜，利用这一优势，精心组织了成吉思汗为主题的《北方民族游牧文化大展》，这两大主题展览自1983年至今的23年中，连续50余次在美国、加拿大、法国、西班牙、新西兰、韩国、日本、意大利、台湾、香港、澳门等国家和地区展出，引起

匈奴的鹰形金冠

钧窑香炉

陈巴尔虎蒙古族妇女头饰

大尾式镶银达记马鞍

强烈反响，累计观众上千万人次，取得了很好的社会效益和经济效益。

藏品管理

[藏品来源]　内蒙古自治区博物馆制定的《藏品发掘、征集管理规定》、《文物鉴定工作管理规定》等条例，对收藏工作加以规范，鼓励通过民间征集、市场采购、考古发掘、野外采集、接受捐赠、依法接收、行政调拨等多种途径扩大馆藏。每年自治区财政对藏品征集提供经费保证，并确保专款专用，使用合理。

[藏品类别]　内蒙古自治区博物馆按照综合馆性质以及特色馆发展道路制定藏品征集计划。历史部、民族部、自然部负责藏品征集、鉴定工作，收藏范围主要集中在内蒙古地区以及与之有关的各地质时代出现的各种生命遗迹、自然遗迹（古生物化石、自然标本）和具有历史、艺术、科学价值的中国历代北方草原游牧民族文化遗存，内蒙古地区近现代文物（以革命文物为主）等。

[藏品统计]　内蒙古自治区博物馆馆藏丰富，经过半个多世纪的积累与发展，凭借自治区人民政府的财政支持与社会各界爱国主义人士的热心帮助，目前藏品总数已达14.76万余件（套），包括古生物化石1.0359万件（套），现生生物标本291件（套），岩矿标本141件（套），土壤样品138件（套），历史文物13.56万件（套），民族文物3000件（套）；目前展出藏品2000余件（套）。藏品数量可观，时代分布齐全，种类丰富，已形成完整体系。其中，一级文物518件（套）（古生物化石未定级），二级文物1180件（套），三级文物2399件（套），具有很高的历史、文化、科学、艺术价值。

[藏品保护]　主要业务部门历史部、民族部、自然部的日常工作之一就是对所辖藏品进行分类、登记造册与建档，同时创建与核实电脑分类帐，不断建立和完善馆藏品数据库。通过制定《库房藏品管理规定》、《藏品登记制度》等实施细则，落实《博物馆藏品管理办法》，实现层层管理，责任到人，交叉监督，确保藏品入藏手续齐全、资料完整；藏品总登记账清晰，账物相符；分类账准确合理，编目科学详实；藏品档案记录规范，新入藏的藏品及时备案，并及时登记入藏品总账；藏品提用手续齐全，进、出库记录完整。

[文物保护修复]　内蒙古自治区博物馆文物保护部负责全自治区玉器、石器、陶器、瓷器、铜器、铁器、金银器、漆木器、皮毛、棉丝织品、壁画、石刻、纸制品等文物的修复、保护工作。文物保护部通过对文物进行分析、监测、修复技术处理、数据处理，制定科学保护方案，采用科学手段对各类文物进行抢救性保护与修复。

设有专业的文物保护修复部门，专业人员10人，其中副研究员4人，馆员3人，文物保护修复实验室和文物保护修复场地，面积约为240平方米，配置设备实用、到位。

积极开展与区内外各兄弟文博单位合作，进行文物保护和修复工作，并针对文物特点展开文物保护实验和专题研究。例如承担"鎏金铜器文物缓蚀保护处理方法研究"、"金银饰铁器文物的保护研究"、"内蒙古皮毛文物退质与传统鞣制工艺关系研究"、"吐尔基山金银器保护的综合性研究"、"内蒙古博物馆馆藏皮毛制品文物的抢救性保护修复"、"内蒙古博物馆馆藏丝织品文物保护修复"、"湖南韶山毛泽东纪念馆皮革文物抢救性保护修复"等国家课题和项目研究。

科学研究　内蒙古自治区博物馆自成立以来，始终重视对我国古代北方少数民族等方面的历史研究，设有历史部、民族部、自然部、文物保护部、陈列部等专职业务部门，能独立承担国家级、省部级科研课题，进行历史学、民族学、古生物学、文物保护、博物馆学等领域的研究。经过半个多世纪的艰苦努力，成果令人瞩目，为我国古代北方少数民族历史研究做出了突出贡献。

生物学研究方面，承担"内蒙古蒙元时期区域经济发展与生态环境的关系"、"关于猛犸象、披毛犀等化石的DNA测定"、"萨拉乌苏河晚第四纪地质与古人类综合研究"、"宁城地区中生代地层古生物的研究"、"内蒙古地区陆栖野生脊椎动物数据库"等科研项目，出版专著《人、历史、环境——内蒙古蒙元时期的生态环境》等。

历史学、民族学研究方面，承担"中国民族文物分类及藏品管理等若干问题研究"、"清代蒙古族妇女头饰研究"等国家课题。文物保护研究方面，承担"镏金铜器文物缓蚀保护处理方法研究"、"金银饰铁器文物的保护研究"、"内蒙古皮毛文物退质与传统鞣制工艺关系研究"、"吐尔基山金银器保护的综合性研究"、"内蒙古博物馆馆藏皮毛制品文物的抢救性保护修复"、"内蒙古博物馆馆藏丝织品文物保护修复"、"湖南韶山毛泽东纪念馆皮革文物抢救性保护修复"等国家课题。

另外，内蒙古博物馆技术资料部长期订购、收藏《考古学报》、《古生物学报》、《古脊椎动物学报》、《人类学学报》、《地层学杂志》、《文史知识》、《中国历史文物》、《民族研究》、《民俗研究》、《文物保护与考古科学》、《文博》、《中国文化遗产》、《内蒙古社会科学》、《内蒙古大学学报》等几十种专业学术期刊，为职工创造良好的学术研究环境，各专业技术人员平均每年在国家级和自治区级学术刊物上发表几十篇学术论文。该馆迄今为止已编辑出版《萨拉乌苏河晚第四纪地质与古人类综合研究》、《蒙古族民族文物图典》、《北方少数民族的酒文化》、《成吉思汗——中国古代北方草原游牧文化》、《内蒙古恐龙大展》、《听到恐龙的脚步声》等学术论著与大型展览文物图录。

历年来内蒙古自治区博物馆的出版物有：

内蒙古自治区博物馆《内蒙古民族文物》（人民美术出版社，1987年）；内蒙古自治区物馆《内蒙古历史文物》（人民美术出版社，1987年）；内蒙古自治区博物馆与日本《大恐龙博》（东京放送发行，1992年）；内蒙古自治区博物馆与美国洛杉矶自然历史博物馆《Empires Beyond the Great Wall》（Letitia Burns O'Connor, Perpetua Press，1994年）；内蒙古自治区博物馆与日本《灭绝动物的呼唤》（日本茨城县自然博物馆，1995年）；内蒙古博物馆与香港《鞍马文化—中国古代北方游牧民族》（香港海龙印刷有限公司印刷，1995年）；内蒙古博物馆与日本《大草原上的游牧民族—成吉思汗和他的后裔文物展览》（日本茨城县立历史馆，1996年）；内蒙古自治区博物馆《继往开来》（内蒙古人民出版社，1997年）；内蒙古自治区博物馆《走向世界》（内蒙古人民出版社，1997年）；内蒙古自治区博物馆与台湾《草原文化—游牧民族的广阔舞台》（台湾商务印刷馆，2000年）；王晓华、云小青、黄和平《内蒙古革命老区》（内蒙古人民出版社，2000年）；王晓华、云小青、黄和平《内蒙古革命史画册》（内蒙古人民出版社，2001年）；内蒙古自治区博物馆与法国《千里马》（法国爱马仕集团，2004年）；内蒙古自治区博物馆与中华世纪坛艺术馆《成吉思汗—中国古代北方草原游牧文化》（北京出版社，2004年）；内蒙古自治区博物馆与香港大学美术博物馆《道出物外—中国北方草原丝绸之路》（香港大学美术博物馆，2007年）；郭殿勇《人、历史、环境—蒙元时期的内蒙古》（内蒙古大学出版社，2007年）；白丽民《鄂温克民族传统社会与文化》（中国科学出版社，2007年）；苏东《内蒙古珍宝—陶瓷卷》（内蒙古大学出版社，2007年）；丁勇《内蒙古珍宝—青铜卷》（内蒙古大学出版社，2007年）；付宁《内蒙古珍宝—杂项卷》（内蒙古大学出版社，2007年）；张彤《内蒙古珍宝—民族文物卷》（内蒙古大学出版社，2007年）；张慧媛《北方少数民族

的酒文化》（内蒙古大学出版社，2008年）。

合作交流　为加强学术交流，该馆曾组织举办"萨拉乌苏遗址保护规划省级论证会"、"华北五省区社教工作研讨会"等会议。从20世纪90年代以来，该馆相继与美国、加拿大、法国、比利时、日本、意大利、等国家及港澳台地区的文博界人士开展多方面的业务交流合作。同时，博物馆凭借富含民族特色的馆藏资源，组织各项精品展览迈出自治区，走向全世界，先后赴国内各省市以及美国、加拿大、法国、新西兰、日本、韩国、意大利等国家及港澳台地区展出五十余场次。同期开办以展览主题为核心的学术讨论会，将内蒙古地区丰富的草原文化传播到世界各地，加强了国际间的交流，受到当地观众的热烈欢迎，同时也扩大了内蒙古的影响力，提高了内蒙古的知名度。

经营管理

[单位性质]　国营事业单位

[经费来源]　财政拨款

[机构设置]　共设立了历史部、民族部、自然部、文物保护部、陈列部、技术资料部、宣教部、办公室、保卫科、文博技术开发中心、大窑文物保护管理所11个部室。

[人员编制、组成]　内蒙古博物馆共有工作人员110人。其中，少数民族45人，正高级职称3人，副高级职称32人，具有大专以上学历64人，中初级职称48人，专业技术人员82人。

[服务观众项目]　停车场（全天　全国统一价）；纪念品销售（9:00－17:00 自定价）；存包（9:00－17:00 免费）；观众休息区（9:00－17:00 免费）。

[观众接待]　2000～2006年年均观众人数15万人。

参观指南

[地址]　内蒙古自治区呼和浩特市新华大街44号

[邮编]　010020

[传真]　0471-6918763

[电话]　0471-6918772

[电子信箱]　Yaoshuzhong@126.com

[网站]　www.nmgbwg.com

[开放时间]　夏季：9:00－17:00
　　　　　　　冬季：9:30－17:00

[票价]　成人10元，学生5元

（撰文：敖特根）

内蒙古科尔沁博物馆

Horqin Museum of Inner Mongolia

概述

类型　社会科学类历史专题博物馆

隶属关系　内蒙古自治区通辽市文化局

创建时间　1977年9月

正式开馆时间　1979年7月

所在位置　内蒙古自治区通辽市科尔沁区文化体育广场北侧

科尔沁博物馆外景

面积　占地5400平方米

建筑、布局　整体建筑坐北朝南，正立面顶端造型为一轮弯弓，象征着科尔沁蒙古人的称谓。外墙用天然芝麻白花岗岩和深灰色玻璃幕墙以及典型蒙古卷云纹图案进行装饰，使整幢建筑达到了既富有民族特色，又充满现代气息的视觉效果。

建筑共四层，另有半地下室一层。一楼为会展中心大厅和9个旗县区厅；二楼为四个基本陈列展厅；三楼西半部为二个基本陈列展厅，东半部为办公区；四楼为大型多功能会议厅。

历史沿革　通辽市博物馆，原名哲里木盟博物馆。1975年首次文物普查中，出土和征集了6000多件文物，为了更好地收藏和利用这些文物向公众宣传地方的悠久历史，1977年9月在原来哲盟展览馆的基础上建立哲里木盟博物馆。1979年9月建成开馆，1985年，扩建改造。扩建部分为仿古建筑。1999年7月更名为通辽市博物馆。2001年，市政府筹资5000万元，在科尔沁区文化体育广场北侧建设新馆，2004年3月，新馆竣工，遂更名为内蒙古科尔沁博物

馆。2004年7月，对外开放。

历任馆长　张玉昆（1976.9～1984.4）；邵清隆（1984.4～1991.7）；朱世荣（1993.5～1994.7）；希木德（1994.7～2000.5）；塔娜（2000.5至今）。

业务活动

基本陈列　科尔沁博物馆布展面积3600平方米，展出文物4万余件。基本陈列有：

《科尔沁蒙古族历史长卷展》

内容：1、创业；2、开疆；3、中兴；4、求索；5、铸魂。

全方位地展示科尔沁蒙古族自形成以来八百年的历史

《科尔沁历史珍宝展》陈列厅

发展进程和文化形态。

《蒙古族文物精品展》

内容：1、生产生活；2、宗教信仰；3、文化艺术。

展示蒙古民族上千年的游牧生活和蒙古民族创造的游牧文明。

《科尔沁历史珍宝展》

内容：石器、陶器、瓷器、玉器、铜器、金银器。

展示了新石器时代至清末生活在科尔沁这块土地上的各个民族创造的精美文物。

《中外历代钱币展》

内容：展示中国历代钱币发展和变迁，特别是北方少数民族的货币发展和变迁。

《官布艺术馆》

内容：展出中国草原画派创始人官布捐赠给科尔沁博物馆的他本人创作的油画和国画作品。

《伟人毛泽东像章展》

内容：展示"文革"时期，各种质地的毛泽东像章和红色年画、摆件等。

《伟人毛泽东像章展》陈列厅

藏品管理　遵照"保护为主、抢救第一、合理利用、加强管理"的方针，文物入库前进行清洗、消毒，使文物不携带霉菌和其它有害微生物。

[藏品来源]　主要为野外采集、考古发掘、有偿收购、接受各类捐赠等。

[藏品类别]　为蒙古族民族文物和本地各个历史时期的文物。分历史类，民族类，近现代类，古生物类，资料类文物。

[藏品统计]　共计8758件（组），其中一级品82件，二级品340件，三级品520件。

[重要藏品]　红山文化双勾云纹玉佩饰，新石器时代红山文化玉器。长15.5厘米，宽6厘米。通身呈墨绿。玉佩饰呈长方形，四角弯卷，中心镂空，似猫头鹰状。上有两个勾云状纹饰，相应磨出与纹饰对应的浅凹槽，上端钻出一可供佩挂的圆孔。

魏晋人兽纹金饰牌，鲜卑器物，纯金铸造，平面透雕。重111克，长10厘米，宽5.8厘米。正面凸起，中间浮雕一女性半身像，头戴尖顶帽，高鼻梁，高眉棱骨，双目深陷，形似欧罗巴人种。双乳硕大丰满。左右两侧各蹲一只长鬣垂背、长尾上卷、似狮非狮似狼非狼的怪兽。两兽前爪、兽背各铸五个圆孔，形成五对系环。

唐人物神兽纹金花银盘，椭圆形盘体，圆唇，平折沿，浅腹，圆底。通体錾刻鱼子纹为地。盘心在鱼子纹的地上用阴线錾刻卷草纹，在卷草纹中间是两只向同一方向扬尾飞奔的瑞兽，前一只瑞兽在奔跑中回首张望，后一只紧紧相随。两只瑞兽嘴部似鹰喙。瑞兽的上下、左右四个边上錾刻四位坐式的人物形象，一种造型为左臂向下，手心朝外，左腿盘起，右手托腮，右手置于曲起的右膝上；另一位造型为左臂向下，手心朝外，左腿盘起，右手臂搭在曲起的右膝上，前伸。身后錾刻莲花，人物部位鎏金。

折边处一周饰连点纹，2.5厘米宽的盘边上捶出一周凸起的连枝海棠花纹，四周各有一只小鸟展翅飞翔。重248克，长24.8厘米，宽18.6厘米。

辽白瓷迦叶坐像，通高26.5厘米，迦叶端座于木几之上，左手扶膝，右手做演讲姿势，身穿右衽长衫，外披袈裟。瓷像胎质细腻，釉色光亮，造型栩栩如生，是定窑瓷器中的精品。迦叶为释迦牟尼的十大弟子之一。

辽白瓷阿难坐像，通高27厘米。阿难端座于木几之上，左手扶膝，右手捻佛珠，脸庞丰满，面含微笑，深沉和善，神情自若。瓷像通体施白釉，色泽光润，属定窑精品。阿难为释迦牟尼十大弟子之一。

辽印花紫定碗，口径16.5厘米、底径5.4厘米，高5.2厘米，芒口，斜直腹，小圈足，内周壁压印牡丹、荷花、梅花、牵牛花等折枝花卉，内底印一组菊花。胎壁轻薄，胎质细腻通体施褐紫色釉，釉面均匀润亮。紫色釉瓷器为定窑珍稀品种，世称"紫定"。

明掐丝珐琅盘，高6.7厘米，口径44厘米，底径29.5厘米，圆口，沿作葵花状，由三十片叶瓣组成，叶瓣内嵌折枝花卉。腹壁斜直，内嵌八朵对称怒放牡丹。外嵌法轮、盘肠等"八宝"，其间嵌如意纹。盘内底中心处有篆书"寿"字，外底嵌"大明万历年造"六个隶书大字。整个器物铜胎掐丝，充填珐琅，有米蜡黄、油红、绿松石等嵌物。

明　掐丝珐琅盘

唐　人物神兽纹金花银盘

元　双凤纹青花玉壶春瓶

元双凤纹青花玉壶春瓶，通高29.5厘米，口径8.5厘米，最大腹颈15.3厘米，足颈9.4厘米。敞口，颈细长，广圆腹，圈足外撇。通体遍饰双凤纹青花，笔划流畅，多而不乱，实为元代瓷器珍品。

科学研究　内蒙古科尔沁博物馆成立33年来，始终重视田野考古研究和北方民族文物研究。先后配合内蒙古文物考古研究所发掘了在国内颇有影响的库伦1—7号辽墓、霍林河金界壕边堡、辽陈国公主墓、吐尔基山辽墓等，并取得了丰硕的科研成果。

内蒙古科尔沁博物馆出版物有：

内蒙古考古研究所、哲里木盟博物馆《辽陈国公主墓》（文物出版社，1993）；塔娜《科尔沁历史钩沉》（内蒙古人民出版社，2007）；郝维彬《科尔沁历史考古》（内蒙古人民出版社，2007）；郭浩、郝维彬等《走进科尔沁草原》（内蒙古人民出版社，2007）。

交流合作　1987年，与故宫博物院联合举办《库伦辽墓壁画展》；1991年与故宫博物院联合举办《草原明珠——科尔沁蒙古族文物展》。

经营管理

［单位性质］　国营事业单位

［经费来源］　财政拨款

［机构设置］　设文物考古研究中心和历史部、民族部、技术部、藏品部、陈列部、宣教部、保卫部、办公室、会展中心管理办公室等九个部室。

［人员编制、组成］　共有工作人员49人，其中大专以上文化程度41人，初级以上职称46人。

［服务观众项目］　停车场（全天免费）；民族纪念品销售（8:00—11:00，14:00—17:00 自定价）；观众休息沙发（8:00—11:00，14:00—17:00 免费）。

［观众接待］　2004~2006年度平均观众人数1.2万人

参观指南

［地址］　内蒙古自治区通辽市科尔沁区文化体育广场北侧

［邮编］　028000

［电话］　0475-8226900（办公室）

　　　　　0475-8227798（社教部）

［传真］　0475-8226899

［电子邮箱］　Kerqinmuseum@163.com

［开放时间］　全年开放。每天8:00—11:00，14:00—17:00

［票价］　免费

（撰文：贲鹤龄）

内蒙古酒文化博物馆

Inner Mongolia Vino Cultue Muxeum

概述

类型　社会科学类酒文化专题博物馆

隶属关系　内蒙古自治区河套酒业集团股份有限公司

创建时间　2000年9月

正式开馆时间　2002年9月29日

所在位置　内蒙古巴彦淖尔市杭锦后旗陕坝镇建设街39号

内蒙古酒文化博物馆外景

面积　占地1800平方米

建筑　建筑形制为仿汉结构，整体建筑为坐北朝南。

历任馆长　常占文（2002.9至今）。

业务活动

基本陈列　内蒙古酒文化博物馆以酒的这一独特文化为载体，向人们宣传、展示悠久、灿烂的中国酒文化，是融历史研究及旅游观光为一体的专题性博物馆。布置展陈面积近1500平方米，展出文物有650余件。

第一单元　《草原酒艺　千秋传统》

内容：展示了4500年来内蒙古草原的酿酒技术和酿酒器具。主要文物有新石器时期的大罐、北魏大瓮、金代的石磨、蒙元烧酒锅等。

第二单元　《饮酒器具　容尽沧桑》

内容：展示各时期内蒙古各民族的贮酒工具和盛酒器的变化。文物有新石器时代的陶壶、彩陶罐、黑陶樽及内蒙古民族历代盛酒和贮酒器物。

第三单元　《饮酒器具　百代风华》

陈列厅一角

内容：展示从古至今的温酒、斟酒和饮酒器具，从中可以看出时代的发展和各民族不同的风俗习惯及艺术审美观念。主要文物有东胡族的红陶瓬、蒙古族的高足金杯等各种酒具。

第四单元　《酒风酒俗　八表豪情》

内容：展示了几千年来内蒙古的酒宴、酒礼、酒祭、酒令、酒楼、酒诗文等。主要文物有阴山岩画宴乐图、东胡族双联罐等。

第五单元　《佳酿清醇　九州飘香》

内容：展示了河套酒业集团的基本情况及近三十年来河套酒业集团的部分产品400多种，体现出河套酒业集团五十年来经过风风雨雨从一个名不经传的酿酒作坊发展到现在的内蒙古重点大型企业之一，展示了河套酒业的非凡实力。

藏品管理　对文物和藏品，本着科学保护、合理利用、宣传教育的方针，并加强与其他博物馆、文物站的联系和沟通。

[藏品来源]　主要为野外采集、有偿购买、接受捐赠等途径获得。

[藏品类别]　为各历史时期的和酒有关的实物。

[藏品统计]　共收藏文物650余件。

[重要藏品]　清龙纹铜东布壶，斟酒器具，内蒙古呼和浩特市征集，清代中期器物。通高34.5厘米，口径9.5厘米，底径14厘米。整体造型为：上部稍细，下部略粗，呈倒三角桶状。壶上部为朵云形，上部、中部、底部有三道铜箍。壶身一侧有活动式柄手。其质地外部为黄铜，内部为锡铅，是内外双层式壶壁。壶身通体阴刻龙纹，柄手刻花卉纹；壶身自上而下刻八条龙纹，均两两相对，作二龙戏珠状。与此壶配套的是两件银碗，内胎为木质，内外包银皮，底座镂雕银饰，刻八宝纹和连珠纹。这套壶与碗是蒙古族最具特色的酒具，用以斟白酒、奶酒、奶茶等。

清　龙纹铜东布壶

科学研究　内蒙古酒文化博物馆自成立以来，始终重视北方草原特色的酒文化研究，经过长期的积累，收集了大量的酒文化资料，以其丰富的陈列展览，赢得了内蒙古文博界、酒界和各级领导的高度评价。

经营管理

[单位性质]　民营股份

[经费来源]　自筹

[机构设置]　共设立了办公室、保卫科、业务部三个部室。

[人员编制、组成]　内蒙古酒文化博物馆共有工作人员7人，其中大专文化4人，本科2人，中级职称1人。

[服务观众项目]　停车场（全天免费）；纪念品销售（8:30—17:30 自定价）。

[观众接待]　2002～2006年度平均参观人数6万人次。

参观指南

[地址]　内蒙古自治区巴彦淖尔市杭锦后旗陕坝镇建设街39号

[邮编]　015400

[电话]　0478-6627804

[开放时间]　全年开放，8：30－17：30

（撰文：常占文）

内蒙古清·将军衙署博物院

Inner Mongolia Museum of General Residence

概述

类型　社会科学类历史遗址专题博物馆

隶属关系　内蒙古自治区文化厅

创建时间　1992年

开放时间　2003年

将军衙署博物院外景

所在位置　内蒙古自治区呼和浩特市新华大街31号

面积　占地16355平方米（保护范围）

建筑、布局　建筑形制为典型的清代官衙建筑，整体建筑坐北朝南。由南向北依次为照壁、大门、仪门、大堂、二堂、三堂等主体建筑，两侧有耳房、厢房和东西跨院。

历史沿革　雍正年间，清廷为了安排从漠北撤回的八旗将士，也为了就近监控归化城土默特、乌兰察布盟和伊克昭盟等蒙古诸部，决计在归化城东北五里处勘定一处城址，作为右卫驻防八旗兵北移屯居之用。清乾隆二年动工修建新城，乾隆四年竣工，乾隆皇帝赐名"绥远城"。将军衙署成为绥远城将军之府邸，直至清朝灭亡未变。

民国元年（1912）十月，北洋军人张绍曾被委任为绥远城署将军，驻节将军衙署，改清制"将军衙署"为"将军府"。民国十七年（1928），将军衙署被绥远特别行政区政府占用。民国十八年（1929）设置绥远省，将军衙署改牌为绥远省政府。民国二十六年（1937）"七七事变"后，日军进攻绥远省。10月，在日本帝国主义扶持下，由德王拼凑的伪"蒙古联盟自治政府"军队占据绥远，将军衙署一度为伪政权属下"巴彦塔拉盟公署"所占用，后又为伪"蒙疆联合政府"所占据。

1949年9月19日，以董其武将军为首的国民党绥远部队通电起义，绥远国民党统治区宣告和平解放。这座二百多年来一直作为统治压迫各族人民的将军衙署，变成了为人民谋福利的政府办公设施。

1986年，将军衙署被评为自治区重点文物保护单位；1992年，经自治区政府批准，正式成立了内蒙古清·将军衙署博物院；1997年，划归内蒙古博物馆管理；2002年，划归内蒙古文物交流中心管理，并对将军衙署院落进行整修；2003年正式对外开放；2006年被国务院公布为第六批全国重点文物保护单位。

大堂场景

历任院长　孙卓章（1992～1996）；乔玉光（1996～1998）；邵清隆（1998～2002）；张牧林（2002至今）。

业务活动

基本陈列　内蒙古清·将军衙署博物院是依托绥远城将军衙署而建立起来的专题博物馆，利用遗留下来的古代官衙建筑向人们展示、宣传清代呼和浩特历史文化。现开放十一个展厅，其中专题陈列5个，分别为：《绥远城建城史》、《绥远将军衙署历史沿革》、《绥远城将军》、《归绥旧影展》、《绥远"9·19"和平起义图片展》；原状陈列6个，分别为：大堂、二堂、三堂、印房、官房、佛堂。现展厅面积总计2000平方米，有428件展品。

大堂，又称正堂、公堂、或称"亲民堂"、"忠爱堂"，是衙署最重要核心建筑，是举行典礼和重要政务活动的地方，如万寿节庆典、承接圣旨和上级公文、拜发奏折、公开审理大案和宣判等重大事件活动。现恢复原状陈列。

二堂，又称"退思堂"，原是将军日常办公地点，现按原有格局恢复将军的办公、读书场景。

三堂和四堂原是将军的寝所，民国十三年（1924）被大火烧毁，当年又被重建。四堂现已被拆毁，仅存三堂。现陈展第76任将军贻谷当年在将军衙署办公、生活的场景。

折房，原是下级官吏办理正式行文、书写奏折的地方，现陈展有关历史文化名城——呼和浩特的建城史。

回事处，原是下级官吏起草文件的地方，现陈展将军衙署的历史沿革。

客厅，原是绥远城将军衙署接待客人的地方，现陈列为《归绥旧影展》，展示清末至民国时期呼和浩特地区历史建筑、风土人情、历史人物以及宗教历史。

箭亭，原是将军下属的武官在此办理驻防官兵武备军需及军事演练等事宜的处所，现陈列归绥驻节将军专题展览。

另外还有印房、官房、西厢房、佛堂等。

藏品管理

[藏品来源] 对文物和藏品，本着积极抢救、科学保护、合理利用、宣传教育的指导方针，对社会各界的相关文物，采取有偿征集，无偿捐赠。藏品来源主要为有偿购买、接受各类捐赠等途径获得。

[藏品类别] 藏品以明清时期各类实物及民国时期革命文物为主。

[藏品统计] 共收藏各级各类文物114653件，其中一级品7件，二级品120件，三级品460件。

[重要藏品] 绥远城城门匾额 绥远城有4座城门，东门迎旭门，南门承薰门，西门阜安门，北门镇宁门，均由乾隆皇帝亲自命名并用满汉蒙三种文字御题门额，用汉白玉雕琢而成。将军衙署博物院现收藏有南、北门石匾，为国家一级文物。

清青石浴缸 保存完好，是宗教器具，四面雕刻竹莲、游鱼等花纹，做工精细。

清察哈尔妇女头饰 由头围箍、流穗、后帘构成。头围箍上缀嵌珊瑚、松石的银花座，两侧以精致的镂空卷云纹（或镂花饰）连接流穗。脑后镶嵌珊瑚、松石银花座，下接由珊瑚、松石珠穿编成网状后帘，帘长及肩，十分瞩目。

科学研究 内蒙古清•博物院的出版物有：

于宝东《内蒙古珍宝•玉石器图录》（内蒙古大学出

绥远城城门匾额

清 青石浴缸

清 察哈尔妇女头饰

版社，2007年）；于宝东《辽·金·元玉器研究》（内蒙古大学出版社，2008年）。

内蒙古清·将军衙署博物院发表的学术论文有：

于宝东《故建威都尉夫人王氏墓志及相关问题》（《蒙古史研究》2005年第八辑）；于宝东《民族玉器综论》（《如玉人生—庆祝杨伯达先生八十华诞论文集》2006年12月）；于宝东《辽代玉器文化因素分析》（《内蒙古大学学报》2006年3期）；于宝东《契丹民族用玉传统综论》（《内蒙古大学学报》2006年6期）；斯钦布和《将〈金鬘〉视为政教史的缘由》（《蒙古学研究》2004年第2期）；斯钦布和《明清时期呼和浩特汉族移民初探》（《赤峰学院学报》2005年5期）；斯钦布和胡玉花《绥远城兴工竣工档案查考》（《内蒙古文物考古》2007年第2期）；王春燕《二十世纪五十年代包头地区水灾初探》（《内蒙古史志》2006年2期）；王春燕《用行动去唱响旋律、擦亮名城—关于绥远"9·19"起义》（《内蒙古史志》2007年第4期）。

交流合作　自2002年以来，在内蒙古文物局、内蒙古博物馆、内蒙古考古研究所等机构的大力支持下，内蒙古清·将军衙署博物院在学术研究、开拓学术交流等领域逐步取得了一定的成果。

2005年4月22日，邀请在呼市的各界知名人士代表进行了"绥远城的今昔"座谈会，讨论有关绥远城建城的原因、城内主要建筑的名称、建筑格局等及其他与绥远城与将军衙署有关的议题。

2007年3月10日，内蒙古清·将军衙署博物院成为筹建绥远"9·19"和平起义纪念馆的主办单位，邀请各界人士代表召开"绥远'9·19'和平起义纪念馆"筹备工作座谈会，探讨筹建绥远"9·19"和平起义纪念馆的具体方案。

2007年8月25—28日，在将军衙署召开"全国文物商店协作会议"，探索新形势下的文物商店发展之路。

经营管理

　　[单位性质]　国营事业单位

　　[经费来源]　自收自支

　　[人员编制]　内蒙古自治区将军衙署博物院新核定编制38名，处级领导职数5名（1正，4副），科级职数12名（8正，4副）。其中大专以上文化程度32人，初级以上职称31人，专业技术人员26人。

　　[服务观众项目]　停车场（全天免费）；纪念品销售（8:00—18:00 自定价）

　　[观众接待]　2003～2006年度平均参观人数7万人次

参观指南

　　[地址]　内蒙古自治区呼和浩特市新华大街31号

　　[邮编]　010010

　　[电话]　0471-6903132

　　[传真]　0471-6901265

　　[电子信箱]　jjys0471@163.com

　　[网站]　www.jjys.org

　　[开放时间]　全年开放，8:00—18:00

　　[票价]　成人25元，讲解费用5人以下20元，5人以上30元

（撰文：斯钦布和）

乌海博物馆
Wuhai Museum

概述

　　类型　地方综合性博物馆

　　正式开馆时间　2004年9月

　　所在位置　内蒙古自治区乌海市

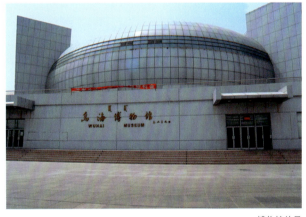

博物馆外景

　　面积　占地1349平方米

　　建筑特点　建筑坐南朝北，展厅通体呈狭长状。

　　历任馆长　李雪飞（2004至今）。

业务活动

　　基本陈列　乌海博物馆作为展示乌海自然、人文历史的重要窗口，以突出反映地方特色的文物、古生物化石标本、历史场景再现为目的，陈列生动真实地再现了乌海远古以来的地质变迁、历史沿革、民俗文化和今天的成就。走进乌海博物馆，犹如走进了风光旖旎的历史长廊，乌海沧桑巨变的画卷尽收眼底。布展面积1049平方米，展品300余件（套）。基本陈列有：

《沧海桑田——亿万年来的生命演进》　各类生物化石标本和岩矿标本，述说着从36亿年前的太古代到1万年前的新生代，乌海地区由海洋——陆岛——群山演变的过程。其中，古生代化石——桂化木，全长42.6米，根部直径0.87米，是目前全亚洲最长的一段桂化木，距今已有二亿九千万年到二亿五千万年的历史。而1987年发现于乌海市乌达区白泥沟的纳玛古菱齿象化石，经按原有比例复原后的骨架化石，体长8.7米，高4.15米，也成为馆内一大亮点。

《大漠天问——千秋呐喊的无字天书》　在延绵几十里的桌子山脉的沟壑崖壁上，散落着大量远古先民磨刻的岩画。其中，桌子山召烧沟岩画，堪称中国岩画的精绝之作，珍藏于馆内，画面长10米、宽4米的大型拓印，是目前国内面积最大的岩画拓片。据考证这些神态不同、形态各异的图像，都是古人意想中的神灵图腾，他们把这里幻想成天国诸神聚会的神坛，具有浓厚的原始宗教色彩，成为数千年承传不息的大型宗教祭祀场所。

《紫塞风云——百世不朽的历史壮歌》　以秦汉、唐西夏、明清时期的文物为重点，展示乌海地区的历史风貌。将乌海的人文史一一道来，其中1984年发现于乌海市东南部的唐代石雕像群，分别为武士、文史、马、羊等石雕像，其造型生动传神，气势浑厚古朴，成为馆内一大亮点。据残留石碑考证，为唐代灵州节度使墓地上的神物，反映了当时乌海地区为唐代边塞要镇，社会经济繁荣，民族交往频繁的史实。

藏品管理

[藏品来源]　乌海博物馆馆内藏品的主要来源为本地区出土及社会征集。

[藏品统计]　目前，馆内共收藏藏品500件（套），其中二级品8件，三级品21件。

[重要藏品]　汉（匈奴族）铜鹿，体长10厘米，宽1.8厘米，高7.7厘米，重0.6千克，青铜材质。

唐文官石雕像，身高182厘米，肩宽46厘米，厚度23厘米，底座高12厘米、长49厘米，重1500千克。石像身穿官服，手持玉笏，面目表情和善。经考证为灵州节度使墓道两边的神像。

唐武官石雕像（1），身高205厘米，肩宽57厘米，厚度31厘米，底座高14厘米、长56厘米，重1500千克。石像身披铠甲，脚穿战靴，手持兵器，面目表情威武。经考证为灵州节度使墓道两边的神像。

唐武官石雕像（2），身高202厘米，肩宽57厘米，厚

1.《紫塞风云》陈列一角　2.太阳神岩画

唐　武官石雕像

青铜鹿

度29厘米，底座高14厘米、长60厘米，重1500千克。石像身披铠甲，脚穿战靴，手持兵器，面目表情威武。经考证为灵州节度使墓道两边的神像。

清晚期竹林七贤图大铜盆，直径外沿52.5厘米，内沿37.5厘米，沿宽7.5厘米，盆内高8.5厘米，底径36厘米，盆外高11.5厘米。此物为民国时期王府里使用的洗脸盆，盆底刻有"竹林七贤图"，工艺精美，形象生动，盆沿饰圆形花纹。

西夏双耳三足铁鼎，口径36.5厘米，高31厘米.耳高5厘米，腹径38厘米，重20千克。

科学研究 乌海博物馆自成立以来，始终重视乌海人文史的发掘与研究，在工作人员的积极努力下，已收集了大量证明乌海历史的实物资料。

交流合作 开馆以来，在市文化局的大力支持下，乌海博物馆不断与其他省市兄弟馆进行交流与合作，在丰富广大市民业余文化生活的同时，也对中小学生进行了科普教育。

2005年，乌海博物馆与呼和浩特市科技馆合作举办为期一周的大型《恐龙展》。

2006年制作了古奥遗痕岩画专题片，先后在内蒙古自治区电视台、乌海市电视台播出，反响强烈。

2006年5月13～14日，由中国科学院海洋研究所、青岛海世博公司举办的《了解海洋、热爱海洋、走进海洋——大型海洋科普知识展》。

2007年1月15～29日，乌海博物馆与乌海市群众艺术馆成功举办了《"风雨如磐"—"五·四"前后的中国大型摄影展览》。

2007年"十一"长假期间，乌海博物馆携手新疆维吾尔自治区科技文化中心共同举办了《昆虫科普展览》。

经营管理

[单位性质] 国营事业单位

[经费来源] 财政拨款

[人员编制、组成] 共有工作人员8人，其中大专以上文化程度8人，初级职称2人，专业技术人员3人。

[观众接待] 2004～2006年年均观众人数7万人

参观指南

[地址] 内蒙古自治区乌海市

[邮编] 016000

[电话] 0473-6992911

[开放时间] 8:30－12:00，15:00－18:00

（撰 文：孟睿）

巴尔虎博物馆

Baerhu Museum

概述

类型 地方综合性博物馆

隶属关系 内蒙古自治区呼伦贝尔市新巴尔虎右旗文体广电局

创建时间 2004年8月18日

正式开馆时间 2004年8月18日

所在位置 内蒙古自治区呼伦贝尔市新巴尔虎右旗阿拉坦额英勒镇

面积 占地1000平方米

建筑结构 巴尔虎博物馆的外部造型以一个宏伟的基座托起庄严典雅主体楼房，以方正为主，配以顶部的一个圆形玻璃穹顶，符合我国传统建筑的理论之四平八稳和天圆地方之说。博物馆门前的四根吉祥柱柱头上以青铜浮雕刻"日、月、风、雨"装饰，寓意为一年四季风调雨顺、

巴尔虎博物馆外景

1.自然生态陈列厅一角　2.成就陈列厅一角　3.民俗陈列厅一角

五畜兴旺、产业发达，在两边廊柱上分别镶嵌的吉祥柱头为"牛、马、羊、山羊、骆驼"五畜，代表新巴尔虎右旗两个苏木、三个镇。博物馆有27级台阶，每一级台阶代表10年，27级代表着繁荣的新巴尔虎右旗自1734～2004年走过的270年的风雨历程，紫铜浮雕门描绘的吉祥图案为花团、献哈达、搏克、顶碗舞、马头琴演奏等极具特色的民俗活动，也代表草原人民对来宾的深深祝福。

历史沿革　巴尔虎博物馆以巴尔虎蒙古族部落定居呼伦贝尔草原，屯牧戍边270周年为契机而建造，2003年旗人民政府立项决定成立新巴尔虎右旗巴尔虎博物馆，2004年5月18日破土动工，2004年8月18日正式对外展出。

历任馆长　白春英（2004.8至今）。

业务活动

基本陈列　巴尔虎博物馆以巴尔虎蒙古族传统文化为载体，利用丰富的民俗展品、史料、图片、向世人宣传展示悠久灿烂的巴尔虎蒙古族文化、生活、生产情况，是融考古、历史研究及旅游为一体的专题性博物馆，展览面积2000平方米，展出实物700件。

第一展厅：《自然生态资源状况展区》，仿真巴尔虎自然环境，独具珍稀的物种，丰富的地下矿产标本，生灵活现的动植物标本。

第二展厅：《成就展区》，国家及自治区级先进人物，党建工作和三个代表重要思想落实贯彻情况，改革开放以来新巴尔虎右旗取得的重大成就及相关的图片、史料、实物。

第三展厅：《民俗展区》，主要展出巴尔虎蒙古族民间生活习俗、民间医药医学、民间手工艺、独特的民族艺术。

第四展厅：《历史展区》，利用珍贵的文物，详实的史料，展示巴尔虎蒙古族定居呼伦贝尔草原，屯牧戍边270年的光辉历程。

第五展厅：展示了巴尔虎蒙古族在世界范围内所创建的博大精深的民俗文化和生活现状。

第六展厅：展示了成吉思汗与弘吉刺部落的渊源及重大人物介绍及主要大规模战争的描述。

藏品管理　对文物和藏品，本着抢救、保护、利用宣传教育的指导方针。

　［藏品来源］　主要来源为本地牧区，对社会各界的，及蒙古国的相关文物采用有偿及无偿的征集方式。

　［藏品类别］　主要以巴尔虎蒙古族的民俗用品为主。

　［藏品统计］　现共收藏文物700余件。

科学研究　自巴尔虎博物馆成立以来，始终重视巴尔虎蒙古史研究，设置蒙古史研究室，经过长期的积累取得了一定的收获，为以后的展出、更新内容奠定史料基础。

交流合作　这几年来，在中国国家外国专家局等机构的大力支持下，巴尔虎博物馆努力开拓国际间的交流与合作，逐步取得了卓有成效的进展。

2004年以来，巴尔虎博物馆与蒙古国乔巴山博物馆建立了正式合作关系，蒙古国乔巴山博物馆是一个主要以巴尔虎蒙古族的生活、生产习俗为特色，全面系统地收藏、抢救、保护、研究、展示传统巴尔虎文化历史的基地，合作后于2004年8月18日～11月18日在巴尔虎博物馆成功举办

朝延朝见白王帝标签筒

紫铜银边招福桶

青花瓷盘

了《蒙古国文物展》，展品共104件。展览期间，自治区领导、省县级领导兴致勃勃地亲临会场观摩并给予了高度的评价。

近几年博物馆利用中、俄、蒙三国交界的优势多次互相交流、参观学习，通过对外交流活动开阔了我们的视野，增强了我们在国际间进行交往与合作方面的知识，收获颇多。

经营管理

　　[单位性质]　国营事业单位

　　[经费来源]　财政拨款

　　[机构设置]　设有蒙古史研究部、民俗部、历史部、保卫部、外宣部五个科室。

　　[人员编制、组成]　巴尔虎博物馆共有工作人员8人，其中大专以上文化程度8人，初级以上职称6人。

　　[服务观众项目]　停车场（全天免费）、纪念品销售（9:00－17:00 自定价）、触摸屏导览（9:00－17:00 免费）

　　[观众接待]　2004～2006年度年均观众人数170590人次

参观指南

　　[地址]　内蒙古自治区呼伦贝尔市新巴尔虎右旗阿拉坦额莫勒镇

　　[邮编]　021300

　　[电话]　0470-6406119（办公室）

　　[开放时间]　全年开放，9:00－17:00

　　[票价]　成人10元

（撰文：白春英）

巴林右旗博物馆
Museum of Balin Right Banner

概述

　　类型　地方综合性博物馆

　　隶属关系　内蒙古自治区赤峰市巴林右旗文化体育广播电视局

　　创建时间　1981年5月

　　正式开馆时间　1985年8月15日

　　所在位置　内蒙古自治区赤峰市巴林右旗大板镇巴林路东段文化广场北侧

　　面积　占地124平方米（建筑面积为1875平方米，一楼、二楼不属博物馆）、展厅面积1312平方米、库房面积

巴林右旗博物馆外景

展厅一角

200平方米、办公室总面积116平方米、会议室总面积61平方米

建筑结构　砖混结构，坐南朝北。

历史沿革　1981年5月，由旗文化馆文物组转制为文物馆，1985年8月由巴林右旗人民政府批准建立巴林右旗博物馆。1989年在荟福寺东破土兴建巴林右旗博物馆。1991年6月25日新馆举行落成典礼并正式对外开放；2002年，于大板镇文化广场北侧辟地新建博物馆。2003年5月新馆正式对外开放。

历任馆长　韩仁信（1985.8～1991.9）；德力格尔（1991.9～1992.4）；王兴贵（1993.2～1993.11）；计连成（1993.11～2001.11）；张秀珍（2001.11～2002.5）；杨晓雷（2002.5～2005.3）；石阳（2005.3至今）。

业务活动

基本陈列　巴林右旗博物馆以辽文化独具特色，以展示辽代皇陵出土文物为主，以红山文化和清代传世文物为辅的集科学、历史研究及旅游参观为一体的综合型博物馆。布置展陈面积1312平方米，展出藏品数量：216件（组套）。基本陈列有《辽代皇陵特色展览》、《红山文化玉器展》、《清代民俗文物展》。

藏品管理

［藏品来源］　主要为考古发掘、征集。

［藏品类别］　主要为辽代皇陵出土文物和红山玉器。以金银器、铜器、瓷器、钱币、玉器为主。

［藏品统计］　共收藏82078件（组套）：其中，金银器85件（组套）、铜器226件（组套）、玉器129件（组套）、瓷器448件（组套）、钱币80042枚、丝织品111件、字画38件、古生物化石6件、其它993件（套）。藏品中：一级品262件（组套）、二级品17件（套）、三级品35件（套）。

［重要藏品］　新石器时代勾云形玉器　略成方形，长12.7厘米，宽11.7厘米，厚0.8厘米。上世纪70年代，出土于巴彦塔拉苏木苏达勒新石器时代红山文化遗址。墨绿色玉，采用琢磨工艺制作。中心镂空，上缘中间有钻孔，可系绳佩戴。

新石器时代玉鸮　1980年出土于大板镇（原巴彦汉苏木）那日斯台遗址。高6.1厘米，宽6厘米，厚1.8厘米。黄绿色玉。双耳，浅浮雕圆眼，喙为三角形突起，双翅展开与肩平齐，正面各雕刻二道凸棱纹，双爪呈半圆形外凸，雕刻三道斜凹纹。尾部平齐，雕刻四道凸棱纹，胸腹微鼓，背面头部和两翼胁下有三组对钻孔。

辽凤衔珠银鎏金法舍利塔　1989年，辽庆州释迦佛舍利塔相轮樘中室内出土，通高405厘米、底径10.7厘米。塔由塔座、塔身、塔檐、塔刹组成。制作方法分段插揲、錾刻及铆固，焊接后插接而成。塔表分别采用错金或局部鎏金工艺。该塔内盛有"无垢净光大陀罗尼经"，鎏金银板一卷长102.5厘米，自右向左单面竖行镌刻经文93行，共953字。

辽琥珀观世音菩萨立像　通高19厘米、像高7厘米，1989年出土于辽庆州释迦佛舍利塔。由木雕覆莲、筒状薄壁像座和像身组成。佛像由紫红色琥珀雕制，身修长，赤足，双手捧莲蕾于胸前，额中镶嵌一颗珍珠，雕琢工艺精湛。柏木像外表雕饰行龙一条，座为覆莲纹。内藏纸本雕印经咒一卷。

辽红罗地联珠人物绣经袱　1989年，巴林右旗庆州释迦佛舍利塔相轮樘出土，长27.5厘米，宽27厘米，厚0.03厘米。平针刺绣。正面为红色罗，背面用白绢作夹层，右下角缀有打节用强风丝带一根，正中团窠联珠环内绣一骑马驾鹰人物。人侧骑正视，戴皮棉帽，披铠甲袍，着棕皮靴。面形正方，体魄壮实，黄色胡须两边翘起，两手高擎鹰鹘两只，"海东青"之猎鹰。所骑马身上披挂铠甲。马

新石器时代　勾云形玉器

辽　紫定莲池四鱼碗

辽　白釉牡丹花长颈瓶

尾结扎成花状作奔跑状，空隙处绣犀牛角、双钱、法轮珊瑚等杂宝，上下两端各有两条，边栏用蓝色，上绣白色联珠纹。人物由橙色、湖蓝、浅棕色块铺绣而成。

辽紫定莲池四鱼碗　高6.2厘米，口径16.1厘米，底径5.5厘米　20世纪70年代出土于索博日嘎镇（原索博日嘎苏木）辽庆州古城。圆唇、薄壁、圈足。碗覆烧时留有芒

口。质地为白瓷胎，内外满施酱釉，釉色中闪现红斑，覆烧时流向足部，碗壁内饰工整的印有四鱼莲花主体纹和水波纹。盛开的莲花，翻卷的荷叶，蔓就茎缠绕，又有三叶三花互生于莲茎，间以飘荡的浮萍，水波翻滚中三条鲤鱼自由游荡，一条娃娃鱼盘旋在碗底，构成鱼水相融。外壁光素无纹。

辽白釉牡丹花长颈瓶　1985年，巴林右旗巴彦灯苏木和布特哈达辽墓出土，通高52.8厘米，口径13.8厘米，底径10厘米。杯形口长颈有一道弦纹，溜肩、腹部斜收。底部微外侈、圆足。腹部采用剔地法刻出一对牡丹图案，施白釉。胎质为粗白瓷。

科学研究　巴林右旗博物馆自建馆以来，十分注重科研队伍的培训与管理，积极参加各级各类学术研究会，不断加强与中外学术界的交流。总结积累大量的科研资料，培养了拥有历史、考古、美术、文物修复、摄影等专业技术人才。并取得了显著的研究成果。

巴林右旗博物馆的出版物有：

韩仁信《辽代城址探原》（远方出版社出版，2003年9月）；韩仁信《内蒙古巴林右旗那日斯台遗址调查》（《考古》第6期，1987年）；韩仁信《牡国元宝与助国元宝浅议》（《中国钱币》第3期，1989年）；韩仁信《内蒙古巴林右旗李家园子出土唐印》（《考古》第8期，1997年）；韩仁信《内蒙古巴林右旗出土契丹大字铜符牌和石质道教符印》（《考古》第6期，1999年）；计连成《辽太叔祖墓主室壁画及相关问题》（《内蒙古文物考古》第1期，2001年）；朝格巴图《红山文化》（《科学》第2期，1991年）；乌兰其其格《巴彦汉山前辽墓出土的玉石玛瑙马具装饰》（《中国玉文化玉学论丛》，2004年）；刘志安《哈日巴沼遗址调查简报》（《内蒙古文物考古》第2期，2000年）；刘志安《辽代释迦佛舍利塔内出土的"无垢净光大陀罗尼经"鎏金银板》（《北方文物》第1期，2002年）。

经营管理

[单位性质]　国有事业单位

[经费来源]　财政拨款

[机构设置]　馆内机构设有考古部、藏展部、保卫科、办公室，下设庆州文物管理所。

[人员编制]　巴林右旗博物馆为准科级全额事业单位，编制23人。其中大专以上23人、初级以上职称12人，专业技术人员12人。

[观众接待]　2000～2006年度平均参观人数5000人左右

参观指南

　　[地址]　内蒙古自治区赤峰市巴林右旗大板镇巴林路东段（文化广场北侧）

　　[邮编]　025150

　　[电话]　0476-6222747（办公室）

　　[传真]　0476-6223053

　　[开放时间]　全年按作息时间开馆

　　[票价]　5元

（撰文：王占海）

宁城县辽中京博物馆

Liao Zhongjing Museum

概　述

类型　地方综合性博物馆

隶属关系　内蒙古自治区赤峰市宁城县文体局

正式开馆时间　1988年5月

所在位置　内蒙古自治区赤峰市宁城县天义镇南城村

辽中京佛塔

辽中京博物馆主楼

面积　占地面积45000平方米

建筑、布局　建筑形式为二层仿清代建筑。整体建筑坐北朝南。博物馆院内西南约100米处，矗立着高81米的辽中京大塔。主楼东侧为"古生物化石馆"；西侧为生活区。

历史沿革　辽中京博物馆位于辽中京外城东南部，博物馆是在宁城县文物管理所陈列室基础上建立的。1984年宁城县文物管理所建立。1988年"辽中京博物馆"落成并对外展出。辽中京博物馆有位于辽中京遗址内与辽中京大塔交相辉映的人文地理优势，是融科学、历史研究和旅游观光为一体的历史类博物馆。

历任馆长　李义（1988至今）。

业务活动

基本陈列　展陈面积1300平方米；展出文物近千件组。基本陈列有：

《草原青铜器展》　展出分兵器、礼器、车马具、生活用品等几个部分，从不同的侧面反映了夏家店上层文化——这一辽西地区青铜文化的面貌，及其主体民族山戎（东胡）族的政治经济文化面貌。

《古都辽中京展》　展览分为四个部分，从不同的角度展示辽中京的历史面貌。分别为《辽墓觅踪》、《古都雄姿》、《浮图探密》、《市井生活》。

《契丹风云录蜡像展》　展出辽、宋人物蜡像23尊。组成以契丹族产生与进步、中京建立与发展为主线的6组故事。力图反映辽代产生与消亡的历史过程。

藏品管理

　　[藏品来源]　采取有偿购买、无偿捐赠和考古发掘、公安部门移交等途径获得。

　　[藏品类别]　以西周至春秋战国（夏家店上层文化）时期的青铜器，以及辽代金、铜、铁、瓷、陶器，为主要特征。

《草原青铜器展》陈列厅一角

《古都辽中京展》陈列厅一角

[藏品统计] 共收藏金、铜、石、陶、瓷等各类文物5802件。其中一级品47件；二级品205件；三级品275件。

[重要藏品] 西周许季姜簋 青铜制品。通高25.4厘米，宽34.6厘米，口径30厘米。侈口深腹，腹两侧兽形耳，前后各饰一小耳，腹饰瓦棱纹；圈足下铸方座，每面各开一长方形口，亦饰瓦棱纹；器内底铸"许季姜作尊簋其万年子子孙孙永保用。"

辽太祖天赞二年（923）奚大王碑 通长100厘米，宽35厘米，厚11厘米。白色花岗岩质，长方形竖碑，碑顶抹圆，碑下部有7厘米的梯形石榫，碑刻有汉字，由左向右通读。在辽碑中年代最早。

西周"师道"簋 通高23.4厘米，口径19.6厘米，高17厘米。青铜铸造，侈口，圆形盖握，深腹下垂，双兽耳，圈足外撇，圈足下铸四兽面纹扁足；腹饰瓦棱纹；盖边缘及口沿饰变形兽面纹；内底铸金文94字。

春秋战国时期六联豆 青铜制品。通高15.6厘米，釜高9厘米，口径18厘米，豆口径8.4厘米。正中为圆形环底釜，折沿、深腹，通体素面；釜肩部一周分铸六个小豆，形制大小相同；六豆均为浅盘、细高柄，底足呈喇叭口状，通体素面。

夏家店上层文化青铜鼓（鼓形器） 通高27厘米，口径：一面11厘米，一面12厘米。鼓形，两端刻划飞鸟纹。

夏家店上层文化T形柄曲刃剑 青铜制品。通长41厘米，剑长25.8厘米，柄首宽7.5厘米。剑宽4.1厘米。剑柄为半圆形，一字形格，曲刃，中有脊，柄有一穿孔，格上有两颗绿松石嵌物。

西周阴阳剑 长32厘米，宽4.2厘米，最高2厘米。青铜制品，曲刃凸脊，男女裸像相背各铸为柄，男双手置于腹部，女双手交插放于胸前。造型独特。

辽三彩摩羯壶 通高76.5厘米。宽19.3厘米，底径

西周 许季姜簋

辽 三彩摩羯壶

西周 奴隶守门方鼎（刖刑鼎）

8.9厘米。龙首鱼身、鸟翅、腹鱼鳞纹，扁身、莲座，黄、绿、白三色釉，平底。

明宣德青花莲纹盘　口径43.5厘米，高8厘米，足径28.5厘米。腹胎骨精细、洁白、胎体厚重，胎底露胎处有深浅不一的火石红，圈足内壁稍外撇，底心稍下塌，腹部丰满，口沿外折，青花有明显的结晶斑和晕散现象，通体饰海水，缠枝牡丹，内底饰束把莲。

西周中期奴隶守门方鼎（刖刑鼎）　青铜制器。通高19厘米，长16.2厘米，宽9.6厘米。全器分上、下两部分。上部为器身，长方形、侈口，肩部接铸两附耳，饰龙凤纹，四角分铸立兽，下部为鼎炉，左右两侧开小方窗，北面镂空，正面设有可开合的两扇小门，一门上饰兽钮，另一门上铸一守门刖刑奴隶；底部镂空，四足分别铸四个变形立兽。

春秋战国时期祖柄勺　长25.8厘米，柄长12.9厘米，勺口径10～12.5厘米。勺身呈环底罐形，平口内敛，腹接一柄，勺柄作男性生殖器形，柄顶端有方形孔，中空，通体素面。

辽玉鱼粉盒　和田玉质，长10.5厘米，最宽4.9厘米，厚2.6厘米，壁厚0.8厘米，重149克。通体呈鱼形，用料选自新疆和田玉，白如羊脂。鱼嘴处有一穿孔，鱼尾以金页（合页）相连，盒、盖有子母口，可开合。

元白釉铁锈鸟纹罐　通高35.7厘米，口径15厘米，腹径40厘米，底径16厘米。小口直径，斜肩，圆腹，平底，外施白釉，内施褐釉。口径至底有五层花纹。肩部绘缠枝牡丹花卉，腹饰四组牡丹，开光外绘鹤纹，下腹绘莲瓣纹，颈绘覆莲瓣纹。铁锈花呈褐色。

科学研究　辽中京博物馆自成立以来，坚持收藏、保护、学术研究并重的原则，不断提高保护水平和藏品管理能力。拥有历史研究、文物学研究、文物鉴定、田野考古、民族学、美术、摄影、文物修复等专业人才。经过多年积累，辽中京博物馆收集、整理大量的青铜器研究资料，青铜器研究、辽代历史研究取得了显著成绩。

辽中京博物馆出版物有：

吴京民主编论文集《辽中京历史文化研究》（远方出版社2007年8月）。

交流合作　1995年，参加内蒙古自治区文化厅、自治区文物考古研究所组织的赴美国《中国北方民族 文物展》；1997年，参加内蒙古自治区文化厅、自治区考古研究所组织的赴日本展出的《草原马上民族文物展》；2001年，参加内蒙古自治区文化厅、自治区考古研究所与上海联合展出《草原魂宝展》；2001年，参加与河南郑州博物馆联合展出《草原青铜器展》。

经营管理

[单位性质]　国营事业单位

[经费来源]　财政拨款

[机构设置]　设有办公室、保管陈列部、社教部、保卫科、文物行政执法队五个部室。

[服务观众项目]　停车场（全天免费）；纪念品销售（8:30－17:00 自定价）；导游（8:30－17:00 国家统一标准）。

[观众接待]　年均8万人次

参观指南

[地址]　内蒙古自治区赤峰市宁城县天义镇南城村

[邮编]　024236

[电话]　0476-4050371

[开放时间]　全年开放，冬季8:00－16:00，夏季8:00－17:00

[票价]　成人10元

（撰文：温长江）

辽上京博物馆
Museum of Liaoshangjing

概述

类别　社会科学类历史专题博物馆

隶属关系　内蒙古自治区赤峰市巴林左旗文化局

创建时间　2005年4月26日

所在位置　内蒙古自治区赤峰市巴林左旗林东镇契丹广场南侧

面积　占地4696平方米

辽上京博物馆外景

建筑　混凝土框架结构，外观以辽祖州神秘辽代石屋为素材，表现出浓郁的契丹文化底蕴。

历史沿革　1959年巴林左旗博物馆成立，馆舍约80平方米。馆藏文物300余件。1960年与文化馆合并，改称文物组。1984年巴林左旗博物馆在北塔山下第二次成立。2005年4月迁现址，改称辽上京博物馆。

历任馆长　哈斯巴特（1959）；金永田（1984～1998）；唐彩兰（1998～2003）；王未想（2003至今）。

业务活动

基本陈列　辽上京博物馆是按历史时代为顺序，利用器物与图片做说明例证，用叙述的方式介绍辽上京的历史和价值，并且同时向人们展示契丹人独特的游牧民族文化。是一座集民族文化、历史研究及参观游览的专题博物馆。其中以辽代石刻、契丹大字、契丹小字碑文墓志和辽代壁画最具特色。布置展陈面积1800平方米，展出器物2000余件套，共设有6个展厅。

《辽上京历史文物陈列》内容分为：

"建城"　叙述契丹人的起源传说和早期生活状况，到北方草原第一都辽上京的出现。

"宫廷"　重点介绍辽上京的宫廷生活和契丹人的"捺钵"习俗。

"军事"　介绍辽代的军制和骁勇善战的契丹骑兵。

"经济"　介绍当时辽上京区域人们的游牧经济生活状况。

"外交"　介绍以辽上京为起点的草原丝绸之路。

"商贸"　介绍辽上京当时的商业活动和契丹人的造瓷、纺织、制玉等作坊经济。

"文化"　介绍辽代的音乐、舞蹈和体育等。

"宗教"　介绍契丹人信奉"萨满教"，建国后的佛教盛行及多教并行情况。

"皇陵"　介绍辽上京附近的祖陵、怀陵、庆陵。

"葬俗"　介绍辽契丹人独特丧葬习俗和上京附近发掘的墓葬情况。

《上京的衰亡》　介绍辽上京被女真人攻陷后的沿用到元初废弃的过程。

《石刻文物陈列》　包括涉及辽代的宗教、墓葬、建筑等诸多石刻艺术。

《巴林左旗简史陈列》内容分为：

"远古的奥秘"　介绍巴林左旗奇特的冰川和冰臼群地貌。

1.辽上京历史文物陈列厅一角　2.石刻文物陈列厅一角

"文明的曙光"　介绍巴林左旗境内乌力吉沐沦河与沙里河流域的新石器时代文化。

"东胡足迹"　巴林左旗地区在商周时期是东胡族系的舞台。

"鲜卑走廊"　鲜卑西迁过程中在巴林左旗留下重要痕迹。

"契丹政权"　简要介绍辽上京的建立和影响。

"金代临潢"　介绍金代沿用辽上京的情况。

"明清时期"　介绍巴林部的形成和巴林左旗的由来。

"近现代史"　展示巴林左旗清末至1980年前后历史和文物。

藏品管理

[藏品来源]　馆藏文物来源大多通过出土、交献、征集等几种形式。

[藏品统计]　共有馆藏文物15932件，其中国家一级文物57件、二级451件、三级230件。

[重要藏品]　"侍宴"画像石　"伎乐"画像石　出土于杨家营子镇石匠沟，均为高114厘米，宽74.5厘米，厚9.2厘米，石质为绿砂岩。各雕刻有12个契丹人物。

契丹大字银币　出土于辽上京遗址城西，直径4厘米，穿径0.7厘米，厚0.2厘米，重21克。正面铸有四个契丹大字，背面錾刻有四个契丹小字。

"敬食图"壁画 出土于查干哈达苏木召庙滴水湖辽墓。绘有契丹男子三名，皆髡发，着圆领长袍，足蹬高靴，左侧人物长袍饰有鹿纹。两人端着盛有馒头、包子等面食的大圆盘，另外一人手拿浣巾，正在为墓主人备餐。

永宁郡主墓志 出土于林东镇盘龙岗村，与其夫萧兴言合葬墓。长94.5厘米，宽95.5厘米，厚11厘米，石质为绿砂岩。共有阴刻契丹大字36行，1486个字。

商羊首青铜刀 林东镇塔子沟村出土，通长37厘米，宽3.6厘米，柄长13.5厘米，柄首宽3.4厘米。直刃，刀脊稍向内弯，刀柄饰凹线纹，内饰双排连珠纹，柄端铸盘角羊首，窄腮尖唇、昂首远视。反映了本地东胡时期与中原王朝的某些关系。

[藏品保护] 文物藏品登记与管理已逐渐转变为计算机操作，通过计算机对文物的体貌、特征、历史、来源、属性等进行概述，并配有文物照片等，建立了一套比较完整的文物档案。做到科学有序的管理文物，方便快捷的利用文物。

"侍宴"画像石

契丹大字银币

辽上京博物馆目前兼管巴林左旗境内田野遗址的保护工作。

科学研究 新中国成立后，科研逐年得到发展，现仅就辽文化研究方面的著述在省级以上刊物发表文章300余篇册，特别是近年来一些年轻同志在学术研究上很有发展。目前在辽代墓志研究、契丹壁画修复研究领域取得了较高声誉。

辽上京博物馆的出版物有：博物馆协编《临潢史迹》（内蒙古人民出版社，2000）；王青煜《辽代服饰》（辽宁画报出版社，2002.12）；王青煜《护身符》（辽宁省万卷出版公司，2005.2）；博物馆协编《大辽韩之古家族》（内蒙古人民出版社，2005）；金永田《真寂之寺揽胜》（辽宁画报出版社，2003）；金永田《红山古玉藏珍》（辽宁省万卷出版公司，2005）；唐彩兰《辽上京文物撷英》（内蒙古远方出版社，2005）。

交流合作 文物出国参加展览 1984年辽祖陵契丹大字残碑等四件文物，参加内蒙古博物馆组织的赴日本九州《中国内蒙古——北方骑马民族文物展》。1993年，羊首青铜刀等27件文物参加内蒙古博物馆组织的美国洛杉矶《成吉思汗文物展》，之后又到法国展出。1995年红山文化玉筒参加了与台湾合办的《红山文化玉器展》。2006年9月，契丹人物"侍宴"、"伎乐"画像石等10件文物，参加了内蒙古文物局组织的美国纽约《亚洲协会艺术博物馆文物展》。2007年10月，穹庐式九鹿纹骨灰罐等3件文物，参加内蒙古文物局组织的意大利《辽宋金元文物展》。另在上海、广州、北京等大型博物馆也做过交流展览。以上展览均有大型图册出版。

学术交流 新中国成立前，俄国、日本、法国的一些学者十分关注辽上京地区的文物状况。1908年，日本考古学家鸟居龙藏第一个来巴林左旗调查，1944年在巴林左旗曾建过"伪满洲史迹保存馆"。形成过"祖州城"等报告和著述。

1989年5月，东北亚细亚古文化研究所所长89岁的三宅俊成，专程来辽上京博物馆做调查工作，回国后曾撰写调查著述。此人伪满时期在巴林左旗做文物工作。

1999年，日本国学院辽代考古学特别研究员今野春树到辽祖陵调查，报告刊发于日本1999年54期《贝塚》杂志。

2002年日本青山大学关口广次，2004年京都大学承志到辽上京调查，回国后皆有著述出版。2006年奈良考古学者武田和哉一行，在博物馆研究韩匡嗣家族墓地出土若干墓志，有专著《草原王朝——契丹国遗迹与遗物》在日本出版。

1994～1999年，韩国著名学者金在满、金渭显专程到上京考察，有论文发表。

2006年初，鸟居龙藏后人鸟居贞义两次来辽上京访问，准备在2008年5月举办鸟居龙藏访问巴林左旗100周年小型学术活动。

日本太谷大学滕原崇人，将辽上京著名佛学大师鲜演有关研究资料寄来进行学术交流，意欲做进一步合作研究。

另外，国际、国内性的契丹考古学术研讨会自1983年7月至2004年7月，以辽上京及周边为活动地域的会议有六次。除国内知名学者外，另有，日、韩、美、英、德、俄罗斯和港台专家参加，较大会议规模达140余人。会议皆有论文集出版。

经营管理

[单位性质]　国营事业单位

[经费来源]　财政拨款

[机构设置]　共设有宣传教育、文物科技保护、考古调查、大遗址保护、研究室、保管、保安等11个部门。

[人员编制、组成]　现共有工作人员18人，编制12人。其中大专以上文化程度10人，初级以上职称12人，专业技术人员12人。

[服务观众项目]　序厅服务台；出售辽文化丛书（全天　标价）

[观众接待]　2005～2006年度年均参观人数1万余人次

参观指南

[地址]　内蒙古自治区赤峰市巴林左旗林东镇契丹大街西段

[邮编]　025450

[电话]　0476-7862340

[电子信箱]　liaoshangjing@126.com

[开放时间]　周一至周五，9:00－11:00，14:30－16:30，其他时间预约

[票价]　成人10元

（撰文：张兴国）

达斡尔民族博物馆

Dawoer Nationality Museum

概述

类型　社会科学类民族民俗专题博物馆

隶属关系　内蒙古自治区呼伦贝尔市莫力达瓦旗文体广电局

达斡尔民族博物馆外景

正式开馆时间　1998年8月8日

所在位置　内蒙古自治区呼伦贝尔市莫力达瓦达斡尔族自治旗尼尔基镇纳文东大街11号

面积　占地6000平方米、建筑面积4306平方米、展厅使用面积2500平方米

建筑　建筑形制为展厅与办公室相结合，整体建筑坐北朝南。

历史沿革　达斡尔民族博物馆的前身为文物管理所（1989年4月17日成立）。第一任所长为徐燕（1989.10～1997.3）；第二任所长为郭旭光（1997.3～1998.10）。后经旗编委会研究决定，于1998年10月21日机构合并，成立达斡尔民族博物馆，三级事业机构，隶属于莫力达瓦旗文体广电局，博物馆与文物所合署办公，一个机构两块牌子。

达斡尔民族博物馆以展出达斡尔族生产、生活、文化艺术及发展历史的专题型博物馆。向人们充分宣传、展示历史久远的达斡尔族与其灿烂的民族文化。是融科学、历史研究及旅游观光为一体的专题型博物馆。

历任馆长　郭旭光（1998.10至今）。

业务活动

基本陈列　展厅陈列面积2500平方米，分四个展厅，两个临时展厅。展出展览品总数1000余件（套）。

基本陈列为：

《达斡尔族历史陈列厅》　此厅主要展出达斡尔族近300年来的历史沿革。

《达斡尔族民俗厅》　主要展出达斡尔族民俗非物质文化遗产的重要方面。

《旗五十年建设成就厅》　陈列自治旗50年来的经济建设成就为主，体现以人为本的思想及建设和谐民族社会为中心内容。

《达斡尔族现代文化艺术厅》　展示建国以来的达斡

1.历史陈列厅一角 2.民俗陈列厅一角 3.达斡尔车 4.捕沙斑鸡网

尔族文化艺术人才。

二、三楼临时展厅，陈列现代达斡尔族著名画家作品。

藏品管理

〔藏品来源〕 主要为野外采集、有偿购买、接受各类捐赠等途径获得。

〔藏品类别〕 以达斡尔族生产、生活、文化艺术及发展历史的过程中的珍贵文物。

〔藏品统计〕 馆内文物藏品、展览品总数1350件（套），其中一级品18件、二级2件、三级19件。

〔重要藏品〕 达斡尔车 是达斡尔族传统交通工具。通称为大轱辘车，大轱辘车是汉语意为"大车轮"，蒙古人称为"草上飞"。达斡尔车有三种：1、围厢车，它是供人们乘坐外出之用；2、农用车，主要用于运输；3、加重车，用来运输木材。并带有绞拌装置。"达斡尔车"有车毂、辐条、辋子、车轴和车厢，五个大部件组合而成的。一般车轮高1.7米左右，辕长有4米多，用坚韧、耐磨的黑桦木和柞木制成，除了车毂两头有钏和车轴上的车铜以外，都是木制的。

木库莲，是达斡尔族仅有的一种传统乐器。它是伴随达斡尔族人民长期生产、生活中产生的，以及同达斡尔族民间音乐、舞蹈同时产生的乐器。在嫩江、诺敏河流域聚居的达斡尔人和在其他地区达斡尔同胞，都称为"木库

莲"。是用钢片制作的口含指弹口弦琴。用钢或铜经弯成约10厘米长的钳形，中间夹以薄片，尖端弯曲，演奏时左手握口弦琴尾端，置于唇齿之间含之，右手食指弹拨钢条之类端部位震动时发出声音，用口唇或口腔共鸣控制曲调的变化。音量微弱，音域狭窄，上下音距不到5度。然而音色婉转悠长，最常见表现忧郁、思念、感伤和模仿鸟类、动物的叫声。

清精奇里江流域村落图 残长157厘米，高22.5厘米。麻纸质地，用毛笔绘精奇里江沿岸达斡尔族村落情况，用满文写出支流名称和河边村落名称。是研究地方文献史料的珍贵资料。

清镶蝙蝠团寿纹银饰火镰 上宽8.3厘米、下宽10.8厘米，通高7厘米，身高5.5厘米，厚0.6厘米，铁镰高1.7厘

木库莲

米。达斡尔族生活用具。火镰为铁质，上有皮夹，皮夹边为银制框架，皮夹上方有铜环，环上有皮条，皮条下连木雕饰件，莲子镶在莲房内。皮夹里装燧石两块，火镰草若干。工艺较精细。

清凤纹绣花荷包　高15厘米，下宽10.5厘米，上宽5.1厘米，带长20厘米。头为如意云头，身为葫芦形，黑缎面，两面绣相同图案，上为螃蟹纹，下为凤纹，凤西边为花纹。用蓝布为里，用蓝格布做边。如意云头上连黄色挂带，可挂在腰上。还有两个编织成的中国结（盘肠纹）下有黄穗。为达斡尔族女性使用荷包，装烟叶用，小葫芦两边开口。用烟袋锅伸进去掏烟叶来用。烟荷包中间用红线绳束紧。

近现代捕沙斑鸡网　两边围高26厘米，铁钎长35厘米，两边围长450厘米，网笼子长690厘米，直径38-13厘米。线编网，铁丝做架，两边围住，中间是圆筒，开口较大，向后越来越小。捕的时候，一个人身围白布，只露双眼，把沙斑鸡赶入网中。网尽头用线束紧，到时候可以放开，取出沙斑鸡。这种网的围子用铁钎子固定，插在地上。每边都有11个铁钎子，共有22个，铁圈头35个。

近现代木臼　口径24.5厘米，底径29厘米，膛深17厘米，壁厚4厘米，捣棍长98厘米，直径13厘米，中孔长11厘米，宽3.5厘米。木质，臼和木棍组成，木棍上方挖一孔，方便用手提拿。木臼口用铁条加固，身有裂纹，两侧用铁片修补，足用铁钉铆合（一处），捣苏子之用。

科学研究　达斡尔民族博物馆自成立以来，始终重视对达斡尔族的历史、民俗研究，拥有历史、考古、民族学、美术、摄影等专业性人才。

交流合作　1986年7月在北京民族文化宫举办《达斡尔族文化展览》，国家领导人阿沛阿旺晋美、班禅额尔德尼为文化展览剪彩，参观展览后给予很高的评价。

1999年3月与香港三栋屋博物馆联合在香港举办《达斡尔、鄂温克、鄂伦春北方森林民族狩猎文化展览》。

经营管理

[单位性质]　国营事业单位

[经济来源]　财政拨款

[机构设置]　办公室、群工部、保管部、研究部。

[人员编制]　达斡尔民族博物馆共有工作人员15人，其中大专以上文化程度13人，初级以上职称8人，专业技术人员7人。

[服务观众项目]　停车场（全天免费），纪念品销售（8:30—16:00 自定价）

[参观接待]　2000～2006年度平均观众人数3.6万人次

参观指南

[地址]　内蒙古自治区呼伦贝尔市莫力达瓦达斡尔族自治旗尼尔基镇纳文东大街11号

[邮编]　162850

[电话]　0470-4612868（办公室）

[传真]　0470-4612868

[电子邮箱]　xuguang64@sina.com

[开放时间]　全年开放，8:30—16:30

[票价]　免费

（撰文：郭旭光）

托克托博物馆
Tuoketuo Museum

概述

类型　地方综合性博物馆

隶属关系　内蒙古自治区呼和浩特市托克托县文体局

创建时间　1992年

正式开馆时间　1992年12月25日

所在位置　内蒙古自治区呼和浩特市托克托县双河镇新建东路

面积　占地5300平方米

建筑、布局　1992年，初建为二层仿古建筑。2003年扩建后，主体工程为二层混凝土砖木结构的仿古建筑，卷棚式屋面，灰瓦溜顶，插飞伞檐。门楼为木结构歇山式，画栋雕梁，古香古色。主体建筑两侧为东西厢房，厢房亦是仿古建筑。主体建筑宏伟高大，东西厢房小巧玲珑，整体布局合理。

历史沿革　20世纪70年代，托克托县文化馆内设文物

托克托博物馆外景

组，配备两名工作人员，负责全县的文物管理、收集和保管工作。1987年，成立托克托县文物管理所，与县文化馆是两个机构一套人员，办公地点设在文化馆。1990年9月17日，托克托县文物管理所与县文化馆分设，并独立开展文物管理工作。自此，托克托县有了专门从事文物管理工作的机构。1990年9月23日，长期从事业余文物工作的石俊贵，被调到托克托县文物管理所工作并任所长，编制为3人。1992年，托克托博物馆建成投入使用后，托克托博物馆随即成立，托克托县博物馆与文物管理所为两个机构，一套人员。馆内设考古室、编辑室、财务室、办公室。专门负责全县古遗址的管理与文物征集、研究、保护、展出、安全保卫等项工作。2003年，托克托博物馆扩建后并正式投入使用。托克托博物馆1997年被评为市级"爱国主义教育先进集体"，现为县、市、自治区三级"爱国主义教育基地"。

历任馆长　石俊贵（1992至今）。

业务活动

基本陈列　托克托博物馆新馆展厅面积共2000平方米，由五个展厅组成：历史文物陈列、历代古钱币陈列、民俗文物展厅、书画展厅、标本展厅。

《历史文物陈列》　展出历史文物共3000多件，上至远古、新石器时代、战国、秦汉、隋唐、辽、金、元、西夏，下迄明清及近现代，涉及匈奴、鲜卑、契丹、女真、党项、蒙古、满、汉等多民族文化。文物质地、门类较广，包括化石、青铜器、陶器、瓷器、历代古钱币等。辽、金、元文物颇具特色。

《钱币陈列》　展出从最早的贝币到中国人民银行发行的第一版全套人民币，古钱币陈列已成体系。

《民俗文物陈列》　陈列清代至近代民俗文物。

《书画展》　展出近现代名人书画。

展厅一角

释迦牟尼、多宝二佛并坐像

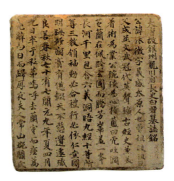

大唐故银州龙川府长史史墓志

《标本展》　为本地区动植物标本。

藏品管理

[藏品统计]　馆藏文物共有5000多件，历史文物皆当地出土。其中，2000余件文物为托克托博物馆馆长石俊贵在博物馆建成后所捐赠。馆藏文物中，国家一级文物有16件，二级文物有36件，三级文物有41件。

[重要藏品]　释迦铜佛像　为十六国至北魏初期遗物。青铜质，通高9.4厘米。佛像头部略向前倾，面庞方圆，长眉，细目微睁，鼻梁高，鼻翼宽，口小，嘴唇轮廓清晰，面带笑意，大耳扁平，颈短粗，双肩齐平，较丰满。佛像双手结禅定印，趺坐于双狮台座上。佛座为长方形，宽4.5，高3.3厘米，下部中空。正面两侧浮雕二护法狮，狮呈蹲伏状。20世纪80年代出土于托克托县云中故城。

北魏释迦牟尼、多宝二佛并坐像　青铜质，通高12.1厘米。释迦佛像结跏趺坐于长方形束腰四足高床上。底座錾刻"正始三年十月六日曹超达为亡父母造多保像一区"21字铭文。20世纪80年代出土于托克托县云中故城。

北魏莲花化生童子瓦当　当面直径15厘米，厚1.5厘米，边廓为一圈连珠纹，连珠纹内饰一周复瓣双层莲花纹。莲花纹中间饰一高浮雕半身童子像。1994年出土于云中故城。

金保德州招讨使司之印　红铜质，近似方形，短矩钮，边长7.8～8.8厘米，厚1厘米，通高2.8厘米，重870克。印文为"保德州招讨使司之印"九个阳文叠篆字。1979年出土于托克托县东胜州故城附近。

大唐故银州龙川府长史墓志　由两块方砖制成，长宽各35厘米，厚6厘米，全文共327个字。志文用毛笔写成，距今已一千多年，但字迹仍然很清晰。

科学研究　托克托博物馆自成立以来，始终以对全县文物的征集与研究为主要工作，收集了大量托克托历史文物资料，并汇编成册。历年来，在托克托县境内的云中城内出土了很多北魏时期的文物，托克托博物馆依据文献记载和实地考察，结合出土文物进行北魏时期历史的研究。专著有石俊贵《托克托文物志》（中华书局，2006年4月）

经营管理

　　[单位性质]　国营事业单位

　　[经费来源]　财政拨款

　　[机构设置]　馆内设考古室、编辑室、财务室、办公室。

　　[人员编制]　托克托博物馆人员编制8人，其中大专以上文化程度7人。

　　[观众接待]　年均3万人／次

参观指南

　　[地址]　内蒙古自治区呼和浩特市托克托县新建东路

　　[邮编]　010200

　　[电话]　0471-8512686

　　[传真]　0471-8512686

　　[电子信箱]　txbwg8512458@163.com

　　[开放时间]　周一至周五

　　[票价]　免费

（撰文：刘燕）

赤峰博物馆

Chifeng Museum

概述

　　类型　地方综合性博物馆

　　隶属关系　内蒙古自治区赤峰市文化局

赤峰博物馆外景

　　筹建时间　20世纪50年代

　　正式开馆时间　1987年7月1日

　　所在位置　内蒙古自治区赤峰市红山区新华路中段文化广场北侧

　　面积　占地3400平方米

　　建筑特点　博物馆外形为仿古楼阁式建筑，高48米，主体3层，塔楼4层，四角攒尖顶，飞檐饰有黄色琉璃瓦，外形具有浓郁的中国古典建筑特色和民族风格。

　　历史沿革　赤峰博物馆始建于20世纪50年代，最初为博物馆筹建处，在此基础上60年代初组建成昭乌达盟文物工作站，1983年更名为赤峰市文物工作站。1987年赤峰博物馆建成，7月1日正式开馆。

　　历任馆长　仇风仪（1988～1993）；戴福奎（1993～1994　代）；王瑞金（1994～1995）；张志刚（1995～2000）；刘冰（2000至今）。

业务活动

　　基本陈列　基本陈列展厅位于二楼、三楼。2001年以前有六个展厅。2003年改建之后，分为四个专题历史陈列，展示了赤峰历史的四个辉煌时期。陈列面积200平方米，使用通式展柜，展览风格简洁明快，共展出藏品600余件（组），其中红山文化的勾云形玉佩、夏家店下层文化的彩绘嵌贝陶鬲，辽代彩绘木棺等一级文物都是代表赤峰地区悠久历史文化的珍品。

　　一厅：《文明之光》——红山文化为代表的新石器时代文化

　　二厅：《青铜时代》——赤峰发现的独具特色的两种青铜文化

　　三厅：《草原帝国》——契丹辽文化

　　四厅：《黄金长河》——蒙古族民俗风情

　　专题陈列　赤峰博物馆一楼为专题陈列展厅，展厅

1.《文明之光》陈列厅一角　2.《黄金长河》陈列厅一角

面积2000平方米，用以举办爱国主义教育活动和艺术类、科普类展览。先后举办过《宋庆龄生平展》（1991年）、《红岩魂——白公馆渣滓洞革命斗争史实展》（1996年）、《纪念抗日战争胜利暨反法西斯战争胜利五十周年"历史不会忘记"大型图片展》（1995年）等专题展览。

藏品管理

[藏品来源]　赤峰博物馆馆藏文物大部分为考古发掘成果，一部分是征集而来，也有少量捐赠文物。

[藏品类别]　藏品包括：陶瓷器、青铜器、漆木器、玉器、石器、骨器、蚌器、铁器、金银器、丝织品、皮革制品、壁画、书画、珠宝类等。

[藏品统计]　现有馆藏文物1万余件，其中一级文物103件（组），二级文物228件（组），三级文物854件（组）。

[重要藏品]　红山文化勾云形玉佩、赵宝沟文化凤型陶杯、清荣宪公主珍珠团龙袍、西汉王莽铸钱陶范、清金字《甘珠尔经》等都是馆藏精品，具有重要的历史、艺术和学术价值。

清荣宪公主珍珠团龙袍　赤峰市巴林右旗白音尔登苏木出土。黄缎为面，里衬湘黄色，圆领，左衽，马蹄袖，盘领及袖端镶青缎边，金线串织珍珠，彩绣福寿团花和如意云纹，周身八龙皆为珍珠穿绣，袍服中心绣一团寿字，下摆处金线织江崖海水图案，中间绣各色杂宝。是清代袍服中的精品。

清金字《甘珠尔经》　赤峰市巴林左旗哈达英格昭慈寺征集。经卷111函，复函150-300页不等，经页均为磁青色，手写藏字经文，经页上下用紫檀木护封，护封两头有涂金粉阳刻藏文经句，护封两面为金黄色丝绸经袄，护封外由红黄相间寸宽彩丝带捆扎。

新石器时代勾云形玉佩　赤峰市阿鲁科尔沁旗征集。作长方形板状，四角为对称外弯勾云形饰，中部透雕一朝上弯曲的勾云状盘卷，正面按器物的造型和纹饰啄出凹凸分明的装饰弧，上部中心位置有一对钻孔眼，悬挂用，为红山文化的器物。

[藏品保护]　库房藏品全部封闭货柜式管理，并定期投放防火、防蛀药品，定期通风。目前丝织品类的霉斑、褪色老化及陶器酥碱和青铜器锈蚀现象较严重，残损文物数量较多，有专职人员进行文物养护和修复工作。

科学研究　赤峰博物馆拥有一个强有力的科研队伍。业务人员36人全部具有大专以上学历，研究生学历2人。现有文博研究员2名，副研究员13名，文博馆员11名，助理馆员9名。业务人员全部参加中国博物馆学会、中国考古学会、中国陶瓷学会、古钱币学会等国家级学术团体，在考古学、北方民族文化、史前文化、辽文化、蒙古族民俗文化等领域研究成果颇丰，在全国及省、市级专业刊物上发表论文400余篇，馆内编辑出版的刊物有《赤峰文博通讯》。

赤峰博物馆的出版物有：赤峰博物馆《赤峰文物古迹博览》（内蒙古科学技术出版社，1994.7）；项春松《赤峰古代艺术》（内蒙古大学出版社，1999.5）；项春松《赤峰历史与考古文集》（内蒙古新闻出版局，2002.9）；于建设、张艳秋《红山玉器》（图录）（远方出版社，2004）；张艳秋、顾亚丽《走进辽王朝》（远方出版社，2004.11）；于建设、张艳秋《赤峰往事》（内蒙古人民出版社，2005.4）；赤峰博物馆《赤峰博物馆文物典藏》（图录）（远方出版社，2007.2）；赤峰博物馆《赤峰博物馆文物考古文集》（远方出版社，2007.4）；刘冰、顾亚丽《草原姻盟》（远方出版社，2007.4）。

宣传教育　赤峰博物馆是自治区级爱国主义教育基地。平时利用基本陈列展览宣传赤峰悠久的历史文化，开展爱国主义宣传、教育。在对外宣传中做到五有（有教材、有场地、有教员、有联系方式、有制度），和驻赤峰

新石器时代　勾云形玉佩

清　金字《甘珠尔经》

清　荣宪公主珍珠团龙袍

市部队及大、中、小学校结成友好单位，除到学校等有关单位讲课外，还面向市民开设文物历史知识培训班。

交流合作　赤峰博物馆与广州市博物馆合作，在广州博物馆举办了《赤峰辽代文物精品展》，参加了中国国家博物馆、上海博物馆举办的《契丹王朝》、《草原瑰宝》等展览。先后派专业人员参加并协助举办了赤峰市一至三届"北方古代文化国际学术研讨会"、"中国古都学会

2001年年会"、"内蒙古东部考古研讨会"等大型学术会议，提交论文，接待与会国内外专家到赤峰博物馆参观、交流。2006年配合赤峰市政府举办首届"中国赤峰国际红山文化节"，并举办专题文物知识讲座及文物鉴定活动。

经营管理

　　[单位性质]　国营事业单位

　　[经费来源]　财政拨款

　　[机构设置]　下设7个部室：展览宣教部、藏品管理部、文物养护中心、北方民族文化研究室、考古队、综合办公室、保卫科。

　　[人员编制]　现有职工53人，馆长1名，副馆长3名，书记1名，环节干部6名，业务人员36人，专职保卫工作人员8人，其它工作人员2人，临时工作人员7人。

　　[观众接待]　年参观人数5万余人（次）。

参观指南

　　[地址]　内蒙古自治区赤峰市红山区新华路中段文化广场北侧

　　[邮编]　024000

　　[电话]　0476-8255186（展宣部）

　　　　　　0476-8223745（馆长室）

　　[开放时间]　每周二、四、五、日开馆，8:30—11:30，14:30—17:00

　　[票价]　成人20元，讲解费：100元

（撰文：顾亚丽）

克什克腾旗博物馆

Keshiketeng Banner Museum

概述

　　类型　社会科学类历史专题博物馆

　　隶属关系　内蒙古自治区赤峰市克什克腾旗文化局

　　创建时间　1984年4月

　　正式开馆时间　1987年5月

　　所在位置　内蒙古自治区赤峰市克什克腾旗经棚镇应昌路北段

　　面积　实用面积684平方米

　　历史沿革　克什克腾旗文物管理工作始于伪满时期，时为克什克腾旗公署文教股设文物管理所。1949年以后，文物工作由克什克腾旗人民政府文教科具体负责。1951年克什克腾旗文化馆成立，下设文物组，1984年4月克什克腾旗文物馆成立，1988年，经内蒙古自治区文化厅审批改建

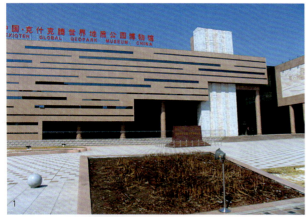

1.克什克腾旗博物馆外景　2.陈列厅一角

克什克腾旗博物馆。为自治区建立较早的8个博物馆之一。由于原馆舍陈旧，现已迁入地质公园博物馆。

克什克腾旗博物馆具有全旗文物保护和管理双重职能。经过几十年的努力，在全旗范围内共调查发现古代文化遗存300多处，已申报公布各级文物保护单位33处，其中全国重点文物保护单位2处，自治区重点文物保护单位3处，旗重点文物保护单位28处。馆藏出土文物、民族民俗文物、宗教文物、古生物化石等3000余件，是自治区文物较丰富的旗县。

历任馆长　刘志一（1984.1～2004.4）；李建民（2004.5至今）。

业务活动

基本陈列　博物馆设《文明之光·历史遗存》、《故都应昌·后族圣地》、《乌兰布通·固疆之战》、《恢弘画卷·不朽艺术》四大陈列。

藏品管理

［藏品来源］　来自征集以及考古出土

［藏品类别］　有新石器时代，青铜时代，辽、金、元、明、清历史文物历代古钱币收藏尤具特色。

［藏品统计］　共计2000多件。其中馆藏一级文物10

余件。

［重要藏品］　有出土距今8000年兴隆洼文化石人像，距今6000年红山文化陶牛，早商时期夏家店下层文化青铜甗，元代中书分户部印等为馆藏典型文物。辽、金时期出土文物最为丰富。

早商时期青铜甗　夏家店下层文化。通高46厘米，口径29厘米，重11.75公斤。上体特大，口沿呈椭圆三角形，平口内凸，外有宽厚的空棱，双立耳稍内收，三足中空到底。通体由三块范铸成，铸缝明显，腹上部饰有三道弘纹，袋足上亦有弘纹。

八思巴文中书分户部印　1974年出土于元应昌路故城遗址。铜质，印面方形，长宽各8厘米，重1750克。印面阳文八思巴文，背面上款为"中书分户部印"下款为"中书礼部造"，至正二十五年四月口曰。

新石器时代石人像　兴隆洼文化。高41.5厘米，宽15.7厘米，厚20.3厘米。双耳、眼和嘴下凹，背弓形起脊，臂部隆起，双手护在腹部，双腿下伸呈坐姿。是目前我国发现年代最早的石刻人物艺术。分析他的具体用途，应该同图腾崇拜，祖先祭祀有关。说明了早在8000年兴隆洼文化人们已经在自然崇拜的基础上，出现了以人为精灵的祖先崇拜。

新石器时代玉箍形器　红山文化。玉箍形器长9.3～6.8厘米，壁厚0.3～0.4厘米。黄绿色，黄中泛出淡淡的绿色，质细腻纯净，半透明。器呈椭圆形，修缘刃边，通体磨制，光素无纹，内外壁均光滑洁净，闪着古玉的神秘光泽。

辽白釉铁锈花罐　通高32.6厘米，腹径24厘米，足径9.7厘米。平口、卷沿、短颈、斜肩。肩部至腹部一周剔有牡丹花，地填黑釉，雕刻粗壮有力，线条流畅。整个器形端庄美观、釉色莹亮，为辽代瓷器精品。

科学研究　博物馆自成立以来，始终重视专业人员培养和地方人文历史的研究，经过几代人的努力，积累了丰富的考古调查资料以及搜集整理史志资料，撰写出版了两本专著，通过田野考古调查，先后在国家、自治区以及高等院校刊物上发表论文近30万字。不可移动文物、馆藏文物建立数据库管理。

克什克腾旗博物馆的出版物有：刘志一《克什克腾旗文物志》（内蒙古人民出版社，1993.6）；刘志一《寻觅克什克腾》（国际文化出版社，2002.10）。

交流合作　建馆以来，博物馆十分重视对外宣传和交流合作，多次极积配合内蒙古博物馆，辽宁博物馆开展文

新石器时代　玉箍形器

辽　白釉铁锈花牡丹纹罐

商　青铜甗

物出国展示，并精选馆藏有地方特色出土文物，先后到欧美、日本等四十余个国家和地区展出。

经营管理

［单位性质］　国营事业单位

［经费来源］　财政拨款

［机构设置］　设有办公室、群工部、陈列保管部、保卫科四个部室。

［人员编制、组成］　克什克腾旗博物馆共有工作人员10人，其中大专以上文化程度6人，初级以上职称8人，专业技术人员8人。

［服务观众项目］　图书、出版物销售（8:30－16:00定价）；触摸屏导览（8:30－16:00　免费）

［观众接待］　2000～2006年度平均观众人数15.060万人

参观指南

［地址］　内蒙古自治区赤峰市克什克腾旗经棚镇应昌路北段

［邮编］　025350

［电话］　0476-5235765

［开放时间］　8:30－16:30

（撰文：韩立新）

阿拉善博物馆

Alashan Museum

概述

类型　地方综合性博物馆

隶属关系　内蒙古自治区阿拉善盟文化广播电视局

筹建时间　1996年6月1日

正式开馆时间　1997年5月1日

所在位置　内蒙古自治区阿拉善盟巴彦浩特镇王府街16号

面积　占地7000平方米

建筑结构　硬山式卷棚或歇山式起脊砖木结构、共有20间、建筑面积2000平方米，多重四合院明古建筑群。

历史沿革　阿拉善和硕特王府建造于雍正八年

阿拉善博物馆外景

（1730），其建筑风格为明清风格的建筑群体，仿照北京的"四合院"建造的，是一座阿拉善盟内仅存的清代最古老的建筑，建筑面积为7000平方米。1987年阿拉善左旗文物管理所正式成立，并将阿拉善亲王府移交阿拉善左旗文物管理所。1996年，阿盟文物管理站和阿拉善左旗文物管理所合并后成立了阿拉善博物馆。

历任馆长 李国庆（1997～2001）；傲云格日勒（2001～2006）。

业务活动

基本陈列 举办的陈列有：《阿拉善和硕特、土尔扈特部落历史陈列》、《阿拉善民族民俗陈列》、《阿拉善宗教用品陈列》、《阿拉善出土文物陈列》、《动植物标本陈列》、《阿拉善工农业展品陈列》、《阿拉善城市发展规划陈列》、《阿拉善国防发展陈列》、《阿拉善岩画陈列》、《全国第三次文物普查成果展陈列》等。陈列面积为2000平方米，展出藏品数有400件（套），其中包括馆藏一级文物8件套；二级文物14件套；三级文物29件套。

专题陈列 长期和短期的专题展览有：东风航天城为纪念"神州"五号发射成功在阿拉善博物馆举办了《"天路行舟"大型摄影展览》、2003年6月，宁夏科技馆、内蒙古生物研究所与阿拉善博物馆联合举办了《消失的大猫》、《蝴蝶昆虫标本展》、2005年9月展示了付有祥《红色珍藏》个人收藏的毛泽东纪念章、瓷像和文化大革命期间出版发行和制作的书籍、课本、笔记本、生活用品等展、2005年10月，举办了《揭开菩提塔神秘面纱》阿拉善广宗寺菩提塔出土文物展览，还举办了社会各界名人字画展、全盟中小学生美术作品展、书法作品展等。

藏品管理

[藏品来源] 有征集、收购、捐赠、采集多种渠道。

[藏品类别] 分陶器、石器、瓷器、服饰、木器、钱币、饰件、玉器、印章、文房四宝、景泰蓝器、骨器、金属器、化石、其它类等。

[藏品统计] 实际数为6091件、传统数1094件（套）。其中国家一、二、三级文物51件套。

[藏品保护] 采取定期进行通风、喷药、晾晒的方法，十分注意传统技术和现代科技的应用。

[重要藏品] **东汉石刻** 阿拉善盟阿拉善左旗腾格里苏木通湖山出土。石质为砂质岩，字体为汉隶。内容："昭本，汉武帝北逐匈奴北置朔方，西置……张掖……东置，南置……派员巡查……人民安居乐业，汉王朝联合北匈奴攻打南匈奴……"由上述行文判断，应是东汉时期窦

东汉石刻

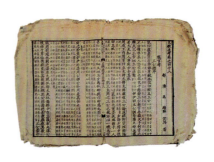

至正版《文献通考》

蒙古象棋

宪率军追击匈奴归来时勒石纪功的遗迹，史料价值极高。

元至正版《文献通考》 阿拉善盟额济纳旗绿城残塔出土，雕版印刷品。宣纸刊印。是《文献通考、职官考》的部分。有卷四十六、四十七、四十八、四十九的内容。《文献通考、职官考》记叙了上至夏商下至南宋官职的产生及由来，对历代各类官职按级别，司职情况进行分类；介绍了职官制度的历史沿革。

蒙古象棋 近现代，阿拉善盟左旗征集。蒙古象棋是世界棋苑中独具特色的棋类，它的形式与国际象棋相同，棋子的着法又类似于中国象棋。每一个棋子都是精湛的微雕工艺珍品。此象棋为木头本色，有两个王爷、两个公驼

和两个母驼、四匹马、两头狮子、两个马车，16个小人等共32个棋子。

科学研究　阿拉善博物馆拥有十分专业的科研队伍，其中副研究馆员2名，馆员10名，助理馆员6名。科研设施有电脑台、照相机、GPS。阿拉善博物馆自建馆以来，取得了很多研究成果。

阿拉善博物馆的研究成果有：李国庆、巴戈那《阿拉善左旗头道沙子石器时代遗址调查报告》（《内蒙古文物考古》第一期，2004年）；巴戈那、李国庆《阿左旗银根岩画》（《内蒙古文物考古》，2005年）；巴戈那、李国庆《元西湖书院刻本〈文献通考〉散页跋》（《中国文献研究》，2008年12月）

经营管理

　　［单位性质］　国营事业单位

　　［经费来源］　财政拨款

　　［机构设置］　设有业务部、群工部、保管部、财务办公室、安全保卫部。

　　［人员编制、组成］　编制20人，实有19人，管理人员3人、大专以上学历17人、初级以上职称18人、专业技术人员18人。

　　［观众接待］　年均8万人次

参观指南

　　［地址］　内蒙古自治区阿拉善左旗巴彦浩特镇王府街16号

　　［邮编］　750300

　　［电话］　0483-8222021

　　［电子邮箱］　alsbwg2008@163.com

　　［开放时间］　夏季8:30－12:00，15:00－18:00
　　　　　　　　　冬季8:30－12:00，14:30－17:30

　　［票价］　8元

（撰文：景学义）

阿鲁科尔沁旗博物馆

Alu Ke-er-qin Museum

概述

类型　社会科学类文物专题博物馆

隶属关系　内蒙古自治区赤峰市阿鲁科尔沁旗文化体育广播电视局

正式开馆时间　1997年10月

所在位置　内蒙古自治区赤峰市阿鲁科尔沁旗天山镇

面积　占地面积1732.9平方米

建筑特点　现代建筑

历史沿革　阿鲁科尔沁旗博物馆前身为阿鲁科尔沁旗文物事业管理所，成立于1987年3月。1997年10月，阿鲁科尔沁旗人民政府批准成立阿鲁科尔沁博物馆。

历任馆长　马俊山（1987～1989　所长）；丛艳双（1989至今）。

业务活动

基本陈列　阿鲁科尔沁旗博物馆以辽代文物为主体陈列同时设有历史陈列厅及民族民俗文物厅，向人们宣传、展示悠久、灿烂的民族文化。布展面积近370平方米，展出文物874件（组）。基本陈列有：

《辽代文物专题陈列》

1、辽代生产、生活陈列，内容展示辽代的生产工具及生活用具。

2、辽墓精品陈列，内容展示以耶律羽之墓、宝山壁画墓为代表的辽贵族墓室中的葬具及随葬品。

3、壁画、石刻等内容，展示以宝山壁画墓为主体的辽代壁画及辽代石刻、石雕等。

《历史文物陈列》　展示自新石器至明清各时代的藏品。

1.历史文物陈列厅一角　2.蒙古元民族民俗文物厅一角

《蒙古元民族民俗文物》　展示蒙元及近现代民族、民俗、宗教、文化等诸方面民族文物。

藏品管理

[藏品来源]　主要为野外采集、考古发现、有偿购买、各界捐献等途径获得。

[藏品类别]　各历史时期的生产生活用品、宗教用品实物、随葬品、摹本拓片等。

[藏品统计]　共收藏8577件（组），其中一级文物52件（组）、二级文物105件（组）、三级文物496件（组）。

[重要藏品]　新石器时代彩陶罐　出土于阿鲁科尔沁旗白音他拉苏木他本套勒盖嘎查。通高35.2厘米，口径27厘米，腹径24厘米，底径12.2厘米。侈口、筒形腹、平底、红陶质地、外绘黑彩、肩有两小突起。肩及下腹绘格纹，腹绘一周垂幔纹。它的纹线表明它为红山文化器物。

新石器时代玉蝉　出土于阿鲁科尔沁旗扎斯台苏木，长7.2厘米，直径2.5厘米，黄玉质地，中间有十字穿孔、背雕双翼，为红山文化器物。

宝山壁画墓壁画——寄锦图

辽　鎏金铜面具

辽高翅镂花鎏金铜冠　出土于阿鲁科尔沁旗扎斯台苏木。翅高29.8厘米，冠高23厘米，前后径20.5厘米，左右径19.2厘米，重697克。圆形冠身，十字形支架上饰一立凤，凤站在莲花上，旁边有两高翅，镂花饰片均饰缠枝牡丹纹，边缘卷草纹，为辽贵族女性用冠。

宝山壁画（摹本）　宝山壁画现存壁画面积150多平方米，表现各类人物46个，反映契丹贵族日常生活、神话故事等内容，堪称辽早期绘画艺术宝库。

彩绘石桌（实物）　出土阿旗罕苏木耶律羽之墓，长30厘米、宽45厘米、厚4厘米，长方形桌面，表面用颜料彩绘，用红彩起稿、勾线，在边框内填红、白、红彩。中心为菱形，内绘四朵牡丹花，菱形边框外绘如意云头纹一周，整体布局对称完美，绘画技巧高超。

金人、金牌　出土于阿鲁科尔沁旗扎斯台花根塔拉辽墓。金人二件完整，高9.5厘米，宽3.5厘米，重28克。人形戴山形冠，头部经过捶打，呈浮雕状，五官司刻划清晰。上下身錾刻花叶纹。颈、身、足上共有七个孔。一件为男性有胡须，背素。

辽海东青纹圆形金饰片　出土于阿鲁科尔沁旗扎斯台花根塔拉辽墓，金质地，直径3.3厘米，重5克，圆形饰片，边有四缀孔，錾刻海东青纹，海东青站立姿双翅展开欲飞，鱼子纹为地，背素面。

辽鎏金铜面具　出土于阿鲁科尔沁旗，长25.7厘米，两耳宽24.7厘米，高7.5厘米，重400克，铜皮锤揲出面具五官，下巴刻划胡须，表面鎏金，耳朵上下各有二孔，为男性戴面具。女性面具刻划眉线，耳朵上下共有6孔。

辽北大王墓志铭　契丹大字，出土于阿鲁科尔沁旗昆都镇乌苏文和辽墓。石质，高97.5厘米，上下宽63.5厘米，厚6厘米，长方形碑体，碑面阴刻契丹大字，从右向左共刻二十七行竖行，共计800余字。

辽北大王墓志铭（汉字）　高100厘米，下宽63厘米，上宽62.5厘米，顶宽28.5厘米，厚6.5厘米，长方形，上站磨圆，正面镌刻"北大王墓志"六字，篆体竖书。质地为砂岩，灰色。背面刻有汉字楷书二十一行。

科学研究　阿鲁科尔沁旗博物馆自成立以来，始终重视人才培养，从无到有，现拥有历史、考古、美术、摄影等专业人才。经多年积累，阿鲁科尔沁旗博物馆收藏了大量的民族、民俗、历史研究资料，建立了资料库及文物档案室。

交流合作　1999年7月8日，21件辽代文物在广州展出。2001年11月6日，14件辽代文物在中国历史博物馆展出。

2002年1月22日，6件辽代文物在中国历史博物馆展出。2002年5月8日，110件辽代文物在本市宁城博物馆参加辽代精品展出。2002年9月20日，赤峰市博物馆借展6件辽代文物。2005年6月22日，赤峰市博物馆借展6件辽代文物。

经营管理

　　[单位性质]　国营事业单位

　　[经费来源]　财政拨款

　　[机构设置]　共设立了办公室、保卫科、库管组、宣传组、资料室、田野调查组六个部室。

　　[人员编制、组成]　阿鲁科尔沁旗博物馆共有工作人员12人，其中大专以上文化程度9人，初级以上职称12人，专业技术人员10人。

　　[服务观众项目]　停车场（全天免费）

　　[观众接待]　2000～2006年度平均观众11000人

参观指南

　　[地址]　内蒙古自治区赤峰市阿鲁科尔沁旗天山镇

　　[邮编]　025550

　　[电话]　0476-7230270（馆长室）

　　　　　　0476-7230271（办公室）

（撰文：周兴启）

奈曼旗王府博物馆

Naiman Prince's Residence Museum

概述

　　类型　社会科学类历史遗址专题博物馆

　　隶属关系　内蒙古自治区通辽市奈曼旗文化广播电视局

　　创建时间　1985年4月1日

　　正式开馆时间　1986年8月4日

　　所在位置　内蒙古自治区通辽市奈曼旗大沁他拉镇王府街西段北侧

　　面积　占地22500平方米

　　建筑、布局　内蒙古自治区通辽市奈曼王府平面呈长方形，是一左右对称的四合院，东侧为王府卫队驻地，西北方设有档事房，属左武右文藩屏王府。东北为王爷所住四合院，西北为王府后花园，四角设角楼。

　　典型的台榭回廊式建筑，多圆柱高台基。整个建筑由串堂门、正殿、东西配殿、佛堂、祖先堂、后花园等组成。歇山式建筑，格子门窗、滚龙脊、兽面瓦当、叶脉滴水、墙角磨砖对缝。

　　整个布局反映了封建蒙古王公的尊严和严格的封建

1.奈曼旗王府博物馆外景　2.王府四合院内正殿　3.王府家庙

等级制度，从造型到结构，体现了我国古代建筑艺术的优良传统和风格。其遗存为研究清代边塞少数民族政治、经济、文化及少数民族风俗方面提供了大量的实物资料。

　　历史沿革　清同治二年（1863），奈曼旗第十一郡王固伦额驸德木楚克扎布将府址迁到了现在的这座王府。该王府是仿照卓里克图王府第设计建造的，据今已有140多年的历史。1947年，内蒙古自治区人民政府成立，将奈曼王府改为旗政府办公地。1985年4月1日，成立"奈曼旗王府博物馆"，同时撤销奈曼旗文物管理所。1986年，奈曼王府被列为内蒙古自治区重点文物保护单位。同年至今，对王府进行较大规模修缮保护，现保存完好。1987年，奈曼旗王府博物馆全面对外开放。

历任馆长 敖秉权（1985.4～1999.5）；魏成文（1999.5～2002.12）；卫子儒（2002.12至今）。

业务活动

基本陈列 全馆主要展览分三大主题：

第一部分：以清代建筑为依托，向游人展示奈曼旗清代历史文化。

郡王传。包括奈曼旗十二世十六任王爷的功过表传陈列、管理机构陈列、宗教信仰陈列、饮食起居陈列和民族习俗陈列。

展品。展柜中陈列着奈曼王爷的用品腰刀、帽顶、鼻烟壶、薰香炉、青花瓷器等，显示着主人与众不同的身份。

串堂门。是王爷管理家庭事物的最高长官拜生达（也就是汉族的管家）办公的地方。

垂珠门。为中心四合院正门，是源于门外两个圆圆的垂珠而得名的，寓意团圆、圆满，门上四个门当，就是我们常说的门当户对的门当，亮子上蝙蝠口衔金钱，象征着福在眼前。

中心四合院。王爷办公的地方，整个建筑防风防雨、防震防潮，有房倒屋不塌之说。正殿5间，是王爷办公的地方。东一间供王爷、福晋临时休息，西一间是王爷的书房，中间是正厅，是王爷召见亲信官员议事之处，正中悬挂着奈曼第一任王爷衮楚克的画像。东配殿3间，是王爷直接下属秘密议事的地方，由哈番引导到这里解决事宜，如果需要王爷处理，便由此处的协理带去面见王爷。西配殿3间，是王爷福晋休息的地方。

家庙。王爷自己家族烧香拜佛的地方。中间供奉的是佛祖释迦牟尼，左边的是喇嘛教（也称黄教）的创始人宗喀巴，右边的是绿度母，她是给妇女带来吉祥幸福的女佛。

祖堂。依中轴线而建，中堂5间，侧堂各3间，供奉着奈曼旗的十六任王爷。

第二部分：以在奈曼境内出土的辽代不同时期文物和翔实的历史资料为内容，向游人展示奈曼神奇迷人的辽代历史文化。

文化渊源。916年，契丹族迭喇部杰出首领耶律阿保机用其妻述律氏之计，杀死另外七位部落的首领，统一了契丹各部，在龙化州（就是奈曼旗八仙筒一带）筑坛称帝建立了契丹国，后改称辽。

早期文化。展出辽早期的陶器、瓷器、建筑构件。

契丹文字。以契丹字和汉字对照展出。据资料统计，现今全世界研究契丹文字的专家只有十几人，说明文字之难。

瓷器。出土的辽代三彩盘、长颈瓶、鸡冠壶、白瓷瓶，展示着辽代瓷文化。

兵器。展出铁剑、铁镞，辽代在攻破渤海以后，利用汉人烧制出一种类似于钢的镔铁用于制造兵器。

用品。展出围棋子、铜熨斗，白音昌酒局子辽墓出土。

马具。辽代"其强以马，其富以车"，马具制作工艺极为高超，展示了白音昌酒局子辽墓中出土的铜鎏金马具予以佐证。

生产工具。展示出土的锄头、铡刀、铁斧、镢头等，陈说辽代延续至今的农牧业并举的经济政策。

葬俗。展出"七五"期间全国10大考古发现之一的陈国公主和驸马合葬墓实物资料、五爪龙图案的石棺及鸡冠壶、黄釉葫芦瓶、凤首瓶等，反映辽中晚期逐步趋于汉化的葬俗。

第三部分：以馆属"革命烈士纪念馆"为阵地，开展爱国主义教育。全展配烈士事迹宣传画129幅，烈士及亲人、战友照片14张，当时书信3封10页、宣传报3份，生前实物20件。

藏品管理

[藏品统计] 奈曼旗王府博物馆以征集、捐赠为渠道，坚持二十几年一如既往地开展文物收藏工作，使馆藏文物已达4000多件，其中国家一级文物6件、二级文物9件、三级文物49件。

[重要藏品] **芒晋大锅** 高95厘米，上口沿直径200厘米，重1000公斤，青铜铸造。为道光十八年任奈曼旗第十一任郡王德木楚克扎布（道光皇帝之四额驸）监造，上部外围间饰"八宝"。上刻蒙、汉、满三种文字，记载了铸造缘由。

辽黑釉瓮 高95厘米，口沿直径45厘米，底径33厘

饮马槽

米。敛口，鼓腹，渐收小底。通体施黑釉，光可鉴人。

清饮马槽　高50厘米，内直径127厘米，周长480厘米。青石雕刻。呈八角状，浮雕八匹马，栩栩生动，槽口处浮雕祥云纹饰。每角对穿双孔拴马用，槽底侧有一放水孔。

[藏品保护]　馆藏文物实行专管。一是成立专门的保护组织，利用现代高科技手段，实行全天候保护；二是责任到人，对展厅文物明确具体管护人并严格明确责任，不姑息不麻痹；三是实行帐实分管，落实专门人员管理文物台帐、另设专人管理馆藏文物。对于文物库房，实行多人多锁，缺少其中任何一员，都无法进入。

科学研究　1992年6月27日，内蒙国家钱币研究学会专家到奈曼旗王府博物馆做古钱币研究工作；2004年6月14日，以苏俊为组长的自治区文物专家鉴定组，专程到奈曼旗王府博物馆研究鉴定馆藏重要文物。

奈曼旗萧氏家族墓为第六批全国重点文物保护单位，位于青龙山镇陈国公主与驸马合葬墓一带。2005年，经过专家组几次实地勘察评估，该家族墓被国家文物局确定为保护古墓葬安全防范试验项目，是华北地区唯一一家。受国家文物局委托，奈曼旗王府博物馆与北京世纪之星应用技术研究中心一起合作科研。工程投入资金150万元，总试验面积13.5万平方米。通过试验可以看到，整个安防系统运转非常正常，能够及时有效地对地面、墓室进行动态声、相监控和存储，能使"技防"优势得到充分发挥。

交流合作　1991年7月，奈曼旗王府博物馆会同哲里木盟博物馆进京交流参展，主题是：《"内蒙哲盟在北京故宫"草原明珠展》；1998年4月27日，奈曼旗王府博物馆牵头，与哲盟博物馆、库伦旗博物馆联合举办了《草原上的马背民族——科尔沁蒙古族文物展》，在馆际间联展。5月1日，赴辽宁省北宁市北镇庙展出，历时2个月。

经营管理

[单位性质]　国营事业单位

[经费来源]　财政拨款

[机构设置]　共设群工组、文物组、安全保卫组、办公室四个组室。

[人员编制、组成]　奈曼旗王府博物馆现有在职工作人员14人，其中大专以上文化程度10人，初级以上职称10人，专业技术人员8人。

[服务观众项目]　停车场（全天）；旅游纪念商店（8：00－17：00 自定价）；游客服务中心（与下述接待时间同步）

[观众接待]　2000～2006年平均每年参观游客15万人

参观指南

[地址]　内蒙古自治区通辽市奈曼旗大沁他拉镇王府街西段北侧

[邮编]　028300

[电话]　0475-4213852（办公室、群工组）

[传真]　0475-4210097

[电子信箱]　nmwf333@163.com

[开放时间]　全年

[接待时间]　周一至周五，8：00－11：30；周六周日9：00－15：00

[票价]　5元

（撰文：邸国华、丛秀珍）

呼伦贝尔民族博物馆

Hulunbeier Nationality Museum

概述

类型　社会科学类民族民俗专题博物馆

隶属关系　内蒙古自治区呼伦贝尔市文化局

创建时间　1998年12月，由呼伦贝尔盟文物管理站、呼伦贝尔盟展览馆合并而成。

正式开馆时间　新馆拟定于2008年7月15日开馆

所在位置　内蒙古自治区呼伦贝尔市海拉尔区

面积　占地15636平方米

建筑特点　框架式结构，规模13229平方米，风格特点为中国仿古建筑。

历史沿革　呼伦贝尔民族博物馆成立于1998年12月，由原呼盟文物管理站、呼盟展览馆合并而成。同时挂呼伦贝尔市文物管理委员会办公室的牌子，为二个牌子一个机构。共有职工33人，主要负责呼伦贝尔市行政区域内的文

呼伦贝尔民族博物馆外景

物考古调查、遗址保护、文物鉴定、文保单位的"四有"档案制作,指导呼伦贝尔市所属博物馆的业务工作。

历任馆长 赵越(1998.12~2005.12);白劲松(2006.1至今)。

业务活动

基本陈列 陈列面积:4773平方米。展出藏品数量:3600件(套)

历史厅展出《北方民族摇篮》,民族厅《狩猎与游牧民俗展览》。

历史厅运用现代的展示手段,将呼伦贝尔的细石器、拓跋鲜卑发源地嘎仙洞、蒙古室韦等部分的几个亮点充分的展示在世人的面前。

民族厅用传统与现代展示手段相结合,充分展示呼伦贝尔森林狩猎、游牧民族历史变迁和生产生活方式及呼伦贝尔特有民风、民俗。

专题陈列

《洒在草原的珍珠——蒙古族文物精品展》

展厅面积:4773平方米

有特色的展品:呼伦贝尔的细石器、"三少"民族的皮毛服饰、桦树皮制品等。

藏品管理

[藏品来源] 考古发掘、征集。

[藏品类别] 分为历史文物和民族文物两大类,其中民族文物包括鄂伦春、鄂温克、达斡尔及蒙古族文物。

[藏品统计] 现共藏有文物10214件套。其中:一级文物80件,二级文物139件,三级文物65件。

[重要藏品] 有三鹿纹金饰牌、哈克出土玉器、细石器、三少民族的皮毛服饰等。

新石器时代玉璧 呼伦贝尔市海拉尔区哈克乡团结新村墓葬出土。呈黄绿色,夹有红褐,灰褐色。圆形,器体扁薄,两面光平,靠近内外侧边缘略薄。

新石器时代石镞 呼伦贝尔市海拉尔区哈克乡团结新村墓葬出土。镞身窄长,横截面呈棱形。三角形镞身,底部内凹,两侧刃平直呈锯齿状。通体压剥,双尾外张。

鄂温克族镶犴皮桦木滑雪板 民国时期,呼伦贝尔市民族事务委员会拨交。鄂温克族滑雪用具,滑雪板底镶犴腿皮,镶犴腿皮的用途是为增加速度,板上有皮条,用来捆绑滑雪者的双脚。

[藏品保护] 措施严密,包括1、历史与民族文物各有单独的库房,并有专职保管员。2、文物建有总帐、分类帐、每一件文物都建有文物卡片。3、库房安有"三铁二

新石器时代 玉璧

新石器时代 石镞

鄂温克族镶犴皮桦木滑雪板

器"并与公安联网。4、有健全的人员、文物出入库登记制度。5、民族文物根据文物的特性进行特殊的保管与保护。传统技术和现代科技的应用更加有利于文物的保护管理。

考古发掘 呼伦贝尔民族博物馆自1998年成立以来,在考古工作方面取得很大的成就。1、1998年与中国社会科学院考古研究所合作发掘了海拉尔谢尔塔拉墓葬地;2、2003~2004年与中国社会科学院考古研究所联合调查、发掘哈克遗址;3、2001~2003年配合尼尔基水利枢纽工程

淹没区进行考古发掘；4、2003年对扎赉诺尔古墓群进行勘探、调查，发现古墓160余座；5、2007年与内蒙古考古所、洛阳市古韵钻探有限公司联合对红花尔基水利枢纽工程、海拉尔飞机场改造工程、神华宝日希勒煤矿建设工程项目进行考古调查、勘探；6、2007年10月对新巴尔虎左旗辽代陶窑、墓葬进行抢救性清理、发掘。7、2007年呼伦贝尔市文物管理委员会、牙克石市文化局共同与哈尔滨铁路局协商对博克图中东路遗址兴安岭螺旋燧道的保护工作，使得这一遗址得以保存。

科学研究　呼伦贝尔博物馆的出版物有：米文平《鲜卑史研究》（中州古籍出版社，1994年）；赵越主编《古代呼伦贝尔》（内蒙古文化出版社，2004年）；赵越《开物琐谈》（内蒙古文化出版社，2003年）；鄂·苏日台《狩猎民族原始艺术》（内蒙古文化出版社，1992年）；鄂晓楠、苏日台合著《达斡尔族造型艺术》（远方出版社，2002年5月）；鄂晓楠、鄂·苏日台合著《原生态民俗信仰文化》（内蒙古大学出版社，2006年12月）；鄂·苏日台《鄂伦春狩猎民俗与艺术》（内蒙古文化出版社，2000年7月）；鄂·苏日台《鄂温克民间美术研究》（内蒙古文化出版社，1997年9月）；刘国祥、白劲松主编《海拉尔谢尔塔拉墓地》（科学出版社出版，2006年）。

交流合作　1999年1月，《中国北方狩猎文化——森林民族》赴香港展出。

经营管理

[单位性质]　国营事业单位

[经费来源]　财政拨款

[机构设置]　内设八个部室、办公室、历史部、民族部、信息中心、保管部、展览部、保卫部、文物商店

[人员编制、组成]　33人，其中高级职称4人、中级职称7人、初级职称9人。本科学历10人，专科学历10人。

[服务观众项目]　旅游纪念品中心

参观指南

[地址]　内蒙古自治区呼伦贝尔市海拉尔区河东胜利大街

[邮编]　021008

[电话]　0470-8217952（办公室、售票处）

[传真]　0470-8252119

[电子邮箱]　Chenguiting68@sina.com

[开放时间]　全年开放

（撰文：陈桂婷）

呼和浩特市博物馆

Huhehaote Museum

概述

类型　地方综合性博物馆

隶属关系　内蒙古自治区呼和浩特市文化局

批建时间　1989年2月

创建时间　1990年3月

正式开馆时间　1991年8月

所在位置　内蒙古自治区呼和浩特市新城区通道北路62号

呼和浩特市博物馆外景

面积　占地18000平方米

建筑、布局　建筑形制为亲王级四进五重传统府园建筑。由南向北中轴线为照壁、府门、仪门、静宜堂、寝殿、后罩房等主体建筑，东西两侧辅建配殿、配房等左右两路跨院。

历史沿革　和硕恪靖公主府，建于清康熙中期以后，是康熙皇帝六女儿恪靖公主在康熙三十六年（1697）下嫁喀尔喀蒙古土谢图汗孙敦多布多尔济后所建的府邸。雍正十三年（1735）公主去世后，其子及其后裔仍袭居府邸直至清亡。

民国十二年（1923），绥远第一师范入驻公主府，自此成为师范学校校址长达66年。在此期间，师范学校为教学需要对公主府连续进行了重大改造，原花园、马场等改建为农场，殿堂门窗和墙体全部改制。文革期间，原府园内附属建筑、殿堂所有雕饰等被毁，公主府风貌再遭严重破坏。

1989年，呼和浩特市政府批复建立呼和浩特市博物馆，师范学校分期向呼和浩特市文物事业管理处移交公主府，1990年，公主府辟为呼和浩特市博物馆。2001年6月，国务院公布清和硕恪靖公主府为全国第五批重点文物保护

单位。

历任馆长　卜扬武（1990～1997）；赵江滨（1999至今）。

业务活动

基本陈列　建馆初始，为打开呼和浩特市博物馆事业困窘局面，改变工作困难状况，加强社会影响，首先利用馆藏壁画优势，借用内蒙古自治区博物馆场地，于1990年8月，推出建馆第一部陈列——《呼和浩特召庙壁画艺术展》，产生巨大反响。

公主府经过初步维修，1991年8月正式开馆，举办了《历史文化名城——呼和浩特》、《呼和浩特召庙壁画艺术展》、《全区流散文物精品展》三部陈列。

《历史文化名城——呼和浩特》　追溯了呼和浩特作为历史文化名城的历史渊源和发展进程，成为掌握历史上不同时期，不同民族，不同文化，共同创造、互相融合的平台，和由此奠定的呼和浩特为政治、经济、文化中心地位的重要因素。

《呼和浩特召庙壁画艺术展》　大召是蒙古地区召庙政治地位和宗教地位的代表和中心，以大召壁画为重点，集中反映了召庙壁画的宗教思想、教义和艺术构思。因此，推出的这部陈列是藏传佛教文化召庙壁画研究的开创性展览。

《全区流散文物精品展》　由内蒙古文物总店筹办。展览集中了多年来流散于民间的文物精品，展示了中华文化的博大精深和源远流长，还有以蒙古民族为主的特色文物。

1991～1996年期间，先后参与了文浩的《敕勒川民俗展》、托克托县《古瓷精品展》等展览；引进《周恩来青少年时期》、《辽庆陵壁画展》、《辽瓷精品展》、《墓志铭拓片展》、《中国古代科技展》等展览。

经过四年的筹备研讨，推出《土默特蒙古民族民俗陈列》、《满族民族民俗陈列》、《回族民族民俗陈列》，以地区特色、民族特色为突出表现形式的三部陈列，在内蒙古自治区成立五十周年大庆之际于1997年5月对社会开放。

《杨鲁安藏珍馆展览》　杨鲁安是内蒙古地区集收藏、篆刻、书法为一身的名人，2000年向市政府捐献各类文物共万余件，部分文物以公主府为展览场地，2002年8月1日全面开馆。杨鲁安藏珍馆与呼和浩特博物馆合署办公。

藏品管理

[藏品统计]　1990年3月20日，呼和浩特博物馆成立。现有文物3000余件，其中国家一级品10件，二级品38件，三级品37件。2002年杨鲁安藏珍馆馆藏文物8000多件、图书善本共2000多册（专定级）。

北魏　双羊五轮金饰牌

辽　菩萨头像

清　大召麦达里佛壁画

[重要藏品]　北魏双羊五轮金饰牌　呼和浩特市郊区征集。饰牌长方形，长9.5厘米，宽7厘米，边框内两侧对应盘角羊，双羊嘴部衔接三个竖向轮，足腿部各呈轮形。整体构思巧妙独特，艺术效果浑然天成，是鲜卑民族的金器精品。

元绞胎高足杯　杯高6厘米，口径8.7厘米，内蒙古大学院内出土。侈口，弧腹，高圈足。由褐色和白色胎泥绞合而成，呈木纹状，外施透明釉，工艺精绝。

辽菩萨头像　呼和浩特市白塔出土。菩萨面颊丰满，双目低垂，毫光内凹，束高髻，云鬟，耳垂至颈。表情极富生动，为辽塑精品。

元中统元宝交钞　呼市白塔村出土。交钞绵纸长方形，木版印制。正面额首横书"中统元宝交钞"，面值壹拾文。背面印章、铜钱图案。这是世界上发现最早的纸币。

清大召麦达里佛壁画　原位于大召大经堂东壁。佛为藏传佛教菩萨造型，半跏趺坐莲台，双手捻莲枝，呈转法轮印，风度超凡，为壁画之绝版。

科学研究　呼和浩特博物馆立馆于首府特色、民族特色、地区特色之研究，先后共推出八部影响较大的特色陈列，打下开创事业的坚实基础。在呼市地区对召庙文化、召庙壁画的内容、工艺、风格方面的研究取得了显著成果。对公主府建筑的历史背景、建筑格局与形制、府内地灶清理等方面都有研究发现。2004年以后，对壁画保护修复的科学技术方法和工艺研究成果突出，获得内蒙古考古博物馆学会第六届文物保护科技成果一等奖，《大召壁画保护修复研究》论文获二等奖。

呼和浩特博物馆的出版物有：孙利中《呼和浩特文物》（内蒙古人民出版社，1997年）；孙利中《大召》（内蒙古画报社，1997年）；孙利中《昭君墓》（内蒙古博古出版公司，1999年）；孙利中（合著）《内蒙古古城》（内蒙古人民出版社，2003年）；张慧君《国家历史文化名城——呼和浩特》（内蒙古画报社，1997年）。

呼和浩特博物馆发表的研究论文（部分）：卜扬武《呼和浩特地区鲜卑墓所反映的北方社会问题》（《内蒙

修复壁画

古文物考古》1991年第1期）；卜扬武《历史文化名城——呼和浩特》（《内蒙古文物考古》1995年第1、2期）；卜扬武《内蒙古地区铜（铁）镀的发现及初步研究》（《内蒙古文物考古》1995年第1、2期）；孙利中《明清呼和浩特儒释道三教寺庙概述》（《内蒙古文物考古》1995年第1、2期）；杜晓黎《中国内蒙古自治区呼和浩特博物馆大召壁画的分析》（《日本文化财科学会》第18回2001年8月）；武成《清和硕恪靖公主府地灶清理简报》（《内蒙古文物考古》2003年第1、2期）；张慧君《<绥远城溵濠种树记>碑及其价值》（《内蒙古文物考古》2002年第2期）；张慧君《绥远城兴工竣工档案查考》（《内蒙古文物考古》2007年第2期）；李丽雅《呼和浩特草原第四纪古地理环境变迁综述》（《内蒙古文物考古》1995年第1、2期）；李铁钢《清代绥远城将军德勒克多尔济其人及其"御赐碑记"》（《内蒙古文物考古》1995年第1、2期）

交流合作　目前，公主府古建维修工程全面展开，就公主府专题研究与故宫博物院、恭王府、中国第一历史档案馆、南开大学历史系、河北省古代建筑研究所等单位正在进行多方面的交流与合作。

2001年，壁画保护修复中心与敦煌研究院、中国文化遗产研究院、日本奈良文化财研究所开展"馆藏大召壁画保护修复"项目研究，在壁画颜料分析方面取得成果，并多次在国内外学术会议上发表交流。2005年，与内蒙古文物考古研究所合作开展"吐尔基山辽墓壁画保护修复"项目，2007年，与中国文化遗产研究院开展"濒危馆藏壁画保护综合研究"。

经营管理

　　[单位性质]　国营事业单位

　　[经济来源]　财政拨款

　　[机构设置]　设立了办公室、陈列研究部、宣传教育部、保管资料部、安全保卫中心

　　[人员编制]　呼和浩特市博物馆共有工作人员41人，其中大专以上文化程度31人，专业技术人员32人。

　　[观众接待]　截至2006年以前，年参观人数约5000人

参观指南

　　[地址]　内蒙古自治区呼和浩特市新城区通道北路62号

　　[邮编]　010051

　　[电话]　0471-6514793

　　[传真]　0471-6527878

（撰文：张慧君）

敖汉旗博物馆
Aohan Banner Museum

概述

类型　社会科学类历史专题博物馆

隶属关系　内蒙古自治区赤峰市敖汉旗文化体育广播电视局

创建时间　1988年3月

正式开馆时间　1989年9月

所在位置　内蒙古自治区赤峰市敖汉旗新惠镇惠文广场北侧

敖汉旗博物馆外景

面积　占地2000平方米

建筑、布局　敖汉旗博物馆主体为四层建筑，建筑面积4500平方米，共设五个展厅，展厅总面积近2000平方米。

历史沿革　敖汉旗博物馆的前身是1984年10月成立的敖汉旗文物事业管理所，编制5人。1988年3月，经敖汉旗人民政府批准，敖汉旗博物馆成立，编制9人。原文管所负责的文物管理事务由敖汉旗博物馆承担。1988年10月，坐落于敖汉旗人民政府所在地——新惠镇北石羊石虎山公园旁的敖汉旗博物馆展厅和标本库竣工。1989年9月，在建国四十周年前夕，举办文物基本陈列，开始接待观众。2004年9月，敖汉旗博物馆搬迁至新馆址，编制15人。新馆址坐落于新惠镇中心街区的惠文广场北侧，主体为三层建筑，是广场的标志性建筑，建筑面积4500平方米。敖汉旗博物馆自搬迁新馆后，历经两次大规模的改扩建工作，各项设施进一步完善、配套和现代化，无论从文物藏品、展览规模、硬件设施和人员组合上都有所改善和提高。

在敖汉旗博物馆的发展过程中，离不开几代专家学者的关心和支持，中国社会科学院考古研究所老一辈专家刘

观民、徐光冀、刘晋祥、苏赫、杨虎等先后在敖汉旗的大甸子遗址、兴隆洼遗址进行过大规模的考古发掘，新一代考古学者王巍、刘国祥等曾连续三年对兴隆沟史前文化聚落址进行了考古发掘。正是由于这些专家学者的努力，确立了以敖汉地区遗址点命名的考古学文化，分别是：小河西文化、兴隆洼文化、赵宝沟文化、小河沿文化，确立了敖汉地区乃至整个北方地区的考古编年体系。

2000年7月，原国家文物局局长张文彬等视察敖汉旗博物馆并题词："加强文物保护，创造一流业绩"。2001年8月，原故宫博物院院长张忠培、北京大学教授严文明等参观敖汉旗博物馆并给予高度评价。20世纪80年代，敖汉旗博物馆由于在文物普查工作中业绩突出，被国家文化部授

《辽金元精品文物展》陈列厅

予"全国文博系统先进集体"。1996年1月，由于利用该馆丰富的文物资源，深入农村牧区，特别是在广大中小学生中进行爱国主义教育，被国家文物局授予"全国优秀爱国主义教育基地"称号，并多次受到内蒙古自治区文化厅、赤峰市人民政府和当地党政部门的奖励。

历任馆长　邵国田（1988.3～1992.4）；杨义田（1992.4～1993.10）；邵国田（1993.10～2004.11）；田彦国（2004.11至今）。

业务活动

基本陈列　现在的敖汉旗博物馆通过几次大规模的改扩建后，特别是2006年4月的改扩建工程后，展厅已增加到5个：

《辽河源的文明曙光——史前文化基本陈列展Ⅰ》　展厅面积280平方米，展线长60米，展出文物98件，展出的文物以兴隆洼文化时期（距今8200～7400年）器物为主。

《辽河源的文明曙光——史前文化基本陈列展Ⅱ》　展厅面积380平方米，展线长110米，展出文物220件（套），展出的文物主要以赵宝沟文化时期（距今7200～6800年）

至夏家店上层文化时期（距今约3200～2500年）的文物为主。

《马背上的帝国风云——辽金元精品文物展》 展厅面积340平方米，展线长60米，展出文物120件（套），展出内容为出土于敖汉地区的辽金元时期的瓷器、玉器、金银器珍品。

《画笔下的大辽风情——辽墓壁画展》 展厅面积300平方米，展线长90米，展出辽代壁画33幅。

《八千年前原始聚落——兴隆洼人生活场景复原》 逼真再现了兴隆洼文化时期人类赖以生存的生态环境，利用泥塑形式复原了当时人类的生活场景和他们居住的半地穴式房屋。

兴隆洼文化人类生活复原景观

藏品管理

[藏品来源] 大部分为田野调查采集、抢救性清理出土、民间征集、个人捐献。

[藏品类别] 库房所藏文物分陶、石、骨、玉、瓷、金、银、铜、铁、木、料11类。

[藏品统计] 共计5000余件，其中国家一级文物113件（套），二、三级以上文物600余件（套）。

[藏品保护] 敖汉旗博物馆现有文物库房（地下室）四间，总面积500平方米，其中文物精品库一间，一般文物库二间，标本库一间，库房内设有排水、通风及严密的安全监控设施。

科研宣教 敖汉旗博物馆除了始终把文物考古调查、文物征集、宣传展览、墓葬抢救性清理和辽墓壁画的揭取、文物修复和保护做为基础性工作外，同时注重考古资料的整理和研究，除了积极参与合作项目的研究，还独立完成了一些遗址调查和墓葬清理报告的编写工作，已发表在省级以上学术刊物上的报告和论文50余篇，其中4篇获奖。

敖汉旗博物馆多年来注重对古代文化历史的宣传工

辽 三彩香熏

宋 紫锭印花碗

胡人乐舞纹玉带

作，建立了以基本陈列为主，包括藏品研究、宣传教育等多工种多层次的工作队伍。2004年5月，《敖汉文物精华》一书出版发行，该书全面介绍了敖汉境内遗址和墓地15处，馆藏文物302件（套），辽墓壁画37幅，是一本大型的文图综合类图书。2004年10月，由敖汉旗博物馆策划制作的专题片《辽河源的文明曙光》录制完成，该片以宣传本地区历史文化为宗旨，生动全面介绍了敖汉地区的古遗址和馆藏精品。

交流合作 1974～1977年，敖汉旗博物馆配合中国社会科学院考古研究所对大甸子墓地进行发掘。

1984～1993年，配合中国社会科学院考古研究所对兴隆洼史前文化聚落址进行发掘。

2001～2003年，配合中国社会科学院考古研究所对兴隆沟史前文化聚落址进行发掘。

1996年7月，敖汉旗博物馆与北京辽金城垣博物馆联合举办《敖汉地区辽代绘画艺术展》。

2000年4月，《敖汉旗出土辽墓壁画及文物珍品展》在包头市、呼和浩特市博物馆、展览馆展出。

2003年4～5月，敖汉旗博物馆《馆藏部分元代金器》在美国洛杉矶郡立艺术博物馆展出。

2006年，敖汉旗博物馆与日本京都大学合作的"先秦文化研究"取得初步进展。

2007年8月，中国玉文化探源暨兴隆洼文化玉器学术研讨会在敖汉召开，国内著名学者、原北京故宫博物院副院长杨伯达、香港中文大学教授邓聪、中国社会科学院考古研究所研究员刘国祥等与会专家学者发表了学术性论文。

经营管理

［单位性质］ 国营事业单位

［经费来源］ 财政拨款

［机构设置］ 设立办公室、保卫部、展览部、技术室、保管部、业务部。

［人员编制、组成］ 现有编制15人，实有工作人员25人（退休3人）。馆长1人，书记1人，副馆长1人，工会主席1人，展览部5人，技术部2人，保管部4人，业务部4人，保卫部4人，办公室2人。

［服务观众项目］ 停车场（全天免费）、观众休息室（8:30－16:00 免费）、纪念品销售（8:30－16:00 自定价）

［观众接待］ 2004～2006年度平均观众人数4万人次

参观指南

［地址］ 内蒙古自治区赤峰市敖汉旗新惠镇惠文广场北侧

［邮编］ 024300

［电话］ 0476-4332058

［传真］ 0476-4332129

［电子邮箱］ tianyanguo1@126.com

［开放时间］ 8:30－11:30，14:30－16:30

（撰文：阮红梅）

翁牛特旗博物馆

Wengniute Banner Museum

概述

类型 社会科学类历史文物专题博物馆

正式开馆时间 1996年6月26日

所在位置 内蒙古自治区赤峰市翁牛特旗乌丹镇乌丹路中段

翁牛特旗博物馆外景

面积 占地383.3平方米

历史沿革 翁牛特旗博物馆原名翁牛特旗文物管理站，1984年6月，经翁牛特旗人民政府批准成立。2000年8月8日，经批准更名为翁牛特旗博物馆。

历任馆长 贾鸿恩（1996.6～2006.3）；庞昊（2006.3至今）。

业务活动

基本陈列 翁牛特旗博物馆展览以旧石器时代、新石器时代、青铜时代、辽代、元代、明清时代藏品为主线，宣传、展示翁牛特旗大地悠久的历史和璀璨的文化。布置展陈面积200平方米，展出藏品170件。基本陈列有：

《翁牛特旗历史文物展览》

1、历史的开端—旧石器时代

内容：展示原始社会旧石器时代遗迹和遗物

2、中华文明的曙光—新石器时代

内容：展示原始社会新石器时代兴隆洼文化、赵宝沟文化、红山文化、小河沿文化的遗迹和遗物。突出展示红山文化时期的碧玉龙及黄玉龙。

3、草原青铜文明—夏家店下，上层文化

内容：展示青铜甗、三足鼎、青铜短剑等青铜时代遗物。

4、绚丽多彩的辽代文物

内容：展示契丹民族创造的精美和珍贵的辽代遗物。

5、元代全宁出土文物

内容：突出展示元代全宁路故城出土的瓷器。

6、明清时期的遗迹和遗物

内容：主要展示清代晚期的瓷器。

藏品管理

[藏品来源]　主要为野外采集、有偿购买、接受各类捐赠等途径获得。

新石器时代　黄玉龙

陈列厅一角

[藏品类别]　为各历史时期的实物，以玉器、瓷器、铜器为主。

[藏品统计]　共计1464件，其中一级品26件，二级品17件，三级品91件。

[重要藏品]　新石器时代黄玉龙　1987年在翁牛特旗征集。黄玉龙高16.7厘米，黄玉，质细腻温润，局部有黄褐色沁斑，半透明。圆雕，龙体蜷曲呈C字形，凸起的阳纹上刻划出龙的丹凤形双眼，以两条短阴刻线表示龙的鼻孔，细阴刻线表示龙的嘴部，颚底为单道勾线构成三角网纹，玉龙光洁温润。

元釉里红卷云纹玉壶春瓶　1978年翁牛特旗出土。高28厘米，口径7.5厘米，腹径14.3厘米，底径8.9厘米，喇叭形口，细颈，下垂腹，圈足底略外撇，足底露胎，胎骨洁白，表面施蛋青釉。以氧化铜为颜料，在颈部勾勒了三组变形蕉叶纹，叶内又填以如意形云纹，腹部饰折枝花卉，中间隔以弦纹。

辽绿釉双猴鸡冠壶　赤峰市翁牛特旗出土。通高29.8厘米，口径5.5厘米，红褐色陶胎，绿色釉较浓，有银化现象。壶体呈扁体方形，垂腹，直口，上有塔形盖，盖顶饰一宝珠形钮。两方形耳穿孔，耳间呈马鞍形，外侧各堆塑一小猴，双手扶耳作骑跨状。耳下饰一排凸起的鱼形璎珞

元　釉里红卷云纹玉壶春瓶

纹，腹部刻卷草纹，侧边有凸起的仿皮缝合线纹。

元青花玉壶春瓶　1988年翁牛特旗出土。高27.9厘米，口径7.9厘米，底径8.2厘米，喇叭形口，细颈，下垂腹，圈足底略外撇。胎质洁白如雪，其上绘一条飞舞的龙，龙首高昂，张口吞吐，龙体盘旋环绕壶身，头尾相接。施青白釉，釉质光泽温润。

青铜甗　青铜时代遗物，1981年翁牛特旗出土。通高68厘米，口径42厘米。甗上体较大，深腹较直，口圆形，平沿内色，立耳，下体矮挡，三足内上端中空，末端呈圆柱状，腹内底部有两个铭纹。

青铜鼎　青铜时代遗物，1981年翁牛特旗出土。通高48.3厘米，口径37.5厘米。铜鼎口微敛，口沿两侧铸有长方形中间镂空的板耳与身连成一体，圆直腹，外腹中部饰三道凸起的弦纹，三足，上宽下窄，呈兽足形。足上下各有二道弦纹，留有范铸合范的痕迹。

经营管理

　　[单位性质]　国营事业单位

　　[经费来源]　财政拨款

　　[机构设置]　共设立了办公室、保卫科、业务部三个部室。

　　[人员编制、组成]　翁牛特旗博物馆共有工作人员6人，其中大专以上文化程度6人，初级以上职称6人，专业技术人员6人。

　　[观众接待]　2000～2006年度平均观众人数8920人

参观指南

　　[地址]　内蒙古自治区赤峰市翁牛特旗乌丹镇乌丹路中段

　　[邮编]　024500

　　[电话]　0476-2301993

　　[传真]　0476-2301997

　　[电子信箱]　wengqibowuguan@163.com

　　[开放时间]　全年开放，8:30－16:30

　　[票价]　成人10元

（撰文：姚情情）

海拉尔博物馆

Hailaer　Museum

概述

　　类型　社会科学类历史专题博物馆

　　隶属关系　内蒙古自治区呼伦贝尔市海拉尔区文化体育局

　　创建时间　2005年6月

　　正式开馆时间　2005年8月

　　所在位置　内蒙古自治区呼伦贝尔市海拉尔西山国家森林公园内

　　面积　占地1200平方米

　　建筑特点　两层楼房式砖混结构。

　　历史沿革　海拉尔博物馆始建于1999年5月。原为海拉尔生态综合展厅，2005年6月改建为海拉尔博物馆。

　　历任馆长　邢锐（2005.6至今）。

业务活动

　　基本陈列　海拉尔博物馆以松山细石器为基本载体，展示呼伦贝尔大草原悠久的历史文化。细石器始中石器时代、新石器时代的代表器物，著名的海拉尔松山细石器遗址，是中石器时代的典型代表，哈克遗址的细石器代表着北方草原新石器时代的文明。基本陈列有：

　　《远古文明》展厅

　　第一单元："松山中石器"

　　主要以海拉尔细石器为主，展示中石器时代松山细石器遗址所包含的文化内涵。

　　第二单元："哈克新石器"

　　主要展示哈克遗址所包含的文化内涵。

　　第三单元："鲜卑、室韦、辽墓葬"

　　主要展示各时期代表海拉尔地区特色的墓地：鲜卑：室韦；辽墓。

　　《古城巨变》展厅　以清代建的呼伦贝尔城为载体，分四个单元展示海拉尔区270年的翻天覆地的变化。

　　第一单元："呼伦贝尔城（1732～1901）"

　　清朝政府为抗击沙俄入侵，决定在呼伦贝尔地区建呼伦贝尔城，作为防俄入侵军事指挥中心及行政管理中心。

　　第二单元："一地三主（1901～1932）"

　　在这个时期海拉尔同时被三家行政机构所管辖处于"一地三主、一市三治"的特殊历史时期。

　　第三单元："奋勇抗战的十三年（1932～1945）"

海拉尔博物馆外景

《远古文明》陈列厅一角

刮削器

支那事变画报

1932年12月，日本侵略者占领海拉尔开始长达13年的殖民统治。伪满洲国在海拉尔建立伪兴安省，统管岭西地区各旗市。

第四单元："跨越历史走向繁荣（1945～2005）"

各族人民在共产党的领导下建设家园的60年

藏品管理　文物和藏品，本着积极抢救，科学保护，各级利用，宣传教育的指导方针。

[藏品来源]　为野外采集、有偿征集、无偿捐赠等途径获得。

[藏品类别]　以远古时期石器为主，收集细石器及二战时期文物。

[藏品统计]　现藏有文物1200件，其中二级品39件，三级品5件。

《古城巨变》展厅一角

科学研究　海拉尔博物馆自建馆以来，始终重视古代细石器的研究，经过积累，博物馆收集了大量的细石器，建立了资料库，对细时期的研究取得了显著成果。

经营管理

[单位性质]　国营事业单位

[经费来源]　财政拨款

[机构设置]　设有综合办公室、保卫室、陈列保管部、考古调研部四个部室。

[人员编制、组成]　共有工作人员7人，其中大专以上文化程度7人，中级职称3人，初级职称4人。

[观众接待]　2005～2006年度平均观众人数15038人

参观指南

[地址]　内蒙古自治区呼伦贝尔市海拉尔区西山公园内

[邮编]　021008

[电话]　0470-3990998

[开放时间]　全年开放，8：30－17：30

[票价]　成人10元

（撰文：赵艳红）

鄂尔多斯青铜器博物馆

Ordos Bronze Ware Museum

概述

类型　社会科学类文物专题博物馆

隶属关系　内蒙古自治区鄂尔多斯市文化局

创建时间　1982年

所在位置　内蒙古自治区鄂尔多斯市东胜区准格尔南路3号

面积　占地6300平方米

鄂尔多斯青铜器博物馆外景

建筑、布局 现代建筑，坐东向西，中间为文物展厅，共两层，两侧为办公区域和文物库房以及文物商店，各三层。

历史沿革 鄂尔多斯青铜器博物馆，前身为伊克昭盟文物工作站，始建于1963年，建馆于1989年。1966年"文化大革命"中将伊克昭盟文物工作站撤销，1975年，由于盟党政领导部门的重视和内蒙古文化局的支持，恢复伊克昭盟文物工作站正常运转。1982年，经第77次盟长办公会议研究，决定成立伊克昭盟鄂尔多斯博物馆，博物馆和文物站合署办公，两个机构，一套人马。1997年，根据伊克昭盟机构编制委员会《关于盟文化局所属事业单位"五定"方案的批复》，伊机编发（97）117号文件精神，撤销伊克昭盟文物工作站，保留伊克昭盟鄂尔多斯博物馆建制。2001年9月28日，伊克昭盟撤盟设市，伊克昭盟鄂尔多斯博物馆名称随之改为"鄂尔多斯市鄂尔多斯博物馆"。2006年，按照自治区文化厅、文物局关于建设特色博物馆体系的总体规划，以及鄂尔多斯市博物馆馆藏鄂尔多斯青铜器数量大、精品多等实际情况，鄂尔多斯博物馆更名为"鄂尔多斯青铜器博物馆"。

历任馆长 武占海（1979~1994）；王志浩（1995至今）。

业务活动

基本陈列 鄂尔多斯青铜器博物馆是集鄂尔多斯地区历史与文化的收藏、陈列及研究于一体的历史类专题性博物馆，占地面积6000平方米，展厅面积约2600平方米，馆藏文物约10000余件（套），尤以中生代恐龙足迹印痕化石、河套人与萨拉乌素动物群化石、新石器时代文物、朱开沟文化、鄂尔多斯式青铜器、西夏文物以及鄂尔多斯蒙古族文物等蜚声海内外。

《鄂尔多斯青铜器展》

内容：展览共展出文物1000余件（组）。精美的鄂尔多斯青铜器及近40幅辅助照片，分为"凝固的青铜艺术"、"北方游牧民族的首朵奇葩"、"永恒的草原文明"、"闻名遐迩的鄂尔多斯青铜器"四大部分，运用现代化的设计和展示手段，全面、系统、形象的展示了享誉海内外的"鄂尔多斯青铜器"的文化内涵，优美的造型、独特的艺术风格，复杂、巧妙的图案构思及其深厚的文化底蕴和深邃的历史背景。展览为目前国内规模最大、展品数量最多、品种最全、档次最高的鄂尔多斯青铜器大展示。

《鄂尔多斯"两个文明"建设成就展》

通过现代化的展示手段，结合声、光、电等现代化

1.《鄂尔多斯青铜器展》陈列厅一角 2.《鄂尔多斯"两个文明"建设成就展》陈列厅一角

科技手段，以图片的形式，从"经济综合实力的显著提高"、"农牧业跨越历史"、"工业经济高歌猛进"、"城市建设日新月异"、"第三产业蓬勃发展"、"社会事业欣欣向荣"、"人民生活水平日益提高"，"精神文明建设成就辉煌"，"县域经济发展可人"、"党的建设加强"和"展望'十一五'"等十一个方面，集中反映了近几年鄂尔多斯市政治、经济、文化等多方面发展的实际情况，特别对所取得的辉煌成就进行了重点展示。

藏品管理 按照国家文物保护法和自治区文物保护条例，本着积极抢救、科学保护、合理利用、宣传教育的指导方针来开展各项工作。

[藏品来源] 一方面对国内外的相关文物采取有偿征集，接受无偿捐赠；另一方面为田野考古发掘所得。

[藏品类别] 藏品涉及鄂尔多斯各个时期，包括中生代恐龙足迹印痕化石、河套人与萨拉乌素动物群、朱开沟文化、鄂尔多斯式青铜器、西夏文化以及鄂尔多斯蒙古族文化等实物，质地有石、陶、瓷、铁、铜、纸、纺织品等。

[藏品统计] 共收藏各类文物10.0036万件，一级157件（组），二级286件（组），三级623件（组），一般文物8970件（组）。

战国　虎噬鹿银饰牌

战国　双虎纹铜饰牌

[重要藏品]　战国虎噬鹿银饰牌　鄂尔多斯市伊金霍洛旗石灰沟出土。铸造，镂空高浮雕状。整体为虎噬鹿形象，猛虎作伫立虎形，昂首，垂尾，后肢着地，前肢践踏在一只呈匍匐状鹿的背上，虎吻部与鹿额部相抵，牌背有双钮。

战国双虎纹铜饰牌　鄂尔多斯市征集。饰牌为双虎纹，双虎呈交配状，背有拱形钮。

科学研究　鄂尔多斯青铜器博物馆自成立以来，十分重视鄂尔多斯地质、历史时期各个方面的研究，拥有历史、考古、民族学、博物馆学、美术、摄影、鉴定等专业人才，经过长期的积累，鄂尔多斯青铜器博物馆收集了大量的关于鄂尔多斯地区的包括古人类和古脊椎动物、新石器时代、青铜时代以及蒙古等北方民族研究方面的资料，建立了资料库，并取得了显著的研究成果。

鄂尔多斯青铜器博物馆的出版物有：王志浩《桑道吉尔及其诗歌》（民族出版社，2001.4）；王志浩《鄂尔多斯考古文集》（第二辑）（远方出版社，2004.12）；王志浩《可爱的鄂尔多斯》（正、续）（内蒙古人民出版社，1984）；王志浩、杨泽蒙《鄂尔多斯青铜器》（文物出版社，2006.8）；杨泽蒙《朱开沟—早期遗址发掘报告》（文物出版社，2000）；杨泽蒙《岱海考古（二）——中日岱海

地区考察研究报告集》（科学出版社，2001）；杨泽蒙《庙子沟与大坝沟—新石器时代遗址发掘报告》（大百科全书出版社，2003）；杨勇《鄂尔多斯草原文化》（内蒙古人民出版社，2000）。

交流与合作　多年来，在上级文物部门大力支持下和该馆积极地努力下，鄂尔多斯青铜器博物馆努力开拓对外交流与合作，成效显著。

1994年由内蒙古博物馆牵头，鄂尔多斯博物馆与赤峰、乌盟、锡盟共同组织的《成吉思汗故乡文物展览》于7月初在美国洛杉矶展出，并引起了极大的轰动，参观人数达75万人次，展出时间达半年之久，创造了外国在美展览时间最长，参观人数最多的纪录。

1995年该馆王志浩对鄂尔多斯岩画有深入研究，成果显著。被联合国教科文组织邀请，赴法国巴黎参加了国际学术研讨会。

1998年伊盟文化局田自强局长和馆长王志浩应邀赴德国和法国就举办鄂尔多斯文物展事宜进行洽谈，8月，法国及德国博物馆方面的有关专家进行了回访。

1998年3月，副馆长杨泽蒙与内蒙文物考古研究所研究员田广金、郭素新一行三人，应日本国京都考古学研究会的邀请，赴日本进行学术考察与交流。

2000年馆长王志浩应邀赴澳大利亚，参加"第三届澳大利亚国际岩画艺术研讨会"。

2000年副馆长杨勇应邀赴宝岛台湾讲学。

2003年，在鄂尔多斯市乌旗审召开了"'河套人'发现80周年学术座谈会"，中科院古脊椎动物及古人类研究所研究员黄慰文及地质研究所董光荣作了学术报告。

2004年，鄂尔多斯青铜器博物馆与陕西省秦始皇兵马俑博物馆合作，在秦始皇兵马俑博物馆举办的《草原瑰宝——鄂尔多斯青铜器展》，展期为半年。每天接待中外观众上万人次，收到了很好的社会效益和经济效益。

2004年4月，王志浩馆长和成陵管理局原局长旺楚格赴二连浩特与蒙古国扎那巴扎尔博物馆及哈剌和林博物馆进行文化交流，并草签了文物代表团互访以及2005年在各自博物馆进行文物互展的协议。

2004年8月，由市委副书记孙炜东，鄂尔多斯市文化局局长赵新民，鄂尔多斯青铜器博物馆馆长王志浩，副馆长杨泽蒙，成吉思汗陵管理局王卫东组成文物代表团对蒙古国扎那巴扎尔艺术造型博物馆和额尔德尼召博物馆进行了访问，并就2005年各自博物馆进行文物互展进行了协商，对参展文物进行了确认。

2004年9月，蒙古国文物代表团对鄂尔多斯市进行了回访，对鄂尔多斯市文物展品目录进行了确认。

2005年，由鄂尔多斯市人民政府组织的鄂尔多斯市香港经贸投资恳谈会于5月18日～5月19日在香港华润会展中心举行。王志浩馆长作为招商团成员参加了此次洽谈会，并向大会推荐了《祭祀成吉思汗的鄂尔多斯蒙古族文化展》和《鄂尔多斯青铜器展》，就有关文物展览与港台文博界进行了洽谈，通过交流，为今后两地间的文化交流打下了良好的基础。

2005年7月27日～30日鄂尔多斯青铜器博物馆积极参与了由自治区文化厅、秦汉学会、鄂尔多斯市委、市政府主办，东胜区委、区政府承办的"中国秦直道学术研讨会"，研究员王志浩与其他几位学者共同主持了学术讨论，副研究员杨泽蒙在会上作了主旨学术演讲。

2006年9月20日至9月25日，研究员王志浩馆长应德国雷根思堡自然博物馆邀请，参加了在那里召开的"欧亚草原古代艺术国际学术研讨会"，在会上做了有关鄂尔多斯青铜艺术的专题讲座，得到与会者的极大兴致。

经营管理

[单位性质]　国营事业单位

[经费来源]　财政拨款

[机构设置]　设立考古部、宣教部、藏品部、办公室、征集部五个室。

[人员编制、组成]　鄂尔多斯青铜器博物馆有工作人员26人，其中大专以上文化程度18人。高级职称7人，中级职称5人，初级职称11人。

[服务观众项目]　讲解（8:30－11:30，14:30－17:00 免费）；触摸屏导览（8:30－11:30，14:30－17:00 免费）；电脑文物信息查询（8:30－11:30，14:30－17:00 免费）；纪念品销售（全天 自定价）。

[观众接待]　2000～2006年平均年度观众52307人

参观指南

[地址]　内蒙古自治区鄂尔多斯市东胜区准格尔南路3号

[邮编]　017000

[电话]　0477—8323361（宣教部）

[传真]　0477—8343700

[电子邮箱]　bwgbgs@163.com

[开放时间]　全年开放，8:30－11:30，14:30－17:00

[票价]　免费

（撰文：郭俊成）

鄂伦春博物馆

Orochon Museum

概述

类型　地方综合性博物馆

隶属关系　内蒙古自治区呼伦贝尔市鄂伦春文体广电局

创建时间　1990年10月

正式开馆时间　1991年10月

所在位置　内蒙古自治区呼伦贝尔市鄂伦春阿里河镇中央大街西侧

鄂伦春博物馆外景

面积　占地面积21000平方米

建筑、布局　博物馆整体建筑坐西朝东，由北向南依次为民俗厅、生态厅、鲜卑厅、二楼成就展厅、临时展厅。

博物馆周边是广场，广场占地面积21000平方米，《升华——斜仁柱》雕塑耸立在博物馆后面的广场上，是鄂伦春民族文化的象征，高大的鄂伦春人骑马出猎的巨大铸铜雕像坐落在博物馆门前的广场上，代表了鄂伦春人的英雄形象。博物馆周边环境优美，博物馆就坐落在广场中央，成为自治旗标志性的建筑。

历史沿革　鄂伦春博物馆始建于1990年，1991年10月正式开馆，当时是三馆合一，即在一个建筑中包涵了博物馆、图书馆、档案馆，称之为三馆。总建筑面积2800平方米，博物馆只有一个400平方米的《鄂伦春狩猎文化》陈列。2000年，旗政府投入资金对博物馆及周边环境进行了改造，博物馆改扩建后，总面积3200平方米，展厅面积2000平方米。

历任馆长　顾德清（1991～1998）；田刚（1998至今）。

业务活动

基本陈列　鄂伦春博物馆以鄂伦春民族文物为基础，设计陈列独特的文化内涵，《兴安猎神》、《兴安之韵》、《马背天骄》、《沧桑巨变五十年》四个基本陈列和《综合艺术》一个临时展览。

《兴安猎神》 展厅面积400平方米，展出文物431件，图片图表57幅，展览分七个单元翔实展示了鄂伦春民族的生产经济、生活方式、风俗礼仪、文化体育、宗教信仰。

《兴安之韵》 展厅面积700平方米，展出动物标本40件。展览集自治旗自然景观与动植物资源为一体，生动展示了鄂伦春民族的生活环境，生物多样化及其相互依存关系，全面反映了自治旗的生态文化。

《马背天骄》 展厅面积400平方米，展出文物293件，图片、图表53幅，展览共分三个单元，全面展示了拓跋鲜卑民族从发祥兴安到驰骋草原，最后入主中原的历史发展全过程。

《沧桑巨变五十年》 展厅面积400平方米，展出实物126件，图片380幅，展览生动展示了鄂伦春自治旗建旗五十周年以来，在党的民族政策光辉照耀下，在社会主义建设中所取得的巨大成就。

藏品管理

[藏品来源] 征集自各猎民乡镇

[藏品类别] 有桦树皮类、兽皮类、铁制品类、木制品类、布制品类。

[藏品统计] 有馆藏文物1674件，其中一级文物19件（套），二级文物37件（套），三级文物38件（套）。

[重要藏品] 椭圆形刻花彩绘桦皮盒 近现代，黑龙江省呼玛县白音纳鄂伦春乡征集。桦树皮质地，椭圆形盒，盖表面压刻南绰罗花，盒身刻一周树叶状花纹，盒身上半部分四边有眼，内穿皮带。盒身较低，内装针线。为鄂伦春族姑娘出嫁时陪嫁用品。

绣花狍皮手套 近现代，呼伦贝尔市鄂伦春旗古里乡征集。狍皮制成，边为小动物皮毛。五指可伸开，表面自然染黄，补绣出四瓣花纹和心形图案及树叶纹样，用黑色皮和五彩线绣出花纹，为男女定情之物。为鄂伦春族民间艺术家葛淑梅制作。

补绣花草纹狍皮马褡 近现代，呼伦贝尔市鄂伦春旗古里乡征集。狍皮制成，表面自然染黄。马褡表面用黑色皮补绣花草纹，花草纹外边为回纹，马褡边缘装饰黑皮穗。这是鄂伦春族的典型生活用具。

[藏品保护] 主要措施有：通风、吸湿、晾晒和药物处理等。

经营管理

[单位性质] 国营事业单位

椭圆形刻花彩绘桦皮盒

绣花狍皮手套

补绣花草纹狍皮马褡

[经费来源] 财政拨款

[机构设置] 群工部、陈列部、保管部、办公室。

[人员编制、编制] 有正式职工20人，大专学历19人，副高职称1人，中级职称2人，初级职称11人，专业技术人员15人。

[服务观众项目] 停车场（全天免费）；纪念品销售（工作时间自定价）；电视触摸屏（全天免费）。

[观众接待] 1.5万人左右

参观指南

　　[地址]　内蒙古自治区呼伦贝尔市鄂伦春自治旗阿里河镇

　　[邮编]　165450

　　[电话]　0470-5628795

　　[开放时间]　8:30－12:00，14:30－17:00

　　[票价]　成人10元，学生、现役军人免费

（撰文：田刚）

鄂温克博物馆

Ewemi Museum

概述

　　类型　地方综合性博物馆

　　隶属关系　内蒙古自治区呼伦贝尔市鄂温克族自治旗文体广电局

　　创建时间　1996年8月

　　正式开馆时间　1998年8月1日

　　所在位置　内蒙古自治区呼伦贝尔市鄂温克旗巴彦托海镇

鄂温克博物馆外景

　　面积　占地4800平方米

　　建筑、布局　单层现代建筑，整体建筑坐西朝东，共四个展厅，每个展厅面积400平方米。

　　历史沿革　鄂温克博物馆于1998年建成并投入使用，当时是三个展厅，为两个民俗厅和一个成就厅。2003年进行过一次改造，2005年增加一个380平方米的展示自治旗自然风貌的自然展厅。

　　历任馆长　黎霞（1998至今）。

业务活动

　　基本陈列　鄂温克博物馆是全面展示鄂温克民族历史与文化的民族博物馆。并集研究和旅游观光为一体。　展陈面积1600平方米，展出文物690件（套），基本陈列有：

　　《兴安骄子—鄂温克族历史与风情陈列》　展现鄂温克族的历史、风俗。分三个单元：

　　一单元："民族历史，悠远壮阔"

　　远祖寻踪——从石器时代到元明时期鄂温克人的历史溯源

　　北疆柱石——清朝时期鄂温克族的历史贡献：设治戍边、抗击沙俄、转战平叛，著名将领。

　　近世风云——民国日伪时期鄂温克族的历史壮歌。反击叛匪乱国、坚持抗日战争、投身解放战争

　　二单元："民族风情　绚丽多彩"

　　兴安猎神：从清代到民国时期狩猎鄂温克人的民族风貌

　　草原骑士：从清代到民国时期游牧鄂温克人的民族风貌

　　农耕前驱：从清代到民国时期农业鄂温克人的民族风貌

　　三单元："民族盛世——生机勃勃"

　　草原新歌——当代内蒙古自治区的鄂温克族

　　嫩江族系——当代黑龙江省的鄂温克族

　　西域移民——当代新疆维吾尔自治区的鄂温克族

　　异国同族——当代俄罗斯的鄂温克族

鄂温克族历史与风情陈列

　　《草原明珠—鄂温克族自治旗建设成就展览》

　　《自然展厅》

　　藏品管理

　　对文物和藏品，本着积极抢救、科学保护、合理利用的指导方针。

　　[藏品来源]　主要有考古发掘，搜集等，对流散于民间的民族文物采取有偿征集，民族人士无偿捐赠的方法积极征集入藏。

　　[藏品类别]　为反映全国各地及俄罗斯的鄂温克族人的生产、生活、历史、文化的民族文物。

火枪及火药囊

元 独木舟

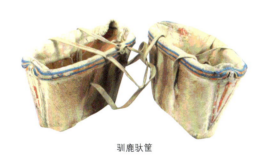

驯鹿驮筐

[藏品统计] 馆藏文物829件，其中一级品10件，二级品24件，三级品27件。

[重要藏品] 火枪及火药囊 清末鄂温克猎人所用，木枪托、铁枪管、铁板机、红铜枪箍、火药囊为犴皮制成，骨盖下面连铁管，铁管是量器。

清口弦琴 鄂温克族民间乐器，铁质。

卷云纹桦皮盒 近代，桦树皮制成，盖面用黑布做底衬托花纹，用犴筋制成的线来缝制。

墨绘动植物纹桦木盒 民国时期，盒身桦木制成，盒盖桦树皮制成，墨绘有花、鸟等动植物纹饰。

清光绪帝赐骑都尉杜精山父母诏书 光绪帝于光绪拾伍年贰月拾柒日赐给杜精山父母的诏书，纸的表面有布

纹，用黄色及黑色墨水书写，开头用汉字后头用满文书写，中间盖两方印，杜精山为布特哈镶白旗骑都尉，鄂温克族人，立有战功。

元独木舟 鄂温克旗锡尼河东岸出土，舟头尖利于分水，舟尾在下半部分弄平保持平衡，内挖腔，质地为松木。

驯鹿驮筐 近代，鄂温克人游猎搬迁时用来驮运物品的容器，内层用桦树皮制作，外包裹鹿皮。两只连在一起，搭在驯鹿背上，多用来盛装粮食。

科学研究 鄂温克博物馆始终重视对鄂温克民族的研究，拥有目前国内对鄂温克民族研究的各类资料，积累了一定数量的影像、图片资料。

交流合作 1999年1月27日～4月25日，应香港方面邀请，香港临时区域市政局与呼伦贝尔盟民族博物馆联合在香港举办了为期三个月的题为《森林民族—中国北方狩猎文化》的展览，鄂温克博物馆为此次展览提供参展文物30余件。

2005年10月27日～31日，鄂温克博物馆选派两名职工携带30余件文物参加在北京举办的由中国少数民族文化艺术促进会主办的"中国首届民族自治地方民族文化博览会"。

经营管理

[单位性质] 国营事业单位

[经费来源] 财政拨款

[机构设置] 设有展览组、保管保卫组、后勤组三个组。

[人员编制、组成] 共有工作人员18人，其中大专以上文化程度18人，初级以上职称10人，专业技术人员10人。

[服务观众项目] 停车场（全天免费）；纪念品销售（8:30—11:30，14:30—17:00 自定价）；参观讲解（8:30—11:30，14:30—17:00 免费）；游客休息区（8:30—11:30，14:30—17:00 免费）。

[观众接待] 年均观众4万余人次

参观指南

[地址] 内蒙古自治区呼伦贝尔市鄂温克族自治旗巴彦托海镇

[邮编] 021100

[电话] 0470-8817866

[传真] 0470-8813665

[电子信箱] ewktuteng@126.com

[开放时间] 8:30—11:30，14:30—17:00

[票价] 成人10元

（撰文：金铭峰）

喀喇沁旗王府博物馆
Kalaqin Prince'Residence Museum

概述

类型　社会科学类历史专题博物馆

隶属关系　内蒙古自治区赤峰市喀喇沁旗文化体育局

创建时间　1996年

正式开馆时间　2002年

所在位置　内蒙古自治区赤峰市喀喇沁旗王爷府镇

喀喇沁旗王府博物馆外景

面积　占地8万平方米

建筑、布局　喀喇沁亲王府的建筑风格按其功能而异。中轴主院以大木硬山为主，采取中轴对称之制，五进院落纵深贯穿，威严肃穆。东西两路（院）的建筑风格和造型相对活泼，以独立院落为主，或前或后，或左或右穿插布列，建筑形式除大木硬山外，还有卷棚、歇山及勾联搭结构等形式。花园建筑以亭、台、楼、阁为主体，并有假山、人工湖和树木花草及珍禽奇兽饲养场等。喀喇沁亲王府建筑装修色彩的运用，除宗祠家庙园林建筑施彩绘外，其余建筑皆为素漆刷饰，王府建筑豪而不华，朴而不奢。

历史沿革　喀喇沁，蒙古族的一个部落，明末清初驻牧于老哈河畔，以毡帐、蒙古包组成斡耳朵（宫、殿）为治所。康熙十八年（1679）迁至柏山脚下的锡伯格川（喀喇沁王府博物馆所在地在清代和民国初年时的地名为锡伯格川），建三进王府大院（后为崇正学堂校舍）。乾隆四十八年（1783），喀喇沁右旗郡王喇特纳锡第晋封为亲王品级后，大兴土木，紧挨着原来府邸的东边建成了新府邸。之后，历代喀喇沁札萨克郡王、亲王在此执政，并对王府进行了改建和扩建。现在保存下来的亲王府建筑，是原喀喇沁王府建筑群的核心部分。

亲王府建成后，一直作为喀喇沁王的府邸使用至1933

年。1933年，伪满洲国喀喇沁右旗政府进驻喀喇沁亲王府旧址。1945年光复后，喀喇沁右旗建西县人民政府进驻喀喇沁亲王府旧址。1948年，喀喇沁旗王爷府中学进驻喀喇沁亲王府旧址。1996年12月28日，喀喇沁旗王府博物馆在此成立。1997年9月，喀喇沁旗王爷府中学从喀喇沁亲王府旧址迁出。自1997年以来，喀喇沁旗投资4000多万元对该建筑群进行了修缮。现已建成有20个展室、上千件珍贵文物的博物馆。2001年6月，喀喇沁亲王府被国务院公布为全国第五批重点文物保护单位，2006年4月，被评为"国家AAAA级旅游景区"，2007年1月被评为"内蒙古十大历史名胜"。

清代喀喇沁亲王府鸟瞰图

喀喇沁亲王府是内蒙古地区建筑面积最大、规格等级最高、建成时间最早、现状保存最好的清代蒙古王府官式建筑群。

历任馆长　刘跃东（1997.6～1998.12）；郑晓光（2003.3至今）。

业务活动

基本陈列　王府博物馆开辟了《喀喇沁亲王府复原陈列》、《喀喇沁亲王府历史陈列》、《贡王办学陈列》、《书画陈列》等20个展室，展出了喀喇沁王府珍藏品传世文物精品千余件，全部展室面积6000余平方米。

《古建筑复原陈列》　喀喇沁亲王府古建筑呈中轴对称式布局，分为中轴区、东跨院、西跨院3部分，主要建筑为：府门、轿厅、回事处、议事厅、客厅、书画厅、王爷居室、福晋居室、祠堂、书塾、驿馆、文武庙、碾房、磨坊、古井、膳食厅等，皆按清末民初时复原陈列。

《喀喇沁亲王府历史专题陈列》　分5个专题（1）"塞北明珠——喀喇沁亲王府"，清代，北疆共建有48座蒙古王府，遍建于清代北疆的蒙古王府，是清廷对蒙古各部实施有效统治的特殊政权机构。每座王府作为蒙古王公行政与起居之所，享有政治、经济、司法与军事统治大权，所辖旗属多是蒙古王爷的世袭领地，被清廷倚之为北疆"柱石"，喀喇沁亲王府就是其中之一。

喀喇沁亲王府占地300亩，由府第区、西跨院、东跨院、前庭和后花园组成，融蒙、满、汉、藏建筑风格于一体，是清廷蒙古王府建筑艺术的经典之作。

此展厅以展板、图片和实物的形式展示了王府的政治、经济、军事和生活状况，反映了清代蒙古族贵族文化及蒙古族的礼仪风尚。

（2）"蒙古亲王——贡桑诺尔布"　喀喇沁右翼旗十四任札萨克贡桑诺尔布，字乐亭，号夔庵，是喀喇沁历代蒙古王爷中最有建树的一位末代王爷。1887年与清肃亲

喀喇亲王之宝印

贡桑诺尔布像

王善耆之妹善坤结为秦晋之好。1898年，26岁的贡王袭爵喀喇沁右旗札萨克郡王兼卓索图盟协理盟长。1912年出任民国政府蒙藏院总裁。同年被民国政府封为亲王。

贡桑诺尔布是蒙古民族近代史上著名人物和开拓者。就任郡王时，清王朝正由盛至衰，社会动荡不安，国事风雨飘摇，为谋求民族的振兴和经济文化之发展，他大力推行旗政新举措，开办新式学堂，注重农牧改良，兴办商贸实业，创办警务，开通邮政业务，建立报馆、书馆，支持蒙文印刷，创建蒙藏学校，为塞外蒙古王公翘楚。

辛亥革命后，曾在北京参加国民党成立大会，以唯一的蒙藏代表当选为九理事之一，出任民国政府蒙藏院总裁达十六年之久，位居蒙古王公之首。1931年在北京官邸去世，时年59岁。展室通过实物和图片，反映了贡桑诺尔布的一生。

（3）"先民故园——喀喇沁蒙古族风情"　蒙古族历史悠久且富有传奇色彩。春秋时期，蒙古族先民便游牧在老哈河和锡伯河流域，特别是蒙元以来八百年间，蒙古族一直是中国北疆草原上的主人，为中国乃至世界文明史做出了不朽的贡献。

喀喇沁旗蒙古族未定居前，以游牧生活为主，1635年后逐步由狩猎、游牧生活转为定居。因地近京都，受满、

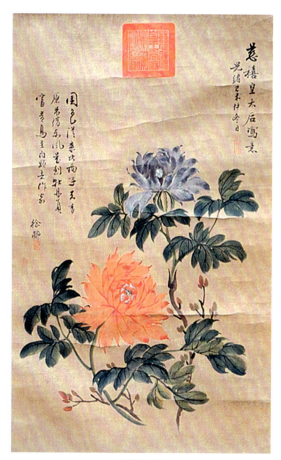

慈禧牡丹图

黄花梨交椅

汉文化影响较重，喀喇沁旗境内的蒙古族在经济生产、衣食住行和礼仪风尚方面，呈现出蒙、满、汉三者相互交融的特色，具有浓郁的地方特色和民族风情。本专题展览通过实物与图片反映了喀喇沁地区先民的生产生活情景。

（4）"开化民智——贡王办学"　喀喇沁札萨克贡桑诺尔布亲王文韬武略，位居群伦，非常重视内蒙古地区的民族教育。1902年间，他亲自创办了崇正学堂、守正武学堂、毓正女学堂。新学堂的建立，开创了内蒙古地区新式教育之先河。

1912年，贡王进京任蒙藏事务局总裁，在北京创办了蒙藏学校，培养了大批蒙古族进步青年，成为北京传播马列主义的场所。

贡王提倡新学，启迪民智，积极发展民族教育事业，为内蒙古地区近代经济文化的发展和社会进步做出了杰出的贡献。本专题展览通过历史文物和历史照片，反映了贡桑诺尔布创办的喀喇沁崇正学堂、毓正女学堂、守正武学堂和北京蒙藏学校的发展历史。

（5）"王府书画陈列"　清代晚期，此展厅为旺王、贡王的写书绘画之所，并于此处收藏大量古今书画名作。

古树名木　喀喇沁旗王府博物馆内现存油松、云杉、桑树、榆树古树名木24株，多为清早期和光绪年间所植，少部分为民国初年栽植。

藏品管理

[藏品来源]　喀喇沁亲王府的馆藏文物大部分为征集回购而来，也有少量文物是考古发掘品。

[藏品类别]　藏品包括陶瓷器、青铜器、石器、玉器、木器、骨器、铁器、金银器、丝织品、皮革制品、珠宝、书画、老照片等。

[藏品统计]　现有馆藏文物1224件，其中一级文物17件，二级文物17件，三级文物93件。

[藏品保护]　目前，馆藏文物全部采用封闭式管理，有专职人员负责文物养护工作，定期投放防蛀药品，定期通风。

馆内配有专职保安，并安装了电子监控系统，对所有建筑和馆藏文物实行24小时不间断监控，保证了古建筑和馆藏文物的安全。

[古建维修复建]　喀喇沁亲王府自1997年作为旅游景点以来进行了4次大规模的维修复建。

第一次，1997年，王府中学和旗人民政府投资将王府中学从府内迁出，恢复了4000余延长米围墙，恢复建筑了府前广场。

第二次，2002～2004年，府第、前庭维修，自治区、赤峰市、喀喇沁旗三级财政拨款，由内蒙古文物古建筑技术中心勘察设计。

第三次，2004～2005年，王府生活区复建，包括碾房、磨坊、酒坊、马厩、仓廪、古井等建筑。

第四次，2005年至今，王府东跨院复建，包括消防等工程。

学术研究　喀喇沁旗王府博物馆立足于本馆历史遗迹的研究发掘，并就此进行了深入研究，该馆业务人员参加了相关的学术团体，在考古学、蒙古族民俗文化、清代建筑研究等方面取得了丰硕成果。馆内专业人员参与编写了多部专业书籍。

经营管理

[单位性质]　国营事业单位

[经费来源]　自收自支

[机构设置]　设游客服务中心和群工部、保安部、文史研究部、监控中心和办公室等部门。

[人员编制]　喀喇沁旗王府博物馆设馆长1名，副馆长2名，书记1名（副馆长兼）。

[服务观众项目]　停车场（全天免费）；纪念品销售（8:00-17:30 自定价）；触摸屏导览（8:00-17:30 免费）；导游服务（8:00-17:30 30元/团）

参观指南

[地址]　内蒙古自治区赤峰市喀喇沁旗王爷府镇

[邮编]　024421

[电话]　0476-3929530，0476-3929111（游客中心）

[传真]　0476-3929530

[电子邮箱] klqqwf@126.com
[网址] http://www.nckw.com
[开放时间] 全年开放，8:00－17:30
[票价] 50元/人次

（撰文：吴汉勤）

蒙古历史文化博物馆
Mongolia History Culture Museum

概述

类型 社会科学类历史专题博物馆

隶属关系 内蒙古东联集团·成吉思汗陵旅游区

面积 建筑面积5800平方米

正式开馆时间 2005年6月18日

所在位置 内蒙古自治区鄂尔多斯市伊金霍洛旗

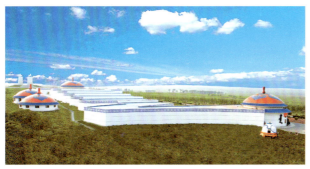

蒙古历史文化博物馆外景

建筑、布局 博物馆建筑造型独具匠心地设计为蒙古文"汗"字的造型，即帝王之意，南北长150米，东西最宽处为90米，分为序厅、尾厅、曲廊式展厅和五个阶梯式展厅。

历史沿革 坐落于内蒙古鄂尔多斯市成吉思汗陵旅游区的蒙古历史文化博物馆，是经内蒙古自治区文化厅批准成立，民营企业性质的，以蒙古历史文化为主题，以旅游景区为依托，实行市场化运作，企业化管理的博物馆，是自治区首批注册登记的博物馆，属内蒙古东联集团投资开发的成吉思汗陵旅游区的一部分，是专题收藏、研究、展示蒙古民族历史与文化博物馆。建筑面积5800平方米，2004年完成馆建工程，2005年6月18日正式开馆。

历任馆长 杨勇（2005至今）。

业务活动

基本陈列 蒙古历史文化博物馆的展览主题分为历史和文化两大部分，其中文化部分为游牧生活、牧业生产、文化娱乐、礼仪习俗、宗教信仰等；展览为三条主线：即油画展线、文物展线、动态展线；在展览形式的设计上突

出草原自然形态和蒙古文化的原生态理念，在区位功能上体现出实物陈列功能、景观效果功能、图表展示功能、视频演视功能、参与体验功能、娱乐游戏功能、旅游购物功能、休闲品味功能等八大功能。

在展览布局上，序厅以金色为基调，穹顶浮雕、圆雕表达蒙古族起源和图腾之意，两侧以两块大幅画面分别简略地表示了蒙古族的历史和文化特征。文物展线贯穿展览始终，以先蒙古族的早期游牧民族为序言，以示蒙古族文化的继承性，紧接着以蒙古民族的历史和文化顺序陈设。油画展线以森林景观为启始，206米油画沿墙壁悬挂，到第五展厅结束。动态线从曲廊展厅尾部开始，有游戏类、表演类、参与类、影视类、制作类等。尾厅展示蒙古民族历史上的38位可汗画像和简介，纪念自成吉思汗以来的黄金家族后裔对蒙古族历史和文化的发展所做出的贡献。

蒙古历史文化博物馆以专题形式，介绍蒙古族继承中

陈列厅一角

国北方民族的文化精髓，在12世纪成长壮大，13世纪建立了庞大的蒙古汗国和中国历史上最广大的元朝疆域。同时由于蒙古族的多次西征，促进了东西方文明的发展步伐。明清以来，蒙古族作为中华大家庭的一员，始终为中国的历史文化作出杰出的贡献。

藏品管理

[藏品统计] 共收藏文物1800余件。

[重要藏品] 第一、馆内收藏了大量的自早期北方游牧民族、蒙古汗国时期、元代、明代、清代、近现代至当代的反映蒙古族生产生活的代表性文物。如一组铁制冷兵器（箭镞、矛头等）、皮制弓服箭囊、碗口铜炮、铜火铳、汪古部景教墓碑、板耳金杯和银杯、玉壶春瓶、元代贵族妇女姑姑冠、织锦绣袍服、蒙古族妇女头饰。

第二、馆内藏有一幅世界上最大的油画——《蒙古历史长卷》，系统地再现了成吉思汗及其子孙的历史功绩。全画长206米，高2.5米，是由内蒙古美术馆馆长、著名蒙古族画家、草原油画派代表之一王延青主创，20多位油画

1、2.王爷福晋对儿鞍　3.《蒙古历史长卷》局部"诃额伦折箭训子"

家共同绘制完成。将蒙古族206年的历史以连续不断的结构形式绘制成为一幅完整的长卷。206这个数字，取自1162年成吉思汗出生至1368年蒙古统治者结束元朝统治政权、退居漠北的206年之意。在绘画技巧和风格上极大地表现出内蒙古草原油画多年来形成的传统、深厚、纯朴、大气的特点。

铜火铳

第三、馆内收藏的206套"蒙古人的马鞍"，直观地集中展示了蒙古族丰富的鞍马文化。部分马鞍为非常难得的稀世珍品。其中"王爷福晋对儿鞍"获得首届内蒙古马文化博览会马具类金奖。蒙古历史文化博物馆收藏的206套马鞍，是目前国内外收集蒙古式马鞍最多的博物馆。

科学研究　蒙古历史文化博物自成立以来，始终重视对蒙古历史与文化的研究，在对鄂尔多斯历史文化等方面，取得了一定的研究成果。

蒙古历史文化博物馆的出版物有：王延青等《蒙古历史长卷》画册（内蒙古人民出版社）；马冀《成吉思汗评传》（内蒙古人民出版社）；陈育宁、奇·朝鲁《成吉思汗文化论集》（内蒙古人民出版社）；杨勇、苏力德《图说成吉思汗与蒙古族》图录（内蒙古人民出版社）；巴拉吉尼玛等《外国人眼中的成吉思汗》（内蒙古人民出版社）；郭武荣《永远的成吉思汗——走进成吉思汗陵旅游区》图录（内蒙古人民出版社）。

同时，在馆际交流、学术交流方面，也取得了一定成绩。

经营管理

［单位性质］　民营

［经费来源］　自筹

［机构设置］　行政部、财务后勤部、接待中心、业务部、保卫室等五个部门

［人员组成］　在职工作人员47人，其中业务部门工作人员13人，（高级职称1人，中级职称5人，初级职称7人）。

［服务观众项目］　停车场（全天　国家统一价）；纪念品销售（8:00－19:00　自定价）；触摸屏导览（8:00－19:00　免费）；语音导览机（8:00－19:00　租借）。

博物馆有蒙语、汉语、英语、日语讲解员25人，并配有

蒙语和汉语语音导览机，能够极大的满足游客的服务需求。

[观众接待] 2005～2006年度年平均参观人数20万人次。

博物馆自2005年开馆以来，实行全天候开馆，累计接待参观者50多万人次，其中包括胡锦涛、曾庆红、黄菊、吴官正、李长春等党和国家各级领导人、外国领导人、国际友人和社会名流。

参观指南

[地址] 内蒙古自治区鄂尔多斯市成吉思汗陵旅游区

[邮编] 017000

[电话] 0477-3965566

[传真] 0477-3965566

[网址] www.chengjisihan.com.cn

[开放时间] 全年开放，8:00-19:00

（撰文：成文全）

满洲里博物馆

Manzhouli Museum

概述

类别 地方综合性博物馆

隶属关系 内蒙古自治区呼伦贝尔市满洲里市文化局

正式开馆时间 2002年8月

所在位置 内蒙古自治区呼伦贝尔市满洲里南区原铁路医院，在博物馆西侧约500米处有沙俄监狱陈列馆。

面积 建筑面积4882平方米

建筑特点 典型的俄式建筑，整体建筑坐南朝北。

历史沿革 满洲里博物馆原建筑建于1926年，1928年竣工。它是一座风格独特的俄式建筑，先后为中俄合办的铁路技工学校，日本警护队办公楼，中长铁路满洲里分局办

公楼和满洲里铁路医院。1999年满市人民政府认定为重点文物保护单位。2005年，满市人民政府决定将成立于2004年的满洲里博物馆由满洲里市区三道街1号搬迁至南区（原铁路医院）。并对原医院俄式建筑进行了全面的修缮。同年6月举行了搬迁典礼。2006年内蒙古自治区公布为重点文物保护单位。

历任馆长 毕举庆（2003.11～2005.10）；杨玉琴（2005.11至今）。

业务活动

基本陈列 满洲里博物馆其基本陈列有：

《沙俄监狱陈列馆》

1.设有普通牢房、禁闭室、水牢、刑讯室、厨房、洗衣房

2.审判厅、候审厅

3.监狱长办公室、警员宿舍等

《历史陈列展厅》

1.远古文明的曙光

2.拓跋鲜卑的起源和南迁

3.辽——明时期满洲里地区的草原文化

4.清代初期边城满洲里

5.近代满洲里的兴起

6.中东铁路工人大罢工

7."红色国际通道"西部终点——满洲里

8.呼伦湖畔的抗日烽火

《俄罗斯风情展厅》

1.茶炊。展示沙俄时期以来的各种茶炊，有些还刻有各种获奖的印记。

2.瓷绘碟展。展示俄罗斯境内的名胜古迹及其具有纪念意义的建筑和深受人们喜爱的寓言、童话故事等。

3.铜版画。展示俄罗斯时期寓言故事、古典神话和名

满洲里博物馆外景

扎赉诺尔人头骨

1.历史陈列厅一角　2.原苏联领袖列宁塑像　3.瓷碟一组　4.俄罗斯风情陈列厅一角

人画像等。

4. 大铜章。展示纪念早期俄罗斯各个领域的历史名人、历史事件、建筑等。

5. 雕塑艺术展。展示原苏联领袖列宁在各个历史时期的塑像。

6. 名人题字展。展示国家级领导人的题字。

藏品管理

[藏品来源]　主要为有偿购买，同时接受各类捐赠等途径获得。

[藏品类别]　为各历史时期的骨器、石器、铁器、陶器等十几个类别的文物，时期上起旧石器时代，中及古代，下迄近现代。

[藏品统计]　共收藏各类文物6788件，其中一级文物1件，二级文物105件，三级文物19件，一般文物6663件。

[藏品保护]　藏品有固定、专用的库房，专人负责。对文物和藏品能够做到科学保护合理利用。

交流合作　迄今为止，满洲里博物馆已经举办、协办了《满洲里百年图片展》、《俄罗斯艺术珍品展》、《海洋珍稀生物展》、《中俄蒙三国旅游节书画展》、《扎兰屯国家旅游名胜古迹风景展》、《长江魂，草原情书画展》等21个中外展览。

经营管理

[单位性质]　国营事业单位

[经费来源]　财政拨款

[机构设置]　共设立了办公室、保卫部、群工部、陈列部四个部室。

[人员编制、组成]　满洲里博物馆工作人员13人，其中大专以上13人，初级以上职称10人。

[观众接待]　2002～2006年度平均参观人数3万人

参观指南

[地址]　内蒙古自治区呼伦贝尔市满洲里市南区

[邮编]　021400

[电话]　0470-6211173

[开放时间]　9:00－12:00，14:30－17:30，双休节假日10:00－15:00。

[票价]　成人20元

（撰文：杨玉琴）

INDEX

中国博物馆志

广西卷

《中国博物馆志》广西卷

编辑委员会

主　编　余益中

副主编　覃　溥

编　委　谢日万　吴　兵　梁　晓

目录

八路军桂林办事处纪念馆

Guilin Office Museum of Eighth Route Army

概述

类型 社会科学类历史遗址专题博物馆

隶属关系 隶属于桂林市文化局管辖

正式开馆时间 1977年1月8日

所在位置 位于桂林市中山北路14号，中山北路与叠彩路交叉路口。东邻天下闻名的漓江、北望叠彩山、南近独秀峰、西对宝积山，位处繁华市中心，环境优美，名胜古迹众多，交通便利。

面积 占地面积603.5平方米、建筑面积1200平方米

建筑、布局 纪念馆包括旧址建筑物和展厅、办公综合楼。旧址建筑物为砖木结构二层楼房，具有浓郁的桂北地方特色。旧址坐东朝西，内有天井，四周是封火墙，北面是附属房，旧址后面是钢筋混凝土结构的展厅和办公综合楼，共三层，其中一、二层为革命历史文物陈列厅，第三层是文物库房和办公场所。

历史沿革 八路军桂林办事处旧址原为万祥醋房，1938年11月至1941年1月，是八路军桂林办事处及中共中央南方局桂林办事处和新四军驻桂通讯处所在地。处长为李克农。周恩来、叶剑英等多次在此指导办事处的工作。1963年，旧址被公布为广西壮族自治区文物保护单位。1973年9月成立"八路军桂林办事处纪念馆筹备处"，隶属桂林市文物管理委员会。1977年1月8日，纪念馆正式成立并对外开放。1983年叶剑英元帅题写馆名。1985年，在旧址后面建展厅、办公综合楼，展出《八路军桂林办事处革命历史文物陈列》。1996年旧址公布为全国重点文物保护单位。2001年被中宣部公布为全国爱国主义教育基地。

八路军桂林办事处旧址外景

2004年被确定为全国百个经典红色旅游景点之一。

历任馆长 李启泓（1977.1～1984）；黄熙（1984～1992）；左超英（1992～1999副馆长、代理馆长）；候德光（1999至今）。

业务活动

基本陈列 纪念馆陈列分《旧址复原陈列》和基本陈列《永远的丰碑——八路军桂林办事处革命文物陈列》及专题展览《桂林红色旅游专题展览》。

1.一楼展厅一角 2.二楼展厅一角

《旧址复原陈列》主要有李克农卧室兼办公室（周恩来曾在此住过）、机要科、电台室、秘书室等。

《永远的丰碑——八路军桂林办事处革命文物陈列》按内容分八个部分，通过79件文物藏品以及丰富详实的图片资料全面生动地再现了八路军桂林办事处从建立、发展到结束的整个光辉历程。展示了八路军桂林办事处在抗战的艰难岁月里，大力宣传中国共产党的抗日主张，动员、团结各阶层人民抗日；为党中央和八路军、新四军筹集、转运军需物资；联系和领导南方各省及南洋一带中共地下党组织；为党中央和抗日前线收集、传递各种情报；护送中共过往人员和进步青年到抗日前线；代表党中央和中共南方局领导桂林抗日文化救亡运动等光辉史迹。陈列采用了立体式版面陈列和全景式、光影模拟、语音导入等手段。设置动感模拟仿真场

景，增强与观众的互动性。使展览能够从视觉、听觉方面，最大限度向观众再现那可歌可泣、波澜壮阔的历史。

《桂林红色旅游专题展览》　这一专题展览是补充现有的展览中因场地限制而无法展出的内容，以及与"八办"内容无关的桂林保卫战，南方红色抗日武装，以及国民党抗战等。

展出的重要文物藏品主要有：李克农使用过的放大镜、叶剑英用过的公文包、胡志明送给吴奀如母亲的镀金眼镜等。

临时展览　八路军桂林办事处纪念馆为较好地发挥社会教育和市民公德意识教育的特殊功能，推动精神文明建设，采取了多种形式的办展方法，如独立办展、联合办展、下乡办展、巡回流动展等等。从上世纪90年代以来，先后举办了《伟人毛泽东》、《总设计师——邓小平》、《香港的历史与发展》、《雷锋、李向群事迹展》、《预防青少年违法犯罪展》、《国旗颂》、《中国戏剧史上的丰碑——西南剧展文物史料展》、《抗战精神永存》、《抗战旌旗飘桂林》等二十余个展览。

藏品管理

[藏品来源]　社会捐赠，征集（购）。

[藏品类别]　纸质，纺织，皮革等。

[藏品统计]　馆藏文物565件，其中国家一级文物8件，二级文物34件，三级文物40件。

[重要藏品]　主要收藏与八路军桂林办事处、中共桂林城工委相关的革命文物和桂林抗战文化相关的文物为主。重要藏品有：周恩来当年在桂林用过的公文包、西安事变时张学良给叶剑英的呢皮大衣、八路军桂林办事处使用过的代公章、李克农用过的相机、胡志明在办事处使用过的丝绵被等。

[藏品保护]　为保护文物藏品，纪念馆完善了文物四有档案，建立健全一、二级、三级文物藏品档案。文物库房有空调、去湿机、温度计、吸尘器等，保持库房有一个适当的温度和湿度，确保文物不受损害。一级文物存放于保险柜中，库房藏品暗柜置放。并放有防虫、防菌药品。定期更换防虫樟脑等。保证文物藏品有一个适宜的、安全的环境。为规范文物库房和藏品管理，纪念馆制定了《文物藏品管理制度》、《文物库房管理制度》等规章制度。建立库房日记、出入库登记、双锁双匙、双人进出制度。

宣传教育　为更好地开展对外宣传教育工作，纪念馆完善基础设施，改善陈列展览条件，美化纪念馆内外环境，提升服务水准和服务质量，为观众参观提供一个和谐、舒适、温馨的场所。同时采取走出去的办法，指定专门人员，主动到全市各大中小学联系，与他们签定共建协议，结成共建单位，举行基地挂牌仪式，目前已与桂林市所有的小学和大部分大学、中学等建立了共建单位，为他们提供免费的基本陈列、流动展览和宣传讲解。

纪念馆推出有自己特色的宣传网页，网页设11个栏目，主要有：纪念馆概况、旧址参观、专题展览、教育基地、红色旅游线路等。还有有关国共合作、民族团结抗战的文物史料图片及在文物保护、学术研究、发展规划等方面最新动态等。使观众进入该馆网站，如同进行网上参观。

2003年纪念馆和广西区党委宣传部、广西电视台合作，拍摄了八路军桂林办事处旧址，在中央电视台、广西电视台播放。纪念馆和桂林电视台多次合作拍摄了"八路军桂林办事处旧址"电视专题宣传片，在电视台播放。2005年在纪念抗日战争胜利六十周年期间，纪念馆在《桂

周恩来用过的公文包

八路军桂林办事处使用过的代公章

李克农用过的相机

胡志明在办事处使用过的丝绵被

林日报》、《南国早报》《桂林党建》杂志上辟专栏介绍八路军桂林办事处的历史和丰功伟绩。并参加了由国家发改委、中宣部、财政部组织的"中国（江西）红色旅游博览会"，大力宣传桂林的红色旅游景区。

在每年的"国际博物馆日"、"文化遗产日"和"桂林读书月——走读桂林文化"期间，纪念馆在馆内、市中心广场、社区、学校开展一系列宣传活动，包括组织学生进行参观八路军桂林办事处纪念馆有奖知识竞赛活动，制作板报、发放宣传资料等，制作了精美的八路军桂林办事处纪念馆小册子和纪念封，免费发放给参观的观众。

科学研究　八路军桂林办事处纪念馆十分注重相关历史资料的收集、整理和学术研究。多年来，先后在有关报刊、杂志上发表论文和文章200多篇，编辑出版了资料整理和研究专著12部。

资料整理和研究专著主要有：《漓水烽烟》（八路军桂林办事处纪念馆编，1988年、内部资料）、《广西军史资料丛书—八路军桂林办事处》（广西军区政治部、八路军桂林办事处纪念馆、桂林市军分区政治部编。主编：冷德彗、毛国彬。广西人民出版社，1991年）、《八路军桂林办事处纪念馆研究文集》（八路军桂林办事处纪念馆编。主编：左超英。广西师范大学出版社。1998年10月）、《全国第五届八路军办事处纪念馆学术研讨会文集》（八路军桂林办事处纪念馆编。主编：左超英。广西师范大学出版社。2000年5月）、《血铸的丰碑——中国抗战文化》（文丰义、盘福东、侯德光著。广西师范大学出版社。2003年10月）、《抗战遗踪——广西抗战文化遗产图集》（广西社科院文史所、广西抗战文化研究会、八路军桂林办事处纪念馆、桂林抗战文化研究会编著。主编：李建平。广西人民出版社。2005年9月）、《丰碑—桂林抗战纪实文物史料图集》（八路军桂林办事处纪念馆编。主编：唐柳林。广西师范大学出版社。2008年12月）。

发表的学术文章主要有：熊正作：《关于桂林抗战文化运动"主旋律"的探讨》（《桂林抗战文化研究文集》（二）1995.1）；莫中成、曾慧兰《毛泽东思想是桂林抗战文化城的伟大理论指导》（《桂林抗战文化研究文集》（四）1997.6）；侯德光：《坚持正确的政治方向是搞好教育基地工作的根本》（《文物世界》2000年第7期）；文丰义：《抗战时期的大公书店》（《广西文史》2002年第2期）；文丰义：《现代革命文物征集中值得思考的几个问题》（《中国博物馆》2003年第2期）；文丰义：《走出旧址陈列的误区》（《中国文物报》2004.9.24）；唐军富：

《论市场行为对革命纪念馆发展的影响》（《社会科学家》2004年增刊）；苏秋伊：《浅谈革命纪念馆的陈列设计》（《社会科学家》2004年增刊）；唐军富：《文化多样性的共存与保护—全球化趋势下博物馆工作新趋向》（《中国博物馆》2005年第1期）；文丰义：《丰富的抗战文化资源与桂林红色旅游的开发》（《中国文化遗产》2008年增刊）。

2006～2008年八路军桂林办事处纪念馆研究馆员文丰义参加了由广西社科院和广西壮族自治区旅游局联合申报的广西哲学社会科学"十一五"规划重点课题—"广西'二战'文化遗址保护与旅游开发和项目设计"课题研究。并承担了大部分研究内容。

交流合作　自八路军桂林办事处纪念馆开馆以来，越南河内胡志明博物馆多次到八路军桂林办事处纪念馆参观访问，双方交流了各自的办馆的经验和体会，达成了资源共享、信息共有的协议。八路军桂林纪念馆还经常和国内其它的兄弟馆进行交流合作，探讨办馆经验，提高办馆水平。

1998年11月，八路军桂林办事处纪念馆主办全国第五届八路军办事处纪念馆学术研讨会，2004年9月主办全国革命纪念馆学术研讨会第十二届年会。2007年主办广西抗战文化遗产与开发、利用学术研讨会。2008年主办桂林抗战文化与先进文化建设学术研讨会。

经营管理

［单位性质］　全民所有制事业单位

［经费来源］　市财政全额拨款

［机构设置］　设有馆长室、副馆长室、政保科、业务部、综合科、城工委旧址管理科。

［人员编制、组成］　事业编制人数15人，现有正式在编人员15人。其中大学本科以上学历7人，大专学历6人。专业技术人员（含管理人员）15人，其中高级职称2人，中级职称7人，初级职称5人。

［观众接待］　参观人数每年平均约25万人次。

参观指南

［地址］　桂林市中山北路14号

［邮编］　541001

［电话］　0773-2822818

［传真］　0773-2835580

［电子信箱］　guilin1121@sina.com

［网站］　http://www.bljgl.com

［开放时间］　全年开放。8:30—17:00

［票价］　免费

（撰文：八路军桂林办事处纪念馆）

三江侗族博物馆

Sanjiang Dong Museum

概述

类型　社会科学类民族文化专题博物馆

隶属关系　隶属于三江侗族自治县文化和体育局管辖

创建时间　1992年12月

正式开馆时间　1992年12月

所在位置　地处三江侗族自治县县城古宜镇江峰街17号，坐东朝西，东为邮政局，南为艺术团、西南为大礼堂，北为文化局。交通便利，环境幽雅。

面积　占地面积650平方米、总建筑面积1550平方米

建筑、布局　是一座集侗族鼓楼和风雨桥融为一体的具有民族风格的建筑，钢筋混凝土结构兼木结构，分陈列展厅、文物库房、办公库房三大部分。陈列展厅面积775平方米，分三个展厅。

历史沿革　三江侗族博物馆是三江侗族自治县文物管理所（文物管理所成立于1978年，前身称三江侗族自治县民族文物管理委员会，1987年改称三江侗族自治县文物管理所）的一个组成机构，隶属三江侗族自治县文化和体育局主管，是一套人马三块牌子（三江侗族博物馆、三江侗族自治县文物管理所、三江侗族生态博物馆）的单位。2004年，三江侗族自治县成立了三江侗族生态博物馆，为了配合宣传，改为"三江侗族博物馆"，三江侗族博物馆始建于1991年5月，1992年12月建成并正式对外开放。该馆1997年被列为广西壮族自治区爱国主义教育基地，2004年获得"全国文物工作先进县"称号，2005年，被国家文物局指定为全国少数民族重点博物馆。

历任馆长　秦超远（侗族，1992.1～1993.7 文物管理所所长兼）；杨正功（侗族，1993.8～2002.6 文物管理所常务副所长兼）；杨全忠（侗族，2002.7～2006.3 文物管理所所长兼）；赵东莲（侗族，2006.4至今 文物管理所所长兼）。

业务活动

基本陈列　1992年12月开馆时，内设两个展厅，内容为《民族文物》和《革命历史文物》。两厅面积400平方米，展出文物400余件（套）。《民族文物》展出有：民族

1.博物馆外观　2.二楼陈列室——服饰类　3.展厅一角　4.二楼陈列室布局

服饰、民族文化用品、生产工具、生活用具、民族建筑图示等五项。《革命历史文物》展出内容有：三江历史沿革有关地域和图表，展示东汉以来各个历史时期的民族出土文物，红军长征经过三江线路图，红军标语，红军学习文化的课文以及地方民变武装的人物事件与物品等。

2004年，三江侗族自治县成立了三江侗族生态博物馆，为了配合宣传，文物陈列展改为以收藏侗民族、民俗为主体的侗族博物馆。共开设三个展厅，展厅面积775平方米，展出文物400余件（套），陈列有东汉以来各个时期的民族民俗文物，包括滑石耳环、滑石托盘、陶鼎、陶罐、陶豆、瓷凳、瓷碗、银饰、竹木制器和生产工具、斑斓多姿的民族服饰及侗锦和刺绣等，还有侗族的各种造型的木楼、鼓楼和风雨桥模型也一应俱全。

临时展览 建馆以来，三江侗族博物馆根据实际，结合本地情况，常开展多种多样具有独特风格的临时展览，向观众展示不同的文化专题，从开馆至今，已成功举办了多个专题陈列，主要有：《侗艺园》、《三江农民画展》、《三江少儿画展》、《独峒乡少儿画展》、《三江摄影展》《侗族青年画家杨柄业画展》、《三江县50年来各行各业的成果展》、《非物质文化遗产展》。

藏品管理

[藏品来源] 考古发掘、社会捐赠、征集（购）等。

[藏品类别] 有玉器、铁器、陶瓷器、银器、竹木器、藤编、棉布、书画等。

[藏品统计] 馆藏文物630件（套），其中有二级文物6件，三级文物42件（其中有17件已录入数据库，有25件刚定级）。

[重要藏品] 三江博物馆保存有东汉时期以及宋代出土文物24件，主要器型有：碗、鼎、盘、罐、壶等。其中"三足陶鼎"一件：圆唇敛口，对称双直环耳，鼓腹，平底实足。腹上部饰弦纹一道，足是一行垂直的"x"形划纹。通高16.6厘米，口径14厘米，腹径18厘米，足高6.4厘米。陶质、淡黄、无花纹、矮罐、底部安三只脚。陶器均为泥质灰陶，陶土较为纯净，火候较高。出土文物表明，在东汉时期，汉族文化已传入三江县境；"侗族儿童银胸佩饰项圈"：侗族儿童佩饰物，清代制作，民间征集。项圈长37厘米，重50克，直径57厘米。两头为链，镀银，似锁状，中间呈八角型。饰品打制有算盘、剪子、尺子、书本和照妖镜，尚有铜钱23枚，该物对研究三江侗族宗教信仰有一定的参考价值；"富禄红军标语"：为1930年红七军张云逸、李明瑞部北上抗日经过三江富禄镇时留

东汉 三足鼎

坐凳

下的遗物。原用墨书写在富禄镇富禄街民居的木版墙上，1992年，因房屋拆出，"标语"移到县博物馆收藏。标语高201厘米，宽177厘米，共13个大字："团总是军阀的……打倒国民党军阀"，楷体，均为繁体字，字迹基本清楚，该标语对研究红七军过三江的历史提供科学依据；"齐百石老人国画"，杨志一捐。花草画，纸本，画心33×32.5厘米，为齐百石老年作品，这对研究齐百石老年作品有一定的研究价值。

[藏品保护] 三江博物馆设有文物库房一个，面积为92.5平方米；有铁柜1个，木箱2个，木柜3个。贵重文物存放在铁柜和木箱内，一般文物存放在木柜内。库房内安装有技防设备，外有铁门。在规章制度上，建立有《库房安全保卫制度》、《出入库人员登记表》、《文物、标本入馆凭证》等，以规范藏品管理，保证文物安全。

宣传教育 三江侗族博物馆是湘、桂、黔、鄂四省（区）10多个侗族县惟一的以收藏侗民族民俗为主的博物馆，展出内容有：古老的侗寨、古朴的习俗、侗族服饰、

侗族服饰

侗族服饰

织锦和刺绣、侗族文艺等,从不同角度向人们展示侗族光辉灿烂的文明史。为了使国内外专家、学者及游客了解侗民族文化,除平时正常开馆外,节日假日也照常开馆,以方便群众参观。此外,至1996年以来,三江馆根据本地实际情况,常开展多种多样具有独特风格的活动。规模最大的一次活动是2006年《'5·18'国际博物馆日》暨国家第一个"文化遗产日"活动,这次活动筹备工作达两个月,成立领导小组,组长由主管文化工作的副县长担任,副组长分别由县委宣传部、县文化和体育局领导担任,成员由各乡宣委和县博物馆领导组成。领导小组成立后,抽调了文化系统的业务骨干负责操作各项工作。活动有组织、有计划、有步骤地在全县各乡(镇)进行铺开。活动内容有文物知识竞赛,知识抢答,文艺表演,广播电视宣传,张贴标语,印发宣传资料,出墙报等等,参与活动群众达两万余人。近年来,还采取请进来,走出去的办法,组织学校学生、市民到博物馆参观,还主动到部队、学校举办知识讲座,宣传三江的历史、三江侗民族民俗文化知识等,

在社会上产生了很大的影响。

科研成果　博物馆在注重文物知识普及的同时,个人研究成果也较突出。杨正功的论文:《侗族鼓楼探源》(《侗乡论丛》2003年第一期,三江县党校主办)、《侗族宗教概述》(刊物同上,2004年第一期)、《侗族民居的布局》(在桂中博物馆学会年会上宣读,2003年)、《侗戏的成因及其起落》(《风雨桥》,2005年第二期)、《三江侗族博物馆现状问题及其对策》在桂中博物馆学会年会上宣读,2007年);科技项目:收集整理非物质文化遗产,根据侗族民间故事创编大型侗戏《踩堂衣》搬上舞台,1997年由县艺术团排演,参加当年柳州地区举办十年一度的剧展(第三届),荣获优秀编剧奖、演出奖、导演奖、作曲奖、组织奖、演员奖等六项奖,被三江县文化界列为保留剧目。

交流合作　三江博物馆自1992年正式开馆以来,一直积极与国内外同行进行密切的交流与合作,如1995年3月,承办"柳州地区文物工作会议",参加会议的人员有地区文化局领导及全地区各县(市)文博馆(所)负责人共二十余人;5月,接待自治区博物馆、桂林博物馆及日本有关专家组成的考察团,考察侗族生产、生活、文化等;1998年5月,全国政协常委、中国科学院院士叶大年到三江博物馆考察;2005年参与承办柳州、来宾两市在三江召开的"文博论文研讨会";5月,国家民族博物馆一行6人到馆考察;6月"第二届国际古生物学大会"成员一行31人到馆考察;7月国家文物局"中国生态馆建设考察组"一行14人到馆考察;9月,中泰专家一行3人到馆考察民族旅游;11月,北京社科院文物考古所一行9人到馆考察;12月,中央民族大学一行3人、加拿大两位教授到博物馆及三江侗族生态博物馆进行调研;2009年3月,与国家社科院、区文物考古队、市文物考古队一行10人到三江县浔江河、溶江河流域进行史前文物调查,在浔江河流域的斗江镇斗江寨下游和沙宜村下余寨找到打制石器地点2处;9月,中央民族大学教师周梦到馆考察与交流。

经营管理

[单位性质]　全民所有事业单位

[经费来源]　县财政全额拨款

[机构设置]　设有馆长室、办公室、信息资料中心、保卫室、陈列室5个科室。

[人员编制、组成]　事业编制数3人,实有人数5人,其中大专4人,中专1人;专业技术人员5人,其中中级职称1人,初级4人;临时聘用职工1人,主要用于安全保卫

人员。

[观众接待] 年参观人数1万余人。

参观指南

[地址] 广西壮族自治区柳州市三江侗族自治县古宜镇江峰街17号

[邮编] 545500

[电话] 0772-8614112

[电子信箱] sjbwg4112@126.com

[开放时间] 全年开放,夏季8:00—12:00,14:30—17:30,冬季8:00—12:00,15:00—18:00,节假日9:00—12:00,15:00—17:00

[票价] 从2009年元月1日起,实行免费开放。

(撰文:三江侗族博物馆)

广西民族博物馆

Guangxi Museum of Nationalities

概述

类型 社会科学类民族文化专题博物馆

隶属关系 隶属于广西壮族自治区文化厅

筹建时间 2003年9月

正式开馆时间 2009年5月

所在位置 位于广西壮族自治区南宁市青环路11号

面积 占地面积86666.62平方米、建筑面积36310平方米

建筑、布局 馆内设五个功能区,分别为公共服务区、露天展示区、文物保护研究中心、业务与行政管理区、后勤服务区。主体建筑为框架结构,仿佛一只展翅的鲲鹏,翱翔于青山绿水之间;博物馆建筑大厅的造型仿自广西民族文物的典型代表—铜鼓,富有地域和民族特色。

历史沿革 2002年7月,广西壮族自治区第九届政府决定由自治区本级财政安排1.5亿元建设广西民族博物

广西民族博物馆主楼外观

馆。广西民族博物馆项目被确定为2003年自治区重点建设项目以及自治区成立五十周年献礼项目。2003年7月,广西壮族自治区发展计划委员会下发桂计社会[2003]340号文批准广西民族博物馆立项。2003年9月,广西民族博物馆正式成立,隶属于广西壮族自治区文化厅。2008年底广西民族博物馆竣工,并对公众开放试运营,2009年5月正式对公众免费开放。

历任馆长 覃溥(2003年至今)。

业务活动

基本陈列 《五彩八桂——广西民族文化陈列》以介绍广西12个世居民族的传统文化为主要内容,在照顾整体性的基础上,注重突出广西民族优秀传统文化的特点,以展现中华民族文化一体多元格局中广西民族文化的独特风采和魅力。该陈列包括"序厅"和"家园"、"霓裳羽衣"、"匠心神韵"、"和谐乐章"四个展区,分别介绍和展示广西各民族基本情况、居住与环境、生产生活方式、染织与服饰、民间工艺、节日、人生礼仪、歌舞戏剧、宗教信仰等。在陈列形式上,采取实物陈列与场景复原陈列相结合、静态陈列与动态陈列相结合的方法,并配以多媒体音像展示和观众参与活动,加上声、光、电的艺术烘托,营造出浓郁的民族文化氛围,全景式地展示广西12个世居民族的传统文化。2008年12月,该陈列布展完成并试行开放,在广西壮族自治区成立50周年大庆期间,接待了中央代表团的参观,2009年5月1日《五彩八桂》陈列正式向社会免费开放。该陈列总面积3721平方米,展出民族文物及其他实物资料1800余件,重要展品有瑶族人拉犁(又名背犁)、瑶族诸神面具、彝族傩傩经原本、彝族傩文巫经、水族马尾绣背带、苗族四鸟图案织锦被面、壮族凤鸟雷纹团花织锦被面、壮族寿字勾连纹织锦被面、侗族青布贴花右衽芦笙舞服、苗族青布蜡染百褶裙、瑶族染色布女百褶裙等。

专题陈列 《穿越时空的鼓声——铜鼓文化》是广西铜鼓文化专题陈列,2008年12月布展完成。展厅面积861平方米,展出铜鼓实物近70件。以"山寨铜鼓声"、"铜鼓之路"、"当代铜鼓艺术"三大部分介绍广西2000多年的铜鼓文化。内容涉及广西少数民族铜鼓习俗、古代铜鼓的发展演变、造型艺术、铸造工艺、装饰艺术及纹饰含义、铜鼓用途以及铜鼓艺术在当代的继承与发展等,注重突出广西铜鼓文化特色。在展示艺术上,运用多种展示手法,包括文物、场景、模型、多媒体、图片等的互相配合,突破铜鼓展品单一性的局限,多角度、多层面揭示铜鼓文化

1.博物馆大堂　2.《五彩八桂》展场景　3、4.《穿越时空的鼓声》展

内涵，实现学术性与通俗性、科学性与趣味性、思想性与艺术性的有机结合，从而提高铜鼓陈列的观赏性。重要展品有云雷纹铜鼓、乘骑水鸟饰变形羽人纹铜鼓、牛拉撬饰变形羽人纹铜鼓、雷纹铜鼓、"道光八年"铭双龙团寿铜鼓、"福寿进宝"八卦铜鼓、"四出"钱纹铜鼓、十二生肖铜鼓、"孔明将君"题名人形纹铜鼓、寿字桃符纹铜鼓、双龙团寿铜鼓、双骏五鱼铜鼓等。

《中国与东盟》是广西民族博物馆为配合中国——东盟博览会永久落户南宁、促进中国与东盟十国的文化交流而特设的专题展览，主要介绍东盟概况、中国——东盟自由贸易区、中国与东盟友好往来、历届中国——东盟博览会及中国——东盟商务与投资峰会盛况及其成就。该展览陈列总面积1480平方米，主要通过场景复原、影像视频、图文、实物等形式再现历届中国——东盟博览会开幕式盛况。

临时展览　广西民族博物馆拥有1300平方米的临时展厅，自开馆以来，先后推出了一系列的临时展览，包括《八桂瑰宝——广西十四个地级市文物精品展》、《西部记忆——广西、内蒙古、宁夏、青海、新疆五省区民族历史瑰宝展》、《汉风唐韵——广西民间收藏汉唐陶塑艺术

珍品展》、《天工开神物八桂孕华章——广西民间工艺大展》、《印度尼西亚国家博物馆文物精品展》等。

露天展示园　位于广西民族博物馆主楼北面，坐落于青山碧水之中，占地面积37103平方米，以复原手法集中展示广西各民族具有代表性的传统民居建筑和民族工艺、民俗风情，集民族文化展示和旅游休闲于一体，是室内基本陈列的延伸和补充。该园于2008年7月动工，拟于2010年正式向公众开放。园内主要建有仫佬族民居、侗族戏台、客家围屋、毛南族民居、龙胜壮族民居、黑衣壮民居、瑶族竹楼、苗族民居、侗族鼓楼、侗族风雨桥、民族作坊等共

露天展示园夜景

重要展品

苗族青布蜡染百褶裙

壮锦被面

诸神面具

11座民族建筑，民居建筑内均按原样布置。该园建成后将是广西各民族展示音乐、舞蹈、戏曲、节日、礼仪和民间工艺的最佳平台，使观众对广西各民族物质文化和非物质文化有身临其境的体验，为提高大众休闲娱乐的层次、陶冶情操、提高全面素质起到积极的推动作用。

生态博物馆建设　广西民族生态博物馆建设，是"十一·五"期间广西的重大文化项目，是民族文化传承保护和博物馆建设的有益探索，它对于促进少数民族地区社会、经济、文化的可持续发展和构建和谐社会具有重要的意义。该项目由广西民族博物馆承担建设。2003年至2004年，广西先后完成了南丹里湖白裤瑶生态博物馆、三江侗族生态博物馆和靖西旧州壮族生态博物馆三个试点项目的建设。在此基础上，广西于2005年正式实施民族生态博物馆"1+10"工程，即在"十一·五"期间建成10座生态博物馆，与广西民族博物馆结为联合体，共同承担民族文化的科学研究、保护传承和宣传展示工作。经过几年的科学规划和充分准备，2008年广西民族生态博物馆建设开始全面铺开，进入了具体实施阶段。到目前为止，广西总共建成开放的生态博物馆有8个，正在建设的生态博物馆还有2个，有望于2010年全部竣工。

藏品管理

[藏品来源]　1、广西壮族自治区博物馆调拨给广西民族博物馆的民族文物，共计5236件；2、委托玉林、环江、灵川、贺州、大新、忻城、罗城、三江等县市文博单位代理征集的民族文物，共1624件；3、广西民族博物馆实地征集：1019件，三项合计文物7879件。

[藏品类别]　按民族分：侗族、壮族、瑶族、回

铜鼓

族、水族、京族、仫佬族、彝族、苗族、亿佬族、毛南族、汉族、民族复制品、其他民族、民族资料品、铜鼓；按用途分：古籍文献、土司文物、生活用具、生产工具、宗教信仰类、科技用品类、文化艺术类、民间工艺品、革命历史类、碑刻、交通类、建筑类、铜鼓；按质地分：纺织品、竹木器、纸质品、银饰、金属制品、陶瓷类、石制品、铜鼓类和其他。

[藏品统计]　总计7879件，其中一级藏品8件，二级藏品72件。按民族分：侗族751件、壮族994件、瑶族1813件、回族27件、水族63件、京族93件、仫佬族406件、彝族175件、苗族1367件、亿佬族40件、毛南族167件、汉族1021件、族复1件、族其他166件、族资料464件、铜鼓331；按用途分：古籍文献23件、土司文物96件、生活用具5350件、生产工具458件、宗教信仰类348件、科技用品类4件、文化艺术类575件、民间工艺品330件、革命历史类10件、碑刻7件、交通类10件、建筑类101件、铜鼓331件、其他236件；按质地分：纺织品3546件、竹木器1809件、纸质品419件、银饰1134件、金属制品331件、陶瓷类160件、石制品45件、铜鼓类331件和其他104件。

[重要藏品]　1933年桂北瑶民起义大纛旗（一级文物）、云雷纹铜鼓（一级文物）、乘骑水鸟饰变形羽人纹铜鼓（一级文物）、牛拉撬饰变形羽人纹铜鼓（一级文物）、雷纹铜鼓（一级文物）、"道光八年"铭双龙团寿铜鼓（一级文物）、"福寿进宝"八卦铜鼓（一级文物）、"四出"钱纹铜鼓（一级文物）。

科学研究

[科研队伍]　该馆现有专业技术人员45人，主要从事陈列展览、生态博物馆、民族历史与文化等方面的工作和研究，其中高级职称4人，中级职称6人，初级职称23人，基本形成了老、中、青相结合，知识结构合理的专业队伍，在各项研究中取得了丰硕的成果。

[科研成果]　承担"国家文物局文物保护科学和技术研究课题——广西民族生态博物馆模式与可持续发展研究"，课题起止时间为2006年1月至2009年8月，研究内容主要包括：生态博物馆建设与发展模式的探索、生态博物馆社区内民族文化的传承与发展、生态博物馆建设与民族文化旅游的关系、生态博物馆的管理与运营方式的探索、生态博物馆建设与社区经济社会发展的关系等。课题组具体指导和直接参与了广西10座生态博物馆的建设，完成研究论文20余篇，并结集出版《守望家园——广西民族博物馆与广西民族生态博物馆"1+10工程"建设文集》，目前，课题已经结题。同时，广西民族博物馆被定为"广西区直文化系统文化艺术人才小高地——生态博物馆研究人才基地"单位。此外，该馆专业技术人员还在各类书籍期刊上发表了涉及民族学、历史学、博物馆学和文物学的专业论文30余篇。

宣传教育　宣教部门积极通过电视、网络、平面媒体等多种渠道向社会公众宣传介绍博物馆的大型展览及重要活动，承担起对社会的信息传播和文化教育的职能。广西民族博物馆编辑出版了该馆第一本文集，即《守望家园——广西民族博物馆与广西民族生态博物馆"1+10工程"建设文集》。该文集内容涵盖文物保护、博物馆学、民族文化研究和生态博物馆实践等方面，记录了广西民族博物馆工作人员在实际工作中的理论思考和实践探索。今后，文集将每年出版一辑，以记录广西民族博物馆建设与发展的足迹。此外，广西民族博物馆还配合基本陈列及临时展览出版介绍藏品、展览的图录以及专业研究著作。现已出版的图录有《广西民族博物馆基本陈列》。

广西民族博物馆充分发挥"民族文化展示窗口、民族文化教育基地"的作用，与南宁各大学校、社区、部队建立了良好的关系，通过共同举办晚会、民族文化展演、开展讲座的多种形式合作，充分利用博物馆资源发挥其社会教育和丰富广大人民群众文化生活的功能。开馆以来，广西民族博物馆积极开展以"走出馆门，走向社会"为主题的博物馆进社区系列活动，主动接近群众，有效地消除了有碍民众到博物馆参观的心理障碍，为他们提供来博物馆学习和社交的机会，使更多的人走进广西民族博物馆。

交流活动　广西民族博物馆自筹建以来，一直重视与国内外同行的交流与合作。在生态博物馆的早期建设阶段，举办过"广西生态博物馆建设与发展模式高级研修班"，并邀请国内著名生态博物馆研究专家苏东海、安来顺、胡朝相等前来授课。为学习国外及贵州生态博物馆的建设经验，2005年6月，派员参加了"贵阳国际生态博物馆会议"。在生态博物馆的建设中期，先后组织相关业务人员到内蒙古、云南的生态博物馆和民族文化村进行考察，并与当地学者进行交流。同期，接待国家文物局"中国生态博物馆"考察组，并陪同考察广西和贵州的生态博物馆建设情况。2006年12月专程邀请加拿大渥太华大学的M-FGuedon、李强两位教授前来广西考察生态博物馆的建设，并就合作和交流意向达成初步协议。民族文化考察、调研与交流方面：2006年9月，邀请日本国立民族学博物馆的塚田诚之、和田雅弘两学者到广西靖西、那坡等地进行中越边境民族文化考察；2007年4月，主办"中日民族文化学术研讨会"，邀请日本国立民俗博物馆、日本神奈川大学、云南大学5位专家作相关学术报告，各位专家在会上就不同地域间民族文化的差异进行了友好交流和初步探讨；2009年10月，应韩国国立民俗博物馆的邀请，覃溥馆长前往韩国进行学术交流。博物馆馆际合作方面：2007年，为配合《中国与东盟》展览，广西民族博物馆先后派员前往东盟十国，寻求与各国博物馆之间的长期合作，并于2008年1月，在南宁举办"中国广西民族博物馆与东盟十国博物馆合作交流座谈会"；2009年4月底，广西民族博物馆承办"博物馆藏品和人力资源的交流共享——共谋发展研讨会"，此次研讨会有中国国家文物局领导和国内各省市博物馆、东盟各国及日本、韩国的博物馆同仁应邀出席，就如何促进国际博物馆间文物藏品和人力资源的交流与共享进行了探讨。文物展览与交流方面：2009年4月与新疆维吾尔自治区博物馆、青海省博物馆、宁夏回族自治区博物馆、内蒙古自治区博物馆、广西壮族自治区博物馆合作举办《西部记忆——广西、内蒙古、宁夏、青海、新疆五省区民族历史瑰宝展》；另外，就文物交流展事宜先后与云南民族博物馆、陕西历史博物馆四川省博物馆、贵州民族博物馆、湖南省博物馆等达成了初步协议。为了给博物馆的建设和运营吸收先进的理念，广西民族博物馆还先后组织业务人员前往首都博物馆、内蒙古博物院、河南博物院、山西博物院、云南省博物馆、云南民族博物馆、福建省博物院、东莞市博物馆、深圳市博物馆、四川省博物馆、陕西历史博物馆等考察和学习。

经营管理

[单位性质]　国有事业单位

[经费来源]　政府全额拨款

[机构设置]　设办公室、事业发展研究部、信息资料部、文物保管与保护研究部、社会宣传部、物业安全保卫部等6个部门。

[人员编制、组成]　事业编制数为65名，后勤控制数为10名；目前在编人员37人，其中研究生学历5人，大学本科学历29人，大专学历2人，后勤人员7人。另外，馆内聘用人员46人。

[服务观众项目]　为观众参观提供有餐厅、小卖部、书店、工艺品店等相配套的服务设施。馆内设有参观导示牌和各展厅指示牌，配有专职讲解员。

[观众接待]　自2008年12月建成试运营至2009年10月共接待国内外观众约20万人次。

参观指南

[地址]　广西壮族自治区南宁市青环路11号

[邮编]　530018

[电话]　0771-2024322（办公室）

　　　　0771-2024599（参观接待）

[传真]　0771-2024322

[电子信箱]　gxmzbwg@163.com

[网址]　www.gxmb.com

[开放时间]　周二至周日9：30－16：30，周一全天闭馆（国家法定节假日除外）

[票价]　免费

（撰文：广西民族博物馆）

广西壮族自治区自然博物馆

Natural History Museum of Guangxi Zhuang Autonomous Region

概述

类型　自然科学类自然史专题博物馆

隶属关系　隶属于广西壮族自治区文化厅

创建时间　1987年3月2日

正式开馆时间　1989年1月1日

所在位置　地处南宁市人民公园内的白龙湖东侧。环境优雅、舒适。

面积　占地面积8000平方米、建筑面积1000平方米

建筑、布局　楼房标高两层，建筑均为砖木结构，具有独特的建筑风格，是保存较好的20世纪50年代的建筑。分为陈列展厅、文物库房和办公用房三大部分。

历史沿革　前身为1934年7月1日成立的广西省立博

广西自然博物馆

南宁龙

物馆的自然科学部，曾先后在南宁市共和路、经文街南一里（1954）、人民公园内红楼（1956）、广西展览馆（1963）办公。1988年从广西区博物馆分出独立建制，成立广西自然博物馆，馆址设在人民公园内红楼。1989年元旦正式对外展出。该馆1999年被科技部列为全国科普教育基地，2000年被国家文物局列为全国重点博物馆，2006年获广西文化系统人才小高地称号，2007年荣获"全国文物系统先进集体"称号，2008年成为南宁市科普教育基地。

历任馆长　谢居登（1988.2～1989.7）；巫惠民（1989.7～1990.10 副馆长；1990.10～1994.8 馆长）；黄启善（1994.8～2005.5）；黄志涛（2000.5～2006.2）；王颢（2006.2至今）。

业务活动

基本陈列　《广西自然博物馆精品展》由该馆专业人员设计，展览主要分两个部分，即"神奇的北部湾"和"地球38亿年的生命演化历程"。第一部分通过海洋生态景观的模式展览，观众可在模拟的船舱内观看海洋中的大型布氏鲸、美人鱼、中华白海豚和各种海生爬行类、鸟类等生态标本。第二部分通过生命起源、无脊椎动物兴盛、鱼类时代、生物登陆、爬行动物时代、哺乳动物崛起和人类出现等生命起源与演化顺序，向观众展出广西丰富的无脊椎动物化石、鱼类化石、恐龙化石、哺乳动物化石、古人类和旧石器等标本100多件。观众在该馆可以看到出土于广西扶绥县的长18米、头高6米的大型蜥脚类恐龙骨架，发现于北海的长达13米的大型鲸鱼生态标本和骨架，长达5米的鱼龙化石，还可以看到广西出土的各种第四纪哺乳动物和古人类化石。展览采用室内室外结合的办法，室外展出的大型恐龙模型骨架与观众零接触，与公园的各种景观融为一体。室内的陈列借助高科技灯光照明手段，采用模拟的场景展出骆驼标本和长颈鹿标本，模拟中生代的场景展出鸭

嘴龙化石骨架、模拟的海洋场景展出鲸鱼、鲨鱼和各种海洋贝类标本等。展览面积1000平方米，共展出各类自然标本576件，包括该馆科研人员在宁明第三纪生物群、扶绥白垩纪恐龙动物群、百色旧石器和古人类研究和方面所发现的新材料，如宁明生态鱼、赵氏扶绥龙、六榜龙、南宁龙、清秀龙、天宇蜥、距今180万年的似人似猿的人类化石和巨猿牙齿化石、距今80万年的百色手斧和玻璃陨石等。

似人似猿的牙齿化石

宁明鱼

大熊猫

临时展览　为了弥补展厅面积较小、基本陈列内容较少之不足，该馆采用引进临时展览和制作流动型展览的方式，走进山区、学校和社区开展科学普及教育活动。自开馆以来，先后举办了《广西自然资源陈列展》、《广西树木展》、《珍禽异兽展》、《广西古生物展》、《美人鱼——珍稀动物展》、《广西巨型恐龙展》、《中国大型恐龙展》、《两栖爬行动物展》、《天象与人文展》、《海上软体动物——中外名鱼展》、《人类与自然展》、《百色旧石器研究成果汇报展》、《中国古尸展》、《世纪辉煌——诺贝尔科学奖百年展》、《梧州海关辑获古生物化石展》、《走进恐龙时代流动展》、《北部湾海洋动物流动展》、《迷你古生物流动展》等，展览形式多样，独具地方特色，对活跃博物馆免费开放后的运行起到非常重要的作用。

藏品管理

〔藏品来源〕　部分藏品来源于1988年建馆前的广西区博物馆自然科学部。建馆后大部分藏品主要是通过古生物发掘、个人和单位捐赠、向社会采购征集等方式收藏。

〔藏品类别〕　分生命科学和地球科学两大类。包括现代植物、现代动物、地质古生物、矿物和岩石等。

〔藏品统计〕　收藏各类自然标本近4万件。截止2009年10月底，登记入账的藏品共10440件，包括矿物1049件、岩石412件、古植物99件、古无脊椎动物1013件、古脊椎动物2124件、旧石器958件、古人类20件，现生动植物包括植物819件、无脊椎动物599件、鱼类1085件、两栖动物909件、爬行动物636件、哺乳动物268件、鸟类449件。其中，一级藏品31件，二级藏品206件，三级藏品1319件。

〔重要藏品〕　以广西丰富的白垩纪恐龙化石、第三纪宁明鱼化石和植物化石、新生代哺乳动物化石、人类化石、旧石器、北部湾海洋生物、野生动植物等自然标本为特

熊猫头骨

犀牛头骨

美人鱼

郑氏天宇蜥

楯齿龙

鹦鹉螺

色，如扶绥龙、六榜龙、南宁龙、清秀龙、天宇蜥、宁明生态鱼、粗棘花山鱼、拉森羊蹄、广西类黄杞、郁江原白鳍豚、单尖旅猪、雷兽、长岭石炭兽、巨猿化石、似人似猿的人类化石、距今80万年的手斧、布氏鲸、鲸鲨、中华白海豚、美人鱼、鹦鹉螺、白头叶猴、黑叶猴、瑶山鳄蜥、老山树蛙、茅索水蛙、大熊猫、东北虎、广西金线鲃、铁陨石、擎天树、金花茶等。入藏的模式标本有：脊椎动物化石23件，植物标本7件，鱼类1件，两栖爬行类2件。

　　[藏品保护]　库房面积近250平方米。2003年，配置了26排铁制封闭式可移动的密集柜，每排5层，另有17个钢架，4个木架，46个铁柜、2个保险柜和1个恒温箱，基本满足小型自然标本的分类和上架，其它大型动物标本和化石骨架则保存在展厅中并对外展出。安全方面，2007年，在库房的四个角落安装了自动气体灭火装置和防盗自动报警装置，其他用于库房环境调节的设备包括2台大型空调、4台抽湿装置、6个排风装置。制度方面，库房制定了《库房安全保卫制度》、《博物馆藏品安全管理办法》和《库房工作人员守则》，建立了库房藏品出入库凭证和参观库房标本人员登记表等，以规范藏的管理和利用。藏品的处理方面，配置有专门的古生物实验室、生物实验室和大型标本的制作间，用于古生物化石的修理、复原和装架以及生物标本的剥制、浸泡等标本入库和展览前的处理。实验室有体视镜和风刻笔等气动工具，用于修理小型化石标本，还有大小水池用于处理大型海洋生物标本的皮张和骨骼标本。

　　宣传教育　该馆每年利用5·18国际博物馆日、4·22地球日、科技活动周、文化遗产日和科普宣传日等活动，深入山区、学校和社区等人群聚集的场地，通过有奖知识竞赛、化石鉴定、专家咨询、张贴宣传画、散发宣传资料等多种形式开展文物法规和文博知识的宣传活动。举

科普夏令营：泥盆纪无脊椎动物化石探秘

办"百色历史与自然之旅夏令营"，"扶绥恐龙之旅夏令营"，"黑石岭海洋动物化石科普夏令营"以及"防城恐龙之旅科普夏令营"等活动，为广大中小学生提供认识自然、了解地球历史的实践活动。还通过讲座论坛、教育培训和动手动脑等多种形式，举办"认知化石"、"恐龙DIY发掘"等系列融科学性、趣味性和教育性为一体的自然科普探秘活动。

　　编辑出版：《广西自然博物馆建馆20周年》

　　讲座：《八桂论坛》（王頠馆长作了题为：《人类演化的悠长岁月》）

　　影视录像：《地球生命的演化》（与广西科协联合制作）

　　科学研究　科研人才队伍中，有获国务院特殊津贴专家2名，国家文化部优秀专家1名，国家文物局文物保护先进个人1名，国家文物局全国文化遗产保护工作先进个人1人。研究馆员5名，副研究员2名，博士1名，在读博士4名，硕士2名。

　　承担的课题和项目有：中国国家自然科学基金项目5个：百色盆地边缘洞穴第四纪堆积环境与旧石器文化研究、广西布兵盆地洞穴早更新世早期人猿超科化石及其环境背景研究、广西宁明盆地鱼化石与中新生代地质事件和气候变迁、宁明新生代中期生物群及环境、广西那派盆地早白垩世脊椎动物群及其古环境研究；国家文物局项目2个：广西百色盆地枫树岛旧石器遗址考古发掘、广西防城江山半岛侏罗纪恐龙发掘；广西自然科学基金项目3个：南宁那龙盆地恐龙化石及其地层、桂西南中越边境地区两栖爬行动物多样性研究和藏品信息库的组建及青少年科普教育工作机制研究；广西林业部门项目12个：广西陆生野生动物资源调查与监测、广西湿地资源调查与监测、广西黑叶猴资源调查与监测、广西黑熊野外资源调查与监测、广西综合林业发展和保护项目保护区监测指标调查、广西姑婆山自然保护区科学考察陆生野生动物资源、广西九万山野生动物资源调查、广西十万大山野生动物调查、广西白头叶猴自然保护区综合科学考察、广西大瑶山国家级自然保护区两栖爬行动物多样性调查研究、广西金秀大瑶山国家级自然保护区综合科学考察（两栖爬行类子项目）、广西岑王老山自然保护区综合科学考察陆生野生动物资源；香港嘉道理农场资助项目2个：动物资源考察、鸟盆现状调查。合作参加的项目有国家自然科学基金项目4个：中国西南重要晚更新世人类化石的年代学研究、中国晚更新世大熊猫化石的分子古生物学研究、百色盆地与东亚早期人类

白头叶猴

大梅南半山手斧

环境适应性研究、准噶尔盆地中晚侏罗世石树沟动物群综合研究；美国国家科学基金项目2个：贵州盘县大洞旧石器时代洞穴遗址研究、步兵盆地洞穴化石地点及旧石器遗址发掘；李基基金项目1个：广西巨猿化石地点年代学研究。另外，为配合经济建设主持的田野考古发掘项目4个：白鳍豚化石地点及地层剖面保护、广西龙滩库区文物调查与发掘、南百高度公路旧石器遗址考古发掘、长洲库区恐龙化石地点抢救性发掘、百隆高速公路旧石器遗址发掘、贵广高速铁路洞穴遗址调查与发掘。

科研方面，与中国科学院古脊椎动物与古人类研究所、地质与地球物理研究所、成都生物研究所所、南京地质古生物研究所、贵阳地球化学研究所、中国地质大学（武汉）、南京师范大学、四川大学、广西师范大学、美国国家自然历史博物馆、美国夏威夷大学、英国伦敦大学、法国国家科研中心等单位合作，在广西第三纪宁明生物群、白垩纪恐龙动物群、第四纪哺乳动物群、古人类和旧石器方面展开研究，在美国的《Science》、《Journal of Human Evolution》、《Journal of Vertebrate Paleontology》、《American Journal

of Physical Anthropology》和英国的《Nature》、《Proceedings of the Royal Society》、《Botanical Journal of the Linnean Society》以及国内的《科学通报》、《地质学报》（英文版）、《古脊椎动物学报》、《人类学报》、《兽类学报》、《四川动物》、《Asiatic Herpetological Research》等国内国际核心期刊在内的刊物上发表论文150多篇，包括SCI检索论文近30篇。其中，"百色旧石器研究"被评为"2000年中国基础科学研究十大新闻"，"广西十万大山自然保护区生物多样性及其保护体系"项目成果获广西科技进步二等奖。

交流合作 1994年10月与中科院专家、美国史密桑研究院地质学家、辛乡提那大学人类学家及韩国建国大学考古学家等考察组考察百色旧石器遗址；1994年10月与美国依阿华大学人类学家联合对大新巨猿洞、武鸣巨猿洞等地进行考察；1995年与中国科学院古脊椎动物与古人类研究所齐陶教授、美国卡内基自然博物馆比尔德和北依利若大学丹尼.吉博副教授调查南宁盆地第三纪化石地点和武鸣石炭兽化石；1996年1月至3月，参加由中国科学院主办的中美联合调查组，先后在田林、田东、百色等地进行旧石器时代的调查与发掘，发现打制石器砍砸器、刮削器、石核及玻璃陨石等138件；1999年1月与中科院刘东生院士、美国史密桑研究院国家自然博物馆等专家组成中外科学考察团，考察了百色市小梅、百谷、田东、高岭坡等处旧石器遗址的地层；2001年2月，与中科院、美国国家自然历史博物馆等科研机构一起，赴百色百谷遗址进行发掘，进一步明确石器的层位，对堆积物进行磁性地层和古环境研究；2002年7月至2005年7月连续4年参加由中国科学院古脊椎动物与古人类研究所、美国华盛顿大学等单位联合组成的国际考察研究团队开展新疆准噶尔盆地侏罗纪爬行动物调查、发掘与研究；2004年9月至10月与美国、墨西、加拿大等国的动物专家赴广西靖西底定自然保护区开展动物资源调查研究；2004年1月与法国专家赴防城峒中水源林自然保护区调查研究广西镭瘰螈等两爬动物资源；2004年5月与法国自然博物馆及中科院成都生物研究所专家赴田林岑王老山、靖西、底定、防城峒中水源林自然保护区进行两爬动物调查研究，采集两栖动物新种一个；2005年4月与美国、印度尼西亚、加拿大等国的动物专家开展《中国南部边境地区生物多样性调查》项目的研究工作；2006年8月与德国德累斯顿（Dresdon）动物学博物馆的Markus博士合作，在百色、田林岑王老山自然保护区、大明山自然保护区、上思防城十万大山进行龟类调查；2007年3月与中国科学院成都生物研究所江建平博士和日本京者都大学Kanto NISHIKAWA博士到广西花坪和猫儿山国家级自然保护区联合开展两栖爬行动物生物多样性考察，共记录到13种两栖动物和1种蛇类，其中，有2种蛙类为广西新纪录物种（或新种）；2007年5月，与华盛顿大学Robin Teague博士一起，到中国科学院古脊椎动物与古人类研究所、天津自然博物馆、甘肃和政博物馆和重庆自然博物馆对比研究中国第四纪哺乳动物化石；2008年6月，应邀到英国伦敦大学学院解剖与发育生物学实验室访问，与实验室主任苏姗.E.埃文斯教授合作研究我国出土的白垩纪晚期蜥蜴化石；2008年10月，与法国龟类专家佟海燕女士和中科院古脊椎动物与古人类研究所Romain Amiot博士后一起考察那派盆地恐龙化石地点，发现鱼类、乌龟、蜥脚类骨骼化石和禽龙类牙齿化石；2009年6月，与法国国家科研中心Eric Buffetaut教授等一起考察那派盆地白垩纪地层，探讨那派盆地脊椎动物群的合作研究事宜。

1994年与越南河内地质博物馆进行互访、学术交流；2004年8月，赴柬埔寨、肯尼亚、埃及等国进行考察；2004年9月，与美国堪萨斯洲大学自然历史博物馆及广西区林业局国家濒危办驻南宁办事处共同签署《中国南部边境地区生物多样性调查》合作项目；2005年10月，赴俄罗斯进行考察；2005年12月由该馆协办、中科院古脊椎所、美国史密森研究院、百色市人民政府和广西文化厅主办，在百色市召开的"百色盆地旧石器研究暨旧大陆早期人类迁徙与演化国际学术研讨会"；2006年3月，王頔博士应邀到德国马普学会人类进化研究所进行合作研究；2006年11月，王頔博士应邀到韩国考察旧石器遗址，并在忠北大学作"百色盆地枫树岛遗址新发现的旧石器"专题报告。

1995年10月黄启善副研究员出席在北京召开的"第十七届国际玻璃大会"学术讨论会；1996年王頔馆员参加"96'中国南阳恐龙蛋化石保护与研究国际学术讨论会"；1998年7月，黄启善研究员参加了在美国举办的第18届国际玻璃大会，提交的《广西汉代钾玻璃研究》引起国际古玻璃专家的关注；2001年3月，王頔副研究员赴美国夏威夷参加"全球透视中心亚洲中更新世"国际学术会议；2006年8月陈耿娇博士参加"三十届国际古生物大会暨第一届鲤形目生物学专题研讨会，并在会上作题为"One of the earliest cyprinins from mid-Tertiary of South China"的学术报告；2006年8月王頔博士参加在长春举办的"2006吉林大学考古（国际）学术论坛——东亚旧石器"国际学术会议；2006年11月陈运发博士应邀到德国法

兰克福参加"中欧自然博物馆馆长论坛"；2007年6月王頔博士前往法国Perpignan参加"全球旧石器时代早－中期的手斧文化，人类对称意识的出现"国际学术会议；2007年7月，陈耿娇博士赴美国参加美国国家自然科学基金项目"Cypriniformes, Tree of Life"（鲤形目，生命之树）工作会议及美国鱼类及两爬协会年会；2007年7月，王頔博士赴印度尼西亚参加"东南亚古人类国际学术会议"。

经营管理

[单位性质]　国有、全额财政拨款事业单位

[经费来源]　自治区财政全额拨给经常性经费，业务经费主要来源于国家文物局和自治区财政核拨的文物保护专项经费、建设单位拨给的抢救性发掘经费、林业部门拨给的课题科研经费、自治区科技厅和科协资助的科学普及教育经费、中国自然科学基金和广西自然科学基金资助的科研经费。

[机构设置]　设有办公室、地学部、生物部、保管部、展教部、保卫科等六个职能业务部门。

[人员编制、组成]　事业编制数为20人。文物博物专业技术职务人员16人，其中研究馆员5人，副研究馆员2人，馆员5人，助理馆员3人，文博管理员1人；其他专业技术职务人员2人，其中会计师1人，助理经济师1人。管理人员3人。

[观众接待]　年接待观众近8万人

2004年5月1日起，根据文化部、文物局《关于公共文化设施向未成年人等社会群体免费开放的通知》和国家文物局《关于文物系统博物馆及爱国主义教育基地对未成年人免费开放和建立辅导员队伍的通知》文件的精神，将基本陈列展览对未成年人等社会群体实行了免费开放，年均接待未成年人观众团体30多个、未成年人观众2万多人次。

参观指南

[地址]　广西南宁市人民东路1-1号（南宁市人民公园内）

[邮编]　530012

[电话]　0771-2820904（办公室）

[传真]　0771-2820904

[电子邮箱]　gxzrbwg123@126.com

[网站]　http://www.nhmg.org

[开放时间]　星期二至星期日9:00－17:00，星期一不开放（节假日除外）

[票价]　从2004年5月1日起，实行免费参观。

（撰文：广西自然博物馆）

广西壮族自治区博物馆

Museum of Guangxi Zhuang Autonomous Region

概述

类型　综合类博物馆

隶属关系　隶属于广西壮族自治区文化厅管辖

创建时间　1934年

正式开馆时间　1934年

所在位置　地处广西南宁市民族广场东侧（民族大道34号），民族大道与古城路交叉口，市区中心，交通便利。

面积　39612.7平方米

建筑、布局　陈列大楼是一座具有壮族干栏式建筑特点的长方体大型建筑，建筑面积12680.83平方米；民族文物苑内建有壮、瑶、苗、毛南等族极富特色的民居建筑，侗族的风雨桥和鼓楼，还有寨门、戏台、民族手工作坊、铜鼓群雕等建筑。

历史沿革　前身是创建于1934年的广西省博物馆，1956年重建，1958年随着广西壮族自治区成立，广西省博物馆遂改为现名。1977年，为迎接自治区成立20周年，区人民政府拨出专款在现馆址建博物馆陈列大楼，1978年竣工落成，1988年在陈列大楼后面建成博物馆室内陈列的延伸和补充的室外展场——广西民族文物苑。

历任馆长　廖葛民、高国材、许务民（1979.9~1980.8）、贾鸿起（1982.2~1985.3）、蒋廷瑜（1985.3~1989.3；1994.8~2000.5）、谢居登（1989.1~1991.2）、何乃汉（1991.2~1994.8）、黄启善（2000.5~2005.12）、吴伟峰（2005.12~2007.3　常务副馆长主持工作，2007.3至今馆长）。

业务活动

基本陈列　《古代铜鼓陈列》，展出铜鼓60面，涵盖各个年代、各种类型的铜鼓。《广西民族民俗展览》，荟萃了广西壮、瑶、苗、侗、水、仫佬、毛南、京、回、仡佬、彝等11个少数民族的民俗风情。《瓯骆遗粹——广西百越文化文物精品展》，突显广西本土特色，较为全面地展示了广西的历史文化，为广大观众深入了解广西历史文化打开了一扇便利之门。

大型民族建筑室外陈列（即文物苑）是《广西民族民俗展览》在室外的延伸，苑内风景秀丽，分布着文物雕塑和壮、瑶、苗、侗等少数民族的民居建筑，游客可以品尝到民族风味美食，欣赏到传统手工艺表演和民族歌舞表演。

陈列艺术设计特点　突出广西地方历史文化和民族民俗文化的特色，充分利用民族文物苑使之作为"广西民族民俗展览"在室外的延伸，成为博物馆陈列的"动态展示"部分，使广西博物馆的陈列展示构成了独特的"动静结合"的方式。

　［陈列面积］　22400平方米

　［展出藏品数］　500件（套）

　［重要展品］　精美神秘的大石铲（新石器时代）、造型优美设计精巧的铜凤灯（汉代）、极具地方特色的羊角钮钟（西汉）

专题陈列（展览）

　［长期和短期的专题陈列］　《文莱苏丹龙辇陈列》，展示文莱苏丹龙辇仿真品的一个专题陈列馆。《瓷美如花——馆藏明清瓷器精品展》，再现了明清瓷器的传世之美；《广西传统工艺展示馆》展示广西的传统手工艺品。最近几年年，广西博物馆还举办了《辉煌70年——广西文物展》、《桂海拾贝——广西出土文物展》、《近年广西文物考古新成果汇报展》等短期重要的专题展览。

　［有特色的展品］　豪华尊贵的文莱苏丹龙辇、壮乡一绝——壮锦

1. 豪华珍贵的文莱苏丹龙辇　2. 壮乡一绝——壮锦

藏品管理

[藏品来源] 考古发掘品移交、海关公安等部门罚没移交以及社会收集中的收购、捐赠、调拨、馆际交换和标本采集等。

[藏品类别] 出土文物类、书画类、革命文物类、民族文物类、瓷器类和杂项类等。

[藏品统计] 库房文物藏品约41672件（套），其中出土文物15081件（套），近现代文物10033件（套），陶瓷2002件（套），书画4667件（套），杂项文物9889件（套）。另有图书资料室的线装古籍3万册。

[重要藏品] 不少珍贵藏品在世界上都具有重要意义和影响。如广西原始文化遗物中的特产——大石铲，体现广西先越文化之一大特色；商代的兽面纹铜卣等青铜文物见证广西古代与中原地区文化交流与融合；羊角钮铜钟、靴形铜钺、弓形格剑、柱形器、越式铜鼎、干栏式铜仓等则是极富地域特色的青铜文物。许多藏品不仅具有很高的历史价值，且极具艺术欣赏价值，如贵县罗泊湾1号汉墓出土的绘有神话故事的漆绘铜盆和漆绘铜筒，合浦汉墓出土的高115.5厘米的大铜马、形神兼备的铜牛以及造型优美、设计精巧能消烟尘的铜凤灯等等。馆藏还有大量革命文物、古旧字画以及各种传世文物等，也不乏珍品。该馆还收藏有大量的图书资料，其中线装古籍达3万多册，弥足珍贵。

[藏品保护] 设有广西规模最大、设备齐全的古器物修复室、古字画装裱室和实验室和文物保护研究室。具备多种类文物藏品的修复资质，拥有一支具备多种文物藏品保护修复资质的专业队伍。2005年，广西博物馆的《广西宁明花山岩画数字近景摄影测量》获中国测绘学会科学技术三等获；《广西博物馆馆藏汉代铁器保护项目》参与了国家文化部创新奖评选。馆内专业人员还承担有《GW-H杀虫、防虫剂的研究》等科学技术的应用项目的研究。

科学研究

[科研队伍] 有高职称者32人，中级职称者47人。拥有硕士研究生5人，获硕士学位4人，大学本科27人。

[科研设施] 馆内设置有科研实验室，购置了50万元的文物保护、修复等科研仪器设备。

[科研成果] 该馆十分注重科学研究与创新，专业人员先后在《人类学》（法国）、《文物保护与考古科学》、《中国古陶瓷研究》、《文物世界》、《中国博物馆通讯》、《中国文化遗产》、《中国文物科学研究》、《中国民族博物馆研究》、《岭南考古研究》、《广西民

汉 铜凤灯

西汉 羊角钮钟

新石器时代 大石铲

族研究》、《学术论坛》等国内外刊物上发表学术论著千余篇，其中谢光茂研究员参与撰写的论文《中国南方百色盆地旧石器工业》（第一作者）在法国《人类学》杂志上发表，《中国南方百色盆地中更新世类阿舍利石器技术》（第八作者）在美国《科学》杂志上发表。

出版的专著有：《铜鼓史话》、《铜鼓艺术研究》、《广西铜鼓图录》、《古代铜鼓通论》、《广西出土文物》（图录）、《广西贵县罗泊湾汉墓》、《广西左江岩画》、《百色旧石器》、《广西铜镜》、《广西博物馆古陶瓷精粹》、《合浦风门岭汉墓》、《壮族文化明的起

源》、《壮族铜鼓研究》、《河池铜鼓》等数十种，每年出版一辑《广西博物馆文集》。在民族考古、铜鼓、岩画、古玻璃等学术领域里有较突出的成就。

宣传教育 该馆编辑出版有《瓯骆遗粹——广西百越文化文物精品集》、《广西壮族自治区博物馆讲解词汇编》、《广西壮族自治区博物馆简介》等读物和图录，重要的展览一般都印刷有展览简介图册。并制作有《爱国主义教育基地巡礼——广西博物馆》、《百越文化》、《合浦汉墓》等影视录像资料片。该馆每月都举办一次免费的专家讲座，不定期举办博物馆之友、博物馆志愿者的培训活动，每年还深入学校、企事业单位、社区、乡村举办各类文物知识和文物保护法宣传讲座。

交流合作

[学术交流] 该馆一直以来积极与国内外同行进行多方面的合作与交流，先后承办、主办了许多国内重要学术会议，如"古代铜鼓学术讨论会"、"中国悬棺葬第二次学术研究会"、"全国第一次实验考古学术讨论会"、"中国南方及东南亚地区古代铜鼓和青铜文化研讨会"、"中国南方古代玻璃学术研讨会"、"第四届西部考古协会暨中国西南及相关地区史前文化研讨会"、"第六届全国文物修复技术研讨会"、"全国第十届考古与文物保护化学学术研讨会"等。该馆还通过一些项目或学术课题与外单位同行开展学术合作交流，如与中国文化遗产研究院、西北大学，开展贵县罗泊湾汉代漆器保护项目等。

[展览交流] 该馆先后与北京、陕西、黑龙江、辽宁、内蒙古、重庆、广州、云南、贵州、江西、湖南、浙江等省、市、自治区以及香港特别行政区，进行文物展览合作与交流，举办了如《中国古代铜鼓展览》、《李济深捐献文物展》、《古岭南的西部文明——广西瓯骆文物展》、《声震神州——桂滇，黔铜鼓大观》、《珠联璧合——泛珠三角文物精华展》、《揭开神秘面纱---广西壮族自治区民族文化展》、《瓯骆遗粹——广西百越文化文物精品展》、《鼓声悠远——广西瓯骆文化遗粹》、《袖里翰香——宁波天一阁博物馆藏明清扇面精品展》、《巧如范金，精比琢玉——陕西铜川耀州窑陶瓷精品展》等重要文物展览。并且与国外博物馆也积极进行合作，先后组织文物展览赴法国、日本、越南等国家展出，并引进国外一些高水平的展览，如2003年9月，《中国广西古代文物展览》赴法国普夏大区展出，2007年，与越南国家历史博物馆合作，举办了在越南展出的《中国广西文物精品展》以及在广西展出的《越南铜器展》，2008年，合作举办《海上丝路遗珍——越南出水陶瓷精品展》。2009年更是与越南国家历史博物馆签署了两馆之间的五年合作协议，明确了今后五年的合作意向。

经营管理

[单位性质] 国营事业单位

[经费来源] 国家财政拨款

[机构设置] 内设：办公室、保管部、陈列研究部、宣传教育部、民族文物苑管理部、信息资料部、保卫科、账务科、离退休人员管理科等9个部门。

[人员编制、组成] 共有编制105人。全馆干部职工有100人，其中女干部、职工43人，属少数民族的有39人。有正高职称者10人，副高职称者16人，中级职称者49人，初级职称者19人。拥有硕士研究生5人，获硕士学位4人，大学本科27人，大学专科41人，中专5人。中层以上管理干部有26人，其中具有正高职称者4人，副高职称者7人，中级职称者12人。

[服务观众项目] 服务项目有社会公益性服务项目和为方便观众而提供的经营性服务项目。公益性服务项目是与多个学校和单位建立了共建单位，开展有"博物馆一日学"、"班会学"、"学校亲子联谊"等活动，并为许多学校、旅行社等开展讲解、导游培训工作。为服务观众开展的博物馆配套服务的经营活动主要有：一是利用博物馆现有的技术力量及人力资源为社会提供技术性服务如展览设计、书画装裱等；二是为丰富博物馆文化，增强博物馆的旅游休闲功能，在民族文物苑开展的民族歌舞表现、民族风味小吃和手工艺品制作演示，三是馆内设有一个"广西传统工艺展示馆"从事旅游纪念品、传统工艺品的开发与销售。

[观众接待] 年均接待观众约20万人次

参观指南

[地址] 广西南宁市民族大道34号

[邮编] 530022

[电话] 0771-2810907（办公室）
　　　　0771-2847055（前台）

[传真电话] 0771-2804084、0771-2832285

[网站] www.gxmuseum.com

[开放时间] 每周二至周日正常开放，观众参观时间9:00—17:00（16:00停止入场），每周一闭馆（国家法定节假日除外）。

[票价] 免费开放

（撰文：广西壮族自治区博物馆）

玉林市博物馆

Guangxi Yulin City Museum

概述

类型 地方综合性博物馆

隶属关系 隶属于玉林市文化局

创建时间 1978年10月18日

正式开馆时间 1992年2月

所在位置 旧馆舍已于2005年拆除。新馆舍规划于玉林城东、市行政中心附近

面积 旧馆舍占地面积543.39平方米，建筑面积1419.52平方米。新馆舍规划建筑面积7292平方米。

建筑、布局 旧馆舍为4层砖混结构楼房，分为陈列展厅、文物库房、办公用房及住宅四部份。展厅面积650平方米。

历史沿革 前身为1978年10月18日成立的玉林县文物事业管理所。馆舍位于玉林县文化馆办公楼三楼，面积约40平方米。1984年6月1日，随着玉林撤县设市，玉林县文物管理所改名为玉林市文物管理所。1989年7月26日，玉林市文物管理所升格为玉林市博物馆。1991年2月1日，玉林市博物馆接收玉林市图书馆旧馆舍，建筑面积1419平方米。1992年2月2日玉林市博物馆正式开馆。1992年7月，全国政协副主席、民革中央主席屈武为玉林市博物馆题写馆名。1997年10月11日，随着玉林撤地设市，县级玉林市博物馆升格为地级市博物馆。隶属于玉林市文化局。

历任馆长 陈家坦（1978.10～1979.11，所长）；蒋刚（1979.12～1985.6 主管所长）；刘用华（1987.1～1990.5 主管副所长）；陈亮（1990.6～1991.12 主管副馆长）；黎居正（1991.12～2002.2）；梁志敏（2002.7～2006.3）；李长江（2006.4至今 主管副馆长）

业务活动

基本陈列 《玉林历史陈列》展陈形式由该馆人员设计，主要按照历史发展顺序，通过近200件文物藏品，简约地揭示玉林的历史和文明。展品包括出土的新石器时代工具类石器、祭祀类礼器；战国至汉代的青铜兵器、陶器、生活用品；极具地方特色的汉代至唐代的铜鼓；本地窑址出土的宋代青白瓷瓷器；明清时期的砖瓦及青花瓷器；历代货币及本地古代书画家作品。（2005年随着馆舍拆除而撤展）

临时展览 1989年10月至1990年1月，玉林市博物馆租用图书馆场地，成功举办《故宫康熙皇母太后生活珍宝展》，观众逾30000人。1992年4月至5月，举办《玉林市主要革命烈士、党史人物事迹陈列展览》。1995年9月1日至20日，协办《纪念抗日战争胜利五十周年图片展》，观众达40000人。1996年6月1日，由玉林东环小学、玉林有线电视台联合举办的《八岁女童蒋晓婷画展》在博物馆展出。1996年7月至8月，配合玉林市"严打"指挥部举办《玉林市严打成果展》，参观人次达50000多。1996年12月、1997年4月和1998年1月，先后举办《当代玉林书法家作品展》及书法集首发仪式。1997年6月29日，举办《玉林地区领导干部庆香港回归美术书法作品展》。1998年5月13日至30日，承办《人民的好总理图片展》，参观人数达20000多。1998年9月至10月，举办《广西文物精品、古建筑、古遗址图片巡回展》。每次陈列展览面积在200～250平方米之间。

藏品管理

[藏品来源] 主要是拨交、移交和征集。考古发掘少。

[藏品类别] 包括青铜器、瓷器、陶器、书画、竹木器、玉器、石器、文具、货币、化石、铁器、银器、文献等。

[藏品统计] 现有正式藏品3200多件，其中铜器42件、瓷器292件、陶器40件、书画199件、竹木器29件、玉器33件、石器33件、文具12件、货币2373件、文献10件、铁器10件、银器9件。其中珍贵文物包括一级文物3件、二级文物12件、三级文物148件。此外，尚有待鉴选入藏文物数百件。

[重要藏品] 包括反映南明小朝廷历史的明永历六年款虎钮平东将军铜印、极具特色曾多次被借到南宁、北京、乃至法国展览的汉代铜羊灯、双羊形铜杖首、面径排名世界第六的南朝虎饰四出钱纹铜鼓等。

南朝 虎饰四出钱纹铜鼓

汉　羊形铜灯

汉　双羊形铜杖首

[藏品保护]　为规范工作、确保文物安全，先后制订了《藏品保管制度》、《陈列展厅管理制度》、《消防安全管理制度》、《值班管理制度》及相关岗位职责管理制度共43项。

安装了红外防盗报警系统及监控系统并与公安部门110报警中心联网，同时加强人防，确保24小时有人值班，从而确保了没有发生过安全责任事故。

[不可移动文物调查和管理]　玉林市博物馆承担辖区内文物保护管理及文物调查、文物行政执法职责。先后开展了三次文物调查：1987年至1988年共发现不可移动文物89处；2002年进行的古民居群、民族传统建筑群专题调查，共调查不可移动文物98处，其中新发现80处。2007年10月至2009年10月共新发现不可移动文物162处。

先后调查处理了7起文物违法案件，避免了多处不可移动文物的建设性破坏。

成立了13个群众性文物保护组织，对所管理的不可移动文物进行日常维护。

宣传教育　1992年5月，玉林市博物馆会同玉林市政协文史资料工作委员会与玉林市旅游局联合编辑出版第21期《玉林市文史资料·名胜古迹专辑》。1993年2月1日玉林市博物馆编辑出版油印本《玉林文物》首刊。1996年2月8日，玉林市博物馆会同民革玉林市委会、玉林市政协法制

工委、文史工委联合主办出版了讴歌公安工作的诗词专册《金盾吟》。

此外，坚持每年清明节主动联系中小学校，免费对师生进行革命传统教育；充分利用"5·18国际博物馆日"和"中国文化遗产日"，举办形式多样的广场宣传活动及深入乡村进行宣传。

充分利用媒体传播广泛的优势，联合报社和电视台对相关的文物工作进行宣传，从而扩大博物馆的知名度。

科学研究　1997年至2009年间，多位职工在国家级和省级专业刊物发表论文11篇，地市级以上刊物发表文章30篇。其中《发动社会力量参与文物保护的实践与思考》入选文物出版社出版的《中国当代文博论著精编》一书、《浅谈文物法的缺失对文物工作的不利影响》获中国管理科学研究院人文科学研究所主办的"中国新时期人文科学优秀成果"评选一等奖。

交流合作　1992年11月，玉林市博物馆派员前往江西吉安参加为期三天的文天祥国际学术研讨会并在会上宣读论文。1999年至2002年，1人连续参加广西钱币学会主办的钱币学术研讨会并在会上宣读论文两次。2004年邀请了著名青花瓷鉴定专家张浦生研究员来玉林考察青花将军罐并举办专题讲座。2006年邀请故宫博物院研究员、著名古家具鉴定专家胡德生到玉林考察铁力木家具并举办学术讲座。2008年12月至2009年3月，组织玉林民间收藏的铁力木家具在广西民族博物馆展出。

经营管理

[单位性质]　全民所有制事业单位

[经费来源]　市财政全额拨款

[机构设置]　内设办公室、宣教部、保管部、文管部（不可移动文物管理部）及保卫组。

[人员编制、组成]　玉林市博物馆核定编制为20人，现在职人员16人。专科以上学历9人。文博系列专业技术人员12人，其中，副高职称1人，中级职称4人，初级职称7人。

参观指南

[地址]　现租用位于玉林市广场东路700号的玉林市新华书店办公楼六楼办公，无展览场地。

[邮编]　537000

[电话]　0775-2685908（办公室）

[传真]　0775-2685908

[电子邮箱]　ylbwg5908@126.com

（撰文：玉林市博物馆李义凡）

右江民族博物馆
Youjiang Ethnic Museum

概述

类型 地方综合性博物馆

隶属关系 隶属于百色起义纪念公园管理委员会管辖

创建时间 1985年7月

正式开馆时间 1996年元月

所在位置 地处百色市城东路后龙山上,毗邻百色起义烈士纪念碑,环境幽雅

1.右江民族博物馆外景 2.博物馆内景

面积 占地9412平方米、建筑面积4457平方米

建筑、布局 建筑独具民族风格,为钢筋混凝土结构,分主体楼和东西两厢房,主体大楼采用壮族古典廊院重檐的建筑形式,上下分两层,每层四个展厅,共设八个展厅,展厅面积2000平方米。

历史沿革 1985年7月筹建,编制4人。1986年4月地区编制委员会定编为6人,为地区文化局的下属事业单位。1987年11月编制增加到15人。1996年元月该馆正式开放。2008年6月,由市政府整合,与百色起义纪念碑合并,主管局为百色起义纪念公园管理委员会。该馆是全国重点博物馆、国家三级博物馆、自治区爱国主义教育基地和自治区文明单位。

历任馆长 曾祥旺(1986.11~1990 副馆长);梁祖富(1987.8~1990.12 副馆长);黄永邦(1991.1~2000.7);黄芬(2000.7~2007.11);黄胜敏(2007.11至今)。

业务活动

基本陈列 右江民族博物馆的基本陈列于1996年元月正式对外开放至今,展览地点在馆内。该陈列的主题为《悠久的百色历史灿烂的民族文化》。内容分为三个展厅,第一个展厅为《历史文物陈列》,以近100件(套)文物展示了百色地区旧石器时代、新石器时代、句町国时期、羁縻土司时期、近代人物与事件等内容;第二个展厅为《壮族民族民俗文物陈列》,以160余件(套)文物从文字、衣饰、民居、娱乐、宗教等方面,充分展示了作为百色市土著民族的壮族在生产、生活各个方面的内容;第三个展厅为《多民族民俗文物陈列》,以150余件(套)文物从衣饰、娱乐、生产生活工具等方面,展示了瑶族、苗族、彝族、仫佬族、回族等民族其独特的民族风情。该展览分为两个时期,1996年元月至2004年3月为收费期,2004年至今为免费开放。

临时展览 该馆的临时展厅有四个,为满足广大人民群众不断增长的文化需求,先后成功举办了多个专题展览,主要有:《历史》、《民族民俗文物展》、《恐龙化石展》、《火花展》、《活体恐龙展》、《珍禽异兽展》、《恐龙蛋化石及奇石展》、《钱币及根雕奇石展》、《百色地区十大扶贫攻坚成就图片展》、《民族魂图片展》、《百色优势展》、《百色风光画展》、《纪念邓小平诞辰100周年和百色起义75周年百幅书法》、《绘画》、《摄影展》、《百色旧石器专题展》、《秦始皇兵马俑历史文化展》等。此外,为加大宣传力度,提高知名

1.2.3.4.展厅一角

度，该馆先后举办的巡展主要有：《活体恐龙展》、《悠久的历史　美丽的传承》专题展、《百色市考古研究成果概览》、《百色市青铜器精品展》等。

藏品管理

[藏品来源]　考古发掘、社会捐赠、征集（购）等。

[藏品类别]　有石器、青铜器、陶瓷器、铁器、银器、玉器、木竹器等。

[藏品统计]　馆藏文物7620件（套），其中二级文物28件（套），三级文物280件（套）。

[重要藏品]　战国铜矛：2004年右江河出水文物，形状近柳叶形，矛身长27.6厘米，器身中部有突起的脊棱，脊棱两侧饰有锯齿纹，器身两侧饰有三角回纹，近柄部处一面饰有锯齿纹，一面饰有三角回纹，柄部为圆柱状，中空，柄长7.7厘米，柄径2.1厘米。

元"大德六年"款铜权：2007年右江河出水，该权为黄铜质，主体呈圆形，顶部有方孔权纽，一面中部阴刻一"官"字，一面中部刻"大德六年造"楷书直读，右侧刻"十"字，束腰平底，底部面上铸三层线圈。

藏品对研究民族文化及古代青铜冶炼技术提供了重要的实物证据，同时也对研究当时百色地区与周边地区特别是中原地区的文化关系提供了重要物证。

盘古瑶女服一套　长头巾2条：均为土布底制，并各有14道瑶锦图案栏干；银牌胸衣1件：黑土布衬底，后颈系扣，圆颈领由11道彩边镶成，颈领上钉有15颗星形银扣，前胸成竖长方形钉5块，银牌上分别绘有太阳芒纹及花卉纹，银牌四周镶有9道彩色花边；外衣一件：黑土布作底，圆领，前胸开宽襟无扣，领襟相连；腰带1条：黑土布制两头有瑶锦图案刺绣并缀黑色流苏；围裙1张：蓝色、黑色机织布底，下宽，腰窄的铜鼓形；大银项圈1只，由圆形银条制成；银手镯2只，由扁形银片制成，银片外侧有向日葵及花卉纹样；银戒指2只，外侧有太阳纹、对出树枝纹及红、绿横杠纹样；刺绣背包1只：半月形，白布底，兰布花边，一边白底上有瑶锦图案刺绣。

[藏品保护]　临时文物库房200平方米，2008年对库房的藏品柜、标本架进行更换，使文物和标本存放有序，查找方便，库房配备了抽风机，空调机。在规章制度上，建立了《入库人员登记表》《库房安全保卫制度》、《入库凭证》、《出库凭证》等，以规范藏品管理，保证藏品的安全。

宣传教育　博物馆是青少年的第二课堂，是公民进行

战国　铜矛

元　"大德六年"款铜权

盘古瑶女服

终身教育的科学殿堂，该馆充分利用这一教育功能，加大青少年教育力度，馆校工作持续开展。近年来多次走进校园，开展地方史、民族民俗文化宣传活动。组织大学生到考古发掘现场观摩学习、开展"三下乡"活动等，增加了学生的知识面。该馆先后与右江民族医学院、百色学院、

广西师范学院等五个院校结为共建单位，这是博物馆深入贯彻中共中央国务院《关于进一步加强和改进大学生思想政治教育的意见》的有力举措，在实现馆校双赢的同时博物馆德育工作迈上了新台阶。同时，该馆从实际出发，抓好自身特色和优势，采取"走出去，请进来"等办法，举办各类科普性展览，通过电视、报刊、互联网等新闻媒体，加大基地宣传力度，提高该馆知名度。2001年4月曾配合百色市的招商引资活动在北京举办了百色旧石器陈列和民族服饰展示，反响不错。此外，适当的利用春节、清明节、重阳节；"五·四"、"七·一""十·一"等革命节日；"三·八"、"五·一"、"5·18国际博物馆日"、"国家文化遗产日"等国际性节日，围绕"红色旅游"这一主题，开展形式各样的宣传和民族民俗活动，丰富人民群众和未成人的文化生活，陶冶爱国主义情操，体现中国特色社会主义文化教育的重要内涵。

科学研究　右江民族博物馆在国家级刊物上发表的学术论文有：曾祥旺《广西百色地区新发现的旧石器》（《史前研究》，1983年第2期）、《广西田东县定模洞人类化石及其文化遗存》（《考古与文物》，1989年第4期）、《桂西发现的古代岩画》（《考古与文物》，1993年第6期）；黄永邦《黔桂交界的社会道德题材说唱本》（《贵州民族研究》，1994年第1期）、《管好博物馆先管好自己》（《民俗博物馆学刊》，1996年第2期）；黄胜敏与袁宝印、黄慰文、王頠等合作课题论文《广西布兵盆地第四纪地貌与地质发育历史》（《第十一届中国古脊椎动物学学术年会论文集》，2008年第221～228期）；罗海碧《浅谈地级民族博物馆陈列如何做到具有鲜明的个性》（《文化大视野——全国群众文化、图书、博物论文集》第四卷，2002年12月）、《新世纪民族博物馆陈列艺术设计的思考》（《谛听陈列艺术脚步声：新世纪陈列艺术发展趋势》，中国博物馆学会陈列艺委会编，2004年4月）、《浅论新时期少数民族地区中小博物馆陈列展览工作应强化的几个意识》（《回顾与展望：中国博物馆发展百年》，中国博物馆学会编，2005年9月）、《浅谈民族博物馆摄影资料整理工作的一些做法和体会》（《中国博物馆通讯》，2007年第4期）、《关于新时期少数民族地区中小民族博物馆陈列改造的思考》（《国际博物馆》，2008年特刊）。

交流合作　该馆自对外开放以来，一直积极与国内外同行进行密切的交流与合作，协助中科院、自治区博物馆、考古研究所、自治区自然博物馆等各级单位开展百色

百色盆地旧石器暨旧大陆早期人类迁徙与演化国际学术研讨会

盆地相关工作，配合中科院古脊椎动物与古人类研究所候亚梅研究员开展早期古人类研究课题中法合作项目等多项工作，组织、筹划"百色盆地旧石器暨旧大陆早期人类迁徙与演化国际学术研讨会"2005年12月在百色成功举办。

经营管理

[单位性质]　全民所有事业单位

[经费来源]　市财政全额拨款

[机构设置]　设置馆办室、群教部、陈列保管部、保卫科、学术研究小组五个部门。

[人员编制、组成]　事业编制数为14人，现在编14人，现有专业技术人员11人，其中副高职称1人，中级职称6人，初级职称4人。专业技术人员年龄在30～35岁的有4人，36～45岁的有5人，50～58岁的2人。文化程度研究生学历1人，本科学历6人，大专学历4人。聘用人员6人，为讲解员和保安员、保洁员。

[观众接待]　近年观众人数每年7～10万人。十几年来，共接待各级领导、国内外观众80余万人次。

参观指南

[地址]　百色市城东路后龙山2号

[邮编]　533000

[电话]　0776-2932787

　　　　0776-2930065（值班电话）

[传真]　0776-2932787

[电子邮箱]　bsminbo@163.com

[开放时间]　8：30－11：30，14：30－17：30（周二至周五，周一及腊月三十闭馆）；双休日、节假日8：30－16：30

[票价]　从2004年3月起，实行免费开放

（撰文：右江民族博物馆）

平南县博物馆
Guangxi Pingnan County Museum

概述

类型　地方综合性博物馆

隶属关系　隶属于平南县文化和体育局

创建时间　1984年

正式开馆时间　1987年8月31日

所在位置　地处县城东面城皇岭公园边，城湖路273号，交通方便，环境宜人。

面积　占地面积2215平方米、建筑面积1533平方米

建筑、布局　大门厅仿古风格，文博大楼为四层钢筋混凝土结构。分陈列展厅、文物库房、办公用房、生活用房四部分。主楼前有小型集合广场。陈列展厅面积650平方米，分两个长期展示厅和两个临时性展示厅。

历史沿革　1973年成立文物管理小组，隶属县文化馆；1978年11月28日经上级批准成立了平南县文物保护管理，隶属县文化局；1984年由于藏品的不断增加以及事业发展的日益需要，区、县两级财政拨款建博物馆，1987年8

1.平南县博物馆大门和主楼　2.博物馆文物大楼

月31日建成平南县博物馆，并正式对外开放，隶属县文化和体育局。

历任馆长　黄素坤（1987.8～1991.3）；梁奇（1991.4～1999.6）；龚海（1999.7至今）。

业务活动

基本陈列　展陈形式分第一展厅《平南县历史文物展》；第二展厅《青铜器、陶器、瓷器》展。由该馆独立设计完成。第一展厅主要按历史变化和发展顺序，通过192件（套）各个时期的文物藏品、历史文献资料、图片等展线的布局和文字牌板，直观地把平南上万年的文明历史用文物贯穿起来。有古人类在平南活动、生息的珍贵文物；有历代各时期不同的文物实体，生动而详实地再现平南的历史风貌；有各历史时期为这片土地奋斗的名人志士事迹；有历史重大影响的瑶民、太平天国、大成国、黄花岗起义和轰轰烈烈的农民革命运动文物载体；有抗日和解放战争时期英烈们可歌可泣的事件和遗物等。第二展厅根据文物的分类，专柜展示青铜器、陶器和瓷器。两个陈列展厅面积约280平方米。重要展品有新石器大石铲、新石器双肩石斧、新石器夹沙篮纹陶釜、东汉牧牛鸭饰变形羽人纹铜鼓、唐青瓷魂瓶、清青花云龙纹将军罐等。

临时展览　为了补充分展示不同地域文化，利用两个临时布展厅，进行其他一般性文物，或接纳外来的其他展出活动。我们举办了《皇帝金缕玉衣展览》、《世界最长手指甲展览》、《文物珍宝展览》、《女古尸展览》、《青铜器、书画展览》、《平南县革命文物专题展览》、《太平天国在平南》、《香港回归大型图片展览》、《平南县出土铜鼓展览》、《秦始皇兵马俑·古长安文化展览》等展览。

藏品管理

[藏品来源]　考古发掘、征集、接受捐赠、购买、移交、交换、调拨等多种方式。

[藏品类别]　古动物植物化石、新旧时代石器、金属制品、石质、竹木质、纸质、纺织品、骨器角质、陶器、瓷器等。

[藏品统计]　馆藏文物登记在册有2408件（套），其中一级文物2件、二级文物22件、三级文物55件。以及大量未入册的各类文物标本。

[重要藏品]　新石器大石铲、新石器双肩石斧、新石器夹沙篮纹陶釜、东汉牧牛鸭饰变形羽人纹铜鼓、东汉干栏饰变形羽人纹铜鼓、汉代田螺塑像饰铜鼓、隋代麒麟纹铜

1、2.展厅一角

新石器时代　双肩石斧

新石器时代　大石铲

新石器时代　夹沙篮纹陶釜

东汉　牧牛鸭饰变形羽人纹铜鼓

唐　青瓷魂瓶

清　青花云龙纹将军罐

镜、唐青瓷魂瓶、宋少数民族人物魂罈、清青花云龙纹将军罐、太平天国火药手枪、南宋"乾道"款抄手端砚等。

[藏品保护]　自1987年建馆以来，文物藏品的保管条件得到改善，库房面积有100平方米。2008年县财政拨出专项经费进行文物库房和展示厅的维修，增添26个铁质文物贮藏柜，使藏品能按类别进行存放。并在库房和展厅安装了视频监控报警设备，确保藏品安全。

另外，博物馆还承担着全县不可移动文物日常安全管理和保护。

宣传教育　平南县博物馆自建馆以来较为重视社会科学研究工作，积极地进行文物研究工作和文物知识宣传。

利用"5·18国际博物馆日"和"中国文化遗产日"的宣传活动，宣传《中华人民共和国文物保护法》和文物知识，出版了文物知识专栏，文物宣传大版报，在县中心广场进行文物和文化遗产知识宣传活动。并经常走进学校、社区和乡村，开展文物知识和文物保护法规宣传活动。

利用电视台、报刊、文化网站等媒体对县内重要考古项目、重要发现和馆内重大活动进行宣传报道。与电视台合作制作了《平南出土铜鼓》、《登塘西汉练铁遗址》、《相思洲石器遗址考古》等专题片。

科学研究　编写《平南文物》内部资料四期，《平南大事记》、《平南古诗抄》各一小本，《文物展览辅助资料》两册，《龚州文物》二期，副研究员黄素坤著有《袁崇焕在白马》、《天国成败与花洲团营人》。

交流合作　1986年5月太平天国历史学会考察团到平南县进行学术考察。1987年11月1日至5日广西太平天国史学术研讨会在平南县召开。

2006年以来，博物馆和北京科技大学、北京大学的冶金专家学者对登塘西汉炼铁遗址进行多次学术考察，发现多个冶铁残炉，出土有铁渣、冶铁用木炭、方格纹、水波纹、刻划纹陶片等。对于研究中原炼铁技术在2000多年前向岭南地区传播，及岭南地区早期开发炼铁的历史等有重要的意义。

经营管理

[单位性质]　国有事业单位

[经费来源]　财政全额拨款

[机构设置]　设有馆长室、仓库组、陈列组、保护组。

[人员编制、组成]　事业编制为8人，现在职人员8人，大专2人、中专1人。

[观众接待]　年均约5000人次

参观指南

[地址] 广西壮族自治区贵港市平南县城湖路273号

[邮编] 537300

[电话] 0775-7822655

[传真] 0775-7834053

[电子邮箱] pnxbwg2655@163.com

[开放时间] 9:00—11:30，15:00—17:30

[票价] 从2008年1月1日起，实行免费参观。

（撰文：平南县博物馆）

东兴京族博物馆暨东兴京族生态博物馆

Jing Nationality Museum of Dongxing

概述

类型 社会科学类民族文化专题博物馆

隶属关系 隶属于东兴市文化和体育局

创建时间 2008年4月

正式开馆时间 2009年7月

所在位置 地处广西壮族自治区东兴市万尾京岛风景名胜区，与大海相邻，景致宜人，交通便捷。

博物馆外景

面积 占地17052平方米、建筑面积3000平方米

建筑、布局 建筑为钢筋混凝土结构，典雅庄重，分为展示中心、文物库房、多媒体演示厅、小型演出排练厅、办公用房五大部分。

历史沿革 2005年东兴京族生态博物馆被自治区文化厅列为自治区重点文化建设项目——广西民族生态博物馆建设"1+10"工程之一，并于2006年明确为第二批启动项目；2006年东兴京族博物馆被国家发改委、国家民委批准为广西扶持人口较少民族发展专项建设规划项目；2007年3月，在自治区文化厅组织召开的评审会上确定将两馆合为

一个项目进行建设；2008年4月项目动工，2009年7月博物馆建成并投入使用，同月29日陈列展厅正式对外开放。该馆成为展现京族传统文化魅力、体现国家民族政策的一个重要窗口。

业务活动

基本陈列 陈列展厅的主题为《大海是故乡——广西东兴京族文化展》，面积约1200平方米，分为"序厅"、"居住环境"、"京族服饰"、"喃字风采"、"民宅变迁"、"靠海为生"、"以海为敬"、"独弦传情"、"习俗信仰"、"发展之路"10部分。该展厅设计独特，主要以京族人民的生产生活为主线，通过245件实物、图片和场景的展示，借助灯光和精确的布置，简洁而直观地诠释了京族的历史与文明。在这里，观众可以看到京族人民优越的居住环境，热火朝天的生产劳作场面，各式各样的生产工具，精湛的生产技艺，精美的民族服饰，独具特色的节庆文化，可以领略到喃字的古朴风采，独弦琴的优美旋律，能够了解京族的历史由来、生产文化习俗以及宗教信仰等。

藏品管理

[藏品来源] 社会捐赠、实物仿制、征集（购）等。

[藏品类别] 铁器、竹木器、服饰、书画、织具等。

[藏品保护] 制作专门的玻璃橱柜，用于保护诸如服饰、书画等容易老化和损伤破坏的藏品；制作醒目标语，提醒观众文明参观；建立健全规章制度，以规范藏品管理和保证藏品安全。此外，博物馆还负责全市不可移动文物的日常管理及抢救修缮以及田野调查等工作。

经营管理

[单位性质] 全民所有事业单位

[经费来源] 市财政全额拨款

[人员编制、组成] 事业编制数为4个，现有正式在编工作人员4人，其中本科学历1人，大专1人，中专1人，高中1人，临时聘用职工3人（主要为安全保卫和卫生保洁人员）。

[观众接待] 观众人数每年近2万人次。

参观指南

[地址] 广西壮族自治区东兴市江平镇万尾村民族大道中段京岛风景名胜管理委员会旁

[邮编] 538101

[开放时间] 周一、周二闭馆，周三至周日，9:00—17:00

[票价] 从2009年7月29日起，实行免费参观。

（撰文：东兴京族博物馆暨东兴京族生态博物馆）

北流市博物馆

Guangxi Beiliu Museum

概述

类型　地方综合性博物馆

隶属关系　隶属于北流市文化和体育局管理

创建时间　1989年6月

所在位置　地处北流县农民运动讲习所内，北临城东一路，交通便利，环境幽雅。

面积　占地面积1147平方米、建筑面积1056平方米

建筑、布局　北流县农民运动讲习所旧址左右两边是旁舍，前座是文物库房，二座已拆除，三座是讲堂和藏书楼，后座是瓦房。博物馆办公室建筑为民居四合院风格，第二进、两边厢房为砖木结构瓦房，为博物馆办公用房。一进为钢筋混凝土三层结构，为文物库房面积800平方米。

历史沿革　原为1927年3月成立的北流县农民运动讲习所，1950年改为北流县人民医院，1979年7月改为北流县文物管理所，1989年6月升格为北流县博物馆，1994年随北流撤县建市改称为北流市博物馆，隶属市文化和体育局领导。1985年在农讲所内建文物库房，并于当年投入使用。该馆是广西壮族自治区级文物保护单位和北流市爱国主义教育基地之一。馆名由国家文物局夏桐郁题写。

历任馆长　杨瑞棠（1979.7～1981.8　副所长）；黎戈（1981.9～1982.1　副所长）；唐尚恒（1982.2～1984.11　副所长）；杨瑞棠（1984.12～1986.8　副所长）；陈西章（1986.9～1989.9　副所长）；卢岱荣（1989.10～1990.8　副所长）；陈尚进（1990.9～1992.11　副馆长）；李振生（1992.12～1993.9　第一副馆长）；陈西章（1993.10～1994.5）；李俊旺（1994.8～1995.10）；陈尚进（1995.12～2007.5）；李振生（2007.5至今　第一副馆长）。

业务活动

基本陈列　北流市博物馆目前基本陈列有区级爱国主义教育基地李明瑞、俞作豫烈士纪念馆，坐落在城区田螺岭，1985年2月1日开馆，占地50亩，建筑面积800平方米，陈列展厅面积800平方米。纪念馆展厅陈列采用PUC装饰材料运用铝塑板作为板料以板报形式，布展李明瑞、俞作

1.北流市博物馆大门　2.北流市博物馆文物库房　3.李明瑞俞作豫纪念馆正门　4.李明瑞俞作豫烈士雕像

豫烈士生平事迹，事迹的展示采用实物、图片、油画、照片、石雕、资料等展出。

藏品管理

[藏品来源] 考古发掘、出土和社会捐赠、征集（购）等。

[藏品类别] 有石器、陶器、瓷器、玉器、木器、钱币、铜器、铜鼓、银器、铁器、古书、革命文物等。

[藏品统计] 馆藏文物已达1142余件，其中国家一级文物5件、二级文物19件、三级文物111件。

[重要藏品] 以汉代的铜鼓、南宋影青瓷最具特色，如1955年征集的北流县六靖水冲庵铜鼓，面径165厘米，重300公斤、足残，是目前所知世界现存最大的一面铜鼓。目前北流市博物馆馆藏铜鼓34面。

[藏品保护] 自1985年新库房建成以来，藏品保管条件有了明显改善：库房面积800平方米，制作了22个藏品柜，使馆藏多件文物藏能够分类上柜保管，便于查找；并添置大保险柜、铁柜2个，以贮藏珍贵文物，配备了4台5匹柜式空调，以调节库房内的温湿度，使藏品不受损害。安装了视频报警器，与110联网。在规章制度上，建立了《库房安全保卫制度》，并制作《入库人员登记表》、《文物、标本入馆凭证》、《藏品提取和退回凭单》等，以规范藏品管理、保证藏品安全。另外，博物馆还承担了全市不可移动文物日常管理工作。

宣传教育 为了让市民更多的了解藏品文物及历史文化遗产，在李明瑞、俞作豫烈士纪念馆展厅以图片、文字、电化教育为主，进行革命传统教育。此外，该馆还充分利用"5·18"国际博物馆日和"中国文化遗产日"，举办宣传活动，并不定期走进学校和社区，开展文物知识普及和文物保护法宣传活动。

交流合作 广西区博物馆、日本东京大学东洋文化研究所联合成立了中日铜鼓课题组，课题组成员罗坤馨、农学坚和日本吉开将人等三位专家，于1997年2月22日至3月18日，对北流市博物馆收藏的33面铜鼓进行了实测、记录、绘图、拍摄、归档整理。同时，课题组还考察了北流铜石岭冶铜遗址，并对出自北流的"铜鼓王"的确切出土地点作了初步查访。

经营管理

[单位性质] 全民所有制事业单位

[经费来源] 市财政全额拨款

[机构设置] 设有馆长室、综合科室、李明瑞俞作豫烈士纪念馆开放接待厅和保卫科室四个科室。

开禧丁卯款云气纹地双飞凤碗印模

绍兴二年款婴戏纹碗印模

影青瓷洗

影青镂空瓷魂瓶

兽饰云雷纹铜鼓

　　[人员编制、组成]　事业编制数为6人，现有正式在编工作人员10人，本科1人，大专3人，中专1人，专业技术人员5人，其中中级3人，初级2人。

　　[观众接待]　观众人数每年近10万人

参观指南

　　[地址]　广西北流市博物馆——北流市城区城东一路0090号（北流县农民运动讲习所旧址内）

　　中共广西省委机关旧址（在城区南面黎家庄）

　　李明瑞、俞作豫烈士纪念馆——北流市城区田螺岭（开放时间：周一至周五）

　　大成殿——北流市城区陵宁路

　　登龙桥——北流市城区龙桥街

　　景苏楼——北流市城区桥头公园内

　　粤东会馆——北流市城区高和街128号

　　俞家舍——北流市城区大兴街0167号

　　勾漏洞石刻——北流市北流镇勾漏村

　　铜石岭冶铜遗址——北流市民安镇兴上村铜石岭

　　岭峒窑址——北流市平政镇岭峒村

　　天门关——北流市北流镇甘村

　　扶阳书院——北流市白马镇政府院内

　　李明瑞烈士故居——北流市清湾镇平旦村

　　[邮编]　537400

　　[电话]　0775-6222317（办公室）

　　[开放时间]　周一至周五，夏季8：00－12：00，15：00－18：00，冬季8：00－12：00，14：30－17：30。

　　[票价]　从2008年1月1日起，实行免费参观。

　　　　　　　　（撰文：北流市博物馆　李振生）

百色起义纪念馆
Baise Up-rising Memorial Hall

概述

　　类型　社会科学类历史专题博物馆

　　隶属关系　隶属百色纪念公园管理委员会管辖

　　创建时间　1999年

　　正式开馆时间　1999年12月

　　所在位置　位于百色市城东路风景秀丽的迎龙山公园内，前临右江，背靠青山，山水相连，林木葱郁。

　　面积　占地面积14亩、馆建筑面积5500平方米、展厅面积3000平方米

　　建筑、布局　建筑根据纪念馆独特的功能性质，结合

百色起义纪念馆

迎龙山坡的特殊地形设计成三角形状，依山势而建，如同壮族图腾神蛙蹲坐于半山腰，建筑高大雄伟，又像一座坚不可摧的堡垒，纪念广场规划成与之相符的钻石型。在布展结构上，按基本陈列和专题陈列两个版块设为序厅、起义厅、英烈厅、功臣厅、小平厅、多功能厅6大组群。

　　历史沿革　纪念馆由张云逸大将提议，经广西壮族自治区党委批准，成立于1961年，原名"右江革命文物馆"。于1999年经中共中央办公厅批准修建，由江泽民亲笔题写馆名，正式改名为"百色起义纪念馆"，1999年12月正式对外开放。2005年2月，根据中央关于开展红色旅游精神和广西壮族自治区党委的要求，对百色起义纪念馆基本陈列进行全面改造。2005年12月11日基本陈列改造工程胜利竣工并正式对外开放。改造后的百色起义纪念馆将成为全国红色旅游的新亮点、新形势、新窗口。是全国爱国主义教育示范基地、全国民族团结进步教育基地之一。先后获得：2001年9月，国家文物局授予1999～2001年度"郑振铎王冶秋文物保护奖"；2001年，荣获2000年度国家文物局授以的"全国十大精品陈列展览精品奖"；2004年，中宣部、文化部、人事部、民政部授以"全国爱国主义教育示范基地先进集体"；2005年，中央文明办授以"全国文明单位"称号；2006年，国家文化部授予"中国新时期优秀文化设施"；2006年被评为"2006年中国红色旅游十大景区"称号。

　　历任馆长　赵世同（1961～1964　右江革命文物筹备委员会主任兼）；徐平（1964～1972）；陈元生（1972.9～1974.5）；韦宝昌（1974.6～1975.12　临时负责）；刘明金（1976.1～1978.12　临时负责）；王志（1979.1～1984.3）；韦宝昌（1984.4～1984.10临时负责）；张文斌（1984.11～1993.6）；韦宝昌（1993.12～2000.2）；农珍批（2000.2～2005.1）；黄芬

展厅一角

展厅一角

（2005.1至今）。

业务活动

基本陈列　馆建筑面积5500平方米，展厅面积3000平方米，展线总长738米，共展出重要文物326件、照片428幅。在布展结构上，按基本陈列和专题陈列两个版块设为序厅、起义厅、英烈厅、功臣厅、小平厅、多功能厅6大组群。在布展内容上，以文物为主要展览语言，全面展示有关百色起义的重要人物和重要事件。在布展主题上，突出表现邓小平的丰功伟绩和百色起义革命先辈不畏艰险、敢于牺牲、英勇奋斗、勤政为民、廉洁奉公的革命精神。在布展手段上，充分运用声、光、电、多媒体、壁画、雕塑、油画、场景复原、幻影成像、虚拟现实等现代展陈技术再现历史，突出重点、亮点，增强艺术性和感染力。同时，通过融合民族文化、民族符号于公共空间、展陈细节，体现浓郁的地域特色和鲜明的艺术特色。

临时展览　协助右江书画院举办《右江书画院成立十周年'墨韵风采'艺术作品展览》等专题和临时展览。

藏品管理

［藏品来源］　社会捐赠、征集等

［藏品类别］　近现代文物

［藏品统计］　馆藏文物5000多件，其中有国家一级文物5件，二级文物38件，三级文物552件。

［重要藏品］　主要以近现代文物为主，如1930年秋，邓小平到恩隆县林逢区视察工作时用过的马鞭；张云逸大将的大将服、砚台；1926年韦拔群等印发的《敬告同胞书》；东兰县巴遮乡苏维埃政府旗；韦拔群使用过的时钟、手摇铃；红七军创办的《右江日报》及当时使用的印刷机等，为人们缅怀邓小平等老一辈无产阶级革命家功绩、接受爱国主义教育和革命传统教育提供了重要的参考价值。

［藏品保护］　纪念馆的文物库房，文物陈列厅都安装有安全防盗门，防火报警器材，监控设备，有专门的保安人员24小时值班监控。除宣教组、设备组、保管组定期对展厅文物进行日常保养工作（防火、防潮、防虫、防尘、防震等）外。还加强对展厅巡视人员的安全教育，对安全工作经常督促检查，针对安全工作特点及时进行调查研究，制定展厅巡视员职责，要求展厅巡视员对馆内重要文物和场景进行重点盯防，对展柜外的文物也要加强保护措施，减少游客对外在文物的触碰，从一定程度上保护文物的完好。

宣传教育　为让更多的群众接受爱国主义、集体主义、革命传统教育，了解百色起义纪念馆，在对外宣传推介工作上，主要采取的方法是：一是充分利用各种平台推介纪念馆，开展宣传和交流活动。2005年参加了北京·广西文化周"美在广西—旅游嘉年华"和"2006博物馆及相关产品与技术博览会"等文化旅游推介会，二是继续与广西电视台合作做好《百色故事》宣传栏目的开播工作，并做好资料收集与整理，协助栏目组制作了《粤东会馆的故事》、《红七军军部旧址的故事》、《古朴的壮族干栏》、《斑斓的民族服饰与神奇的传统节日》等4个节目；三是继续加大网站建设与管理工作，加强与红色旅游宣传网站及媒介合作，扩大宣传力度和影响力，通过《中国文物通讯》、《中国文物报》、《人民日报》、《广西

邓小平使用过的马鞭

日报》等报刊专版介绍该馆的情况。四是完成《百色起义纪念馆大事记》、《红城百色》、《百色记忆》、《再铸辉煌》宣传书、资料收集、策划等工作，完成《红七军战史》初稿编写送审工作，《百色风雷》一书定稿，交付印刷；五是做好宣传制品的策划、印制，如《百色起义纪念馆简介》、《百色起义纪念馆陈列方案》、《百色起义纪念馆讲解词》、《中国工农红军第七军军部旧址简介》、《百色起义纪念馆画册》、邓小平铝像、百色起义纪念馆纪念金碟、红七军军部旧址纪念金碟、百色起义领导人纪念银章、纪念票封套等；五是利用"5·18国际博物馆日"、"世界文化遗产日"等特别节日作好宣传活动；六是按照自治区党委指示精神，配合电影《红七军》提供相关文字、照片等主要资料。七是配合自治区文物局做好《中国文物事业60周年》一书资料收集及调研报告编写工作。八是参与重庆卫视《故事中国，人文天下》栏目录制，讲述百色起义中的共产党人，参与安徽人民广播电台《神州任我行》栏目录制，讲述百色起义历史背景、历史意义等。九是配合区内外各媒体做好百色起义80周年相关节目录制。十是协助全国红色旅游办公室和广西电视台联合拍摄《寻访先辈的红色足迹》栏目。

在配合自治区以"邓小平足迹之旅"、"保持共产党员先进性教育活动"等为主的红色旅游活动中，不仅与自治区高校精神文明建设委员会共同举办《爱国主义教育基地走进广西高校——百色起义纪念馆基本陈列高校巡回展》在南宁高等院校、桂林高等院校巡展，还先后接待区内外3816个单位88328人到馆里开展"先教"活动，为各级党团组织举行各种宣誓仪式500场次，放映专题录像150场，为观众讲解20000多批次，为广大党员干部接受革命传统教育做出了应有的贡献，取得显著的社会形象社会效益，扩大了爱国主义教育主阵地的宣传教育作用。

科学研究　纪念馆在注重爱国主义教育普及的同时，研究成果也较突出，如：黄芬：《桂西地区发展红色旅游发展战略思考——以百色市为例》，（《桂林师范高等专科学校学报》）；《百色旧石器的发现和研究》，（《历史的天空》2005年8月）；《广西步兵盆地第四纪地貌与地质发育历史》，（《第十一届中国古脊椎动物学术年会论文集》2008年9月）；主编出版《现代爱国主义教育基础理论与实践》、《见证广西——中国共产党在广西85年》。

由研究室人员独著或参与编写的书籍有《英雄的百色》、《百色红旗》、《广西改革开放二十年》、《中华民族精神丰碑》、《左右江革命根据地人物志》等先后由中国大百科全书、中共党史出版社、中央文献出版社、广西人民出版社、广西民族出版社等出版；论文《二十年代右江金融状况对百色起义的影响》、《论博物馆的行业优势和博物馆的发展》、《民族地区民族博物馆建设新思考》、《依托资源优势建设有特色的博物馆》、《粤东会馆建筑及其吉祥文化》、《桂北文化的发展趋势及其思考》等十几篇论文先后于《中国博物馆》、《中国博物馆通讯》、《广西金融研究》、《广西民族研究》、《右江民族师专学报》等杂志上发表或入选2002年广西文博论坛研讨会，并在会上作发言交流。

交流合作　百色起义纪念馆重视加强与各阶层的旅游部门广泛联系与合作，积极组团参加全国各地相关纪念馆和旅游的会议、研讨会、交流会、推介会，派员到广安、南昌等地兄弟馆考察交流，学习先进的管理经验以达到取长补短。如2006年10月到郑州参加河南博物院举办的"博物馆与青少年学术论坛暨创新展示研究会"；参加在天津中国旅游管理干部学院举办的第三期全国红色旅游导游讲解骨干人员培训班等；参加在四川广安举行的邓小平纪念地协作发展研讨会的协作和筹办工作；由黄芬主任、廖副主任带队前往龙州参加龙州起义纪念活动；派员参加在天津中国旅游管理干部学院举办的第四期全国红色旅游讲解师资培训班；参加市委组织的南昌、井冈山、西安、延安等地考察学习活动；派员参加"帅府杯"文化遗产全国讲解比赛广西选拔赛，并入围全国赛；派员参加重庆红岩联线文化发展管理中心举办的"追忆峥嵘岁月，讲述革命故事""红岩杯"全国革命博物（纪念）馆讲故事大赛，并获优秀奖；参加中宣部宣教局、红色旅游协调工作办公室、中国教育电视台举办的"沿着光辉的足迹"全国爱国主义教育示范基地优秀讲解员导游员网络评选和电视大赛活动，并获优秀奖；派员赴上海、杭州、苏州、黄山等地考察学习；参加在四川广安小平故里召开的中国革命纪念馆专业委员会第十七次年会；赴海南参加《海南人民的儿子——开国大将张云逸生平展》；参加全国红色旅游工作协调小组办公室在百色举办的"全国红色旅游管理培训班"；赴桂林参加自治区爱国主义教育基地讲解员培训班；派员赴广州番禺职业技术学院讲课，与学生共同探讨关于对革命传统的认识问题；在桂林、南宁、北京三地举办"百色起义80周年慰问红七、红八军家属座谈会"活动；派员赴上海参加"全国馆藏文物保护环境质量检测技术规范"等五项文物保护行业培训学习班；与广西师院共同做好《现代爱国主义教育理论与实践》文集的筹备、出版工作；为庆祝"中国共产党在广西"85周年活动，与广西区党史办共同做好《见证广西》百色部分资料的整理、组稿、出版工作；同时与广西区党史办共同完成广西红色旅游丛书之一《右江魂》一书的组稿编写工作；组织完成了《百色起义连环画》的专题方案和材料内容上报审定工作等。

经营管理

[单位性质] 全民所有事业单位

[经费来源] 市财政局全额拨款

[机构设置] 设有馆长室、副馆长室、宣教组、研究组、信息网络中心、设备管理组、保管组、保卫组八个组室。

[人员编制、组成] 事业编制数为26人，现有正式在编工作人员26人，研究生学历5人，本科5人，大专17人，专业技术人员20人，其中高级职称2人，中级6人，初级12人，临时聘用职工60人，主要为讲解员、展厅服务员、设施设备管理人员、安全保安人员。

[观众接待] 观众人数每年近100万人

百色起义纪念馆自对外开放以来，先后接待了胡锦涛、温家宝、贾庆林、李长春、罗干等多位党和国家领导人，观众达680多万人次，观众面遍及国内省市和美国、加拿大、泰国、英国、德国、日本、澳大利亚、香港、台湾、澳门等国家和地区。

参观指南

[地址] 广西百色市城东路142号

[邮编] 533000

[电话] 0776-2824401、0776-2899008（票务处）

[传真] 0776-2850496

[电子邮箱] Bsqiyi@163.com

[网站] http://www.bsqy.gov.cn

[开放时间] 周一闭馆，夏季8:40－16:50，冬季8:40－16:30

[票价] 从2008年3月20日起，实行免费参观。

（撰文：百色起义纪念馆）

合浦汉代文化博物馆

Hepu Museum of Han Dynasty Culture

概述

类型 社会科学类文物专题博物馆

隶属关系 隶属于合浦县文化和体育局管辖

创建时间 1978年9月20日

合浦汉代文化博物馆外景

正式开馆时间 1986年2月1日

所在位置 地处合浦汉墓群四方岭重点保护区域内，南临南宁至北海二级公路

面积 占地面积13300平方米、建筑面积4015平方米

建筑、布局 建筑仿汉代民居风格，为钢筋混凝土结构。馆区有仿汉代石阙大门、中心文物陈列厅、1号和2号汉墓保护展示厅、文物库房、办公楼、保安宿舍楼、公厕。中心文物陈列厅为三层建筑，展厅面积2000平方米，分3个展厅和1个学术报告厅。

历史沿革 前身为合浦县文化馆文物保管组，1978年9月20日成立合浦县博物馆，办公地点在合浦县体育场内大舞台后面。1986年2月1日，在合浦县中山公园内建成合浦县博物馆大楼，陈列展厅正式对外开放。合浦汉代文化博物馆于1987年5月筹建，2008年12月新馆建成并投入使用。该馆是广西壮族自治区爱国主义教育基地、北海市科普教育基地、北海市文明单位。

历任馆长 黎顺鉴（1978.9～1998.3 管全面工作的副馆长、馆长）；王伟昭（1998.4～7 副馆长暂代馆务工作）；杨家棠（1998.8～2002.8 副馆长管全面工作）；王伟昭（2002.9～2008.3 副馆长、馆长）；叶吉旺（2008.11至今）。

业务活动

基本陈列 《合浦汉墓文物精粹展》通过362件合浦汉墓出土文物和相应的文字说明、文物图表，直观地揭示了合浦郡辉煌的历史文化及汉代海上丝绸之路始发港的盛况。陈列展厅面积2000平方米，分为青铜馆、陶器馆和杂器馆三个展区。重要展品汉代琉璃杯、錾刻纹青铜樽、青铜提梁壶、子母玉带钩、龙首金带钩、宜子孙日益昌出廓玉璧等。

临时展览 开馆至今举办临时性展览有：《抗日战

展厅一角

争胜利60周年图片展》、《共和国元帅图片展》、《恐龙化石展》、《民间收藏钱币展》、《合浦县民间收藏品展》、《倡导科学、反对邪教图片展》、《合浦县迎春书画摄影展》、《三业书画展》、《馆藏扇面展》、《打击走私文物展》、《合浦县不可移动文物图片展》、《合浦考古新发现展》。

藏品管理

[藏品来源]　考古发掘、社会捐赠、征集（购）等。

[藏品类别]　石器、玉器、陶器、青铜器、金银器、铁器、玻璃器、水晶玛瑙、琥珀松石、书画扇面、历代钱币、明清瓷器、家具、古籍碑刻、竹木牙雕等。

[藏品统计]　馆藏文物5200余件，其中，国家一级文物21件、二级文物92件、三级文物99件，馆藏国家一级文物总数居广西第三位。

[重要藏品]　合浦汉墓出土的陶器、青铜器、金器、玉器、玻璃器等别具特色。1989年2月合浦红旗岭二号汉墓出土的庑殿顶陶楼，建筑组合上有中轴线，高低参错，主次分明，反映出汉代岭南地区木构架建筑普遍使用柱、樑、枋等方法的独特建筑体系。1978年5月合浦北插江西汉墓出土的金梭形金串珠手链和金球饰；1990年6月合浦黄泥岗新莽墓出土的龙首金带钩、子母玉带钩、紫色水晶穿珠、湖蓝色玻璃杯等，制作工艺精湛，堪称难得一见的汉代文物珍品。湖蓝色玻璃杯、紫色水晶穿珠和金串珠手链、金球饰等，是汉代合浦与东南亚国家地区贸易交往的重要物证，对研究汉代海上丝绸之路历史文化具有非常重要的史证价值。

[藏品保护]　自2008年12月迁入新馆以来，藏品保管条件明显改善：库房面积由狭窄拥挤的200多平方米增加到500平方米；使馆藏文物能够规范分类上架，藏品得到更加安全妥善的保管。馆藏陶器放置铁架上；青铜器安

放铁柜里；玉杂器等小件器物则另有珍品柜分类存放；书画有专门定制的樟木柜密封保存，并定时定期进行防虫、防腐保护。建立健全了《文物库房安全保卫制度》、《入库人员登记制度》、《文物、标本入馆凭证》、《藏品提取和退回凭证》等文物库房规范管理制度，严格按照规章办事。对于珍品柜的管理，每次打开关闭后都重新贴上封条，以确保文物藏品的安全。

宣传教育　为了弘扬优秀的传统文化，让广大人民群众更多地了解合浦的馆藏文物及历史文化，每年"5·18"国际博物馆日和"文化遗产日"期间，都组织声势浩大的文物保护宣传周活动，县领导发表文物保护专题的电视讲话；张挂保护文物内容的过街横额；上街设点散发文物保护宣传资料和合浦文物简介；在县城广场举办《合浦考古新发现图片展》、《合浦汉墓出土文物精品图片展》、《合浦不可移动文物图片展》等，不定期地与县城各中、小学校及社会团体联合开展文物保护法规宣传和文物科普活动。利用《北海日报》、《广西日报》、《南国早报》

新莽　深蓝色玻璃杯

汉　"宜子孙日益昌"玉璧

等报刊和北海电视台、广西电视台立体化宣传、推介合浦文物古迹及考古新发现。2004年4月，由广西壮族自治区党委宣传部、北海市人民政府主办合浦县人民政府承办的"北海合浦海上丝绸之路始发港学术研讨会"后，由科学出版社出版了《中国北海海上丝绸之路始发理论研讨会论文集》；合浦县志办出版了《珠光帆影丝路长》论文集，两书共收入论文68篇。2005年初，中央电视台七台在合浦拍摄并播出了《搜寻古港》专题片；2007年上半年，中央电视台一台到合浦拍摄并播放了《大海湾》；2008年2月25日中央新闻频道播出了合浦草鞋村考古新发现。《北海日报》开辟有"珠乡采风"、"合浦文物谈"、"珠城名胜古迹"、等栏目，定期介绍合浦文物古迹及历史文化。

科学研究　博物馆研究成果突出，多人在全国及省级文物专刊发表学术文章：王伟昭《合浦汉代装饰品来源问题的探讨》（《中国当代文博论著精编》2006年）；《广西合浦县出土汉代玻璃器的检测和研究》（《丝绸之路的古代玻璃研究》2007年）；《永安守御千户所城与大士阁》（《中国文化遗产》2008年5月）；张居英、陆露《广西合浦县母猪岭汉墓的发掘》（《考古》2007年第2期）；陆露、张居英《西汉合浦港考辩》（《广西民族研究》2008年）；张居英《合浦县明代建筑考辩》（《广西考古文集》第3辑）；廉世明《合浦文昌塔说略》（《广西博物馆文集》第5辑2008年）；熊昭明、廉世明《合浦文昌塔汉墓发掘报告》（《广西考古文集》第3辑2008年）。

交流合作　合浦汉代文化博物馆向来与国内外同行有着密切的交流与合作，2004年4月，配合县政府承办"北海合浦海上丝绸之路始发港学术研讨会"，中国社会科学院院士吴传钧等国内知名专家50多人参加研讨会。2006年3月16日，美国驻华大使馆雷德大使及驻广州总领事馆官员赠人民币20万元装修二号汉墓保护展示厅，竣工仪式后，参观考察了合浦汉代文化博物馆。2007年3月，越南国家博物馆阮馆长一行3人到合浦寮尾村汉墓发掘现场进行考察。2008年2月21日，联合国教科文卫组织官员8人到馆参观考察；2008年6月至8月，德国考古专家2人、新西兰考古专家2人、日本信友国际株式会社黄枫等5人先后到合浦汉文博物馆考察；2008年11月27日，全国文物保护学术研讨会代表146人参观考察了合浦汉墓出土文物展和汉墓一、二号保护展示厅。合浦汉代文化博物馆长期以来与广西壮族自治区博物馆、广西文物考古研究所、广西民族博物馆、柳州市博物馆等文博单位保持密切合作关系，不断增进馆际间的学术交流和友谊。

经营管理

[单位性质]　全民所有制事业单位

[经费来源]　县财政全额拨款

[机构设置]　设馆长室、副馆长室、陈列组、保管组、外勤组、保卫组。

[人员编制、组成]　核定事业编制12人，正式在编人员11人，本科学历2人，大专2人，中专3人。专业技术人员9人，高级职称2人，中级1人，初级6人。临时聘用职工10人，主要为安全保卫人员。

参观指南

[地址]　广西合浦县廉州镇定海南路81号

[邮编]　536100

[电话]　0779-7285790

[传真]　0779-7281895

[电子邮箱]　HP7285790@qq.com

[开放时间]　周一闭馆，9:30－17:00

（撰文：合浦汉代文化博物馆）

那坡县博物馆

Napo Museum

概述

类型　地方综合性博物馆

隶属关系　隶属于那坡县文化和体育局管辖

创建时间　1980年10月

正式开馆时间　1984年10月

所在位置　地处那坡县城旧城区北面约500米后龙山脚下国家重点保护单位"感驮岩遗址"南侧、人民公园中心，交通便利，环境幽雅。

面积　占地面积2295平方米、建筑面积1483.25平方米

那坡县博物馆外景

建筑、布局　建筑仿传统民族风格四合院，北面采用北方观礼台式，南面采用南方壮族干栏吊脚楼式，东面围参观走廊，西面设参观接待室及办公室、文物库房。全部钢筋混凝土结构，分陈列展厅、文物库房、办公用房三大部分，陈列展厅面积827.37平方米，分3个展厅。

历史沿革　前身为那坡县民胜古迹景区，1958年广西考古专家黄增庆于感驮岩洞内发现新石器时代出土文物，遂列入广西新石器"洞穴遗址"，1960年县人民政府划为人民公园，1980年开始建馆，自治区文化厅拨专款30万元修建馆舍，1984年10月建成开馆，成为当时百色地区第一座县级地方综合性博物馆，1985年12月荣获全国文博先进单位称号。2009年1月列为百色爱国主义教育基地之一。

历任馆长　黄生（1982.3～1993.12）；黄芬（1994.1～1999.12）；陆剑峰（2000.1～2001.3）；符米铁（2001.4～2001.12）；章焕然（2002.1至今）。

业务活动

基本陈列　《镇边县民主革命时期斗争史实陈列》，主要反映邓小平、张云逸等领导发动百色起义创建红七军、红八军，红军战略转移途径边坡那坡县时深入边区组织发动群众革命，建立边区革命根据地，传播革命种子的战斗历程。1946年，华南分局按照周恩来指示，调驻越南休整的广东南路人民解放军老一团回国组建桂滇边纵队并进驻平孟乡北斗村设司令部，与边区地方革命武装密切配合，开展解放战争，扩大边区游击战，发展壮大为滇黔桂边区纵队，迎接全国解放等。

临时展览　为满足观众的不同文化需求，充分发挥博物馆教育作用，结合本县实际情况，从开馆至今，共成功举办了多个专题陈列。主要有：《共和国元帅光辉业绩展》、《感驮岩遗址考古发掘成果展》、《那坡县民族民俗风情展》、《百色市领导干部书法作品展》、《那坡、

那人、那歌摄影作品展》等。

藏品管理

[藏品来源]　考古发掘、社会捐赠、部门移交、征集等。

[藏品类别]　石器、陶器、铁器、青铜器、木器、纺织品等。

[藏品统计]　馆藏文物达2087件（不包含部分感驮岩遗址出土的器物）其中二级文物18件，三级文物180件。

[重要藏品]　感驮岩遗址出土的新石器时代文物，如、石锛、双肩石斧、石镞、石环、骨簪、陶纺轮等。旧式武器，铜鼓，民族服饰有边疆少数民族壮、高山汉、苗、瑶、彝5个民族服饰。

[藏品保护]　自1997年建立文物仓库后，那坡县博物馆馆藏文物有了较好的保管条件，文物库房从无到有，面积168平方米，分木器、铁器、纺织品和其它类4个独立库房。另外，设立一个16平方米的珍贵藏品库房，配备"三铁一器"。岗位设制专职保管员，专职保卫员。保证文物安全。

管理全县文物保护单位24处，其中全国重点文物保护单位2处，自治区重点文物保护单位1处。

宣传教育　根据边远山区群众对文物作用的了解十分有限的实际情况，1980年初建馆同时开展《中华人民共和国文物保护法》宣传活动，专门举办了《文物保护法》专题宣传展览，同时结合开展全国第二次文物普查的契机，积极发动群众开展文物普查工作，通过普查，全县共发现365个文物点，经选定24处为重点文物保护单位。其中全国重点文物保护单位2处，自治区重点文物保护单位1处，采取理论与实践相结合的宣传方法，使群众逐步认识到文物保护的重大意义，《文物保护法》宣传深入人心，领导、群众守土有责意识进一步提高，各类文物开始得到保护。

科学研究　博物馆在开展业务活动中，特别注重社会调查，以不断充实丰富资料收存，鼓励大家多撰写研究文章，有多人次文章在省级以上刊物发表，如：韦江等《感驮岩遗址发掘填补广西史前文化空白》（《中国文物报》2001年10月19日）；黄生《在探索的道路上》、《边疆小县办文博》、《如何办好边远山区博物馆》、《要加强文博专业培训》、《那坡县民族民俗素引》、《神圣的金竹丛》、《古镇安地名初考》、《可爱的那坡》。《铜鼓歌》、《金竹文化》、《彝族葫芦笙》、《桂滇边区彝族来历初考》、《铜鼓欢歌》、《马鹿角的故事》、《边关古炮台》、《边疆文化建设结硕果》，黄芬《那隆乡各岗

展厅一角

新石器时代　双肩石斧

新石器时代　陶防轮

旧式武器

铜鼓

出土铜鼓》，韦青山《那坡县博物馆馆藏钱币简介》，章焕然《那坡县博物馆现状及发展思路刍议》等。

交流合作　采取"走出去"的方法，到外地考察采访，虚心学习，受益匪浅，原馆长黄生1985年荣获全国文博先进工作者，后到沿海考察学习，参加"中原文物研讨"，到湖南绍山参观，增长不少见识，1988年协助自治区文物处开办《文物干训班》亲任班长；黄芬1984年就训于湖南《抢救文物干训班》，提高了专业知识。

经营管理

　　[单位性质]　全民所有制事业单位

　　[经费来源]　县财政全额拨款

　　[机构设置]　设馆长室、副馆长室、陈列部、群工部、保卫部、办公室6个部门。

　　[人员编制]　事业编制7人

　　[观众接待]　观众人数每年近万人

参观指南

　　[地址]　那坡县城厢镇龙泉街42号

　　[邮编]　533900

　　[电话]　0776-6822230

（撰文：那坡县博物馆）

那坡黑衣壮生态博物馆

Napo Heiyi Zhuang Eco-museum

概述

　　类型　社会科学类文化生态专题博物馆

　　隶属关系　隶属于那坡县文化和体育局管辖

　　创建时间　2007年6月

　　正式开馆时间　2008年9月

　　所在位置　位于那坡县龙合乡共和村达文、达近、达

黑衣壮生态博物馆展示中心外景

1.生态博外景物馆一角　2.展厅一角　3.织布机　4.榨蔗机

厚、马独、果桃5个自然屯区域内，展示和信息资料中心建在达文屯。

面积　社区涵盖5个自然屯，面积约6平方公里。展示中心占地面积1730平方米，建筑面积964平方米。

建筑、布局　建筑仿干栏民居风格，为木瓦结构、分陈列展厅、文物库房、档案室、信息资料室、小型会议室、研究人员工作室等。分2个展厅，面积484平方米。

历史沿革　达文及周边的达近、达厚、马独、果桃5个自然屯是黑衣壮族群的居住地之一，各村落的建村历史，很多人都说不出来。2000年，广西民族摄影协会在那坡召开年会，黑衣壮族群才被发现挖掘，2003年7月，广西民族生态博物馆建设课题组召集人吴伟峰（广西博物馆长）、农学坚（广西民族博物馆副馆长）到城厢镇龙华村吞力屯、龙合乡达文屯进行生态博物馆选址考察，后经过多位领导、专家的考察论证。最终确定建在达文屯，2007年6月8日正式动工，2008年9月26日落成。成为广西"1+10"工程中第五座建成并对外开放的生态博物馆。

业务活动

基本陈列　《大山里的黑衣壮陈列展》，分为"大山情怀"、"生息劳作"、"生活起居"、"礼仪习俗"、"黑色魅力"、"达文与生态博物馆"六个部分。展出文物200余件、照片150多幅，展示内容包括当地居民的劳作、服饰、习俗、歌谣以及生态博物馆介绍等，全面展现了黑衣壮的文化底蕴和独特魅力。

藏品管理

[藏品来源]　征集（购）、村民捐赠

[藏品类别]　有木器、铁器、竹具、纺织品、石制品等。

[藏品统计]　馆藏文物300余件。

宣传教育　黑衣壮生态馆博物馆区域内的5个自然屯，由于其居住在大石山深处，缺水、不通电、不通路，几乎与外界隔绝。因而仍能基本保留原始的村落风貌和生产生活习俗，是壮民族古老文化的"活化石"。落后环境和旧社会民族歧视残余思想最容易导致民族自卑感的产生。在这种心理的作用下，他们容易被迫放弃传统，被迫改变族群的审美心理和审美情趣。生态博物馆的建设给黑衣壮得到展示自己族群的机会，并激活族群记忆，唤起族群意识。通过宣传教育，让他们重新成为祖国大家庭的一员，从而增强对本族群文化的认同，使民族自尊心得到进一步提高。

科学研究　黑衣壮生态博物馆自选址考察开始，注重对这一全新的文化遗产保护形式进行探索，并取得一定成就，开始有人在省级刊物上发表文章。如吴伟镔、章焕然《生态博物馆居民参与的现状和对策浅析》等。

交流合作　那坡黑衣壮生态博物馆落户那坡以后，一直积极与国内外专家学者进行交流合作。2006年7月14日，由中央民族大学潘守永教授率领一行16位专家、学者到达文屯调研；同年7月26日至30日，清华大学"赴壮乡揭秘支队"一行20人到达文屯开展社会实践活动；2006年9月23至26日，日本国立民族博物馆民族学家塚田诚之一行4人到黑衣壮生态博物馆所在村落达文屯考察。广西民族大学、广西师范大学和中南民族大学、武汉大学、四川大学、北京师范大学等院校师生先后到黑衣壮生态博物馆所在地考察调研。博物馆人员到南丹、三江、靖西、贺州、灵川、东兴、融水等生态博物馆参观学习，吸取先进的办馆经验，提高自己的管理水平，致力把生态博物馆办好。

经营管理

　　[单位性质]　全民所有制事业单位

　　[经费来源]　县财政全额拨款

　　[机构设置]　设馆长室、综合部、保卫部3个部门

　　[人员编制]　事业编制3人，临时聘用2人，主要是安全保卫和勤杂工作。

参观指南

　　[地址]　那坡县龙合乡共和村达文屯

　　[邮编]　533902

　　　　　　　　　　　　（撰文：那坡黑衣壮生态博物馆）

李宗仁文物管理处

Administration of Li Zongren's Residence & Private Mansion

概述

　　类型　社会科学类名人专题纪念馆

　　隶属关系　隶属于桂林市文化局管辖

　　创建时间　李宗仁官邸：1990年

　　　　　　　　李宗仁故居：1987年

　　正式开馆时间　李宗仁官邸：1991年8月13日

　　　　　　　　　　李宗仁故居：1989年

　　所在位置　李宗仁官邸：地处风景秀丽的杉湖，东临漓江，东南300米处是著名的象鼻山景区，交通便利，环境优雅。

　　李宗仁故居：距桂林两江国际机场仅6公里，故居西北倚靠天马山，西南边有古定山和肖家山，东南东北面地势

1. 李宗仁官邸　2. 李宗仁故居

平坦，视野开阔。故居门前是桂林经两江去永福县百寿镇的国防公路，交通十分便利。

　　面积　李宗仁官邸占地面积4321平方米、建筑面积1267平方米；李宗仁故居占地面积5060平方米、建筑面积4360平方米

　　建筑、布局　李宗仁官邸：1948年李宗仁在南京当选副总统时由广西当局出资为他建造的，是桂林市区内保存较为完整的名人旧居，为砖木混凝土结构建筑。以端庄、通透的主楼为中心，四周配建门房、副官楼、警卫室、停车场、花园、附楼，整体上显示了一种浓郁的中西结合别墅式建筑风格。庭院布局、砖木结构、青瓦庑殿屋顶等是典型的中式风格，而红砖黄墙、半圆阳台、拱形大门、屋檐排水设施、宽阔的露天阳台、大面积的花园草坪、室内的壁炉及浴缸等设施又极具西洋风格。分陈列展厅、文物库房、办公用房三大部分，陈列分6个展厅，展厅面积978平方米。

　　李宗仁故居：为悬山小青瓦屋面的木结构二层楼房，由安乐第、将军第、学馆、三进客厅组成，分布有13个天井，前院和后院，用垣墙分割成7个院落，各院前、后、邻墙均设门相通，既便于功能分区，又便于互相联系。深

宅大院，共计房屋113间，从住宅、客房、学馆、作坊、厨房、粮仓、油库、防御体系到鱼塘、猪圈、牛栏等，一应俱全，既显示了普通民居所难为的庄园气派，又体现了乡村农家半耕半读的内涵。

历史沿革　李宗仁官邸：1942年，郭德洁以每亩2000元（银圆）在市中心杉湖南畔购地6亩多，请北京建筑院总建筑工程师林乐义为官邸设计图纸。1943年官邸破土动工兴建，1944年因桂林沦陷而停工。抗战胜利后，1946年由桂林市政府建设科周绍文科长负责续建，1948年4月，官邸在李宗仁成功当选国民政府副总统之际竣工。

1948年下半年到1949年11月，李宗仁返桂时曾在官邸居住和处理政务。解放后，官邸曾先后由部队、医院、机关等部门使用。1966年3月，海外归来的李宗仁回到家乡桂林，回到官邸，此时官邸在中南局书记陶铸的指示下按原貌修葺一新。李宗仁本拟在官邸小住一段时间，因夫人郭德洁病危，陪护急飞北京抢救，从此再也没有回来。此后官邸又先后由桂林市公安、园林、老干部活动中心等单位使用。

1987年李宗仁官邸被公布为桂林市第四批重点文物保护单位。1994年5月被公布为广西壮族自治区级重点文物保护单位，1995年12月，经广西壮族自治区党委、自治区人民政府批准，命名为自治区爱国主义教育基地；1996年荣获"全国文博系统优秀爱国主义教育基地"称号，1996年11月被国务院公布为全国重点文物保护单位。

1991年8月，全国政协、中共中央统战部在桂林隆重举行"李宗仁先生诞辰100周年纪念座谈会"，成立李宗仁故居管理所（先后更名为李宗仁文物陈列馆和李宗仁文物管理处），从老干部活动中心收回官邸主楼和副官楼，辟为《李宗仁先生文物陈列室》，当时的全国政协副主席洪学智、程思远为陈列室的开放仪式剪彩。程思远先后题写"李宗仁文物陈列馆"、"李宗仁官邸"匾额。

1997年8月，桂林市老干部活动中心、园林设计院、老龄委等单位全部从官邸搬迁出去，官邸全面对海内外开放。

李宗仁故居：李宗仁故居最早的建筑"安乐第"，于清末在祖屋东北面新建。1898年李宗仁父亲李春荣与其弟分家，李宗仁家分得祖屋和"安乐第"后一进，后来李春荣用析产祖室与其弟调换，"安乐第"全部为李宗仁家所有。

1908年，李宗仁考入广西陆军小学堂，毕业后在陆荣廷的"将校讲习所"任准尉见习官，开始有余薪接济家用。因故居住房拥挤，长兄李宗唐开始筹划扩建宅地、设置学馆，但因经济拮据，一时难以如愿。

1921年，李宗仁由营长升司令，经济状况大大改观，李宗唐着手第一期扩建工程，1923年建成"将军第"，并改建"安乐第"。李母刘太夫人及其兄弟迁入新居。

1924年10月，陆荣廷通电下野，广西局势有所缓和，李宗唐趁势再兴土木，修建学馆。1925年7月，李宗仁联合黄绍竑、白崇禧统一广西，故居的学馆随之落成。

经过两期扩建，李府已颇具规模。李宗唐在其弟李宗仁率军出师北伐，节节胜利之际，着手故居第三期扩建工程。工程从1926年到1928年，不仅一气建成了三进客厅，而且在整个府宅的外围建筑了高大砖砌围墙，前后加建了前院和后院，并在对角设置两处炮楼，此次工程将李家宅第面积扩大了一倍多，使李府整体形成雄踞一方的庄园气派。

李宗仁故居建成后一直为李母刘太夫人、元配夫人李秀文、兄李宗唐、弟李宗义、李宗尧、李宗藩等长住，李宗仁也多次返故居省亲，接见大批国民党军政要人。

解放后，李宗仁故居曾长期作为信果村公所、大队的粮仓。1984年故居被公布为桂林市重点文物保护单位，1989年经维修后正式对外开放，屈武为故居题写"李宗仁故居"。1991年8月，故居拨归李宗仁故居管理所（现李宗仁文物管理处）管理。1994年公布为自治区重点文物保护单位，1996年11月被公布为全国重点文物保护单位。

历任馆长　李旭阳（1991.8～1993.12）；侯德光（1995.2～1999.5）；樊卫平（1999.5至今）。

业务活动

基本陈列　李宗仁文物管理处目前利用原址进行陈列展览：

李宗仁官邸：将官邸副官楼辟为展厅，《青春戎马，晚节黄花》陈列，主要通过文物和照片图文资料讲述著名爱国人士李宗仁的人生轨迹和心路历程，真实、客观地展现李宗仁跌宕起伏、曲折不一的历史。陈列重点着墨在六

展厅一角

个方面：耕读家世、北伐名将、经略广西、抗战将军、国共和谈和回归祖国。借助灯光和展线的变化，较为简洁直观地展示了李宗仁爱国历史，是一个有极强感染力、极好视觉效果、舒适观览环境的陈列。陈列展厅面积约160平方米，分楼上、楼下6个展厅，主楼则按原有格局复原展出，展出面积818平方米。

重要展品　民国十三年孙中山特任李宗仁为广西绥靖督办特任状（一级）、民国二十六年国民政府军事委员会特任李宗仁为第五战区司令长官委任状（一级）、1943年10月10日国民政府授李宗仁青天白日勋章证书（一级）、1945年2月9日国民政府军事委员会委员长蒋中正授李宗仁汉中行营主任委任状（一级）、1945年9月1日国民政府授李宗仁军事委员会委员长北平行营主任特派状（一级）、民国二十七年蒋中正致李宗仁亲笔信（二级）、徐悲鸿致李宗仁信札（三级）、中共中央统战部送给李宗仁夫妇的《毛泽东选集》线装本（三级）。

李宗仁故居：保存完好，有《李宗仁文物史料陈列》，展出珍贵的历史资料和照片，并复原了部分家居陈设。陈列面积4360平方米。

临时展览　为满足不同层次观众的文化需求，充分发挥博物馆的社会服务功能，弥补基本陈列的不足，通过展出捐赠和征集的藏品，向观众展示不同的陈列专题内容，截止目前已成功举办了多个专题展览，主要有：《焦土抗战展》、《李宗仁诞辰105周年书画展》、《归乡——李伦捐赠李宗仁遗物展》等。

藏品管理

[藏品来源]　主要由李宗仁的亲属、故旧及社会捐赠、征集等。

[藏品类别]　藏品中以委任状、书画和信札居多。藏品涵盖的内容丰富，真实记录和反映李宗仁的一生，是

"李宗仁为广西全省绥靖处督办" 特任状

"李宗仁为第五战区司令长官" 委任状

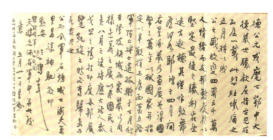
蒋中正致李宗仁亲笔信

研究和展示李宗仁爱国历史不可或缺的史料。目前藏品保存完好。

[藏品统计]　馆藏文物已达150多件，其中经国家文物局、广西壮族自治区文物处、桂林市文物鉴定部门鉴定的一、二、三级文物共计118件。

[重要藏品]　以李宗仁的委任状、书画和信札居多，如民国十三年孙中山特任李宗仁为广西绥靖督办特任状（一级）（保存完好）、民国二十六年国民政府军事委员会特任李宗仁为第五战区司令长官委任状（一级）（保存完好）、民国三十二年蒋中正授李宗仁青天白日勋章证书（一级）（保存完好）、启功设色山水直幅（二级）（保存完好）、民国二十七任李宗仁兼安徽省主席状（二级）（保存完好）、民国三十四年全国慰劳总会豫鄂皖前

展厅一角

线慰劳团赠李宗仁慰劳书（二级）（保存完好）、民国二十七年蒋中正致李宗仁亲笔信（二级）（保存完好）、民国三十六年于非闇赠郭德洁纸扇（三级）（保存完好）、蒋介石致阎锡山信函（三级）（保存完好）。

[藏品保护]　自1991年建馆以来，藏品保管条件有了明显改善：制作保险柜和铁柜，使馆藏文物藏品分别按照级别和质地进行保管，定期检查、清点。同时装置了技术防范报警监控设备，逐步完善恒温恒湿系统。并逐步建立完整的规章制度，规范藏品管理，以确保藏品安全。

宣传教育　李宗仁文物管理处本着服务大众，统战宣传为原则，以李宗仁的爱国历史为展出内容，保护和管理好李宗仁官邸及故居，保持其原有的历史风貌，不断更新和增添陈展内容，为广大游客和青少年提供优质的讲解服务，充分发挥爱国主义教育基地和统战宣传窗口作用。1991年开馆以来，就建立减免费制度，特别是2005年4月28日以后，建立对外承诺服务的减免费、义务讲解制度，为青少年群体、老年人、军人、残疾人、高级知识分子等群体免费服务。通过展览，既宣传了李宗仁的爱国历史，也为实施爱国主义教育和社会主义精神文明建设做出了应有的贡献。1995年12月，经广西壮族自治区党委、自治区人民政府批准，命名为自治区爱国主义教育基地；1996年荣获"全国文博系统优秀爱国主义教育基地"称号。为进一步发挥该处作为公共文化设施在未成年人思想建设中的重要作用，经常组织人员到大中学校联系学生参观事宜，与教师和学生交流，了解青少年的需求。2006年7月4日，管理处与桂林市师范高等专科学校签订协议，正式成为该校的德育教育基地。此外，在每年举办的5·18世界博物馆日和6·10国家遗产日活动中，针对每次活动主题的不同，开展相应的活动：制作宣传板报，积极宣传管理处近年来的文物保护工作和馆藏文物精品荟萃、征集文物的情况，开展文物知识普及和文物保护法宣传活动等，取得良好的社会效益。

科学研究　管理处在开展服务大众、统战宣传、保护和管理好李宗仁官邸及故居的同时，积极鼓励个人的学术研究活动，设立李宗仁及桂系历史资料室，配备电脑等设备。近年来，有多人次在全国和省级刊物上发表文章：韦芳：《略析新桂系对桂林文化城的作用》（《思想战线》2003年增刊）；《关于人物类纪念馆开发旅游的思考》（《社会科学家》2004年增刊）；曾晓芳：《试析李宗仁的"焦土抗战"主张》（《中国当代思想宝库》（一）；《试论李宗仁的戎马生涯》（《社会科学家》2004年第四

期）；《试论李宗仁的德治思想》（《社会科学家》2004年增刊）；辛华玲：《论李宗仁在抗战中的历史贡献》（《社会科学家》2004年增刊）；吴宏明：《从李宗仁回归祖国观其爱国思想形成的个性成因》（《社会科学家》2004年增刊）；张静：《浅议革命遗迹在桂林城市建设中的保护和利用》（《社会科学家》2004年增刊）。

2008年，由全馆同仁通力完成，大众文艺出版社出版了《赤诚爱国晚节可风——李宗仁研究论文集》。

交流合作　李宗仁文物管理处自成立以来，一直积极参与交流与合作，2000年12月由韦副馆长带队前往南京、北京、台儿庄等地博物馆进行学习考察，增进了友谊，吸取了宝贵经验；2001年在李宗仁诞辰110周年之际，承办了"李宗仁学术研讨会"，与会专家达40余名；2009年6月应邀参加阎锡山故居20周年庆典，与到会的南京总统府、张学良帅府博物馆进行联谊，建立交流合作关系；作为广西、桂林抗战文化研究会的理事单位，经常参与该类学术的研究交流；同时，经常邀请桂林市知名民国史专家学者赵平、黄继树等到馆进行讲座。

经营管理

[单位性质]　全民所有事业单位

[经费来源]　市财政全额拨款

[机构设置]　设有业务科、办公室、保卫科和故居管理科四个部门。

[人员编制、组成]　现有在编工作人员17人，研究生班毕业5人，本科5人，大专4人。专业技术人员12人，其中高级职称2人，中级职称5人，初级职称5人。临时聘用职工2人，主要为保洁人员。

[观众接待]　每年参观人数万人左右

参观指南

[地址]　广西壮族自治区桂林市象山区文明路4号

[邮编]　541002

[电话]　0773-2580108（办公室）

　　　　0773-2831749（售票处）

[传真]　0773-2822063

[电子邮箱]　LIzongren2007@sina.com

[网站]　lzrwwglc.51.net

[开放时间]　全年开放，夏季8：00－11：30，14：30－17：30，冬季8：30－11：30，14：30－17：30

[票价]　每人次10元

（撰文：李宗仁文物管理处　辛华玲、张静、吴宏明）

灵山县博物馆
Lingshan Museum

概述

类型 地方综合性博物馆

隶属关系 隶属于灵山县文化和体育局

创建时间 1984年8月

正式开馆时间 1989年10月

所在位置 灵城镇新光大道县文体中心，背靠绿林丘山。与县文化和体育局、县文化馆、体育馆、田径场、羽毛球馆、篮球场、老干部活动中心、青少年活动中心等单位连成一体，共同组成灵山县文化活动中心。并与双鹤公园相邻。

博物馆全景

面积 占地面积1300平方米、建筑面积1940平方米

建筑、布局 建筑为单体圆形楼阁，钢筋混凝土框架结构。共三层，顶层为文物库房、办公用房。二层与底层为两大陈列厅，面积902平方米。门前为花园式广场。

历史沿革 前身为1981年11月成立的灵山县文物管理所，位于灵城镇人民路东侧，系20世纪50年代所建的原由县文化馆使用的旧房一间，作文物库房兼办公室。1984年8月11日由县政府下文撤消灵山县文物管理所，成立灵山县博物馆，文物管理所人员、文物、库房全由博物馆接收，并于1986年由县文化局将县文化馆的一间旧房和一间大厅拨给博物馆作文物库房和陈列厅之用。2004年由县政府投资并选址于灵城镇新光大道北侧建设新馆。2006年1月份落成，2006年6月正式投入使用。

历任馆长 玉永琏（1984.7～1991.2）；刘济（1991.2～1992.4）；黄科田（1992.4～1995.3）；刘济（1995.3～1999.12）；滕彬（1999.12～2009.8 副馆长主持全面工作）；宁勇（2009.8至今）。

业务活动

基本陈列 20世纪80～90年代，曾在旧馆举办了《灵山县历史文物》、《灵山县古代铜鼓》两个基本陈列。《历史文物陈列》分为：史前文化、历代陶瓷器、历代金属器、历代杂器、文化艺术、古生物化石等6个部分。《古代铜鼓陈列》分为：灵山型铜鼓、北流型铜鼓两个部分。

新馆陈列正在筹备。已拟定基本陈列内容为《荔乡史迹证沧桑》，分为：动物化石、史前遗物、古代铜鼓、陶瓷荟萃、金属什器、民俗物具、石刻集珍、雕塑艺术等8个部分。系用集品陈列兼顾历史，顺序的陈列方式。以实物直观反映灵山县的旧石器时代至现代的历史和文化，着重揭示灵山县历史悠久并具有连续性、洪荒时代有众多的动物在这里繁衍，旧石器时代已有人类在这里生存，新石器

展厅一角

文化广布全县，古代铜鼓广泛分布而持久流传。摩崖石刻在桂南地区占有重要地位。

临时展览 20世纪80～90年代先后在旧馆举办了《明代古尸展》（与广西博物馆合办）、《抗日战争胜利60周年纪念图片展览》、《纪念毛泽东诞辰100周年图片展览》、《私人收藏古玩展》。本世纪初在新馆举办了《海洋生物展览》、《灵山县新春书画展》。

藏品管理

[藏品来源] 考古发掘、征集收购、社会捐赠、县文化馆移交。

[藏品类别] 石器、陶瓷器、青铜器、什金器，古钱币、古生物化石、艺术品。

[藏品统计] 馆藏文物共有458件，其中一级文物1件，二级文物18件，三级文物439件。

[重要藏品] 战国时代的人首纹青铜剑是馆藏文物中的镇馆之宝，造型独特，纹饰奇异，已定为一级文物，

曾送往南宁、桂林、北京、欧州各国等地参展，并被《中国文物精华》一书收录。古代铜鼓在馆藏文物中占有重要地位，共有24面，分为灵山型、北流型、冷水冲型，系东汉至唐代的遗物。其中以灵山型占大多数，也最具特色。学术界以灵山县出土的铜鼓为代表器型而将这类铜鼓命名为灵山型铜鼓。曾有4面铜鼓分两次送往北京参展。新石器

战国　人首纹青铜剑

十铃铜带钩

青铜鼓

是馆中最大宗的文物，共有新石器时代早、中、晚期的石器221件，以有肩石斧、小型梯形石锛为最多。大部分器型规整，有的磨制得相当精致。其中一件长梯形石锛以其制作精美、保存完好而被定为二级文物。还有三件桂南大石铲，各为一个类型，能代表桂南大石铲三个发展阶段的器物。一件十铃铜带钩，两边各有一排小铜铃，共10枚，造型极为罕见，是二级文物，曾送往南宁参展。4件羊角钮铜甬钟有两件保存基本完整，也是极少见的出土文物。古生物化石中有第四纪中晚期的大熊猫—剑齿象动物群骨牙化石10余种，其中有大熊猫、剑齿象、貘、最后鼠狗、中国犀牛等绝灭种。

[藏品保护]　迁入新馆后，于三楼设有文物库房2间，面积90平方米，比旧馆的文物库房的面积增加了60平方米。已有文物柜10个，文物排架20个。还有保险柜1个，以存放小型而珍贵的文物。建立了文物保管的规章制度，严格文物出入库手续。并雇员晚间看守博物馆。

科学研究　学术研究已取得了一定的成果，有多篇文章在省级和国家刊物上发表。主要是：玉永琏：《灵山型铜鼓青蛙塑像探意》（《铜鼓和青铜文化的新探索》，广西民族出版社，1993年10月第1版）；《广西灵山县新石器时代遗址调查简报》（《考古》1993年第12期）《桂南大石铲及其遗址探秘》（《东南文化》1995年第2期）；《古代铜鼓鸟纹研究》（《民族艺术》1996年第3期）；《铜鼓崇拜论略》（《中国古代铜鼓研究通讯》第18期，2002.2月）；《壮族古代婚制的"活化石"》（《广西民族研究》1995年第3期）；《灵山县出土的铜鼓形饰件》（《中国古代铜鼓研究通讯》第12期，1996.12）；《灵山县元屋岭新石器时代遗址》、《灵山县九都岭古墓》等两文（《中国考古学年鉴》1991年版）；《岳霖在灵山县的诗序石刻》（《文史春秋》1995年第6期）；《冯子材《道贯三才》匾刻》（《广西文史》2007年第4期）。以上文章的作者还两次出席了中国南方及东南亚地区古代铜鼓和青铜文化国际学术讨论会。刘济：《灵山型铜鼓的新发现》（《中国古代铜鼓研究通讯》第7期，1990.11）。

交流合作　20世纪80年代曾先后两次派员到合浦县和贵港市参加古墓发掘的实习，从而初步掌握古墓发掘的知识、技术和经验。1996年11月，包括日本学者吉开将人在内的中日铜鼓研究课题组一行四人到灵山县博物馆对灵山型铜鼓进行了23天的研究活动，全馆人员同他们进行了通力协作。1985年同浦北县博物馆人员合作，追缴了一面灵山县出土的被文物贩子非法收购企图走私出境的铜鼓。

经营管理

　　[单位性质]　国营事业单位

　　[经费来源]　县财政全额拨款

　　[机构设置]　设有正副馆长室、综合办公室、图书资料室、保管室、技术室。

　　[人员编制、组成]　事业单位编制人数为6人，在读研究生1人，大学3人，中专1人，高中1人，中级职称2人，初级职称2人。

参观指南

　　[地址]　广西灵山县灵城镇新光大道县文体中心

　　[邮编]　535400

　　[电话]　0777-6982636

　　[电子信箱]　wyz003@126.com

　　[开放时间]　8：30－11：30，15：00－17：00

　　[票价]　免费参观

（撰文：灵山县博物馆）

灵川县长岗岭商道古村生态博物馆

Changgangling Shangdao Gucun Eco-museum of Lingchuan County

概述

　　类型　社会科学类文化生态专题博物馆

　　隶属关系　隶属桂林市灵川县文化局

　　创建时间　2005年12月

　　正式开馆时间　2009年5月

　　所在位置　地处灵川县灵田乡上长岗村

　　面积　占地面积2300平方米、建筑面积1800平方米

　　建筑、布局　由陈列展示与信息资料中心和长岗岭村明清古建筑群两部分组成。陈列展示与信息资料中心建筑

博物馆外观

1.古建筑群　2.古道古松

面积1800平方米，包括五福堂、莫氏宗祠、伙铺后一进、卫守府前两进等清代古建筑，其中五福堂建筑面积约800平方米。长岗岭村明清古建筑群建筑面积3200平方米，主要由莫家老大院13进古建筑，莫家新大院12进古建筑，陈家大院12进古建筑等组成，这些大院大多属明朝晚期、清朝早、中、晚期的建筑，其建筑规整、高大宽敞、工艺精湛，其跨度、高度、尺度和体量堪称桂林民居之首。古建筑群中民居内隔扇、神龛、供桌、匾、椅、床、衣柜、书桌、书柜、花轿、石磨、石缸、石花钵等，雕花玲珑剔透，各式各样。村内的天井和巷道一律用青石板铺就，全村的地下排水系统与各民居天井联成一体，独具特色。现在村周围还保留有完整、豪华的明、清、民国石雕圈墓葬30多座，全部用青石板造就，其上的石雕人物、动物、吉祥物图案线条流畅，栩栩如生，雕刻的诗词、楹联、家族史记朗朗上口，具有较高的历史和艺术价值。人称"前有靖江王陵，后有长岗古墓"。在三月岭古商道两侧有百年古松树500余株，至今仍屹立两旁，三月岭古道两侧的峡谷、瀑布、溪流与古树、古桥、古亭共同组成桂林近郊难得的旷世绝景。

　　历史沿革　长岗岭商道古村生态博物馆于2003年5月立项，2005年12月正式动工，2009年5月建成，2009年5月灵

川县机构编制委员会同意成立长岗岭商道古村生态博物馆机构。

历任馆长 秦文培（2009.5至今）

业务活动

基本陈列 长岗岭商道古村生态博物馆现有一个展览陈列：《商道古风》，采用反映当地汉族400余年来的社会生活、生产、服饰、习俗、商贾等600余件民俗文物和200余张图（照）片和文字说明等多种形式，展示中原文化和岭南文化的交流与融合及其地域的文化特色，其内涵遵循"文化保护在原地"的理念，通过"居民参与"的方式，在发展中保护民族文化。

博物馆的建设及陈列得到了前来参观的国家文物局、自治区文化厅、区内各文博兄弟单位、市及市、县直各单位领导及社会各界人士的高度评价。

展厅一角

藏品管理 长岗岭商道古村生态博物馆现有馆藏文物800多件，均具有浓郁的地方特色，以突出当地及古商道沿途的生产、生活、居住、婚嫁、丧葬、饮食、服饰、宗教等内容的民俗文物为主。

科学研究 长岗岭商道古村生态博物馆是自治区文化厅"十一·五"期间生态博物馆建设的"1+10"工程，是广西民族博物馆的研究基地和工作站。长岗岭村历史悠久，古迹众多，历史环境保存完整统一，较好地反映了各历史时期古民居建筑群的典型风貌特色，具有很高的历史、艺术和科学价值。原灵川县文物管理所所长莫志东2002年在《文物工作》第10期上发表了《乡村古民居建筑群的特点和相应的保护措施》；广西民族博物馆的刘治福在《守望家园——广西民族博物馆与广西民族生态博物馆"1+10"工程建设集》（广西民族出版社2009年4月第一版）上发表了《浅谈生态博物馆建设的困境与对策——以广西龙胜和灵川两地为例》。

经营管理

[人员编制、组成] 编制为1人，实际工作人员4人。

[观众接待] 到目前为止，长岗岭商道古村生态博物馆共接待国内游客近6000人次，外国来宾近300人次。

参观指南

[地址] 广西桂林市灵川县灵田乡东北10公里上长岗村

[邮编] 541205

[电话] 0773-6814065

[传真] 0773-6829283

[电子信箱] qin07@126.com

[开放时间] 周一至周日（节假日除外）9:00－17:00

[票价] 15元（对学生、军人、老年人等特殊群体实行半价8元）

（撰文：长岗岭商道古村生态博物馆）

昆仑关战役博物馆

Kunlunguan Campaign Museum

概述

类型 社会科学类历史遗址专题博物馆

隶属关系 隶属于南宁昆仑关战役遗址保护管理委员会

创建时间 2007年7月

正式开馆时间 2008年12月

所在位置 位于距南宁市东北面59公里处昆仑关战役遗址的领兵山上

面积 占地面积26664平方米、建筑总面积3353.15平方米

建筑、布局 为钢筋混凝土框架结构，分地上一层、地下半层。地上一层面积2965平方米，分为序厅、浴血昆仑厅、前厅与缅怀厅等四个展厅和一个待定的多功能厅，并设有接待室和办公管理用房。地下半层，建筑面积404平方米，设机房、库房等。

博物馆建筑由著名抗日将领戴安澜将军之子、同济大学教授、中国工程院院士戴复东设计。

历任馆长 方建诠（2007.7至今）。

业务活动

基本陈列 博物馆陈列大纲由上海复旦大学文博系教授朱顺龙博士主持编写。通过500多件文物藏品、历史文献资料、图片等的展示，与历史事件的场景复原完美结合，

借助网络及声光电等现代媒体技术，直观、生动地再现了1939年冬的昆仑关大捷，真实地反映了伟大的抗日战争中中国军民同仇敌忾、保家卫国的感人事迹。使观众在了解历史的同时得到更深层次的爱国主义及国防教育熏陶。

重要展品 昆仑关战役期间日军冲锋舟推进器、中国国民党陆军第五军战车兵服饰装备、日军南方派遣军第五师团少将服饰及用品、完整的《支那事变画报》增刊系列。

藏品管理

[藏品来源] 考古发掘、社会捐赠、多渠道征集（购）等。

[藏品类别] 历史图片、文献、武器装备、服饰用品等。

[藏品统计] 馆藏文物700件，其中实物500件，图片200件。

[藏品保护] 2008年11月博物馆建成后，在库房配备了2台立式空调，调节控制库房内的温湿度，使藏品不受损害。在库房内安置了4个钢制储藏柜，使馆藏文物得到分类保存、便于管理。对于书画类等纸质藏品，专门配备了樟木箱，做到防潮、防虫、防蛀。目前正在按国家一级馆标准建设新的文物库房。

在规章制度上，按照《博物馆藏品管理办法》的相关规定，制定了《库房安全保卫制度》、《入库人员登记表》及《馆藏文物档案表》等，使藏品得到规范管理，保证藏品安全。

宣传教育 2008年昆仑关风景区获得南宁城市旅游名片最具历史纪念意义景区奖。2008年举办"纪念昆仑关大捷69周年"军装秀及战役重演，开创了国内军事文化旅游的先河。2009年12月，由民革中央、民革广西区委、南宁市政府联合举办的"纪念昆仑关大捷70周年活动"，极大地提升了昆仑关战役博物馆的知名度，全国人大常委会副委员长、民革中央主席周铁农，中国国民党副主席蒋孝严在馆内分别题写了"中华民族抗战英烈永垂不朽"和"英烈千秋"等。为了扩大市民们对昆仑关战役博物馆的认识，《广西日报》、《南宁日报》、《南国早报》、《南宁晚报》、《南宁生活报》、广西电视台、南宁电视台、南宁电台等多家媒体都对博物馆进行了宣传报道。博物馆还编辑出版了《烽火昆仑——昆仑关军民抗日记实》、《魂系昆仑关》、《昆仑关历代诗词联选》等文化丛书，组织协调和指导拍摄了《远去的硝烟》、《雄关漫道》等纪录片。

科学研究 博物馆在注重文物知识普及的同时，个人成果也比较突出，多次在省级刊物上发表文章，如：方建诠、周东蜜、周建敏：《赴辽、吉考察博物馆的思考与启示》（《广西博物馆文集》第六辑，2009年）；方建诠：《巩固保护开发成果拓宽建设昆仑关景区创新路》（《南宁发展研究》第3期，2008年）；方建诠：《展现悲壮史实缅怀抗日英雄——昆仑关战役博物馆建成》（《南宁建设》第1期，2009年）。

2009年12月，由全馆同仁合力完成，注重反映昆仑关历史的文化丛书：《烽火昆仑——昆仑关军民抗日史实》、《魂系昆仑关》、《昆仑关历代诗词联选》等著作，交由广西民族出版社出版。该丛书经出版后立即在社会上引起强烈的反应，对昆仑关战役遗址的保护及昆仑关战役博物馆的宣传产生积极的作用。

交流合作 为了加强和完善昆仑关战役博物馆的管理，2009年4月，博物馆工作人员先后对沈阳市"九·一八"历史博物馆、丹东市抗美援朝博物馆、辽宁省博物馆、吉林伪满皇宫博物馆和沈阳的帅府、故宫等博物馆和纪念馆进行考察。2009年9月组织博物馆工作人员考察了南京中山陵、抗日航空纪念馆、南京大屠杀纪念馆等文博单位。考察人员不仅借鉴和吸收了各馆先进的管理理念，对照了各自的管理办法，交换了双方的想法和意见，还增进了馆际间的交流与友谊。

经营管理

[单位性质] 全民所有事业单位

[经费来源] 市财政拨款

[机构设置] 设有馆长室、办公室、保卫科等三个科室。

[人员编制、组成] 事业编制为5人，现有正式在编工作人员0人，临时聘用职工13人，主要为安全保卫、保洁人员等。

[观众接待] 2008年接待人数为3万人，2009年接待人数为40万人。

参观指南

[地址] 广西壮族自治区南宁市

[邮编] 530028

[电话] 0771-5529109

[传真] 0771-5529109

[开放时间] 10:00－12:00，14:30－16:00，周一闭馆

[票价] 暂收景区门票10元

（撰文：昆仑关战役博物馆）

凭祥市博物馆
Pingxiang Municipal Museum

概述

类型 地方综合性博物馆

隶属关系 隶属于凭祥市文化体育局管辖

创建时间 1984年4月

正式开馆时间 2003年12月

所在位置 地处凭祥市北环路新洞口北面,交通便利,四面环山,环境清净幽雅。

凭祥市博物馆外景

面积 占地面积3360平方米、建筑面积1250平方米

建筑、布局 建筑为长城堡垒式标志性建筑风格,为钢筋混凝土框架结构,坚固,庄重而大气。整座大楼由陈列展厅、文物库房、办公用房三大部分组成,陈列展厅面积800平方米,分3个展厅。

历史沿革 凭祥市博物馆成立于1984年4月,隶属市文化体育局。起初办公地点设在市图书馆大楼,1995年,办公地点改设在市屏山路178号。1993年博物馆新馆立项,1993年破土动工,2003年11月博物馆新馆大楼建成并投入使用。2003年12月展厅正式对外开放。1995年经凭祥市人民政府批准,成立凭祥市文物管理所,和凭祥市博物馆合署办公,属一套人马,两块牌子的公益性事业单位。该馆是凭祥市级文明单位。

历任馆长 陆达(1984.4~1985.4),李文东(1985.4~1990.7),马赤农(1987.7~1992.2 副馆长;1992.3至今)。

业务活动

基本陈列 为了让市民更直观地了解凭祥市的历史,凭祥市博物馆以中法战争镇南关大捷为切入点,把《中法战争——镇南关大捷图片展》作为基本陈展。此陈展主要根据战争的起因、经过、结果,收集大量的历史资料以图片的形式向观众展示。在这里,观众可以看到当时清军、法军使用过的大刀、长矛、子弹、炮管等实物,更可以看到领导此次战役——中国近现代史上反抗外国侵略取得唯一一次胜利的民族英雄冯子材的光辉形象。陈列展厅面积约800平方米,分楼上楼下两个展厅。重要的展品还有远古时代的猩猩、大象、犀牛等动物化石、新石器时期石铲、汉代铜樽直至民国的熏香炉等。

临时展览 为满足不同观众日益增长的文化需要,推动地方经济文化的发展和交流,通过引进展览和个人藏品

展厅一角

展览,向观众展示不同的文化专题内容。开馆以来,已成功举办了多个专题陈列,主要有:《凭祥市改革开放成果图片展》《凭祥市历史文物精品展》《凭祥市收藏协会个人藏品精品展》《纪念孙中山领导广西边境武装起义100周年图片展》《凭祥市第二次文物普查成果图片展》。

藏品管理

[藏品来源] 考古发掘、征集(购)、海关等单位罚没移交、社会捐赠等。

[藏品类别] 有铁器、铜器、玉器、瓷器、陶器、木器、石器、骨器、货币、银器等。

[藏品统计] 现有馆藏文物268件(套)。其中,国家二级文物2件,三级文物59件。

[重要藏品] 以中法战争镇南关大捷中法军和清军使用的兵器及中法战争后广西边防提督苏元春督边时所部使用的兵器最具特色,如镇南关大捷敢死队队长蒙大使用的练功石锁,1992年1月3日凭祥市凭祥镇连全村连全屯村民黄成威捐赠的冯子材奖给黄文标的镇南关大捷战利品铝口盅,镇南关大捷抗法时缴获的法军刺刀,苏元春督边时所部使用的蛇形长矛,德国克虏伯12生大开花炮管,大

新石器时代　石铲

德国克虏伯12生大开花炮管

蒙大使用的练功石锁

苏元春所部使用的蛇形长矛

关刀，铁滚雷等，这些文物对研究中法战争提供了有力的实物佐证。化石、石器、铜器在馆藏藏品中也具有重要的地位，如在凭祥市凭祥镇国旅旁山洞发现出土的远古时代猩猩、大象、犀牛等动物化石，在1993年7月6日凭祥市上石镇马屯李欣陆、李欣红等村民挖土时发现并送交博物馆的新石器时期石铲，凭祥海关罚没并移交博物馆的汉代铜樽、清代"乾隆年制"款镶贴银提梁铜水烟筒等。

[藏品保护]　自从2003年11月迁入新馆以来，藏品保管条件有了明显改善。藏品有了专用的库房，库房一面为走廊，一面外建有与高过库房的挡土墙，库房窗户装有窗帘，阳光不透射到库房内，这样保证了库房的温度保持恒温，使藏品不受损害。库房配备有铁门铁窗。藏品有专设的铁柜、木柜子分类上架存放，每件藏品配有藏品卡片，定期保养藏品，如对兵器类擦油进行维护。

另外，博物馆还承担了全市不可移动文物的日常安全和管理抢救等工作。

宣传教育　为了让凭祥市民更多地了解凭祥市的历史和文物知识，提高民众的文物保护知识，树立文物保护意识，建馆以来，马赤农馆长尤其注重历史文化遗产方面的宣传教育，多次深入学校和部队开办专题讲座。2004年迁入新馆以来，博物馆利用每年的"5·18国际博物馆日"和2006年以来设立的"中国文化遗产日"开展多种活动进行宣传，除了在博物馆大楼举办各种图片展外，还制作多个版面，以有奖问答等多种形式深入到市中心广场和凭祥市下辖的上石镇、夏石镇进行宣传。在这些活动中，博物馆通过政府渠道与市电视台合作，对活动进行专题报道，节目播出期间，深得群众的好评。

科学研究　博物馆在注重文物知识普及和藏品保护的同时，个人研究成果也取得一定的成绩，多次在全国和省级刊物上发表文章，如：马赤农：《搞好文物普查、繁荣祖国边疆文物事业》（《广西文物》1988.6）；马赤农：《友谊关（传承与弘扬——广西爱国主义教育基地巡礼）》（广西教育出版社，2004.10）；马赤农：《移民实边开发边疆——苏元春固边卫国的战略思想的启示》（《苏元春与壮族边疆开发建设学术研讨会论文汇编》2007.8）；马赤农：《"胡志明足迹之旅"与发展广西边关旅游》（《胡志明与龙州国际研讨会论文汇编》2008.5）；马赤农：《凭祥历史分编（广西大百科全书）》（广西大百科全书出版社，2009.10）。

交流合作　凭祥市博物馆自成立以来，一直积极与国内同行进行密切的交流与合作，如1985年，在凭祥市举办

"中法战争镇南关大捷一百周年学术研讨会"，来自全国各地的100多位专家学者出席会议。2004年，龙州红八军起义纪念馆新馆开馆之际，凭祥市博物馆全体人员前往该馆协助布展，同时参观学习，此举不仅学到了很多宝贵的经验，同时增进了馆际之间的交流和友谊。为了更好地提高馆内工作人员的文物知识鉴赏水平，2006年，凭祥市博物馆全馆人员在马赤农馆长的带领下专程到南宁参加由广西壮族自治区博物馆主办、广西邕华拍卖有限公司承办的文物鉴定讲习班培训学习。2007年，马赤农馆长参加了由中共崇左市委宣传部、广西壮学学会、广西历史学会主办，崇左市民族事务委员会、中共凭祥市委宣传部、中共龙州县委宣传部承办的"苏元春与壮族边疆开发建设学术研讨会"。2007年，马赤农馆长参加了在南宁召开的"中国百越民族史研究会第十三届年会暨百越文化国际学术研讨会"。2008年，中共龙州县委员会、龙州县人民政府举办的"胡志明与龙州学术研讨会"，凭祥市博物馆马赤农馆长应邀参加。新馆建馆以来，广西壮族自治区博物馆、广西壮族自治区考古队、桂林市博物馆、柳州市博物馆、钦州市博物馆、百色起义纪念馆、龙州红八军起义纪念馆等同行单位先后到凭祥市博物馆参观指导。

经营管理

[单位性质]　全民所有制公益性事业单位

[经费来源]　市财政全额拨款

[机构设置]　设有馆长室、副馆长室、档案图书室、办公室、值班室、电脑室、保卫科七个科室。

[人员编制、组成]　事业编制数为5人，现有正式在编工作人员5人，本科1人，大专3人，高中1人，专业技术人员3人，其中高级职称1人，初级2人，高级工1人，初级工1人，临时聘用安全保卫人员2人。

[观众接待]　观众人数每年近万人。

参观指南

[地址]　广西壮族自治区崇左市凭祥市北环路新洞口旁。

[邮编]　532600

[电话]　0771-8520816

[传真]　0771-8520816

[电子邮箱]　pxbwg8160@163.com

[开放时间]　夏季8:00-12:00，15:00-18:00，冬季8:00-12:00，14:30-15:30，周六、周日闭馆

[票价]　免费参观

（撰文：刘玉珍）

河池革命纪念馆
Hechi Revolution Memorial Hall

概述

类型　地方综合性博物馆（含民族博物馆）

隶属关系　隶属于河池市文化局

创建时间　2005年10月

正式开馆时间　2007年11月

所在位置　地处民族公园园内，南临乾霄路，北临城西道，交通便利，四周绿树环绕，空气清新。

河池革命纪念馆外景

面积　占地面积约10000平方米、建筑面积7351平方米

建筑、布局　建筑采用地方民居杆栏式、塔楼式建筑元素，为钢筋混凝土结构，是该市标志性建筑之一。馆内分陈列展厅、文物库房、办公用房三大部分。展厅总面积2000平方米，分7个展厅。

历史沿革　河池是右江革命根据地的重要组成部分，是邓小平、张云逸、李明瑞、韦拔群等老一辈无产阶级革命家战斗过的地方，是壮族人民的优秀儿子广西农民运动领袖韦拔群的故乡，各族人民为中国革命作出了重大的牺牲和贡献。1955年授予少将以上军衔的广西籍17名将领中，河池籍有7人。全市有9个县市108个乡镇属革命老区。为褒扬革命先烈，教育激励后人，20世纪90年代初，原河池地区行署和县级河池市人民政府就决定兴建河池革命纪念馆，时任中共中央总书记的江泽民还亲笔为河池革命纪念馆题写了馆名。2005年，随着条件的逐渐成熟，地级河池市市委、市人民政府决定正式动工兴建河池革命纪念馆，工程于2007年11月23日落成并投入使用。该馆是河池市爱国主义教育基地之一。

业务活动

基本陈列　该馆陈列由《革命篇》、《建设篇》、《展望篇》三大部分组成。"革命篇"分为七个部分，通过

革命文物、文献和照片等形式，全面系统地反映河池人民在党的领导下进行革命斗争的光辉历史，歌颂、缅怀邓小平、韦拔群等革命前辈的丰功伟绩。《建设篇》和《展望篇》则全面展示建国以来，特别是改革开放和撤地设市以来，河池市经济建设和社会各项事业所取得的重大成就以及生机勃勃、日新月异的城乡新貌，并描绘未来五到十五年间一个富裕、民主、文明、和谐新河池的发展蓝图。

该馆同时附设"河池民族博物馆"和"河池铜鼓博物馆"，通过丰富多彩的实物和图片，展示河池作为多民族聚居地和"世界铜鼓之乡"所独具的源远流长、绚丽多彩、风情独特的民族文化和铜鼓文化。

鎏金银摩羯

展厅一角

麻江型铜鼓

临时展览 为满足观众的不同文化需求，弥补基本陈列之不足，充分利用临时展厅，成功举办了多个专题展览，向观众展示不同的文化内容。

藏品管理

［藏品来源］ 托管、转拨、征集（购）、社会捐赠等。

［藏品类别］ 有石器、玉器、铁器、青铜器、陶器、金银器、木器、针织品、书画等。

［藏品统计］ 馆藏品约1000余件。等级待定。

［重要藏品］ 主要为革命前辈邓小平、张云逸、韦拔群和红七军战士在河池开展革命斗争时留下的遗物，以及河池各民族不同时期使用的各类型铜鼓。

［藏品保护］ 馆藏文物按1986年文化部颁发的《博物馆藏品管理办法》实施保护，并制定了一系列相关的管理制度。

宣传教育、交流合作 为努力打造成服务大众、继承革命传统、传承传统文化、建设先进文化、构建和谐社会、弘扬民族精神的重要场所和宣传河池文化，展示城市文明的窗口。该馆印制各类宣传读册，与《河池日报》、河池电视台长期合作，专题报导该馆业务动态和馆藏品介绍，充分利用"5·18国际博物馆"和"中国文化遗产日"，举办广场

宣传活动，并不定期走进学校和社区，开展文物知识普及和文物保护法宣传活动。为促进交流合作、吸收先进理念和学习革命、历史文化遗产保护先进经验，该馆自成立以来，先后组织全馆业务人员到百色起义纪念馆、广西博物馆、广西民族博物馆、韶山毛泽东纪念馆、井冈山革命博物馆、南昌八一起义纪念馆等地考察明察学习。

经营管理

［单位性质］ 全民所有事业单位

［经费来源］ 市财政全额拨款

［机构设置］ 设有馆长室、副馆长室（含办公室）、综合科三个科室。

［人员编制、组成］ 事业编制数为10人，现有正式在编工作人员5人，本科2人，大专3人，专业技术人员5人，其中中级职称2人，初级3人，临时聘用职工9人。

参观指南

［地址］ 广西壮族自治区河池市乾霄路

［邮编］ 54700

［开放时间］ 每周一闭馆，夏令时8：30—11：30，14：30—18：00，冬季时8：30—11：30，14：00—17：30

［票价］ 实行免费参观

（撰文：河池革命纪念馆）

柳州白莲洞洞穴科学博物馆
Science Museum of Bailiandong Cave, Liuzhou

概述

类型 社会科学类考古遗址专题博物馆

隶属关系 隶属广西壮族自治区柳州市文化局

筹备时间 1981年4月11日

正式开馆时间 1985年5月20日

所在位置 位于广西壮族自治区柳州市鱼峰区柳石路472号

占地面积 占地面积9万平方米、筹建中的综合陈列楼建筑面积7450平方米

布局 由洞外和洞内两大部分构成。洞内由遗址现场陈列和洞穴区域地质现象科普知识现场陈列诸部分组成。洞外由综合楼、"史前动植物园"露天陈列组成。

建筑特点 新的综合陈列楼正在筹建之中。

历史沿革 1956年，中国科学院古脊椎动物研究所古人类研究室华南调查队在裴文中、贾兰坡教授率领下，在广西调查巨猿和人类化石时发现；1973～1981年，柳州市

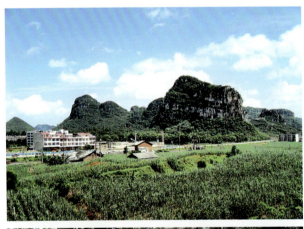

1.白莲洞遗址所在北面山远景 2.白莲洞遗址外景

博物馆和北京自然博物馆和柳州市博物馆专业人员对其进行多次清理、发掘。经历次清理和发掘，共获得人类文化遗物计有：人类牙齿化石2颗，石制品500多件，动物化石3,000多件，动物牙齿化石300多枚，人类用火遗迹火坑2处。发掘后的遗址仍保留了较多的原生堆积，层序清晰、年代分明，是迄今已知华南地区发现的唯一保存距今3.7万年至0.7万年以来拥有完整而又连续堆积层的洞穴遗址，是华南地区洞穴遗址群中不可多得的晚更新世至早、中全新世的标准剖面和典型地点。

鉴于白莲洞遗址的重要价值，1979年12月，在北京举办的北京猿人第一头盖骨出土50周年纪念大会上，裴文中教授向与会的柳州市博物馆馆长易光远提出建立白莲洞洞穴科学博物馆的设想。1981年3月28日，柳州市博物馆将《关于成立柳州白莲洞博物馆报告》上报柳州市人民政府；4月11日，柳州市人民政府批复同意成立"柳州白莲洞洞穴科学博物馆筹备处"，裴文中教授亲自担任筹备处主任。1985年5月20日经柳州市人民政府［柳编委（1985）13号文件］批准，白莲洞洞穴科学博物馆正式成立。

1971年，由柳州市革命委员会公布白莲洞博物馆为柳州市文物保护单位。1996年6月，柳州市人民政府重新确认和公布包括白莲洞遗址在内的第一批重点文物保护单位。2000年7月，白莲洞遗址被列为广西壮族自治区重点文物保护单位。2006年5月白莲洞遗址被国务院公布为第六批全国重点文物保护单位。

历任馆长 易光远（1985.5～1992.3）；周国兴（1994.10～1996.12）；罗安鸽（1997.7～2002.12月）；李刚（2003.11至今）。

业务活动

基本陈列 柳州白莲洞洞穴科学博物馆原有的陈列室内，系统地展示了白莲洞文化的研究成果和有关人类起源的知识。但因为原有陈列室的危房，已被拆除。正在筹建之中的综合陈列楼，陈列面积5500平方米，其基本陈列由《远古文明——柳州史前文化序列展示》和《生命的印记——古生物化石、古木陈列》两大部分组成。

白莲洞遗址现场陈列 白莲洞遗址位于广西柳州市东南郊12公里的白面山南麓。遗址为一半隐蔽的岩厦式洞窟，洞口朝南，高5至6米，洞内宽18米，遗址面积150多平方米。白莲洞遗址发现于1956年，20世纪70年代和80年代初经多次发掘和清理。经历次发掘清理，共发现火坑2处，所获标本计有人类牙齿化石2枚，石器500多件，陶片若干，动物化石3500多件，动物牙齿化石300多枚。白莲洞文

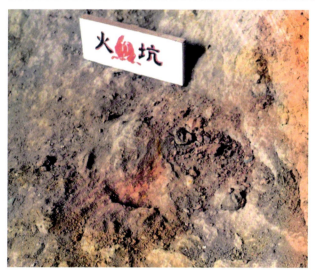

白莲洞人用火遗迹——火坑

化堆积物厚达3米,其时间跨度距今37000至7000年。根据出土的文化遗物,结合生态环境的变化趋势,白莲洞文化可明显地划分为旧石器时代晚期、过渡期、新石器时代早中期三个不同时代的文化。白莲洞遗址各文化层所揭示的白莲洞文化系列发展模式,即旧石器晚期经过渡期向新石器时代文化的演化,具有典型性和普遍意义。它的发现与研究,不仅证实了我国南方中石器时代文化的客观存在,并为探索华南地区旧石器晚期文化如何经过渡期向新石器文化的转变提供了十分珍贵的实证材料,同时亦为华南地区乃至东南亚地区同时期遗址的研究提供了对比的标尺。

鉴于白莲洞遗址的重要价值,2006年6月白莲洞遗址被国务院公布为第六批全国重点文物保护单位。遗址现场已用大型玻璃幕墙全封闭保护,地层清晰,年代标志分明,已成为博物馆现场展出的主体。

《洞穴地质知识现场科普陈列》　白莲洞因洞口有一巨大的白色钟乳石形似莲花蓓蕾而得名。白莲洞自身不仅包含着文化遗址的外厅部分,其后还有一个迷宫似的狭长穴道。博物馆已将其辟为洞穴地质知识科普教育的场所,是白莲洞博物馆陈列展示的重要构成部分。

白莲洞全长1870米,总面积7500多平方米,白面山共有五层溶洞分布,现已开发的三层洞穴跌宕起伏、蜿蜒曲折,洞中蕴藏的各种地质现象如薄石屏、石幔、钟乳石、石笋、石柱、石坝、方解石结晶、石花石果等形态各异、争奇斗艳、气象万千。在洞穴内,有千万年前因流水穿透了岩层形成的大厅,以及流水拍打河岸边,石壁上留下的痕迹。岩壁上有几亿年前残留的海底生物化石。有成千上万只蝙蝠藏于洞穴深处。它们共同形成白莲洞奇妙瑰丽的景观。

白莲洞洞内还有一条长约370米的地下暗河,地下河至今仍有盲鱼嬉游。此外,在支洞内观众还可以看到数组反映远古人类烧煮螺蚌、河旁叉鱼、缝制衣服、氏族会议、猎捕洞熊、烧烤食物、制作石器等生产、生活场景的雕塑。

专题陈列　《网上精品展示》　2006年,白莲洞博物馆开设——http://www.bldbwg.com/柳州白莲洞洞穴科学博物馆网站,更好的展示博物馆在管理建设、文物精品、以及科学研究的成果。

临时陈列　柳州白莲洞洞穴科学博物馆的临时陈列为——《“人之由来”大型科普图片展》,该陈列为图片展板式流动陈列。该陈列全面系统地介绍人类如何从动物界脱颖而出和原始人的演化历程,以宣传有关人类起源的科普知识为主要目的;同时,还介绍作为个人的人的整个生命历程。参观本展览不仅可以获得丰富的人类发展史知识,还可以获得做为人的自尊与自信。

藏品管理

[藏品来源]　以白莲洞遗址出土的石器为主体。部分征集石器为辅。

[藏品类别]　石器、人牙化石、动物化石、骨器、陶片等。

[藏品统计]　现有馆藏文物:石器1000多件,人牙化石2枚,动物化石标本一批。其中白莲洞遗址出土石器460件。

[重要藏品]　人牙化石;刮削器、砍砸器、敲砸器、有使用痕迹的石片、穿孔器、尖状器、切割器、研磨器、磨制石锛、大石铲等石器;还有骨角器、陶片等。

人牙化石

穿孔石器

骨角器

砾石砍砸器

双刃切割器

陶片

[藏品保护] 白莲洞博物馆制定了科学规范的保管制度和安全管理制度。藏品存放于一般库房中，处于自然环境状态。库房面积50平方米，面积较小，为了有效保护藏品，博物馆主要采用了锦盒、铁柜、空调、定期通风等措施保护文物。对白莲洞遗址现场陈列展示区安装了玻璃隔墙，防水保护棚。

科学研究 现有文物博物专业技术人员12人，其中高级3人，中级6人，初级3人。

白莲洞博物馆充分利用现有资源，广泛开展科研活动。1994年9月，编辑出版了《中日古人类与史前文化渊源关系国际学术研讨会论文集》（中、日文两种版本）。2007年1月出版了反映白莲洞遗址研究成果的专著《白莲洞文化——中石器文化典型个案的研究》。2009年12月，在国家文物局"国家重点文物保护专项补助经费"资助下，出版了《柳州白莲洞》发掘研究报告。此外，在国家级、省级刊物上发表了近百篇有关研究白莲洞文化的学术论文。

白莲洞博物馆还先后开展了多学科的课题研究。1991～1994年与北京自然博物馆、北京大学、中科院植物研究所、成都理工大学等，合作开展了"白莲洞洞穴堆积的年代测定与古生态环境"的课题研究；近年来，还开展了"白莲洞周边洞穴遗址普查"、"白莲洞遗址周边植被资源调查"、"白莲洞遗址文化综合研究"等几项重要科研课题的研究，取得了重要的研究成果。

宣传教育 "夏令营活动"：1999～2003年，"江苏省南通中学——白莲洞科普夏令营"活动在白莲洞连续举办。为此，白莲洞博物馆编撰了夏令营活动教材《白莲洞博物馆夏令营手册》。这是旨在培养在校学生科研兴趣，拓宽视野，增长知识，锻炼意志和提高素质的综合性夏令营。2000年"江苏南通中学社会实践基地"在白莲洞正式挂牌。

"爱国主义教育基地"活动：柳州白莲洞洞穴科学博物馆是"柳州市爱国主义教育基地"。近年来，该馆先后成为广西工学院、柳州市第四十中学、柳州市第二十中学等十多所学校的爱国主义教育基地，每年免费接待上万名学生参观学习。2005年2月，柳州白莲洞洞穴科学博物馆与75100部队干休所建立军民共建友好单位。

讲座：建馆以来，柳州白莲洞洞穴科学博物馆不定期邀请北京自然博物馆、北京大学、成都理工大学、中科院古脊椎动物与古人类研究所、广西考古研究所等单位的知名专家来柳讲授有关人类起源、岩溶地质科普知识、白莲洞文化等内容的业务知识讲座。

2008年开始，柳州白莲洞洞穴科学博物馆开始主动走出去，到学校开展讲座。该馆蒋远金研究员精心准备了《人类的起源》、《璀璨夺目的柳州史前文化》的科普知识讲座，到学校课堂为学生普及有关史前考古知识。

此外，柳州白莲洞洞穴科学博物馆还充分利用"5·18国际博物馆日"和"中国文化遗产日"，举办广场宣传活动，并不定期走进学校和社区，开展文物知识普及和文物保护法宣传活动。

交流合作 1985年4、5月间，周国兴教授应美国考古学会主席的邀请赴美进行讲学和学术交流，在美国考古学会成立50周年纪念会及美国西北人类学会第38届年会上，宣读了《白莲洞文化——兼论华南地区的中石器时代》的论文。

1994年11月21日至25日，"中日古人类与史前文化渊源关系国际学术研讨会"在柳州白莲洞洞穴科学博物馆召开，大会主席由著名考古学家贾兰坡教授担任，这是中日史前学学者空前的一次盛会。在这次学术研讨会上中方10人与日方8人作了学术报告，涉及到古人类学、史前考古学、第四纪地质等诸多方面。发表的论文中方32篇、日方10篇，均在会前结集成册出版。会议期间中外学者参观了柳江人洞、白莲洞、大龙潭诸遗址，观察了学者们携带来的实物标本，充分交流各自的学术观点，展开热烈的讨论，探讨了许多问题：白莲洞遗址的重要性与白莲洞文化系列框架确立的意义的问题、中日史前史分期的对比问题、中石器文化问题，柳江人与白莲洞的关系、细石器与陶器起源的时间与地区等。

1998年11月25日"柳江人发现40周年学术恳谈会暨贾兰坡教授90华诞祝寿会"在柳州白莲洞洞穴科学博物馆举行，来自日本、韩国和国内的40多名专家、学者出席此次会议。会议期间，在白莲洞遗址还举行了贾兰坡教授浮雕人像揭幕式。

2001年11月23日，中国博物馆学会史前遗址博物馆专业委员会在柳州白莲洞洞穴科学博物馆举办第四届学术研讨会，与会代表50多人就史前遗址的保护与利用、遗址博物馆场景陈列、中石器文化等进行研讨。

此外，柳州白莲洞洞穴科学博物馆还先后组队于2001、2002和2005年参加长江三峡水淹区、南（南宁）百（百色）高速公路考古工地的那赖遗址抢救性挖掘工作

由于柳州白莲洞洞穴科学博物馆的综合陈列楼还在筹建之中，在柳州市博物馆《柳州历史文化陈列》展览中的《史前部分》，展出部分白莲洞遗址出土的石器。

经营管理

　　［单位性质］　国有事业单位

　　［经费来源］　财政全额拨款，门票收入全额上缴。

　　［机构设置］　内设办公室、保管部、陈列部、保卫科。

　　［人员编制、组成］　事业人员编制16人，目前在编16人，非编人数10人。其中高级技术职称3人，中级技术职称6人，初级技术职称3人，初级工1人，中级工1人，高级工1人。

　　［服务观众项目］　全程讲解、参观遗址、洞穴游览、举办临时展览、开展夏令营活动、休闲、停车服务等

　　［观众接待］　年接待观众人数约3万人。

参观指南

　　［地址］　广西壮族自治区柳州市鱼峰区柳石路472号

　　［邮编］　545005

　　［电话］　0772-2822289（办公室）

　　　　　　0772-3833358（售票处）

　　［传真］　0772-2808635

　　［电子邮箱］　liuzhoubld@163.com

　　［网站］　http://www.bldbwg.com/

　　［开放时间］　9:00～16:00（15:30停止入馆，星期一闭馆，法定节假日例外）

　　［票价］　通票：10元。未成年人集体组织预约免费参观。家长携带未成年子女，未成年子女免票。

（撰文：蒋远金、叶亮、梁戈）

柳州市博物馆
Liuzhou Museum

概述

类型　地方综合性博物馆

隶属关系　隶属柳州市文化局领导

创建时间　1959年1月14日

正式开馆时间　1959年11月25日

所在位置　位于柳州市中心广场东侧，即柳州市解放北路37号

柳州博物馆全景

面积　占地面积19300平方米

建筑特点　建筑为古城阙样式，采用花岗岩风暴石砌筑，建筑面积12800平方米，为柳州市标志性建筑之一。其典雅厚重，外廊21面浮雕展示了馆藏文物的精粹，反映了柳州史前文明、历史文化、民族文化、现代文化等内容。

历史沿革　1959年1月14日中共柳州市委（59）25号文件批准成立博物馆，编制4人。当时的馆址是借图书馆一个不到100平方米的小楼作办公和库房。自博物馆成立以来，由于没有展厅，故一直是在柳侯祠举办各类文物、艺术等展览。1961年底，博物馆共有古代书画、瓷器、铜器、玉器、古籍善本、化石标本1200多件。1962年2月由于历史的原因，博物馆和文化馆合并。1966年的"文化大革命"，博物馆陷于停顿。1972年恢复博物馆，重新安排馆址，在五一路与图书馆合用三层楼办公，博物馆在三楼。1973年和1982、1983年博物馆考古队成功地发掘了柳州市白莲洞遗址和西汉墓、东汉墓，得到了许多珍贵的实物资料。陈列展厅近300平方米。1984～1991年以来，成功地举办了《广西古尸展览》、《徐悲鸿艺术作品展》、《侯一鸣、邓澍艺术作品展》、《钱绍武、叶苗田人体艺术油画展》、《中央美术学院教授艺术作品展》等。经历了40多年的历程，现在，馆藏文物已达6万多件。已逐步发展成为桂中地区文物保护、文物展示和文物研究的中心。2002年国家文物局依据柳州市博物馆文物藏量及实力，将柳州博物馆列为国家级重点博物馆。国家文物局、自治区文化厅、柳州市委、市政府对柳州历史文化名城及博物馆建设非常重视，新馆改扩建工程于2003年初启动，现新馆址位于柳州市解放北路37号，即人民广场东北侧。于2006年竣工。2007年7月20日举行了新馆开馆仪式。改扩建后的柳州市博物馆占地面积19300平方米，建筑面积12860平方米，设置固定陈列展厅6个，机动展厅1个，展厅面积共6800平方米；文物库房2600平方米，办公区500平方米，学会及培训区500平方米，公共活动区400平方米。设《古生物化石陈列》、《柳州历史文化陈列》、《柳州民族民俗文化陈列》、《柳州博物馆青铜器艺术》、《柳州古代书画扇面陈列》5个基础陈列向社会永久开放。

历任馆长　陈惠琪（1958.12～1959.6　副馆长）；陈惠琪（1959.6～1962.3）；易光远（1965.3～1966　副馆长）；洪希玲（1966.9～1967）；陈惠琪（1972.3～1975.3）；张增顺（1975.3～1977.7）；覃荣辉（1977.10～1979.2）；谢汉强（1979.2～1981.1　副馆长）；覃溥（1984.9～1987.12　副馆长）；覃溥（1987.12～1989.12）；陈国康（1989～1992.3　副馆长）；罗安鹄（1991.8～1997.6　副馆长）；罗安鹄（1997.6～2002）；程州（1995～2004　副馆长）；程州（2004至今）。

业务活动

基本陈列　《生命之旅——古生物化石》陈列，古生物化石，是指在人类史前地质时期形成并埋藏于地层的遗迹，包括植物化石、无脊椎动物化石、脊椎动物化石和遗迹化石。它们是地球历史的见证，是研究生物起源和进化的科学依据。古生物化石不同于文物，它是重要的地质遗迹，是不可再生的自然遗产。展出的古生物化石标本跨越古生代、中生代和晚生代三大地质时期，门类齐全，千姿百态，栩栩如生，生动地记录了生命进化的历程和各个地质时期演变的情况。展览展出各类古生物化石标本10560件。

《鹅之山兮柳之水——柳州历史文化》陈列，柳州是

1.生命之旅第二部分展区　2.古生物厅　3.《鹅之山兮柳之水——柳州历史文化》陈列　4.《古代青铜艺术》陈列

一座历史悠久的文化名城，风光秀丽，人文鼎盛。从远古人类留在白莲洞的足音，到唐代俊贤柳宗元释奴办学的举措，至明清贤良惠及乡里的恩泽，丰厚的文化积淀滋养着柳州人，并形成独其特色的柳州文化，一如浩荡柳州江，千年流芳。

柳州是一座具有2100多年历史的文化名城，自古即为山川秀美，人文鼎盛之地。唐代著名文学家韩愈就曾对柳州有过称颂"鹅之山兮柳之水，桂树团团兮白石齿齿"。展览分为石器时代、秦汉时期、唐宋时期、元明清时期四个部分。展览从馆藏文物中遴选出近600件文物，搭配十多座不同时代风格的场景设置，再现柳州历史文化的发展历程，反映柳州的历史沿革。展览分为《石器时代》、《秦汉时期》、《唐宋时期》、《元明清时期》四个部分，将柳州五万年的悠久历史有机地贯穿起来，既突出重点，又纵览全局。通过布景方式和不同历史时期的文物实体，生动而详实地再现柳州历史风貌，以经典的亮相展示古城风采，以经典的力量呼唤文化传承，以经典的链环绵延古城文明。

《古代青铜艺术》陈列，中国青铜器时代指的是从公元前2000年到公元前500年这一历史阶段。根据当时礼制，青铜器是庙堂中不可缺少的宝器，也是贵族身份的重要标志。从拥有礼器的大小和数量，就能体现出人在贵族等级制度中的上下尊卑。展览展出馆藏特色青铜器180余件，按类别及特色藏品陈列，藏品大多为本地区岭南青铜文化的典型代表，集历史、艺术、文学、宗教、冶铸、审美于一体，充分揭示了其蕴藏的丰富的中国传统文化以及民族学、民俗学文化寓意等等，其中，西周云纹喇叭形铜器、东汉铺首衔环铜蒸馏器为广西之最，而西周云雷纹铜角、汉代虎钮錞于、明代洪武千户所百户铜印则为一级文物。

巨猿臼齿

东汉 人面蛙纹铜鼓

汉 青铜蒸馏器

双肩楔形石铲

青花人物八棱图罐

1.《古代扇面书画艺术》陈列   2.极富独特地域特色的干栏式民居建筑   3.侗族风雨桥

《古代扇面书画艺术》陈列，扇子本用于驱暑纳凉。随着制作工艺不断进步，扇面装饰愈加讲究，自古以来就被文人墨客看好，他们在扇面上题诗写字和绘画，借以抒发思想感情，成为"怀袖雅物"。清代书画大师石涛、恽寿平、郑板桥、金农等人都是题扇、画扇的高手。后来任伯年、吴昌硕等书画名家也将此视为人生一大乐事。小小扇面融万千气象于咫尺之间，透出高雅的格调，蕴含着深长的韵味。中国的扇面书画艺术，尤其是折扇方面的书画艺术，被誉为中国书画艺术宝库中"别体之作"。

扇面画的内容非常广泛，神话故事、人物形态、峰峦叠石、曲溪流水、村舍楼阁、闲花野草等皆能入画。明清扇面画则高度反映了这个领域的艺术成就。明代的沈周、文征明、唐寅，清代的"四王，吴、恽"六家和"八大山人"、"扬州八怪"等都有扇画佳作传世。柳州博物馆藏明清及近代扇面书画精品二百余幅，经悉心挑选，特举办扇面专题展览以飨广大观众。其间名家林立，名品结集，历史地再现了中国扇面书画演变的辉煌时段、精彩华章。

《柳州民族风情》陈列，柳州地处桂中腹地，自古就是少数民族集聚的区域，奇特秀丽的鹅山柳水，孕育了多姿多彩的民族风情，柳州山水秀美、历史悠久为国家历史文化名城和优秀旅游城市。柳州境内有壮、侗、苗、瑶、毛南、回、彝、京、水和仫佬等10个少数民族，每个民族又各有不同风采和文化品格。其中壮族山歌、苗族节日、瑶族舞蹈和侗族建筑，素来都被誉为柳州民族风情之"四绝"。民族风情浓郁，民族民间文化资源丰富，异彩纷呈。壮族的歌、侗族的楼、苗族的节、瑶族的舞，展示了柳州少数民族多姿多彩的文化生活。

本展览通过生产工具、生活用具、服饰、民族民间工艺等实物，重点展示壮乡、侗寨、苗岭、瑶山等各具特色的民族风情。让我们走村串寨，一起感受各民族古老的旋律，一同领略五彩斑斓的民族风情画卷。

[陈列艺术设计特点]　运用多媒体特效、场景复原、集中展示、独立展示等多样的陈列手段，结合文物实体进行展示。

[陈列面积]　5000平方米

[展出藏品]　2049件

[重要展品]　双肩楔形石铲、西周青铜角形器、战国人面蛙纹铜剑、汉代青铜蒸馏器、东汉人面蛙纹铜鼓、青花人物八棱图罐（一组）、柳城巨猿臼齿。

专题陈列　2006年元旦期间，柳州博物馆举办《柳州博物馆藏历代书画展》、2006年8月与柳州市收藏家协会联合举办《柳州民间古玩工艺品展览》、2009年4月与台湾红山玉器收藏家协会联合举办《海外遗珍——红山玉韵特展》展览，弘扬了中国悠久的传统文化，收到了很好的经济效益和社会效益。

[展厅面积]　6800平方米

[有特色的展品]　沟通南北展厅的侗族风雨桥、苗族双蝉头头簪、明 董其昌书法扇面、侗族项圈、龙纹银梳。

藏品管理

[藏品来源]　主要是考古发掘出土文物和民间征集、捐赠三种途径。1983年柳州博物馆考古发掘柳州市九头山西汉墓、东汉墓，获得了一批珍贵的陶瓷、青铜出土文物；此外，80～90年代亦相继发掘大龙潭鲤鱼嘴新石器时代遗址，又获得一批重要的人体骨骼及骨器、石器等，

清　王翚《秋山图》扇面

明　董其昌　书法扇面

清　居廉　设色花虫扇面

苗族双蝉头头簪

侗族　龙纹银梳

近10多年来，征集藏品的力度加大了，征集藏品的数量明显增多。柳州博物馆在其发展过程中，也得益于众多私人的无私捐献，重要的有陆昌达捐献的明清珍贵书画和汉代青铜器；徐耀汉捐献的明清及近代书画；单勇捐献的古生代、中生代和晚生代化石标本近3万件。

[藏品类别]　青铜类、陶瓷类、书画类、石器类、近现代文物类、民族类。

[藏品统计]　6万件。青铜器类7565件，陶瓷器类1694件，书画类2618件，民族类2490件，近现代文物类196件、金银器类167件、玉器类201件，其它类3480件、古生物化石、标本类36164件、古籍善本类5600件。

[重要藏品]　历史类藏品中最具价值的是旧石器时代柳江人头骨、人牙化石、石器和大龙潭鲤鱼嘴新石器时代的人体骨骼、骨针、骨锥、夹砂陶片以及市区出土的双肩楔形石铲、古生代、中生代和晚生代三大地质时期的各类古生物化石标本3万件。西周、战国、汉代青铜器；陶瓷类藏品为汉代、南朝、明清的陶瓷器；书画最重要的是明代董其昌、朱拱逻、金释和尚；清代"清初四王"、"扬州八怪"和近代张大千、齐白石、吴昌硕、黄宾虹等大师的作品；工艺类藏品中的精品是柳州壮、侗、苗、瑶、仫佬的服饰、银器、竹、木、陶乐器及岭南地区的民俗制品等。

[藏品保护]　为使文物得到科学有效的管理，针对馆藏文物的不同类别、不同质地，实行分类专人管理，并购置相应的设备，库房内安置了空调、抽湿机、真空杀虫防霉机、超声波清洗机、纳米空气净化机、水分测定干燥仪、电子天平等，专门定制了30个樟木柜存放书画藏品以防虫并投放灵香草防虫药物；针对大型、重型文物定制大型轨道式密集柜。为确保文物安全，库房实行24小时技防监控，安装了自动气体、喷淋灭火装置。

一直以来，柳州博物馆藏的棉织品、纸制品等都是使用灵香草、樟脑块杀虫，现在因购置了真空杀虫防霉机，故上述物品皆用该机杀虫。

科学研究　柳州博物馆历来重视以藏品为主要内容，以陈列展览和文物保护为主要阵地，开展综合性的科学研究工作。科研队伍：在编人员36名，副高职称5人，中级职称16人，对考古学、博物馆学、民族学、史学等学科领域展开了相应研究，在国际、全国、省市级学术研讨会及刊物发表了许多较有影响的学术论文。

[科研队伍]　主要以保管部、考古队、陈列部的业务干部为主，他们事业心强，热爱文物工作，他们或从历史的、艺术的、民族的、文物学的各学科、各角度来撰写

战国　人面蛙纹铜剑

西周　青铜角形器

水晶项饰

有关学术论文。

　　[科研设施]　购置了真空杀虫防霉机、超声波清洗机、纳米空气净化机、水分测定干燥仪、电子天平等。

　　[科研成果]　编撰了《中国历史文化名城大辞典》、《柳州历史文化丛书》、《抗战中的柳州》《柳宗元大辞典》、《柳州文物志》、《柳州文化志》、《柳宗元柳侯祠诗文释读》、《柳侯祠文献汇编》等编撰工作，成就斐然，硕果累累，2006编辑出版《柳州博物馆文集》、《柳州珍品图》。

　　宣传教育　柳州博物馆积极通过电视、网络、平面媒体等多种渠道向社会公众宣传介绍博物馆的大型展览及重要活动，承担起对社会的信息传播和文化教育的职能，另外，宣教部队伍齐整，8名讲解员整体素质高，能较好地完成对外的接待和讲解，颇受观众喜爱。她们还制作课件走进农村学堂、展览下乡，收到了很好的社会效益。

　　编辑出版：《柳州文博》（1～4期）（柳州市考古博物馆学会，柳州市博物馆编，1999～2004年，内部刊物）。《鹅之山兮柳之水——柳州馆藏文物珍品》（柳州博物馆编，广西美术出版社，2007年6月）。《柳州博物馆文集》（柳州博物馆编，广西美术出版社，2007年6月）。《物华天宝》（电子刊物）（柳州市博物馆编，2007年7月）。

　　讲座：2003年3月，广西壮族自治区博物馆研究员韦仁义主讲《中国古陶瓷鉴定》。2006年8月，原桂海碑林博物馆馆长刘玲双主讲《博物馆的讲解艺术及礼仪》。2007年1月3日，中科院古脊椎动物与古人类研究所研究员赵喜进主讲《恐龙的演化与灭亡》。2007年1月3日，广西壮族自治区博物馆研究员蒋廷瑜主讲《铜鼓的鉴定》。2007年1月3日，广西壮族自治区博物馆副馆长兰日勇主讲《古代青铜鼎的鉴定》。2007年1月3日，广西壮族自治区博物馆副研究员张凯主讲《古代陶瓷器鉴定》。2007年1月21日，中科院古脊椎动物与古人类研究所研究员张森水主讲《旧石器时代打制石器的鉴定》。2007年6月6日，柳州市群众艺术馆副馆长黄晓平主讲《保护非物质文化遗产，守护我们的精神家园》。2007年6月6日，柳州市博物馆馆长程州主讲《陈继昌的经历和古代科举制度》。2007年7月21日，故宫博物院研究员、国家文物鉴定委员会委员杜迺松主讲《中国古代青铜器鉴定》。2007年7月22日，故宫博物院古器部陶瓷组研究员王健华主讲《中国古代陶瓷器鉴定》。

　　影视录像：现正在制作《徐霞客在柳州》。

　　交流合作　作为"文化大使"，柳州博物馆的对外交流与合作不断拓展。1985年举办"广西体坛之光"在南宁、梧州、广东中山市巡回展览，历时近2个月，观众达2万人次。1989～1990年举办的《广西少数民族服饰展》在美国辛辛那提市展出。1992年10月《广西少数民族服饰展》在陕西省西安市鼓楼展出。2003年3月《广西少数民族服饰》在河南省郑州博物馆展出，这些展览在向国内和世界弘扬和传播岭南地区传统文化的同时，也使柳州博物馆获得了广泛的声誉。

除展览交流外，柳州博物馆还充分发挥自身学术优势，开展国内外学术交流活动。每年召开柳州地区"考古博物馆学会"年会，与柳州社科联联合举办"国际柳宗元学术讨论会"。此外，博物馆还派出2名专业骨干为广西工学院开设课程，也派出专业人员赴国内先进兄弟馆及港澳地区参观博物馆。

经营管理

[单位性质]　国营事业单位

[经费来源]　政府全额拨款

[机构设置]　柳州市博物馆下设九个科室：保管部、陈列部、宣教部、考古自然历史部、信息产业部、柳侯祠管理部、东门城楼管理部、保卫科、馆办公室。

[人员编制、组成]　在编36人（其中男：20人，女：16人），研究生：2人；本科：14人，专科16人，高中、中专：4人。高级职称：5人；中级职称：16人；初级职称：15人。

[服务观众项目]

1、导览服务

宣教部为预约的团体观众、个人提供人工导览、讲解服务。

多媒体导览：在大堂和各陈列厅分别设有多媒体电脑导览系统，观众可以通过触摸屏幕或投币方式获取所需内容。

2、摄影服务：为观众提供摄影服务，并提供服装租用

3、休闲服务：观众服务部可为观众提供饮料、小食品

4、残疾人服务：博物馆大门两旁设有专门的残疾人车道

5、影视厅：为观众播放历史、文物相关的影片

6、电子刊物：介绍展厅和藏品内容

7、读者服务部：为游客提供文物、收藏、历史、名著等方面的书刊、工艺品等

8、展版1：文物法

展版2：柳州文物分布图

[观众接待]　2003年以前，平均年参观人数达3万人，2004～2007年三年间新馆重建、改造。于2007年7月20日落成正式对外开放，预计年参观人数将超过以往。

参观指南

[地址]　柳州市解放北路37号

[邮编]　545001

[电话]　0772-2828455（办公室）

　　　　0772-2862716（售票处）

　　　　0772-2828455、2821513（咨询电话）

[传真]　0772-2826639

[电子信箱]　lzbwg@163.com

[网站]　www.lzbwg.com

[开放时间]　除年三十和每周星期一休馆外，全年对外开放，每天9：00～17：00为参观时间，16：00停止对外售票。

[票价]　成人15元 / 人，1.3米以下儿童5元 / 人。

（撰文：黄利捷、陈俊、覃国宁、韩玉燕）

南丹县里湖白裤瑶生态博物馆

Nandan Lihu Baikuyao Eco-museum

概述

类型　社会科学类文化生态专题博物馆

隶属关系　隶属于广西民族博物馆工作站和南丹县文化体育局管辖

1. 南丹里湖白裤瑶生态博物馆全景　2. 博物馆展示中心外景

创建时间　2003年开始筹备，2003年12月4日举行奠基典礼。

正式开馆时间　2004年11月26日

所在位置　地处广西南丹县里湖乡怀里村蛮降屯

面积　展示中心占地面积6亩、建筑面积1049平方米

建筑、布局　四合院型、建筑仿当地民居风格，为钢筋混泥土结构，分陈列展厅、文物库房、办公用房、招待所四部分。

历史沿革　2003年建馆，是广西第一个生态博物馆。

历任馆长　廖丹宁（2005年至今）。

业务活动

基本陈列　《南丹白裤瑶文化展》　展陈形式由广西民族博物馆设计，主要是以图片展示为主，实物为辅，通过87件文物藏品和白裤瑶系列图片以及文字资料介绍，借助灯光和音像设备的展示，通过每个版块分类介绍，直观地展示了白裤瑶近千年来的历史发展和白裤瑶的生产、生活、宗教、娱乐、婚庆、丧葬文化、服饰制作、工艺等等，整个展厅面积300平方米，展出的图片110幅，展出的藏品实物87件。

藏品管理

［藏品来源］　从民间征集

［藏品类别］　服饰类、生活类、生产类、娱乐类、宗教仪式类。

［藏品统计］　馆藏目前有87件实物，有3级文物4件。

［重要藏品］　贵州麻江型铜鼓2面，男、女盛装各一套。

宣传教育　为了让市民及更多的游客了解白裤瑶民族文化，我们还在当地村民中组织白裤瑶民族风情表演队，为来馆参观的领导嘉宾游客表演，还经常接受省内外的邀请，到省内外进行白裤瑶风情表演，还和中国民族博物馆结成合作网单位，经常接受中国民博的邀请参加中国民族博物馆组织的"多彩中华"艺术表演到贵州、北京、法国巴黎进行文化交流，宣传我国的民族文化，增加知名度，扩大影响力。还配合中央电视台拍摄了《蛮降瑶寨》民族风情专题片，配合广西电视台拍摄了《中国白裤瑶》专题片，还出版了一本《南丹白裤瑶》一书，此外，该馆还充分利用"5·18"国际博物馆日和"中国文化遗产日"举办

1、2.展厅一角　3.服饰陈列　4.铜鼓

各种宣传活动。

科学研究 该馆的宗旨一是展示和保护白裤瑶民族文化；二是搞好文化"记忆工程"，该馆工作人员利用照相机、摄像机、录音设备、文字资料，把白裤瑶日常的生产、生活、节庆、婚庆、丧葬、庆典、民居、各种仪式的过程全部记录下来，当强势外来文化冲击白裤瑶民族文化，甚至被同化了，原有的文化、习俗已不存在的时候，我们经过多年的努力，已用"记忆工程"把它都记录下来，这样的财富可供以后研究人员，专家学者查阅研究。

县文物所的徐金文所长是当地的地方志专家，长期研究白裤瑶文化，有多篇论文在省内外刊物发表，他写的论文《浅谈白裤瑶文化保护》参加2008年在杭州召开的世界遗产保护论坛上宣读，并在此次论坛文集上发表。论文《斑斓的记忆》在2008年河池学院学报上发表。副馆长陆朝金写出了关于白裤瑶的多篇论文。

馆长廖丹宁多年来从事摄影工作，利用照相机记录了大量的白裤瑶图片，他的白裤瑶系列图片：《发现白裤瑶》刊登在厦门航空杂志上，系列图片《冬日里的葬礼》刊登在广西师范大学出版的《市民》杂志上。

交流合作 广西南丹里湖白裤瑶生态博物馆自开馆正式对外开放以来，一直积极与国内外同行进行密切的交流与合作，多次参加外面的各种研究会，特别是多次参加中国民族博物馆在北京中央民族干部管理学院举办的非物质文化遗产培训班和研讨会，2007年参加了由中国民族博物馆组织在新加坡举办的《中国——万象文字展》活动。2007年组织表演队参加贵州省雷山县的苗年节活动，然后到北京参加了外交部的迎新年会，为全世界驻华大使演出。参加了广西博物馆1+10工程的8个生态博物馆的开馆仪式并进行交流。2008年4月9日～5月13日，参加了由中国民族博物馆在法国巴黎举办的"多彩中华"民族文化月活动。通过这些交流活动，不但学得了一些宝贵经验，也增进了馆际间交流与友谊。

经营管理

　　[单位性质] 全民所有制事业单位

　　[经费来源] 县财政全额拨款

　　[机构设置] 设有馆长（由县文体局一名副局长兼），副馆长、2名讲解员。

　　[人员编制、组成] 事业编制数1人，聘用编制数2人；本科1人、大专2人。

　　[观众接待] 每年观众人数3万多人

参观指南

　　[地址]　广西南丹里湖怀里村蛮降屯

　　[邮编]　547200

　　[电话]　0778-7339951、13977854127

　　[传真]　0778-7237869

　　[电子邮箱]　lfstbwg@163.com

　　[网站]　进广西民族博物馆网站

　　[开放时间]　全天候开放

　　[票价]　实行免费参观

（撰文：南丹县里湖白裤瑶生态博物馆）

贵港市博物馆
Guigang City Museum

概述

　　类型　地方综合性博物馆

　　隶属关系　隶属于贵港市文化局管辖

　　创建时间　1978年12月7日

　　正式开馆时间　1996年11月18日

贵港文澜塔

贵港市博物馆

所在位置　贵港市港北区贵城镇古榕路46号，右邻中共广西省第一次代表大会旧址

面积　占地面积280平方米、建筑面积300平方米

建筑、布局　仿民居风格，曲尺字形，分3层，为钢筋混凝土结构，分陈列展厅、办公用房、文物库房三大部分。

历史沿革　1953年4月贵县文化馆成立，由馆内1名干部兼管文物工作。1978年12月7日成立"贵县文物管理委员会"，下设办公室，配备干部5人。1984年10月23日成立"贵县文物管理所"，配备干部和工人6人。1996年11月18日正式成立地级贵港市博物馆。

历任馆长　邓抑才（1979.1～1985.3　所长）；钟辉雄（1985.3～1995.5　所长）；叶恩俊（1995.5～2003.3　所长、馆长）；钟山龙（2003.3～2005.9　副馆长主持全面工作）；冯桂淳（2005.9至今）。

业务活动

基本陈列　1、《罗泊湾一号汉墓复原陈列》由贵县文物管理设计，用1976年罗泊湾一号汉墓出土棺木料按原葬式1：1比例陈展，计250平方米。墓分上下二层，上层为墓主室，下层为陪葬人员6女1男和器物1000多件，均为西汉晚期器物，现藏于广西博物馆。该墓葬规模及出土随葬品是至今岭南地区汉代墓葬考古之冠。2、《中共广西省一大会旧址和贵县革命文物展》由贵县文物管理所设计举办，面积290平方米，目前正在更新展览。

藏品管理

［藏品来源］　考古发掘、社会捐赠、征集（购）等。

［藏品类别］　有陶器、青铜器、瓷器、木器、石器等。

［藏品统计］　馆藏文物4048件（套），其中有国家一级文物3件，二级文物70件，三级文物927件。

经营管理

［单位性质］　全民国有事业单位

［经费来源］　市财政全额拨款

［机构设置］　设行政组、保管组、财务组、陈列组、保卫组（兼）五个组。

［人员编制、组成］　事业编制数为9人，现有正式在编人员9名，含专业技术人员6人，其中馆员4人，助理馆员1名，管理员1人，技工3人。

［观众接待］　观众人数每年近万人

参观指南

［地址］　广西壮族自治区贵港市港北区贵城镇古榕路46号

［邮编］　537100

［电话］　0557-4215658

［电子信箱］　ggbowuguan@126.com

［开放时间］　周二至周五8：30－11：30，15：30－17：30，周一闭馆。

［票价］　从2000年1月1日起，实行免费参观。

（撰文：贵港市博物馆）

贺州市客家围屋生态博物馆

Hakka Round House Eco-museum of Hezhou City

概述

类型　社会科学类文化生态专题博物馆

隶属关系　隶属于贺州市文化局管辖

创建时间　2006年4月

正式开馆时间　2007年4月13日

所在位置　贺州市八步区莲塘镇仁冲村白花洞。

面积　占地面积2020平方米、建筑面积700平方米

博物馆外景

建筑、布局　建筑为砖瓦结构客家围龙屋，分工作站、展示中心、信息采集中心三大部分，入口有门楼及围墙、晒坪。陈列展厅18个，面积500平方米。

历史沿革　围龙屋于1950年由当地陈姓客家人修建，因解放后被被当作地主财产没收并用作农会使用，陈姓人举族外迁。2005年经协商征用作为广西10个生态博物馆"10+1"民族文化保护工程之一的贺州市客家围屋生态博物馆址，由工作站和信息资料中心、展示中心、保护区四部份组成。馆区居民属长乐客家人，建筑风格依山而居，有客家围屋600间，主要是府第式、锁头屋和围龙屋三种形式，旱溉旨宜的典型客家村落的生态环境。2006年经过对陈家围屋进行维修，至2007年4月23日，贺州市莲塘客家围屋生态博物馆正式开馆对外开放，是中国首个客家文化生态博物馆。

历任馆长　胡庆生（2007.04至今）。

业务活动

基本陈列　《贺州客家人》陈列展览由广西民族博物馆、贺州市博物馆联合设计，主要展示客家人沿古道迁徙会集贺州，客家族群的形成，客家奇特的民居建筑、神秘的围屋，崇文重武、尚礼重孝，婚嫁、丧葬习俗，宗教信仰、音乐曲艺，通过200多件民俗文物藏品、历史文献资料、图片等场景展示，借助灯光和展柜、手工艺作坊场景，简洁明亮地讲述贺州客家人在长期的迁徙岁月，传承祖先的血脉与客家文化，浓缩了贺州客家人的精华。馆区内不仅保留有竹板歌、鸡歌、山歌等颇具贺州客家民特色的曲艺和客家传统民居建筑，贺州客家围屋是广西桂东地区保存最完整，规模最大，历史悠久，是贺州客家文化的瑰宝。

藏品管理

［藏品来源］　社会捐赠、征集。

［藏品类别］　铁器、铜器、银制品、陶瓷器、石雕、木雕、服饰、竹器、书籍等。

［藏品统计］　馆藏民俗文物1000多件，已登记入帐，建立档案。

［藏品保护］　馆藏民俗文物分类建立档案，并对入藏的客家民俗文物进行除尘干洗，上漆、防虫、防霉、防紫外线处理，健全《藏品档案保管制度》、《文物安全保卫制度》。

宣传教育　充分利用"5·18国际博物馆日"和"中国文化遗产日"举办大型文物陈列展览、专题学术讲座和客家山歌剧文艺演出，向广大人民群众进行爱国主义教育、

1.客家围屋　2、3.展厅一角　4.客家唱鸡歌

1.客家服饰　2.陶艺　3.打草鞋

文化艺术教育、道德教育、精神文明教育、学生素质教育，继承和弘扬客家传统文化，充分利用客家生态博物馆的文化资源，开拓社会教育领域，向社区居民提供加强文化知识学习实践基地，开展文物保护法宣传和文物历史知识普及活动。

科学研究　贺州市客家生态博物馆在保护客家文化的同时，学术研究成果突出，馆内有多人在全国及自治区级刊物发表学术论文。如：胡庆生、陶红云二人在《中国当代文博论著精编》上发表《生态博物馆中国化道路的几个问题》一文，对传统文化资源的保护力量问题，不同层次下传统文化的保护手段问题，生态博物馆概念下特色文化资源在保护和利用中所面临的主要矛盾等方面进行探讨。郑威在《广西社会科学》上发表的《人类学文化变迁之文化涵化——以广西贺州客家族群的文化变迁为例》一文，对贺州客家族群在语言、风俗习惯、民间信仰等方面的文化特征从人类学角度作了溯源探究。郭建军、覃艳在《广西博物馆文集》上发表的，《贺州客家生态博物馆与客家文化的保护传承》一文，对贺州客家文化的特性作了概述，对客家生态博物馆与客家文化的保护传承问题的关系作了探讨。与贺州市科技局联合研究《贺州市客家围屋特色民居文化保护继承开发》的自治区科技厅课题使贺州市地方特色民居文化保护初现成效。

交流合作　贺州市客家围屋生态博物馆自开馆以来，加强对外交往，增进客家文化国内外学术交流。台湾学者徐纯到示范区探讨传统文化保护与传统村落发展关系研究，并与当地客家文化学者进行讲座交流，英国新巷高中生一行20人到示范区体验贺州客家民俗文化生活。与福建客家宗亲六桂堂联系贺州江氏族人，通过六桂堂进入东南亚\台湾展示贺州客家文化，增进了海内外客家族人的亲情和友谊，通过在贺州市举办"亚细安（东盟）客属恳亲会"搭起了桂台客家联谊会交流平台，促进了海内外的客家文化学术交流。通过开展客家民俗文化及文史资料的收集整理，出版相关著作等方式，挖掘客家文化内涵，揭示贺州客家文化的内在特质。

经营管理

　　[单位性质]　全民所有事业单位

　　[经费来源]　市财政全额拨款

　　[机构设置]　设有馆长室、业务股、信息采集中心、保卫股。

　　[人员编制、组成]　编制人员12人，现有正式在编工作人员12人，本科3人，大专7人，专业技术人员12人，

其中中级职称7人，初级5人。

[观众接待] 观众人数每年2万人。

参观指南

[地址] 广西壮族自治区贺州市八步区莲塘镇仁冲村

[邮编] 542800

[电话] 0774-5283962、5271663

[传真] 0774-5271663

[电子信箱] hzbwgthy@126.com

[开放时间] 全天开放

（撰文：贺州市博物馆）

贺州市博物馆

Museum of Hezhou City

概述

类型 地方综合性博物馆

隶属关系 隶属于贺州市文化局

创建时间 1980年1月

正式开馆时间 1985年2月

所在位置 位于贺州市中心，馆址东侧是贺州市灵峰广场、灵峰山古遗址，南侧是步行街、贺江河，西侧是市商业中心区，北侧是贺州市图书室、八步区区政府，交通极为便利。

面积 占地面积930平方米、建筑面积1058平方米

建筑、布局 为一座五层框架结构综合楼，分文物库房、陈列展厅、办公室三大部分，陈列展厅面积为630平方米，分3个展厅，1个历史展厅，1个民族展厅，1个革命史展厅（临时展厅）。

贺州市博物馆外景

历史沿革 民国二十二年（1933），贺县设教育陈列馆。1963年至1979年，文物工作由贺县文化馆承担，设两名专业干部。1980年1月，成立贺县文物管理所，专门负责县内文物考古及管理工作。1985年1月，建成文物管理所大楼，2月，正式对外开放。1986年9月，贺县文物管理所更名为"贺县博物馆"。1997年5月，贺县撤县设市（县级），贺县博物馆更名为"贺州市博物馆"（县级）。2002年11月，撤贺州地区设贺州市（地级市），原县级贺州市博物馆上划为贺州市博物馆（地市级）。2007年4月，成立贺州莲塘客家生态博物馆，它是广西生态博物馆建设的"1＋10工程"（"1"是一座广西民族博物馆，"10"是十座生态博物馆）之一。2007年12月，被贺州市委、市人民政府命名为贺州市第一批爱国主义教育基地和国防教育基地。2008年10月成立贺州市文物管理所，与博物馆执行一套人马两块牌子管理。

历任馆长 许维强（1980.1～1980.12 副所长）；曾学权（1981.12～1984.9 副所长、所长）；蒋元丰（1984.9～1994.4 副所长、馆长）；张春云（1987.7～1992 副馆长）；刘洪波（1992.9～2001.5）；胡庆生（1993.9至今 副馆长、馆长，2009.4 兼文管所所长）。

业务活动

基本陈列 《贺州瑶族风情》展是由贺州市博物馆自行策划设计，主要展出贺州市13.5万瑶族（三县两区）共11个瑶族支系他们各具特色生活、生产、婚礼习俗，及各式不同的瑶族服饰。同时，配合声、光、电、场景等展出贺州的四项国家级非物质文化遗产（瑶族服饰、瑶族盘王节、瑶族蝴蝶歌、瑶族长鼓舞）。陈列面积120平方米，展出服饰、瑶绣近130件，生活、生产用具60多件。

《贺州客家人》展是与广西民族博物馆共同策划设计的综合性展览，展览设于莲塘镇白花村的客家生态博物馆工作站内，陈列面积520平方米，展出实物300多件，这个展览综合运用了建筑、灯光、书法、绘画、木雕、剪纸等多种艺术形式，展示了贺州客家文化丰富、独特的文化内涵，达到了较好的展出效果，吸引了大批的观众。

专题陈列 《贺州汉魂》展是贺州博物馆陈列部策划设计，主要是以近年来在贺州地域内两汉时期考古材料为基础，结合贺州的重要地理位置及部分研究成果，以珍贵文物加照片的形式，再现贺州两汉时期的文化精髓，彰显贺州先民特有的善于学习吸收先进文化的开放和包容精神，创造了属于贺州历史的辉煌，使贺州成为秦汉时期岭南桂东汉越文化的交融中心。展厅面积120平方米，展览通过165件

1.《贺州客家人》展　2、3.《贺州汉魂》展

瑶族服饰

珍贵出土文物，29幅图片和图表以及少量的文物复制品的展览，再现贺州从新石器时代到东汉时期的历史脉络。

临时展厅　为了满足观众的文化生活需求，弥补基本陈列的不足，利用一楼临时展厅，引进外地展览和自行策划临时展览，向观众展示不同文化的专题内容，已成功举办了多个专题陈列，主要有：《贺州古道文化图片展》、《纪念抗战胜利60周年大型图片展》，《贺州青铜文物精品展》、《真假文物对比展》、《海洋生物标本展》、《大型航天航空科技展》、《野生动物标本展》、《千古兵戈展》、《贺州文物精品展》、《千年铜光耀贺江》、《大型秦始皇兵马俑历史文化展》、《贺州保护文物成果展》等等。

藏品管理

［藏品来源］　考古发掘，征集（购买），社会捐献，公安移交。

［藏品类别］　金属、陶瓷、玉石、竹木、书画、杂项。

［藏品统计］　贺州市博物馆馆藏各类文物1.9万多件，按等级分：一级文物有2件；二级文物有82件；三级文物有314件；未定级和一般文物有18771件。按质地分：金属类有16879件、陶瓷类有1625件、玉石类有491件、纸质类有73件、绢质类有20件、竹木类有13件、其他类有61件。另外，还有民族服饰157件，民族生产生活用具95件。其中出土文物中以先秦、汉、南朝至唐、宋等四个时期的青铜器、玉石器和陶瓷器为主。先秦文物中以反映苍梧越部族历史的青铜器最具特色。汉代文物中以反汉与南越关系的陶器、滑石器、金银器和玉器最具特色。南朝至唐代的文物中以越窑青瓷系列的瓷器最具特征。宋代文物中则以贺州地方土窑烧制的陶瓷器为钱币为特色。传世文物中以字画、陶瓷器、民族服饰和其它杂项为主。藏品总数居贺州市前列。

［重要藏品］　东周"神兽麒麟尊"　麒麟尊，又名神兽尊、铜牺尊。国家一级文物。1991年7月贺县沙田龙中村出土。双角形似长颈鹿角，盖上饰一蟠龙，臀部饰一凤。腹部两侧各饰云雷地窃曲纹三组，整个造形十分奇特。被国家文物局原局长张德勤誉为"华夏族文化和百越族文化相互交融的实证。"尊在古代是贵族祭祀天地时一种专用礼器。这种礼器的出现，说明了等级制度和政权存在最好史证，是贺州博物馆的镇馆之宝。1992年借调广西博物馆参加《广西文物精华展》；1993年借调上海博物馆参加《中国文物精华展》；1995年借调中国历史博物馆展览；同年借调挪威等欧洲十多个国家展览；2002年借调法国参

加中国文化周的《广西古代青铜艺术展》；2008年12月借调广西自治区成立50周年大庆展。自出土以来至今，其中有12年的时间它都是在外作巡回展出，无论走到那里，麒麟尊都以它独有的魅力倾倒无数观众。

东周"蟠螭纹铜罍" 又名虺纹铜瓿。国家一级文物。1991年7月贺县沙田龙中村出土。肩两侧各有二个短柱形钮，肩、腹饰蟠虺纹带三周，间饰两道阴弦纹。器物中部一周蟠虺纹上，均分布八个凸圆，圆内饰蟠虺纹。铜罍是古代人们用于盛酒的酒器。铜罍与神兽麒麟尊是同一墓葬出土的，它们时常被外借展出，同时出土的器物有33件，有鼎、盂、钺、箕形器、贝币等。是中原文化、百越文化和楚文化交汇融合的历史印记。

宋花卉彩绘青瓷罐，1990年在八步区莲塘镇发现。高19.5厘米，腹径17厘米，罐身胎体上绘有缠枝花。绘花颜色为红褐色，象铁锈。一般认为铁锈画花瓷器是宋代名窑磁州窑的产品。贺州的这件宋代铁锈花罐青釉褐花，明显带有南方青釉瓷的风格。但遍数中国南方已发现的宋代各窑口瓷器中均无同类产品出现。而且由于当时的交通不便，商品的流动性不大，贺州出土的瓷器以贺州出产的为主，从铁锈花的绘画装饰技艺上讲，贺州的这件器物与磁州窑的产品站在了同一水平线上。

[藏品保护] 加强藏品管理，购置了20多套铁皮柜，把原先的开放式木架柜，更新为封闭式铁皮柜，三级以上珍贵文物全部进入密封专柜，展厅内安置4台空调，将原有的日光灯全部更换防紫外线灯具，装置了与公安联网的安防报警系统：有六路探头装备、监控图像显示器，库房和展厅安装了感烟探测器报警系统。在规章制度上，建立了《库房安全保卫制度》、《入库人员登记表》、《文物入馆凭证》、《藏品提取和退回凭单》、《文物外借凭证》等，规范藏品管理，准保藏品安全。文物修复也是文物保护和重要手段之一，近十年以来，共抢救修补西汉、东汉、南朝、唐、宋、明、清等7个朝代陶瓷类文物280件，装裱古字画30多幅。

另外，博物馆还承担贺州市的全国重点文物保护单位1处（7个点），自治区级重点文物保护单位9处，市级重点文物保护单位9处，野外不可移动文物点206处的维护管理工作，承担文物行政的日常事务。

宣传教育 为了让市民更多的了解贺州的悠久历史及丰富的历史文化遗产，常年与市电视台合作，从不同的视角和频道宣传贺州市的文物保护力度、人文历史、风土人情等，此外，还配合省电视台和外市电视台来拍摄贺州

东周 神兽麒麟尊

东周 蟠螭纹铜罍

宋 花卉彩绘青瓷罐

历史名城和独特的风土人情，如：《客家风情》、《走进广西》、《广西名城》等。在新闻媒体上宣传报道五十余次，其中在国家级电视台报道三次，省级电视台报道五次，市级电视台报道48余次。2009年上半年在《贺州日报》上开辟《史海钩沉》专栏。2005年组建20多人的文物

保护志愿者队伍，利用社会的力量来保护文物、宣传保护文物的重要性，使野外文物得到很好的保护。

科学研究 2004年4月，与市科技局签订承担《贺州市馆藏文物的断代与研究》科题；2006年9月，与桂林旅游高等专科学校签订承担《贺州市客家围屋特色民居文化保护继承开发》科题；2007年8月，市科技局签订承担《博物馆文物库房环境研究》科题。

交流合作 2003年博物馆胡庆生参与了自治区宣传部组织的"西江流域文化研究"研讨会；2006年5月与广东佛山市博物馆对历史上的两广文化进行交流研究；2007年8月，贺州市博物馆与台湾中华民国博物馆学会进行了学术交流，对生态博物馆建设的作用与意义、工作人员的培训以及生态博物馆如何让群众参与、如何服务群众等问题进行了探讨；2007年10月，邀请桂林市桂海碑林的专家讲授书画鉴定、碑刻的保护和拓片技术；2008年9月到广东封开县、德庆市考察西江流域历史文化，到桂林市的甑皮岩古人类遗址、桂海碑林博物馆学习陶瓷器修补、碑刻拓片技术等。2008年10月到香港历史博物馆、香港文化博物馆、香港中文大学中国传统文化研究所就展览制作、库房文物的保管与修复、博物馆社会功能的发挥等方面的工作作经验交流。

经营管理

[单位性质] 国有事业单位

[经费来源] 市财政全额拨款

[机构设置] 陈列部、宣教部、库房部、办公室、保卫科。

[人员编制、组成] 事业编制数是12人，现有在编工作人员12人，大学本科4人，大专5人，中专1人，高中2人。专业技术人员12人，其中中级7人，初级5人。聘用临时职工6人。

[观众接待] 年观众参观人数近万人

参观指南

[地址] 广西贺州市体育路65号

[邮编] 542800

[电话] 0774-5283962

[传真] 0774-5271663

[电子信箱] hzbwg2009@163.com

[开放时间] 夏季8：00－12：00；15：00－18：00，冬季8：00－12：00；14：30－17：30。

[票价] 从2008年元月起，实行免费开放。

（撰文：贺州市博物馆 陶红云）

桂平市博物馆
Guiping Municipal Museum

概述

类型 地方综合性博物馆

隶属关系 隶属于桂平市文化和体育局

创建时间 1982年12月9日

正式开馆时间 1989年10月

所在位置 地处桂平市区人民中路3号，西约1.5公里处为国家重点风景名胜区西山，交通便利。

桂平市博物馆

面积 占地面积1500平方米、建筑面积1100平方米

建筑、布局 仿民居风格建筑，为钢筋混凝土结构，分陈列展厅、文物库房、办公用房三大部分。陈列展厅面积约750平方米，分2个展厅。文物库房300平方米。

历史沿革 1973年桂平县文化馆内设文物工作组。1979年2月从县文化馆分设出来，成立桂平县文物管理所。1982年12月成立桂平县博物馆，文管所和博物馆合署办公，同一套人马，隶属县文化局。建立文物管理所时，接管原桂平县展览馆的旧馆址作为所址，博物馆成立后相继沿用，为简易瓦房，1988年初改建为钢筋混凝土结构，1989年10月投入使用并对外开放。1994年11月桂平撤县设市，县博物馆随即改为市博物馆。博物馆下辖的太平天国金田起义遗址于1976年7月成立有遗址管理所，该遗址是1961年3月国务院首批公布的全国重点文物保护单位，1995年12月定为广西爱国主义教育基地，遗址工作人员为博物馆在编职工。

历任馆长 冯宇明（1982～1989）；黎文灿（1989～1994）；黄培棋（1994～2001）；冯桂淳（2001～2005）；朱丽彬（2005至今）。

业务活动

临时展览　桂平市博物馆展厅占地约750平方米，砖混结构，固定展线约40米，以临时展览为主，展出本市出土或征集的文物、外来的文物、书画、石玩，以及配合本地政府中心工作的各种展览等。近10余年来，《地灵人杰的桂平》、《太平军在新圩》、《追溯远古的文明——桂平近年出土文物展》等展览属于该馆自编自制的展览。

专题陈列　《太平天国金田起义历史陈列》展览，设在国家级重点文物保护单位金田起义遗址内，距离桂平市区28公里，陈列馆于1979年动工，1980年完工，花岗岩建筑，琉璃瓦歇山顶，外观古朴，与接待室、碑廊、录像室

展厅一角

形成园林式布局，建筑面积252平方米。室内陈列金田起义时期文物和辅助陈列品近100件，内容分"民怨沸腾"、"荆山播种"、"誓师起义"、"挥戈北进"等四个部分，主要反映桂平金田起义时期的历史。年平均接待观众10万人次。多年来到过金田起义遗址视察和指导工作的中央领导有：前国务院副总理陈慕华、田纪云，前中央军委副主席刘华清，中央统战部部长刘言东，全国政协副主席杨汝岱、罗豪才。

《太平军在新圩》图片展，设在自治区级重点文物保护单位太平军前军指挥部旧址金田三界庙，庙内墙镶嵌清代至民国时期碑刻26块，是研究当时当地政治、经济、文化、契约等的重要实物资料，其中一块就记录了韦昌辉之父韦元玠捐资修庙的史实。现该旧址作为金田起义地址的重要组成部分加以保护，占地面积250平方米。年平均接待观众5万人次。

藏品管理

[藏品来源]　采集、征集、出土、捐赠、发掘、收购、拨交等。

[藏品类别]　瓷器、陶器、青铜器、货币、石器、玉器、金银器、书画等。

[藏品统计]　馆藏文物1000多件（不包括古钱币），其中国家一级文物5件，于1995年11月12日经国家文物局专家组确认；二级文物51件，于1994年12月29日经广西区文物专家组确认；其余均为三级以下文物。按质地分：瓷器245件、陶器121件、铜器102件、金银24件、文具22件、太史类23件、印信14件、邮票3件、石刻1件、货币161件、石器152件、玉器22件、文献16件、砖瓦14件、徽章10件、雕塑12件、铁器11件、织绣6件、竹木器2件、牙骨器2件、其它金属3件、书法39件、绘画15件。

[重要藏品]　铜鼓与青花将军罐是该馆的特色藏品。

铜鼓计25件，三种类型（冷水冲型、北流型、遵义型），一级文物2件，二级文物12件，三级文物11件，其中总号000435号和000441是同穴出土的一对铜鼓，一个北流型，一个冷水冲型，它打破了学术界历来认为的北流型鼓的分布北以西江为界的看法，成为第一面跨越西江的北流型铜鼓。000451号鼓很有特色，一是形体特小，二是有腿和爪的鹭鸟纹在中国尚属首次发现，三是所施的图案化鸟形纹形体小巧而线条细腻，头部呈一圆圈中加一点，与其他冷水冲型鼓的图案化鸟形纹绝然不同。000611号鼓的面饰穿山甲立体造型，在我国属首次发现。000613号鼓的面饰"孩童戏鸭"和"人牛播耕"、000445号鼓的面饰牛拉耧、000447号鼓的面饰婢女喂马饰立体塑像等铜鼓，在铜鼓装饰中极为罕见。

青花将军罐计12件，分康熙、雍正、乾隆、嘉庆、清末民初五个时期，其中二级文物5件，三级文物7件，将军罐藏品数量仅次于广西区博物馆。

另有1974年10月在市区挖下水道时出土一批元代龙泉窑青釉碗、洗、杯、盘，计33件，其中12件评上二级文物。

[藏品保护]　文物库房为钢筋混凝土结构，建筑面积300平方米，有铁窗、铁门、铁柜和红外线报警器装置，有灭火器和自来水，文物能分室分类分柜保管，帐物分人管理。建立有《库房安全保卫制度》、《人员出入库登记表》、《藏品出入库凭单》等，库房24小时有人值班。

[文保单位]　具有历史性、观赏性、交通便利的文物保护单位有：太平天国金田起义遗址、太平天国前军指挥部旧址金田三界庙、广西最高的古塔东塔、道教全国三十六洞天的第二十一洞天白石山、道家七十二福地之一的"天南福地"罗丛岩、全国著名风景名胜区西山，有"南国小三峡"著称的明代瑶民起义遗址大藤峡等景点。全年白天均对外开放。

清乾隆　青花云龙纹将军罐

东汉　喂马饰变形羽人纹铜鼓

考古发掘　随着中国考古学的发展，广西由于其独特的自然环境和重要的地理位置，日益受到考古学界的重视。为此，1996年10月，中国社会科学院考古研究所华南工作队队长傅宪国和李新伟，汇同广西区博物馆李珍教授和彭长林，与桂平市博物馆组成了联合考察队，对广西邕、郁、浔江两岸的古遗址进行了调查，以填补广西史前考古研究的空白。桂平市地处黔、郁、浔三江交汇处，是这次调查的重点地区。调查的主要收获：一是确认了许多重要的史前时期遗址；二是首次发现了汉墓的存在。

因长洲水利工程建设的影响，桂平沿江两岸的文物遗存情况有可能受到损毁，故2006年6月~2007年元月，广西区文物考古研究所林强、李珍、何安益等，对市辖沿江两岸的寻旺上塔和油榨村遗址（挖掘面积1900平方米），大塘城遗址（挖掘面积1600平方米），石咀长冲根遗址（挖掘面积520平方米）、长冲桥遗址（挖掘面积75平方米），

江口龙门滩遗址（挖掘面积200平方米）等处进行了抢救性发掘，发掘显示：这些新石器时代文化遗址或叠压在唐宋的文化层下，或与汉墓相邻，或出现窖穴、用火遗迹、柱洞，或有灰坑、柱洞、房址等，出土了大量的石器、陶器、铜器等文物，对研究浔江流域史前文化发展序列提供了重要的参考资料。

科学研究　据不完全统计，以下是桂平市博物馆工作人员发表在区级和国家级刊物上的学术论文：

黄培棋（副研究员）著：《佛子路碑的发现及其意义》（荣获1978~1984年广西社会科学研究优秀成果奖），《广西牛排岭之战战场及其出土的铁铅弹》（《文物》1979年第8期）、《广西金田、白沙发现太平天国铸造武器的遗址遗物》（《文物》1979年第9期）、《肖朝贵的籍贯》（《太平天国学刊》第一辑）、《桂平县瑶族结婚"合同"说明的问题》（《广西民族研究参考资料》第4期）、《"李二供单"及其提供的金田起义情况》（《南宁师院学报》1981年第3期）、《紫荆山"建造佛子路碑"的史料价值》（《学术论坛》1981年第5期）、《试谈太平天国"圣库"制度》（广西历史学会第二次代表会暨1982年年会《会刊》）、《关于林凤翔籍贯的调查报告》（《学术论坛》1984年第4期）、《浅释太平天国军事上的"阵图"》（《玉林师专学报》1985年第2期）、《拜上帝会中的道教和降童》（《玉林师专学报》1985年第4期）、《与石镇吉有关的石刻碑文》（《学术论坛》1988年第1期）、《关于陈承瑢、秦日纲籍贯的新资料》（《广西师范大学学报》1991年第1期）、《石头脚陈家发财口碑的谬误》（《广西文物》1993年第1期）、《肖朝贵新探》（《学术论坛》1994年第2期）、《"幼赞王家书"并非伪造》（《学术论坛》1998年第5期）、《太平天国人物契据》（《中国文物报》1998年第4版）、《太平天国道教文化》（《学术论坛》2000年版）。

陈小波（副研究员）著：《桂平铜鼓初论》（获广西第五次社会科学研究优秀成果佳作奖）；《关于陈玉成的祖籍问题》（两广省区130周年学术讨论会上交流，《北京史学会会刊》转载）、《东瀛片简友情深》（《文物天地》1981年第4期）、《东渡寻真理，信片存手迹》（《南宁师范学报》1981年第3期）、《东汉牛撬骑士鹭鸟羽人纹铜鼓》（《文物》1982年第1期）、《太平天国兵器的新发现》（《中央民族学院学报》1982年）、《浅释桂平县的四件文物》（《玉林师专学报》1982年第2期）、《桂平县古窑遗址》（《玉林师专学报》1983年第1期）、《两个不

同类型的铜鼓同穴出土》（《文物》1983年第5期）、《唐代四蝶双雀葵瓣铜镜》（《文物天地》1983年第5期）、《桂平县出土二面古代铜鼓》（《文物天地》1983年第5期）、《广西桂平县古窑址调查》（《中国古代窑址调查发掘报告集》文物出版社，1984年10月第1版《揭开桂平古代历史的一页》（《广西文物》1985年第1期）、《广西桂平石器时代文化遗存》（《考古》1987年11期）、《农民起义一篇章》（《广西文物》1987年3、4期）、《从忻西郡陶器谈起》（《中国文物报》1989年第31期）、《桂平县元代窖藏瓷器》（《广西文物》1990年第3期）、《犸骝滩本名源考》（《广西文物》1991年1期）、《略论洪秀全在"天京事变"中之非》（《浔州探索》1991年第2期）、《宋簿尉杨祖祐圹志铭考》（《广西文物》1991年3、4期）、《桂平出土穿山甲立体饰铜鼓》（《中国古代铜鼓研究通讯》1992年8期）、《鸭戏、牛耕、铜鼓—古代乌浒农俗世像缩影》（《中国文物报》1993年6月13日）、《桂平首次发现西周铜甬钟》（《广西文物》1993年第1期）、《铜鼓上的人牛播耕立体饰》（《农业考古》1994年第1期）、《桂平黔江大藤峡，洪水冲出大铜鼓》（《中国古代铜鼓研究通讯》1994年总第10期）、《佛教传入广西时间考》（《学术论坛》1995年第5期）。

冯桂淳：《〈广西铜镜〉一书的特点》（《广西博物馆文集》2005年第二辑）、《广西桂平大塘城汉代墓葬和窑址的发掘》（合著）（《广西博物馆文集》2005年第二辑）。

朱丽彬：《武靖州之谜》（《中国文化报》2000年7月、《杨秀清、肖朝贵与太平天国革命》（合著）（《学术论坛》2000年7月增刊）。

卢影：《桂平瑶圩兴废考》（《学术论坛》2000年增刊）、《桂平出土的汉代铜鼓》（《广西博物馆文集》2005年8月）。

陈玉文：《桂平县博物馆馆藏宋镜简介》（《广西文物》1991年1期）。

郑彩云：《广西出土青花将军罐研究》（合著）（《中国古陶瓷研究》2004年第十辑）。

梁楚：《大藤峡两易其名始末》（《中国文化报》2001年8月16日）、《韦昌辉家族卖园地契的揭示》（《广西文史》2002年1月）。

曾静：《石龙壮族赤足赶集之谜》（《中国文化报》2002年6月20日第7版）、《桂平汉代遗迹遗物调查》（《广西博物馆文集》2005年8月第二辑）。

黄惠初：《桂平市首次发现汉墓》（《广西文化报》1999年2月15日）。

宣传教育　1979年至1986年间，编印《桂平文物通讯》期刊；1986年5月，出版了《太平天国革命策源地金田》小册子；目前有《金田起义地址简介》小册子和影视录像光盘。桂平市博物馆建馆20多年以来，不定时在市区或乡镇进行文物法或历史知识宣传、讲座或有奖竞猜活动，提高了群众对文物工作的了解和支持。

交流合作　桂平市博物馆从成立以来，注意塑造和提高博物馆形象和影响，借助"走出去，请进来"的办法增进馆际间的交流和友谊，并充分发挥金田起义地址历史文人研究的效应力，如1981年、1991年在金田起义地址召开过两次太平天国国际学术讨论会，来自国内外的专家学者柯文楠（英国）、小岛晋治（日本）、何雅伦（美国）、罗尔纲、钟文典、胡绳、王庆成、郭毅生、矛家琪等莅临指导和研讨；2001年又召开过一次国内专家学者研讨会。

经营管理

[单位性质]　全民所有事业单位

[经费来源]　市财政全额拨款

[机构设置]　领导及办公室、财务室、文物保管、安全保卫、文物征集、宣传陈列等6个内设机构。

[人员编制、组成]　事业编制数待定，现有正式在编工作人员14人，中级职称5人，初级职称9人，大专学历8人。

[观众接待]　年平均接待观众1.5万人

参观指南

[地址]　广西桂平市区人民中路3号、桂平市博物馆

[邮编]　537200

[电话]　0775-3371206

[电子邮箱]　gpbwg@sina.com

（撰文：梁楚）

桂北民俗博物馆
Guibei Folk Custom Museum

概述

类型　社会科学类民俗专题博物馆

隶属关系　隶属桂林市灵川县文化局

创建时间　2000年8月

正式开馆时间　2003年10月

所在位置　地处灵川县城灵北路尾，交通便利，环境幽雅。

1.桂北民俗博物馆外观　2.展厅一角

面积　占地面积1922.22平方米、建筑面积1021平方米

建筑、布局　建筑形式为小青瓦屋面廊道式仿古建筑，具有桂北园林风格，为钢筋混凝土结构，分陈列展厅、文物库房、办公用房三大部分，楼层三层，展厅面积500多平方米，分两个展厅。

历史沿革　桂北民俗博物馆新馆于1996年10月立项，1999年4月正式动工，2000年8月建成，2003年5月灵川县机构编制委员会同意成立桂北民俗博物馆机构，与灵川县文物管理所实行一套人员两块牌子。

历任馆长　莫志东（2003.5～2005.4）；唐际红（2005.4～2008.12）；秦文培（2008.12至今）。

业务活动

基本陈列　桂北民俗博物馆现有两个展览陈列：《灵

田古尸揭谜陈列》和《灵川古代文明陈列》。《灵田古尸揭谜陈列》，以展示一具清代古尸标本和20多件清代服饰和随葬品，科学揭示其暴晒21天不腐之谜及一些本地的清代习俗；《灵川古代文明陈列》，通过灵川和桂北地区历史文物的陈列反映灵川古代人民的卓越才智和他们对湘桂走廊文化所作的贡献。博物馆计划在2010年内推出新陈列展览《灵川饮食文化陈列》和《桂北民俗文化陈列》，通过仿真模型、各种工艺和制作过程的图片、文字描述和民族民俗文物的展示，向观众呈现灵川及桂北地区独特的文化内涵。

藏品管理　桂北民俗博物馆立足灵川县原有的文物藏品，突出桂北地区的民俗文化特色，开发、保护、收藏、陈列、研究桂北地区的民俗文物。

[藏品统计]　现有馆藏文物1210件，其中二级文物8件，三级文物76件，一般文物1126件。

[藏品类别]　馆藏文物中，既有历史上各个时期的桂北地区的珍贵文物；又有具有浓郁地方特色、反映桂北地区瑶、壮、回等少数民族的生产、生活、居住、婚嫁、丧葬、饮食、服饰、宗教等内容的民俗文物。

科学研究　前任馆长莫志东一直致力于全县历史文化的挖掘，整理历史资料，抢救历史文物，2001年在《中国古代铜鼓研究通讯》第17期上发表了《浅析灵川出土的铸铜石范》和《灵川两处岩洞出土青铜器》，2002年在《文物工作》第10期上发表了《乡村古民居建筑群的特点和相应的保护措施》，同年8月莫志东应邀参加了在陕西宝鸡市举行的"炎帝与汉民族"国际学术研讨会，在会上宣读了论文《试论两广地区腰坑墓的族属及其文化特征》，该文后来发表在《炎帝与汉民族论集》中（三秦出版社2003年6月第1版），同年还在《桂林文化》第一期上发表了《浅析灵川县出土的五件铸铜石范的年代和铸造工艺》，2003年在《文物》第4期上发表了《灵川岩洞出土的青铜器》，同年在《桂林文化》第三期上发表了《浅析桂林地区出土的南朝买地券及其相关问题》，2004年5月在《广西考古文集》（文物出版社2004年5月第一版）发表了《灵川马山古墓群清理简报》，在2004年7月23日的《中国文物报》上发表了《守护历史的印痕》。秦文培2007年在《桂林文化》第一期上发表了《灵川九屋吴庄园南朝墓发掘报告》。

宣传教育　桂北民俗博物馆开馆至今，博物馆的建设及陈列得到了前来参观的国家文化部、区文化厅、区内各文博兄弟单位、市及县直各单位领导及社会各界人士的高度评价。

经营管理

[单位性质]　国有事业单位

[经费来源]　全额拨款

[人员编制、组成]　编制为2人，实际有工作人员7人。

[观众接待]　到目前为止，共接待国内游客近80000人次，外国来宾近2000人次。

参观指南

[地址]　广西桂林市灵川县灵北路尾（灵川县工商局大楼对面）

[邮编]　541200

[电话]　0773-6889285、6829283

[传真]　0773-6829283

[电子信箱]　qin850@21cn.com

[开放时间]　星期一至星期五（节假日除外），9：00－14：00，15：00－18：00。

[票价]　8元（对学生、军人、老年人等特殊群体实行免费开放）

（撰文：桂北民俗博物馆）

桂林博物馆

Guilin Museum

概述

类型　地方综合性博物馆

隶属关系　隶属于桂林市文化局

创建时间　1982年6月

正式开馆时间　1988年12月15日

所在位置　地处桂林市西山风景区，临西山路200米，交通便利，环境幽雅

面积　占地面积1万余平方米、建筑面积9228平方米

桂林博物馆外景

建筑、布局　建筑为桂北民居风格庭院式布局，钢筋混凝土结构，馆舍坐西朝东，分陈列展厅、文物库房、办公用途三大部分，内有南、北两处露天庭院。陈列展厅面积4600平方米，分10个展厅、1个序厅。

历史沿革　郭沫若1963年3月题写馆名"桂林博物馆"。1964年设立"桂林博物馆筹备处"，配备专职干部4人，与桂林市文文物管理委员会合署办公。1982年正式成立桂林博物馆（处级），人员编制23名，隶属桂林市文化局，设办公室、保卫科、陈列部、保管部、群工部、5个正科级职能部门和云峰寺陈列馆、抗日战争时期桂林文化陈列馆筹备处。1986年人员编制64名，设办公室、保卫科、陈列部、保管部、群工部、技术部、研究室7个正科级职能部门，隶属桂林市文化局。1986年新馆立项，1987年10月新馆动工，1988年6月，新馆建成并投入使用。1988年12月15日，新馆陈列展厅正式对外开放。1991年，中共广西壮族自治区委员会、广西壮族自治区人民政府命名为"广西壮族自治区爱国主义教育基地"、中国国际旅行社桂林分社等数十家国际旅行社推荐的参观定点单位。

2009年10月20日，桂林市人民政府批准在临桂新区世纪大道建设3万平方米的新桂林博物馆，通过清华大学建筑研究设计院设计的《桂林博物馆新馆建设方案》，并下发会议纪要。新馆于2012年2月正式开放。

历任馆长　李启泓（1983～1985）；张益桂（1985～1989.12）；罗标元（1990～1998.8，兼书记）；左超英（女，1999.5.11～1999.12.11）；葛华（2000.1～2005.5.29、书记、代馆长；2005.5.30至今　兼书记）。

业务活动

基本陈列　《桂林历史文物陈列》，运用文物和历史资料、遗址图片、砂盘、翻摩，展示自石器时代至清代桂林历史文化发展的概貌。主要有：旧石器时代晚期桂林宝积山人类活动的文物；1万多年前的桂林先民在甑皮岩狩猎穴居发明并烧制的夹砂陶；秦灵渠文化；汉墓、南朝墓出土的陶器、瓷器、铜器、铁器、石制品、滑石制品、银、水晶、玻璃装饰品；唐代广西的第一个状元赵观文及"中州伟人硕士，或迁谪之经从，或宦游之侨寓"吟诗作赋、题名纪胜；宋代的《桂海虞衡志》、《岭外代答》、涉及政治、军事、文化、医学以及民族关系的诗文、曲赋、题名、书札、格言、题榜、佛经、规约、告示，刻于南宋的我国留存至今最早、最详细、最完备的研究中国古代城市的发展史、地图学史、碑刻史，特别是中国古代战争史等

1.《靖江藩王遗粹——桂林出土明代梅瓶陈列》 2.欧美陶瓷专家参观《靖江藩王遗粹——桂林出土明代梅瓶陈列》 3.馆藏李培庚桂林山水油画 4.《奥地利·萨尔茨堡民俗文化展》

领域都有借鉴意义的我国目前保存下来的最大的一幅摩崖图——《静江府城图》等一批珍贵典籍；明代靖江王陵出土文物；清代，官至东阁大学士兼工部尚书、17世纪研究儒学经世致用的代表人物"岭表儒宗"陈宏谋《五种遗规》等著作，"临桂词派"王鹏运、况周颐作品，蔡呈韶主修、朱依真编纂的《临桂县志》等反映历史文化名城桂林的文物典籍；

《广西少数民族民俗文物陈列》，以馆藏广西壮、瑶、苗、侗、仫佬、毛南、京、回、水、彝、仡佬11个少数民族服饰、复原的"干栏"、"鼓楼"、"程阳风雨桥"、"对歌"、"长鼓舞"、"打铜鼓"、"芦笙舞"等，展示广西少数民族文化生活；

《国际友人礼品陈列》，我国地市级博物馆唯一的特色陈列。展示来自世界五大洲访桂友人馈赠的具有所在国文化特色的礼品。如，美国总统尼克松、喀麦隆总统阿希乔、缅甸总统吴奈温等30多位国家元首、政府首脑、上千个访桂团体馈赠的礼品，具有世界意义和国际影响；

《靖江藩王遗粹——桂林出土明代梅瓶陈列》，展示馆藏明代青花梅瓶精品，由"龙凤梅瓶，呈祥献瑞"；"花卉鱼禽，栩栩如生"；"人物梅瓶，仪态万千"；"色彩梅瓶，婀娜多姿"四个专题组成。古陶瓷专家惊叹"国之瑰宝，梅瓶之乡，桂林一绝"。

临时展览 桂林是历史文化名城和国际旅游胜地。桂林博物馆为满足不同文化需求，弥补基本陈列的不足，充分利用两个临时展厅，引进展览，向观众展示不同的文化专题内容，从开馆以来举办200多个展览。主要有：《太平洋奇特海螺贝壳展》、《漓江绘画系列活动——"走进漓江"桂林山水画特展》（23次）、《著名版画家抗战文化战士——蔡迪支画展》、《画坛巨匠——徐悲鸿画展》、《中国共产党建党80周年图片展》、《中日友好书画交流展》、《文化展新姿，名城添异彩——桂林名城文化保护与建设巡礼》、《奥地利·萨尔茨堡民俗文化展》、《李培庚桂林山水油画展》、《中国少数民族美术促进会作品联展》、《中国新文人画五人展》、《桂林籍老画家宋克君画展》、《桂林籍澳门画家李瑞祥回乡画展》、《抗战旌旗飘桂林——大型文物图片展》、《当代画家八人精品展》、《当代福建名家书画展》、《走近画坛巨匠——中国近600年名家名作桂林博物馆特展》、《情怀——中国摄影家耿兴余摄影回顾展》、《咫尺天地箑风雅韵——桂林博物馆馆藏明清扇面精品展》、《海外遗珍——红山玉韵桂林特展》、《古城记忆——桂林博物馆馆藏桂林老城照片展》、《亘古情怀——当代名家画桂林展》、《"保护文化遗产促进科学发展"专题展》、《康凤先生捐赠青铜器仪式暨展览》、《庆祝中华人民共和国成立六十周年——中国山水画邀请展》、《俄罗斯功勋艺术家列宾美院教授克林姆·李作品展》、《水墨清华三人行中国画展》、《宋克君从艺七十周年精品回顾展》等。

藏品管理

[藏品来源]　古发掘、征集、社会捐赠、国家政法机关移交等。

[藏品类别]　有石器、玉器、铁器、青铜器、陶瓷器、金银器、木器、书画、国际礼品、民族文物等。

[藏品统计]　馆藏文物已达3万余件（不包括古钱币），其中有国家一级文物22件、二级文物558件、三级文物1832件。藏品总数和珍贵文物数量居广西全区地市级博物馆之首。

[重要藏品]　被专家誉为"藏华夏陶瓷瑰宝，集明代梅瓶之最"的馆藏300多件明代梅瓶；明末清初"四王"为代表的字画；刘海粟、吴冠中、关山月、黎雄才、关良、白雪石、陈大羽、陆俨少等现代名家桂林山水画作品200余幅；李培庚山水油画30幅；晚清瓷器；民族民俗文物；抗战文化史料；美国总统尼克松、喀麦隆总统阿希乔、缅甸总统吴奈温等30多位国家元首、政府首脑、上千个访桂团体馈赠的礼品；中国最早的具有1万多年历史的夹砂陶等特色藏品。

[藏品保护]　桂林博物馆文物库房面积600平方米；有铁制柜、樟木书画柜、大保险柜，以贮藏珍贵文物，馆藏3万余件文物能够分类上架，实行分类登记、编

明宣德　携酒寻芳（携琴访友）梅瓶

目、消毒，藏品数据库数字信息采集标准录入，查用方便；安全防范监控、技防自动化，自动调控库房内的温湿度的空调；建立了《入库人员登记表》、《库房安全保卫制度》、《文物、标本入库凭证》、《藏品提取和退回凭单》等规章制度，文物保管工作规范化、科学化。

宣传教育　桂林博物馆为20多所大专院校爱国主义教育基地，年均接待25万观众，是对外宣传中华民族优秀传统文化的窗口，展示历史文化名城、国际旅游名城桂林和中国——东盟博览会的平台；与报刊、电视台、广播电台等传媒合作，制作了介绍民族民俗、名人、名作、名品、馆藏明代梅瓶等馆藏文物专题（片）播（刊）出。中央电视台第2、4台专题播出桂林博物馆馆藏明代青花梅瓶。此外，每年的"5·18国际博物馆日"和"中国文化遗产日"，都举办广场科普宣传活动，不定期地走进社区、学校，深入农村，开展文物知识普及和文物保护法宣传活动；馆藏民族服饰等特色藏品赴日本、韩国、新加坡、法国、香港、澳门等国家和地区展出；2007年桂林博物馆馆徽正式通过，2008年10月经上级批准特设"桂林博物馆最高荣誉纪念奖"，制作翡翠雕制的桂林博物馆馆徽的"桂林博物馆最高荣誉纪念奖"奖牌，已授予李培庚、康凤先、宋克君等艺术家（收藏家）。

科学研究　桂林博物馆业务人员做好基础性业务工作，提高陈列展览的传播水平、扩大陈列展览传播效应的同时，刻苦研究，成果丰厚。先后公开出版学术著作，主要有：

葛华、唐奇岭、唐春松、何英德主编：《靖江藩王遗粹——桂林博物馆珍藏明代梅瓶》（上海人民美术出版社，2000年11月）。张益桂《桂林名胜古迹》（上海人民出版社，1984年3月）。张益桂《明代广西农民起义史稿》（广西人民出版社，1988年2月）。盘福东《瑶族农民起义史》（漓江出版社，1993年11月）。盘福东《八桂文化》（辽宁教育出版社，1998年6月）。盘福东《东山瑶社会》（广西民族出版社，2002年8月）。盘福东《八桂将军风云录》（合著，广西人民出版社，2001年1月）。盘福东《礼品与风俗》（广西师范大学出版社，1993年12月）。盘福东《血铸的丰碑：中国抗战文化》（合著，广西师范大学出版社，2003年10月），盘福东《文化的浸润：桂林靖江王陵》（合著，南京出版社，2003年10月）。盘福东《导游文化与技能》（合著，中国旅游出版社，2005年1月）。苏洪济《鉴真与桂林》（合著，中央文献出版社，2006年1月）。盘福东《邓小平与百色起义》（合著，广西人民

出版社，2004年5月）。盘福东《瑶族文明发展历程》（广西人民出版社，2008年6月）。张益桂《广西石刻人名录》（漓江出版社，2008年9月）。盘福东《丰碑：八路军桂林办事处》（合著，中央文献出版社，2009年12月）。葛华主编《走进漓江——庆祝建国六十周年中国山水画邀请展作品集》（香港一画出版社，2009年9月）；葛华主编《李培庚桂林山水画及其艺术》（人民美术出版社，2009年12月）。从1989年到2008年在全国及省级刊物上发表文章不完全统计460余篇（人均发表论文人均发7篇以上）。

交流合作

[学术研讨]　桂林博物馆自开馆以来主办的学术研讨会主要有：《桂林·中国青花梅瓶国际学术研讨会》（2000年12月）；《画家宋克君创作座谈会》（2002年11月）；《奥地利萨尔茨堡民俗文化术研讨会》（2003年4月）；《中国北京画院名家名作联展学术研讨会》（2002年10月）；《李培庚桂林山水油画创作研讨会》（2003年9月）；《中国新文人画展暨学术研讨会》（2004年3月）；《桂林藉老画家宋克君暨学术研讨会》（2004年3月）；《桂林藉澳门画家李瑞祥回乡展学术座谈会》（2004年9月）；《李培庚桂林山水油画创作研讨会》（2005年4月）；《"走进漓江"桂林山水画展暨学术研讨会》（2004年10月）；《"走进漓江"桂林山水画展暨学术研讨会》（2005年2月）；《纪念中国人民抗日战争暨世界反法西斯战争胜利60周年〈抗战旌旗飘桂林〉大型文物图片展学术研讨会》（2005年9月）；《旅游创新管理与旅游文化学术研讨会》（2006年3月）。

[学术交流]　桂林博物馆自开馆以来业务人员参加的学术会主要有：《中国南方片瑶、畲族舞蹈文化研讨会》（广西桂林，1990年6月）；《中国瑶族学术研讨会》（广西富川，1990年11月）；《中国博物馆学会成立十周年暨学术研讨会》（陕西西安，1992年5月）；《石涛艺术研究学术研讨会》（广西桂林，1993年5月）；《繁荣戏剧、电视剧创作学术研讨会》（广西南宁，1993年6月）；《中国河口国际瑶族学术研讨会》（云南河口，1994年10月）；《中南历史文化名城研讨会》（广西桂林，1994年12月）；《广西抗战文化研讨会》（广西桂林，1994年11月）；《"八桂文化与文学"学术研讨会》（广西桂林，1996年4月）；《桂林国际茶文化研讨会》（广西桂林，1996年6月）；《国际瑶族学术研讨会》（广西桂林，1996年11月）；《中国南方及东南亚地区古代铜鼓和青铜文化第三次国际学术研讨会》（广西桂林，1996年11月）；《中国古代文学理论

国际学术研讨会》（广西桂林，1996年11月）；《广西家庭教育学术研讨会》（广西南宁，1997年6月）；《中共党史学术研讨会》（广西桂林，1997年10月）；《中国灌阳都庞岭千家峒瑶族发祥地研讨会》（广西灌阳，1998年5月）；《桂北文化研讨会》（广西全州，1998年6月）；《首届博物馆博览会》（浙江杭州，1998年11月）；《第三届广西桂林抗战文化研讨会》（广西桂林，1998年11月）；《全国第四届八办纪念馆学术研讨会》（广西桂林，1998年11月）；《广西民族理论研讨会》（广西南宁，1998年12月）；《全国第五届八路军办事处纪念馆学术研讨会》（广西桂林，2000年5月）；《马君武诞辰120周年国际学术研讨会》（广西桂林，2000年7月）；《恭城国际瑶族学术研讨会》（广西恭城，2000年10月）；《桂林·中国青花梅瓶国际学术研讨会》（广西桂林，2000年11月）；《中华优秀文化传统与现代社会道德重构学术研讨会》（广西桂林，2000年11月）；《广西交通史学术研讨会》（广西桂林，2000年12月）；《广西史学会第9次学术研讨会》（广西桂林，2000年12月）；中国地域文化与跨文化学术研讨会（北京，2002年1月）；《桂林出土明代梅瓶高级专家研讨会》（北京，2001年5月）；《瑶族专题学术研讨会》（湖南临湘，2001年9月）；《桂林历史文化与旅游文化研讨会》（广西桂林，2001年12月）；《中国历史文化旅游学术讨论会》（广西桂林，2001年12月）；《桂林抗战文化研讨会》（广西桂林，2001年12月）；《第四届广西桂林抗战文化研讨会》（广西桂林，2001年12月）；《中华优秀传统文化国际学术研讨会》（广西桂林，2002年8月）；《湘桂民瑶（平地瑶）学术研讨会》（广西桂林，2002年9月）；《国际博物馆馆长高峰论坛》（上海，2002年10月）；《右江流域民族历史文化与经济开发学术研讨会》（广西百色，2003年10月）；《广西上林唐碑、唐城学术研讨会》（广西上林，2003年12月）；《世界遗产论坛：中国明清皇家陵寝学术讨论会》（江苏南京，2004年3月）；《纪念西南剧展六十周年暨桂林抗战文化研究会十周年研讨会》（广西桂林，2004年5月）；《全国革命纪念馆学术研讨会》（广西桂林，2004年9月）；《武夷山中国百越民族文化国际学术研讨会》（湖北武汉，2004年11月）；《广西桂林抗战文化研究与文化资源开发研讨会》（广西桂林，2004年12月）；《抗日战争胜利60周年纪念暨学术研讨会》（广西桂林，2005年8月）；《桂林·中国儒学国际学术研讨会》（广西桂林，2005年8月）；《中国少数民族古籍总目提要.瑶族卷编纂工作专家讨论会》（广西南宁，2005年10月）；《纪念三星

堆祭祀坑发现二十周年暨史前遗址博物馆国际学术研讨会》（四川成都，2006年7月）；《博物馆及相关产品与技术博览会》（北京，2006年9月）；《纪念中国工农红军长征胜利70周年学术研讨会》（广西桂林，2006年10月）；《伟大壮举光辉历程——纪念中国工农红军长征胜利70周年展览座谈会》（北京军博，2006年11月）；《国际视野下的广西抗战文化学术研讨会》（广西南宁，2006年12月）；《瑶族文化国际学术研讨会》（广西恭城，2007年3月）；《杜甫精神与和谐社会学术研讨会》（广西桂林，2007年4月）；《中日民族文化学术研讨会》（广西南宁，2007年4月）；《瓯文化国际学术研讨会》（浙江杭州，2007年10月）；《2007年国际越文化研究专家论坛》（浙江绍兴县，2007年10月）；《广西抗战文化遗产与旅游开发学术研讨会》（广西南宁，2007年12月）；《百越民族文化国际学术研讨会》（广西南宁，2007年12月）；《桂林博物馆陈列大纲规划专家座谈会》（广西南桂林，2008年3月）；《李培庚桂林山水油画鉴藏价值专家评定会》（广西南宁，2008年3月）；《"第三届世界遗产论坛——全球化背景下的中国世界遗产事业"学术研讨会》（江苏南京，2008年7月）；《武汉抗战与民族复兴国际学术研讨会》（湖北武汉，2008年10月）；《中国少教民族古籍总目提要．瑶族卷编纂工作专家研讨会》（广西师大红楼（王城），2008年11月）；《携手2010：宁波国际博物馆高峰论坛》（浙江宁波，2008年12月）；《广西社会科学界纪念改革开放30周年学术研讨会暨第二界年会》（广西南宁，2008年12月）；《江头洲爱莲文化与廉政建设研讨会》（广西灵川，2009年2月）；《"韦拔群精神"学术研讨会》（广西东兰，2009年4月）；《广西瑶学学会第七届年会暨学术研讨会》（广西南宁，2009年5月）；《"人民的媒体要服务于人民"论坛》（广西防城港，2009年11月）；《首届中国城市博物馆协会年会》（重庆市，2009年11月）；《纪念昆仑关大捷70周年学术研讨会》（广西南宁，2009年12月）。

经营管理

　　[单位性质]　全民所有事业单位

　　[经费来源]　桂林市人民政府财政全额拨款

　　[机构设置]　设办公室、保卫科、陈列部、保管部、群工部、技术部、研究室七个正科级职能部门。

　　[人员编制、组成]　事业编制数为54人，现有正式在编工作人员54人（其中工人15人，主要为安全保卫人员），硕士2人，研究生学历2人，本科20人，大专24人，中专3人，高中2人，初中1人；专业技术人员44人，其中高级

职称8人（其中正高3人），中级职称15人，初级职称21人。

　　[观众接待]　年平均接待25万人。

参观指南

　　[地址]　广西桂林市西山路4号

　　[邮编]　541001

　　[电话]　0773-2898862（办公室）

　　　　　　0773-2897308（宣教部）

　　[传真]　0773-2890848

　　[电子信箱]　guilinmuseum@163.com

　　[开放时间]　8:00—11:30，14:00—17:30

　　[票价]　从2009年5月1日起，实行免费参观。

（撰文：桂林博物馆　盘福东）

桂林甑皮岩遗址博物馆
Guilin Zengpiyan Assemblage Museum

概述

　　类型　社会科学类考古遗址专题博物馆

　　隶属关系　隶属于桂林市文化局

　　创建时间　1973年9月甑皮岩遗址抢救性发掘结束后开始筹建，1976年4月经广西壮族自治区文化局批准立项。

1.甑皮岩陈列馆外观　2.甑皮岩遗址洞口

正式开馆时间 1978年12月广西壮族自治区成立二十周年之际正式开放。

所在位置 位于桂林市象山区甑皮岩路26号，凯风路与万福路交汇处西北侧，独山南麓。北面距离桂林市中心9公里，东面距离漓江约3公里，地貌为石灰岩孤峰溶蚀平原。原属桂林市郊区，抗战时期曾作为美国"飞虎队"机场之藏机窝。

面积 馆区总面积59145平方米，包括独山山脚坡地、水塘及独山山体。

建筑、布局 在独山南麓自东而西依次建有大门及围墙（1983年建成）、办公楼（1999年建成）、多功能厅（1983年建成）、陈列厅（1978年建成）、文物库房（1998年加层扩建）、值班房（1983年建成）等，总建筑面积1148平方米。主体建筑为陈列厅和多功能厅，均为单体砖混结构建筑，屋顶以小青瓦装饰，具南方干栏建筑风格，其中陈列厅建筑面积410平方米，多功能厅面积约250平方米。2003年甑皮岩遗址发掘30周年之际，筹资300余万元对馆区环境进行了大规模整治和改造。

历史沿革 原名桂林甑皮岩洞穴遗址陈列馆，2001年改名为桂林甑皮岩遗址博物馆。成立初期不具独立法人资格，隶属于桂林市革命委员会文物管理委员会办公室文物工作队。1987年成为正科级事业法人单位，定编7人，1992年增至9人，2001年增至10人。

历任馆长 阳吉昌（1978.12.21～1984.12.17 桂林市文物工作队队长兼）；张子模（1984.12.17～1989.12.19 桂林市文化局文物科副科长兼）；胡大鹏（1989.12.19～2000.4.13）；周海（2000.4.13至今）。

业务活动

遗址发掘与保护 博物馆主要负责全国重点文物保护单位甑皮岩遗址及其出土文物的保护、管理、研究、展示和参观接待工作。甑皮岩遗址是新石器时代桂林先民的一处居址和墓地。1965年6月文物普查中发现，1973年6～9月由桂林市文物管理委员会进行第一次抢救性发掘，1974～1978年进行零星发掘和采样，2001年4～8月由中国社会科学院考古研究所、广西壮族自治区文物工作队、桂林市文物工作队及该馆联合进行第二次正式发掘。在历次调查和发掘中共发现29座人类墓葬、1处石器加工点及火塘、灰坑等生活遗迹，出土打制和磨制石器、穿孔石器、骨器、角器、蚌器数百件，捏制和泥片贴筑的夹砂和泥质陶器残片上万件，人类食后遗弃的哺乳类、鸟类、鱼类、龟鳖类、腹足类和瓣鳃类动物骨骼113种。这些遗迹、遗物

依出土地层和文化特征可划分为五期，由此可勾勒出公元前10000～5000年间桂林原始文化的发展轨迹。在第一期发现一件破碎的捏制夹粗砂陶容器，是迄今在中国发现的最原始的陶容器实物之一，年代在公元前10000～9000年。在第二、三、四期出土的陶器大部分用泥片贴筑法制坯，露天堆烧法烧造，显示出公元前9000～6000年间桂林陶器制造技术的发展。第五期进一步出现用慢轮技术修坯的泥质陶器，纹饰除传统的绳纹、篮纹等编织纹外新出现式样繁多的刻划纹、戳印纹、捺压纹，如干栏纹、水波纹、曲折纹、网格文、弦纹、乳钉纹、篦点纹、附加堆纹等，器型富于变化，有罐、釜、盆、钵、圈足盘、豆、支脚等器类。第五期的磨光石斧、石锛、石矛、石刀、骨镖、骨镞、骨锥、骨针制作精良，蚌匙全国仅见。第五期文化代表了公元前6000～5000年间桂林史前文化的最高水平。墓葬发现于第四、五期，墓坑形状均为不太规则的圆形竖穴土坑墓，葬式多数为其它地方少见的屈肢蹲葬（蹲踞葬），人骨架多数保存较好，一些头骨上有人工穿孔。研究表明，"甑皮岩人"属于南亚蒙古人种，并且具有非洲赤道人种的一些特征，是现代部分华南人和东南亚人的古老祖先之一。

基本陈列 1978年建馆时设置有《甑皮岩洞穴遗址出土文物陈列》。1986年1月29日，中国改革开放的总设计师邓小平、国家副主席王震参观遗址及出土文物陈列。

2003年甑皮岩遗址发掘30周年之际重新设计、制作了集科学性、通俗性、趣味性、观赏性于一体的基本文物陈列——《万年前的桂林人》。展厅面积256平方米，展线长度105米，展出文物242件。新陈列以《"万年前的桂林人"》为主题，下设"甑皮岩的秘密"、"奇异的穴居氏族"、"蛮荒的精灵"、"崭新的天地"四个分主题予以诠释，每个分主题为一个展区，各展区又由若干个单元组成，前有序厅，后有尾声，前后呼应，构成一个结构完整的展览。

1986年1月29日中央军委主席邓小平、国家副主席王震参观甑皮岩遗址出土文物陈列

展厅一角

"序厅"：烘托氛围，把观众从现在引回到原始时代。布置有展标、前言和表现万年前桂林人基本形态和生产方式的雕塑（原雕塑改造）。

"甑皮岩的秘密"展区：引导观众跟随考古学家的考古历程，逐步揭开甑皮岩遗址的秘密。下设三个单元，"洞穴与人类"单元介绍原始人类对洞穴的利用、中国及桂林史前洞穴遗址分布情况；"石破天惊"介绍甑皮岩遗址发现与发掘经过；"穿越时空"单元介绍甑皮岩遗址的地层堆积、出土文物及其年代分期。

"奇异的穴居氏族"展区：使观众真正穿越时空，相会"万年前的桂林人"。下设二个单元，"屈肢蹲葬"单元反映他们企盼死后再生的丧葬习俗；"美丽人身"单元反映他们的体态面貌及服饰。

"蛮荒的精灵"展区：使观众回复到万年前桂林人的生存环境，了解他们的适应和改造自然的能力，体会桂林自古就是最适合人类居住地方。下设三个单元，"漓水渔歌"单元介绍他们的渔捞活动、漓江自然环境及水生动物，"桂山猎谣"单元介绍他们的狩猎活动、山地平原环境及哺乳动物和鸟类动物，这两个单元表现了他们适应自然的能力；"陶纹心声"单元介绍他们的制陶术、烹饪术、审美观，表现了他们改造自然的能力和创新能力。

"崭新的天地"展区，使观众追寻着甑皮岩人的足迹，了解甑皮岩人的去向以及岭南其他地区的史前文化。

"尾声"，使观众意识到他已经是众多寻访过"万年前的桂林人"的现代人中的一分子。主要展品为邓小平参观照片和其他领导专家以及普通观众的参观照片，并且随时更新。

2003年12月，"华南及东南亚史前考古——纪念甑皮岩遗址发掘三十周年国际学术讨论会"的国内外专家参观了甑皮岩遗址和《万年前的桂林人》文物陈列，评价新文物陈列主题把握准确，富有吸引力；展览结构合理，内容充实；语言精炼，富有情趣，通俗易懂；表现形式富有创意，形式与内容协调统一，总体上已达到史前遗址类专题陈列设计的较高水平。

临时展览 2008年12月举办《回顾与展望——纪念甑皮岩遗址博物馆成立三十周年图片展》。

影视展播 制作有《甑皮岩遗址第二次发掘纪实》（2001年摄制）、《华南与东南亚史前考古——纪念甑皮岩遗址发掘三十周年国际学术研讨会纪实》（2003年摄制）、《寻访万年前的桂林人》（2005年录制）3部宣传片在多功能厅播放。

模拟考古 2009年7月创办模拟考古乐园，分为模拟发掘区、原始作坊区、篝火烧烤区三个园区，开设项目有模拟考古发掘、原始工具制作、原始陶艺及烧制、钻木取火、原始火锅等。

异地展览 2006年7月起与阳朔千漓缘旅游文化有限公司联合在阳朔图腾古道景区创办甑皮岩古人类遗址展示馆，陈设《万年前的桂林人珍宝展》，构建了甑皮岩遗址"一址两馆"的发展格局。

藏品管理

［藏品来源］ 考古发掘、外馆移交。主要为甑皮岩遗址的出土物，少量为桂林博物馆移交的庙岩遗址的出土物。

［藏品类别］ 包括石器、骨器、蚌器、角器、牙器、陶器、人类遗骨、动物亚化石等

［藏品统计］ 已登记入账2857件，其中石器844件（打制石器803件，磨制石器22件，穿孔砾石器11件，砺石7件，石砧1件）、骨角蚌器358件、陶器（陶片）1638件、人类遗骨17具（14具较完整），均为甑皮岩遗址出土物。有97件藏品已定级，其中1级藏品1件，2级藏品16件，3级藏品80件。漓江鹿、猪等动物骨骼标本目前尚未及登记入账。

甑皮岩第五期泥制陶片

甑皮岩第五期出土的石器

骨角蚌器

[重要藏品]　出自第一期（公元前10000～9000年）的陶釜残片，因烧成温度不足摄氏250度而被称为中国最原始的陶容器；出自第五期的有针眼的骨针（2级），形状与现代匙勺无异的蚌勺（1级），制作精细的磨光石斧、磨光石锛、磨光石矛、穿孔石器（2级），有房屋图案的泥质陶片（3级），代表了公元前6000～5000年间桂林史前文化的最高水平；14具比较完整的人类头骨，是研究现代华南人和东南亚人起源的重要依据；作为"秀丽漓江鹿"命名依据的完整犄角；对研究家猪起源颇有价值的数十件猪骨。

[藏品保护]　绝大多数石质、陶质藏品保存状况尚可。但由于库房和展厅比较简陋，无法实现恒温恒湿，有机质藏品如骨角蚌器、人骨标本、动物骨标本存在霉变和自然风化的风险。目前只能采取将已定级藏品放置于恒温箱中予以重点保护的措施。此外，部分暴露在遗址文化层中的遗物、遗骸和遗迹也面临霉变、风化、虫蛀、鼠咬等风险，目前尚无可靠有效的保护方法。

科学研究

[科研队伍]　具研究馆员职称者2人、具馆员职称者3人、具助理馆员职称者3人。暂未设置专职科研部室和人员。

[学术著作]　2007年编写出版《寻访万年前的桂林人》（广西科学技术出版社出版）。2008年编写出版《史前明珠甑皮岩》（广西科学技术出版社出版），并编印《甑皮岩遗址研究文集》（内部准印）。30多年来由该馆职工独立和参与撰写发表的学术论文有40余篇，成果较丰硕者有漆招进（17篇）、阳吉昌（11篇）、周海（10篇）。其中漆招进于1999年在原来甑皮岩文化分期"二期说"的基础上提出"三期说"，于2004年提出甑皮岩人去向"南迁说"，在2006年提出甑皮岩遗址碳十四年代偏老率的"非普遍适用性"观点，在国内外学术界产生一定影响，推动了甑皮岩遗址研究乃至华南新石器文化研究的进展。

宣传教育　2004年新基本陈列正式开幕后，持续开展以"走进甑皮岩——寻访万年前的桂林人"为主题的营销宣传系列活动，先后举办桂林史前文化知识竞赛和考古小奇兵夏令营（2004年），拍摄《桂林甑皮岩古人类景区》宣传片参展"2005年中国国内旅游交易会"，与广西师范大学社会文化与旅游学院、桂林旅游高等专科学校共建教育实习基地（2005年），策划举办"甑皮岩人头像复原揭幕仪式"（2006年），积极参与每年一度的"国际博物馆日"和"中国文化遗产日"活动以及"桂林读书月——走读桂林文化"活动并配合活动举办考古科普讲座。2009年7月起不定期举办模拟考古系列参与体验活动。同时，积极争取报社、电视台支持，对所举行的重要活动都做到及时在报纸、电视等主流媒体报道。2004年被桂林市委市政府命名为"桂林青少年科普教育基地"，2007年被命名为"桂林市爱国主义教育基地"。

交流合作

[委托研究]　在第一次发掘后委托中科院古脊椎动物与古人类研究所鉴别人骨标本和动物骨标本，委托中科院南京地质古生物研究所鉴别腹足类和瓣鳃类标本，委托地质矿产部桂林岩溶地质研究所开展洞穴堆积成因研究和植物孢粉研究，委托北京大学考古学系碳十四实验室、中国社科院考古研究所碳十四实验室开展年代测定，委托上海博物馆开展陶片热释光研究等。2007年委托中国地质科学院岩溶地质研究所开展"甑皮岩遗址水文地质调查与防

甑皮岩人三维复原头像（男）

甑皮岩人三维复原头像（女）

水论证研究"，委托广西师范大学生命科学院开展"甑皮岩遗址地表有害生物分析研究"等遗址保护研究课题。

　　[合作研究]　1993年与广西民族研究所合作对人骨标本进行遗传学研究，得出甑皮岩人与现代东南亚人关系较为密切的结论。1998年与中山大学人类学系合作对历年出土物进行整理和研究，新鉴别出9种哺乳动物标本，根据陶片整理结果提出文化分期的早中晚"三期说"。2001年与中国社科院考古研究所、广西文物工作队、桂林市文物工作队合作对甑皮岩遗址进行第二次正式发掘，编写大型发掘报告《桂林甑皮岩》（2003年文物出版社出版），基本弄清了甑皮岩遗址的文化分期及年代框架等基本问题。2006年与吉林大学边疆考古研究中心、中国社科院考古研究所合作，根据出土人骨标本复原了一男一女甑皮岩人头像。2007年与中国地质大学生命地质和环境地质实验室合作启动"甑皮岩遗址陶器有机残留物分析研究"，2008年与中国社会科学院考古研究所合作启动"甑皮岩遗址人骨食性分析研究"，2009年与桂林高等旅游专科学校合作开展"甑皮岩古人类遗址文物模拟仿真保护技术研究"，该三项研究课题目前仍在进行中。

　　[学术会议]　先后以甑皮岩遗址为主题举行过2次大型学术会议，推动甑皮岩遗址研究：1986年10月，中国世界史学会举办"原始社会史暨甑皮岩遗址学术讨论会"，会后编辑出版《甑皮岩遗址研究》论文集（漓江出版社1990年出版）；2003年12月，中国社科院考古研究所、广西文化厅、桂林市人民政府举办"华南与东南亚史前考古——纪念甑皮岩遗址发掘三十周年国际学术研讨会"，会后参与编辑出版《华南与东南亚史前考古》论文集（文物出版社2005年出版）。此外，积极参加中国博物馆学会史前遗址博物馆专业委员会、中国百越民族史研究会、中

国西部考古协作会、国际古迹理事会等学术组织的年会，交流成果，开拓视野，共谋进步。

　　[学术讲座]　自2000年以来不定期邀请馆外学者举办学术讲座，先后有：著名考古学家张忠培教授、吉林大学边疆考古研究中心林雪川博士、英国布里斯托尔大学Richard P. Evershed教授、中国社会科学院考古研究所傅宪国研究员和韩康信研究员、日本东京大学大贯静夫教授、香港中文大学吕烈丹博士、中国科学院古脊椎动物与古人类研究所侯亚梅研究员等。

经营管理

　　[单位性质]　全民所有制事业单位

　　[经费来源]　财政全额拨款

　　[机构设置]　设有业务部、保卫部、办公室3个中层机构。

　　[人员编制、组成]　事业编制数10人，现有在编人数10人。另聘请合同工11人。在编人员属干部编制者7人，属工人编制者3人；具大专以上学历者9人；具专业技术职称者8人，其中研究员2人，馆员3人，助理馆员3人。

　　[服务观众项目]　参观甑皮岩遗址；参观《万年前的桂林人》基本陈列和临时展览；观看《甑皮岩遗址第二次发掘纪实》等专题片；参与模拟考古系列体验活动。配有公厕、休闲竟凳、小卖部。

　　[观众接待]　每年约1万人（不包含阳朔图腾古道景区甑皮岩古人类遗址展示馆参观人数），主要观众为学生、市民等免费和优惠群体。

　　[知识产权保护]　2005年将"甑皮岩"、"甑皮岩人"分别注册为商标（4件类），2007年5月将"走进甑皮岩——寻访万年前的桂林人"和"走近甑皮岩——寻访万年前的桂林人"两条广告语分别作了版权登记，2008年12

月将甑皮岩人男性和女性头骨三维复原头像分别作了版权登记。

参观指南

[地址]　广西桂林市象山区甑皮岩路26号

[邮编]　541003

[电话]　0773-3655368（业务部）

　　　　0773-3651115（展厅）

　　　　0773-3651232（售票处）

[传真]　0773-3655181

[网址]　www.glzpy.com

[开放时间]　9:00—11:30，14:30—16:30

[票价]　15元/人（学生、军人、寿星、残疾人免票，市民凭证优惠）

（撰文：漆招进）

凌云博物馆

Lingyun Museum

概述

类型　地方综合性博物馆

隶属关系　隶属于凌云县文化和体育局管理

创建时间　1986年

正式开馆时间　1988年

所在位置　地处凌云县城城北水源洞风景区右侧100米，环境幽美，山清水秀。

面积　占地面积500平方米、建筑面积387平方米

建筑、布局　建筑具有仿古风格，为钢筋混泥土结构，共两层，分历史展厅、民族展厅和书画展厅，另有办公室、保卫室和文物仓库保管室，楼前有20余级石阶，石阶两侧有龙柏、四季红等绿化花草，石阶前面是宽敞的草坪。

凌云博物馆外景

历史沿革　新中国成立后，文物的保护、收藏、管理工作由县文化馆兼管，1962年成立"凌云县文物保护管理委员会"，1981年成立县文物管理所，隶属于县文化局，1985年更名为县博物馆，1986年兴建县博物馆综合陈列楼，1988年建成并对外开放。

历任馆长　林祖昌（1981~1990　所、馆长）；班燕西（1985~1992　副馆长）；黄为群（1992~1994　副馆长）；甘凤华（1994.3~1994.7）；黄立汉（1994.7~1994.10负责人）；麦浪（1994~1997　副馆长）；韦仲英（1995~1997　代馆长）；罗宗壮（1997至今）。

业务活动

基本陈列　凌云县古时是泗城州和泗城府的建制之地，有着几百年的州府历史和土司历史，历史悠久，人文思想活跃，民风民俗丰富多样，为全面展示凌云历史和风土人情，县博物馆设有三个展厅，分别是历史展厅、民族展厅和书画展厅。历史展厅设《各朝代文物陈列》、《土司文物陈列》和《山区革命斗争史陈列》三个部分。民族展厅主要是《凌云县的少数民族陈列》，有壮族展、背笼瑶展、盘古瑶展和蓝靛瑶展。书画展厅为《凌云的摩崖石刻》和《碑刻展览》。另外在展厅外还设有《古铁钟展》和《碑林展》。

临时展览　主要是利用每年"5·18国际博物馆日"和"世界文化遗产日"期间，下到全县各乡镇开展文物临时展览和文物法律宣传。

藏品管理

[藏品来源]　征集（购）、社会捐赠等。

[藏品类别]　有瓷器、铜器、石器、玉器、牌匾、铁器、银器、服饰、生活用品、书画拓片等。

[藏品统计]　馆藏文物达550余件（包括古钱币），都为三级文物，有几件建议鉴定为二级文物。

[重要藏品]　博物馆有几件有较高历史价值的藏品，如"禾寿匾"，此匾是清光绪三十一年（1905年）慈禧太后赐给她的宠臣岑春煊的祝寿木刻字匾，对研究中国近代史和凌云的土司历史有价值。

又如"天顺铁钟"，铸造于明代天顺二年（1458年），具有551年的历史，对研究凌云的冶金历史有价值。

[藏品保护]　馆藏文物配备有"三铁一器"，自备有防潮、防蛀等药品和设施，派有专人晚上值班保护，制定有藏品保护的各项规章制度，如保卫制度、出入库制度等，能够保证馆藏文物的安全。

宣传教育　主要是利用"5·18国际博物馆日"、"世界文化遗产日"和文物普查的时机，下到全县各乡镇开展

清　禾寿匾

明　天顺铁钟

文物展和文物法律宣传。制作宣传小册子和宣传标语。

经营管理

［单位性质］　全民所有事业单位

［经费来源］　财政全额拨款

［机构设置］　设有馆长室、办公室、保卫室三个科室。

［人员编制、组成］　事业编制数为7人，现有正式在编工作人员6人，大专学历4人，中专学历2人，中级职称1人，初级3人，高级技术工1人，中级技术工1人。

［观众接待］　观众人数每年近三千人

参观指南

［地址］　广西百色市凌云县城北水源洞风景区右侧100米

［邮编］　533100

［电话］　7612021

［开放时间］　周一至周日，8:00－17:00

［票价］　从2006年5月1日起，实行免费参观。

（撰文：凌云县博物馆）

资源县博物馆

Ziyuan County Museum

概述

类型　地方综合性博物馆

隶属关系　隶属于资源县文化体育局管辖

创建时间　2005年1月

所在位置　位于资源县宣传文化中心大楼内

面积　建筑面积700平方米、展厅面积400平方米

建筑、布局　资源县博物馆设在资源县宣传文化中心大楼第四层楼，为钢筋混泥土结构，分为陈列展厅、文物库房、办公用房三大部分。

历史沿革　资源县博物馆2004年1月开始筹建，2005年1月正式建成并向公众开放。

历任馆长　刘资民（2005.1至今）。

业务活动

基本陈列　资源县博物馆展示主题为资源县各个历史时期较为重要和精美的历史文物展出，基本依照历史发展顺序，通过314件文物藏品、历史文献资料、文字图片等形式，以简洁明快、直观可视的风格较为全面的展现了资源县6000余年的辉煌文明史。共有"六千年前的辉煌"（重点展示资源县晓锦新石器时代文化遗址发掘研究成果及出土的部分重要文物）、"灿烂的历史后续"（重点展示资源县史后各个历史时期的部分代表文物）、"光荣与梦想"（重点展示红军过资源时的部分珍贵革命文物）及"远古的呼唤"（主要展示资源县境内出土的部分远古时期的动物化石）等四大板块组成。其中展出的炭化稻米为到目前止岭南地区的发现年代最早、海拔最高、数量最大的标本之一。还有展出的春秋战国时期的穿孔弯月石刀精美无比，实属全国罕见，受到国家考古界泰斗严文明的高度赏识。等等。正是由于该馆所展示文物内容的翔实性与可瞻性，现该馆已成为资源县历史教育与革命传统基地之一。

藏品管理

［藏品来源］　考古发掘、社会捐赠、征集（收）等。

［藏品类别］　有陶器、瓷器、石器、木器、银器、

铁器、铜器等。

　　[藏品统计]　现共有各级藏品1280件，其中三级以上文物36件。

　　[重要藏品]　以资源县各时期的历史文物为主，重点为晓锦新石器时代文化遗址所出土的地下文物。其中的炭化稻米为到目前止岭南地区的发现年代最早、海拔最高、数量最大的标本之一；春秋战国时期的穿孔弯月石刀精美无比，实属全国罕见，为该馆镇馆之宝；晓锦遗址出土的石镞磨制精美、种类繁多；由社会贤达捐献的独木擂（一种碾米的工具）在广西尚属首次发现，等等。

　　[藏品保护]　资源县博物馆建馆时均按博物馆建设有关规范标准进行设计建造，库房配有"三铁一器"（铁门、铁窗、铁柜、防盗报警器）、灭火器、消防栓等安全设施，制作了数个大木架，所有藏品均上架分类存放管理。并置有数个铁质公文柜，以保存较为重要藏品。建有《库房安全保卫制度》、《入库人员登记凭证》等，以规范藏品管理，保证藏品安全。

经营管理

　　[单位性质]　全民所有制事业单位

　　[经费来源]　县财政全额拨款

　　[人员编制、组成]　资源县博物馆目前暂与资源县文物管理所实行两块牌子，一套人马，编制2人，在编2人，均为本科毕业，中级职称。

　　[观众接待]　每年接待5000余人次

参观指南

　　[地址]　广西桂林市资源县资源镇西延北路资源县宣传文化中心大楼

　　[邮编]　541400

　　[电话]　0773-4311053

　　[电子邮箱]　lzmtdy@163.com

　　[开放时间]　同正常上班时间开放

　　[票价]　免费

（撰文：资源县博物馆　刘资民）

浦北县博物馆

Pubei Museum

概述

　　类型　地方综合性博物馆

　　隶属关系　隶属于浦北县文化和体育局

　　创建时间　1983年10月

浦北县博物馆大门

　　正式开馆时间　1999年9月

　　所在位置　地处浦北县小江镇解放北路政和巷2号，坐落于县城政治、经济、文化中心地带。

　　面积　占地面积1962.7平方米、建筑面积1063.6平方米

　　建筑、布局　中西合璧现代建筑风格，为钢筋混凝土结构，分陈列展厅、文物库房、办公用房三大部分。陈列展厅面积260平方米，库房面积105平方米（仅建一期工程、二期待建）。

　　历史沿革　建馆之前的文博工作，从1965年至1979年4月期间，由县文化馆负责，1979年5月至1983年9月改由图书馆负责；1983年10月20日正式成立县博物馆，未建馆舍前，借用县文化馆房屋办公，借县文化局一套宿舍作文物仓库。1995年3月筹建博物馆综合楼，1999年9月23日正式对外开放；现为钦州市级爱国主义教育基地之一。2008年1月11日成立县文物管理所，实行"两块牌子，一套人马"的管理体制。

　　历任馆长　黄宗业（1984.11～1995.11）；颜萍（1992.6～2006.2　副馆长）；邓兰（1993.7～1995.3　副馆长）；吕承汉（1995.12～2006.2）；黄光清（2006.2至今　兼文物管理所所长）。

业务活动

　　基本陈列　《浦北县历史文物精品》和《乐民动物群化石》展览，陈列形式由浦北县博物馆自行设计，根据现有的文物和地方特色，按历史发展顺序，通过107件（套）文物藏品、历史文献资料、文保单位图片等展示，设置用玻璃展柜、屏风作隔墙，形成若干展区，分类布展。第一部分："前言"、"浦北县地理历史沿革"，第二部分："重点文物保护单位图片及简介"；第三部分："化石、石器"；第四部分："陶、瓷器"；第五部分："青铜器"；同时还综合性展示金器、银器、玉器、古画等。通

展厅一角

展厅一角

过借助灯光和利用展线的变化，显得朴素、简洁、高档，直观地揭示了浦北的悠久历史和古代文明。最具特色的展品有东汉"变形鸟纹铜盘"、战国至汉"羊角钮铜钟"、唐代刻有铭文"乾宁五年款铜钟"、宋代"高围栏青白瓷魂瓶"、南北朝"冰裂纹六系罐"等。

临时展览 为满足观众对不同文化的需求，弥补基本陈列之不足，通过引进展览和个人藏品展览，向观众展示不同的文化专题内容，从开馆至今，已成功举办了多个专题陈列，主要有：《中国人民解放军徽章展》、《中国航空航天科技展》、《海洋世界展》等。

藏品管理

[藏品来源] 考古发掘、社会捐赠、征集等。

[藏品类别] 有化石、石器、陶瓷、青铜器、铁器、金银器、玉器、木器、古钱币、书画等。

[藏品统计] 馆藏文物（按传统计量建帐）1020件（套），其中有国家一级文物2件（套）、二级文物20件（套）、三级文物80件（套），藏品总数和珍贵文物数量居钦州市前列。

[重要藏品] 东汉"变形鸟纹铜盘"和唐代刻有铭文的"乾宁五年款铜钟"为该馆镇馆之宝。最具特色的精品有战国至西汉"舞人纹羊角钮铜钟"、宋代"高围栏青白瓷魂瓶"、宋代"蛹形青白瓷魂瓶"、精工磨制"新石器双肩石铲"、南朝"冰裂纹六系罐"、"变形羽人纹铜鼓"等。1984年同一窖藏出土的文物有"蹄足三乳铜樽"、"人足三羊钮铜樽"、"旋纹铜碗"、"旋纹铜豆"、"提梁铜壶"、"铜盘"等，曾在1987年《文物》第一期发表过专题论述。古钱币系列收藏，从汉代"货泉"、"五铢"钱到唐、五代、宋、元、明、清至民国"铜元"，以及相当数量的印支、日本、朝鲜、韩国、等外国古钱币。2000年6月在浦北乐民镇一溶洞中，出土草食

和肉食类动物化石，同时还出土了小型啮齿哺乳动物化石。其中有亚洲象、剑齿象、巨貘、犀牛、虎、熊、熊猫、野牛、猕猴、鼠、龟、鸟、蝙蝠等30多种动物化石。这批古脊椎动物化石，经中科院研究所鉴定：属更新世250万年至60万年前动物化石。对研究中国南方的人类与动物的演变、进化、分布和恢复当时自然生态环境有着极其重要的科学历史研究价值。

东汉 变形鸟纹铜盘

唐 "乾宁五年款" 铜钟

宋 高围栏青白瓷魂瓶

[藏品保护] 自1999年9月启用新馆以来,藏品保管条件有了明显改善:馆藏文物实行安全保护,建立有文物登记总帐,文物分类帐,一物一档,帐物相符,专人负责。完善"三铁一器",一、二级文物有保险柜,三级文物与未定级文物分类上藏架。并在库房、展厅安装了电脑摄像监控和自动报警系统。在规章制度上,建立了《库房安全保卫制度》、并制作《入库人员登记表》、《文物、标本入馆凭证》、《藏品提取和退回凭单》等,以确保文物藏品安全。

宣传教育 从1999年开馆至今,长期开放展出;通过县委、政府、县宣传部、县教育局、县博物馆联合行文,并形成制度,每年秋季入学的县城中小学校的新生都必须到博物馆参观学习。同时与县旅游部门通力协作,做好接待讲解工作。此外,还充分利用"5·18国际博物馆日"和"中国文化遗产日",联合县城各中小学校举办形式多样、丰富多彩的文化遗产保护知识宣传活动。

科学研究 黄宗业:《法属印支货币在广西沿海流通初探》获广西优秀论文奖。吕承汉、余维和、宋传辉:《广西通志．文物分志》、《钦州市志．文物分志》、《浦北县文化志》;余维和:《中国古代铜鼓研究通讯》1997年第十三期、《香翰屏将军故居》2005年《名人故居》、《钦州文史》、《浦北文史》;吕承汉:《中国古代铜鼓研究通讯》2004第十八期、十九期;《新时期县级博物馆的现状及对策》2002年《广西文博论坛》;《浦北县上世纪先后出土的三个古钱币窖藏情况介绍》2004年《广西金融研究》。

交流合作 浦北县博物馆自正式对外开放以来,积极与国内外同行进行交流与合作,该馆宋代"高围栏青白瓷魂瓶"和"蚕蛹青白瓷魂瓶"于1996年被借调到英国、法国、瑞典、挪威、丹麦、芬兰等国家展出。二级文物,战国至汉"羊角钮铜钟"共五只(枚)于2000年6月至2001年3月被借调到广州西汉南越王墓参加举办的《古岭南的西部文明——广西骆越文化展》;接着于2003年4月至2006年被借到法国参加举办《广西古代铸铜艺术展》。它不但是在法国的广西友好省区巡回展出,而且作为中国文化友好大使参加2003年法国"中国文化年"活动展出。1999年北京市古钟寺博物馆一行8人到馆指导工作,先后有日本、印尼、越南、新加坡等国的考古专家、学者、教授到馆考察指导工作。2007年8月全馆人员专程到玉林、容县、桂林、兴安等博物馆参观学习,不但学得了宝贵经验,也增进了馆际间的交流和友谊。

经营管理

[单位性质] 全民所有事业单位

[经费来源] 县财政全额拨款

[机构设置] 设有馆长室、副馆长室、文物考古研究组、群工宣传组、保卫组、保管组六个组室。

[人员编制、组成] 事业编制数为10人,现有正式在编工作人员9人,大专学历4人、高中4人、中专1人;专业技术人员5人,其中:中级职称1人、初级4人;高级技工2人,初级技工1人,行政管理人员1人。

[观众接待] 观众人数每年逾万人次

参观指南

[地址] 广西钦州市浦北县小江镇解放北路政和巷2号

[邮编] 535300

［电话］ 0777-8313262

［传真］ 0777-8313262

［电子信箱］ pbbwg@163.com

［开放时间］ 周一至周五，8：00-12：00，14：30-17：30

［票价］ 从2005年1月1日起实行免费参观。

（撰文：浦北县博物馆）

容县博物馆
Rongxian County Museum

概述

类型 地方综合性博物馆

隶属关系 隶属容县文化和体育局

创建时间 1979年9月

正式开馆时间 1979年9月

所在位置 容县容州镇东门街26号

面积 占地面积267.4平方米、建筑面积386平方米

建筑、布局 容县博物馆仿民居风格，为砖混结构，办公室、文物库房集于一体，文物陈列室是一幢卷棚式琉璃瓦顶砖木结构建筑，陈列面积320平方米。

历史沿革 博物馆前身是容县文物管理所，成立于1979年9月，彭绍柱担任所长。1989年5月改称为容县博物馆，1984年2月在容县真武阁公园内建成容县文物陈列室，1995年广西壮族自治区人民政府定为爱国主义教育基地。

历任馆长 封绍柱（1979～1996）；陈超胜（1997～1998）；李家盛（1999～2003）；周良（2003.8至今）。

业务活动

基本陈列 容县博物馆陈列馆位于容县真武阁公园内，1984年开馆展出，以《容县历史文物陈列》作为基本陈列，建筑面积440平方米，里面设置壁橱式通堂展柜长60米，陈列面积320平方米。容县历史文物陈列以各时期容县历史实物为主，以图画、照片、文献资料采用板报形式说明为辅，突出本地特色，展开容县历史文化的风貌。展出的文物藏品有420件。

专题陈列 为了反映文物工作的新成果，突出地方特色，博物馆从不同角度、不同侧面展示容县历史文化风貌，选择了不同的主题、不同的藏品，进行过多次综合或专题性的临时展出，如《容县出土文物展览》、《容县捐献文物展览》、《容县馆藏文物珍品展览》、《容县历代名人文物、著录展览》《爱我中华大型历史徽章展览》、

1.容县博物馆正门 2.容县经略台真武阁 3.文物陈列室

《容县珍贵奇石展览》、《容县明清古家具展览》等。该馆在文物陈列馆旁边又开辟了一个300平方米的临时展室，每年都组织或牵头举办两至三次小型多样、专题性的展览。

藏品管理

［藏品来源］ 考古发掘、县城各基建工地采集；各单位、个人捐献；本县各乡镇、外地文物商店、市场收购；上级文博单位、本县有关单位拨交和本县各遗址采集。

［藏品类别］ 有陶瓷器、青铜器、书画、石器、玉器、铁器、银器等。

［藏品统计］ 馆藏文物达6659件，其中有国家一级

宋 缠枝菊纹印花碗模

新石器时代 石斧

宋 酱釉葵口折腰碗

唐 葵瓣形雀绕花卉铜镜

文物3件，二级文物36件，三级文物258件，藏品总数和珍贵文物数量居自治区各县前列。藏品各类数量：瓷器1851件、书画62件、文献文书98件，铜104件，石刻35件，玉器37件，印章21件，杂项19件，木器11件，织绣2件，漆器3件，石器21件，铝锡器11件，革命文物9件，证章31件，钱币4316件，铁器1件，牙器1件，银器24件，拓本2件。

[重要藏品] 馆内现有文物藏品6659件，其中一级文物3件，二级文物36件，三级文物258件，以地方历史文物为主，其中有新石器时代的石斧、大石铲和成批出土的滑石网坠；有战国时代的铜斧、铜凿和颇具特色的南方少数民族乐器羊角钮编钟；有秦代半两钱和汉至南朝的铜鼓；有唐宋时代的各式铜镜、石砚和陶瓷器；有明、清以来铜器、瓷器、玉器以及其他工艺美术的传世品等，此外，还收藏了一批有价值的地方文献，仅族谱就有200余种400余册，还有王贵德、王维新、苏五常、封祝唐、黄绍竑、徐松石等地方文化名人著述，以及王素、康有为、徐悲鸿、陈树勋等清至民国时期书画名家真迹。

[藏品保护] 1、所有藏品全部入柜、上架保管，做到入室不见物，件件有归处，贵重的藏品放置于囊盒中收藏，在柜中、藏品架上安置灵香草，进行驱虫、杀虫。文物库房安装铁栏、铁门、铁窗和防盗、防火报警器等安全

虎纹瓦当

宋 影青高足莲瓣炉

容县博物馆库房

措施，并且派专职保安人员全天24小时值班保护。

2、在规章制度上，建立了《库房安全保卫制度》，并制作《入库人中登记表》、《文物、标本入馆凭证》、《藏品提取和退回凭单》等，以规范藏品管理，保证藏品安全。

宣传教育　经过长期调查考察，积累了大量资料，该馆独立或与其它单位合作出版了《容县史话》五期、《容县文史拾零》、《容县文史资料选辑》四辑，与玉林市电视台、容县电视台共同制作影视资料《容县近代建筑》、《经略台真武阁》。

科学研究　容县博物馆有副研究员1人，馆员4人，助理馆员3人。

封绍柱根据本地区古代窑址的特点，选择了古陶瓷的鉴定与研究作为自己的重点研究课题，他自著或合著有《广西容县窑研究》、《从广西容县窑出土的宋代纪年瓷印模谈起》、《广西青白瓷装饰与探源》等多篇学术论文，应邀出席了全国和国际古陶瓷学术讨论会，并在会上宣读，发表。

此外馆内业务人员还发表了《漫话经略台真武阁的来由》、《浅析容县出土的铜鼓》、《广西横县尹屋窑址调查》、《容县古钱币与容县古代经济》、《容县何时始用

白银》、《"川陕省苏维埃"铜币》、《梁思成与经略台真武阁》等论文。

经营管理

[单位性质]　全民所有事业单位

[经费来源]　县财政全额拨款

[机构设置]　设有馆长室、副馆长室、办公室、文保单位管理科、文物仓库管理科、文物陈列科、安全保卫科、财务室。

[人员编制、组成]　事业编制数为6人，现有正式在编人员10人，本科2人，大专6人，专业技术人员9人，其中中级3人，初级6人，临时聘用职工1人，为安全保卫人员。

[观众接待]　观众人数每年近两万人次。

（撰文：容县博物馆）

梧州博物馆
Wuzhou Museum

概述

类型　社会科学类历史专题博物馆

隶属关系　隶属梧州市文化局

正式开馆时间　1959年10月

所在位置　梧州市大中路102-3号

面积　占地面积420平方米

建筑、布局　为六层楼框架结构的建筑，其中二至四楼为展览厅，面积4600平方米，五楼为文物仓库和保卫室，六楼办公室。

历史沿革　梧州市博物馆成立于1959年10月，博物馆大楼建于1984年，2003年被列为全国重点博物馆。

历任馆长　黄化如、陶渲、黄鸿植、谭俊海、陈美珠、罗德振、李乃贤。

业务活动

基本陈列　博物馆属下地委旧址陈列馆的《梧州革命斗争史》，中山纪念堂的《中国民主革命的伟大先驱孙中山》和《孙中山亲属与后裔》。

临时展览　2001年：《全国瑶族服饰展》、《全国防震减灾图片展》、《伟大的旗帜光辉的历程》大型图片展。

2002年：《梧州市首届人体艺术摄影展》和《秦始皇兵马俑、古长安文化展》。

2003年：《梧州市水下考古成果展—古代兵器部分》

2004年：《梧州市三百项目大会战纪实展》、《人民之子邓小平》展览。

2005年：《大型航天科技（现代军事）科普展》，纪念抗日战争胜利60周年图片展《匆忘国耻，振兴中华》，《纪念李济深诞辰120周年图片展》。

2006年：《千秋伟业，光华灼今——纪念毛泽东同志珍藏品展览》和《智能机械人科普展》。

[展厅面积]　4600平方米

藏品管理

[藏品来源]　社会搜集、考古发掘、标本采集。

[藏品类别]　金、银、玉、铜、铁、瓷、陶、石、书画、革命文物、杂项等。

南朝　青瓷骑士俑

西汉　双耳印方格纹陶釜

南朝　陶牛车

东汉　干栏式铜仓

南朝　陶庄园

东汉　羽人铜灯

唐　群佛堆塑陶魂

[藏品统计]　11577件，其中金器81件、银器267件、铜器456件、古钱币5324件、玉器844件、字画拓片98件、瓷器278件、陶器1918件、滑石器81件、杂件600件、李济深文物524件、革命文物749件、纪念李济深书画161件、纪念孙中山书画117件、纸币纪念币12件。

[藏品保护]　日常护理：防潮、防干、防虫、防霉、防锈、防光、防尘、防震、防污染、防损伤等。

所有藏品档案由电脑化系统管理。

经营管理

[单位性质]　国营事业单位

[经费来源]　财政全额拨款

[机构设置]　博物馆内设行政办公室、文物工作队、保管部、陈列群工部、革命旧址管理处共五个职能部门。

[人员编制、组成]　25个编制，现有在职职工24人，其中有技术职称的17人，高级职称（副研究馆员）1人，中级职称7人，初级职称9人。大专以上文化程度有15人。

[服务观众项目]　下辖有自治区级爱国主义教育基地中山纪念堂和梧州地委·广西特委旧址，内设有基本陈列，每年还举办3～6次的临时性专题展览，积极开展爱国主义教育和革命传统教育及青少年的思想道德教育。

[观众接待]　年均10000人左右

参观指南

[地址]　广西壮族自治区梧州市大中路102-3号

[邮编]　543000

[电话]　2820106

[传真]　2837862

[电子信箱]　wzbwg@163.com

[开放时间]　8:00－17:30

[票价]　中山纪念堂5元／人，地委旧址免费参观

（撰文：梧州市博物馆）

博白县博物馆
Bobai County Museum

概述

类型　社会科学类历史专题博物馆

隶属关系　广西壮族自治区博白县文化和体育局管辖

创建时间　1993年5月

正式开馆时间　1993年5月

所在位置　博白县博白镇公园路007号

面积　占地面积540平方米、建筑面积1080平方米

博白县博物馆全景

建筑、布局　为钢筋混凝土两层仿古悬山顶吊楼式结构。分机动陈列展览厅、固定陈列展览厅二大部分。

历史沿革　博物馆前身为博白县文物管理所，成立于1983年5月，于1993年5月由原博白县文物管理所和博白县革命烈士纪念馆合并为博白县博物馆，并对外开放，2001年12月被命名为广西壮族自治区爱国主义教育基地。

历任馆长　苏方泽（1983.5～1984.11，文物管理所负责人）；庞庆通（1984.12～1987.2，文物管理所所长）；邹良策（1987.3～1992.10，文物管理所所长）；庞善巧（1992.11～1993.8，文物管理所副所长，主持全面工作）；庞宏才（1993.9～2000.3）；庞善巧（2000.4～2003.7）；凌捷（2003.8至今）。

业务活动

基本陈列　陈列展览厅有2个：一楼为机动陈列展览厅；二楼为固定陈列展览厅。一楼机动陈列展览厅：主要承办各级党委、政府、部门、单位举办的各种展览；是举办各种有教育意义展览的主要场所。二楼固定陈列展览厅：分为《博白县革命烈士陈列》展览厅、《中共博白县党史陈列》展览室两个陈列展览厅（室）。其中《博白县革命烈士陈列》展览厅分为两个展览区：即《革命烈士朱锡昂生平事迹》展览区、《博白县各条战线革命烈士陈列》展览区。陈列展厅面积700平方米，陈列图片260多幅，革命文物96件。

开馆以来，不断举办综合性或专题性的展览，如《博白县文物展》、《一代伟人毛泽东》、《欢迎'97香港回归祖国》、《可爱的中华》、《国旗颂》、《人民的好总理》、《文物精品展》、《博白县打团伙、追逃犯、破大案、收黑枪图片实物展》、《博白县廉政文化建设书画展》等展览。目前，每年都组织或牵头举办二至三次综合性或专题性的展览。

藏品管理

[藏品来源]　主要以征集方式收藏,征集方式包括有偿征集和无偿征集两种。在藏品收集中本着以本地方特色为主,凡是对各历史时期及本地方发展有研究价值都想尽办法征集上来,征集方式有发动捐献的,收购的,也有馆内工作人员采集回来的,文物藏品来源几乎都是从本地方各乡镇征集上来,少部分从外地文物商店或市场收购。

[藏品类别]　以铜币、徽章比较有特色,品种较多。

[藏品统计]　现有藏品3226件,其中:一级文物2件;二级文物10件;三级文物84件;一般文物3130件。

[藏品保护]　有专门库房、铁柜、木柜安放,所有藏品全部入柜、上架保管,做到入室不见物,件件有归

处,贵重的藏品放置于囊盒中收藏,在柜中、藏品架上安置灵香草,进行驱虫、杀虫。文物库房安装铁栏、铁门、铁窗和防盗、安装有安全、消防设备、报警器等安全措施,并且派专职保安人员全天24小时值班保护,但没有环境控制和环境检测设备。

经营管理

[单位性质]　国有事业单位

[经费来源]　财政全额拨款

[机构设置]　设置办公室、保管部、宣教部、保卫股、文物保护管理部、文物行政执法队等6个机构。

[人员编制、组成]　定编10人,现有干部、职工10人,其中助理馆员6人,占60%;管理员1人,占10%。

[服务观众项目]　长期免费为广大群众进行文物鉴定、咨询。

参观指南

[地址]　博白县博白镇公园路007号

[邮编]　537600

[电话]　0775-2955788(办公室)

[传真]　0775-2955788

[开放时间]　每天8:00－17:30

[票价]　对外免费开放

（撰文：博白县博物馆）

蛙负田螺饰“四出”钱纹铜鼓

象州县博物馆
Xiangzhou Museum

概述

类型　地方综合性博物馆

隶属关系　隶属于象州县文化和体育局

面积　占地面积1073.22平方米（含庭院）

建筑、布局　馆舍位于象州县城平安大道。钢筋、水泥混合框架结构;建筑占地面积340平方米,三层楼房;建筑以馆藏文物陶豆造形设计。

历史沿革　象州县文物管理所成立于1984年6月,为独立建制,所址位于象州镇南街26号“关岳庙”;在职人员2名,制定了所长、保管员岗位责任制,岗位职责明确;文物管理所利用古建筑“关岳庙”殿堂作展厅,面积120平方米。1997年、1999年分别增加一名工作人员,共有在职人员4名。1995年自治区把“柳州地区文物中心库房·象州博物馆”的建设列入1996年重点建设项目。象州县文物管理所在县人民政府、县文化局、土地管理局等有关单位的

东汉　兽纹铜鼓

象州县博物馆正门

廖冰兄艺术展览厅开幕当天象州县委书记贾朝强（中）、县长龙秀（右）陪同原自治区主席韦纯束参观廖冰兄艺术作品

关心、支持下，及时地完成了土地征用、图纸设计等前期准备工作，并按时将申报材料上报自治区有关部门；"柳州地区文物中心库房·象州县博物馆"建设工程于1997年11月9日，举行了隆重的奠基仪式；工程于1999年1月21日，经有关部门验收，工程符合设计要求，质量达到优良工程。1999年11月18日，举行隆重的"柳州地区文物中心库房·象州县博物馆"开馆仪式，举办了精美的《柳州地区文物精品展览》。展览历时4个月时间接待观众达10700多人次，取得了很好的社会效益。2000年、2001年又分别增加一名工作人员，共有在职人员6名，并有明确的岗位职责。正常开展的业务工作有：文物保护法宣传，文物陈列展览，文物调查、征集、管理、研究等工作。

原自治区主席韦纯束曾多次到博物馆检查指导工作。特别是指导了象州县挖掘历史文化名人资源，推动象州县文化、经济、旅游事业的发展。

2003年举办"郑献甫学术研讨会"，自治区主席韦纯束亲临现场指导并题词。"江南才子、两粤宗师"郑献甫，原名存贮，字献甫，号小谷，1801年生于象州寺村白石村，1872年病逝于讲台。小谷生性聪颖，著作宏富，德高望重，是当时著名的经济学家、文学家、教育家，额受官府的器重和百姓拥戴。在《中国名人大辞典》、《中国文学家大辞典》等权威性辞典、史料和刊物等均有记载。在研讨会筹备过程中，博物馆征集到郑献甫遗物98件，丰富了馆藏文物。

2006年在自治区主席韦纯束关心和支持下，一个世界著名漫画大师"廖冰兄艺术展览厅"于2006年11月在博物馆揭幕。廖冰兄的漫画形象地记录了中国半个世纪的苦难历程，其以创作政治和社会讽刺漫画著称，作品内容严肃，风格朴实辛辣，深入浅出而又锋芒毕露，深刻批判一

切溺杀善良的恶行。在开展的当天，韦主席为廖冰兄艺术作品展览厅题词。

历任所长　陈文成（1984.6～1987.2）；梁国庆（1989.2～1997.5　副所长）、梁国庆（1997.6～2003.3）；赖明宗（2000.12～2003.8　副所长）、赖明宗（2003.9至今）。

业务活动

基本陈列　一楼展厅有《世界著名漫画大师廖冰兄艺术作品展览》、二楼展厅有《象州县历史文物陈列》。

一楼《廖冰兄艺术作品展览》的陈列艺术设计特点，廖冰兄创作以政治和社会讽刺漫画著称，按其创作历程分为三个高峰时期陈列：一是以抗日救亡运动为主要题材的抗战时期；二是以揭露国民党统治时期的社会腐败现象为主要题材的《猫国春秋》与作者移居香港时期；三是1978年后的自我反思，以批判"文革"危害、抵制"左"的思潮的影响，鞭挞社会丑恶现象为主要题材的改革开放时期。

其作品内容严肃、风格朴实、辛辣、深入浅出而又锋芒毕露，极具独特的艺术个性，有着浓冽的文化人的激

廖冰兄艺术展览厅一角

情、信仰、理智、责任和担当精神。在此展示了廖冰兄的漫画深刻批判一切溺杀善良的恶行。正如他所说："为被害的善良而悲，为害人的邪恶而愤，故我所作多是悲愤漫画"。陈列面积186平方米，陈列艺术作品137幅。

重要陈列作品有：（一）抗日救亡——国家民族生死在望时期（1932～1944）作品；（二）国民党统治时期——光明与黑暗的抗争时期（1945～1950），代表作有：《猫国春秋》；（三）风云中华香港时期（1947～1950）作品；（四）建国时期（1950～1957）作品等等。

二楼有《象州县历史文物陈列》的陈列艺术设计特点，根据馆藏文物特点，按时代顺序从新石器时代排列至近现代，陈列馆藏文物是按季度更新藏品。陈列面积105平方米，陈列藏品220件。

重要陈列藏品有：新石器时代"石刀、石斧"；春秋战国时期"青铜戈"；东汉时期"铜鼓"；元代时期"铜权"。明代"化生童子造像"。

临时展览　短期举办的专题陈列展览有：1999年11月推出《柳州地区文物精品展览》（合办）；为配合政府中心工作，2000年4月至12月，分别承办了《象州县禁毒斗争宣传图片展览》、《象州县交通安全宣传教育图片展览》、《象州县反腐倡廉警示教育图片展览》。四个展览历时13个月时间，接待参观人数达12万多人次，取得非常好的社会效益。

一楼展厅面积为156平方米；二楼展厅面积为平方米。

藏品管理

[藏品来源]　社会捐赠、出土、征集。

[藏品类别]　铜器44件、铜币1571枚、铁器6件、锡器11件、金银器52件、纸币248张、陶器276件、瓷器83件、玉器34件、竹木器9件、骨器44件、牌匾6块、书籍、字画共210件、民俗工艺服装57件、墓砖9块、石器44件、化石17件、碑刻17方。以上按套件算合计：2738件（如"同治通宝"总登计号为：0650；分类号为：111；藏品数为：140枚）；按博物馆藏品总登计帐总登计号算1069件。

[重要藏品]　东汉时期的"鱼饰变形羽人纹铜鼓"

[藏品保护]　藏品存放于自然环境的库房内，只能防止损伤，无能力廷缓自然老化、物理生物因素的破坏。现已审请专项保护经费，改善库房保护环境条件。

元　铜权

元　铜镜

乘骑牛饰变形羽人纹铜鼓

清　青花福寿款六角壶

交流合作 广西壮族自治区文化厅文物处，于2002年11月抽调博物馆东汉时期的馆藏文物"乘骑牛饰变形羽人纹铜鼓"赴法国参加展览；2005年11月抽调该馆民国时期的馆藏文物"师公面具"6面，参加全国非物质文化遗产展览。

科学研究 自80年代末柳州创办的文物博物馆考古学会年会至今的桂中文物博物馆考古学会年会，该馆每届都有会员参加学术研讨会，并宣读学术论文。

经营管理

　　[单位性质] 国营事业单位

　　[经费来源] 财政拨款

　　[机构设置] 单位设有所长、副所长、讲解员、保卫员、管理员，各置一人并有明确的岗位职责

　　[人员编制、组成] 5人（退休1人）

　　[服务观众项目] 有宽敞大厅作休息间。有符合国家二级防护标准的安全技术防盗监控系统。

参观指南

　　[地址] 象州县城平安大道

　　[邮编] 545800

　　[电话] 0772-4364046

　　[开放时间] 每天正常上班时间

　　[票价] 免费

（撰文：象州县博物馆）

靖西旧州壮族生态博物馆

Jingxi Old State Zhuang Eco-museum

概述

类型 社会科学类文化生态专题博物馆

隶属关系 隶属于靖西县文化和体育局管辖

创建时间 2004年4月

正式开馆时间 2005年9月

所在位置 地处靖西县新靖镇旧州村

面积 占地面积3221.3方米、建筑面积1006.26平方米

建筑、布局 旧州生态博物馆由展示中心和旧州原状保护两部分组成，其中展示与信息中心建筑是仿民居风格，为钢筋混凝土结构，分信息资料室、陈列展厅、服务中心等四部分。陈列展厅面积300平方米。

历史沿革 2003年9月筹备，2004年4月奠基建设，2005年9月9日正式对外开放。该馆是百色市爱国主义教育基地之一。

历任馆长 黄毅（2004至今）。

1.靖西旧州壮族生态博物馆展示中心 2～4.展厅一角

业务活动

　　基本陈列　《旧州岁月》展厅由广西赛维展示设计工程有限公司负责设计和制作，主要展示旧州壮族生产、生活习俗为主要内容，彰显特色的民俗风情，展览主要分为"旧州画廊"、"历史遗迹"、"情系绣球"、"稻香人家"、"岁时风俗"和"走向未来"等六个部分组成。

经营管理

　　[单位性质]　全民所有事业单位

　　[经费来源]　县财政全额拨款

　　[机构设置]　设有馆长室、信息资料室

　　[人员编制、组成]　由靖西县壮族博物馆管理，聘用2人，现有正式在编工作人员8人，本科1人，大专3人，专业技术人员5人，其中中级1人，初级4人。

　　[观众接待]　观众人数每年近6万人。

参观指南

　　[地址]　广西靖西县新靖镇旧州村

　　[邮编]　533800

　　[电话]　0776-6212286

　　[电子信箱]　jxxzzbwg@163.com

　　[开放时间]　8:30－12:00，14:30－17:30

　　[票价]　实行免费参观

　　　　　　　　　　　　（撰文：靖西县壮族博物馆）

靖西县壮族博物馆

Jingxi County of Zhuang Nationality Museum

概述

　　类型　地方综合性博物馆

　　隶属关系　隶属于靖西县文化和体育局管辖

　　创建时间　1985年5月

靖西县壮族博物馆外景

　　正式开馆时间　1987年3月

　　所在位置　地处靖西县中山公园西北侧

　　面积　占地面积4300平方米、建筑面积3394.5平方米

　　建筑、布局　建筑具有地方特色，民族风格，为钢筋混凝土结构，分陈列展厅、文物库房，办公用房、碑园四大部分。陈列展厅面积650平方米，分6个展厅。

　　历史沿革　博物馆前身为1982年成立的靖西县文物管理所，1985年转为博物馆，后改称靖西县壮族博物馆，1987年3月建成开馆正式对外开放。

　　历任馆长　农文田（1985.5～1989.1　县文化局副局长兼）；彭志达（1989.1～1992.9　副馆长）；农文田（1992.9～2002.10）；黄毅（2002.10至今）。

　　基本陈列　馆内设序厅（临时展厅）、《壮族文化艺术陈列》、《历史文物陈列》、《民俗风情陈列》、《革命历史文物陈列》等五个展厅。

　　序厅（临时展厅）：主要陈列靖西风光大型图片，反映靖西自然景观资源。

　　《壮族文化艺术陈列》：展出岩画艺术、铜鼓艺术、石雕艺术、建筑工艺、陶瓷工艺、民间美术、壮锦、刺绣、提线木偶等。

　　《历史文物陈列》：一、史前社会文化：1、反映一万多年前旧石器时代靖西壮族先民生息活动的《宾山人》化石标本；2、新石器历史遗址和出土的大石铲、石斧、石锛等石器。二、重要历史人物事件：1、侬智高与南天国；2、土司制度；3、瓦氏夫人；4、刘永福与黑旗军。

　　《民俗风情陈列》：夹砂陶制作作坊、蓝靛染色作坊、织棉作坊、干栏建筑、榨糖作坊等。

　　《革命历史文物陈列》：主要展出第二次国内革命战争时期、抗日战争时期、解放战争时期左右江革命游击队的部分文物、图片。

展厅一角

临时展览　该馆在做好基本陈列的同时，不断结合形势，举办一些具有思想导向、针对性的临时展览，以满足人们对不同文化的需求。建馆以来先后举办了《靖西县两个文明成就展》、《广西版画精品展》、《崇尚科学，反对迷信展》、《靖西五十年成就展》、《迎春书画展》、《靖西花木、根雕艺术展》、《百色奇石展》、《太平洋贝壳展》、《海洋生物科普展》、《靖西县第一届旅游摄影节摄影作品展》、《中越两国摄影作品展》等展览。通过举办这些展览，丰富了博物馆的陈列展览内容。同时该馆组织、创作和引进了《广西非物质文化遗产宣传展》及《靖西县第二届"金绣球杯"摄影大赛获奖作品展》等展览，并深入农村、社区开展巡展活动，为传播知识，满足人民日益增长的精神文化需求，提高人民群众的审美观念，丰富社会文化活动和促进社会主义精神文明建设做出努力。

藏品管理

[藏品来源]　考古发掘、社会捐献、征集等。

[藏品类别]　有石器、玉器、青铜器、陶瓷器、银器、木器、书画等。

[藏品统计]　馆藏文物1935件，其中国家二级文物16件，三级文物305件。

[重要藏品]　石器以出土的新石器时代的大石铲、石锛、石斧等为代表，民族文物主要收藏清代新娘凤冠、壮锦、绣球、提线木偶、夹沙陶、清代鹅字碑石刻及越南胡志明主席40年代在靖西开展革命活动时留下的剪刀、毛毯等珍贵文物。

[藏品保护]　1997年建成文物库房以来，藏品保护条件得到明显改善，库房安装了"三铁一器"提高了自身防范能力，二级文物有专用铁框保管，三级文物全部上架，藏品木排架、保险柜均放置防潮剂和障脑丸，使藏品不受损害。在规章制度上，制定了《文物藏品管理制度》、《文物库房管理制度》，并制作《外来人员出入库登记表》、《藏品出入库凭证表》等，以规范藏品管理，保证藏品安全。

另外，博物馆还承担全县不可移动文物的日常维护和管理工作。

大石铲

清　五子登科铜镜

展厅一角

清　凤冠

宣传教育 为加强宣传《文物保护法》先后出版馆刊《靖西文博》1~4期，制作《文博园地》、《文博之花》等版，墙报15期。1999年，该馆在博物馆之友的基础上组建靖西县壮族博物馆民俗演唱队，为民族、民俗展厅文物陈列的佐助。民俗演唱队以其古朴的民风，原生态的壮族民间传统节目深受观众的喜爱。此外，该馆还充分利用"5·18国际博物馆日"和"中国文化遗产日"举办广场宣传活动，制作《靖西记忆——第三次全国文物普查在靖西》宣传版面深入农村、学校、社区开展巡展活动。

科学研究 靖西县壮族博物馆在积极开展文物的征集、保管、宣传等工作的同时，注重开展调查研究工作。该馆黄毅的论文《论广西靖西县民俗旅游开发的优势、机遇和意义》2007年发表在《广西博物馆集》第四期。《靖西旧州壮族生态博物馆建设经验与发展探讨》2009年发表在广西民族出版社出版的《守望家园 广西民族博物馆与广西民族生态博物馆"1+10工程"建设文集》。

交流合作 靖西县壮族博物馆从1997年以来，一直与日本国立民族学博物馆合作开展靖西壮族民俗考察活动，重点对壮族节庆风俗展开调研工作。2007年，该馆与行动援助中国办公室（AAIC）合作，共同实施通过以壮族的民间艺术，壮族传统文化传承和发展为依托培养当地民众的参与能力，实现壮族民间艺术和传统文化可持续发展的目标。

经营管理

[单位性质] 全民所有事业单位

[经费来源] 县财政全额拨款

[机构设置] 设有馆长室、财务室、资料室、藏品管理室

[人员编制、组成] 事业编制数为5人，自收自支编制2人，现有正式在编工作人员8人，本科1人，大专3人，专业技术人员5人，其中中级1人，初级4人。

[观众接待] 观众人数每年近2万人。

参观指南

[地址] 广西靖西县中山公园西北侧

[邮编] 533800

[电话] 0776-6212286

[电子信箱] jxxzzbwg@163.com

[开放时间] 8:30-12:00，14:30-17:30

[票价] 实行免费参观

（撰文：靖西县壮族博物馆）

横县博物馆
Heng County Museum

概述

类型 地方综合性博物馆

隶属关系 隶属于横县文化和体育局管辖

创建时间 1990年10月

正式开馆时间 1992年5月

所在位置 地处横州镇城西海棠公园内，郁江月江湾北岸，北临淮海路，交通便利，环境幽雅。

面积 占地面积1800平方米、建筑面积920平方米

建筑、布局 建筑仿古建筑风格，外观运用青砖灰瓦坡屋面和画柱雕梁、几何门窗等风格，外墙饰以秦观讲学图、吉祥八宝等浮雕。因馆址是明代为纪念宋代著名词人秦观寓居横州而建的淮海书院旧址，故同时冠名淮海书院，为二层半钢筋混凝土结构，分陈列厅、文物库房、办公室三大部分。陈列厅面积430平方米，分2个展厅。

历史沿革 博物馆前身为1984年11月成立的横县文物管理所。1992年2月正式成立横县博物馆，与文物管理所实行"一套人马，两块牌子"建制。1991年7月博物馆动工建馆舍，1992年5月建成并正式对外开放，2006年9月闭馆进行室内外装修及陈列展览更新改造，2007年8月重新对外开放，2009年5月被评为国家三级馆，横县爱国主义教育基地。

历任馆长 雷秋江（1992.2~1994.11）；农仕荣（1994.11~2007.2）；孙冬梅（2007.12至今）。

业务活动

基本陈列 《横县历史文化陈列》展陈形式由广西博物馆陈列部和广西工艺美术研究所设计，主要按历史发展顺序，以横县历史文化为主题，以横县出土文物为主要内容，通过馆藏文物实物、历史文献资料、文保遗存图片、图表模型照片等的展示，借助灯光、色彩等现代化科技手段，较为简洁、直观地揭示了横县8000年的历史和文化。展览分为"远古的横县"、"铜鼓的记忆"、"海棠暮雨"三个部分。第一部分"远古的横县"展示横县史前时期的考古文化，重点陈列距今8000年前的西津遗址、秋江遗址、江口遗址的文化遗物，再现远古时期横县先民的生产、生活、宗教信仰、工艺艺术场景。第二部分"铜鼓的记忆"展示横县青铜文化，重点陈列横县出土的青铜器和横县博物馆馆藏铜鼓，陈述横县青铜文明的发生、发展历程。第三部分"海棠暮雨"展示唐宋以后在本土文化与中

原文化相互融合下横县政治、经济、文化、军事等发展状况，重点陈列唐、宋、元、明、清和民国时期横县出土的各类文物精品和重要文化遗存。陈列展厅面积约230平方米。重要展品有南朝人乘飞兽饰钱纹铜鼓、南宋夫子杏坛图石刻、元代青花人物故事图罐、南明永历三年款"援江将军之印"铜印等。

临时展览　为充分发挥博物馆宣传教育功能，满足观众的不同文化需求，结合县域实际及自身条件，通过自办或引进专题展览，向观众展示丰富多彩的文化专题内容。从开馆至今，已成功举办了多个专题展览，主要有：《横县壮族服饰展》、《馆藏文物精品展》、《金缕玉衣展》、《三个教育展》、《庆祝香港回归史料图片展》、《恐龙展》、《全国禁毒展览》、《迎春书画展》、《广西横县——中国茉莉花之都茉莉花茶文化展》。

藏品管理

[藏品来源]　考古发掘、社会捐赠、征集（购）等。

[藏品类别]　有石器、骨蚌器、陶瓷器、金属器、玉石器、民族服饰、书画等。

[藏品统计]　文物藏品645件，其中有国家一级文物3件，二级文物16件，三级文物147件。藏品总数和珍贵文物数量居南宁市前列。

[重要藏品]　以东汉至隋唐铜鼓最具特色，如东汉钱纹云雷纹铜鼓，纹饰精美，保存完整。南朝人乘飞兽饰钱纹铜鼓，鼓体硕大，鼓足处人乘飞兽雕饰独特，1995年经国家文物鉴定委员会鉴定为一级文物，2002年被选送到北京参加《声震神州——滇黔桂铜鼓精品展》展览；瓷器在馆藏中占有重要地位，如1980年横县农业技术推广中心出土的元代青花人物故事图罐，造型优美，色泽艳丽，主纹饰尉迟恭单鞭救主图，取材于唐朝尉迟恭单鞭救秦王的故事，场景阔大壮观，笔墨潇洒，人物个性鲜明，世所罕见，1995年经国家文物鉴定委员会鉴定为一级文物，该馆镇馆之宝；南宋夫子杏坛图石刻，图画的作者是唐代著名画家吴道子，南宋绍兴甲戌年（1154）横州籍进士甘彦临摹，横州州判何先觉雕刻。该图案笔画流畅，线条密而不乱，人物刻画生动形象，衣襟飘逸，堪称经典的"吴带当风"；"抗战必胜"款瓷壶、"为人民服务"款瓷碗、"自力更生艰苦奋斗"款壮锦等300多件近现代文物和民族民俗文物真实地记载着我国社会主义建设时期政治、经济、军事、文化等方面情况，是我国从落后走向富强的历史见证物，具有较高的历史、艺术、科学价值。

[藏品保护]　1992年以来，不断投入资金改善藏品保管条件：1992年购置3个藏品铁柜用于一、二级文物存放，6个硬木排柜用于贮藏三级文物。1997年添置10个保险柜，使馆藏600余件文物能够分类上架入柜保管。2007年添置铁柜5个，实现馆藏文物及标本全部入柜，配置1台立式空调，以调节库房内的温湿度，使藏品得到妥善保管。在规章制度上，建立了《库房安全保卫制度》、并制作《入库人员登记表》、《文物、标本出入库凭证》、《藏品提取和退回凭单》等，做到帐目清楚、鉴定确切、编目详明、保管妥善、档案健全、查用方便，确保藏品安全。建馆以来未发生馆藏文物被盗、被抢、丢失、损毁事故。1997年被自治区公安厅、自治区文化厅授予"全区文物安全保卫工作先进单位"称号。

宣传教育　为了让更多的群众了解历史文化，增强全社会文物保护意识，1992年开始开辟文物保护宣传专栏，在宣传专栏里张贴《文物保护法》系列宣传画，进行文物保护及文物法律法规宣传。自1996年开始，将每年的5月定为文物保护宣传月，宣传月期间利用电视、报纸、电台等媒体开设专栏、专题，举办知识讲座，并积极组织宣传车、宣传队、义务咨询台，深入中小学校、农村、街头、巷尾，进行流动宣传。2006年自首个"中国文化遗产日"开始，又把每年的6月纳入文化遗产宣传月，利用免费开放、发放传单、媒体舆论等多种形式向广大人民群众宣传我国文化遗产保护的政策、法律、法规以及本县文化遗产保护情况。与广播电视、报刊等媒体建立友好关系，经常为各广播电视台、报刊提供或发表有关文物稿件和报道，同时组织力量，编写有关横县重要文物以及文物古迹的文章、书籍。2007年8月博物馆装修改造后，联合县广播电视台，以"走进博物馆"为主题，连续播出了6期专题报道，在社会上掀起了一股热爱文化遗产和保护文物的热潮。

科学研究　在学习和实践的过程中，全馆人员的业务素质不断提高，科学研究成果不断增进，多人多次在全国及省级刊物上发表文章及编撰学术专著，如：雷秋江：《广西横县出土元青花人物故事图罐》（《文物》，1993年第11期）；雷秋江：《广西横县尹屋窑址调查》（《广西文物》，1991年第2期）；李劲草、农仕荣：《横县伏波庙》（1997年）；农仕荣：《县级博物馆如何定位》（《南宁地区论文集》，2002年）；陆彩红：《关于打造郁江百里历史文化长廊的设想》（《群文论坛》，2008年）；陆彩红：《明建文帝隐居横县应天寺考》（《广西博物馆文集》（第五辑），2008年）；陆彩红：《元青花"尉迟恭单鞭救主图"罐赏析》（《广西博物馆文集》

（第五辑），2008年）；陆彩红：《谈谈全国文物工作先进县如何保持先进》（《全国文物工作先进县县（市）长论坛》，2008年）。

2008年，由全馆同仁合力编撰《应天禅林深——横州宝华山应天寺纪录》。该书以编年体的形式，详细记述宝华山、应天寺和建文帝隐居横县有关历史遗物、文献资料、风物传说，内容丰富，图文并茂，对研究建文帝具有重要参考价值。

经营管理

[单位性质] 全民所有事业单位

[经费来源] 县财政全额拨款

[人员编制、组成] 编制8人，现有正式在编工作人员6人，本科学历3人，大专2人，专业技术人员5人，其中副高级职称1人，初级4人，临时聘用职工2人，为展厅工作人员。

[观众接待] 观众人数每年约2万人

参观指南

[地址] 广西壮族自治区横县横州镇淮海路

[邮编] 530030

[电话] 0771-7223566

[传真] 0771-7223566

[电子邮箱] hxbwg66@163.com

[开放时间] 8:30－11:30，15:00－17:30

[票价] 从2007年8月6日起，实行免费参观。

（撰文：横县博物馆陆彩红）

融水苗族自治县民族博物馆

Nationality Museum of Rongshui Miao Au-tonomous County

概述

类型 地方综合性博物馆

隶属关系 隶属于融水苗族自治县文化和体育局管辖

融水县民族博物馆外景

所在位置 地处融水苗族自治县融水镇芦笙广场西面的会展中心三楼，位于融水镇中心，交通便利。

面积 建筑面积2190平方米

建筑、布局 现代建筑，为钢筋混凝土结构，分陈列展厅、文物库房、办公用房三大部分。展厅面积736平方米，其中基本陈列展厅2个，活动展厅1个。

历史沿革 融水苗族自治县博物馆成立于1984年10月18日，1987年11月26日，陈列展厅正式对外开放。为配合融水苗族自治县人民政府旧城改造规划，民族博物馆于2002年被拆除，搬迁至融水苗族自治县文化馆临时展厅办公。2008年融水苗族自治县政府在融水镇芦笙广场西面的会展中心回建博物馆，现正在进行设计布展工作。

历任馆长 何应辉（1985～1987）；阳少维（1989～1995）；余健龄（1996～2004）；石磊（2005～2008）；杨桂新（2008至今 副馆长）。

业务活动

基本陈列 以《神奇苗乡》展览形式由广西壮族自治区赛维公司设计，以"神奇苗乡"为陈列思路，通过190件文物藏品、融水苗族传奇的历史、浓郁的风情、秀美的风光、开放的民族等内容，借助灯光，向观众展示融水苗族特有的民族文化。

临时展览 由于融水民族博物馆规模较小，无法满足观众的文化需求，为把苗族文化渲泄得更加淋漓尽致，规划利用活动展厅做民族服饰、民族场景舞演示场所，建一个多媒体放映场，同时引进本地、外来的各类有一定质量、影响的陈列，如书画、摄影、收藏，聚集人气，扩大影响。

藏品管理

[藏品来源] 征集（购）、捐赠等。

[藏品类别] 有石器、玉器、铁器、铜器、陶瓷器、银器、木器、竹器、书画等。

[藏品统计] 馆藏文物542件，其中有国家一级文物2件，二级文物3件，三级文物32件。

[重要藏品] 融水苗族自治县博物馆有民族、历史、革命三大类文物，其中以唐代的铜钟、宋代的碑刻拓片、苗族百鸟衣最具特色，如铜钟，向观众展现了唐代高超的铸造技术，又如宋代的《元祐党籍碑》，反映了北宋徽宗崇宁三年（1104），宰相蔡京以其书法为其政治迫害服务，刊刻309人奸党姓名诏令天下，它记载下我国历史上一次重大的政治历史事件，是现全国仅存的一块碑刻；精美的苗族百鸟衣，展示出浓郁的民族服饰文化。

[藏品保护] 融水苗族自治县博物馆拆除前，没有

唐　铜钟

苗族百鸟衣

专用的文物库房，文物库房和办公室设在一起，对文物的管理很不规范。现新馆楼有一个200平方米的文物库房，在规章制度上，建立了《库房安全保卫制度》，制作《文物入馆凭证》、《藏品提取和退回凭单》等，以规范藏品管理，保证藏品安全。还负责全县的不可移动文物的日常安全管理和文物普查工作。

宣传教育　为了让民众对博物馆和文化遗产有更多的了解，博物馆每年都利用"5·18国际博物馆日"和"中国文化遗产日"，举办各种宣传活动。

经营管理

[单位性质]　全民所有事业单位

[经费来源]　县财政全额拨款

[机构设置]　设有馆长室、综合科、保卫科三个科室。

[人员编制、组成]　事业编制数为6人，现有正式在编工作人员6人，大专4人，专业技术人员4人，其中中级职称3人，初级3人。

参观指南

[地址]　广西壮族自治区融水苗族自治县融水镇秀峰南路芦笙广场。

[邮编]　545300

[电话]　0772-5122318

[电子信箱]　gxrsbwg@yahoo.com.cn

（撰文：融水苗族自治县民族博物馆）

融水安太苗族生态博物馆

Miao's Eco-museum, Antai, Rongshui County

概述

类型　社会科学类文化生态专题博物馆

隶属关系　隶属于融水苗族自治县文化和体育局

创建时间　2004年12月

正式开馆时间　2009年11月26日

所在位置　地处融水苗族自治县安太乡小桑村下屯。

面积　占地面积1600平方米、建筑面积594平方米

建筑、布局　建筑为苗族传统木结构吊脚楼，三栋品字型楼房，总面积594平方米，设置陈列、库房、办公、信息资料、接待等工作室。

业务活动

基本陈列　《广西融水苗族民俗文化展》展陈形式由广

融水安太苗族生态博物馆

1.民间工艺展示区　2.芦笙坡会展示区　3.多彩服饰展示区　4.信仰习俗展示区

西柳州市金雨禾广告策划有限责任公司设计，通过200件套民俗文物藏品、170幅图片，分生产生活、多彩服饰、芦笙坡会、民间工艺、信仰习俗、苗族婚礼等的展示，借助灯光，向观众展示苗族多彩的民族传统文化。

藏品管理

[藏品来源]　征集（购）

[藏品类别]　有布料、木器、竹器、铁器、仿银器、石器等。

[藏品统计]　馆藏文物有230件套。

经营管理

[单位性质]　国有事业单位

[机构设置]　设有陈列、库房、办公、信息资料、接待等工作室。

[人员编制、组成]　现由融水苗族自治县博物馆管理，事业编制数为6人，现有正式在编工作人员6人，大专4人，专业技术人员4人，其中中级职称3人，初级3人。

参观指南

[地址]　广西壮族自治区融水苗族自治县安太乡小桑村下屯

[邮编]　545300

[电话]　0772-5122318

（撰文：融水苗族自治县民族博物馆）

藤县博物馆

Teng County Museum

概述

类型　地方综合性博物馆

隶属关系　隶属梧州市藤县文化和体育局

创建时间　1984年10月

所在位置　藤州镇浮金路，北流河畔东山公园脚下。

面积　占地面积8000平方米、建筑面积1350平方米

建筑、布局　建筑为现代钢筋混凝土结构三层楼房，分陈列室、文物库房、办公用房三大部分。

历史沿革　解放以后，文物工作由县文化馆一个股室负责，直到上世纪80年代。1980年7月，根据单位编制设置要求，成立了文物管理所，具有独立法人资格的事业单位。当时文管所编制2人所长吴寿才。1984年成立藤县博物馆，县财政投入26万元资金，在北流河东岸东山浮金亭左侧建成了完整的馆舍，占地面积8000平方米，建筑面积1350平方米。其中设陈列室、文物库房、工作室、办公室、住宅等。

藤县博物馆大门

李振亚烈士生平事迹陈列室

博物馆建馆后，兼具了文物管理所的所有职能，负责全县的文物管理工作。是该县第一批爱国主义教育基地。

历任馆长　吴寿才（1984.8～1992.2）；吴桂盈（1992.2～1994.10）；李炎明（1994.10至今）。

业务活动

基本陈列　《李振亚烈士生平事迹》陈列室。内容为李振亚烈士生平事迹，以彩图、照片形式展览。陈列室放置李振亚烈士石膏塑像，高2.5米。陈列室面积210平方米。李振亚是中国人民解放军琼崖纵队第一副司令。1908年生，藤县金鸡乡大坟村人。1929年12月参加百色起义，在红七军任副官，是年加入中国共产党。1932年在瑞金红军学校学习后留校任营长。参加二、三、四、次反"围剿"被评为模范指挥员。长征时任干部团第一营营长，担负保卫党中央机关的重任，在突破湘江、乌江、四渡赤水、攻占娄山关、抢渡金沙江、强渡大渡河等战役中，屡立战功，荣获中央军委嘉奖。1935年6月任红军前敌总指挥部作战科长，七月下旬调任红四方面军第三十三参谋长。1937年在延安"抗大"任第三大队第五中队长。1939年2月至5月，随叶剑英在南岳任游击干部训练班教官。同年冬到东江训练军政干部，1940年9月至1948年9月，任琼崖总队参谋长，兼军政学校校长政委、三支队长、挺进支队长、琼崖纵队第一副司令员，中共琼崖特委执委，琼崖区党委委员，西区地委书记等职。在粉碎日军"扫荡"和国民党顽军的"清剿"中，在创建五指山根据地的战斗中，功勋卓著。1948年9月28日在牛漏战斗中光荣牺牲，时年40岁。

临时展览　为了加强该县文物管理工作，组织馆内临时图片展和文化下乡展。内容以展示该县文物保护管理工作中的成果、文物藏品、文物知识和有关文物法律法规等。

藏品管理

［藏品来源］　考古发掘　社会捐赠　征集　收购

［藏品类别］　有石器　玉器　青铜器　陶瓷器　滑石器　银器　书画等。

［重要藏品］　馆藏文物传统数量1357件，实际件数7000余件，其中国家一级文物2件、二级文物65件、三级文物644件。

［重要藏品］　馆内藏品主要以陶瓷器为主，特别是宋代中和窑址的青白瓷器最具特色。中和窑址是北宋后期到南宋晚期生产以外销瓷器为主的民窑。广西壮族自治区政府于1981年8月25日公布为广西壮族自治区重点文物保护单位。窑址在藤县藤州镇中和村（原城关乡、潭东镇中和村旧称老鸦塘），距县城约10公里的北流河东岸，20多座瓷窑主要分布在中和村委会附近，北流河沿岸长约2公里，宽约0.5公里的小山丘上，中和窑的结构，为斜坡式龙窑，依山势而建，呈长方形。分窑门、火膛、窑床、烟囱四部分。窑的长宽无统一标准，一般长为10～60米，宽为1.5～3米。中和窑的烧制方法，早期采用一钵一器仰烧法，晚期兼用迭烧法。中和瓷器，多为碗、盏、盘、碟等日用器。器物胎质细腻洁白，胎骨薄而坚硬，叩之有金属

宋　青白瓷缠枝纹印模

宋　青白瓷葵瓣高足碗

宋　青白瓷葵瓣卧足碟

南朝　青瓷四系盖罐

东汉　冷水冲型铜鼓

声。釉莹润光泽，半透明，白中泛青。以影青釉为主，纹饰丰富多彩主要以缠枝花卉为主，有折枝、缠枝花卉、海水游鱼、海水戏婴、印花模具瓷质有尖状蘑菇形、半球状蘑菇形、平顶等式样，印面所刻花纹分阴、阳两种，颇具特色。其中一件飞鸟花卉印花模具，背面刻"嘉熙二年戊戌岁春季念龙参造"年款，为断代提供了可靠的依据。

该窑址是1963年梧州地区文物普查时发现。1973年自治区文物工作队韦仁义等组队，与中山大学梁剑韬教授等带领的中大历史系实习生来到中和村，先后各发掘清理了一座古瓷窑。1981年9月、1986年6月时任中国古瓷研究会副秘书长李辉柄曾先后两次前来考察。

通过挖掘和文物收集情况，专家对中和窑的发现以及生产工艺和产品品种质量给予高度评价。1973年10月28日《中国新闻》第6940期，对有关"中和窑"情况作了详细报道。

除上述主要藏品还有南朝四系罐和铜鼓定型器"冷水冲型"铜鼓等文物精品。

[藏品保护]　库房面积为50平方米，铁架5个，每个4层；木柜20个，每个2层，使馆藏文物能分类上架，大保险柜3个，贮藏珍贵文物。配备了一台抽湿机，以调节库房内温湿度。安装有摄像头、报警器。建立了《库房安全保卫制度》，制作有《入库人员登记表》、《文物入馆凭证》、《藏品提取和退库凭单》等，以规范藏品管理，确保藏品的安全。

宣传教育　藤县中和窑的发现扩大了我国青白窑窑址的分布范围，它的发现为研究中国陶瓷发展史，研究我国古代外销陶瓷提供了新资料，为研究宋代广西的手工业和社会经济，及对外友好往来有重要的意义，1973年10月28日《中国新闻》第6940期等报道了有关中和窑的情况，韦仁义在《中国古代窑址调查发掘报告集》一书作了"广西藤县宋代中和窑"发掘报告，《文物》1973第五期也作了详细介绍。此外，该馆还充分利用"5·18国际博物馆日"

和"中国文化遗产日",举办宣传活动,散发文物知识和文物法律法规等相关资料宣传单,不定期到各乡镇宣传,提高村民的文物保护意识。

经营管理

[单位性质] 全民所有事业单位

[经费来源] 县财政全额拨款

[机构设置] 馆长室、职工办公室

[人员编制、组成] 编制7人,中级职称1人,初级职称2人,大专4人,职工2人。

[观众接待] 观众人数每年近7000人

参观指南

[地址] 梧州市藤县博物馆

[邮编] 543300

[电话] 0774-7294240

[电子信箱] gxtxbwg@yahoo.com.cn

[开放时间] 8:00-11:30,14:30-17:30

[票价] 免费参观

(撰文:藤县博物馆)

灌阳县博物馆

Guanyang Museum

概述

类型 地方综合性博物馆

创建时间 1997年3月

正式开馆时间 2005年3月

所在位置 灌阳县龙里开发区东华路21号。东行500米为灌江,西临全沙公路,并靠近县汽车站,交通便利,环境优美。

面积 占地面积1547.96平方米、建筑面积1160平方米

建筑、布局 建筑是在湘南式传统民居形制的基础上,进行规划设计,分前庭、后院、门楼、碑廊、山水、亭、桥布局,为钢筋混凝土结构的传统建筑和现代建筑相结合;分文物库房、陈列展厅、办公用房三大部分。

历史沿革 1979年前为文化馆下的文物组,人员编制在文化馆。1980年5月20日分离出来,成立灌阳县文物管理所,办公地点在灌江路152号文化大院(内设文物陈列)。1994年灌阳县博物馆立项,1997年动工,2004年建成并投入使用,2005年3月博物馆正式开馆。

历任馆长 唐一建(1980.5~1987);盘元昌(1988~1992);邓根珏(1992.10~1998.8 副馆长主持

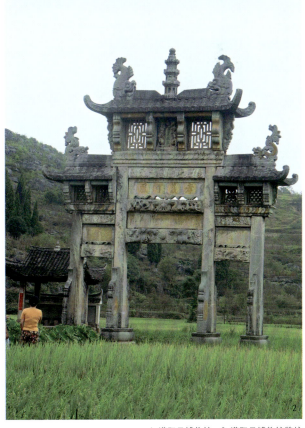

1.灌阳县博物馆 2.灌阳县博物馆牌坊

工作),邓根珏(1998.9至今)。

业务活动

基本陈列 《灌阳县历史文物陈列》主要按历史发展的顺序,通过200多件文物藏品和相关文物资料及图片向观众展示了灌阳的历史文化背景。重要展品为新石器时代至明清各期珍贵文物及红军长征时的革命文物。

临时展览 为丰富当地人民群众的文化生活,使博物馆真正成为灌阳县的爱国主义教育基地和对外宣传的窗

灌阳县博物馆藏品

口，从开馆以来，举办了《当地名人宁先生书画展》、《奇石、根雕艺术展》、《灌阳县抗击雨雪冰冻灾害纪实摄影展》、《灌阳县民俗文物展》等。

藏品管理

[藏品来源]　考古发掘、社会捐赠、征集（购）等。

[藏品类别]　有石器、金银玉器、铁器、青铜器、陶瓷器、书画、革命文物等。

[藏品统计]　馆藏文物2000多件，其中有国家二级文物37件、三级文物192件，居桂林市前列。

[重要藏品]　其藏品特点是从新石器时代至明清未断代，馆藏有新石器时代的有挺石剑、隋代铭文墓砖及青瓷碗、清代玉熏炉、温酒器等各期珍贵文物及红军长征时的革命文物及当地名人唐景菘、陆辅清、何厚清等用品。

宣传教育　利用国际博物馆日及"文化遗产日"，进行文物知识、文物法律法规宣传及文物有奖问答、发放宣传资料，悬挂宣传横幅、张贴标语、制作宣传版面，举办《2008灌阳县抗击雨雪冰冻灾害纪实摄影展》、《灌阳县民俗文物展》等形式多样的宣传活动，充分发挥博物馆的阵地作用。

同时还加强与各中小学校联系，使博物馆成为了中小学生的第二课堂和爱国主义教育基地。2005年获"全国文物工作先进县"称号。

经营管理

[单位性质]　全民所有事业单位

[经费来源]　财政全额拨款

[机构设置]　设有馆长室、副馆长室、综合业务室、安全保卫科。

[人员编制、组成]　事业编制数为5人，现有正式在职人员7人，本科学历1人，大专3人，专业技术人员6人，其中中级职称3人，初级3人，临时聘用门卫1人。

参观指南

[地址]　广西壮族自治区桂林市灌阳县龙里开发区东华路21号

[邮编]　541600

[电话]　0773-4212111

[传真]　0773-4212050

（撰文：灌阳县博物馆）

INDEX